# 40

Philippe Monfouga

| | | | | |
|---|---|---|---|---|
| vendredi 13 juillet 1973 | 0 | 0 | 0 | 0 |
| samedi 14 juillet 1973 | 1 | 24 | 1440 | 86400 |
| dimanche 15 juillet 1973 | 2 | 48 | 2880 | 172800 |
| lundi 16 juillet 1973 | 3 | 72 | 4320 | 259200 |
| mardi 17 juillet 1973 | 4 | 96 | 5760 | 345600 |
| mercredi 18 juillet 1973 | 5 | 120 | 7200 | 432000 |
| jeudi 19 juillet 1973 | 6 | 144 | 8640 | 518400 |
| vendredi 20 juillet 1973 | 7 | 168 | 10080 | 604800 |
| samedi 21 juillet 1973 | 8 | 192 | 11520 | 691200 |
| dimanche 22 juillet 1973 | 9 | 216 | 12960 | 777600 |
| lundi 23 juillet 1973 | 10 | 240 | 14400 | 864000 |
| mardi 24 juillet 1973 | 11 | 264 | 15840 | 950400 |
| mercredi 25 juillet 1973 | 12 | 288 | 17280 | 1036800 |
| jeudi 26 juillet 1973 | 13 | 312 | 18720 | 1123200 |
| vendredi 27 juillet 1973 | 14 | 336 | 20160 | 1209600 |
| samedi 28 juillet 1973 | 15 | 360 | 21600 | 1296000 |
| dimanche 29 juillet 1973 | 16 | 384 | 23040 | 1382400 |
| lundi 30 juillet 1973 | 17 | 408 | 24480 | 1468800 |
| mardi 31 juillet 1973 | 18 | 432 | 25920 | 1555200 |
| mercredi 1 août 1973 | 19 | 456 | 27360 | 1641600 |
| jeudi 2 août 1973 | 20 | 480 | 28800 | 1728000 |
| vendredi 3 août 1973 | 21 | 504 | 30240 | 1814400 |
| samedi 4 août 1973 | 22 | 528 | 31680 | 1900800 |
| dimanche 5 août 1973 | 23 | 552 | 33120 | 1987200 |
| lundi 6 août 1973 | 24 | 576 | 34560 | 2073600 |
| mardi 7 août 1973 | 25 | 600 | 36000 | 2160000 |
| mercredi 8 août 1973 | 26 | 624 | 37440 | 2246400 |
| jeudi 9 août 1973 | 27 | 648 | 38880 | 2332800 |
| vendredi 10 août 1973 | 28 | 672 | 40320 | 2419200 |
| samedi 11 août 1973 | 29 | 696 | 41760 | 2505600 |
| dimanche 12 août 1973 | 30 | 720 | 43200 | 2592000 |
| lundi 13 août 1973 | 31 | 744 | 44640 | 2678400 |
| mardi 14 août 1973 | 32 | 768 | 46080 | 2764800 |
| mercredi 15 août 1973 | 33 | 792 | 47520 | 2851200 |
| jeudi 16 août 1973 | 34 | 816 | 48960 | 2937600 |
| vendredi 17 août 1973 | 35 | 840 | 50400 | 3024000 |
| samedi 18 août 1973 | 36 | 864 | 51840 | 3110400 |

| | | | | |
|---|---|---|---|---|
| dimanche 19 août 1973 | 37 | 888 | 53280 | 3196800 |
| lundi 20 août 1973 | 38 | 912 | 54720 | 3283200 |
| mardi 21 août 1973 | 39 | 936 | 56160 | 3369600 |
| mercredi 22 août 1973 | 40 | 960 | 57600 | 3456000 |
| jeudi 23 août 1973 | 41 | 984 | 59040 | 3542400 |
| vendredi 24 août 1973 | 42 | 1008 | 60480 | 3628800 |
| samedi 25 août 1973 | 43 | 1032 | 61920 | 3715200 |
| dimanche 26 août 1973 | 44 | 1056 | 63360 | 3801600 |
| lundi 27 août 1973 | 45 | 1080 | 64800 | 3888000 |
| mardi 28 août 1973 | 46 | 1104 | 66240 | 3974400 |
| mercredi 29 août 1973 | 47 | 1128 | 67680 | 4060800 |
| jeudi 30 août 1973 | 48 | 1152 | 69120 | 4147200 |
| vendredi 31 août 1973 | 49 | 1176 | 70560 | 4233600 |
| samedi 1 septembre 1973 | 50 | 1200 | 72000 | 4320000 |
| dimanche 2 septembre 1973 | 51 | 1224 | 73440 | 4406400 |
| lundi 3 septembre 1973 | 52 | 1248 | 74880 | 4492800 |
| mardi 4 septembre 1973 | 53 | 1272 | 76320 | 4579200 |
| mercredi 5 septembre 1973 | 54 | 1296 | 77760 | 4665600 |
| jeudi 6 septembre 1973 | 55 | 1320 | 79200 | 4752000 |
| vendredi 7 septembre 1973 | 56 | 1344 | 80640 | 4838400 |
| samedi 8 septembre 1973 | 57 | 1368 | 82080 | 4924800 |
| dimanche 9 septembre 1973 | 58 | 1392 | 83520 | 5011200 |
| lundi 10 septembre 1973 | 59 | 1416 | 84960 | 5097600 |
| mardi 11 septembre 1973 | 60 | 1440 | 86400 | 5184000 |
| mercredi 12 septembre 1973 | 61 | 1464 | 87840 | 5270400 |
| jeudi 13 septembre 1973 | 62 | 1488 | 89280 | 5356800 |
| vendredi 14 septembre 1973 | 63 | 1512 | 90720 | 5443200 |
| samedi 15 septembre 1973 | 64 | 1536 | 92160 | 5529600 |
| dimanche 16 septembre 1973 | 65 | 1560 | 93600 | 5616000 |
| lundi 17 septembre 1973 | 66 | 1584 | 95040 | 5702400 |
| mardi 18 septembre 1973 | 67 | 1608 | 96480 | 5788800 |
| mercredi 19 septembre 1973 | 68 | 1632 | 97920 | 5875200 |
| jeudi 20 septembre 1973 | 69 | 1656 | 99360 | 5961600 |
| vendredi 21 septembre 1973 | 70 | 1680 | 100800 | 6048000 |
| samedi 22 septembre 1973 | 71 | 1704 | 102240 | 6134400 |
| dimanche 23 septembre 1973 | 72 | 1728 | 103680 | 6220800 |
| lundi 24 septembre 1973 | 73 | 1752 | 105120 | 6307200 |
| mardi 25 septembre 1973 | 74 | 1776 | 106560 | 6393600 |

| | | | | |
|---|---|---|---|---|
| mercredi 26 septembre 1973 | 75 | 1800 | 108000 | 6480000 |
| jeudi 27 septembre 1973 | 76 | 1824 | 109440 | 6566400 |
| vendredi 28 septembre 1973 | 77 | 1848 | 110880 | 6652800 |
| samedi 29 septembre 1973 | 78 | 1872 | 112320 | 6739200 |
| dimanche 30 septembre 1973 | 79 | 1896 | 113760 | 6825600 |
| lundi 1 octobre 1973 | 80 | 1920 | 115200 | 6912000 |
| mardi 2 octobre 1973 | 81 | 1944 | 116640 | 6998400 |
| mercredi 3 octobre 1973 | 82 | 1968 | 118080 | 7084800 |
| jeudi 4 octobre 1973 | 83 | 1992 | 119520 | 7171200 |
| vendredi 5 octobre 1973 | 84 | 2016 | 120960 | 7257600 |
| samedi 6 octobre 1973 | 85 | 2040 | 122400 | 7344000 |
| dimanche 7 octobre 1973 | 86 | 2064 | 123840 | 7430400 |
| lundi 8 octobre 1973 | 87 | 2088 | 125280 | 7516800 |
| mardi 9 octobre 1973 | 88 | 2112 | 126720 | 7603200 |
| mercredi 10 octobre 1973 | 89 | 2136 | 128160 | 7689600 |
| jeudi 11 octobre 1973 | 90 | 2160 | 129600 | 7776000 |
| vendredi 12 octobre 1973 | 91 | 2184 | 131040 | 7862400 |
| samedi 13 octobre 1973 | 92 | 2208 | 132480 | 7948800 |
| dimanche 14 octobre 1973 | 93 | 2232 | 133920 | 8035200 |
| lundi 15 octobre 1973 | 94 | 2256 | 135360 | 8121600 |
| mardi 16 octobre 1973 | 95 | 2280 | 136800 | 8208000 |
| mercredi 17 octobre 1973 | 96 | 2304 | 138240 | 8294400 |
| jeudi 18 octobre 1973 | 97 | 2328 | 139680 | 8380800 |
| vendredi 19 octobre 1973 | 98 | 2352 | 141120 | 8467200 |
| samedi 20 octobre 1973 | 99 | 2376 | 142560 | 8553600 |
| dimanche 21 octobre 1973 | 100 | 2400 | 144000 | 8640000 |
| lundi 22 octobre 1973 | 101 | 2424 | 145440 | 8726400 |
| mardi 23 octobre 1973 | 102 | 2448 | 146880 | 8812800 |
| mercredi 24 octobre 1973 | 103 | 2472 | 148320 | 8899200 |
| jeudi 25 octobre 1973 | 104 | 2496 | 149760 | 8985600 |
| vendredi 26 octobre 1973 | 105 | 2520 | 151200 | 9072000 |
| samedi 27 octobre 1973 | 106 | 2544 | 152640 | 9158400 |
| dimanche 28 octobre 1973 | 107 | 2568 | 154080 | 9244800 |
| lundi 29 octobre 1973 | 108 | 2592 | 155520 | 9331200 |
| mardi 30 octobre 1973 | 109 | 2616 | 156960 | 9417600 |
| mercredi 31 octobre 1973 | 110 | 2640 | 158400 | 9504000 |
| jeudi 1 novembre 1973 | 111 | 2664 | 159840 | 9590400 |
| vendredi 2 novembre 1973 | 112 | 2688 | 161280 | 9676800 |

| | | | |
|---|---|---|---|
| samedi 3 novembre 1973 | 113 | 2712 | 162720 | 9763200 |
| dimanche 4 novembre 1973 | 114 | 2736 | 164160 | 9849600 |
| lundi 5 novembre 1973 | 115 | 2760 | 165600 | 9936000 |
| mardi 6 novembre 1973 | 116 | 2784 | 167040 | 10022400 |
| mercredi 7 novembre 1973 | 117 | 2808 | 168480 | 10108800 |
| jeudi 8 novembre 1973 | 118 | 2832 | 169920 | 10195200 |
| vendredi 9 novembre 1973 | 119 | 2856 | 171360 | 10281600 |
| samedi 10 novembre 1973 | 120 | 2880 | 172800 | 10368000 |
| dimanche 11 novembre 1973 | 121 | 2904 | 174240 | 10454400 |
| lundi 12 novembre 1973 | 122 | 2928 | 175680 | 10540800 |
| mardi 13 novembre 1973 | 123 | 2952 | 177120 | 10627200 |
| mercredi 14 novembre 1973 | 124 | 2976 | 178560 | 10713600 |
| jeudi 15 novembre 1973 | 125 | 3000 | 180000 | 10800000 |
| vendredi 16 novembre 1973 | 126 | 3024 | 181440 | 10886400 |
| samedi 17 novembre 1973 | 127 | 3048 | 182880 | 10972800 |
| dimanche 18 novembre 1973 | 128 | 3072 | 184320 | 11059200 |
| lundi 19 novembre 1973 | 129 | 3096 | 185760 | 11145600 |
| mardi 20 novembre 1973 | 130 | 3120 | 187200 | 11232000 |
| mercredi 21 novembre 1973 | 131 | 3144 | 188640 | 11318400 |
| jeudi 22 novembre 1973 | 132 | 3168 | 190080 | 11404800 |
| vendredi 23 novembre 1973 | 133 | 3192 | 191520 | 11491200 |
| samedi 24 novembre 1973 | 134 | 3216 | 192960 | 11577600 |
| dimanche 25 novembre 1973 | 135 | 3240 | 194400 | 11664000 |
| lundi 26 novembre 1973 | 136 | 3264 | 195840 | 11750400 |
| mardi 27 novembre 1973 | 137 | 3288 | 197280 | 11836800 |
| mercredi 28 novembre 1973 | 138 | 3312 | 198720 | 11923200 |
| jeudi 29 novembre 1973 | 139 | 3336 | 200160 | 12009600 |
| vendredi 30 novembre 1973 | 140 | 3360 | 201600 | 12096000 |
| samedi 1 décembre 1973 | 141 | 3384 | 203040 | 12182400 |
| dimanche 2 décembre 1973 | 142 | 3408 | 204480 | 12268800 |
| lundi 3 décembre 1973 | 143 | 3432 | 205920 | 12355200 |
| mardi 4 décembre 1973 | 144 | 3456 | 207360 | 12441600 |
| mercredi 5 décembre 1973 | 145 | 3480 | 208800 | 12528000 |
| jeudi 6 décembre 1973 | 146 | 3504 | 210240 | 12614400 |
| vendredi 7 décembre 1973 | 147 | 3528 | 211680 | 12700800 |
| samedi 8 décembre 1973 | 148 | 3552 | 213120 | 12787200 |
| dimanche 9 décembre 1973 | 149 | 3576 | 214560 | 12873600 |
| lundi 10 décembre 1973 | 150 | 3600 | 216000 | 12960000 |

| | | | | |
|---|---|---|---|---|
| mardi 11 décembre 1973 | 151 | 3624 | 217440 | 13046400 |
| mercredi 12 décembre 1973 | 152 | 3648 | 218880 | 13132800 |
| jeudi 13 décembre 1973 | 153 | 3672 | 220320 | 13219200 |
| vendredi 14 décembre 1973 | 154 | 3696 | 221760 | 13305600 |
| samedi 15 décembre 1973 | 155 | 3720 | 223200 | 13392000 |
| dimanche 16 décembre 1973 | 156 | 3744 | 224640 | 13478400 |
| lundi 17 décembre 1973 | 157 | 3768 | 226080 | 13564800 |
| mardi 18 décembre 1973 | 158 | 3792 | 227520 | 13651200 |
| mercredi 19 décembre 1973 | 159 | 3816 | 228960 | 13737600 |
| jeudi 20 décembre 1973 | 160 | 3840 | 230400 | 13824000 |
| vendredi 21 décembre 1973 | 161 | 3864 | 231840 | 13910400 |
| samedi 22 décembre 1973 | 162 | 3888 | 233280 | 13996800 |
| dimanche 23 décembre 1973 | 163 | 3912 | 234720 | 14083200 |
| lundi 24 décembre 1973 | 164 | 3936 | 236160 | 14169600 |
| mardi 25 décembre 1973 | 165 | 3960 | 237600 | 14256000 |
| mercredi 26 décembre 1973 | 166 | 3984 | 239040 | 14342400 |
| jeudi 27 décembre 1973 | 167 | 4008 | 240480 | 14428800 |
| vendredi 28 décembre 1973 | 168 | 4032 | 241920 | 14515200 |
| samedi 29 décembre 1973 | 169 | 4056 | 243360 | 14601600 |
| dimanche 30 décembre 1973 | 170 | 4080 | 244800 | 14688000 |
| lundi 31 décembre 1973 | 171 | 4104 | 246240 | 14774400 |
| mardi 1 janvier 1974 | 172 | 4128 | 247680 | 14860800 |
| mercredi 2 janvier 1974 | 173 | 4152 | 249120 | 14947200 |
| jeudi 3 janvier 1974 | 174 | 4176 | 250560 | 15033600 |
| vendredi 4 janvier 1974 | 175 | 4200 | 252000 | 15120000 |
| samedi 5 janvier 1974 | 176 | 4224 | 253440 | 15206400 |
| dimanche 6 janvier 1974 | 177 | 4248 | 254880 | 15292800 |
| lundi 7 janvier 1974 | 178 | 4272 | 256320 | 15379200 |
| mardi 8 janvier 1974 | 179 | 4296 | 257760 | 15465600 |
| mercredi 9 janvier 1974 | 180 | 4320 | 259200 | 15552000 |
| jeudi 10 janvier 1974 | 181 | 4344 | 260640 | 15638400 |
| vendredi 11 janvier 1974 | 182 | 4368 | 262080 | 15724800 |
| samedi 12 janvier 1974 | 183 | 4392 | 263520 | 15811200 |
| dimanche 13 janvier 1974 | 184 | 4416 | 264960 | 15897600 |
| lundi 14 janvier 1974 | 185 | 4440 | 266400 | 15984000 |
| mardi 15 janvier 1974 | 186 | 4464 | 267840 | 16070400 |
| mercredi 16 janvier 1974 | 187 | 4488 | 269280 | 16156800 |
| jeudi 17 janvier 1974 | 188 | 4512 | 270720 | 16243200 |

| | | | | |
|---|---|---|---|---|
| vendredi 18 janvier 1974 | 189 | 4536 | 272160 | 16329600 |
| samedi 19 janvier 1974 | 190 | 4560 | 273600 | 16416000 |
| dimanche 20 janvier 1974 | 191 | 4584 | 275040 | 16502400 |
| lundi 21 janvier 1974 | 192 | 4608 | 276480 | 16588800 |
| mardi 22 janvier 1974 | 193 | 4632 | 277920 | 16675200 |
| mercredi 23 janvier 1974 | 194 | 4656 | 279360 | 16761600 |
| jeudi 24 janvier 1974 | 195 | 4680 | 280800 | 16848000 |
| vendredi 25 janvier 1974 | 196 | 4704 | 282240 | 16934400 |
| samedi 26 janvier 1974 | 197 | 4728 | 283680 | 17020800 |
| dimanche 27 janvier 1974 | 198 | 4752 | 285120 | 17107200 |
| lundi 28 janvier 1974 | 199 | 4776 | 286560 | 17193600 |
| mardi 29 janvier 1974 | 200 | 4800 | 288000 | 17280000 |
| mercredi 30 janvier 1974 | 201 | 4824 | 289440 | 17366400 |
| jeudi 31 janvier 1974 | 202 | 4848 | 290880 | 17452800 |
| vendredi 1 février 1974 | 203 | 4872 | 292320 | 17539200 |
| samedi 2 février 1974 | 204 | 4896 | 293760 | 17625600 |
| dimanche 3 février 1974 | 205 | 4920 | 295200 | 17712000 |
| lundi 4 février 1974 | 206 | 4944 | 296640 | 17798400 |
| mardi 5 février 1974 | 207 | 4968 | 298080 | 17884800 |
| mercredi 6 février 1974 | 208 | 4992 | 299520 | 17971200 |
| jeudi 7 février 1974 | 209 | 5016 | 300960 | 18057600 |
| vendredi 8 février 1974 | 210 | 5040 | 302400 | 18144000 |
| samedi 9 février 1974 | 211 | 5064 | 303840 | 18230400 |
| dimanche 10 février 1974 | 212 | 5088 | 305280 | 18316800 |
| lundi 11 février 1974 | 213 | 5112 | 306720 | 18403200 |
| mardi 12 février 1974 | 214 | 5136 | 308160 | 18489600 |
| mercredi 13 février 1974 | 215 | 5160 | 309600 | 18576000 |
| jeudi 14 février 1974 | 216 | 5184 | 311040 | 18662400 |
| vendredi 15 février 1974 | 217 | 5208 | 312480 | 18748800 |
| samedi 16 février 1974 | 218 | 5232 | 313920 | 18835200 |
| dimanche 17 février 1974 | 219 | 5256 | 315360 | 18921600 |
| lundi 18 février 1974 | 220 | 5280 | 316800 | 19008000 |
| mardi 19 février 1974 | 221 | 5304 | 318240 | 19094400 |
| mercredi 20 février 1974 | 222 | 5328 | 319680 | 19180800 |
| jeudi 21 février 1974 | 223 | 5352 | 321120 | 19267200 |
| vendredi 22 février 1974 | 224 | 5376 | 322560 | 19353600 |
| samedi 23 février 1974 | 225 | 5400 | 324000 | 19440000 |
| dimanche 24 février 1974 | 226 | 5424 | 325440 | 19526400 |

| | | | | |
|---|---|---|---|---|
| lundi 25 février 1974 | 227 | 5448 | 326880 | 19612800 |
| mardi 26 février 1974 | 228 | 5472 | 328320 | 19699200 |
| mercredi 27 février 1974 | 229 | 5496 | 329760 | 19785600 |
| jeudi 28 février 1974 | 230 | 5520 | 331200 | 19872000 |
| vendredi 1 mars 1974 | 231 | 5544 | 332640 | 19958400 |
| samedi 2 mars 1974 | 232 | 5568 | 334080 | 20044800 |
| dimanche 3 mars 1974 | 233 | 5592 | 335520 | 20131200 |
| lundi 4 mars 1974 | 234 | 5616 | 336960 | 20217600 |
| mardi 5 mars 1974 | 235 | 5640 | 338400 | 20304000 |
| mercredi 6 mars 1974 | 236 | 5664 | 339840 | 20390400 |
| jeudi 7 mars 1974 | 237 | 5688 | 341280 | 20476800 |
| vendredi 8 mars 1974 | 238 | 5712 | 342720 | 20563200 |
| samedi 9 mars 1974 | 239 | 5736 | 344160 | 20649600 |
| dimanche 10 mars 1974 | 240 | 5760 | 345600 | 20736000 |
| lundi 11 mars 1974 | 241 | 5784 | 347040 | 20822400 |
| mardi 12 mars 1974 | 242 | 5808 | 348480 | 20908800 |
| mercredi 13 mars 1974 | 243 | 5832 | 349920 | 20995200 |
| jeudi 14 mars 1974 | 244 | 5856 | 351360 | 21081600 |
| vendredi 15 mars 1974 | 245 | 5880 | 352800 | 21168000 |
| samedi 16 mars 1974 | 246 | 5904 | 354240 | 21254400 |
| dimanche 17 mars 1974 | 247 | 5928 | 355680 | 21340800 |
| lundi 18 mars 1974 | 248 | 5952 | 357120 | 21427200 |
| mardi 19 mars 1974 | 249 | 5976 | 358560 | 21513600 |
| mercredi 20 mars 1974 | 250 | 6000 | 360000 | 21600000 |
| jeudi 21 mars 1974 | 251 | 6024 | 361440 | 21686400 |
| vendredi 22 mars 1974 | 252 | 6048 | 362880 | 21772800 |
| samedi 23 mars 1974 | 253 | 6072 | 364320 | 21859200 |
| dimanche 24 mars 1974 | 254 | 6096 | 365760 | 21945600 |
| lundi 25 mars 1974 | 255 | 6120 | 367200 | 22032000 |
| mardi 26 mars 1974 | 256 | 6144 | 368640 | 22118400 |
| mercredi 27 mars 1974 | 257 | 6168 | 370080 | 22204800 |
| jeudi 28 mars 1974 | 258 | 6192 | 371520 | 22291200 |
| vendredi 29 mars 1974 | 259 | 6216 | 372960 | 22377600 |
| samedi 30 mars 1974 | 260 | 6240 | 374400 | 22464000 |
| dimanche 31 mars 1974 | 261 | 6264 | 375840 | 22550400 |
| lundi 1 avril 1974 | 262 | 6288 | 377280 | 22636800 |
| mardi 2 avril 1974 | 263 | 6312 | 378720 | 22723200 |
| mercredi 3 avril 1974 | 264 | 6336 | 380160 | 22809600 |

| | | | | |
|---|---|---|---|---|
| jeudi 4 avril 1974 | 265 | 6360 | 381600 | 22896000 |
| vendredi 5 avril 1974 | 266 | 6384 | 383040 | 22982400 |
| samedi 6 avril 1974 | 267 | 6408 | 384480 | 23068800 |
| dimanche 7 avril 1974 | 268 | 6432 | 385920 | 23155200 |
| lundi 8 avril 1974 | 269 | 6456 | 387360 | 23241600 |
| mardi 9 avril 1974 | 270 | 6480 | 388800 | 23328000 |
| mercredi 10 avril 1974 | 271 | 6504 | 390240 | 23414400 |
| jeudi 11 avril 1974 | 272 | 6528 | 391680 | 23500800 |
| vendredi 12 avril 1974 | 273 | 6552 | 393120 | 23587200 |
| samedi 13 avril 1974 | 274 | 6576 | 394560 | 23673600 |
| dimanche 14 avril 1974 | 275 | 6600 | 396000 | 23760000 |
| lundi 15 avril 1974 | 276 | 6624 | 397440 | 23846400 |
| mardi 16 avril 1974 | 277 | 6648 | 398880 | 23932800 |
| mercredi 17 avril 1974 | 278 | 6672 | 400320 | 24019200 |
| jeudi 18 avril 1974 | 279 | 6696 | 401760 | 24105600 |
| vendredi 19 avril 1974 | 280 | 6720 | 403200 | 24192000 |
| samedi 20 avril 1974 | 281 | 6744 | 404640 | 24278400 |
| dimanche 21 avril 1974 | 282 | 6768 | 406080 | 24364800 |
| lundi 22 avril 1974 | 283 | 6792 | 407520 | 24451200 |
| mardi 23 avril 1974 | 284 | 6816 | 408960 | 24537600 |
| mercredi 24 avril 1974 | 285 | 6840 | 410400 | 24624000 |
| jeudi 25 avril 1974 | 286 | 6864 | 411840 | 24710400 |
| vendredi 26 avril 1974 | 287 | 6888 | 413280 | 24796800 |
| samedi 27 avril 1974 | 288 | 6912 | 414720 | 24883200 |
| dimanche 28 avril 1974 | 289 | 6936 | 416160 | 24969600 |
| lundi 29 avril 1974 | 290 | 6960 | 417600 | 25056000 |
| mardi 30 avril 1974 | 291 | 6984 | 419040 | 25142400 |
| mercredi 1 mai 1974 | 292 | 7008 | 420480 | 25228800 |
| jeudi 2 mai 1974 | 293 | 7032 | 421920 | 25315200 |
| vendredi 3 mai 1974 | 294 | 7056 | 423360 | 25401600 |
| samedi 4 mai 1974 | 295 | 7080 | 424800 | 25488000 |
| dimanche 5 mai 1974 | 296 | 7104 | 426240 | 25574400 |
| lundi 6 mai 1974 | 297 | 7128 | 427680 | 25660800 |
| mardi 7 mai 1974 | 298 | 7152 | 429120 | 25747200 |
| mercredi 8 mai 1974 | 299 | 7176 | 430560 | 25833600 |
| jeudi 9 mai 1974 | 300 | 7200 | 432000 | 25920000 |
| vendredi 10 mai 1974 | 301 | 7224 | 433440 | 26006400 |
| samedi 11 mai 1974 | 302 | 7248 | 434880 | 26092800 |

| | | | | |
|---|---|---|---|---|
| dimanche 12 mai 1974 | 303 | 7272 | 436320 | 26179200 |
| lundi 13 mai 1974 | 304 | 7296 | 437760 | 26265600 |
| mardi 14 mai 1974 | 305 | 7320 | 439200 | 26352000 |
| mercredi 15 mai 1974 | 306 | 7344 | 440640 | 26438400 |
| jeudi 16 mai 1974 | 307 | 7368 | 442080 | 26524800 |
| vendredi 17 mai 1974 | 308 | 7392 | 443520 | 26611200 |
| samedi 18 mai 1974 | 309 | 7416 | 444960 | 26697600 |
| dimanche 19 mai 1974 | 310 | 7440 | 446400 | 26784000 |
| lundi 20 mai 1974 | 311 | 7464 | 447840 | 26870400 |
| mardi 21 mai 1974 | 312 | 7488 | 449280 | 26956800 |
| mercredi 22 mai 1974 | 313 | 7512 | 450720 | 27043200 |
| jeudi 23 mai 1974 | 314 | 7536 | 452160 | 27129600 |
| vendredi 24 mai 1974 | 315 | 7560 | 453600 | 27216000 |
| samedi 25 mai 1974 | 316 | 7584 | 455040 | 27302400 |
| dimanche 26 mai 1974 | 317 | 7608 | 456480 | 27388800 |
| lundi 27 mai 1974 | 318 | 7632 | 457920 | 27475200 |
| mardi 28 mai 1974 | 319 | 7656 | 459360 | 27561600 |
| mercredi 29 mai 1974 | 320 | 7680 | 460800 | 27648000 |
| jeudi 30 mai 1974 | 321 | 7704 | 462240 | 27734400 |
| vendredi 31 mai 1974 | 322 | 7728 | 463680 | 27820800 |
| samedi 1 juin 1974 | 323 | 7752 | 465120 | 27907200 |
| dimanche 2 juin 1974 | 324 | 7776 | 466560 | 27993600 |
| lundi 3 juin 1974 | 325 | 7800 | 468000 | 28080000 |
| mardi 4 juin 1974 | 326 | 7824 | 469440 | 28166400 |
| mercredi 5 juin 1974 | 327 | 7848 | 470880 | 28252800 |
| jeudi 6 juin 1974 | 328 | 7872 | 472320 | 28339200 |
| vendredi 7 juin 1974 | 329 | 7896 | 473760 | 28425600 |
| samedi 8 juin 1974 | 330 | 7920 | 475200 | 28512000 |
| dimanche 9 juin 1974 | 331 | 7944 | 476640 | 28598400 |
| lundi 10 juin 1974 | 332 | 7968 | 478080 | 28684800 |
| mardi 11 juin 1974 | 333 | 7992 | 479520 | 28771200 |
| mercredi 12 juin 1974 | 334 | 8016 | 480960 | 28857600 |
| jeudi 13 juin 1974 | 335 | 8040 | 482400 | 28944000 |
| vendredi 14 juin 1974 | 336 | 8064 | 483840 | 29030400 |
| samedi 15 juin 1974 | 337 | 8088 | 485280 | 29116800 |
| dimanche 16 juin 1974 | 338 | 8112 | 486720 | 29203200 |
| lundi 17 juin 1974 | 339 | 8136 | 488160 | 29289600 |
| mardi 18 juin 1974 | 340 | 8160 | 489600 | 29376000 |

| | | | | |
|---|---|---|---|---|
| mercredi 19 juin 1974 | 341 | 8184 | 491040 | 29462400 |
| jeudi 20 juin 1974 | 342 | 8208 | 492480 | 29548800 |
| vendredi 21 juin 1974 | 343 | 8232 | 493920 | 29635200 |
| samedi 22 juin 1974 | 344 | 8256 | 495360 | 29721600 |
| dimanche 23 juin 1974 | 345 | 8280 | 496800 | 29808000 |
| lundi 24 juin 1974 | 346 | 8304 | 498240 | 29894400 |
| mardi 25 juin 1974 | 347 | 8328 | 499680 | 29980800 |
| mercredi 26 juin 1974 | 348 | 8352 | 501120 | 30067200 |
| jeudi 27 juin 1974 | 349 | 8376 | 502560 | 30153600 |
| vendredi 28 juin 1974 | 350 | 8400 | 504000 | 30240000 |
| samedi 29 juin 1974 | 351 | 8424 | 505440 | 30326400 |
| dimanche 30 juin 1974 | 352 | 8448 | 506880 | 30412800 |
| lundi 1 juillet 1974 | 353 | 8472 | 508320 | 30499200 |
| mardi 2 juillet 1974 | 354 | 8496 | 509760 | 30585600 |
| mercredi 3 juillet 1974 | 355 | 8520 | 511200 | 30672000 |
| jeudi 4 juillet 1974 | 356 | 8544 | 512640 | 30758400 |
| vendredi 5 juillet 1974 | 357 | 8568 | 514080 | 30844800 |
| samedi 6 juillet 1974 | 358 | 8592 | 515520 | 30931200 |
| dimanche 7 juillet 1974 | 359 | 8616 | 516960 | 31017600 |
| lundi 8 juillet 1974 | 360 | 8640 | 518400 | 31104000 |
| mardi 9 juillet 1974 | 361 | 8664 | 519840 | 31190400 |
| mercredi 10 juillet 1974 | 362 | 8688 | 521280 | 31276800 |
| jeudi 11 juillet 1974 | 363 | 8712 | 522720 | 31363200 |
| vendredi 12 juillet 1974 | 364 | 8736 | 524160 | 31449600 |
| samedi 13 juillet 1974 | 365 | 8760 | 525600 | 31536000 |
| dimanche 14 juillet 1974 | 366 | 8784 | 527040 | 31622400 |
| lundi 15 juillet 1974 | 367 | 8808 | 528480 | 31708800 |
| mardi 16 juillet 1974 | 368 | 8832 | 529920 | 31795200 |
| mercredi 17 juillet 1974 | 369 | 8856 | 531360 | 31881600 |
| jeudi 18 juillet 1974 | 370 | 8880 | 532800 | 31968000 |
| vendredi 19 juillet 1974 | 371 | 8904 | 534240 | 32054400 |
| samedi 20 juillet 1974 | 372 | 8928 | 535680 | 32140800 |
| dimanche 21 juillet 1974 | 373 | 8952 | 537120 | 32227200 |
| lundi 22 juillet 1974 | 374 | 8976 | 538560 | 32313600 |
| mardi 23 juillet 1974 | 375 | 9000 | 540000 | 32400000 |
| mercredi 24 juillet 1974 | 376 | 9024 | 541440 | 32486400 |
| jeudi 25 juillet 1974 | 377 | 9048 | 542880 | 32572800 |
| vendredi 26 juillet 1974 | 378 | 9072 | 544320 | 32659200 |

| | | | | |
|---|---|---|---|---|
| samedi 27 juillet 1974 | 379 | 9096 | 545760 | 32745600 |
| dimanche 28 juillet 1974 | 380 | 9120 | 547200 | 32832000 |
| lundi 29 juillet 1974 | 381 | 9144 | 548640 | 32918400 |
| mardi 30 juillet 1974 | 382 | 9168 | 550080 | 33004800 |
| mercredi 31 juillet 1974 | 383 | 9192 | 551520 | 33091200 |
| jeudi 1 août 1974 | 384 | 9216 | 552960 | 33177600 |
| vendredi 2 août 1974 | 385 | 9240 | 554400 | 33264000 |
| samedi 3 août 1974 | 386 | 9264 | 555840 | 33350400 |
| dimanche 4 août 1974 | 387 | 9288 | 557280 | 33436800 |
| lundi 5 août 1974 | 388 | 9312 | 558720 | 33523200 |
| mardi 6 août 1974 | 389 | 9336 | 560160 | 33609600 |
| mercredi 7 août 1974 | 390 | 9360 | 561600 | 33696000 |
| jeudi 8 août 1974 | 391 | 9384 | 563040 | 33782400 |
| vendredi 9 août 1974 | 392 | 9408 | 564480 | 33868800 |
| samedi 10 août 1974 | 393 | 9432 | 565920 | 33955200 |
| dimanche 11 août 1974 | 394 | 9456 | 567360 | 34041600 |
| lundi 12 août 1974 | 395 | 9480 | 568800 | 34128000 |
| mardi 13 août 1974 | 396 | 9504 | 570240 | 34214400 |
| mercredi 14 août 1974 | 397 | 9528 | 571680 | 34300800 |
| jeudi 15 août 1974 | 398 | 9552 | 573120 | 34387200 |
| vendredi 16 août 1974 | 399 | 9576 | 574560 | 34473600 |
| samedi 17 août 1974 | 400 | 9600 | 576000 | 34560000 |
| dimanche 18 août 1974 | 401 | 9624 | 577440 | 34646400 |
| lundi 19 août 1974 | 402 | 9648 | 578880 | 34732800 |
| mardi 20 août 1974 | 403 | 9672 | 580320 | 34819200 |
| mercredi 21 août 1974 | 404 | 9696 | 581760 | 34905600 |
| jeudi 22 août 1974 | 405 | 9720 | 583200 | 34992000 |
| vendredi 23 août 1974 | 406 | 9744 | 584640 | 35078400 |
| samedi 24 août 1974 | 407 | 9768 | 586080 | 35164800 |
| dimanche 25 août 1974 | 408 | 9792 | 587520 | 35251200 |
| lundi 26 août 1974 | 409 | 9816 | 588960 | 35337600 |
| mardi 27 août 1974 | 410 | 9840 | 590400 | 35424000 |
| mercredi 28 août 1974 | 411 | 9864 | 591840 | 35510400 |
| jeudi 29 août 1974 | 412 | 9888 | 593280 | 35596800 |
| vendredi 30 août 1974 | 413 | 9912 | 594720 | 35683200 |
| samedi 31 août 1974 | 414 | 9936 | 596160 | 35769600 |
| dimanche 1 septembre 1974 | 415 | 9960 | 597600 | 35856000 |
| lundi 2 septembre 1974 | 416 | 9984 | 599040 | 35942400 |

| | | | | |
|---|---|---|---|---|
| mardi 3 septembre 1974 | 417 | 10008 | 600480 | 36028800 |
| mercredi 4 septembre 1974 | 418 | 10032 | 601920 | 36115200 |
| jeudi 5 septembre 1974 | 419 | 10056 | 603360 | 36201600 |
| vendredi 6 septembre 1974 | 420 | 10080 | 604800 | 36288000 |
| samedi 7 septembre 1974 | 421 | 10104 | 606240 | 36374400 |
| dimanche 8 septembre 1974 | 422 | 10128 | 607680 | 36460800 |
| lundi 9 septembre 1974 | 423 | 10152 | 609120 | 36547200 |
| mardi 10 septembre 1974 | 424 | 10176 | 610560 | 36633600 |
| mercredi 11 septembre 1974 | 425 | 10200 | 612000 | 36720000 |
| jeudi 12 septembre 1974 | 426 | 10224 | 613440 | 36806400 |
| vendredi 13 septembre 1974 | 427 | 10248 | 614880 | 36892800 |
| samedi 14 septembre 1974 | 428 | 10272 | 616320 | 36979200 |
| dimanche 15 septembre 1974 | 429 | 10296 | 617760 | 37065600 |
| lundi 16 septembre 1974 | 430 | 10320 | 619200 | 37152000 |
| mardi 17 septembre 1974 | 431 | 10344 | 620640 | 37238400 |
| mercredi 18 septembre 1974 | 432 | 10368 | 622080 | 37324800 |
| jeudi 19 septembre 1974 | 433 | 10392 | 623520 | 37411200 |
| vendredi 20 septembre 1974 | 434 | 10416 | 624960 | 37497600 |
| samedi 21 septembre 1974 | 435 | 10440 | 626400 | 37584000 |
| dimanche 22 septembre 1974 | 436 | 10464 | 627840 | 37670400 |
| lundi 23 septembre 1974 | 437 | 10488 | 629280 | 37756800 |
| mardi 24 septembre 1974 | 438 | 10512 | 630720 | 37843200 |
| mercredi 25 septembre 1974 | 439 | 10536 | 632160 | 37929600 |
| jeudi 26 septembre 1974 | 440 | 10560 | 633600 | 38016000 |
| vendredi 27 septembre 1974 | 441 | 10584 | 635040 | 38102400 |
| samedi 28 septembre 1974 | 442 | 10608 | 636480 | 38188800 |
| dimanche 29 septembre 1974 | 443 | 10632 | 637920 | 38275200 |
| lundi 30 septembre 1974 | 444 | 10656 | 639360 | 38361600 |
| mardi 1 octobre 1974 | 445 | 10680 | 640800 | 38448000 |
| mercredi 2 octobre 1974 | 446 | 10704 | 642240 | 38534400 |
| jeudi 3 octobre 1974 | 447 | 10728 | 643680 | 38620800 |
| vendredi 4 octobre 1974 | 448 | 10752 | 645120 | 38707200 |
| samedi 5 octobre 1974 | 449 | 10776 | 646560 | 38793600 |
| dimanche 6 octobre 1974 | 450 | 10800 | 648000 | 38880000 |
| lundi 7 octobre 1974 | 451 | 10824 | 649440 | 38966400 |
| mardi 8 octobre 1974 | 452 | 10848 | 650880 | 39052800 |
| mercredi 9 octobre 1974 | 453 | 10872 | 652320 | 39139200 |
| jeudi 10 octobre 1974 | 454 | 10896 | 653760 | 39225600 |

| | | | | |
|---|---|---|---|---|
| vendredi 11 octobre 1974 | 455 | 10920 | 655200 | 39312000 |
| samedi 12 octobre 1974 | 456 | 10944 | 656640 | 39398400 |
| dimanche 13 octobre 1974 | 457 | 10968 | 658080 | 39484800 |
| lundi 14 octobre 1974 | 458 | 10992 | 659520 | 39571200 |
| mardi 15 octobre 1974 | 459 | 11016 | 660960 | 39657600 |
| mercredi 16 octobre 1974 | 460 | 11040 | 662400 | 39744000 |
| jeudi 17 octobre 1974 | 461 | 11064 | 663840 | 39830400 |
| vendredi 18 octobre 1974 | 462 | 11088 | 665280 | 39916800 |
| samedi 19 octobre 1974 | 463 | 11112 | 666720 | 40003200 |
| dimanche 20 octobre 1974 | 464 | 11136 | 668160 | 40089600 |
| lundi 21 octobre 1974 | 465 | 11160 | 669600 | 40176000 |
| mardi 22 octobre 1974 | 466 | 11184 | 671040 | 40262400 |
| mercredi 23 octobre 1974 | 467 | 11208 | 672480 | 40348800 |
| jeudi 24 octobre 1974 | 468 | 11232 | 673920 | 40435200 |
| vendredi 25 octobre 1974 | 469 | 11256 | 675360 | 40521600 |
| samedi 26 octobre 1974 | 470 | 11280 | 676800 | 40608000 |
| dimanche 27 octobre 1974 | 471 | 11304 | 678240 | 40694400 |
| lundi 28 octobre 1974 | 472 | 11328 | 679680 | 40780800 |
| mardi 29 octobre 1974 | 473 | 11352 | 681120 | 40867200 |
| mercredi 30 octobre 1974 | 474 | 11376 | 682560 | 40953600 |
| jeudi 31 octobre 1974 | 475 | 11400 | 684000 | 41040000 |
| vendredi 1 novembre 1974 | 476 | 11424 | 685440 | 41126400 |
| samedi 2 novembre 1974 | 477 | 11448 | 686880 | 41212800 |
| dimanche 3 novembre 1974 | 478 | 11472 | 688320 | 41299200 |
| lundi 4 novembre 1974 | 479 | 11496 | 689760 | 41385600 |
| mardi 5 novembre 1974 | 480 | 11520 | 691200 | 41472000 |
| mercredi 6 novembre 1974 | 481 | 11544 | 692640 | 41558400 |
| jeudi 7 novembre 1974 | 482 | 11568 | 694080 | 41644800 |
| vendredi 8 novembre 1974 | 483 | 11592 | 695520 | 41731200 |
| samedi 9 novembre 1974 | 484 | 11616 | 696960 | 41817600 |
| dimanche 10 novembre 1974 | 485 | 11640 | 698400 | 41904000 |
| lundi 11 novembre 1974 | 486 | 11664 | 699840 | 41990400 |
| mardi 12 novembre 1974 | 487 | 11688 | 701280 | 42076800 |
| mercredi 13 novembre 1974 | 488 | 11712 | 702720 | 42163200 |
| jeudi 14 novembre 1974 | 489 | 11736 | 704160 | 42249600 |
| vendredi 15 novembre 1974 | 490 | 11760 | 705600 | 42336000 |
| samedi 16 novembre 1974 | 491 | 11784 | 707040 | 42422400 |
| dimanche 17 novembre 1974 | 492 | 11808 | 708480 | 42508800 |

| | | | |
|---|---|---|---|
| lundi 18 novembre 1974 | 493 | 11832 | 709920 | 42595200 |
| mardi 19 novembre 1974 | 494 | 11856 | 711360 | 42681600 |
| mercredi 20 novembre 1974 | 495 | 11880 | 712800 | 42768000 |
| jeudi 21 novembre 1974 | 496 | 11904 | 714240 | 42854400 |
| vendredi 22 novembre 1974 | 497 | 11928 | 715680 | 42940800 |
| samedi 23 novembre 1974 | 498 | 11952 | 717120 | 43027200 |
| dimanche 24 novembre 1974 | 499 | 11976 | 718560 | 43113600 |
| lundi 25 novembre 1974 | 500 | 12000 | 720000 | 43200000 |
| mardi 26 novembre 1974 | 501 | 12024 | 721440 | 43286400 |
| mercredi 27 novembre 1974 | 502 | 12048 | 722880 | 43372800 |
| jeudi 28 novembre 1974 | 503 | 12072 | 724320 | 43459200 |
| vendredi 29 novembre 1974 | 504 | 12096 | 725760 | 43545600 |
| samedi 30 novembre 1974 | 505 | 12120 | 727200 | 43632000 |
| dimanche 1 décembre 1974 | 506 | 12144 | 728640 | 43718400 |
| lundi 2 décembre 1974 | 507 | 12168 | 730080 | 43804800 |
| mardi 3 décembre 1974 | 508 | 12192 | 731520 | 43891200 |
| mercredi 4 décembre 1974 | 509 | 12216 | 732960 | 43977600 |
| jeudi 5 décembre 1974 | 510 | 12240 | 734400 | 44064000 |
| vendredi 6 décembre 1974 | 511 | 12264 | 735840 | 44150400 |
| samedi 7 décembre 1974 | 512 | 12288 | 737280 | 44236800 |
| dimanche 8 décembre 1974 | 513 | 12312 | 738720 | 44323200 |
| lundi 9 décembre 1974 | 514 | 12336 | 740160 | 44409600 |
| mardi 10 décembre 1974 | 515 | 12360 | 741600 | 44496000 |
| mercredi 11 décembre 1974 | 516 | 12384 | 743040 | 44582400 |
| jeudi 12 décembre 1974 | 517 | 12408 | 744480 | 44668800 |
| vendredi 13 décembre 1974 | 518 | 12432 | 745920 | 44755200 |
| samedi 14 décembre 1974 | 519 | 12456 | 747360 | 44841600 |
| dimanche 15 décembre 1974 | 520 | 12480 | 748800 | 44928000 |
| lundi 16 décembre 1974 | 521 | 12504 | 750240 | 45014400 |
| mardi 17 décembre 1974 | 522 | 12528 | 751680 | 45100800 |
| mercredi 18 décembre 1974 | 523 | 12552 | 753120 | 45187200 |
| jeudi 19 décembre 1974 | 524 | 12576 | 754560 | 45273600 |
| vendredi 20 décembre 1974 | 525 | 12600 | 756000 | 45360000 |
| samedi 21 décembre 1974 | 526 | 12624 | 757440 | 45446400 |
| dimanche 22 décembre 1974 | 527 | 12648 | 758880 | 45532800 |
| lundi 23 décembre 1974 | 528 | 12672 | 760320 | 45619200 |
| mardi 24 décembre 1974 | 529 | 12696 | 761760 | 45705600 |
| mercredi 25 décembre 1974 | 530 | 12720 | 763200 | 45792000 |

| | | | | |
|---|---|---|---|---|
| jeudi 26 décembre 1974 | 531 | 12744 | 764640 | 45878400 |
| vendredi 27 décembre 1974 | 532 | 12768 | 766080 | 45964800 |
| samedi 28 décembre 1974 | 533 | 12792 | 767520 | 46051200 |
| dimanche 29 décembre 1974 | 534 | 12816 | 768960 | 46137600 |
| lundi 30 décembre 1974 | 535 | 12840 | 770400 | 46224000 |
| mardi 31 décembre 1974 | 536 | 12864 | 771840 | 46310400 |
| mercredi 1 janvier 1975 | 537 | 12888 | 773280 | 46396800 |
| jeudi 2 janvier 1975 | 538 | 12912 | 774720 | 46483200 |
| vendredi 3 janvier 1975 | 539 | 12936 | 776160 | 46569600 |
| samedi 4 janvier 1975 | 540 | 12960 | 777600 | 46656000 |
| dimanche 5 janvier 1975 | 541 | 12984 | 779040 | 46742400 |
| lundi 6 janvier 1975 | 542 | 13008 | 780480 | 46828800 |
| mardi 7 janvier 1975 | 543 | 13032 | 781920 | 46915200 |
| mercredi 8 janvier 1975 | 544 | 13056 | 783360 | 47001600 |
| jeudi 9 janvier 1975 | 545 | 13080 | 784800 | 47088000 |
| vendredi 10 janvier 1975 | 546 | 13104 | 786240 | 47174400 |
| samedi 11 janvier 1975 | 547 | 13128 | 787680 | 47260800 |
| dimanche 12 janvier 1975 | 548 | 13152 | 789120 | 47347200 |
| lundi 13 janvier 1975 | 549 | 13176 | 790560 | 47433600 |
| mardi 14 janvier 1975 | 550 | 13200 | 792000 | 47520000 |
| mercredi 15 janvier 1975 | 551 | 13224 | 793440 | 47606400 |
| jeudi 16 janvier 1975 | 552 | 13248 | 794880 | 47692800 |
| vendredi 17 janvier 1975 | 553 | 13272 | 796320 | 47779200 |
| samedi 18 janvier 1975 | 554 | 13296 | 797760 | 47865600 |
| dimanche 19 janvier 1975 | 555 | 13320 | 799200 | 47952000 |
| lundi 20 janvier 1975 | 556 | 13344 | 800640 | 48038400 |
| mardi 21 janvier 1975 | 557 | 13368 | 802080 | 48124800 |
| mercredi 22 janvier 1975 | 558 | 13392 | 803520 | 48211200 |
| jeudi 23 janvier 1975 | 559 | 13416 | 804960 | 48297600 |
| vendredi 24 janvier 1975 | 560 | 13440 | 806400 | 48384000 |
| samedi 25 janvier 1975 | 561 | 13464 | 807840 | 48470400 |
| dimanche 26 janvier 1975 | 562 | 13488 | 809280 | 48556800 |
| lundi 27 janvier 1975 | 563 | 13512 | 810720 | 48643200 |
| mardi 28 janvier 1975 | 564 | 13536 | 812160 | 48729600 |
| mercredi 29 janvier 1975 | 565 | 13560 | 813600 | 48816000 |
| jeudi 30 janvier 1975 | 566 | 13584 | 815040 | 48902400 |
| vendredi 31 janvier 1975 | 567 | 13608 | 816480 | 48988800 |
| samedi 1 février 1975 | 568 | 13632 | 817920 | 49075200 |

| | | | | |
|---|---|---|---|---|
| dimanche 2 février 1975 | 569 | 13656 | 819360 | 49161600 |
| lundi 3 février 1975 | 570 | 13680 | 820800 | 49248000 |
| mardi 4 février 1975 | 571 | 13704 | 822240 | 49334400 |
| mercredi 5 février 1975 | 572 | 13728 | 823680 | 49420800 |
| jeudi 6 février 1975 | 573 | 13752 | 825120 | 49507200 |
| vendredi 7 février 1975 | 574 | 13776 | 826560 | 49593600 |
| samedi 8 février 1975 | 575 | 13800 | 828000 | 49680000 |
| dimanche 9 février 1975 | 576 | 13824 | 829440 | 49766400 |
| lundi 10 février 1975 | 577 | 13848 | 830880 | 49852800 |
| mardi 11 février 1975 | 578 | 13872 | 832320 | 49939200 |
| mercredi 12 février 1975 | 579 | 13896 | 833760 | 50025600 |
| jeudi 13 février 1975 | 580 | 13920 | 835200 | 50112000 |
| vendredi 14 février 1975 | 581 | 13944 | 836640 | 50198400 |
| samedi 15 février 1975 | 582 | 13968 | 838080 | 50284800 |
| dimanche 16 février 1975 | 583 | 13992 | 839520 | 50371200 |
| lundi 17 février 1975 | 584 | 14016 | 840960 | 50457600 |
| mardi 18 février 1975 | 585 | 14040 | 842400 | 50544000 |
| mercredi 19 février 1975 | 586 | 14064 | 843840 | 50630400 |
| jeudi 20 février 1975 | 587 | 14088 | 845280 | 50716800 |
| vendredi 21 février 1975 | 588 | 14112 | 846720 | 50803200 |
| samedi 22 février 1975 | 589 | 14136 | 848160 | 50889600 |
| dimanche 23 février 1975 | 590 | 14160 | 849600 | 50976000 |
| lundi 24 février 1975 | 591 | 14184 | 851040 | 51062400 |
| mardi 25 février 1975 | 592 | 14208 | 852480 | 51148800 |
| mercredi 26 février 1975 | 593 | 14232 | 853920 | 51235200 |
| jeudi 27 février 1975 | 594 | 14256 | 855360 | 51321600 |
| vendredi 28 février 1975 | 595 | 14280 | 856800 | 51408000 |
| samedi 1 mars 1975 | 596 | 14304 | 858240 | 51494400 |
| dimanche 2 mars 1975 | 597 | 14328 | 859680 | 51580800 |
| lundi 3 mars 1975 | 598 | 14352 | 861120 | 51667200 |
| mardi 4 mars 1975 | 599 | 14376 | 862560 | 51753600 |
| mercredi 5 mars 1975 | 600 | 14400 | 864000 | 51840000 |
| jeudi 6 mars 1975 | 601 | 14424 | 865440 | 51926400 |
| vendredi 7 mars 1975 | 602 | 14448 | 866880 | 52012800 |
| samedi 8 mars 1975 | 603 | 14472 | 868320 | 52099200 |
| dimanche 9 mars 1975 | 604 | 14496 | 869760 | 52185600 |
| lundi 10 mars 1975 | 605 | 14520 | 871200 | 52272000 |
| mardi 11 mars 1975 | 606 | 14544 | 872640 | 52358400 |

| | | | | |
|---|---|---|---|---|
| mercredi 12 mars 1975 | 607 | 14568 | 874080 | 52444800 |
| jeudi 13 mars 1975 | 608 | 14592 | 875520 | 52531200 |
| vendredi 14 mars 1975 | 609 | 14616 | 876960 | 52617600 |
| samedi 15 mars 1975 | 610 | 14640 | 878400 | 52704000 |
| dimanche 16 mars 1975 | 611 | 14664 | 879840 | 52790400 |
| lundi 17 mars 1975 | 612 | 14688 | 881280 | 52876800 |
| mardi 18 mars 1975 | 613 | 14712 | 882720 | 52963200 |
| mercredi 19 mars 1975 | 614 | 14736 | 884160 | 53049600 |
| jeudi 20 mars 1975 | 615 | 14760 | 885600 | 53136000 |
| vendredi 21 mars 1975 | 616 | 14784 | 887040 | 53222400 |
| samedi 22 mars 1975 | 617 | 14808 | 888480 | 53308800 |
| dimanche 23 mars 1975 | 618 | 14832 | 889920 | 53395200 |
| lundi 24 mars 1975 | 619 | 14856 | 891360 | 53481600 |
| mardi 25 mars 1975 | 620 | 14880 | 892800 | 53568000 |
| mercredi 26 mars 1975 | 621 | 14904 | 894240 | 53654400 |
| jeudi 27 mars 1975 | 622 | 14928 | 895680 | 53740800 |
| vendredi 28 mars 1975 | 623 | 14952 | 897120 | 53827200 |
| samedi 29 mars 1975 | 624 | 14976 | 898560 | 53913600 |
| dimanche 30 mars 1975 | 625 | 15000 | 900000 | 54000000 |
| lundi 31 mars 1975 | 626 | 15024 | 901440 | 54086400 |
| mardi 1 avril 1975 | 627 | 15048 | 902880 | 54172800 |
| mercredi 2 avril 1975 | 628 | 15072 | 904320 | 54259200 |
| jeudi 3 avril 1975 | 629 | 15096 | 905760 | 54345600 |
| vendredi 4 avril 1975 | 630 | 15120 | 907200 | 54432000 |
| samedi 5 avril 1975 | 631 | 15144 | 908640 | 54518400 |
| dimanche 6 avril 1975 | 632 | 15168 | 910080 | 54604800 |
| lundi 7 avril 1975 | 633 | 15192 | 911520 | 54691200 |
| mardi 8 avril 1975 | 634 | 15216 | 912960 | 54777600 |
| mercredi 9 avril 1975 | 635 | 15240 | 914400 | 54864000 |
| jeudi 10 avril 1975 | 636 | 15264 | 915840 | 54950400 |
| vendredi 11 avril 1975 | 637 | 15288 | 917280 | 55036800 |
| samedi 12 avril 1975 | 638 | 15312 | 918720 | 55123200 |
| dimanche 13 avril 1975 | 639 | 15336 | 920160 | 55209600 |
| lundi 14 avril 1975 | 640 | 15360 | 921600 | 55296000 |
| mardi 15 avril 1975 | 641 | 15384 | 923040 | 55382400 |
| mercredi 16 avril 1975 | 642 | 15408 | 924480 | 55468800 |
| jeudi 17 avril 1975 | 643 | 15432 | 925920 | 55555200 |
| vendredi 18 avril 1975 | 644 | 15456 | 927360 | 55641600 |

| | | | | |
|---|---|---|---|---|
| samedi 19 avril 1975 | 645 | 15480 | 928800 | 55728000 |
| dimanche 20 avril 1975 | 646 | 15504 | 930240 | 55814400 |
| lundi 21 avril 1975 | 647 | 15528 | 931680 | 55900800 |
| mardi 22 avril 1975 | 648 | 15552 | 933120 | 55987200 |
| mercredi 23 avril 1975 | 649 | 15576 | 934560 | 56073600 |
| jeudi 24 avril 1975 | 650 | 15600 | 936000 | 56160000 |
| vendredi 25 avril 1975 | 651 | 15624 | 937440 | 56246400 |
| samedi 26 avril 1975 | 652 | 15648 | 938880 | 56332800 |
| dimanche 27 avril 1975 | 653 | 15672 | 940320 | 56419200 |
| lundi 28 avril 1975 | 654 | 15696 | 941760 | 56505600 |
| mardi 29 avril 1975 | 655 | 15720 | 943200 | 56592000 |
| mercredi 30 avril 1975 | 656 | 15744 | 944640 | 56678400 |
| jeudi 1 mai 1975 | 657 | 15768 | 946080 | 56764800 |
| vendredi 2 mai 1975 | 658 | 15792 | 947520 | 56851200 |
| samedi 3 mai 1975 | 659 | 15816 | 948960 | 56937600 |
| dimanche 4 mai 1975 | 660 | 15840 | 950400 | 57024000 |
| lundi 5 mai 1975 | 661 | 15864 | 951840 | 57110400 |
| mardi 6 mai 1975 | 662 | 15888 | 953280 | 57196800 |
| mercredi 7 mai 1975 | 663 | 15912 | 954720 | 57283200 |
| jeudi 8 mai 1975 | 664 | 15936 | 956160 | 57369600 |
| vendredi 9 mai 1975 | 665 | 15960 | 957600 | 57456000 |
| samedi 10 mai 1975 | 666 | 15984 | 959040 | 57542400 |
| dimanche 11 mai 1975 | 667 | 16008 | 960480 | 57628800 |
| lundi 12 mai 1975 | 668 | 16032 | 961920 | 57715200 |
| mardi 13 mai 1975 | 669 | 16056 | 963360 | 57801600 |
| mercredi 14 mai 1975 | 670 | 16080 | 964800 | 57888000 |
| jeudi 15 mai 1975 | 671 | 16104 | 966240 | 57974400 |
| vendredi 16 mai 1975 | 672 | 16128 | 967680 | 58060800 |
| samedi 17 mai 1975 | 673 | 16152 | 969120 | 58147200 |
| dimanche 18 mai 1975 | 674 | 16176 | 970560 | 58233600 |
| lundi 19 mai 1975 | 675 | 16200 | 972000 | 58320000 |
| mardi 20 mai 1975 | 676 | 16224 | 973440 | 58406400 |
| mercredi 21 mai 1975 | 677 | 16248 | 974880 | 58492800 |
| jeudi 22 mai 1975 | 678 | 16272 | 976320 | 58579200 |
| vendredi 23 mai 1975 | 679 | 16296 | 977760 | 58665600 |
| samedi 24 mai 1975 | 680 | 16320 | 979200 | 58752000 |
| dimanche 25 mai 1975 | 681 | 16344 | 980640 | 58838400 |
| lundi 26 mai 1975 | 682 | 16368 | 982080 | 58924800 |

| | | | | |
|---|---|---|---|---|
| mardi 27 mai 1975 | 683 | 16392 | 983520 | 59011200 |
| mercredi 28 mai 1975 | 684 | 16416 | 984960 | 59097600 |
| jeudi 29 mai 1975 | 685 | 16440 | 986400 | 59184000 |
| vendredi 30 mai 1975 | 686 | 16464 | 987840 | 59270400 |
| samedi 31 mai 1975 | 687 | 16488 | 989280 | 59356800 |
| dimanche 1 juin 1975 | 688 | 16512 | 990720 | 59443200 |
| lundi 2 juin 1975 | 689 | 16536 | 992160 | 59529600 |
| mardi 3 juin 1975 | 690 | 16560 | 993600 | 59616000 |
| mercredi 4 juin 1975 | 691 | 16584 | 995040 | 59702400 |
| jeudi 5 juin 1975 | 692 | 16608 | 996480 | 59788800 |
| vendredi 6 juin 1975 | 693 | 16632 | 997920 | 59875200 |
| samedi 7 juin 1975 | 694 | 16656 | 999360 | 59961600 |
| dimanche 8 juin 1975 | 695 | 16680 | 1000800 | 60048000 |
| lundi 9 juin 1975 | 696 | 16704 | 1002240 | 60134400 |
| mardi 10 juin 1975 | 697 | 16728 | 1003680 | 60220800 |
| mercredi 11 juin 1975 | 698 | 16752 | 1005120 | 60307200 |
| jeudi 12 juin 1975 | 699 | 16776 | 1006560 | 60393600 |
| vendredi 13 juin 1975 | 700 | 16800 | 1008000 | 60480000 |
| samedi 14 juin 1975 | 701 | 16824 | 1009440 | 60566400 |
| dimanche 15 juin 1975 | 702 | 16848 | 1010880 | 60652800 |
| lundi 16 juin 1975 | 703 | 16872 | 1012320 | 60739200 |
| mardi 17 juin 1975 | 704 | 16896 | 1013760 | 60825600 |
| mercredi 18 juin 1975 | 705 | 16920 | 1015200 | 60912000 |
| jeudi 19 juin 1975 | 706 | 16944 | 1016640 | 60998400 |
| vendredi 20 juin 1975 | 707 | 16968 | 1018080 | 61084800 |
| samedi 21 juin 1975 | 708 | 16992 | 1019520 | 61171200 |
| dimanche 22 juin 1975 | 709 | 17016 | 1020960 | 61257600 |
| lundi 23 juin 1975 | 710 | 17040 | 1022400 | 61344000 |
| mardi 24 juin 1975 | 711 | 17064 | 1023840 | 61430400 |
| mercredi 25 juin 1975 | 712 | 17088 | 1025280 | 61516800 |
| jeudi 26 juin 1975 | 713 | 17112 | 1026720 | 61603200 |
| vendredi 27 juin 1975 | 714 | 17136 | 1028160 | 61689600 |
| samedi 28 juin 1975 | 715 | 17160 | 1029600 | 61776000 |
| dimanche 29 juin 1975 | 716 | 17184 | 1031040 | 61862400 |
| lundi 30 juin 1975 | 717 | 17208 | 1032480 | 61948800 |
| mardi 1 juillet 1975 | 718 | 17232 | 1033920 | 62035200 |
| mercredi 2 juillet 1975 | 719 | 17256 | 1035360 | 62121600 |
| jeudi 3 juillet 1975 | 720 | 17280 | 1036800 | 62208000 |

| | | | | |
|---|---|---|---|---|
| vendredi 4 juillet 1975 | 721 | 17304 | 1038240 | 62294400 |
| samedi 5 juillet 1975 | 722 | 17328 | 1039680 | 62380800 |
| dimanche 6 juillet 1975 | 723 | 17352 | 1041120 | 62467200 |
| lundi 7 juillet 1975 | 724 | 17376 | 1042560 | 62553600 |
| mardi 8 juillet 1975 | 725 | 17400 | 1044000 | 62640000 |
| mercredi 9 juillet 1975 | 726 | 17424 | 1045440 | 62726400 |
| jeudi 10 juillet 1975 | 727 | 17448 | 1046880 | 62812800 |
| vendredi 11 juillet 1975 | 728 | 17472 | 1048320 | 62899200 |
| samedi 12 juillet 1975 | 729 | 17496 | 1049760 | 62985600 |
| dimanche 13 juillet 1975 | 730 | 17520 | 1051200 | 63072000 |
| lundi 14 juillet 1975 | 731 | 17544 | 1052640 | 63158400 |
| mardi 15 juillet 1975 | 732 | 17568 | 1054080 | 63244800 |
| mercredi 16 juillet 1975 | 733 | 17592 | 1055520 | 63331200 |
| jeudi 17 juillet 1975 | 734 | 17616 | 1056960 | 63417600 |
| vendredi 18 juillet 1975 | 735 | 17640 | 1058400 | 63504000 |
| samedi 19 juillet 1975 | 736 | 17664 | 1059840 | 63590400 |
| dimanche 20 juillet 1975 | 737 | 17688 | 1061280 | 63676800 |
| lundi 21 juillet 1975 | 738 | 17712 | 1062720 | 63763200 |
| mardi 22 juillet 1975 | 739 | 17736 | 1064160 | 63849600 |
| mercredi 23 juillet 1975 | 740 | 17760 | 1065600 | 63936000 |
| jeudi 24 juillet 1975 | 741 | 17784 | 1067040 | 64022400 |
| vendredi 25 juillet 1975 | 742 | 17808 | 1068480 | 64108800 |
| samedi 26 juillet 1975 | 743 | 17832 | 1069920 | 64195200 |
| dimanche 27 juillet 1975 | 744 | 17856 | 1071360 | 64281600 |
| lundi 28 juillet 1975 | 745 | 17880 | 1072800 | 64368000 |
| mardi 29 juillet 1975 | 746 | 17904 | 1074240 | 64454400 |
| mercredi 30 juillet 1975 | 747 | 17928 | 1075680 | 64540800 |
| jeudi 31 juillet 1975 | 748 | 17952 | 1077120 | 64627200 |
| vendredi 1 août 1975 | 749 | 17976 | 1078560 | 64713600 |
| samedi 2 août 1975 | 750 | 18000 | 1080000 | 64800000 |
| dimanche 3 août 1975 | 751 | 18024 | 1081440 | 64886400 |
| lundi 4 août 1975 | 752 | 18048 | 1082880 | 64972800 |
| mardi 5 août 1975 | 753 | 18072 | 1084320 | 65059200 |
| mercredi 6 août 1975 | 754 | 18096 | 1085760 | 65145600 |
| jeudi 7 août 1975 | 755 | 18120 | 1087200 | 65232000 |
| vendredi 8 août 1975 | 756 | 18144 | 1088640 | 65318400 |
| samedi 9 août 1975 | 757 | 18168 | 1090080 | 65404800 |
| dimanche 10 août 1975 | 758 | 18192 | 1091520 | 65491200 |

| | | | | |
|---|---|---|---|---|
| lundi 11 août 1975 | 759 | 18216 | 1092960 | 65577600 |
| mardi 12 août 1975 | 760 | 18240 | 1094400 | 65664000 |
| mercredi 13 août 1975 | 761 | 18264 | 1095840 | 65750400 |
| jeudi 14 août 1975 | 762 | 18288 | 1097280 | 65836800 |
| vendredi 15 août 1975 | 763 | 18312 | 1098720 | 65923200 |
| samedi 16 août 1975 | 764 | 18336 | 1100160 | 66009600 |
| dimanche 17 août 1975 | 765 | 18360 | 1101600 | 66096000 |
| lundi 18 août 1975 | 766 | 18384 | 1103040 | 66182400 |
| mardi 19 août 1975 | 767 | 18408 | 1104480 | 66268800 |
| mercredi 20 août 1975 | 768 | 18432 | 1105920 | 66355200 |
| jeudi 21 août 1975 | 769 | 18456 | 1107360 | 66441600 |
| vendredi 22 août 1975 | 770 | 18480 | 1108800 | 66528000 |
| samedi 23 août 1975 | 771 | 18504 | 1110240 | 66614400 |
| dimanche 24 août 1975 | 772 | 18528 | 1111680 | 66700800 |
| lundi 25 août 1975 | 773 | 18552 | 1113120 | 66787200 |
| mardi 26 août 1975 | 774 | 18576 | 1114560 | 66873600 |
| mercredi 27 août 1975 | 775 | 18600 | 1116000 | 66960000 |
| jeudi 28 août 1975 | 776 | 18624 | 1117440 | 67046400 |
| vendredi 29 août 1975 | 777 | 18648 | 1118880 | 67132800 |
| samedi 30 août 1975 | 778 | 18672 | 1120320 | 67219200 |
| dimanche 31 août 1975 | 779 | 18696 | 1121760 | 67305600 |
| lundi 1 septembre 1975 | 780 | 18720 | 1123200 | 67392000 |
| mardi 2 septembre 1975 | 781 | 18744 | 1124640 | 67478400 |
| mercredi 3 septembre 1975 | 782 | 18768 | 1126080 | 67564800 |
| jeudi 4 septembre 1975 | 783 | 18792 | 1127520 | 67651200 |
| vendredi 5 septembre 1975 | 784 | 18816 | 1128960 | 67737600 |
| samedi 6 septembre 1975 | 785 | 18840 | 1130400 | 67824000 |
| dimanche 7 septembre 1975 | 786 | 18864 | 1131840 | 67910400 |
| lundi 8 septembre 1975 | 787 | 18888 | 1133280 | 67996800 |
| mardi 9 septembre 1975 | 788 | 18912 | 1134720 | 68083200 |
| mercredi 10 septembre 1975 | 789 | 18936 | 1136160 | 68169600 |
| jeudi 11 septembre 1975 | 790 | 18960 | 1137600 | 68256000 |
| vendredi 12 septembre 1975 | 791 | 18984 | 1139040 | 68342400 |
| samedi 13 septembre 1975 | 792 | 19008 | 1140480 | 68428800 |
| dimanche 14 septembre 1975 | 793 | 19032 | 1141920 | 68515200 |
| lundi 15 septembre 1975 | 794 | 19056 | 1143360 | 68601600 |
| mardi 16 septembre 1975 | 795 | 19080 | 1144800 | 68688000 |
| mercredi 17 septembre 1975 | 796 | 19104 | 1146240 | 68774400 |

| | | | | |
|---|---|---|---|---|
| jeudi 18 septembre 1975 | 797 | 19128 | 1147680 | 68860800 |
| vendredi 19 septembre 1975 | 798 | 19152 | 1149120 | 68947200 |
| samedi 20 septembre 1975 | 799 | 19176 | 1150560 | 69033600 |
| dimanche 21 septembre 1975 | 800 | 19200 | 1152000 | 69120000 |
| lundi 22 septembre 1975 | 801 | 19224 | 1153440 | 69206400 |
| mardi 23 septembre 1975 | 802 | 19248 | 1154880 | 69292800 |
| mercredi 24 septembre 1975 | 803 | 19272 | 1156320 | 69379200 |
| jeudi 25 septembre 1975 | 804 | 19296 | 1157760 | 69465600 |
| vendredi 26 septembre 1975 | 805 | 19320 | 1159200 | 69552000 |
| samedi 27 septembre 1975 | 806 | 19344 | 1160640 | 69638400 |
| dimanche 28 septembre 1975 | 807 | 19368 | 1162080 | 69724800 |
| lundi 29 septembre 1975 | 808 | 19392 | 1163520 | 69811200 |
| mardi 30 septembre 1975 | 809 | 19416 | 1164960 | 69897600 |
| mercredi 1 octobre 1975 | 810 | 19440 | 1166400 | 69984000 |
| jeudi 2 octobre 1975 | 811 | 19464 | 1167840 | 70070400 |
| vendredi 3 octobre 1975 | 812 | 19488 | 1169280 | 70156800 |
| samedi 4 octobre 1975 | 813 | 19512 | 1170720 | 70243200 |
| dimanche 5 octobre 1975 | 814 | 19536 | 1172160 | 70329600 |
| lundi 6 octobre 1975 | 815 | 19560 | 1173600 | 70416000 |
| mardi 7 octobre 1975 | 816 | 19584 | 1175040 | 70502400 |
| mercredi 8 octobre 1975 | 817 | 19608 | 1176480 | 70588800 |
| jeudi 9 octobre 1975 | 818 | 19632 | 1177920 | 70675200 |
| vendredi 10 octobre 1975 | 819 | 19656 | 1179360 | 70761600 |
| samedi 11 octobre 1975 | 820 | 19680 | 1180800 | 70848000 |
| dimanche 12 octobre 1975 | 821 | 19704 | 1182240 | 70934400 |
| lundi 13 octobre 1975 | 822 | 19728 | 1183680 | 71020800 |
| mardi 14 octobre 1975 | 823 | 19752 | 1185120 | 71107200 |
| mercredi 15 octobre 1975 | 824 | 19776 | 1186560 | 71193600 |
| jeudi 16 octobre 1975 | 825 | 19800 | 1188000 | 71280000 |
| vendredi 17 octobre 1975 | 826 | 19824 | 1189440 | 71366400 |
| samedi 18 octobre 1975 | 827 | 19848 | 1190880 | 71452800 |
| dimanche 19 octobre 1975 | 828 | 19872 | 1192320 | 71539200 |
| lundi 20 octobre 1975 | 829 | 19896 | 1193760 | 71625600 |
| mardi 21 octobre 1975 | 830 | 19920 | 1195200 | 71712000 |
| mercredi 22 octobre 1975 | 831 | 19944 | 1196640 | 71798400 |
| jeudi 23 octobre 1975 | 832 | 19968 | 1198080 | 71884800 |
| vendredi 24 octobre 1975 | 833 | 19992 | 1199520 | 71971200 |
| samedi 25 octobre 1975 | 834 | 20016 | 1200960 | 72057600 |

| | | | | |
|---|---|---|---|---|
| dimanche 26 octobre 1975 | 835 | 20040 | 1202400 | 72144000 |
| lundi 27 octobre 1975 | 836 | 20064 | 1203840 | 72230400 |
| mardi 28 octobre 1975 | 837 | 20088 | 1205280 | 72316800 |
| mercredi 29 octobre 1975 | 838 | 20112 | 1206720 | 72403200 |
| jeudi 30 octobre 1975 | 839 | 20136 | 1208160 | 72489600 |
| vendredi 31 octobre 1975 | 840 | 20160 | 1209600 | 72576000 |
| samedi 1 novembre 1975 | 841 | 20184 | 1211040 | 72662400 |
| dimanche 2 novembre 1975 | 842 | 20208 | 1212480 | 72748800 |
| lundi 3 novembre 1975 | 843 | 20232 | 1213920 | 72835200 |
| mardi 4 novembre 1975 | 844 | 20256 | 1215360 | 72921600 |
| mercredi 5 novembre 1975 | 845 | 20280 | 1216800 | 73008000 |
| jeudi 6 novembre 1975 | 846 | 20304 | 1218240 | 73094400 |
| vendredi 7 novembre 1975 | 847 | 20328 | 1219680 | 73180800 |
| samedi 8 novembre 1975 | 848 | 20352 | 1221120 | 73267200 |
| dimanche 9 novembre 1975 | 849 | 20376 | 1222560 | 73353600 |
| lundi 10 novembre 1975 | 850 | 20400 | 1224000 | 73440000 |
| mardi 11 novembre 1975 | 851 | 20424 | 1225440 | 73526400 |
| mercredi 12 novembre 1975 | 852 | 20448 | 1226880 | 73612800 |
| jeudi 13 novembre 1975 | 853 | 20472 | 1228320 | 73699200 |
| vendredi 14 novembre 1975 | 854 | 20496 | 1229760 | 73785600 |
| samedi 15 novembre 1975 | 855 | 20520 | 1231200 | 73872000 |
| dimanche 16 novembre 1975 | 856 | 20544 | 1232640 | 73958400 |
| lundi 17 novembre 1975 | 857 | 20568 | 1234080 | 74044800 |
| mardi 18 novembre 1975 | 858 | 20592 | 1235520 | 74131200 |
| mercredi 19 novembre 1975 | 859 | 20616 | 1236960 | 74217600 |
| jeudi 20 novembre 1975 | 860 | 20640 | 1238400 | 74304000 |
| vendredi 21 novembre 1975 | 861 | 20664 | 1239840 | 74390400 |
| samedi 22 novembre 1975 | 862 | 20688 | 1241280 | 74476800 |
| dimanche 23 novembre 1975 | 863 | 20712 | 1242720 | 74563200 |
| lundi 24 novembre 1975 | 864 | 20736 | 1244160 | 74649600 |
| mardi 25 novembre 1975 | 865 | 20760 | 1245600 | 74736000 |
| mercredi 26 novembre 1975 | 866 | 20784 | 1247040 | 74822400 |
| jeudi 27 novembre 1975 | 867 | 20808 | 1248480 | 74908800 |
| vendredi 28 novembre 1975 | 868 | 20832 | 1249920 | 74995200 |
| samedi 29 novembre 1975 | 869 | 20856 | 1251360 | 75081600 |
| dimanche 30 novembre 1975 | 870 | 20880 | 1252800 | 75168000 |
| lundi 1 décembre 1975 | 871 | 20904 | 1254240 | 75254400 |
| mardi 2 décembre 1975 | 872 | 20928 | 1255680 | 75340800 |

| | | | | |
|---|---|---|---|---|
| mercredi 3 décembre 1975 | 873 | 20952 | 1257120 | 75427200 |
| jeudi 4 décembre 1975 | 874 | 20976 | 1258560 | 75513600 |
| vendredi 5 décembre 1975 | 875 | 21000 | 1260000 | 75600000 |
| samedi 6 décembre 1975 | 876 | 21024 | 1261440 | 75686400 |
| dimanche 7 décembre 1975 | 877 | 21048 | 1262880 | 75772800 |
| lundi 8 décembre 1975 | 878 | 21072 | 1264320 | 75859200 |
| mardi 9 décembre 1975 | 879 | 21096 | 1265760 | 75945600 |
| mercredi 10 décembre 1975 | 880 | 21120 | 1267200 | 76032000 |
| jeudi 11 décembre 1975 | 881 | 21144 | 1268640 | 76118400 |
| vendredi 12 décembre 1975 | 882 | 21168 | 1270080 | 76204800 |
| samedi 13 décembre 1975 | 883 | 21192 | 1271520 | 76291200 |
| dimanche 14 décembre 1975 | 884 | 21216 | 1272960 | 76377600 |
| lundi 15 décembre 1975 | 885 | 21240 | 1274400 | 76464000 |
| mardi 16 décembre 1975 | 886 | 21264 | 1275840 | 76550400 |
| mercredi 17 décembre 1975 | 887 | 21288 | 1277280 | 76636800 |
| jeudi 18 décembre 1975 | 888 | 21312 | 1278720 | 76723200 |
| vendredi 19 décembre 1975 | 889 | 21336 | 1280160 | 76809600 |
| samedi 20 décembre 1975 | 890 | 21360 | 1281600 | 76896000 |
| dimanche 21 décembre 1975 | 891 | 21384 | 1283040 | 76982400 |
| lundi 22 décembre 1975 | 892 | 21408 | 1284480 | 77068800 |
| mardi 23 décembre 1975 | 893 | 21432 | 1285920 | 77155200 |
| mercredi 24 décembre 1975 | 894 | 21456 | 1287360 | 77241600 |
| jeudi 25 décembre 1975 | 895 | 21480 | 1288800 | 77328000 |
| vendredi 26 décembre 1975 | 896 | 21504 | 1290240 | 77414400 |
| samedi 27 décembre 1975 | 897 | 21528 | 1291680 | 77500800 |
| dimanche 28 décembre 1975 | 898 | 21552 | 1293120 | 77587200 |
| lundi 29 décembre 1975 | 899 | 21576 | 1294560 | 77673600 |
| mardi 30 décembre 1975 | 900 | 21600 | 1296000 | 77760000 |
| mercredi 31 décembre 1975 | 901 | 21624 | 1297440 | 77846400 |
| jeudi 1 janvier 1976 | 902 | 21648 | 1298880 | 77932800 |
| vendredi 2 janvier 1976 | 903 | 21672 | 1300320 | 78019200 |
| samedi 3 janvier 1976 | 904 | 21696 | 1301760 | 78105600 |
| dimanche 4 janvier 1976 | 905 | 21720 | 1303200 | 78192000 |
| lundi 5 janvier 1976 | 906 | 21744 | 1304640 | 78278400 |
| mardi 6 janvier 1976 | 907 | 21768 | 1306080 | 78364800 |
| mercredi 7 janvier 1976 | 908 | 21792 | 1307520 | 78451200 |
| jeudi 8 janvier 1976 | 909 | 21816 | 1308960 | 78537600 |
| vendredi 9 janvier 1976 | 910 | 21840 | 1310400 | 78624000 |

| | | | | |
|---|---|---|---|---|
| samedi 10 janvier 1976 | 911 | 21864 | 1311840 | 78710400 |
| dimanche 11 janvier 1976 | 912 | 21888 | 1313280 | 78796800 |
| lundi 12 janvier 1976 | 913 | 21912 | 1314720 | 78883200 |
| mardi 13 janvier 1976 | 914 | 21936 | 1316160 | 78969600 |
| mercredi 14 janvier 1976 | 915 | 21960 | 1317600 | 79056000 |
| jeudi 15 janvier 1976 | 916 | 21984 | 1319040 | 79142400 |
| vendredi 16 janvier 1976 | 917 | 22008 | 1320480 | 79228800 |
| samedi 17 janvier 1976 | 918 | 22032 | 1321920 | 79315200 |
| dimanche 18 janvier 1976 | 919 | 22056 | 1323360 | 79401600 |
| lundi 19 janvier 1976 | 920 | 22080 | 1324800 | 79488000 |
| mardi 20 janvier 1976 | 921 | 22104 | 1326240 | 79574400 |
| mercredi 21 janvier 1976 | 922 | 22128 | 1327680 | 79660800 |
| jeudi 22 janvier 1976 | 923 | 22152 | 1329120 | 79747200 |
| vendredi 23 janvier 1976 | 924 | 22176 | 1330560 | 79833600 |
| samedi 24 janvier 1976 | 925 | 22200 | 1332000 | 79920000 |
| dimanche 25 janvier 1976 | 926 | 22224 | 1333440 | 80006400 |
| lundi 26 janvier 1976 | 927 | 22248 | 1334880 | 80092800 |
| mardi 27 janvier 1976 | 928 | 22272 | 1336320 | 80179200 |
| mercredi 28 janvier 1976 | 929 | 22296 | 1337760 | 80265600 |
| jeudi 29 janvier 1976 | 930 | 22320 | 1339200 | 80352000 |
| vendredi 30 janvier 1976 | 931 | 22344 | 1340640 | 80438400 |
| samedi 31 janvier 1976 | 932 | 22368 | 1342080 | 80524800 |
| dimanche 1 février 1976 | 933 | 22392 | 1343520 | 80611200 |
| lundi 2 février 1976 | 934 | 22416 | 1344960 | 80697600 |
| mardi 3 février 1976 | 935 | 22440 | 1346400 | 80784000 |
| mercredi 4 février 1976 | 936 | 22464 | 1347840 | 80870400 |
| jeudi 5 février 1976 | 937 | 22488 | 1349280 | 80956800 |
| vendredi 6 février 1976 | 938 | 22512 | 1350720 | 81043200 |
| samedi 7 février 1976 | 939 | 22536 | 1352160 | 81129600 |
| dimanche 8 février 1976 | 940 | 22560 | 1353600 | 81216000 |
| lundi 9 février 1976 | 941 | 22584 | 1355040 | 81302400 |
| mardi 10 février 1976 | 942 | 22608 | 1356480 | 81388800 |
| mercredi 11 février 1976 | 943 | 22632 | 1357920 | 81475200 |
| jeudi 12 février 1976 | 944 | 22656 | 1359360 | 81561600 |
| vendredi 13 février 1976 | 945 | 22680 | 1360800 | 81648000 |
| samedi 14 février 1976 | 946 | 22704 | 1362240 | 81734400 |
| dimanche 15 février 1976 | 947 | 22728 | 1363680 | 81820800 |
| lundi 16 février 1976 | 948 | 22752 | 1365120 | 81907200 |

| | | | | |
|---|---|---|---|---|
| mardi 17 février 1976 | 949 | 22776 | 1366560 | 81993600 |
| mercredi 18 février 1976 | 950 | 22800 | 1368000 | 82080000 |
| jeudi 19 février 1976 | 951 | 22824 | 1369440 | 82166400 |
| vendredi 20 février 1976 | 952 | 22848 | 1370880 | 82252800 |
| samedi 21 février 1976 | 953 | 22872 | 1372320 | 82339200 |
| dimanche 22 février 1976 | 954 | 22896 | 1373760 | 82425600 |
| lundi 23 février 1976 | 955 | 22920 | 1375200 | 82512000 |
| mardi 24 février 1976 | 956 | 22944 | 1376640 | 82598400 |
| mercredi 25 février 1976 | 957 | 22968 | 1378080 | 82684800 |
| jeudi 26 février 1976 | 958 | 22992 | 1379520 | 82771200 |
| vendredi 27 février 1976 | 959 | 23016 | 1380960 | 82857600 |
| samedi 28 février 1976 | 960 | 23040 | 1382400 | 82944000 |
| dimanche 29 février 1976 | 961 | 23064 | 1383840 | 83030400 |
| lundi 1 mars 1976 | 962 | 23088 | 1385280 | 83116800 |
| mardi 2 mars 1976 | 963 | 23112 | 1386720 | 83203200 |
| mercredi 3 mars 1976 | 964 | 23136 | 1388160 | 83289600 |
| jeudi 4 mars 1976 | 965 | 23160 | 1389600 | 83376000 |
| vendredi 5 mars 1976 | 966 | 23184 | 1391040 | 83462400 |
| samedi 6 mars 1976 | 967 | 23208 | 1392480 | 83548800 |
| dimanche 7 mars 1976 | 968 | 23232 | 1393920 | 83635200 |
| lundi 8 mars 1976 | 969 | 23256 | 1395360 | 83721600 |
| mardi 9 mars 1976 | 970 | 23280 | 1396800 | 83808000 |
| mercredi 10 mars 1976 | 971 | 23304 | 1398240 | 83894400 |
| jeudi 11 mars 1976 | 972 | 23328 | 1399680 | 83980800 |
| vendredi 12 mars 1976 | 973 | 23352 | 1401120 | 84067200 |
| samedi 13 mars 1976 | 974 | 23376 | 1402560 | 84153600 |
| dimanche 14 mars 1976 | 975 | 23400 | 1404000 | 84240000 |
| lundi 15 mars 1976 | 976 | 23424 | 1405440 | 84326400 |
| mardi 16 mars 1976 | 977 | 23448 | 1406880 | 84412800 |
| mercredi 17 mars 1976 | 978 | 23472 | 1408320 | 84499200 |
| jeudi 18 mars 1976 | 979 | 23496 | 1409760 | 84585600 |
| vendredi 19 mars 1976 | 980 | 23520 | 1411200 | 84672000 |
| samedi 20 mars 1976 | 981 | 23544 | 1412640 | 84758400 |
| dimanche 21 mars 1976 | 982 | 23568 | 1414080 | 84844800 |
| lundi 22 mars 1976 | 983 | 23592 | 1415520 | 84931200 |
| mardi 23 mars 1976 | 984 | 23616 | 1416960 | 85017600 |
| mercredi 24 mars 1976 | 985 | 23640 | 1418400 | 85104000 |
| jeudi 25 mars 1976 | 986 | 23664 | 1419840 | 85190400 |

| | | | | |
|---|---|---|---|---|
| vendredi 26 mars 1976 | 987 | 23688 | 1421280 | 85276800 |
| samedi 27 mars 1976 | 988 | 23712 | 1422720 | 85363200 |
| dimanche 28 mars 1976 | 989 | 23736 | 1424160 | 85449600 |
| lundi 29 mars 1976 | 990 | 23760 | 1425600 | 85536000 |
| mardi 30 mars 1976 | 991 | 23784 | 1427040 | 85622400 |
| mercredi 31 mars 1976 | 992 | 23808 | 1428480 | 85708800 |
| jeudi 1 avril 1976 | 993 | 23832 | 1429920 | 85795200 |
| vendredi 2 avril 1976 | 994 | 23856 | 1431360 | 85881600 |
| samedi 3 avril 1976 | 995 | 23880 | 1432800 | 85968000 |
| dimanche 4 avril 1976 | 996 | 23904 | 1434240 | 86054400 |
| lundi 5 avril 1976 | 997 | 23928 | 1435680 | 86140800 |
| mardi 6 avril 1976 | 998 | 23952 | 1437120 | 86227200 |
| mercredi 7 avril 1976 | 999 | 23976 | 1438560 | 86313600 |
| jeudi 8 avril 1976 | 1000 | 24000 | 1440000 | 86400000 |
| vendredi 9 avril 1976 | 1001 | 24024 | 1441440 | 86486400 |
| samedi 10 avril 1976 | 1002 | 24048 | 1442880 | 86572800 |
| dimanche 11 avril 1976 | 1003 | 24072 | 1444320 | 86659200 |
| lundi 12 avril 1976 | 1004 | 24096 | 1445760 | 86745600 |
| mardi 13 avril 1976 | 1005 | 24120 | 1447200 | 86832000 |
| mercredi 14 avril 1976 | 1006 | 24144 | 1448640 | 86918400 |
| jeudi 15 avril 1976 | 1007 | 24168 | 1450080 | 87004800 |
| vendredi 16 avril 1976 | 1008 | 24192 | 1451520 | 87091200 |
| samedi 17 avril 1976 | 1009 | 24216 | 1452960 | 87177600 |
| dimanche 18 avril 1976 | 1010 | 24240 | 1454400 | 87264000 |
| lundi 19 avril 1976 | 1011 | 24264 | 1455840 | 87350400 |
| mardi 20 avril 1976 | 1012 | 24288 | 1457280 | 87436800 |
| mercredi 21 avril 1976 | 1013 | 24312 | 1458720 | 87523200 |
| jeudi 22 avril 1976 | 1014 | 24336 | 1460160 | 87609600 |
| vendredi 23 avril 1976 | 1015 | 24360 | 1461600 | 87696000 |
| samedi 24 avril 1976 | 1016 | 24384 | 1463040 | 87782400 |
| dimanche 25 avril 1976 | 1017 | 24408 | 1464480 | 87868800 |
| lundi 26 avril 1976 | 1018 | 24432 | 1465920 | 87955200 |
| mardi 27 avril 1976 | 1019 | 24456 | 1467360 | 88041600 |
| mercredi 28 avril 1976 | 1020 | 24480 | 1468800 | 88128000 |
| jeudi 29 avril 1976 | 1021 | 24504 | 1470240 | 88214400 |
| vendredi 30 avril 1976 | 1022 | 24528 | 1471680 | 88300800 |
| samedi 1 mai 1976 | 1023 | 24552 | 1473120 | 88387200 |
| dimanche 2 mai 1976 | 1024 | 24576 | 1474560 | 88473600 |

| | | | | |
|---|---|---|---|---|
| lundi 3 mai 1976 | 1025 | 24600 | 1476000 | 88560000 |
| mardi 4 mai 1976 | 1026 | 24624 | 1477440 | 88646400 |
| mercredi 5 mai 1976 | 1027 | 24648 | 1478880 | 88732800 |
| jeudi 6 mai 1976 | 1028 | 24672 | 1480320 | 88819200 |
| vendredi 7 mai 1976 | 1029 | 24696 | 1481760 | 88905600 |
| samedi 8 mai 1976 | 1030 | 24720 | 1483200 | 88992000 |
| dimanche 9 mai 1976 | 1031 | 24744 | 1484640 | 89078400 |
| lundi 10 mai 1976 | 1032 | 24768 | 1486080 | 89164800 |
| mardi 11 mai 1976 | 1033 | 24792 | 1487520 | 89251200 |
| mercredi 12 mai 1976 | 1034 | 24816 | 1488960 | 89337600 |
| jeudi 13 mai 1976 | 1035 | 24840 | 1490400 | 89424000 |
| vendredi 14 mai 1976 | 1036 | 24864 | 1491840 | 89510400 |
| samedi 15 mai 1976 | 1037 | 24888 | 1493280 | 89596800 |
| dimanche 16 mai 1976 | 1038 | 24912 | 1494720 | 89683200 |
| lundi 17 mai 1976 | 1039 | 24936 | 1496160 | 89769600 |
| mardi 18 mai 1976 | 1040 | 24960 | 1497600 | 89856000 |
| mercredi 19 mai 1976 | 1041 | 24984 | 1499040 | 89942400 |
| jeudi 20 mai 1976 | 1042 | 25008 | 1500480 | 90028800 |
| vendredi 21 mai 1976 | 1043 | 25032 | 1501920 | 90115200 |
| samedi 22 mai 1976 | 1044 | 25056 | 1503360 | 90201600 |
| dimanche 23 mai 1976 | 1045 | 25080 | 1504800 | 90288000 |
| lundi 24 mai 1976 | 1046 | 25104 | 1506240 | 90374400 |
| mardi 25 mai 1976 | 1047 | 25128 | 1507680 | 90460800 |
| mercredi 26 mai 1976 | 1048 | 25152 | 1509120 | 90547200 |
| jeudi 27 mai 1976 | 1049 | 25176 | 1510560 | 90633600 |
| vendredi 28 mai 1976 | 1050 | 25200 | 1512000 | 90720000 |
| samedi 29 mai 1976 | 1051 | 25224 | 1513440 | 90806400 |
| dimanche 30 mai 1976 | 1052 | 25248 | 1514880 | 90892800 |
| lundi 31 mai 1976 | 1053 | 25272 | 1516320 | 90979200 |
| mardi 1 juin 1976 | 1054 | 25296 | 1517760 | 91065600 |
| mercredi 2 juin 1976 | 1055 | 25320 | 1519200 | 91152000 |
| jeudi 3 juin 1976 | 1056 | 25344 | 1520640 | 91238400 |
| vendredi 4 juin 1976 | 1057 | 25368 | 1522080 | 91324800 |
| samedi 5 juin 1976 | 1058 | 25392 | 1523520 | 91411200 |
| dimanche 6 juin 1976 | 1059 | 25416 | 1524960 | 91497600 |
| lundi 7 juin 1976 | 1060 | 25440 | 1526400 | 91584000 |
| mardi 8 juin 1976 | 1061 | 25464 | 1527840 | 91670400 |
| mercredi 9 juin 1976 | 1062 | 25488 | 1529280 | 91756800 |

| | | | |
|---|---|---|---|
| jeudi 10 juin 1976 | 1063 | 25512 | 1530720 | 91843200
| vendredi 11 juin 1976 | 1064 | 25536 | 1532160 | 91929600
| samedi 12 juin 1976 | 1065 | 25560 | 1533600 | 92016000
| dimanche 13 juin 1976 | 1066 | 25584 | 1535040 | 92102400
| lundi 14 juin 1976 | 1067 | 25608 | 1536480 | 92188800
| mardi 15 juin 1976 | 1068 | 25632 | 1537920 | 92275200
| mercredi 16 juin 1976 | 1069 | 25656 | 1539360 | 92361600
| jeudi 17 juin 1976 | 1070 | 25680 | 1540800 | 92448000
| vendredi 18 juin 1976 | 1071 | 25704 | 1542240 | 92534400
| samedi 19 juin 1976 | 1072 | 25728 | 1543680 | 92620800
| dimanche 20 juin 1976 | 1073 | 25752 | 1545120 | 92707200
| lundi 21 juin 1976 | 1074 | 25776 | 1546560 | 92793600
| mardi 22 juin 1976 | 1075 | 25800 | 1548000 | 92880000
| mercredi 23 juin 1976 | 1076 | 25824 | 1549440 | 92966400
| jeudi 24 juin 1976 | 1077 | 25848 | 1550880 | 93052800
| vendredi 25 juin 1976 | 1078 | 25872 | 1552320 | 93139200
| samedi 26 juin 1976 | 1079 | 25896 | 1553760 | 93225600
| dimanche 27 juin 1976 | 1080 | 25920 | 1555200 | 93312000
| lundi 28 juin 1976 | 1081 | 25944 | 1556640 | 93398400
| mardi 29 juin 1976 | 1082 | 25968 | 1558080 | 93484800
| mercredi 30 juin 1976 | 1083 | 25992 | 1559520 | 93571200
| jeudi 1 juillet 1976 | 1084 | 26016 | 1560960 | 93657600
| vendredi 2 juillet 1976 | 1085 | 26040 | 1562400 | 93744000
| samedi 3 juillet 1976 | 1086 | 26064 | 1563840 | 93830400
| dimanche 4 juillet 1976 | 1087 | 26088 | 1565280 | 93916800
| lundi 5 juillet 1976 | 1088 | 26112 | 1566720 | 94003200
| mardi 6 juillet 1976 | 1089 | 26136 | 1568160 | 94089600
| mercredi 7 juillet 1976 | 1090 | 26160 | 1569600 | 94176000
| jeudi 8 juillet 1976 | 1091 | 26184 | 1571040 | 94262400
| vendredi 9 juillet 1976 | 1092 | 26208 | 1572480 | 94348800
| samedi 10 juillet 1976 | 1093 | 26232 | 1573920 | 94435200
| dimanche 11 juillet 1976 | 1094 | 26256 | 1575360 | 94521600
| lundi 12 juillet 1976 | 1095 | 26280 | 1576800 | 94608000
| mardi 13 juillet 1976 | 1096 | 26304 | 1578240 | 94694400
| mercredi 14 juillet 1976 | 1097 | 26328 | 1579680 | 94780800
| jeudi 15 juillet 1976 | 1098 | 26352 | 1581120 | 94867200
| vendredi 16 juillet 1976 | 1099 | 26376 | 1582560 | 94953600
| samedi 17 juillet 1976 | 1100 | 26400 | 1584000 | 95040000

| | | | | |
|---|---|---|---|---|
| dimanche 18 juillet 1976 | 1101 | 26424 | 1585440 | 95126400 |
| lundi 19 juillet 1976 | 1102 | 26448 | 1586880 | 95212800 |
| mardi 20 juillet 1976 | 1103 | 26472 | 1588320 | 95299200 |
| mercredi 21 juillet 1976 | 1104 | 26496 | 1589760 | 95385600 |
| jeudi 22 juillet 1976 | 1105 | 26520 | 1591200 | 95472000 |
| vendredi 23 juillet 1976 | 1106 | 26544 | 1592640 | 95558400 |
| samedi 24 juillet 1976 | 1107 | 26568 | 1594080 | 95644800 |
| dimanche 25 juillet 1976 | 1108 | 26592 | 1595520 | 95731200 |
| lundi 26 juillet 1976 | 1109 | 26616 | 1596960 | 95817600 |
| mardi 27 juillet 1976 | 1110 | 26640 | 1598400 | 95904000 |
| mercredi 28 juillet 1976 | 1111 | 26664 | 1599840 | 95990400 |
| jeudi 29 juillet 1976 | 1112 | 26688 | 1601280 | 96076800 |
| vendredi 30 juillet 1976 | 1113 | 26712 | 1602720 | 96163200 |
| samedi 31 juillet 1976 | 1114 | 26736 | 1604160 | 96249600 |
| dimanche 1 août 1976 | 1115 | 26760 | 1605600 | 96336000 |
| lundi 2 août 1976 | 1116 | 26784 | 1607040 | 96422400 |
| mardi 3 août 1976 | 1117 | 26808 | 1608480 | 96508800 |
| mercredi 4 août 1976 | 1118 | 26832 | 1609920 | 96595200 |
| jeudi 5 août 1976 | 1119 | 26856 | 1611360 | 96681600 |
| vendredi 6 août 1976 | 1120 | 26880 | 1612800 | 96768000 |
| samedi 7 août 1976 | 1121 | 26904 | 1614240 | 96854400 |
| dimanche 8 août 1976 | 1122 | 26928 | 1615680 | 96940800 |
| lundi 9 août 1976 | 1123 | 26952 | 1617120 | 97027200 |
| mardi 10 août 1976 | 1124 | 26976 | 1618560 | 97113600 |
| mercredi 11 août 1976 | 1125 | 27000 | 1620000 | 97200000 |
| jeudi 12 août 1976 | 1126 | 27024 | 1621440 | 97286400 |
| vendredi 13 août 1976 | 1127 | 27048 | 1622880 | 97372800 |
| samedi 14 août 1976 | 1128 | 27072 | 1624320 | 97459200 |
| dimanche 15 août 1976 | 1129 | 27096 | 1625760 | 97545600 |
| lundi 16 août 1976 | 1130 | 27120 | 1627200 | 97632000 |
| mardi 17 août 1976 | 1131 | 27144 | 1628640 | 97718400 |
| mercredi 18 août 1976 | 1132 | 27168 | 1630080 | 97804800 |
| jeudi 19 août 1976 | 1133 | 27192 | 1631520 | 97891200 |
| vendredi 20 août 1976 | 1134 | 27216 | 1632960 | 97977600 |
| samedi 21 août 1976 | 1135 | 27240 | 1634400 | 98064000 |
| dimanche 22 août 1976 | 1136 | 27264 | 1635840 | 98150400 |
| lundi 23 août 1976 | 1137 | 27288 | 1637280 | 98236800 |
| mardi 24 août 1976 | 1138 | 27312 | 1638720 | 98323200 |

| | | | |
|---|---|---|---|
| mercredi 25 août 1976 | 1139 | 27336 | 1640160 | 98409600 |
| jeudi 26 août 1976 | 1140 | 27360 | 1641600 | 98496000 |
| vendredi 27 août 1976 | 1141 | 27384 | 1643040 | 98582400 |
| samedi 28 août 1976 | 1142 | 27408 | 1644480 | 98668800 |
| dimanche 29 août 1976 | 1143 | 27432 | 1645920 | 98755200 |
| lundi 30 août 1976 | 1144 | 27456 | 1647360 | 98841600 |
| mardi 31 août 1976 | 1145 | 27480 | 1648800 | 98928000 |
| mercredi 1 septembre 1976 | 1146 | 27504 | 1650240 | 99014400 |
| jeudi 2 septembre 1976 | 1147 | 27528 | 1651680 | 99100800 |
| vendredi 3 septembre 1976 | 1148 | 27552 | 1653120 | 99187200 |
| samedi 4 septembre 1976 | 1149 | 27576 | 1654560 | 99273600 |
| dimanche 5 septembre 1976 | 1150 | 27600 | 1656000 | 99360000 |
| lundi 6 septembre 1976 | 1151 | 27624 | 1657440 | 99446400 |
| mardi 7 septembre 1976 | 1152 | 27648 | 1658880 | 99532800 |
| mercredi 8 septembre 1976 | 1153 | 27672 | 1660320 | 99619200 |
| jeudi 9 septembre 1976 | 1154 | 27696 | 1661760 | 99705600 |
| vendredi 10 septembre 1976 | 1155 | 27720 | 1663200 | 99792000 |
| samedi 11 septembre 1976 | 1156 | 27744 | 1664640 | 99878400 |
| dimanche 12 septembre 1976 | 1157 | 27768 | 1666080 | 99964800 |
| lundi 13 septembre 1976 | 1158 | 27792 | 1667520 | 100051200 |
| mardi 14 septembre 1976 | 1159 | 27816 | 1668960 | 100137600 |
| mercredi 15 septembre 1976 | 1160 | 27840 | 1670400 | 100224000 |
| jeudi 16 septembre 1976 | 1161 | 27864 | 1671840 | 100310400 |
| vendredi 17 septembre 1976 | 1162 | 27888 | 1673280 | 100396800 |
| samedi 18 septembre 1976 | 1163 | 27912 | 1674720 | 100483200 |
| dimanche 19 septembre 1976 | 1164 | 27936 | 1676160 | 100569600 |
| lundi 20 septembre 1976 | 1165 | 27960 | 1677600 | 100656000 |
| mardi 21 septembre 1976 | 1166 | 27984 | 1679040 | 100742400 |
| mercredi 22 septembre 1976 | 1167 | 28008 | 1680480 | 100828800 |
| jeudi 23 septembre 1976 | 1168 | 28032 | 1681920 | 100915200 |
| vendredi 24 septembre 1976 | 1169 | 28056 | 1683360 | 101001600 |
| samedi 25 septembre 1976 | 1170 | 28080 | 1684800 | 101088000 |
| dimanche 26 septembre 1976 | 1171 | 28104 | 1686240 | 101174400 |
| lundi 27 septembre 1976 | 1172 | 28128 | 1687680 | 101260800 |
| mardi 28 septembre 1976 | 1173 | 28152 | 1689120 | 101347200 |
| mercredi 29 septembre 1976 | 1174 | 28176 | 1690560 | 101433600 |
| jeudi 30 septembre 1976 | 1175 | 28200 | 1692000 | 101520000 |
| vendredi 1 octobre 1976 | 1176 | 28224 | 1693440 | 101606400 |

| | | | | |
|---|---|---|---|---|
| samedi 2 octobre 1976 | 1177 | 28248 | 1694880 | 101692800 |
| dimanche 3 octobre 1976 | 1178 | 28272 | 1696320 | 101779200 |
| lundi 4 octobre 1976 | 1179 | 28296 | 1697760 | 101865600 |
| mardi 5 octobre 1976 | 1180 | 28320 | 1699200 | 101952000 |
| mercredi 6 octobre 1976 | 1181 | 28344 | 1700640 | 102038400 |
| jeudi 7 octobre 1976 | 1182 | 28368 | 1702080 | 102124800 |
| vendredi 8 octobre 1976 | 1183 | 28392 | 1703520 | 102211200 |
| samedi 9 octobre 1976 | 1184 | 28416 | 1704960 | 102297600 |
| dimanche 10 octobre 1976 | 1185 | 28440 | 1706400 | 102384000 |
| lundi 11 octobre 1976 | 1186 | 28464 | 1707840 | 102470400 |
| mardi 12 octobre 1976 | 1187 | 28488 | 1709280 | 102556800 |
| mercredi 13 octobre 1976 | 1188 | 28512 | 1710720 | 102643200 |
| jeudi 14 octobre 1976 | 1189 | 28536 | 1712160 | 102729600 |
| vendredi 15 octobre 1976 | 1190 | 28560 | 1713600 | 102816000 |
| samedi 16 octobre 1976 | 1191 | 28584 | 1715040 | 102902400 |
| dimanche 17 octobre 1976 | 1192 | 28608 | 1716480 | 102988800 |
| lundi 18 octobre 1976 | 1193 | 28632 | 1717920 | 103075200 |
| mardi 19 octobre 1976 | 1194 | 28656 | 1719360 | 103161600 |
| mercredi 20 octobre 1976 | 1195 | 28680 | 1720800 | 103248000 |
| jeudi 21 octobre 1976 | 1196 | 28704 | 1722240 | 103334400 |
| vendredi 22 octobre 1976 | 1197 | 28728 | 1723680 | 103420800 |
| samedi 23 octobre 1976 | 1198 | 28752 | 1725120 | 103507200 |
| dimanche 24 octobre 1976 | 1199 | 28776 | 1726560 | 103593600 |
| lundi 25 octobre 1976 | 1200 | 28800 | 1728000 | 103680000 |
| mardi 26 octobre 1976 | 1201 | 28824 | 1729440 | 103766400 |
| mercredi 27 octobre 1976 | 1202 | 28848 | 1730880 | 103852800 |
| jeudi 28 octobre 1976 | 1203 | 28872 | 1732320 | 103939200 |
| vendredi 29 octobre 1976 | 1204 | 28896 | 1733760 | 104025600 |
| samedi 30 octobre 1976 | 1205 | 28920 | 1735200 | 104112000 |
| dimanche 31 octobre 1976 | 1206 | 28944 | 1736640 | 104198400 |
| lundi 1 novembre 1976 | 1207 | 28968 | 1738080 | 104284800 |
| mardi 2 novembre 1976 | 1208 | 28992 | 1739520 | 104371200 |
| mercredi 3 novembre 1976 | 1209 | 29016 | 1740960 | 104457600 |
| jeudi 4 novembre 1976 | 1210 | 29040 | 1742400 | 104544000 |
| vendredi 5 novembre 1976 | 1211 | 29064 | 1743840 | 104630400 |
| samedi 6 novembre 1976 | 1212 | 29088 | 1745280 | 104716800 |
| dimanche 7 novembre 1976 | 1213 | 29112 | 1746720 | 104803200 |
| lundi 8 novembre 1976 | 1214 | 29136 | 1748160 | 104889600 |

| | | | | |
|---|---|---|---|---|
| mardi 9 novembre 1976 | 1215 | 29160 | 1749600 | 104976000 |
| mercredi 10 novembre 1976 | 1216 | 29184 | 1751040 | 105062400 |
| jeudi 11 novembre 1976 | 1217 | 29208 | 1752480 | 105148800 |
| vendredi 12 novembre 1976 | 1218 | 29232 | 1753920 | 105235200 |
| samedi 13 novembre 1976 | 1219 | 29256 | 1755360 | 105321600 |
| dimanche 14 novembre 1976 | 1220 | 29280 | 1756800 | 105408000 |
| lundi 15 novembre 1976 | 1221 | 29304 | 1758240 | 105494400 |
| mardi 16 novembre 1976 | 1222 | 29328 | 1759680 | 105580800 |
| mercredi 17 novembre 1976 | 1223 | 29352 | 1761120 | 105667200 |
| jeudi 18 novembre 1976 | 1224 | 29376 | 1762560 | 105753600 |
| vendredi 19 novembre 1976 | 1225 | 29400 | 1764000 | 105840000 |
| samedi 20 novembre 1976 | 1226 | 29424 | 1765440 | 105926400 |
| dimanche 21 novembre 1976 | 1227 | 29448 | 1766880 | 106012800 |
| lundi 22 novembre 1976 | 1228 | 29472 | 1768320 | 106099200 |
| mardi 23 novembre 1976 | 1229 | 29496 | 1769760 | 106185600 |
| mercredi 24 novembre 1976 | 1230 | 29520 | 1771200 | 106272000 |
| jeudi 25 novembre 1976 | 1231 | 29544 | 1772640 | 106358400 |
| vendredi 26 novembre 1976 | 1232 | 29568 | 1774080 | 106444800 |
| samedi 27 novembre 1976 | 1233 | 29592 | 1775520 | 106531200 |
| dimanche 28 novembre 1976 | 1234 | 29616 | 1776960 | 106617600 |
| lundi 29 novembre 1976 | 1235 | 29640 | 1778400 | 106704000 |
| mardi 30 novembre 1976 | 1236 | 29664 | 1779840 | 106790400 |
| mercredi 1 décembre 1976 | 1237 | 29688 | 1781280 | 106876800 |
| jeudi 2 décembre 1976 | 1238 | 29712 | 1782720 | 106963200 |
| vendredi 3 décembre 1976 | 1239 | 29736 | 1784160 | 107049600 |
| samedi 4 décembre 1976 | 1240 | 29760 | 1785600 | 107136000 |
| dimanche 5 décembre 1976 | 1241 | 29784 | 1787040 | 107222400 |
| lundi 6 décembre 1976 | 1242 | 29808 | 1788480 | 107308800 |
| mardi 7 décembre 1976 | 1243 | 29832 | 1789920 | 107395200 |
| mercredi 8 décembre 1976 | 1244 | 29856 | 1791360 | 107481600 |
| jeudi 9 décembre 1976 | 1245 | 29880 | 1792800 | 107568000 |
| vendredi 10 décembre 1976 | 1246 | 29904 | 1794240 | 107654400 |
| samedi 11 décembre 1976 | 1247 | 29928 | 1795680 | 107740800 |
| dimanche 12 décembre 1976 | 1248 | 29952 | 1797120 | 107827200 |
| lundi 13 décembre 1976 | 1249 | 29976 | 1798560 | 107913600 |
| mardi 14 décembre 1976 | 1250 | 30000 | 1800000 | 108000000 |
| mercredi 15 décembre 1976 | 1251 | 30024 | 1801440 | 108086400 |
| jeudi 16 décembre 1976 | 1252 | 30048 | 1802880 | 108172800 |

| | | | | |
|---|---|---|---|---|
| vendredi 17 décembre 1976 | 1253 | 30072 | 1804320 | 108259200 |
| samedi 18 décembre 1976 | 1254 | 30096 | 1805760 | 108345600 |
| dimanche 19 décembre 1976 | 1255 | 30120 | 1807200 | 108432000 |
| lundi 20 décembre 1976 | 1256 | 30144 | 1808640 | 108518400 |
| mardi 21 décembre 1976 | 1257 | 30168 | 1810080 | 108604800 |
| mercredi 22 décembre 1976 | 1258 | 30192 | 1811520 | 108691200 |
| jeudi 23 décembre 1976 | 1259 | 30216 | 1812960 | 108777600 |
| vendredi 24 décembre 1976 | 1260 | 30240 | 1814400 | 108864000 |
| samedi 25 décembre 1976 | 1261 | 30264 | 1815840 | 108950400 |
| dimanche 26 décembre 1976 | 1262 | 30288 | 1817280 | 109036800 |
| lundi 27 décembre 1976 | 1263 | 30312 | 1818720 | 109123200 |
| mardi 28 décembre 1976 | 1264 | 30336 | 1820160 | 109209600 |
| mercredi 29 décembre 1976 | 1265 | 30360 | 1821600 | 109296000 |
| jeudi 30 décembre 1976 | 1266 | 30384 | 1823040 | 109382400 |
| vendredi 31 décembre 1976 | 1267 | 30408 | 1824480 | 109468800 |
| samedi 1 janvier 1977 | 1268 | 30432 | 1825920 | 109555200 |
| dimanche 2 janvier 1977 | 1269 | 30456 | 1827360 | 109641600 |
| lundi 3 janvier 1977 | 1270 | 30480 | 1828800 | 109728000 |
| mardi 4 janvier 1977 | 1271 | 30504 | 1830240 | 109814400 |
| mercredi 5 janvier 1977 | 1272 | 30528 | 1831680 | 109900800 |
| jeudi 6 janvier 1977 | 1273 | 30552 | 1833120 | 109987200 |
| vendredi 7 janvier 1977 | 1274 | 30576 | 1834560 | 110073600 |
| samedi 8 janvier 1977 | 1275 | 30600 | 1836000 | 110160000 |
| dimanche 9 janvier 1977 | 1276 | 30624 | 1837440 | 110246400 |
| lundi 10 janvier 1977 | 1277 | 30648 | 1838880 | 110332800 |
| mardi 11 janvier 1977 | 1278 | 30672 | 1840320 | 110419200 |
| mercredi 12 janvier 1977 | 1279 | 30696 | 1841760 | 110505600 |
| jeudi 13 janvier 1977 | 1280 | 30720 | 1843200 | 110592000 |
| vendredi 14 janvier 1977 | 1281 | 30744 | 1844640 | 110678400 |
| samedi 15 janvier 1977 | 1282 | 30768 | 1846080 | 110764800 |
| dimanche 16 janvier 1977 | 1283 | 30792 | 1847520 | 110851200 |
| lundi 17 janvier 1977 | 1284 | 30816 | 1848960 | 110937600 |
| mardi 18 janvier 1977 | 1285 | 30840 | 1850400 | 111024000 |
| mercredi 19 janvier 1977 | 1286 | 30864 | 1851840 | 111110400 |
| jeudi 20 janvier 1977 | 1287 | 30888 | 1853280 | 111196800 |
| vendredi 21 janvier 1977 | 1288 | 30912 | 1854720 | 111283200 |
| samedi 22 janvier 1977 | 1289 | 30936 | 1856160 | 111369600 |
| dimanche 23 janvier 1977 | 1290 | 30960 | 1857600 | 111456000 |

| | | | | |
|---|---|---|---|---|
| lundi 24 janvier 1977 | 1291 | 30984 | 1859040 | 111542400 |
| mardi 25 janvier 1977 | 1292 | 31008 | 1860480 | 111628800 |
| mercredi 26 janvier 1977 | 1293 | 31032 | 1861920 | 111715200 |
| jeudi 27 janvier 1977 | 1294 | 31056 | 1863360 | 111801600 |
| vendredi 28 janvier 1977 | 1295 | 31080 | 1864800 | 111888000 |
| samedi 29 janvier 1977 | 1296 | 31104 | 1866240 | 111974400 |
| dimanche 30 janvier 1977 | 1297 | 31128 | 1867680 | 112060800 |
| lundi 31 janvier 1977 | 1298 | 31152 | 1869120 | 112147200 |
| mardi 1 février 1977 | 1299 | 31176 | 1870560 | 112233600 |
| mercredi 2 février 1977 | 1300 | 31200 | 1872000 | 112320000 |
| jeudi 3 février 1977 | 1301 | 31224 | 1873440 | 112406400 |
| vendredi 4 février 1977 | 1302 | 31248 | 1874880 | 112492800 |
| samedi 5 février 1977 | 1303 | 31272 | 1876320 | 112579200 |
| dimanche 6 février 1977 | 1304 | 31296 | 1877760 | 112665600 |
| lundi 7 février 1977 | 1305 | 31320 | 1879200 | 112752000 |
| mardi 8 février 1977 | 1306 | 31344 | 1880640 | 112838400 |
| mercredi 9 février 1977 | 1307 | 31368 | 1882080 | 112924800 |
| jeudi 10 février 1977 | 1308 | 31392 | 1883520 | 113011200 |
| vendredi 11 février 1977 | 1309 | 31416 | 1884960 | 113097600 |
| samedi 12 février 1977 | 1310 | 31440 | 1886400 | 113184000 |
| dimanche 13 février 1977 | 1311 | 31464 | 1887840 | 113270400 |
| lundi 14 février 1977 | 1312 | 31488 | 1889280 | 113356800 |
| mardi 15 février 1977 | 1313 | 31512 | 1890720 | 113443200 |
| mercredi 16 février 1977 | 1314 | 31536 | 1892160 | 113529600 |
| jeudi 17 février 1977 | 1315 | 31560 | 1893600 | 113616000 |
| vendredi 18 février 1977 | 1316 | 31584 | 1895040 | 113702400 |
| samedi 19 février 1977 | 1317 | 31608 | 1896480 | 113788800 |
| dimanche 20 février 1977 | 1318 | 31632 | 1897920 | 113875200 |
| lundi 21 février 1977 | 1319 | 31656 | 1899360 | 113961600 |
| mardi 22 février 1977 | 1320 | 31680 | 1900800 | 114048000 |
| mercredi 23 février 1977 | 1321 | 31704 | 1902240 | 114134400 |
| jeudi 24 février 1977 | 1322 | 31728 | 1903680 | 114220800 |
| vendredi 25 février 1977 | 1323 | 31752 | 1905120 | 114307200 |
| samedi 26 février 1977 | 1324 | 31776 | 1906560 | 114393600 |
| dimanche 27 février 1977 | 1325 | 31800 | 1908000 | 114480000 |
| lundi 28 février 1977 | 1326 | 31824 | 1909440 | 114566400 |
| mardi 1 mars 1977 | 1327 | 31848 | 1910880 | 114652800 |
| mercredi 2 mars 1977 | 1328 | 31872 | 1912320 | 114739200 |

| | | | | |
|---|---|---|---|---|
| jeudi 3 mars 1977 | 1329 | 31896 | 1913760 | 114825600 |
| vendredi 4 mars 1977 | 1330 | 31920 | 1915200 | 114912000 |
| samedi 5 mars 1977 | 1331 | 31944 | 1916640 | 114998400 |
| dimanche 6 mars 1977 | 1332 | 31968 | 1918080 | 115084800 |
| lundi 7 mars 1977 | 1333 | 31992 | 1919520 | 115171200 |
| mardi 8 mars 1977 | 1334 | 32016 | 1920960 | 115257600 |
| mercredi 9 mars 1977 | 1335 | 32040 | 1922400 | 115344000 |
| jeudi 10 mars 1977 | 1336 | 32064 | 1923840 | 115430400 |
| vendredi 11 mars 1977 | 1337 | 32088 | 1925280 | 115516800 |
| samedi 12 mars 1977 | 1338 | 32112 | 1926720 | 115603200 |
| dimanche 13 mars 1977 | 1339 | 32136 | 1928160 | 115689600 |
| lundi 14 mars 1977 | 1340 | 32160 | 1929600 | 115776000 |
| mardi 15 mars 1977 | 1341 | 32184 | 1931040 | 115862400 |
| mercredi 16 mars 1977 | 1342 | 32208 | 1932480 | 115948800 |
| jeudi 17 mars 1977 | 1343 | 32232 | 1933920 | 116035200 |
| vendredi 18 mars 1977 | 1344 | 32256 | 1935360 | 116121600 |
| samedi 19 mars 1977 | 1345 | 32280 | 1936800 | 116208000 |
| dimanche 20 mars 1977 | 1346 | 32304 | 1938240 | 116294400 |
| lundi 21 mars 1977 | 1347 | 32328 | 1939680 | 116380800 |
| mardi 22 mars 1977 | 1348 | 32352 | 1941120 | 116467200 |
| mercredi 23 mars 1977 | 1349 | 32376 | 1942560 | 116553600 |
| jeudi 24 mars 1977 | 1350 | 32400 | 1944000 | 116640000 |
| vendredi 25 mars 1977 | 1351 | 32424 | 1945440 | 116726400 |
| samedi 26 mars 1977 | 1352 | 32448 | 1946880 | 116812800 |
| dimanche 27 mars 1977 | 1353 | 32472 | 1948320 | 116899200 |
| lundi 28 mars 1977 | 1354 | 32496 | 1949760 | 116985600 |
| mardi 29 mars 1977 | 1355 | 32520 | 1951200 | 117072000 |
| mercredi 30 mars 1977 | 1356 | 32544 | 1952640 | 117158400 |
| jeudi 31 mars 1977 | 1357 | 32568 | 1954080 | 117244800 |
| vendredi 1 avril 1977 | 1358 | 32592 | 1955520 | 117331200 |
| samedi 2 avril 1977 | 1359 | 32616 | 1956960 | 117417600 |
| dimanche 3 avril 1977 | 1360 | 32640 | 1958400 | 117504000 |
| lundi 4 avril 1977 | 1361 | 32664 | 1959840 | 117590400 |
| mardi 5 avril 1977 | 1362 | 32688 | 1961280 | 117676800 |
| mercredi 6 avril 1977 | 1363 | 32712 | 1962720 | 117763200 |
| jeudi 7 avril 1977 | 1364 | 32736 | 1964160 | 117849600 |
| vendredi 8 avril 1977 | 1365 | 32760 | 1965600 | 117936000 |
| samedi 9 avril 1977 | 1366 | 32784 | 1967040 | 118022400 |

| | | | | |
|---|---|---|---|---|
| dimanche 10 avril 1977 | 1367 | 32808 | 1968480 | 118108800 |
| lundi 11 avril 1977 | 1368 | 32832 | 1969920 | 118195200 |
| mardi 12 avril 1977 | 1369 | 32856 | 1971360 | 118281600 |
| mercredi 13 avril 1977 | 1370 | 32880 | 1972800 | 118368000 |
| jeudi 14 avril 1977 | 1371 | 32904 | 1974240 | 118454400 |
| vendredi 15 avril 1977 | 1372 | 32928 | 1975680 | 118540800 |
| samedi 16 avril 1977 | 1373 | 32952 | 1977120 | 118627200 |
| dimanche 17 avril 1977 | 1374 | 32976 | 1978560 | 118713600 |
| lundi 18 avril 1977 | 1375 | 33000 | 1980000 | 118800000 |
| mardi 19 avril 1977 | 1376 | 33024 | 1981440 | 118886400 |
| mercredi 20 avril 1977 | 1377 | 33048 | 1982880 | 118972800 |
| jeudi 21 avril 1977 | 1378 | 33072 | 1984320 | 119059200 |
| vendredi 22 avril 1977 | 1379 | 33096 | 1985760 | 119145600 |
| samedi 23 avril 1977 | 1380 | 33120 | 1987200 | 119232000 |
| dimanche 24 avril 1977 | 1381 | 33144 | 1988640 | 119318400 |
| lundi 25 avril 1977 | 1382 | 33168 | 1990080 | 119404800 |
| mardi 26 avril 1977 | 1383 | 33192 | 1991520 | 119491200 |
| mercredi 27 avril 1977 | 1384 | 33216 | 1992960 | 119577600 |
| jeudi 28 avril 1977 | 1385 | 33240 | 1994400 | 119664000 |
| vendredi 29 avril 1977 | 1386 | 33264 | 1995840 | 119750400 |
| samedi 30 avril 1977 | 1387 | 33288 | 1997280 | 119836800 |
| dimanche 1 mai 1977 | 1388 | 33312 | 1998720 | 119923200 |
| lundi 2 mai 1977 | 1389 | 33336 | 2000160 | 120009600 |
| mardi 3 mai 1977 | 1390 | 33360 | 2001600 | 120096000 |
| mercredi 4 mai 1977 | 1391 | 33384 | 2003040 | 120182400 |
| jeudi 5 mai 1977 | 1392 | 33408 | 2004480 | 120268800 |
| vendredi 6 mai 1977 | 1393 | 33432 | 2005920 | 120355200 |
| samedi 7 mai 1977 | 1394 | 33456 | 2007360 | 120441600 |
| dimanche 8 mai 1977 | 1395 | 33480 | 2008800 | 120528000 |
| lundi 9 mai 1977 | 1396 | 33504 | 2010240 | 120614400 |
| mardi 10 mai 1977 | 1397 | 33528 | 2011680 | 120700800 |
| mercredi 11 mai 1977 | 1398 | 33552 | 2013120 | 120787200 |
| jeudi 12 mai 1977 | 1399 | 33576 | 2014560 | 120873600 |
| vendredi 13 mai 1977 | 1400 | 33600 | 2016000 | 120960000 |
| samedi 14 mai 1977 | 1401 | 33624 | 2017440 | 121046400 |
| dimanche 15 mai 1977 | 1402 | 33648 | 2018880 | 121132800 |
| lundi 16 mai 1977 | 1403 | 33672 | 2020320 | 121219200 |
| mardi 17 mai 1977 | 1404 | 33696 | 2021760 | 121305600 |

| | | | | |
|---|---|---|---|---|
| mercredi 18 mai 1977 | 1405 | 33720 | 2023200 | 121392000 |
| jeudi 19 mai 1977 | 1406 | 33744 | 2024640 | 121478400 |
| vendredi 20 mai 1977 | 1407 | 33768 | 2026080 | 121564800 |
| samedi 21 mai 1977 | 1408 | 33792 | 2027520 | 121651200 |
| dimanche 22 mai 1977 | 1409 | 33816 | 2028960 | 121737600 |
| lundi 23 mai 1977 | 1410 | 33840 | 2030400 | 121824000 |
| mardi 24 mai 1977 | 1411 | 33864 | 2031840 | 121910400 |
| mercredi 25 mai 1977 | 1412 | 33888 | 2033280 | 121996800 |
| jeudi 26 mai 1977 | 1413 | 33912 | 2034720 | 122083200 |
| vendredi 27 mai 1977 | 1414 | 33936 | 2036160 | 122169600 |
| samedi 28 mai 1977 | 1415 | 33960 | 2037600 | 122256000 |
| dimanche 29 mai 1977 | 1416 | 33984 | 2039040 | 122342400 |
| lundi 30 mai 1977 | 1417 | 34008 | 2040480 | 122428800 |
| mardi 31 mai 1977 | 1418 | 34032 | 2041920 | 122515200 |
| mercredi 1 juin 1977 | 1419 | 34056 | 2043360 | 122601600 |
| jeudi 2 juin 1977 | 1420 | 34080 | 2044800 | 122688000 |
| vendredi 3 juin 1977 | 1421 | 34104 | 2046240 | 122774400 |
| samedi 4 juin 1977 | 1422 | 34128 | 2047680 | 122860800 |
| dimanche 5 juin 1977 | 1423 | 34152 | 2049120 | 122947200 |
| lundi 6 juin 1977 | 1424 | 34176 | 2050560 | 123033600 |
| mardi 7 juin 1977 | 1425 | 34200 | 2052000 | 123120000 |
| mercredi 8 juin 1977 | 1426 | 34224 | 2053440 | 123206400 |
| jeudi 9 juin 1977 | 1427 | 34248 | 2054880 | 123292800 |
| vendredi 10 juin 1977 | 1428 | 34272 | 2056320 | 123379200 |
| samedi 11 juin 1977 | 1429 | 34296 | 2057760 | 123465600 |
| dimanche 12 juin 1977 | 1430 | 34320 | 2059200 | 123552000 |
| lundi 13 juin 1977 | 1431 | 34344 | 2060640 | 123638400 |
| mardi 14 juin 1977 | 1432 | 34368 | 2062080 | 123724800 |
| mercredi 15 juin 1977 | 1433 | 34392 | 2063520 | 123811200 |
| jeudi 16 juin 1977 | 1434 | 34416 | 2064960 | 123897600 |
| vendredi 17 juin 1977 | 1435 | 34440 | 2066400 | 123984000 |
| samedi 18 juin 1977 | 1436 | 34464 | 2067840 | 124070400 |
| dimanche 19 juin 1977 | 1437 | 34488 | 2069280 | 124156800 |
| lundi 20 juin 1977 | 1438 | 34512 | 2070720 | 124243200 |
| mardi 21 juin 1977 | 1439 | 34536 | 2072160 | 124329600 |
| mercredi 22 juin 1977 | 1440 | 34560 | 2073600 | 124416000 |
| jeudi 23 juin 1977 | 1441 | 34584 | 2075040 | 124502400 |
| vendredi 24 juin 1977 | 1442 | 34608 | 2076480 | 124588800 |

| | | | | |
|---|---|---|---|---|
| samedi 25 juin 1977 | 1443 | 34632 | 2077920 | 124675200 |
| dimanche 26 juin 1977 | 1444 | 34656 | 2079360 | 124761600 |
| lundi 27 juin 1977 | 1445 | 34680 | 2080800 | 124848000 |
| mardi 28 juin 1977 | 1446 | 34704 | 2082240 | 124934400 |
| mercredi 29 juin 1977 | 1447 | 34728 | 2083680 | 125020800 |
| jeudi 30 juin 1977 | 1448 | 34752 | 2085120 | 125107200 |
| vendredi 1 juillet 1977 | 1449 | 34776 | 2086560 | 125193600 |
| samedi 2 juillet 1977 | 1450 | 34800 | 2088000 | 125280000 |
| dimanche 3 juillet 1977 | 1451 | 34824 | 2089440 | 125366400 |
| lundi 4 juillet 1977 | 1452 | 34848 | 2090880 | 125452800 |
| mardi 5 juillet 1977 | 1453 | 34872 | 2092320 | 125539200 |
| mercredi 6 juillet 1977 | 1454 | 34896 | 2093760 | 125625600 |
| jeudi 7 juillet 1977 | 1455 | 34920 | 2095200 | 125712000 |
| vendredi 8 juillet 1977 | 1456 | 34944 | 2096640 | 125798400 |
| samedi 9 juillet 1977 | 1457 | 34968 | 2098080 | 125884800 |
| dimanche 10 juillet 1977 | 1458 | 34992 | 2099520 | 125971200 |
| lundi 11 juillet 1977 | 1459 | 35016 | 2100960 | 126057600 |
| mardi 12 juillet 1977 | 1460 | 35040 | 2102400 | 126144000 |
| mercredi 13 juillet 1977 | 1461 | 35064 | 2103840 | 126230400 |
| jeudi 14 juillet 1977 | 1462 | 35088 | 2105280 | 126316800 |
| vendredi 15 juillet 1977 | 1463 | 35112 | 2106720 | 126403200 |
| samedi 16 juillet 1977 | 1464 | 35136 | 2108160 | 126489600 |
| dimanche 17 juillet 1977 | 1465 | 35160 | 2109600 | 126576000 |
| lundi 18 juillet 1977 | 1466 | 35184 | 2111040 | 126662400 |
| mardi 19 juillet 1977 | 1467 | 35208 | 2112480 | 126748800 |
| mercredi 20 juillet 1977 | 1468 | 35232 | 2113920 | 126835200 |
| jeudi 21 juillet 1977 | 1469 | 35256 | 2115360 | 126921600 |
| vendredi 22 juillet 1977 | 1470 | 35280 | 2116800 | 127008000 |
| samedi 23 juillet 1977 | 1471 | 35304 | 2118240 | 127094400 |
| dimanche 24 juillet 1977 | 1472 | 35328 | 2119680 | 127180800 |
| lundi 25 juillet 1977 | 1473 | 35352 | 2121120 | 127267200 |
| mardi 26 juillet 1977 | 1474 | 35376 | 2122560 | 127353600 |
| mercredi 27 juillet 1977 | 1475 | 35400 | 2124000 | 127440000 |
| jeudi 28 juillet 1977 | 1476 | 35424 | 2125440 | 127526400 |
| vendredi 29 juillet 1977 | 1477 | 35448 | 2126880 | 127612800 |
| samedi 30 juillet 1977 | 1478 | 35472 | 2128320 | 127699200 |
| dimanche 31 juillet 1977 | 1479 | 35496 | 2129760 | 127785600 |
| lundi 1 août 1977 | 1480 | 35520 | 2131200 | 127872000 |

| | | | | |
|---|---|---|---|---|
| mardi 2 août 1977 | 1481 | 35544 | 2132640 | 127958400 |
| mercredi 3 août 1977 | 1482 | 35568 | 2134080 | 128044800 |
| jeudi 4 août 1977 | 1483 | 35592 | 2135520 | 128131200 |
| vendredi 5 août 1977 | 1484 | 35616 | 2136960 | 128217600 |
| samedi 6 août 1977 | 1485 | 35640 | 2138400 | 128304000 |
| dimanche 7 août 1977 | 1486 | 35664 | 2139840 | 128390400 |
| lundi 8 août 1977 | 1487 | 35688 | 2141280 | 128476800 |
| mardi 9 août 1977 | 1488 | 35712 | 2142720 | 128563200 |
| mercredi 10 août 1977 | 1489 | 35736 | 2144160 | 128649600 |
| jeudi 11 août 1977 | 1490 | 35760 | 2145600 | 128736000 |
| vendredi 12 août 1977 | 1491 | 35784 | 2147040 | 128822400 |
| samedi 13 août 1977 | 1492 | 35808 | 2148480 | 128908800 |
| dimanche 14 août 1977 | 1493 | 35832 | 2149920 | 128995200 |
| lundi 15 août 1977 | 1494 | 35856 | 2151360 | 129081600 |
| mardi 16 août 1977 | 1495 | 35880 | 2152800 | 129168000 |
| mercredi 17 août 1977 | 1496 | 35904 | 2154240 | 129254400 |
| jeudi 18 août 1977 | 1497 | 35928 | 2155680 | 129340800 |
| vendredi 19 août 1977 | 1498 | 35952 | 2157120 | 129427200 |
| samedi 20 août 1977 | 1499 | 35976 | 2158560 | 129513600 |
| dimanche 21 août 1977 | 1500 | 36000 | 2160000 | 129600000 |
| lundi 22 août 1977 | 1501 | 36024 | 2161440 | 129686400 |
| mardi 23 août 1977 | 1502 | 36048 | 2162880 | 129772800 |
| mercredi 24 août 1977 | 1503 | 36072 | 2164320 | 129859200 |
| jeudi 25 août 1977 | 1504 | 36096 | 2165760 | 129945600 |
| vendredi 26 août 1977 | 1505 | 36120 | 2167200 | 130032000 |
| samedi 27 août 1977 | 1506 | 36144 | 2168640 | 130118400 |
| dimanche 28 août 1977 | 1507 | 36168 | 2170080 | 130204800 |
| lundi 29 août 1977 | 1508 | 36192 | 2171520 | 130291200 |
| mardi 30 août 1977 | 1509 | 36216 | 2172960 | 130377600 |
| mercredi 31 août 1977 | 1510 | 36240 | 2174400 | 130464000 |
| jeudi 1 septembre 1977 | 1511 | 36264 | 2175840 | 130550400 |
| vendredi 2 septembre 1977 | 1512 | 36288 | 2177280 | 130636800 |
| samedi 3 septembre 1977 | 1513 | 36312 | 2178720 | 130723200 |
| dimanche 4 septembre 1977 | 1514 | 36336 | 2180160 | 130809600 |
| lundi 5 septembre 1977 | 1515 | 36360 | 2181600 | 130896000 |
| mardi 6 septembre 1977 | 1516 | 36384 | 2183040 | 130982400 |
| mercredi 7 septembre 1977 | 1517 | 36408 | 2184480 | 131068800 |
| jeudi 8 septembre 1977 | 1518 | 36432 | 2185920 | 131155200 |

| | | | | |
|---|---|---|---|---|
| vendredi 9 septembre 1977 | 1519 | 36456 | 2187360 | 131241600 |
| samedi 10 septembre 1977 | 1520 | 36480 | 2188800 | 131328000 |
| dimanche 11 septembre 1977 | 1521 | 36504 | 2190240 | 131414400 |
| lundi 12 septembre 1977 | 1522 | 36528 | 2191680 | 131500800 |
| mardi 13 septembre 1977 | 1523 | 36552 | 2193120 | 131587200 |
| mercredi 14 septembre 1977 | 1524 | 36576 | 2194560 | 131673600 |
| jeudi 15 septembre 1977 | 1525 | 36600 | 2196000 | 131760000 |
| vendredi 16 septembre 1977 | 1526 | 36624 | 2197440 | 131846400 |
| samedi 17 septembre 1977 | 1527 | 36648 | 2198880 | 131932800 |
| dimanche 18 septembre 1977 | 1528 | 36672 | 2200320 | 132019200 |
| lundi 19 septembre 1977 | 1529 | 36696 | 2201760 | 132105600 |
| mardi 20 septembre 1977 | 1530 | 36720 | 2203200 | 132192000 |
| mercredi 21 septembre 1977 | 1531 | 36744 | 2204640 | 132278400 |
| jeudi 22 septembre 1977 | 1532 | 36768 | 2206080 | 132364800 |
| vendredi 23 septembre 1977 | 1533 | 36792 | 2207520 | 132451200 |
| samedi 24 septembre 1977 | 1534 | 36816 | 2208960 | 132537600 |
| dimanche 25 septembre 1977 | 1535 | 36840 | 2210400 | 132624000 |
| lundi 26 septembre 1977 | 1536 | 36864 | 2211840 | 132710400 |
| mardi 27 septembre 1977 | 1537 | 36888 | 2213280 | 132796800 |
| mercredi 28 septembre 1977 | 1538 | 36912 | 2214720 | 132883200 |
| jeudi 29 septembre 1977 | 1539 | 36936 | 2216160 | 132969600 |
| vendredi 30 septembre 1977 | 1540 | 36960 | 2217600 | 133056000 |
| samedi 1 octobre 1977 | 1541 | 36984 | 2219040 | 133142400 |
| dimanche 2 octobre 1977 | 1542 | 37008 | 2220480 | 133228800 |
| lundi 3 octobre 1977 | 1543 | 37032 | 2221920 | 133315200 |
| mardi 4 octobre 1977 | 1544 | 37056 | 2223360 | 133401600 |
| mercredi 5 octobre 1977 | 1545 | 37080 | 2224800 | 133488000 |
| jeudi 6 octobre 1977 | 1546 | 37104 | 2226240 | 133574400 |
| vendredi 7 octobre 1977 | 1547 | 37128 | 2227680 | 133660800 |
| samedi 8 octobre 1977 | 1548 | 37152 | 2229120 | 133747200 |
| dimanche 9 octobre 1977 | 1549 | 37176 | 2230560 | 133833600 |
| lundi 10 octobre 1977 | 1550 | 37200 | 2232000 | 133920000 |
| mardi 11 octobre 1977 | 1551 | 37224 | 2233440 | 134006400 |
| mercredi 12 octobre 1977 | 1552 | 37248 | 2234880 | 134092800 |
| jeudi 13 octobre 1977 | 1553 | 37272 | 2236320 | 134179200 |
| vendredi 14 octobre 1977 | 1554 | 37296 | 2237760 | 134265600 |
| samedi 15 octobre 1977 | 1555 | 37320 | 2239200 | 134352000 |
| dimanche 16 octobre 1977 | 1556 | 37344 | 2240640 | 134438400 |

| | | | | |
|---|---|---|---|---|
| lundi 17 octobre 1977 | 1557 | 37368 | 2242080 | 134524800 |
| mardi 18 octobre 1977 | 1558 | 37392 | 2243520 | 134611200 |
| mercredi 19 octobre 1977 | 1559 | 37416 | 2244960 | 134697600 |
| jeudi 20 octobre 1977 | 1560 | 37440 | 2246400 | 134784000 |
| vendredi 21 octobre 1977 | 1561 | 37464 | 2247840 | 134870400 |
| samedi 22 octobre 1977 | 1562 | 37488 | 2249280 | 134956800 |
| dimanche 23 octobre 1977 | 1563 | 37512 | 2250720 | 135043200 |
| lundi 24 octobre 1977 | 1564 | 37536 | 2252160 | 135129600 |
| mardi 25 octobre 1977 | 1565 | 37560 | 2253600 | 135216000 |
| mercredi 26 octobre 1977 | 1566 | 37584 | 2255040 | 135302400 |
| jeudi 27 octobre 1977 | 1567 | 37608 | 2256480 | 135388800 |
| vendredi 28 octobre 1977 | 1568 | 37632 | 2257920 | 135475200 |
| samedi 29 octobre 1977 | 1569 | 37656 | 2259360 | 135561600 |
| dimanche 30 octobre 1977 | 1570 | 37680 | 2260800 | 135648000 |
| lundi 31 octobre 1977 | 1571 | 37704 | 2262240 | 135734400 |
| mardi 1 novembre 1977 | 1572 | 37728 | 2263680 | 135820800 |
| mercredi 2 novembre 1977 | 1573 | 37752 | 2265120 | 135907200 |
| jeudi 3 novembre 1977 | 1574 | 37776 | 2266560 | 135993600 |
| vendredi 4 novembre 1977 | 1575 | 37800 | 2268000 | 136080000 |
| samedi 5 novembre 1977 | 1576 | 37824 | 2269440 | 136166400 |
| dimanche 6 novembre 1977 | 1577 | 37848 | 2270880 | 136252800 |
| lundi 7 novembre 1977 | 1578 | 37872 | 2272320 | 136339200 |
| mardi 8 novembre 1977 | 1579 | 37896 | 2273760 | 136425600 |
| mercredi 9 novembre 1977 | 1580 | 37920 | 2275200 | 136512000 |
| jeudi 10 novembre 1977 | 1581 | 37944 | 2276640 | 136598400 |
| vendredi 11 novembre 1977 | 1582 | 37968 | 2278080 | 136684800 |
| samedi 12 novembre 1977 | 1583 | 37992 | 2279520 | 136771200 |
| dimanche 13 novembre 1977 | 1584 | 38016 | 2280960 | 136857600 |
| lundi 14 novembre 1977 | 1585 | 38040 | 2282400 | 136944000 |
| mardi 15 novembre 1977 | 1586 | 38064 | 2283840 | 137030400 |
| mercredi 16 novembre 1977 | 1587 | 38088 | 2285280 | 137116800 |
| jeudi 17 novembre 1977 | 1588 | 38112 | 2286720 | 137203200 |
| vendredi 18 novembre 1977 | 1589 | 38136 | 2288160 | 137289600 |
| samedi 19 novembre 1977 | 1590 | 38160 | 2289600 | 137376000 |
| dimanche 20 novembre 1977 | 1591 | 38184 | 2291040 | 137462400 |
| lundi 21 novembre 1977 | 1592 | 38208 | 2292480 | 137548800 |
| mardi 22 novembre 1977 | 1593 | 38232 | 2293920 | 137635200 |
| mercredi 23 novembre 1977 | 1594 | 38256 | 2295360 | 137721600 |

| | | | | |
|---|---|---|---|---|
| jeudi 24 novembre 1977 | 1595 | 38280 | 2296800 | 137808000 |
| vendredi 25 novembre 1977 | 1596 | 38304 | 2298240 | 137894400 |
| samedi 26 novembre 1977 | 1597 | 38328 | 2299680 | 137980800 |
| dimanche 27 novembre 1977 | 1598 | 38352 | 2301120 | 138067200 |
| lundi 28 novembre 1977 | 1599 | 38376 | 2302560 | 138153600 |
| mardi 29 novembre 1977 | 1600 | 38400 | 2304000 | 138240000 |
| mercredi 30 novembre 1977 | 1601 | 38424 | 2305440 | 138326400 |
| jeudi 1 décembre 1977 | 1602 | 38448 | 2306880 | 138412800 |
| vendredi 2 décembre 1977 | 1603 | 38472 | 2308320 | 138499200 |
| samedi 3 décembre 1977 | 1604 | 38496 | 2309760 | 138585600 |
| dimanche 4 décembre 1977 | 1605 | 38520 | 2311200 | 138672000 |
| lundi 5 décembre 1977 | 1606 | 38544 | 2312640 | 138758400 |
| mardi 6 décembre 1977 | 1607 | 38568 | 2314080 | 138844800 |
| mercredi 7 décembre 1977 | 1608 | 38592 | 2315520 | 138931200 |
| jeudi 8 décembre 1977 | 1609 | 38616 | 2316960 | 139017600 |
| vendredi 9 décembre 1977 | 1610 | 38640 | 2318400 | 139104000 |
| samedi 10 décembre 1977 | 1611 | 38664 | 2319840 | 139190400 |
| dimanche 11 décembre 1977 | 1612 | 38688 | 2321280 | 139276800 |
| lundi 12 décembre 1977 | 1613 | 38712 | 2322720 | 139363200 |
| mardi 13 décembre 1977 | 1614 | 38736 | 2324160 | 139449600 |
| mercredi 14 décembre 1977 | 1615 | 38760 | 2325600 | 139536000 |
| jeudi 15 décembre 1977 | 1616 | 38784 | 2327040 | 139622400 |
| vendredi 16 décembre 1977 | 1617 | 38808 | 2328480 | 139708800 |
| samedi 17 décembre 1977 | 1618 | 38832 | 2329920 | 139795200 |
| dimanche 18 décembre 1977 | 1619 | 38856 | 2331360 | 139881600 |
| lundi 19 décembre 1977 | 1620 | 38880 | 2332800 | 139968000 |
| mardi 20 décembre 1977 | 1621 | 38904 | 2334240 | 140054400 |
| mercredi 21 décembre 1977 | 1622 | 38928 | 2335680 | 140140800 |
| jeudi 22 décembre 1977 | 1623 | 38952 | 2337120 | 140227200 |
| vendredi 23 décembre 1977 | 1624 | 38976 | 2338560 | 140313600 |
| samedi 24 décembre 1977 | 1625 | 39000 | 2340000 | 140400000 |
| dimanche 25 décembre 1977 | 1626 | 39024 | 2341440 | 140486400 |
| lundi 26 décembre 1977 | 1627 | 39048 | 2342880 | 140572800 |
| mardi 27 décembre 1977 | 1628 | 39072 | 2344320 | 140659200 |
| mercredi 28 décembre 1977 | 1629 | 39096 | 2345760 | 140745600 |
| jeudi 29 décembre 1977 | 1630 | 39120 | 2347200 | 140832000 |
| vendredi 30 décembre 1977 | 1631 | 39144 | 2348640 | 140918400 |
| samedi 31 décembre 1977 | 1632 | 39168 | 2350080 | 141004800 |

| | | | |
|---|---|---|---|
| dimanche 1 janvier 1978 | 1633 | 39192 | 2351520 | 141091200 |
| lundi 2 janvier 1978 | 1634 | 39216 | 2352960 | 141177600 |
| mardi 3 janvier 1978 | 1635 | 39240 | 2354400 | 141264000 |
| mercredi 4 janvier 1978 | 1636 | 39264 | 2355840 | 141350400 |
| jeudi 5 janvier 1978 | 1637 | 39288 | 2357280 | 141436800 |
| vendredi 6 janvier 1978 | 1638 | 39312 | 2358720 | 141523200 |
| samedi 7 janvier 1978 | 1639 | 39336 | 2360160 | 141609600 |
| dimanche 8 janvier 1978 | 1640 | 39360 | 2361600 | 141696000 |
| lundi 9 janvier 1978 | 1641 | 39384 | 2363040 | 141782400 |
| mardi 10 janvier 1978 | 1642 | 39408 | 2364480 | 141868800 |
| mercredi 11 janvier 1978 | 1643 | 39432 | 2365920 | 141955200 |
| jeudi 12 janvier 1978 | 1644 | 39456 | 2367360 | 142041600 |
| vendredi 13 janvier 1978 | 1645 | 39480 | 2368800 | 142128000 |
| samedi 14 janvier 1978 | 1646 | 39504 | 2370240 | 142214400 |
| dimanche 15 janvier 1978 | 1647 | 39528 | 2371680 | 142300800 |
| lundi 16 janvier 1978 | 1648 | 39552 | 2373120 | 142387200 |
| mardi 17 janvier 1978 | 1649 | 39576 | 2374560 | 142473600 |
| mercredi 18 janvier 1978 | 1650 | 39600 | 2376000 | 142560000 |
| jeudi 19 janvier 1978 | 1651 | 39624 | 2377440 | 142646400 |
| vendredi 20 janvier 1978 | 1652 | 39648 | 2378880 | 142732800 |
| samedi 21 janvier 1978 | 1653 | 39672 | 2380320 | 142819200 |
| dimanche 22 janvier 1978 | 1654 | 39696 | 2381760 | 142905600 |
| lundi 23 janvier 1978 | 1655 | 39720 | 2383200 | 142992000 |
| mardi 24 janvier 1978 | 1656 | 39744 | 2384640 | 143078400 |
| mercredi 25 janvier 1978 | 1657 | 39768 | 2386080 | 143164800 |
| jeudi 26 janvier 1978 | 1658 | 39792 | 2387520 | 143251200 |
| vendredi 27 janvier 1978 | 1659 | 39816 | 2388960 | 143337600 |
| samedi 28 janvier 1978 | 1660 | 39840 | 2390400 | 143424000 |
| dimanche 29 janvier 1978 | 1661 | 39864 | 2391840 | 143510400 |
| lundi 30 janvier 1978 | 1662 | 39888 | 2393280 | 143596800 |
| mardi 31 janvier 1978 | 1663 | 39912 | 2394720 | 143683200 |
| mercredi 1 février 1978 | 1664 | 39936 | 2396160 | 143769600 |
| jeudi 2 février 1978 | 1665 | 39960 | 2397600 | 143856000 |
| vendredi 3 février 1978 | 1666 | 39984 | 2399040 | 143942400 |
| samedi 4 février 1978 | 1667 | 40008 | 2400480 | 144028800 |
| dimanche 5 février 1978 | 1668 | 40032 | 2401920 | 144115200 |
| lundi 6 février 1978 | 1669 | 40056 | 2403360 | 144201600 |
| mardi 7 février 1978 | 1670 | 40080 | 2404800 | 144288000 |

| | | | | |
|---|---|---|---|---|
| mercredi 8 février 1978 | 1671 | 40104 | 2406240 | 144374400 |
| jeudi 9 février 1978 | 1672 | 40128 | 2407680 | 144460800 |
| vendredi 10 février 1978 | 1673 | 40152 | 2409120 | 144547200 |
| samedi 11 février 1978 | 1674 | 40176 | 2410560 | 144633600 |
| dimanche 12 février 1978 | 1675 | 40200 | 2412000 | 144720000 |
| lundi 13 février 1978 | 1676 | 40224 | 2413440 | 144806400 |
| mardi 14 février 1978 | 1677 | 40248 | 2414880 | 144892800 |
| mercredi 15 février 1978 | 1678 | 40272 | 2416320 | 144979200 |
| jeudi 16 février 1978 | 1679 | 40296 | 2417760 | 145065600 |
| vendredi 17 février 1978 | 1680 | 40320 | 2419200 | 145152000 |
| samedi 18 février 1978 | 1681 | 40344 | 2420640 | 145238400 |
| dimanche 19 février 1978 | 1682 | 40368 | 2422080 | 145324800 |
| lundi 20 février 1978 | 1683 | 40392 | 2423520 | 145411200 |
| mardi 21 février 1978 | 1684 | 40416 | 2424960 | 145497600 |
| mercredi 22 février 1978 | 1685 | 40440 | 2426400 | 145584000 |
| jeudi 23 février 1978 | 1686 | 40464 | 2427840 | 145670400 |
| vendredi 24 février 1978 | 1687 | 40488 | 2429280 | 145756800 |
| samedi 25 février 1978 | 1688 | 40512 | 2430720 | 145843200 |
| dimanche 26 février 1978 | 1689 | 40536 | 2432160 | 145929600 |
| lundi 27 février 1978 | 1690 | 40560 | 2433600 | 146016000 |
| mardi 28 février 1978 | 1691 | 40584 | 2435040 | 146102400 |
| mercredi 1 mars 1978 | 1692 | 40608 | 2436480 | 146188800 |
| jeudi 2 mars 1978 | 1693 | 40632 | 2437920 | 146275200 |
| vendredi 3 mars 1978 | 1694 | 40656 | 2439360 | 146361600 |
| samedi 4 mars 1978 | 1695 | 40680 | 2440800 | 146448000 |
| dimanche 5 mars 1978 | 1696 | 40704 | 2442240 | 146534400 |
| lundi 6 mars 1978 | 1697 | 40728 | 2443680 | 146620800 |
| mardi 7 mars 1978 | 1698 | 40752 | 2445120 | 146707200 |
| mercredi 8 mars 1978 | 1699 | 40776 | 2446560 | 146793600 |
| jeudi 9 mars 1978 | 1700 | 40800 | 2448000 | 146880000 |
| vendredi 10 mars 1978 | 1701 | 40824 | 2449440 | 146966400 |
| samedi 11 mars 1978 | 1702 | 40848 | 2450880 | 147052800 |
| dimanche 12 mars 1978 | 1703 | 40872 | 2452320 | 147139200 |
| lundi 13 mars 1978 | 1704 | 40896 | 2453760 | 147225600 |
| mardi 14 mars 1978 | 1705 | 40920 | 2455200 | 147312000 |
| mercredi 15 mars 1978 | 1706 | 40944 | 2456640 | 147398400 |
| jeudi 16 mars 1978 | 1707 | 40968 | 2458080 | 147484800 |
| vendredi 17 mars 1978 | 1708 | 40992 | 2459520 | 147571200 |

| | | | | |
|---|---|---|---|---|
| samedi 18 mars 1978 | 1709 | 41016 | 2460960 | 147657600 |
| dimanche 19 mars 1978 | 1710 | 41040 | 2462400 | 147744000 |
| lundi 20 mars 1978 | 1711 | 41064 | 2463840 | 147830400 |
| mardi 21 mars 1978 | 1712 | 41088 | 2465280 | 147916800 |
| mercredi 22 mars 1978 | 1713 | 41112 | 2466720 | 148003200 |
| jeudi 23 mars 1978 | 1714 | 41136 | 2468160 | 148089600 |
| vendredi 24 mars 1978 | 1715 | 41160 | 2469600 | 148176000 |
| samedi 25 mars 1978 | 1716 | 41184 | 2471040 | 148262400 |
| dimanche 26 mars 1978 | 1717 | 41208 | 2472480 | 148348800 |
| lundi 27 mars 1978 | 1718 | 41232 | 2473920 | 148435200 |
| mardi 28 mars 1978 | 1719 | 41256 | 2475360 | 148521600 |
| mercredi 29 mars 1978 | 1720 | 41280 | 2476800 | 148608000 |
| jeudi 30 mars 1978 | 1721 | 41304 | 2478240 | 148694400 |
| vendredi 31 mars 1978 | 1722 | 41328 | 2479680 | 148780800 |
| samedi 1 avril 1978 | 1723 | 41352 | 2481120 | 148867200 |
| dimanche 2 avril 1978 | 1724 | 41376 | 2482560 | 148953600 |
| lundi 3 avril 1978 | 1725 | 41400 | 2484000 | 149040000 |
| mardi 4 avril 1978 | 1726 | 41424 | 2485440 | 149126400 |
| mercredi 5 avril 1978 | 1727 | 41448 | 2486880 | 149212800 |
| jeudi 6 avril 1978 | 1728 | 41472 | 2488320 | 149299200 |
| vendredi 7 avril 1978 | 1729 | 41496 | 2489760 | 149385600 |
| samedi 8 avril 1978 | 1730 | 41520 | 2491200 | 149472000 |
| dimanche 9 avril 1978 | 1731 | 41544 | 2492640 | 149558400 |
| lundi 10 avril 1978 | 1732 | 41568 | 2494080 | 149644800 |
| mardi 11 avril 1978 | 1733 | 41592 | 2495520 | 149731200 |
| mercredi 12 avril 1978 | 1734 | 41616 | 2496960 | 149817600 |
| jeudi 13 avril 1978 | 1735 | 41640 | 2498400 | 149904000 |
| vendredi 14 avril 1978 | 1736 | 41664 | 2499840 | 149990400 |
| samedi 15 avril 1978 | 1737 | 41688 | 2501280 | 150076800 |
| dimanche 16 avril 1978 | 1738 | 41712 | 2502720 | 150163200 |
| lundi 17 avril 1978 | 1739 | 41736 | 2504160 | 150249600 |
| mardi 18 avril 1978 | 1740 | 41760 | 2505600 | 150336000 |
| mercredi 19 avril 1978 | 1741 | 41784 | 2507040 | 150422400 |
| jeudi 20 avril 1978 | 1742 | 41808 | 2508480 | 150508800 |
| vendredi 21 avril 1978 | 1743 | 41832 | 2509920 | 150595200 |
| samedi 22 avril 1978 | 1744 | 41856 | 2511360 | 150681600 |
| dimanche 23 avril 1978 | 1745 | 41880 | 2512800 | 150768000 |
| lundi 24 avril 1978 | 1746 | 41904 | 2514240 | 150854400 |

| | | | | |
|---|---|---|---|---|
| mardi 25 avril 1978 | 1747 | 41928 | 2515680 | 150940800 |
| mercredi 26 avril 1978 | 1748 | 41952 | 2517120 | 151027200 |
| jeudi 27 avril 1978 | 1749 | 41976 | 2518560 | 151113600 |
| vendredi 28 avril 1978 | 1750 | 42000 | 2520000 | 151200000 |
| samedi 29 avril 1978 | 1751 | 42024 | 2521440 | 151286400 |
| dimanche 30 avril 1978 | 1752 | 42048 | 2522880 | 151372800 |
| lundi 1 mai 1978 | 1753 | 42072 | 2524320 | 151459200 |
| mardi 2 mai 1978 | 1754 | 42096 | 2525760 | 151545600 |
| mercredi 3 mai 1978 | 1755 | 42120 | 2527200 | 151632000 |
| jeudi 4 mai 1978 | 1756 | 42144 | 2528640 | 151718400 |
| vendredi 5 mai 1978 | 1757 | 42168 | 2530080 | 151804800 |
| samedi 6 mai 1978 | 1758 | 42192 | 2531520 | 151891200 |
| dimanche 7 mai 1978 | 1759 | 42216 | 2532960 | 151977600 |
| lundi 8 mai 1978 | 1760 | 42240 | 2534400 | 152064000 |
| mardi 9 mai 1978 | 1761 | 42264 | 2535840 | 152150400 |
| mercredi 10 mai 1978 | 1762 | 42288 | 2537280 | 152236800 |
| jeudi 11 mai 1978 | 1763 | 42312 | 2538720 | 152323200 |
| vendredi 12 mai 1978 | 1764 | 42336 | 2540160 | 152409600 |
| samedi 13 mai 1978 | 1765 | 42360 | 2541600 | 152496000 |
| dimanche 14 mai 1978 | 1766 | 42384 | 2543040 | 152582400 |
| lundi 15 mai 1978 | 1767 | 42408 | 2544480 | 152668800 |
| mardi 16 mai 1978 | 1768 | 42432 | 2545920 | 152755200 |
| mercredi 17 mai 1978 | 1769 | 42456 | 2547360 | 152841600 |
| jeudi 18 mai 1978 | 1770 | 42480 | 2548800 | 152928000 |
| vendredi 19 mai 1978 | 1771 | 42504 | 2550240 | 153014400 |
| samedi 20 mai 1978 | 1772 | 42528 | 2551680 | 153100800 |
| dimanche 21 mai 1978 | 1773 | 42552 | 2553120 | 153187200 |
| lundi 22 mai 1978 | 1774 | 42576 | 2554560 | 153273600 |
| mardi 23 mai 1978 | 1775 | 42600 | 2556000 | 153360000 |
| mercredi 24 mai 1978 | 1776 | 42624 | 2557440 | 153446400 |
| jeudi 25 mai 1978 | 1777 | 42648 | 2558880 | 153532800 |
| vendredi 26 mai 1978 | 1778 | 42672 | 2560320 | 153619200 |
| samedi 27 mai 1978 | 1779 | 42696 | 2561760 | 153705600 |
| dimanche 28 mai 1978 | 1780 | 42720 | 2563200 | 153792000 |
| lundi 29 mai 1978 | 1781 | 42744 | 2564640 | 153878400 |
| mardi 30 mai 1978 | 1782 | 42768 | 2566080 | 153964800 |
| mercredi 31 mai 1978 | 1783 | 42792 | 2567520 | 154051200 |
| jeudi 1 juin 1978 | 1784 | 42816 | 2568960 | 154137600 |

| | | | |
|---|---|---|---|
| vendredi 2 juin 1978 | 1785 | 42840 | 2570400 | 154224000 |
| samedi 3 juin 1978 | 1786 | 42864 | 2571840 | 154310400 |
| dimanche 4 juin 1978 | 1787 | 42888 | 2573280 | 154396800 |
| lundi 5 juin 1978 | 1788 | 42912 | 2574720 | 154483200 |
| mardi 6 juin 1978 | 1789 | 42936 | 2576160 | 154569600 |
| mercredi 7 juin 1978 | 1790 | 42960 | 2577600 | 154656000 |
| jeudi 8 juin 1978 | 1791 | 42984 | 2579040 | 154742400 |
| vendredi 9 juin 1978 | 1792 | 43008 | 2580480 | 154828800 |
| samedi 10 juin 1978 | 1793 | 43032 | 2581920 | 154915200 |
| dimanche 11 juin 1978 | 1794 | 43056 | 2583360 | 155001600 |
| lundi 12 juin 1978 | 1795 | 43080 | 2584800 | 155088000 |
| mardi 13 juin 1978 | 1796 | 43104 | 2586240 | 155174400 |
| mercredi 14 juin 1978 | 1797 | 43128 | 2587680 | 155260800 |
| jeudi 15 juin 1978 | 1798 | 43152 | 2589120 | 155347200 |
| vendredi 16 juin 1978 | 1799 | 43176 | 2590560 | 155433600 |
| samedi 17 juin 1978 | 1800 | 43200 | 2592000 | 155520000 |
| dimanche 18 juin 1978 | 1801 | 43224 | 2593440 | 155606400 |
| lundi 19 juin 1978 | 1802 | 43248 | 2594880 | 155692800 |
| mardi 20 juin 1978 | 1803 | 43272 | 2596320 | 155779200 |
| mercredi 21 juin 1978 | 1804 | 43296 | 2597760 | 155865600 |
| jeudi 22 juin 1978 | 1805 | 43320 | 2599200 | 155952000 |
| vendredi 23 juin 1978 | 1806 | 43344 | 2600640 | 156038400 |
| samedi 24 juin 1978 | 1807 | 43368 | 2602080 | 156124800 |
| dimanche 25 juin 1978 | 1808 | 43392 | 2603520 | 156211200 |
| lundi 26 juin 1978 | 1809 | 43416 | 2604960 | 156297600 |
| mardi 27 juin 1978 | 1810 | 43440 | 2606400 | 156384000 |
| mercredi 28 juin 1978 | 1811 | 43464 | 2607840 | 156470400 |
| jeudi 29 juin 1978 | 1812 | 43488 | 2609280 | 156556800 |
| vendredi 30 juin 1978 | 1813 | 43512 | 2610720 | 156643200 |
| samedi 1 juillet 1978 | 1814 | 43536 | 2612160 | 156729600 |
| dimanche 2 juillet 1978 | 1815 | 43560 | 2613600 | 156816000 |
| lundi 3 juillet 1978 | 1816 | 43584 | 2615040 | 156902400 |
| mardi 4 juillet 1978 | 1817 | 43608 | 2616480 | 156988800 |
| mercredi 5 juillet 1978 | 1818 | 43632 | 2617920 | 157075200 |
| jeudi 6 juillet 1978 | 1819 | 43656 | 2619360 | 157161600 |
| vendredi 7 juillet 1978 | 1820 | 43680 | 2620800 | 157248000 |
| samedi 8 juillet 1978 | 1821 | 43704 | 2622240 | 157334400 |
| dimanche 9 juillet 1978 | 1822 | 43728 | 2623680 | 157420800 |

| | | | | |
|---|---|---|---|---|
| lundi 10 juillet 1978 | 1823 | 43752 | 2625120 | 157507200 |
| mardi 11 juillet 1978 | 1824 | 43776 | 2626560 | 157593600 |
| mercredi 12 juillet 1978 | 1825 | 43800 | 2628000 | 157680000 |
| jeudi 13 juillet 1978 | 1826 | 43824 | 2629440 | 157766400 |
| vendredi 14 juillet 1978 | 1827 | 43848 | 2630880 | 157852800 |
| samedi 15 juillet 1978 | 1828 | 43872 | 2632320 | 157939200 |
| dimanche 16 juillet 1978 | 1829 | 43896 | 2633760 | 158025600 |
| lundi 17 juillet 1978 | 1830 | 43920 | 2635200 | 158112000 |
| mardi 18 juillet 1978 | 1831 | 43944 | 2636640 | 158198400 |
| mercredi 19 juillet 1978 | 1832 | 43968 | 2638080 | 158284800 |
| jeudi 20 juillet 1978 | 1833 | 43992 | 2639520 | 158371200 |
| vendredi 21 juillet 1978 | 1834 | 44016 | 2640960 | 158457600 |
| samedi 22 juillet 1978 | 1835 | 44040 | 2642400 | 158544000 |
| dimanche 23 juillet 1978 | 1836 | 44064 | 2643840 | 158630400 |
| lundi 24 juillet 1978 | 1837 | 44088 | 2645280 | 158716800 |
| mardi 25 juillet 1978 | 1838 | 44112 | 2646720 | 158803200 |
| mercredi 26 juillet 1978 | 1839 | 44136 | 2648160 | 158889600 |
| jeudi 27 juillet 1978 | 1840 | 44160 | 2649600 | 158976000 |
| vendredi 28 juillet 1978 | 1841 | 44184 | 2651040 | 159062400 |
| samedi 29 juillet 1978 | 1842 | 44208 | 2652480 | 159148800 |
| dimanche 30 juillet 1978 | 1843 | 44232 | 2653920 | 159235200 |
| lundi 31 juillet 1978 | 1844 | 44256 | 2655360 | 159321600 |
| mardi 1 août 1978 | 1845 | 44280 | 2656800 | 159408000 |
| mercredi 2 août 1978 | 1846 | 44304 | 2658240 | 159494400 |
| jeudi 3 août 1978 | 1847 | 44328 | 2659680 | 159580800 |
| vendredi 4 août 1978 | 1848 | 44352 | 2661120 | 159667200 |
| samedi 5 août 1978 | 1849 | 44376 | 2662560 | 159753600 |
| dimanche 6 août 1978 | 1850 | 44400 | 2664000 | 159840000 |
| lundi 7 août 1978 | 1851 | 44424 | 2665440 | 159926400 |
| mardi 8 août 1978 | 1852 | 44448 | 2666880 | 160012800 |
| mercredi 9 août 1978 | 1853 | 44472 | 2668320 | 160099200 |
| jeudi 10 août 1978 | 1854 | 44496 | 2669760 | 160185600 |
| vendredi 11 août 1978 | 1855 | 44520 | 2671200 | 160272000 |
| samedi 12 août 1978 | 1856 | 44544 | 2672640 | 160358400 |
| dimanche 13 août 1978 | 1857 | 44568 | 2674080 | 160444800 |
| lundi 14 août 1978 | 1858 | 44592 | 2675520 | 160531200 |
| mardi 15 août 1978 | 1859 | 44616 | 2676960 | 160617600 |
| mercredi 16 août 1978 | 1860 | 44640 | 2678400 | 160704000 |

| | | | | |
|---|---|---|---|---|
| jeudi 17 août 1978 | 1861 | 44664 | 2679840 | 160790400 |
| vendredi 18 août 1978 | 1862 | 44688 | 2681280 | 160876800 |
| samedi 19 août 1978 | 1863 | 44712 | 2682720 | 160963200 |
| dimanche 20 août 1978 | 1864 | 44736 | 2684160 | 161049600 |
| lundi 21 août 1978 | 1865 | 44760 | 2685600 | 161136000 |
| mardi 22 août 1978 | 1866 | 44784 | 2687040 | 161222400 |
| mercredi 23 août 1978 | 1867 | 44808 | 2688480 | 161308800 |
| jeudi 24 août 1978 | 1868 | 44832 | 2689920 | 161395200 |
| vendredi 25 août 1978 | 1869 | 44856 | 2691360 | 161481600 |
| samedi 26 août 1978 | 1870 | 44880 | 2692800 | 161568000 |
| dimanche 27 août 1978 | 1871 | 44904 | 2694240 | 161654400 |
| lundi 28 août 1978 | 1872 | 44928 | 2695680 | 161740800 |
| mardi 29 août 1978 | 1873 | 44952 | 2697120 | 161827200 |
| mercredi 30 août 1978 | 1874 | 44976 | 2698560 | 161913600 |
| jeudi 31 août 1978 | 1875 | 45000 | 2700000 | 162000000 |
| vendredi 1 septembre 1978 | 1876 | 45024 | 2701440 | 162086400 |
| samedi 2 septembre 1978 | 1877 | 45048 | 2702880 | 162172800 |
| dimanche 3 septembre 1978 | 1878 | 45072 | 2704320 | 162259200 |
| lundi 4 septembre 1978 | 1879 | 45096 | 2705760 | 162345600 |
| mardi 5 septembre 1978 | 1880 | 45120 | 2707200 | 162432000 |
| mercredi 6 septembre 1978 | 1881 | 45144 | 2708640 | 162518400 |
| jeudi 7 septembre 1978 | 1882 | 45168 | 2710080 | 162604800 |
| vendredi 8 septembre 1978 | 1883 | 45192 | 2711520 | 162691200 |
| samedi 9 septembre 1978 | 1884 | 45216 | 2712960 | 162777600 |
| dimanche 10 septembre 1978 | 1885 | 45240 | 2714400 | 162864000 |
| lundi 11 septembre 1978 | 1886 | 45264 | 2715840 | 162950400 |
| mardi 12 septembre 1978 | 1887 | 45288 | 2717280 | 163036800 |
| mercredi 13 septembre 1978 | 1888 | 45312 | 2718720 | 163123200 |
| jeudi 14 septembre 1978 | 1889 | 45336 | 2720160 | 163209600 |
| vendredi 15 septembre 1978 | 1890 | 45360 | 2721600 | 163296000 |
| samedi 16 septembre 1978 | 1891 | 45384 | 2723040 | 163382400 |
| dimanche 17 septembre 1978 | 1892 | 45408 | 2724480 | 163468800 |
| lundi 18 septembre 1978 | 1893 | 45432 | 2725920 | 163555200 |
| mardi 19 septembre 1978 | 1894 | 45456 | 2727360 | 163641600 |
| mercredi 20 septembre 1978 | 1895 | 45480 | 2728800 | 163728000 |
| jeudi 21 septembre 1978 | 1896 | 45504 | 2730240 | 163814400 |
| vendredi 22 septembre 1978 | 1897 | 45528 | 2731680 | 163900800 |
| samedi 23 septembre 1978 | 1898 | 45552 | 2733120 | 163987200 |

| | | | | |
|---|---|---|---|---|
| dimanche 24 septembre 1978 | 1899 | 45576 | 2734560 | 164073600 |
| lundi 25 septembre 1978 | 1900 | 45600 | 2736000 | 164160000 |
| mardi 26 septembre 1978 | 1901 | 45624 | 2737440 | 164246400 |
| mercredi 27 septembre 1978 | 1902 | 45648 | 2738880 | 164332800 |
| jeudi 28 septembre 1978 | 1903 | 45672 | 2740320 | 164419200 |
| vendredi 29 septembre 1978 | 1904 | 45696 | 2741760 | 164505600 |
| samedi 30 septembre 1978 | 1905 | 45720 | 2743200 | 164592000 |
| dimanche 1 octobre 1978 | 1906 | 45744 | 2744640 | 164678400 |
| lundi 2 octobre 1978 | 1907 | 45768 | 2746080 | 164764800 |
| mardi 3 octobre 1978 | 1908 | 45792 | 2747520 | 164851200 |
| mercredi 4 octobre 1978 | 1909 | 45816 | 2748960 | 164937600 |
| jeudi 5 octobre 1978 | 1910 | 45840 | 2750400 | 165024000 |
| vendredi 6 octobre 1978 | 1911 | 45864 | 2751840 | 165110400 |
| samedi 7 octobre 1978 | 1912 | 45888 | 2753280 | 165196800 |
| dimanche 8 octobre 1978 | 1913 | 45912 | 2754720 | 165283200 |
| lundi 9 octobre 1978 | 1914 | 45936 | 2756160 | 165369600 |
| mardi 10 octobre 1978 | 1915 | 45960 | 2757600 | 165456000 |
| mercredi 11 octobre 1978 | 1916 | 45984 | 2759040 | 165542400 |
| jeudi 12 octobre 1978 | 1917 | 46008 | 2760480 | 165628800 |
| vendredi 13 octobre 1978 | 1918 | 46032 | 2761920 | 165715200 |
| samedi 14 octobre 1978 | 1919 | 46056 | 2763360 | 165801600 |
| dimanche 15 octobre 1978 | 1920 | 46080 | 2764800 | 165888000 |
| lundi 16 octobre 1978 | 1921 | 46104 | 2766240 | 165974400 |
| mardi 17 octobre 1978 | 1922 | 46128 | 2767680 | 166060800 |
| mercredi 18 octobre 1978 | 1923 | 46152 | 2769120 | 166147200 |
| jeudi 19 octobre 1978 | 1924 | 46176 | 2770560 | 166233600 |
| vendredi 20 octobre 1978 | 1925 | 46200 | 2772000 | 166320000 |
| samedi 21 octobre 1978 | 1926 | 46224 | 2773440 | 166406400 |
| dimanche 22 octobre 1978 | 1927 | 46248 | 2774880 | 166492800 |
| lundi 23 octobre 1978 | 1928 | 46272 | 2776320 | 166579200 |
| mardi 24 octobre 1978 | 1929 | 46296 | 2777760 | 166665600 |
| mercredi 25 octobre 1978 | 1930 | 46320 | 2779200 | 166752000 |
| jeudi 26 octobre 1978 | 1931 | 46344 | 2780640 | 166838400 |
| vendredi 27 octobre 1978 | 1932 | 46368 | 2782080 | 166924800 |
| samedi 28 octobre 1978 | 1933 | 46392 | 2783520 | 167011200 |
| dimanche 29 octobre 1978 | 1934 | 46416 | 2784960 | 167097600 |
| lundi 30 octobre 1978 | 1935 | 46440 | 2786400 | 167184000 |
| mardi 31 octobre 1978 | 1936 | 46464 | 2787840 | 167270400 |

| | | | | |
|---|---|---|---|---|
| mercredi 1 novembre 1978 | 1937 | 46488 | 2789280 | 167356800 |
| jeudi 2 novembre 1978 | 1938 | 46512 | 2790720 | 167443200 |
| vendredi 3 novembre 1978 | 1939 | 46536 | 2792160 | 167529600 |
| samedi 4 novembre 1978 | 1940 | 46560 | 2793600 | 167616000 |
| dimanche 5 novembre 1978 | 1941 | 46584 | 2795040 | 167702400 |
| lundi 6 novembre 1978 | 1942 | 46608 | 2796480 | 167788800 |
| mardi 7 novembre 1978 | 1943 | 46632 | 2797920 | 167875200 |
| mercredi 8 novembre 1978 | 1944 | 46656 | 2799360 | 167961600 |
| jeudi 9 novembre 1978 | 1945 | 46680 | 2800800 | 168048000 |
| vendredi 10 novembre 1978 | 1946 | 46704 | 2802240 | 168134400 |
| samedi 11 novembre 1978 | 1947 | 46728 | 2803680 | 168220800 |
| dimanche 12 novembre 1978 | 1948 | 46752 | 2805120 | 168307200 |
| lundi 13 novembre 1978 | 1949 | 46776 | 2806560 | 168393600 |
| mardi 14 novembre 1978 | 1950 | 46800 | 2808000 | 168480000 |
| mercredi 15 novembre 1978 | 1951 | 46824 | 2809440 | 168566400 |
| jeudi 16 novembre 1978 | 1952 | 46848 | 2810880 | 168652800 |
| vendredi 17 novembre 1978 | 1953 | 46872 | 2812320 | 168739200 |
| samedi 18 novembre 1978 | 1954 | 46896 | 2813760 | 168825600 |
| dimanche 19 novembre 1978 | 1955 | 46920 | 2815200 | 168912000 |
| lundi 20 novembre 1978 | 1956 | 46944 | 2816640 | 168998400 |
| mardi 21 novembre 1978 | 1957 | 46968 | 2818080 | 169084800 |
| mercredi 22 novembre 1978 | 1958 | 46992 | 2819520 | 169171200 |
| jeudi 23 novembre 1978 | 1959 | 47016 | 2820960 | 169257600 |
| vendredi 24 novembre 1978 | 1960 | 47040 | 2822400 | 169344000 |
| samedi 25 novembre 1978 | 1961 | 47064 | 2823840 | 169430400 |
| dimanche 26 novembre 1978 | 1962 | 47088 | 2825280 | 169516800 |
| lundi 27 novembre 1978 | 1963 | 47112 | 2826720 | 169603200 |
| mardi 28 novembre 1978 | 1964 | 47136 | 2828160 | 169689600 |
| mercredi 29 novembre 1978 | 1965 | 47160 | 2829600 | 169776000 |
| jeudi 30 novembre 1978 | 1966 | 47184 | 2831040 | 169862400 |
| vendredi 1 décembre 1978 | 1967 | 47208 | 2832480 | 169948800 |
| samedi 2 décembre 1978 | 1968 | 47232 | 2833920 | 170035200 |
| dimanche 3 décembre 1978 | 1969 | 47256 | 2835360 | 170121600 |
| lundi 4 décembre 1978 | 1970 | 47280 | 2836800 | 170208000 |
| mardi 5 décembre 1978 | 1971 | 47304 | 2838240 | 170294400 |
| mercredi 6 décembre 1978 | 1972 | 47328 | 2839680 | 170380800 |
| jeudi 7 décembre 1978 | 1973 | 47352 | 2841120 | 170467200 |
| vendredi 8 décembre 1978 | 1974 | 47376 | 2842560 | 170553600 |

| | | | | |
|---|---|---|---|---|
| samedi 9 décembre 1978 | 1975 | 47400 | 2844000 | 170640000 |
| dimanche 10 décembre 1978 | 1976 | 47424 | 2845440 | 170726400 |
| lundi 11 décembre 1978 | 1977 | 47448 | 2846880 | 170812800 |
| mardi 12 décembre 1978 | 1978 | 47472 | 2848320 | 170899200 |
| mercredi 13 décembre 1978 | 1979 | 47496 | 2849760 | 170985600 |
| jeudi 14 décembre 1978 | 1980 | 47520 | 2851200 | 171072000 |
| vendredi 15 décembre 1978 | 1981 | 47544 | 2852640 | 171158400 |
| samedi 16 décembre 1978 | 1982 | 47568 | 2854080 | 171244800 |
| dimanche 17 décembre 1978 | 1983 | 47592 | 2855520 | 171331200 |
| lundi 18 décembre 1978 | 1984 | 47616 | 2856960 | 171417600 |
| mardi 19 décembre 1978 | 1985 | 47640 | 2858400 | 171504000 |
| mercredi 20 décembre 1978 | 1986 | 47664 | 2859840 | 171590400 |
| jeudi 21 décembre 1978 | 1987 | 47688 | 2861280 | 171676800 |
| vendredi 22 décembre 1978 | 1988 | 47712 | 2862720 | 171763200 |
| samedi 23 décembre 1978 | 1989 | 47736 | 2864160 | 171849600 |
| dimanche 24 décembre 1978 | 1990 | 47760 | 2865600 | 171936000 |
| lundi 25 décembre 1978 | 1991 | 47784 | 2867040 | 172022400 |
| mardi 26 décembre 1978 | 1992 | 47808 | 2868480 | 172108800 |
| mercredi 27 décembre 1978 | 1993 | 47832 | 2869920 | 172195200 |
| jeudi 28 décembre 1978 | 1994 | 47856 | 2871360 | 172281600 |
| vendredi 29 décembre 1978 | 1995 | 47880 | 2872800 | 172368000 |
| samedi 30 décembre 1978 | 1996 | 47904 | 2874240 | 172454400 |
| dimanche 31 décembre 1978 | 1997 | 47928 | 2875680 | 172540800 |
| lundi 1 janvier 1979 | 1998 | 47952 | 2877120 | 172627200 |
| mardi 2 janvier 1979 | 1999 | 47976 | 2878560 | 172713600 |
| mercredi 3 janvier 1979 | 2000 | 48000 | 2880000 | 172800000 |
| jeudi 4 janvier 1979 | 2001 | 48024 | 2881440 | 172886400 |
| vendredi 5 janvier 1979 | 2002 | 48048 | 2882880 | 172972800 |
| samedi 6 janvier 1979 | 2003 | 48072 | 2884320 | 173059200 |
| dimanche 7 janvier 1979 | 2004 | 48096 | 2885760 | 173145600 |
| lundi 8 janvier 1979 | 2005 | 48120 | 2887200 | 173232000 |
| mardi 9 janvier 1979 | 2006 | 48144 | 2888640 | 173318400 |
| mercredi 10 janvier 1979 | 2007 | 48168 | 2890080 | 173404800 |
| jeudi 11 janvier 1979 | 2008 | 48192 | 2891520 | 173491200 |
| vendredi 12 janvier 1979 | 2009 | 48216 | 2892960 | 173577600 |
| samedi 13 janvier 1979 | 2010 | 48240 | 2894400 | 173664000 |
| dimanche 14 janvier 1979 | 2011 | 48264 | 2895840 | 173750400 |
| lundi 15 janvier 1979 | 2012 | 48288 | 2897280 | 173836800 |

| | | | | |
|---|---|---|---|---|
| mardi 16 janvier 1979 | 2013 | 48312 | 2898720 | 173923200 |
| mercredi 17 janvier 1979 | 2014 | 48336 | 2900160 | 174009600 |
| jeudi 18 janvier 1979 | 2015 | 48360 | 2901600 | 174096000 |
| vendredi 19 janvier 1979 | 2016 | 48384 | 2903040 | 174182400 |
| samedi 20 janvier 1979 | 2017 | 48408 | 2904480 | 174268800 |
| dimanche 21 janvier 1979 | 2018 | 48432 | 2905920 | 174355200 |
| lundi 22 janvier 1979 | 2019 | 48456 | 2907360 | 174441600 |
| mardi 23 janvier 1979 | 2020 | 48480 | 2908800 | 174528000 |
| mercredi 24 janvier 1979 | 2021 | 48504 | 2910240 | 174614400 |
| jeudi 25 janvier 1979 | 2022 | 48528 | 2911680 | 174700800 |
| vendredi 26 janvier 1979 | 2023 | 48552 | 2913120 | 174787200 |
| samedi 27 janvier 1979 | 2024 | 48576 | 2914560 | 174873600 |
| dimanche 28 janvier 1979 | 2025 | 48600 | 2916000 | 174960000 |
| lundi 29 janvier 1979 | 2026 | 48624 | 2917440 | 175046400 |
| mardi 30 janvier 1979 | 2027 | 48648 | 2918880 | 175132800 |
| mercredi 31 janvier 1979 | 2028 | 48672 | 2920320 | 175219200 |
| jeudi 1 février 1979 | 2029 | 48696 | 2921760 | 175305600 |
| vendredi 2 février 1979 | 2030 | 48720 | 2923200 | 175392000 |
| samedi 3 février 1979 | 2031 | 48744 | 2924640 | 175478400 |
| dimanche 4 février 1979 | 2032 | 48768 | 2926080 | 175564800 |
| lundi 5 février 1979 | 2033 | 48792 | 2927520 | 175651200 |
| mardi 6 février 1979 | 2034 | 48816 | 2928960 | 175737600 |
| mercredi 7 février 1979 | 2035 | 48840 | 2930400 | 175824000 |
| jeudi 8 février 1979 | 2036 | 48864 | 2931840 | 175910400 |
| vendredi 9 février 1979 | 2037 | 48888 | 2933280 | 175996800 |
| samedi 10 février 1979 | 2038 | 48912 | 2934720 | 176083200 |
| dimanche 11 février 1979 | 2039 | 48936 | 2936160 | 176169600 |
| lundi 12 février 1979 | 2040 | 48960 | 2937600 | 176256000 |
| mardi 13 février 1979 | 2041 | 48984 | 2939040 | 176342400 |
| mercredi 14 février 1979 | 2042 | 49008 | 2940480 | 176428800 |
| jeudi 15 février 1979 | 2043 | 49032 | 2941920 | 176515200 |
| vendredi 16 février 1979 | 2044 | 49056 | 2943360 | 176601600 |
| samedi 17 février 1979 | 2045 | 49080 | 2944800 | 176688000 |
| dimanche 18 février 1979 | 2046 | 49104 | 2946240 | 176774400 |
| lundi 19 février 1979 | 2047 | 49128 | 2947680 | 176860800 |
| mardi 20 février 1979 | 2048 | 49152 | 2949120 | 176947200 |
| mercredi 21 février 1979 | 2049 | 49176 | 2950560 | 177033600 |
| jeudi 22 février 1979 | 2050 | 49200 | 2952000 | 177120000 |

| | | | | |
|---|---|---|---|---|
| vendredi 23 février 1979 | 2051 | 49224 | 2953440 | 177206400 |
| samedi 24 février 1979 | 2052 | 49248 | 2954880 | 177292800 |
| dimanche 25 février 1979 | 2053 | 49272 | 2956320 | 177379200 |
| lundi 26 février 1979 | 2054 | 49296 | 2957760 | 177465600 |
| mardi 27 février 1979 | 2055 | 49320 | 2959200 | 177552000 |
| mercredi 28 février 1979 | 2056 | 49344 | 2960640 | 177638400 |
| jeudi 1 mars 1979 | 2057 | 49368 | 2962080 | 177724800 |
| vendredi 2 mars 1979 | 2058 | 49392 | 2963520 | 177811200 |
| samedi 3 mars 1979 | 2059 | 49416 | 2964960 | 177897600 |
| dimanche 4 mars 1979 | 2060 | 49440 | 2966400 | 177984000 |
| lundi 5 mars 1979 | 2061 | 49464 | 2967840 | 178070400 |
| mardi 6 mars 1979 | 2062 | 49488 | 2969280 | 178156800 |
| mercredi 7 mars 1979 | 2063 | 49512 | 2970720 | 178243200 |
| jeudi 8 mars 1979 | 2064 | 49536 | 2972160 | 178329600 |
| vendredi 9 mars 1979 | 2065 | 49560 | 2973600 | 178416000 |
| samedi 10 mars 1979 | 2066 | 49584 | 2975040 | 178502400 |
| dimanche 11 mars 1979 | 2067 | 49608 | 2976480 | 178588800 |
| lundi 12 mars 1979 | 2068 | 49632 | 2977920 | 178675200 |
| mardi 13 mars 1979 | 2069 | 49656 | 2979360 | 178761600 |
| mercredi 14 mars 1979 | 2070 | 49680 | 2980800 | 178848000 |
| jeudi 15 mars 1979 | 2071 | 49704 | 2982240 | 178934400 |
| vendredi 16 mars 1979 | 2072 | 49728 | 2983680 | 179020800 |
| samedi 17 mars 1979 | 2073 | 49752 | 2985120 | 179107200 |
| dimanche 18 mars 1979 | 2074 | 49776 | 2986560 | 179193600 |
| lundi 19 mars 1979 | 2075 | 49800 | 2988000 | 179280000 |
| mardi 20 mars 1979 | 2076 | 49824 | 2989440 | 179366400 |
| mercredi 21 mars 1979 | 2077 | 49848 | 2990880 | 179452800 |
| jeudi 22 mars 1979 | 2078 | 49872 | 2992320 | 179539200 |
| vendredi 23 mars 1979 | 2079 | 49896 | 2993760 | 179625600 |
| samedi 24 mars 1979 | 2080 | 49920 | 2995200 | 179712000 |
| dimanche 25 mars 1979 | 2081 | 49944 | 2996640 | 179798400 |
| lundi 26 mars 1979 | 2082 | 49968 | 2998080 | 179884800 |
| mardi 27 mars 1979 | 2083 | 49992 | 2999520 | 179971200 |
| mercredi 28 mars 1979 | 2084 | 50016 | 3000960 | 180057600 |
| jeudi 29 mars 1979 | 2085 | 50040 | 3002400 | 180144000 |
| vendredi 30 mars 1979 | 2086 | 50064 | 3003840 | 180230400 |
| samedi 31 mars 1979 | 2087 | 50088 | 3005280 | 180316800 |
| dimanche 1 avril 1979 | 2088 | 50112 | 3006720 | 180403200 |

| | | | | |
|---|---|---|---|---|
| lundi 2 avril 1979 | 2089 | 50136 | 3008160 | 180489600 |
| mardi 3 avril 1979 | 2090 | 50160 | 3009600 | 180576000 |
| mercredi 4 avril 1979 | 2091 | 50184 | 3011040 | 180662400 |
| jeudi 5 avril 1979 | 2092 | 50208 | 3012480 | 180748800 |
| vendredi 6 avril 1979 | 2093 | 50232 | 3013920 | 180835200 |
| samedi 7 avril 1979 | 2094 | 50256 | 3015360 | 180921600 |
| dimanche 8 avril 1979 | 2095 | 50280 | 3016800 | 181008000 |
| lundi 9 avril 1979 | 2096 | 50304 | 3018240 | 181094400 |
| mardi 10 avril 1979 | 2097 | 50328 | 3019680 | 181180800 |
| mercredi 11 avril 1979 | 2098 | 50352 | 3021120 | 181267200 |
| jeudi 12 avril 1979 | 2099 | 50376 | 3022560 | 181353600 |
| vendredi 13 avril 1979 | 2100 | 50400 | 3024000 | 181440000 |
| samedi 14 avril 1979 | 2101 | 50424 | 3025440 | 181526400 |
| dimanche 15 avril 1979 | 2102 | 50448 | 3026880 | 181612800 |
| lundi 16 avril 1979 | 2103 | 50472 | 3028320 | 181699200 |
| mardi 17 avril 1979 | 2104 | 50496 | 3029760 | 181785600 |
| mercredi 18 avril 1979 | 2105 | 50520 | 3031200 | 181872000 |
| jeudi 19 avril 1979 | 2106 | 50544 | 3032640 | 181958400 |
| vendredi 20 avril 1979 | 2107 | 50568 | 3034080 | 182044800 |
| samedi 21 avril 1979 | 2108 | 50592 | 3035520 | 182131200 |
| dimanche 22 avril 1979 | 2109 | 50616 | 3036960 | 182217600 |
| lundi 23 avril 1979 | 2110 | 50640 | 3038400 | 182304000 |
| mardi 24 avril 1979 | 2111 | 50664 | 3039840 | 182390400 |
| mercredi 25 avril 1979 | 2112 | 50688 | 3041280 | 182476800 |
| jeudi 26 avril 1979 | 2113 | 50712 | 3042720 | 182563200 |
| vendredi 27 avril 1979 | 2114 | 50736 | 3044160 | 182649600 |
| samedi 28 avril 1979 | 2115 | 50760 | 3045600 | 182736000 |
| dimanche 29 avril 1979 | 2116 | 50784 | 3047040 | 182822400 |
| lundi 30 avril 1979 | 2117 | 50808 | 3048480 | 182908800 |
| mardi 1 mai 1979 | 2118 | 50832 | 3049920 | 182995200 |
| mercredi 2 mai 1979 | 2119 | 50856 | 3051360 | 183081600 |
| jeudi 3 mai 1979 | 2120 | 50880 | 3052800 | 183168000 |
| vendredi 4 mai 1979 | 2121 | 50904 | 3054240 | 183254400 |
| samedi 5 mai 1979 | 2122 | 50928 | 3055680 | 183340800 |
| dimanche 6 mai 1979 | 2123 | 50952 | 3057120 | 183427200 |
| lundi 7 mai 1979 | 2124 | 50976 | 3058560 | 183513600 |
| mardi 8 mai 1979 | 2125 | 51000 | 3060000 | 183600000 |
| mercredi 9 mai 1979 | 2126 | 51024 | 3061440 | 183686400 |

| | | | | |
|---|---|---|---|---|
| jeudi 10 mai 1979 | 2127 | 51048 | 3062880 | 183772800 |
| vendredi 11 mai 1979 | 2128 | 51072 | 3064320 | 183859200 |
| samedi 12 mai 1979 | 2129 | 51096 | 3065760 | 183945600 |
| dimanche 13 mai 1979 | 2130 | 51120 | 3067200 | 184032000 |
| lundi 14 mai 1979 | 2131 | 51144 | 3068640 | 184118400 |
| mardi 15 mai 1979 | 2132 | 51168 | 3070080 | 184204800 |
| mercredi 16 mai 1979 | 2133 | 51192 | 3071520 | 184291200 |
| jeudi 17 mai 1979 | 2134 | 51216 | 3072960 | 184377600 |
| vendredi 18 mai 1979 | 2135 | 51240 | 3074400 | 184464000 |
| samedi 19 mai 1979 | 2136 | 51264 | 3075840 | 184550400 |
| dimanche 20 mai 1979 | 2137 | 51288 | 3077280 | 184636800 |
| lundi 21 mai 1979 | 2138 | 51312 | 3078720 | 184723200 |
| mardi 22 mai 1979 | 2139 | 51336 | 3080160 | 184809600 |
| mercredi 23 mai 1979 | 2140 | 51360 | 3081600 | 184896000 |
| jeudi 24 mai 1979 | 2141 | 51384 | 3083040 | 184982400 |
| vendredi 25 mai 1979 | 2142 | 51408 | 3084480 | 185068800 |
| samedi 26 mai 1979 | 2143 | 51432 | 3085920 | 185155200 |
| dimanche 27 mai 1979 | 2144 | 51456 | 3087360 | 185241600 |
| lundi 28 mai 1979 | 2145 | 51480 | 3088800 | 185328000 |
| mardi 29 mai 1979 | 2146 | 51504 | 3090240 | 185414400 |
| mercredi 30 mai 1979 | 2147 | 51528 | 3091680 | 185500800 |
| jeudi 31 mai 1979 | 2148 | 51552 | 3093120 | 185587200 |
| vendredi 1 juin 1979 | 2149 | 51576 | 3094560 | 185673600 |
| samedi 2 juin 1979 | 2150 | 51600 | 3096000 | 185760000 |
| dimanche 3 juin 1979 | 2151 | 51624 | 3097440 | 185846400 |
| lundi 4 juin 1979 | 2152 | 51648 | 3098880 | 185932800 |
| mardi 5 juin 1979 | 2153 | 51672 | 3100320 | 186019200 |
| mercredi 6 juin 1979 | 2154 | 51696 | 3101760 | 186105600 |
| jeudi 7 juin 1979 | 2155 | 51720 | 3103200 | 186192000 |
| vendredi 8 juin 1979 | 2156 | 51744 | 3104640 | 186278400 |
| samedi 9 juin 1979 | 2157 | 51768 | 3106080 | 186364800 |
| dimanche 10 juin 1979 | 2158 | 51792 | 3107520 | 186451200 |
| lundi 11 juin 1979 | 2159 | 51816 | 3108960 | 186537600 |
| mardi 12 juin 1979 | 2160 | 51840 | 3110400 | 186624000 |
| mercredi 13 juin 1979 | 2161 | 51864 | 3111840 | 186710400 |
| jeudi 14 juin 1979 | 2162 | 51888 | 3113280 | 186796800 |
| vendredi 15 juin 1979 | 2163 | 51912 | 3114720 | 186883200 |
| samedi 16 juin 1979 | 2164 | 51936 | 3116160 | 186969600 |

| | | | | |
|---|---|---|---|---|
| dimanche 17 juin 1979 | 2165 | 51960 | 3117600 | 187056000 |
| lundi 18 juin 1979 | 2166 | 51984 | 3119040 | 187142400 |
| mardi 19 juin 1979 | 2167 | 52008 | 3120480 | 187228800 |
| mercredi 20 juin 1979 | 2168 | 52032 | 3121920 | 187315200 |
| jeudi 21 juin 1979 | 2169 | 52056 | 3123360 | 187401600 |
| vendredi 22 juin 1979 | 2170 | 52080 | 3124800 | 187488000 |
| samedi 23 juin 1979 | 2171 | 52104 | 3126240 | 187574400 |
| dimanche 24 juin 1979 | 2172 | 52128 | 3127680 | 187660800 |
| lundi 25 juin 1979 | 2173 | 52152 | 3129120 | 187747200 |
| mardi 26 juin 1979 | 2174 | 52176 | 3130560 | 187833600 |
| mercredi 27 juin 1979 | 2175 | 52200 | 3132000 | 187920000 |
| jeudi 28 juin 1979 | 2176 | 52224 | 3133440 | 188006400 |
| vendredi 29 juin 1979 | 2177 | 52248 | 3134880 | 188092800 |
| samedi 30 juin 1979 | 2178 | 52272 | 3136320 | 188179200 |
| dimanche 1 juillet 1979 | 2179 | 52296 | 3137760 | 188265600 |
| lundi 2 juillet 1979 | 2180 | 52320 | 3139200 | 188352000 |
| mardi 3 juillet 1979 | 2181 | 52344 | 3140640 | 188438400 |
| mercredi 4 juillet 1979 | 2182 | 52368 | 3142080 | 188524800 |
| jeudi 5 juillet 1979 | 2183 | 52392 | 3143520 | 188611200 |
| vendredi 6 juillet 1979 | 2184 | 52416 | 3144960 | 188697600 |
| samedi 7 juillet 1979 | 2185 | 52440 | 3146400 | 188784000 |
| dimanche 8 juillet 1979 | 2186 | 52464 | 3147840 | 188870400 |
| lundi 9 juillet 1979 | 2187 | 52488 | 3149280 | 188956800 |
| mardi 10 juillet 1979 | 2188 | 52512 | 3150720 | 189043200 |
| mercredi 11 juillet 1979 | 2189 | 52536 | 3152160 | 189129600 |
| jeudi 12 juillet 1979 | 2190 | 52560 | 3153600 | 189216000 |
| vendredi 13 juillet 1979 | 2191 | 52584 | 3155040 | 189302400 |
| samedi 14 juillet 1979 | 2192 | 52608 | 3156480 | 189388800 |
| dimanche 15 juillet 1979 | 2193 | 52632 | 3157920 | 189475200 |
| lundi 16 juillet 1979 | 2194 | 52656 | 3159360 | 189561600 |
| mardi 17 juillet 1979 | 2195 | 52680 | 3160800 | 189648000 |
| mercredi 18 juillet 1979 | 2196 | 52704 | 3162240 | 189734400 |
| jeudi 19 juillet 1979 | 2197 | 52728 | 3163680 | 189820800 |
| vendredi 20 juillet 1979 | 2198 | 52752 | 3165120 | 189907200 |
| samedi 21 juillet 1979 | 2199 | 52776 | 3166560 | 189993600 |
| dimanche 22 juillet 1979 | 2200 | 52800 | 3168000 | 190080000 |
| lundi 23 juillet 1979 | 2201 | 52824 | 3169440 | 190166400 |
| mardi 24 juillet 1979 | 2202 | 52848 | 3170880 | 190252800 |

| | | | | |
|---|---|---|---|---|
| mercredi 25 juillet 1979 | 2203 | 52872 | 3172320 | 190339200 |
| jeudi 26 juillet 1979 | 2204 | 52896 | 3173760 | 190425600 |
| vendredi 27 juillet 1979 | 2205 | 52920 | 3175200 | 190512000 |
| samedi 28 juillet 1979 | 2206 | 52944 | 3176640 | 190598400 |
| dimanche 29 juillet 1979 | 2207 | 52968 | 3178080 | 190684800 |
| lundi 30 juillet 1979 | 2208 | 52992 | 3179520 | 190771200 |
| mardi 31 juillet 1979 | 2209 | 53016 | 3180960 | 190857600 |
| mercredi 1 août 1979 | 2210 | 53040 | 3182400 | 190944000 |
| jeudi 2 août 1979 | 2211 | 53064 | 3183840 | 191030400 |
| vendredi 3 août 1979 | 2212 | 53088 | 3185280 | 191116800 |
| samedi 4 août 1979 | 2213 | 53112 | 3186720 | 191203200 |
| dimanche 5 août 1979 | 2214 | 53136 | 3188160 | 191289600 |
| lundi 6 août 1979 | 2215 | 53160 | 3189600 | 191376000 |
| mardi 7 août 1979 | 2216 | 53184 | 3191040 | 191462400 |
| mercredi 8 août 1979 | 2217 | 53208 | 3192480 | 191548800 |
| jeudi 9 août 1979 | 2218 | 53232 | 3193920 | 191635200 |
| vendredi 10 août 1979 | 2219 | 53256 | 3195360 | 191721600 |
| samedi 11 août 1979 | 2220 | 53280 | 3196800 | 191808000 |
| dimanche 12 août 1979 | 2221 | 53304 | 3198240 | 191894400 |
| lundi 13 août 1979 | 2222 | 53328 | 3199680 | 191980800 |
| mardi 14 août 1979 | 2223 | 53352 | 3201120 | 192067200 |
| mercredi 15 août 1979 | 2224 | 53376 | 3202560 | 192153600 |
| jeudi 16 août 1979 | 2225 | 53400 | 3204000 | 192240000 |
| vendredi 17 août 1979 | 2226 | 53424 | 3205440 | 192326400 |
| samedi 18 août 1979 | 2227 | 53448 | 3206880 | 192412800 |
| dimanche 19 août 1979 | 2228 | 53472 | 3208320 | 192499200 |
| lundi 20 août 1979 | 2229 | 53496 | 3209760 | 192585600 |
| mardi 21 août 1979 | 2230 | 53520 | 3211200 | 192672000 |
| mercredi 22 août 1979 | 2231 | 53544 | 3212640 | 192758400 |
| jeudi 23 août 1979 | 2232 | 53568 | 3214080 | 192844800 |
| vendredi 24 août 1979 | 2233 | 53592 | 3215520 | 192931200 |
| samedi 25 août 1979 | 2234 | 53616 | 3216960 | 193017600 |
| dimanche 26 août 1979 | 2235 | 53640 | 3218400 | 193104000 |
| lundi 27 août 1979 | 2236 | 53664 | 3219840 | 193190400 |
| mardi 28 août 1979 | 2237 | 53688 | 3221280 | 193276800 |
| mercredi 29 août 1979 | 2238 | 53712 | 3222720 | 193363200 |
| jeudi 30 août 1979 | 2239 | 53736 | 3224160 | 193449600 |
| vendredi 31 août 1979 | 2240 | 53760 | 3225600 | 193536000 |

| | | | | |
|---|---|---|---|---|
| samedi 1 septembre 1979 | 2241 | 53784 | 3227040 | 193622400 |
| dimanche 2 septembre 1979 | 2242 | 53808 | 3228480 | 193708800 |
| lundi 3 septembre 1979 | 2243 | 53832 | 3229920 | 193795200 |
| mardi 4 septembre 1979 | 2244 | 53856 | 3231360 | 193881600 |
| mercredi 5 septembre 1979 | 2245 | 53880 | 3232800 | 193968000 |
| jeudi 6 septembre 1979 | 2246 | 53904 | 3234240 | 194054400 |
| vendredi 7 septembre 1979 | 2247 | 53928 | 3235680 | 194140800 |
| samedi 8 septembre 1979 | 2248 | 53952 | 3237120 | 194227200 |
| dimanche 9 septembre 1979 | 2249 | 53976 | 3238560 | 194313600 |
| lundi 10 septembre 1979 | 2250 | 54000 | 3240000 | 194400000 |
| mardi 11 septembre 1979 | 2251 | 54024 | 3241440 | 194486400 |
| mercredi 12 septembre 1979 | 2252 | 54048 | 3242880 | 194572800 |
| jeudi 13 septembre 1979 | 2253 | 54072 | 3244320 | 194659200 |
| vendredi 14 septembre 1979 | 2254 | 54096 | 3245760 | 194745600 |
| samedi 15 septembre 1979 | 2255 | 54120 | 3247200 | 194832000 |
| dimanche 16 septembre 1979 | 2256 | 54144 | 3248640 | 194918400 |
| lundi 17 septembre 1979 | 2257 | 54168 | 3250080 | 195004800 |
| mardi 18 septembre 1979 | 2258 | 54192 | 3251520 | 195091200 |
| mercredi 19 septembre 1979 | 2259 | 54216 | 3252960 | 195177600 |
| jeudi 20 septembre 1979 | 2260 | 54240 | 3254400 | 195264000 |
| vendredi 21 septembre 1979 | 2261 | 54264 | 3255840 | 195350400 |
| samedi 22 septembre 1979 | 2262 | 54288 | 3257280 | 195436800 |
| dimanche 23 septembre 1979 | 2263 | 54312 | 3258720 | 195523200 |
| lundi 24 septembre 1979 | 2264 | 54336 | 3260160 | 195609600 |
| mardi 25 septembre 1979 | 2265 | 54360 | 3261600 | 195696000 |
| mercredi 26 septembre 1979 | 2266 | 54384 | 3263040 | 195782400 |
| jeudi 27 septembre 1979 | 2267 | 54408 | 3264480 | 195868800 |
| vendredi 28 septembre 1979 | 2268 | 54432 | 3265920 | 195955200 |
| samedi 29 septembre 1979 | 2269 | 54456 | 3267360 | 196041600 |
| dimanche 30 septembre 1979 | 2270 | 54480 | 3268800 | 196128000 |
| lundi 1 octobre 1979 | 2271 | 54504 | 3270240 | 196214400 |
| mardi 2 octobre 1979 | 2272 | 54528 | 3271680 | 196300800 |
| mercredi 3 octobre 1979 | 2273 | 54552 | 3273120 | 196387200 |
| jeudi 4 octobre 1979 | 2274 | 54576 | 3274560 | 196473600 |
| vendredi 5 octobre 1979 | 2275 | 54600 | 3276000 | 196560000 |
| samedi 6 octobre 1979 | 2276 | 54624 | 3277440 | 196646400 |
| dimanche 7 octobre 1979 | 2277 | 54648 | 3278880 | 196732800 |
| lundi 8 octobre 1979 | 2278 | 54672 | 3280320 | 196819200 |

| | | | | |
|---|---|---|---|---|
| mardi 9 octobre 1979 | 2279 | 54696 | 3281760 | 196905600 |
| mercredi 10 octobre 1979 | 2280 | 54720 | 3283200 | 196992000 |
| jeudi 11 octobre 1979 | 2281 | 54744 | 3284640 | 197078400 |
| vendredi 12 octobre 1979 | 2282 | 54768 | 3286080 | 197164800 |
| samedi 13 octobre 1979 | 2283 | 54792 | 3287520 | 197251200 |
| dimanche 14 octobre 1979 | 2284 | 54816 | 3288960 | 197337600 |
| lundi 15 octobre 1979 | 2285 | 54840 | 3290400 | 197424000 |
| mardi 16 octobre 1979 | 2286 | 54864 | 3291840 | 197510400 |
| mercredi 17 octobre 1979 | 2287 | 54888 | 3293280 | 197596800 |
| jeudi 18 octobre 1979 | 2288 | 54912 | 3294720 | 197683200 |
| vendredi 19 octobre 1979 | 2289 | 54936 | 3296160 | 197769600 |
| samedi 20 octobre 1979 | 2290 | 54960 | 3297600 | 197856000 |
| dimanche 21 octobre 1979 | 2291 | 54984 | 3299040 | 197942400 |
| lundi 22 octobre 1979 | 2292 | 55008 | 3300480 | 198028800 |
| mardi 23 octobre 1979 | 2293 | 55032 | 3301920 | 198115200 |
| mercredi 24 octobre 1979 | 2294 | 55056 | 3303360 | 198201600 |
| jeudi 25 octobre 1979 | 2295 | 55080 | 3304800 | 198288000 |
| vendredi 26 octobre 1979 | 2296 | 55104 | 3306240 | 198374400 |
| samedi 27 octobre 1979 | 2297 | 55128 | 3307680 | 198460800 |
| dimanche 28 octobre 1979 | 2298 | 55152 | 3309120 | 198547200 |
| lundi 29 octobre 1979 | 2299 | 55176 | 3310560 | 198633600 |
| mardi 30 octobre 1979 | 2300 | 55200 | 3312000 | 198720000 |
| mercredi 31 octobre 1979 | 2301 | 55224 | 3313440 | 198806400 |
| jeudi 1 novembre 1979 | 2302 | 55248 | 3314880 | 198892800 |
| vendredi 2 novembre 1979 | 2303 | 55272 | 3316320 | 198979200 |
| samedi 3 novembre 1979 | 2304 | 55296 | 3317760 | 199065600 |
| dimanche 4 novembre 1979 | 2305 | 55320 | 3319200 | 199152000 |
| lundi 5 novembre 1979 | 2306 | 55344 | 3320640 | 199238400 |
| mardi 6 novembre 1979 | 2307 | 55368 | 3322080 | 199324800 |
| mercredi 7 novembre 1979 | 2308 | 55392 | 3323520 | 199411200 |
| jeudi 8 novembre 1979 | 2309 | 55416 | 3324960 | 199497600 |
| vendredi 9 novembre 1979 | 2310 | 55440 | 3326400 | 199584000 |
| samedi 10 novembre 1979 | 2311 | 55464 | 3327840 | 199670400 |
| dimanche 11 novembre 1979 | 2312 | 55488 | 3329280 | 197756800 |
| lundi 12 novembre 1979 | 2313 | 55512 | 3330720 | 199843200 |
| mardi 13 novembre 1979 | 2314 | 55536 | 3332160 | 199929600 |
| mercredi 14 novembre 1979 | 2315 | 55560 | 3333600 | 200016000 |
| jeudi 15 novembre 1979 | 2316 | 55584 | 3335040 | 200102400 |

| | | | | |
|---|---|---|---|---|
| vendredi 16 novembre 1979 | 2317 | 55608 | 3336480 | 200188800 |
| samedi 17 novembre 1979 | 2318 | 55632 | 3337920 | 200275200 |
| dimanche 18 novembre 1979 | 2319 | 55656 | 3339360 | 200361600 |
| lundi 19 novembre 1979 | 2320 | 55680 | 3340800 | 200448000 |
| mardi 20 novembre 1979 | 2321 | 55704 | 3342240 | 200534400 |
| mercredi 21 novembre 1979 | 2322 | 55728 | 3343680 | 200620800 |
| jeudi 22 novembre 1979 | 2323 | 55752 | 3345120 | 200707200 |
| vendredi 23 novembre 1979 | 2324 | 55776 | 3346560 | 200793600 |
| samedi 24 novembre 1979 | 2325 | 55800 | 3348000 | 200880000 |
| dimanche 25 novembre 1979 | 2326 | 55824 | 3349440 | 200966400 |
| lundi 26 novembre 1979 | 2327 | 55848 | 3350880 | 201052800 |
| mardi 27 novembre 1979 | 2328 | 55872 | 3352320 | 201139200 |
| mercredi 28 novembre 1979 | 2329 | 55896 | 3353760 | 201225600 |
| jeudi 29 novembre 1979 | 2330 | 55920 | 3355200 | 201312000 |
| vendredi 30 novembre 1979 | 2331 | 55944 | 3356640 | 201398400 |
| samedi 1 décembre 1979 | 2332 | 55968 | 3358080 | 201484800 |
| dimanche 2 décembre 1979 | 2333 | 55992 | 3359520 | 201571200 |
| lundi 3 décembre 1979 | 2334 | 56016 | 3360960 | 201657600 |
| mardi 4 décembre 1979 | 2335 | 56040 | 3362400 | 201744000 |
| mercredi 5 décembre 1979 | 2336 | 56064 | 3363840 | 201830400 |
| jeudi 6 décembre 1979 | 2337 | 56088 | 3365280 | 201916800 |
| vendredi 7 décembre 1979 | 2338 | 56112 | 3366720 | 202003200 |
| samedi 8 décembre 1979 | 2339 | 56136 | 3368160 | 202089600 |
| dimanche 9 décembre 1979 | 2340 | 56160 | 3369600 | 202176000 |
| lundi 10 décembre 1979 | 2341 | 56184 | 3371040 | 202262400 |
| mardi 11 décembre 1979 | 2342 | 56208 | 3372480 | 202348800 |
| mercredi 12 décembre 1979 | 2343 | 56232 | 3373920 | 202435200 |
| jeudi 13 décembre 1979 | 2344 | 56256 | 3375360 | 202521600 |
| vendredi 14 décembre 1979 | 2345 | 56280 | 3376800 | 202608000 |
| samedi 15 décembre 1979 | 2346 | 56304 | 3378240 | 202694400 |
| dimanche 16 décembre 1979 | 2347 | 56328 | 3379680 | 202780800 |
| lundi 17 décembre 1979 | 2348 | 56352 | 3381120 | 202867200 |
| mardi 18 décembre 1979 | 2349 | 56376 | 3382560 | 202953600 |
| mercredi 19 décembre 1979 | 2350 | 56400 | 3384000 | 203040000 |
| jeudi 20 décembre 1979 | 2351 | 56424 | 3385440 | 203126400 |
| vendredi 21 décembre 1979 | 2352 | 56448 | 3386880 | 203212800 |
| samedi 22 décembre 1979 | 2353 | 56472 | 3388320 | 203299200 |
| dimanche 23 décembre 1979 | 2354 | 56496 | 3389760 | 203385600 |

| | | | | |
|---|---|---|---|---|
| lundi 24 décembre 1979 | 2355 | 56520 | 3391200 | 203472000 |
| mardi 25 décembre 1979 | 2356 | 56544 | 3392640 | 203558400 |
| mercredi 26 décembre 1979 | 2357 | 56568 | 3394080 | 203644800 |
| jeudi 27 décembre 1979 | 2358 | 56592 | 3395520 | 203731200 |
| vendredi 28 décembre 1979 | 2359 | 56616 | 3396960 | 203817600 |
| samedi 29 décembre 1979 | 2360 | 56640 | 3398400 | 203904000 |
| dimanche 30 décembre 1979 | 2361 | 56664 | 3399840 | 203990400 |
| lundi 31 décembre 1979 | 2362 | 56688 | 3401280 | 204076800 |
| mardi 1 janvier 1980 | 2363 | 56712 | 3402720 | 204163200 |
| mercredi 2 janvier 1980 | 2364 | 56736 | 3404160 | 204249600 |
| jeudi 3 janvier 1980 | 2365 | 56760 | 3405600 | 204336000 |
| vendredi 4 janvier 1980 | 2366 | 56784 | 3407040 | 204422400 |
| samedi 5 janvier 1980 | 2367 | 56808 | 3408480 | 204508800 |
| dimanche 6 janvier 1980 | 2368 | 56832 | 3409920 | 204595200 |
| lundi 7 janvier 1980 | 2369 | 56856 | 3411360 | 204681600 |
| mardi 8 janvier 1980 | 2370 | 56880 | 3412800 | 204768000 |
| mercredi 9 janvier 1980 | 2371 | 56904 | 3414240 | 204854400 |
| jeudi 10 janvier 1980 | 2372 | 56928 | 3415680 | 204940800 |
| vendredi 11 janvier 1980 | 2373 | 56952 | 3417120 | 205027200 |
| samedi 12 janvier 1980 | 2374 | 56976 | 3418560 | 205113600 |
| dimanche 13 janvier 1980 | 2375 | 57000 | 3420000 | 205200000 |
| lundi 14 janvier 1980 | 2376 | 57024 | 3421440 | 205286400 |
| mardi 15 janvier 1980 | 2377 | 57048 | 3422880 | 205372800 |
| mercredi 16 janvier 1980 | 2378 | 57072 | 3424320 | 205459200 |
| jeudi 17 janvier 1980 | 2379 | 57096 | 3425760 | 205545600 |
| vendredi 18 janvier 1980 | 2380 | 57120 | 3427200 | 205632000 |
| samedi 19 janvier 1980 | 2381 | 57144 | 3428640 | 205718400 |
| dimanche 20 janvier 1980 | 2382 | 57168 | 3430080 | 205804800 |
| lundi 21 janvier 1980 | 2383 | 57192 | 3431520 | 205891200 |
| mardi 22 janvier 1980 | 2384 | 57216 | 3432960 | 205977600 |
| mercredi 23 janvier 1980 | 2385 | 57240 | 3434400 | 206064000 |
| jeudi 24 janvier 1980 | 2386 | 57264 | 3435840 | 206150400 |
| vendredi 25 janvier 1980 | 2387 | 57288 | 3437280 | 206236800 |
| samedi 26 janvier 1980 | 2388 | 57312 | 3438720 | 206323200 |
| dimanche 27 janvier 1980 | 2389 | 57336 | 3440160 | 206409600 |
| lundi 28 janvier 1980 | 2390 | 57360 | 3441600 | 206496000 |
| mardi 29 janvier 1980 | 2391 | 57384 | 3443040 | 206582400 |
| mercredi 30 janvier 1980 | 2392 | 57408 | 3444480 | 206668800 |

| | | | | |
|---|---|---|---|---|
| jeudi 31 janvier 1980 | 2393 | 57432 | 3445920 | 206755200 |
| vendredi 1 février 1980 | 2394 | 57456 | 3447360 | 206841600 |
| samedi 2 février 1980 | 2395 | 57480 | 3448800 | 206928000 |
| dimanche 3 février 1980 | 2396 | 57504 | 3450240 | 207014400 |
| lundi 4 février 1980 | 2397 | 57528 | 3451680 | 207100800 |
| mardi 5 février 1980 | 2398 | 57552 | 3453120 | 207187200 |
| mercredi 6 février 1980 | 2399 | 57576 | 3454560 | 207273600 |
| jeudi 7 février 1980 | 2400 | 57600 | 3456000 | 207360000 |
| vendredi 8 février 1980 | 2401 | 57624 | 3457440 | 207446400 |
| samedi 9 février 1980 | 2402 | 57648 | 3458880 | 207532800 |
| dimanche 10 février 1980 | 2403 | 57672 | 3460320 | 207619200 |
| lundi 11 février 1980 | 2404 | 57696 | 3461760 | 207705600 |
| mardi 12 février 1980 | 2405 | 57720 | 3463200 | 207792000 |
| mercredi 13 février 1980 | 2406 | 57744 | 3464640 | 207878400 |
| jeudi 14 février 1980 | 2407 | 57768 | 3466080 | 207964800 |
| vendredi 15 février 1980 | 2408 | 57792 | 3467520 | 208051200 |
| samedi 16 février 1980 | 2409 | 57816 | 3468960 | 208137600 |
| dimanche 17 février 1980 | 2410 | 57840 | 3470400 | 208224000 |
| lundi 18 février 1980 | 2411 | 57864 | 3471840 | 208310400 |
| mardi 19 février 1980 | 2412 | 57888 | 3473280 | 208396800 |
| mercredi 20 février 1980 | 2413 | 57912 | 3474720 | 208483200 |
| jeudi 21 février 1980 | 2414 | 57936 | 3476160 | 208569600 |
| vendredi 22 février 1980 | 2415 | 57960 | 3477600 | 208656000 |
| samedi 23 février 1980 | 2416 | 57984 | 3479040 | 208742400 |
| dimanche 24 février 1980 | 2417 | 58008 | 3480480 | 208828800 |
| lundi 25 février 1980 | 2418 | 58032 | 3481920 | 208915200 |
| mardi 26 février 1980 | 2419 | 58056 | 3483360 | 209001600 |
| mercredi 27 février 1980 | 2420 | 58080 | 3484800 | 209088000 |
| jeudi 28 février 1980 | 2421 | 58104 | 3486240 | 209174400 |
| vendredi 29 février 1980 | 2422 | 58128 | 3487680 | 209260800 |
| samedi 1 mars 1980 | 2423 | 58152 | 3489120 | 209347200 |
| dimanche 2 mars 1980 | 2424 | 58176 | 3490560 | 209433600 |
| lundi 3 mars 1980 | 2425 | 58200 | 3492000 | 209520000 |
| mardi 4 mars 1980 | 2426 | 58224 | 3493440 | 209606400 |
| mercredi 5 mars 1980 | 2427 | 58248 | 3494880 | 209692800 |
| jeudi 6 mars 1980 | 2428 | 58272 | 3496320 | 209779200 |
| vendredi 7 mars 1980 | 2429 | 58296 | 3497760 | 209865600 |
| samedi 8 mars 1980 | 2430 | 58320 | 3499200 | 209952000 |

| | | | | |
|---|---|---|---|---|
| dimanche 9 mars 1980 | 2431 | 58344 | 3500640 | 210038400 |
| lundi 10 mars 1980 | 2432 | 58368 | 3502080 | 210124800 |
| mardi 11 mars 1980 | 2433 | 58392 | 3503520 | 210211200 |
| mercredi 12 mars 1980 | 2434 | 58416 | 3504960 | 210297600 |
| jeudi 13 mars 1980 | 2435 | 58440 | 3506400 | 210384000 |
| vendredi 14 mars 1980 | 2436 | 58464 | 3507840 | 210470400 |
| samedi 15 mars 1980 | 2437 | 58488 | 3509280 | 210556800 |
| dimanche 16 mars 1980 | 2438 | 58512 | 3510720 | 210643200 |
| lundi 17 mars 1980 | 2439 | 58536 | 3512160 | 210729600 |
| mardi 18 mars 1980 | 2440 | 58560 | 3513600 | 210816000 |
| mercredi 19 mars 1980 | 2441 | 58584 | 3515040 | 210902400 |
| jeudi 20 mars 1980 | 2442 | 58608 | 3516480 | 210988800 |
| vendredi 21 mars 1980 | 2443 | 58632 | 3517920 | 211075200 |
| samedi 22 mars 1980 | 2444 | 58656 | 3519360 | 211161600 |
| dimanche 23 mars 1980 | 2445 | 58680 | 3520800 | 211248000 |
| lundi 24 mars 1980 | 2446 | 58704 | 3522240 | 211334400 |
| mardi 25 mars 1980 | 2447 | 58728 | 3523680 | 211420800 |
| mercredi 26 mars 1980 | 2448 | 58752 | 3525120 | 211507200 |
| jeudi 27 mars 1980 | 2449 | 58776 | 3526560 | 211593600 |
| vendredi 28 mars 1980 | 2450 | 58800 | 3528000 | 211680000 |
| samedi 29 mars 1980 | 2451 | 58824 | 3529440 | 211766400 |
| dimanche 30 mars 1980 | 2452 | 58848 | 3530880 | 211852800 |
| lundi 31 mars 1980 | 2453 | 58872 | 3532320 | 211939200 |
| mardi 1 avril 1980 | 2454 | 58896 | 3533760 | 212025600 |
| mercredi 2 avril 1980 | 2455 | 58920 | 3535200 | 212112000 |
| jeudi 3 avril 1980 | 2456 | 58944 | 3536640 | 212198400 |
| vendredi 4 avril 1980 | 2457 | 58968 | 3538080 | 212284800 |
| samedi 5 avril 1980 | 2458 | 58992 | 3539520 | 212371200 |
| dimanche 6 avril 1980 | 2459 | 59016 | 3540960 | 212457600 |
| lundi 7 avril 1980 | 2460 | 59040 | 3542400 | 212544000 |
| mardi 8 avril 1980 | 2461 | 59064 | 3543840 | 212630400 |
| mercredi 9 avril 1980 | 2462 | 59088 | 3545280 | 212716800 |
| jeudi 10 avril 1980 | 2463 | 59112 | 3546720 | 212803200 |
| vendredi 11 avril 1980 | 2464 | 59136 | 3548160 | 212889600 |
| samedi 12 avril 1980 | 2465 | 59160 | 3549600 | 212976000 |
| dimanche 13 avril 1980 | 2466 | 59184 | 3551040 | 213062400 |
| lundi 14 avril 1980 | 2467 | 59208 | 3552480 | 213148800 |
| mardi 15 avril 1980 | 2468 | 59232 | 3553920 | 213235200 |

| | | | | |
|---|---|---|---|---|
| mercredi 16 avril 1980 | 2469 | 59256 | 3555360 | 213321600 |
| jeudi 17 avril 1980 | 2470 | 59280 | 3556800 | 213408000 |
| vendredi 18 avril 1980 | 2471 | 59304 | 3558240 | 213494400 |
| samedi 19 avril 1980 | 2472 | 59328 | 3559680 | 213580800 |
| dimanche 20 avril 1980 | 2473 | 59352 | 3561120 | 213667200 |
| lundi 21 avril 1980 | 2474 | 59376 | 3562560 | 213753600 |
| mardi 22 avril 1980 | 2475 | 59400 | 3564000 | 213840000 |
| mercredi 23 avril 1980 | 2476 | 59424 | 3565440 | 213926400 |
| jeudi 24 avril 1980 | 2477 | 59448 | 3566880 | 214012800 |
| vendredi 25 avril 1980 | 2478 | 59472 | 3568320 | 214099200 |
| samedi 26 avril 1980 | 2479 | 59496 | 3569760 | 214185600 |
| dimanche 27 avril 1980 | 2480 | 59520 | 3571200 | 214272000 |
| lundi 28 avril 1980 | 2481 | 59544 | 3572640 | 214358400 |
| mardi 29 avril 1980 | 2482 | 59568 | 3574080 | 214444800 |
| mercredi 30 avril 1980 | 2483 | 59592 | 3575520 | 214531200 |
| jeudi 1 mai 1980 | 2484 | 59616 | 3576960 | 214617600 |
| vendredi 2 mai 1980 | 2485 | 59640 | 3578400 | 214704000 |
| samedi 3 mai 1980 | 2486 | 59664 | 3579840 | 214790400 |
| dimanche 4 mai 1980 | 2487 | 59688 | 3581280 | 214876800 |
| lundi 5 mai 1980 | 2488 | 59712 | 3582720 | 214963200 |
| mardi 6 mai 1980 | 2489 | 59736 | 3584160 | 215049600 |
| mercredi 7 mai 1980 | 2490 | 59760 | 3585600 | 215136000 |
| jeudi 8 mai 1980 | 2491 | 59784 | 3587040 | 215222400 |
| vendredi 9 mai 1980 | 2492 | 59808 | 3588480 | 215308800 |
| samedi 10 mai 1980 | 2493 | 59832 | 3589920 | 215395200 |
| dimanche 11 mai 1980 | 2494 | 59856 | 3591360 | 215481600 |
| lundi 12 mai 1980 | 2495 | 59880 | 3592800 | 215568000 |
| mardi 13 mai 1980 | 2496 | 59904 | 3594240 | 215654400 |
| mercredi 14 mai 1980 | 2497 | 59928 | 3595680 | 215740800 |
| jeudi 15 mai 1980 | 2498 | 59952 | 3597120 | 215827200 |
| vendredi 16 mai 1980 | 2499 | 59976 | 3598560 | 215913600 |
| samedi 17 mai 1980 | 2500 | 60000 | 3600000 | 216000000 |
| dimanche 18 mai 1980 | 2501 | 60024 | 3601440 | 216086400 |
| lundi 19 mai 1980 | 2502 | 60048 | 3602880 | 216172800 |
| mardi 20 mai 1980 | 2503 | 60072 | 3604320 | 216259200 |
| mercredi 21 mai 1980 | 2504 | 60096 | 3605760 | 216345600 |
| jeudi 22 mai 1980 | 2505 | 60120 | 3607200 | 216432000 |
| vendredi 23 mai 1980 | 2506 | 60144 | 3608640 | 216518400 |

| | | | | |
|---|---|---|---|---|
| samedi 24 mai 1980 | 2507 | 60168 | 3610080 | 216604800 |
| dimanche 25 mai 1980 | 2508 | 60192 | 3611520 | 216691200 |
| lundi 26 mai 1980 | 2509 | 60216 | 3612960 | 216777600 |
| mardi 27 mai 1980 | 2510 | 60240 | 3614400 | 216864000 |
| mercredi 28 mai 1980 | 2511 | 60264 | 3615840 | 216950400 |
| jeudi 29 mai 1980 | 2512 | 60288 | 3617280 | 217036800 |
| vendredi 30 mai 1980 | 2513 | 60312 | 3618720 | 217123200 |
| samedi 31 mai 1980 | 2514 | 60336 | 3620160 | 217209600 |
| dimanche 1 juin 1980 | 2515 | 60360 | 3621600 | 217296000 |
| lundi 2 juin 1980 | 2516 | 60384 | 3623040 | 217382400 |
| mardi 3 juin 1980 | 2517 | 60408 | 3624480 | 217468800 |
| mercredi 4 juin 1980 | 2518 | 60432 | 3625920 | 217555200 |
| jeudi 5 juin 1980 | 2519 | 60456 | 3627360 | 217641600 |
| vendredi 6 juin 1980 | 2520 | 60480 | 3628800 | 217728000 |
| samedi 7 juin 1980 | 2521 | 60504 | 3630240 | 217814400 |
| dimanche 8 juin 1980 | 2522 | 60528 | 3631680 | 217900800 |
| lundi 9 juin 1980 | 2523 | 60552 | 3633120 | 217987200 |
| mardi 10 juin 1980 | 2524 | 60576 | 3634560 | 218073600 |
| mercredi 11 juin 1980 | 2525 | 60600 | 3636000 | 218160000 |
| jeudi 12 juin 1980 | 2526 | 60624 | 3637440 | 218246400 |
| vendredi 13 juin 1980 | 2527 | 60648 | 3638880 | 218332800 |
| samedi 14 juin 1980 | 2528 | 60672 | 3640320 | 218419200 |
| dimanche 15 juin 1980 | 2529 | 60696 | 3641760 | 218505600 |
| lundi 16 juin 1980 | 2530 | 60720 | 3643200 | 218592000 |
| mardi 17 juin 1980 | 2531 | 60744 | 3644640 | 218678400 |
| mercredi 18 juin 1980 | 2532 | 60768 | 3646080 | 218764800 |
| jeudi 19 juin 1980 | 2533 | 60792 | 3647520 | 218851200 |
| vendredi 20 juin 1980 | 2534 | 60816 | 3648960 | 218937600 |
| samedi 21 juin 1980 | 2535 | 60840 | 3650400 | 219024000 |
| dimanche 22 juin 1980 | 2536 | 60864 | 3651840 | 219110400 |
| lundi 23 juin 1980 | 2537 | 60888 | 3653280 | 219196800 |
| mardi 24 juin 1980 | 2538 | 60912 | 3654720 | 219283200 |
| mercredi 25 juin 1980 | 2539 | 60936 | 3656160 | 219369600 |
| jeudi 26 juin 1980 | 2540 | 60960 | 3657600 | 219456000 |
| vendredi 27 juin 1980 | 2541 | 60984 | 3659040 | 219542400 |
| samedi 28 juin 1980 | 2542 | 61008 | 3660480 | 219628800 |
| dimanche 29 juin 1980 | 2543 | 61032 | 3661920 | 219715200 |
| lundi 30 juin 1980 | 2544 | 61056 | 3663360 | 219801600 |

| | | | | |
|---|---|---|---|---|
| mardi 1 juillet 1980 | 2545 | 61080 | 3664800 | 219888000 |
| mercredi 2 juillet 1980 | 2546 | 61104 | 3666240 | 219974400 |
| jeudi 3 juillet 1980 | 2547 | 61128 | 3667680 | 220060800 |
| vendredi 4 juillet 1980 | 2548 | 61152 | 3669120 | 220147200 |
| samedi 5 juillet 1980 | 2549 | 61176 | 3670560 | 220233600 |
| dimanche 6 juillet 1980 | 2550 | 61200 | 3672000 | 220320000 |
| lundi 7 juillet 1980 | 2551 | 61224 | 3673440 | 220406400 |
| mardi 8 juillet 1980 | 2552 | 61248 | 3674880 | 220492800 |
| mercredi 9 juillet 1980 | 2553 | 61272 | 3676320 | 220579200 |
| jeudi 10 juillet 1980 | 2554 | 61296 | 3677760 | 220665600 |
| vendredi 11 juillet 1980 | 2555 | 61320 | 3679200 | 220752000 |
| samedi 12 juillet 1980 | 2556 | 61344 | 3680640 | 220838400 |
| dimanche 13 juillet 1980 | 2557 | 61368 | 3682080 | 220924800 |
| lundi 14 juillet 1980 | 2558 | 61392 | 3683520 | 221011200 |
| mardi 15 juillet 1980 | 2559 | 61416 | 3684960 | 221097600 |
| mercredi 16 juillet 1980 | 2560 | 61440 | 3686400 | 221184000 |
| jeudi 17 juillet 1980 | 2561 | 61464 | 3687840 | 221270400 |
| vendredi 18 juillet 1980 | 2562 | 61488 | 3689280 | 221356800 |
| samedi 19 juillet 1980 | 2563 | 61512 | 3690720 | 221443200 |
| dimanche 20 juillet 1980 | 2564 | 61536 | 3692160 | 221529600 |
| lundi 21 juillet 1980 | 2565 | 61560 | 3693600 | 221616000 |
| mardi 22 juillet 1980 | 2566 | 61584 | 3695040 | 221702400 |
| mercredi 23 juillet 1980 | 2567 | 61608 | 3696480 | 221788800 |
| jeudi 24 juillet 1980 | 2568 | 61632 | 3697920 | 221875200 |
| vendredi 25 juillet 1980 | 2569 | 61656 | 3699360 | 221961600 |
| samedi 26 juillet 1980 | 2570 | 61680 | 3700800 | 222048000 |
| dimanche 27 juillet 1980 | 2571 | 61704 | 3702240 | 222134400 |
| lundi 28 juillet 1980 | 2572 | 61728 | 3703680 | 222220800 |
| mardi 29 juillet 1980 | 2573 | 61752 | 3705120 | 222307200 |
| mercredi 30 juillet 1980 | 2574 | 61776 | 3706560 | 222393600 |
| jeudi 31 juillet 1980 | 2575 | 61800 | 3708000 | 222480000 |
| vendredi 1 août 1980 | 2576 | 61824 | 3709440 | 222566400 |
| samedi 2 août 1980 | 2577 | 61848 | 3710880 | 222652800 |
| dimanche 3 août 1980 | 2578 | 61872 | 3712320 | 222739200 |
| lundi 4 août 1980 | 2579 | 61896 | 3713760 | 222825600 |
| mardi 5 août 1980 | 2580 | 61920 | 3715200 | 222912000 |
| mercredi 6 août 1980 | 2581 | 61944 | 3716640 | 222998400 |
| jeudi 7 août 1980 | 2582 | 61968 | 3718080 | 223084800 |

| | | | | |
|---|---|---|---|---|
| vendredi 8 août 1980 | 2583 | 61992 | 3719520 | 223171200 |
| samedi 9 août 1980 | 2584 | 62016 | 3720960 | 223257600 |
| dimanche 10 août 1980 | 2585 | 62040 | 3722400 | 223344000 |
| lundi 11 août 1980 | 2586 | 62064 | 3723840 | 223430400 |
| mardi 12 août 1980 | 2587 | 62088 | 3725280 | 223516800 |
| mercredi 13 août 1980 | 2588 | 62112 | 3726720 | 223603200 |
| jeudi 14 août 1980 | 2589 | 62136 | 3728160 | 223689600 |
| vendredi 15 août 1980 | 2590 | 62160 | 3729600 | 223776000 |
| samedi 16 août 1980 | 2591 | 62184 | 3731040 | 223862400 |
| dimanche 17 août 1980 | 2592 | 62208 | 3732480 | 223948800 |
| lundi 18 août 1980 | 2593 | 62232 | 3733920 | 224035200 |
| mardi 19 août 1980 | 2594 | 62256 | 3735360 | 224121600 |
| mercredi 20 août 1980 | 2595 | 62280 | 3736800 | 224208000 |
| jeudi 21 août 1980 | 2596 | 62304 | 3738240 | 224294400 |
| vendredi 22 août 1980 | 2597 | 62328 | 3739680 | 224380800 |
| samedi 23 août 1980 | 2598 | 62352 | 3741120 | 224467200 |
| dimanche 24 août 1980 | 2599 | 62376 | 3742560 | 224553600 |
| lundi 25 août 1980 | 2600 | 62400 | 3744000 | 224640000 |
| mardi 26 août 1980 | 2601 | 62424 | 3745440 | 224726400 |
| mercredi 27 août 1980 | 2602 | 62448 | 3746880 | 224812800 |
| jeudi 28 août 1980 | 2603 | 62472 | 3748320 | 224899200 |
| vendredi 29 août 1980 | 2604 | 62496 | 3749760 | 224985600 |
| samedi 30 août 1980 | 2605 | 62520 | 3751200 | 225072000 |
| dimanche 31 août 1980 | 2606 | 62544 | 3752640 | 225158400 |
| lundi 1 septembre 1980 | 2607 | 62568 | 3754080 | 225244800 |
| mardi 2 septembre 1980 | 2608 | 62592 | 3755520 | 225331200 |
| mercredi 3 septembre 1980 | 2609 | 62616 | 3756960 | 225417600 |
| jeudi 4 septembre 1980 | 2610 | 62640 | 3758400 | 225504000 |
| vendredi 5 septembre 1980 | 2611 | 62664 | 3759840 | 225590400 |
| samedi 6 septembre 1980 | 2612 | 62688 | 3761280 | 225676800 |
| dimanche 7 septembre 1980 | 2613 | 62712 | 3762720 | 225763200 |
| lundi 8 septembre 1980 | 2614 | 62736 | 3764160 | 225849600 |
| mardi 9 septembre 1980 | 2615 | 62760 | 3765600 | 225936000 |
| mercredi 10 septembre 1980 | 2616 | 62784 | 3767040 | 226022400 |
| jeudi 11 septembre 1980 | 2617 | 62808 | 3768480 | 226108800 |
| vendredi 12 septembre 1980 | 2618 | 62832 | 3769920 | 226195200 |
| samedi 13 septembre 1980 | 2619 | 62856 | 3771360 | 226281600 |
| dimanche 14 septembre 1980 | 2620 | 62880 | 3772800 | 226368000 |

| | | | | |
|---|---|---|---|---|
| lundi 15 septembre 1980 | 2621 | 62904 | 3774240 | 226454400 |
| mardi 16 septembre 1980 | 2622 | 62928 | 3775680 | 226540800 |
| mercredi 17 septembre 1980 | 2623 | 62952 | 3777120 | 226627200 |
| jeudi 18 septembre 1980 | 2624 | 62976 | 3778560 | 226713600 |
| vendredi 19 septembre 1980 | 2625 | 63000 | 3780000 | 226800000 |
| samedi 20 septembre 1980 | 2626 | 63024 | 3781440 | 226886400 |
| dimanche 21 septembre 1980 | 2627 | 63048 | 3782880 | 226972800 |
| lundi 22 septembre 1980 | 2628 | 63072 | 3784320 | 227059200 |
| mardi 23 septembre 1980 | 2629 | 63096 | 3785760 | 227145600 |
| mercredi 24 septembre 1980 | 2630 | 63120 | 3787200 | 227232000 |
| jeudi 25 septembre 1980 | 2631 | 63144 | 3788640 | 227318400 |
| vendredi 26 septembre 1980 | 2632 | 63168 | 3790080 | 227404800 |
| samedi 27 septembre 1980 | 2633 | 63192 | 3791520 | 227491200 |
| dimanche 28 septembre 1980 | 2634 | 63216 | 3792960 | 227577600 |
| lundi 29 septembre 1980 | 2635 | 63240 | 3794400 | 227664000 |
| mardi 30 septembre 1980 | 2636 | 63264 | 3795840 | 227750400 |
| mercredi 1 octobre 1980 | 2637 | 63288 | 3797280 | 227836800 |
| jeudi 2 octobre 1980 | 2638 | 63312 | 3798720 | 227923200 |
| vendredi 3 octobre 1980 | 2639 | 63336 | 3800160 | 228009600 |
| samedi 4 octobre 1980 | 2640 | 63360 | 3801600 | 228096000 |
| dimanche 5 octobre 1980 | 2641 | 63384 | 3803040 | 228182400 |
| lundi 6 octobre 1980 | 2642 | 63408 | 3804480 | 228268800 |
| mardi 7 octobre 1980 | 2643 | 63432 | 3805920 | 228355200 |
| mercredi 8 octobre 1980 | 2644 | 63456 | 3807360 | 228441600 |
| jeudi 9 octobre 1980 | 2645 | 63480 | 3808800 | 228528000 |
| vendredi 10 octobre 1980 | 2646 | 63504 | 3810240 | 228614400 |
| samedi 11 octobre 1980 | 2647 | 63528 | 3811680 | 228700800 |
| dimanche 12 octobre 1980 | 2648 | 63552 | 3813120 | 228787200 |
| lundi 13 octobre 1980 | 2649 | 63576 | 3814560 | 228873600 |
| mardi 14 octobre 1980 | 2650 | 63600 | 3816000 | 228960000 |
| mercredi 15 octobre 1980 | 2651 | 63624 | 3817440 | 229046400 |
| jeudi 16 octobre 1980 | 2652 | 63648 | 3818880 | 229132800 |
| vendredi 17 octobre 1980 | 2653 | 63672 | 3820320 | 229219200 |
| samedi 18 octobre 1980 | 2654 | 63696 | 3821760 | 229305600 |
| dimanche 19 octobre 1980 | 2655 | 63720 | 3823200 | 229392000 |
| lundi 20 octobre 1980 | 2656 | 63744 | 3824640 | 229478400 |
| mardi 21 octobre 1980 | 2657 | 63768 | 3826080 | 229564800 |
| mercredi 22 octobre 1980 | 2658 | 63792 | 3827520 | 229651200 |

| | | | | |
|---|---|---|---|---|
| jeudi 23 octobre 1980 | 2659 | 63816 | 3828960 | 229737600 |
| vendredi 24 octobre 1980 | 2660 | 63840 | 3830400 | 229824000 |
| samedi 25 octobre 1980 | 2661 | 63864 | 3831840 | 229910400 |
| dimanche 26 octobre 1980 | 2662 | 63888 | 3833280 | 229996800 |
| lundi 27 octobre 1980 | 2663 | 63912 | 3834720 | 230083200 |
| mardi 28 octobre 1980 | 2664 | 63936 | 3836160 | 230169600 |
| mercredi 29 octobre 1980 | 2665 | 63960 | 3837600 | 230256000 |
| jeudi 30 octobre 1980 | 2666 | 63984 | 3839040 | 230342400 |
| vendredi 31 octobre 1980 | 2667 | 64008 | 3840480 | 230428800 |
| samedi 1 novembre 1980 | 2668 | 64032 | 3841920 | 230515200 |
| dimanche 2 novembre 1980 | 2669 | 64056 | 3843360 | 230601600 |
| lundi 3 novembre 1980 | 2670 | 64080 | 3844800 | 230688000 |
| mardi 4 novembre 1980 | 2671 | 64104 | 3846240 | 230774400 |
| mercredi 5 novembre 1980 | 2672 | 64128 | 3847680 | 230860800 |
| jeudi 6 novembre 1980 | 2673 | 64152 | 3849120 | 230947200 |
| vendredi 7 novembre 1980 | 2674 | 64176 | 3850560 | 231033600 |
| samedi 8 novembre 1980 | 2675 | 64200 | 3852000 | 231120000 |
| dimanche 9 novembre 1980 | 2676 | 64224 | 3853440 | 231206400 |
| lundi 10 novembre 1980 | 2677 | 64248 | 3854880 | 231292800 |
| mardi 11 novembre 1980 | 2678 | 64272 | 3856320 | 231379200 |
| mercredi 12 novembre 1980 | 2679 | 64296 | 3857760 | 231465600 |
| jeudi 13 novembre 1980 | 2680 | 64320 | 3859200 | 231552000 |
| vendredi 14 novembre 1980 | 2681 | 64344 | 3860640 | 231638400 |
| samedi 15 novembre 1980 | 2682 | 64368 | 3862080 | 231724800 |
| dimanche 16 novembre 1980 | 2683 | 64392 | 3863520 | 231811200 |
| lundi 17 novembre 1980 | 2684 | 64416 | 3864960 | 231897600 |
| mardi 18 novembre 1980 | 2685 | 64440 | 3866400 | 231984000 |
| mercredi 19 novembre 1980 | 2686 | 64464 | 3867840 | 232070400 |
| jeudi 20 novembre 1980 | 2687 | 64488 | 3869280 | 232156800 |
| vendredi 21 novembre 1980 | 2688 | 64512 | 3870720 | 232243200 |
| samedi 22 novembre 1980 | 2689 | 64536 | 3872160 | 232329600 |
| dimanche 23 novembre 1980 | 2690 | 64560 | 3873600 | 232416000 |
| lundi 24 novembre 1980 | 2691 | 64584 | 3875040 | 232502400 |
| mardi 25 novembre 1980 | 2692 | 64608 | 3876480 | 232588800 |
| mercredi 26 novembre 1980 | 2693 | 64632 | 3877920 | 232675200 |
| jeudi 27 novembre 1980 | 2694 | 64656 | 3879360 | 232761600 |
| vendredi 28 novembre 1980 | 2695 | 64680 | 3880800 | 232848000 |
| samedi 29 novembre 1980 | 2696 | 64704 | 3882240 | 232934400 |

| | | | | |
|---|---|---|---|---|
| dimanche 30 novembre 1980 | 2697 | 64728 | 3883680 | 233020800 |
| lundi 1 décembre 1980 | 2698 | 64752 | 3885120 | 233107200 |
| mardi 2 décembre 1980 | 2699 | 64776 | 3886560 | 233193600 |
| mercredi 3 décembre 1980 | 2700 | 64800 | 3888000 | 233280000 |
| jeudi 4 décembre 1980 | 2701 | 64824 | 3889440 | 233366400 |
| vendredi 5 décembre 1980 | 2702 | 64848 | 3890880 | 233452800 |
| samedi 6 décembre 1980 | 2703 | 64872 | 3892320 | 233539200 |
| dimanche 7 décembre 1980 | 2704 | 64896 | 3893760 | 233625600 |
| lundi 8 décembre 1980 | 2705 | 64920 | 3895200 | 233712000 |
| mardi 9 décembre 1980 | 2706 | 64944 | 3896640 | 233798400 |
| mercredi 10 décembre 1980 | 2707 | 64968 | 3898080 | 233884800 |
| jeudi 11 décembre 1980 | 2708 | 64992 | 3899520 | 233971200 |
| vendredi 12 décembre 1980 | 2709 | 65016 | 3900960 | 234057600 |
| samedi 13 décembre 1980 | 2710 | 65040 | 3902400 | 234144000 |
| dimanche 14 décembre 1980 | 2711 | 65064 | 3903840 | 234230400 |
| lundi 15 décembre 1980 | 2712 | 65088 | 3905280 | 234316800 |
| mardi 16 décembre 1980 | 2713 | 65112 | 3906720 | 234403200 |
| mercredi 17 décembre 1980 | 2714 | 65136 | 3908160 | 234489600 |
| jeudi 18 décembre 1980 | 2715 | 65160 | 3909600 | 234576000 |
| vendredi 19 décembre 1980 | 2716 | 65184 | 3911040 | 234662400 |
| samedi 20 décembre 1980 | 2717 | 65208 | 3912480 | 234748800 |
| dimanche 21 décembre 1980 | 2718 | 65232 | 3913920 | 234835200 |
| lundi 22 décembre 1980 | 2719 | 65256 | 3915360 | 234921600 |
| mardi 23 décembre 1980 | 2720 | 65280 | 3916800 | 235008000 |
| mercredi 24 décembre 1980 | 2721 | 65304 | 3918240 | 235094400 |
| jeudi 25 décembre 1980 | 2722 | 65328 | 3919680 | 235180800 |
| vendredi 26 décembre 1980 | 2723 | 65352 | 3921120 | 235267200 |
| samedi 27 décembre 1980 | 2724 | 65376 | 3922560 | 235353600 |
| dimanche 28 décembre 1980 | 2725 | 65400 | 3924000 | 235440000 |
| lundi 29 décembre 1980 | 2726 | 65424 | 3925440 | 235526400 |
| mardi 30 décembre 1980 | 2727 | 65448 | 3926880 | 235612800 |
| mercredi 31 décembre 1980 | 2728 | 65472 | 3928320 | 235699200 |
| jeudi 1 janvier 1981 | 2729 | 65496 | 3929760 | 235785600 |
| vendredi 2 janvier 1981 | 2730 | 65520 | 3931200 | 235872000 |
| samedi 3 janvier 1981 | 2731 | 65544 | 3932640 | 235958400 |
| dimanche 4 janvier 1981 | 2732 | 65568 | 3934080 | 236044800 |
| lundi 5 janvier 1981 | 2733 | 65592 | 3935520 | 236131200 |
| mardi 6 janvier 1981 | 2734 | 65616 | 3936960 | 236217600 |

| | | | | |
|---|---|---|---|---|
| mercredi 7 janvier 1981 | 2735 | 65640 | 3938400 | 236304000 |
| jeudi 8 janvier 1981 | 2736 | 65664 | 3939840 | 236390400 |
| vendredi 9 janvier 1981 | 2737 | 65688 | 3941280 | 236476800 |
| samedi 10 janvier 1981 | 2738 | 65712 | 3942720 | 236563200 |
| dimanche 11 janvier 1981 | 2739 | 65736 | 3944160 | 236649600 |
| lundi 12 janvier 1981 | 2740 | 65760 | 3945600 | 236736000 |
| mardi 13 janvier 1981 | 2741 | 65784 | 3947040 | 236822400 |
| mercredi 14 janvier 1981 | 2742 | 65808 | 3948480 | 236908800 |
| jeudi 15 janvier 1981 | 2743 | 65832 | 3949920 | 236995200 |
| vendredi 16 janvier 1981 | 2744 | 65856 | 3951360 | 237081600 |
| samedi 17 janvier 1981 | 2745 | 65880 | 3952800 | 237168000 |
| dimanche 18 janvier 1981 | 2746 | 65904 | 3954240 | 237254400 |
| lundi 19 janvier 1981 | 2747 | 65928 | 3955680 | 237340800 |
| mardi 20 janvier 1981 | 2748 | 65952 | 3957120 | 237427200 |
| mercredi 21 janvier 1981 | 2749 | 65976 | 3958560 | 237513600 |
| jeudi 22 janvier 1981 | 2750 | 66000 | 3960000 | 237600000 |
| vendredi 23 janvier 1981 | 2751 | 66024 | 3961440 | 237686400 |
| samedi 24 janvier 1981 | 2752 | 66048 | 3962880 | 237772800 |
| dimanche 25 janvier 1981 | 2753 | 66072 | 3964320 | 237859200 |
| lundi 26 janvier 1981 | 2754 | 66096 | 3965760 | 237945600 |
| mardi 27 janvier 1981 | 2755 | 66120 | 3967200 | 238032000 |
| mercredi 28 janvier 1981 | 2756 | 66144 | 3968640 | 238118400 |
| jeudi 29 janvier 1981 | 2757 | 66168 | 3970080 | 238204800 |
| vendredi 30 janvier 1981 | 2758 | 66192 | 3971520 | 238291200 |
| samedi 31 janvier 1981 | 2759 | 66216 | 3972960 | 238377600 |
| dimanche 1 février 1981 | 2760 | 66240 | 3974400 | 238464000 |
| lundi 2 février 1981 | 2761 | 66264 | 3975840 | 238550400 |
| mardi 3 février 1981 | 2762 | 66288 | 3977280 | 238636800 |
| mercredi 4 février 1981 | 2763 | 66312 | 3978720 | 238723200 |
| jeudi 5 février 1981 | 2764 | 66336 | 3980160 | 238809600 |
| vendredi 6 février 1981 | 2765 | 66360 | 3981600 | 238896000 |
| samedi 7 février 1981 | 2766 | 66384 | 3983040 | 238982400 |
| dimanche 8 février 1981 | 2767 | 66408 | 3984480 | 239068800 |
| lundi 9 février 1981 | 2768 | 66432 | 3985920 | 239155200 |
| mardi 10 février 1981 | 2769 | 66456 | 3987360 | 239241600 |
| mercredi 11 février 1981 | 2770 | 66480 | 3988800 | 239328000 |
| jeudi 12 février 1981 | 2771 | 66504 | 3990240 | 239414400 |
| vendredi 13 février 1981 | 2772 | 66528 | 3991680 | 239500800 |

| | | | | |
|---|---|---|---|---|
| samedi 14 février 1981 | 2773 | 66552 | 3993120 | 239587200 |
| dimanche 15 février 1981 | 2774 | 66576 | 3994560 | 239673600 |
| lundi 16 février 1981 | 2775 | 66600 | 3996000 | 239760000 |
| mardi 17 février 1981 | 2776 | 66624 | 3997440 | 239846400 |
| mercredi 18 février 1981 | 2777 | 66648 | 3998880 | 239932800 |
| jeudi 19 février 1981 | 2778 | 66672 | 4000320 | 240019200 |
| vendredi 20 février 1981 | 2779 | 66696 | 4001760 | 240105600 |
| samedi 21 février 1981 | 2780 | 66720 | 4003200 | 240192000 |
| dimanche 22 février 1981 | 2781 | 66744 | 4004640 | 240278400 |
| lundi 23 février 1981 | 2782 | 66768 | 4006080 | 240364800 |
| mardi 24 février 1981 | 2783 | 66792 | 4007520 | 240451200 |
| mercredi 25 février 1981 | 2784 | 66816 | 4008960 | 240537600 |
| jeudi 26 février 1981 | 2785 | 66840 | 4010400 | 240624000 |
| vendredi 27 février 1981 | 2786 | 66864 | 4011840 | 240710400 |
| samedi 28 février 1981 | 2787 | 66888 | 4013280 | 240796800 |
| dimanche 1 mars 1981 | 2788 | 66912 | 4014720 | 240883200 |
| lundi 2 mars 1981 | 2789 | 66936 | 4016160 | 240969600 |
| mardi 3 mars 1981 | 2790 | 66960 | 4017600 | 241056000 |
| mercredi 4 mars 1981 | 2791 | 66984 | 4019040 | 241142400 |
| jeudi 5 mars 1981 | 2792 | 67008 | 4020480 | 241228800 |
| vendredi 6 mars 1981 | 2793 | 67032 | 4021920 | 241315200 |
| samedi 7 mars 1981 | 2794 | 67056 | 4023360 | 241401600 |
| dimanche 8 mars 1981 | 2795 | 67080 | 4024800 | 241488000 |
| lundi 9 mars 1981 | 2796 | 67104 | 4026240 | 241574400 |
| mardi 10 mars 1981 | 2797 | 67128 | 4027680 | 241660800 |
| mercredi 11 mars 1981 | 2798 | 67152 | 4029120 | 241747200 |
| jeudi 12 mars 1981 | 2799 | 67176 | 4030560 | 241833600 |
| vendredi 13 mars 1981 | 2800 | 67200 | 4032000 | 241920000 |
| samedi 14 mars 1981 | 2801 | 67224 | 4033440 | 242006400 |
| dimanche 15 mars 1981 | 2802 | 67248 | 4034880 | 242092800 |
| lundi 16 mars 1981 | 2803 | 67272 | 4036320 | 242179200 |
| mardi 17 mars 1981 | 2804 | 67296 | 4037760 | 242265600 |
| mercredi 18 mars 1981 | 2805 | 67320 | 4039200 | 242352000 |
| jeudi 19 mars 1981 | 2806 | 67344 | 4040640 | 242438400 |
| vendredi 20 mars 1981 | 2807 | 67368 | 4042080 | 242524800 |
| samedi 21 mars 1981 | 2808 | 67392 | 4043520 | 242611200 |
| dimanche 22 mars 1981 | 2809 | 67416 | 4044960 | 242697600 |
| lundi 23 mars 1981 | 2810 | 67440 | 4046400 | 242784000 |

| | | | | |
|---|---|---|---|---|
| mardi 24 mars 1981 | 2811 | 67464 | 4047840 | 242870400 |
| mercredi 25 mars 1981 | 2812 | 67488 | 4049280 | 242956800 |
| jeudi 26 mars 1981 | 2813 | 67512 | 4050720 | 243043200 |
| vendredi 27 mars 1981 | 2814 | 67536 | 4052160 | 243129600 |
| samedi 28 mars 1981 | 2815 | 67560 | 4053600 | 243216000 |
| dimanche 29 mars 1981 | 2816 | 67584 | 4055040 | 243302400 |
| lundi 30 mars 1981 | 2817 | 67608 | 4056480 | 243388800 |
| mardi 31 mars 1981 | 2818 | 67632 | 4057920 | 243475200 |
| mercredi 1 avril 1981 | 2819 | 67656 | 4059360 | 243561600 |
| jeudi 2 avril 1981 | 2820 | 67680 | 4060800 | 243648000 |
| vendredi 3 avril 1981 | 2821 | 67704 | 4062240 | 243734400 |
| samedi 4 avril 1981 | 2822 | 67728 | 4063680 | 243820800 |
| dimanche 5 avril 1981 | 2823 | 67752 | 4065120 | 243907200 |
| lundi 6 avril 1981 | 2824 | 67776 | 4066560 | 243993600 |
| mardi 7 avril 1981 | 2825 | 67800 | 4068000 | 244080000 |
| mercredi 8 avril 1981 | 2826 | 67824 | 4069440 | 244166400 |
| jeudi 9 avril 1981 | 2827 | 67848 | 4070880 | 244252800 |
| vendredi 10 avril 1981 | 2828 | 67872 | 4072320 | 244339200 |
| samedi 11 avril 1981 | 2829 | 67896 | 4073760 | 244425600 |
| dimanche 12 avril 1981 | 2830 | 67920 | 4075200 | 244512000 |
| lundi 13 avril 1981 | 2831 | 67944 | 4076640 | 244598400 |
| mardi 14 avril 1981 | 2832 | 67968 | 4078080 | 244684800 |
| mercredi 15 avril 1981 | 2833 | 67992 | 4079520 | 244771200 |
| jeudi 16 avril 1981 | 2834 | 68016 | 4080960 | 244857600 |
| vendredi 17 avril 1981 | 2835 | 68040 | 4082400 | 244944000 |
| samedi 18 avril 1981 | 2836 | 68064 | 4083840 | 245030400 |
| dimanche 19 avril 1981 | 2837 | 68088 | 4085280 | 245116800 |
| lundi 20 avril 1981 | 2838 | 68112 | 4086720 | 245203200 |
| mardi 21 avril 1981 | 2839 | 68136 | 4088160 | 245289600 |
| mercredi 22 avril 1981 | 2840 | 68160 | 4089600 | 245376000 |
| jeudi 23 avril 1981 | 2841 | 68184 | 4091040 | 245462400 |
| vendredi 24 avril 1981 | 2842 | 68208 | 4092480 | 245548800 |
| samedi 25 avril 1981 | 2843 | 68232 | 4093920 | 245635200 |
| dimanche 26 avril 1981 | 2844 | 68256 | 4095360 | 245721600 |
| lundi 27 avril 1981 | 2845 | 68280 | 4096800 | 245808000 |
| mardi 28 avril 1981 | 2846 | 68304 | 4098240 | 245894400 |
| mercredi 29 avril 1981 | 2847 | 68328 | 4099680 | 245980800 |
| jeudi 30 avril 1981 | 2848 | 68352 | 4101120 | 246067200 |

| | | | | |
|---|---|---|---|---|
| vendredi 1 mai 1981 | 2849 | 68376 | 4102560 | 246153600 |
| samedi 2 mai 1981 | 2850 | 68400 | 4104000 | 246240000 |
| dimanche 3 mai 1981 | 2851 | 68424 | 4105440 | 246326400 |
| lundi 4 mai 1981 | 2852 | 68448 | 4106880 | 246412800 |
| mardi 5 mai 1981 | 2853 | 68472 | 4108320 | 246499200 |
| mercredi 6 mai 1981 | 2854 | 68496 | 4109760 | 246585600 |
| jeudi 7 mai 1981 | 2855 | 68520 | 4111200 | 246672000 |
| vendredi 8 mai 1981 | 2856 | 68544 | 4112640 | 246758400 |
| samedi 9 mai 1981 | 2857 | 68568 | 4114080 | 246844800 |
| dimanche 10 mai 1981 | 2858 | 68592 | 4115520 | 246931200 |
| lundi 11 mai 1981 | 2859 | 68616 | 4116960 | 247017600 |
| mardi 12 mai 1981 | 2860 | 68640 | 4118400 | 247104000 |
| mercredi 13 mai 1981 | 2861 | 68664 | 4119840 | 247190400 |
| jeudi 14 mai 1981 | 2862 | 68688 | 4121280 | 247276800 |
| vendredi 15 mai 1981 | 2863 | 68712 | 4122720 | 247363200 |
| samedi 16 mai 1981 | 2864 | 68736 | 4124160 | 247449600 |
| dimanche 17 mai 1981 | 2865 | 68760 | 4125600 | 247536000 |
| lundi 18 mai 1981 | 2866 | 68784 | 4127040 | 247622400 |
| mardi 19 mai 1981 | 2867 | 68808 | 4128480 | 247708800 |
| mercredi 20 mai 1981 | 2868 | 68832 | 4129920 | 247795200 |
| jeudi 21 mai 1981 | 2869 | 68856 | 4131360 | 247881600 |
| vendredi 22 mai 1981 | 2870 | 68880 | 4132800 | 247968000 |
| samedi 23 mai 1981 | 2871 | 68904 | 4134240 | 248054400 |
| dimanche 24 mai 1981 | 2872 | 68928 | 4135680 | 248140800 |
| lundi 25 mai 1981 | 2873 | 68952 | 4137120 | 248227200 |
| mardi 26 mai 1981 | 2874 | 68976 | 4138560 | 248313600 |
| mercredi 27 mai 1981 | 2875 | 69000 | 4140000 | 248400000 |
| jeudi 28 mai 1981 | 2876 | 69024 | 4141440 | 248486400 |
| vendredi 29 mai 1981 | 2877 | 69048 | 4142880 | 248572800 |
| samedi 30 mai 1981 | 2878 | 69072 | 4144320 | 248659200 |
| dimanche 31 mai 1981 | 2879 | 69096 | 4145760 | 248745600 |
| lundi 1 juin 1981 | 2880 | 69120 | 4147200 | 248832000 |
| mardi 2 juin 1981 | 2881 | 69144 | 4148640 | 248918400 |
| mercredi 3 juin 1981 | 2882 | 69168 | 4150080 | 249004800 |
| jeudi 4 juin 1981 | 2883 | 69192 | 4151520 | 249091200 |
| vendredi 5 juin 1981 | 2884 | 69216 | 4152960 | 249177600 |
| samedi 6 juin 1981 | 2885 | 69240 | 4154400 | 249264000 |
| dimanche 7 juin 1981 | 2886 | 69264 | 4155840 | 249350400 |

| | | | | |
|---|---|---|---|---|
| lundi 8 juin 1981 | 2887 | 69288 | 4157280 | 249436800 |
| mardi 9 juin 1981 | 2888 | 69312 | 4158720 | 249523200 |
| mercredi 10 juin 1981 | 2889 | 69336 | 4160160 | 249609600 |
| jeudi 11 juin 1981 | 2890 | 69360 | 4161600 | 249696000 |
| vendredi 12 juin 1981 | 2891 | 69384 | 4163040 | 249782400 |
| samedi 13 juin 1981 | 2892 | 69408 | 4164480 | 249868800 |
| dimanche 14 juin 1981 | 2893 | 69432 | 4165920 | 249955200 |
| lundi 15 juin 1981 | 2894 | 69456 | 4167360 | 250041600 |
| mardi 16 juin 1981 | 2895 | 69480 | 4168800 | 250128000 |
| mercredi 17 juin 1981 | 2896 | 69504 | 4170240 | 250214400 |
| jeudi 18 juin 1981 | 2897 | 69528 | 4171680 | 250300800 |
| vendredi 19 juin 1981 | 2898 | 69552 | 4173120 | 250387200 |
| samedi 20 juin 1981 | 2899 | 69576 | 4174560 | 250473600 |
| dimanche 21 juin 1981 | 2900 | 69600 | 4176000 | 250560000 |
| lundi 22 juin 1981 | 2901 | 69624 | 4177440 | 250646400 |
| mardi 23 juin 1981 | 2902 | 69648 | 4178880 | 250732800 |
| mercredi 24 juin 1981 | 2903 | 69672 | 4180320 | 250819200 |
| jeudi 25 juin 1981 | 2904 | 69696 | 4181760 | 250905600 |
| vendredi 26 juin 1981 | 2905 | 69720 | 4183200 | 250992000 |
| samedi 27 juin 1981 | 2906 | 69744 | 4184640 | 251078400 |
| dimanche 28 juin 1981 | 2907 | 69768 | 4186080 | 251164800 |
| lundi 29 juin 1981 | 2908 | 69792 | 4187520 | 251251200 |
| mardi 30 juin 1981 | 2909 | 69816 | 4188960 | 251337600 |
| mercredi 1 juillet 1981 | 2910 | 69840 | 4190400 | 251424000 |
| jeudi 2 juillet 1981 | 2911 | 69864 | 4191840 | 251510400 |
| vendredi 3 juillet 1981 | 2912 | 69888 | 4193280 | 251596800 |
| samedi 4 juillet 1981 | 2913 | 69912 | 4194720 | 251683200 |
| dimanche 5 juillet 1981 | 2914 | 69936 | 4196160 | 251769600 |
| lundi 6 juillet 1981 | 2915 | 69960 | 4197600 | 251856000 |
| mardi 7 juillet 1981 | 2916 | 69984 | 4199040 | 251942400 |
| mercredi 8 juillet 1981 | 2917 | 70008 | 4200480 | 252028800 |
| jeudi 9 juillet 1981 | 2918 | 70032 | 4201920 | 252115200 |
| vendredi 10 juillet 1981 | 2919 | 70056 | 4203360 | 252201600 |
| samedi 11 juillet 1981 | 2920 | 70080 | 4204800 | 252288000 |
| dimanche 12 juillet 1981 | 2921 | 70104 | 4206240 | 252374400 |
| lundi 13 juillet 1981 | 2922 | 70128 | 4207680 | 252460800 |
| mardi 14 juillet 1981 | 2923 | 70152 | 4209120 | 252547200 |
| mercredi 15 juillet 1981 | 2924 | 70176 | 4210560 | 252633600 |

| | | | | |
|---|---|---|---|---|
| jeudi 16 juillet 1981 | 2925 | 70200 | 4212000 | 252720000 |
| vendredi 17 juillet 1981 | 2926 | 70224 | 4213440 | 252806400 |
| samedi 18 juillet 1981 | 2927 | 70248 | 4214880 | 252892800 |
| dimanche 19 juillet 1981 | 2928 | 70272 | 4216320 | 252979200 |
| lundi 20 juillet 1981 | 2929 | 70296 | 4217760 | 253065600 |
| mardi 21 juillet 1981 | 2930 | 70320 | 4219200 | 253152000 |
| mercredi 22 juillet 1981 | 2931 | 70344 | 4220640 | 253238400 |
| jeudi 23 juillet 1981 | 2932 | 70368 | 4222080 | 253324800 |
| vendredi 24 juillet 1981 | 2933 | 70392 | 4223520 | 253411200 |
| samedi 25 juillet 1981 | 2934 | 70416 | 4224960 | 253497600 |
| dimanche 26 juillet 1981 | 2935 | 70440 | 4226400 | 253584000 |
| lundi 27 juillet 1981 | 2936 | 70464 | 4227840 | 253670400 |
| mardi 28 juillet 1981 | 2937 | 70488 | 4229280 | 253756800 |
| mercredi 29 juillet 1981 | 2938 | 70512 | 4230720 | 253843200 |
| jeudi 30 juillet 1981 | 2939 | 70536 | 4232160 | 253929600 |
| vendredi 31 juillet 1981 | 2940 | 70560 | 4233600 | 254016000 |
| samedi 1 août 1981 | 2941 | 70584 | 4235040 | 254102400 |
| dimanche 2 août 1981 | 2942 | 70608 | 4236480 | 254188800 |
| lundi 3 août 1981 | 2943 | 70632 | 4237920 | 254275200 |
| mardi 4 août 1981 | 2944 | 70656 | 4239360 | 254361600 |
| mercredi 5 août 1981 | 2945 | 70680 | 4240800 | 254448000 |
| jeudi 6 août 1981 | 2946 | 70704 | 4242240 | 254534400 |
| vendredi 7 août 1981 | 2947 | 70728 | 4243680 | 254620800 |
| samedi 8 août 1981 | 2948 | 70752 | 4245120 | 254707200 |
| dimanche 9 août 1981 | 2949 | 70776 | 4246560 | 254793600 |
| lundi 10 août 1981 | 2950 | 70800 | 4248000 | 254880000 |
| mardi 11 août 1981 | 2951 | 70824 | 4249440 | 254966400 |
| mercredi 12 août 1981 | 2952 | 70848 | 4250880 | 255052800 |
| jeudi 13 août 1981 | 2953 | 70872 | 4252320 | 255139200 |
| vendredi 14 août 1981 | 2954 | 70896 | 4253760 | 255225600 |
| samedi 15 août 1981 | 2955 | 70920 | 4255200 | 255312000 |
| dimanche 16 août 1981 | 2956 | 70944 | 4256640 | 255398400 |
| lundi 17 août 1981 | 2957 | 70968 | 4258080 | 255484800 |
| mardi 18 août 1981 | 2958 | 70992 | 4259520 | 255571200 |
| mercredi 19 août 1981 | 2959 | 71016 | 4260960 | 255657600 |
| jeudi 20 août 1981 | 2960 | 71040 | 4262400 | 255744000 |
| vendredi 21 août 1981 | 2961 | 71064 | 4263840 | 255830400 |
| samedi 22 août 1981 | 2962 | 71088 | 4265280 | 255916800 |

| | | | |
|---|---|---|---|
| dimanche 23 août 1981 | 2963 | 71112 | 4266720 | 256003200 |
| lundi 24 août 1981 | 2964 | 71136 | 4268160 | 256089600 |
| mardi 25 août 1981 | 2965 | 71160 | 4269600 | 256176000 |
| mercredi 26 août 1981 | 2966 | 71184 | 4271040 | 256262400 |
| jeudi 27 août 1981 | 2967 | 71208 | 4272480 | 256348800 |
| vendredi 28 août 1981 | 2968 | 71232 | 4273920 | 256435200 |
| samedi 29 août 1981 | 2969 | 71256 | 4275360 | 256521600 |
| dimanche 30 août 1981 | 2970 | 71280 | 4276800 | 256608000 |
| lundi 31 août 1981 | 2971 | 71304 | 4278240 | 256694400 |
| mardi 1 septembre 1981 | 2972 | 71328 | 4279680 | 256780800 |
| mercredi 2 septembre 1981 | 2973 | 71352 | 4281120 | 256867200 |
| jeudi 3 septembre 1981 | 2974 | 71376 | 4282560 | 256953600 |
| vendredi 4 septembre 1981 | 2975 | 71400 | 4284000 | 257040000 |
| samedi 5 septembre 1981 | 2976 | 71424 | 4285440 | 257126400 |
| dimanche 6 septembre 1981 | 2977 | 71448 | 4286880 | 257212800 |
| lundi 7 septembre 1981 | 2978 | 71472 | 4288320 | 257299200 |
| mardi 8 septembre 1981 | 2979 | 71496 | 4289760 | 257385600 |
| mercredi 9 septembre 1981 | 2980 | 71520 | 4291200 | 257472000 |
| jeudi 10 septembre 1981 | 2981 | 71544 | 4292640 | 257558400 |
| vendredi 11 septembre 1981 | 2982 | 71568 | 4294080 | 257644800 |
| samedi 12 septembre 1981 | 2983 | 71592 | 4295520 | 257731200 |
| dimanche 13 septembre 1981 | 2984 | 71616 | 4296960 | 257817600 |
| lundi 14 septembre 1981 | 2985 | 71640 | 4298400 | 257904000 |
| mardi 15 septembre 1981 | 2986 | 71664 | 4299840 | 257990400 |
| mercredi 16 septembre 1981 | 2987 | 71688 | 4301280 | 258076800 |
| jeudi 17 septembre 1981 | 2988 | 71712 | 4302720 | 258163200 |
| vendredi 18 septembre 1981 | 2989 | 71736 | 4304160 | 258249600 |
| samedi 19 septembre 1981 | 2990 | 71760 | 4305600 | 258336000 |
| dimanche 20 septembre 1981 | 2991 | 71784 | 4307040 | 258422400 |
| lundi 21 septembre 1981 | 2992 | 71808 | 4308480 | 258508800 |
| mardi 22 septembre 1981 | 2993 | 71832 | 4309920 | 258595200 |
| mercredi 23 septembre 1981 | 2994 | 71856 | 4311360 | 258681600 |
| jeudi 24 septembre 1981 | 2995 | 71880 | 4312800 | 258768000 |
| vendredi 25 septembre 1981 | 2996 | 71904 | 4314240 | 258854400 |
| samedi 26 septembre 1981 | 2997 | 71928 | 4315680 | 258940800 |
| dimanche 27 septembre 1981 | 2998 | 71952 | 4317120 | 259027200 |
| lundi 28 septembre 1981 | 2999 | 71976 | 4318560 | 259113600 |
| mardi 29 septembre 1981 | 3000 | 72000 | 4320000 | 259200000 |

| | | | | |
|---|---|---|---|---|
| mercredi 30 septembre 1981 | 3001 | 72024 | 4321440 | 259286400 |
| jeudi 1 octobre 1981 | 3002 | 72048 | 4322880 | 259372800 |
| vendredi 2 octobre 1981 | 3003 | 72072 | 4324320 | 259459200 |
| samedi 3 octobre 1981 | 3004 | 72096 | 4325760 | 259545600 |
| dimanche 4 octobre 1981 | 3005 | 72120 | 4327200 | 259632000 |
| lundi 5 octobre 1981 | 3006 | 72144 | 4328640 | 259718400 |
| mardi 6 octobre 1981 | 3007 | 72168 | 4330080 | 259804800 |
| mercredi 7 octobre 1981 | 3008 | 72192 | 4331520 | 259891200 |
| jeudi 8 octobre 1981 | 3009 | 72216 | 4332960 | 259977600 |
| vendredi 9 octobre 1981 | 3010 | 72240 | 4334400 | 260064000 |
| samedi 10 octobre 1981 | 3011 | 72264 | 4335840 | 260150400 |
| dimanche 11 octobre 1981 | 3012 | 72288 | 4337280 | 260236800 |
| lundi 12 octobre 1981 | 3013 | 72312 | 4338720 | 260323200 |
| mardi 13 octobre 1981 | 3014 | 72336 | 4340160 | 260409600 |
| mercredi 14 octobre 1981 | 3015 | 72360 | 4341600 | 260496000 |
| jeudi 15 octobre 1981 | 3016 | 72384 | 4343040 | 260582400 |
| vendredi 16 octobre 1981 | 3017 | 72408 | 4344480 | 260668800 |
| samedi 17 octobre 1981 | 3018 | 72432 | 4345920 | 260755200 |
| dimanche 18 octobre 1981 | 3019 | 72456 | 4347360 | 260841600 |
| lundi 19 octobre 1981 | 3020 | 72480 | 4348800 | 260928000 |
| mardi 20 octobre 1981 | 3021 | 72504 | 4350240 | 261014400 |
| mercredi 21 octobre 1981 | 3022 | 72528 | 4351680 | 261100800 |
| jeudi 22 octobre 1981 | 3023 | 72552 | 4353120 | 261187200 |
| vendredi 23 octobre 1981 | 3024 | 72576 | 4354560 | 261273600 |
| samedi 24 octobre 1981 | 3025 | 72600 | 4356000 | 261360000 |
| dimanche 25 octobre 1981 | 3026 | 72624 | 4357440 | 261446400 |
| lundi 26 octobre 1981 | 3027 | 72648 | 4358880 | 261532800 |
| mardi 27 octobre 1981 | 3028 | 72672 | 4360320 | 261619200 |
| mercredi 28 octobre 1981 | 3029 | 72696 | 4361760 | 261705600 |
| jeudi 29 octobre 1981 | 3030 | 72720 | 4363200 | 261792000 |
| vendredi 30 octobre 1981 | 3031 | 72744 | 4364640 | 261878400 |
| samedi 31 octobre 1981 | 3032 | 72768 | 4366080 | 261964800 |
| dimanche 1 novembre 1981 | 3033 | 72792 | 4367520 | 262051200 |
| lundi 2 novembre 1981 | 3034 | 72816 | 4368960 | 262137600 |
| mardi 3 novembre 1981 | 3035 | 72840 | 4370400 | 262224000 |
| mercredi 4 novembre 1981 | 3036 | 72864 | 4371840 | 262310400 |
| jeudi 5 novembre 1981 | 3037 | 72888 | 4373280 | 262396800 |
| vendredi 6 novembre 1981 | 3038 | 72912 | 4374720 | 262483200 |

| | | | |
|---|---|---|---|
| samedi 7 novembre 1981 | 3039 | 72936 | 4376160 | 262569600 |
| dimanche 8 novembre 1981 | 3040 | 72960 | 4377600 | 262656000 |
| lundi 9 novembre 1981 | 3041 | 72984 | 4379040 | 262742400 |
| mardi 10 novembre 1981 | 3042 | 73008 | 4380480 | 262828800 |
| mercredi 11 novembre 1981 | 3043 | 73032 | 4381920 | 262915200 |
| jeudi 12 novembre 1981 | 3044 | 73056 | 4383360 | 263001600 |
| vendredi 13 novembre 1981 | 3045 | 73080 | 4384800 | 263088000 |
| samedi 14 novembre 1981 | 3046 | 73104 | 4386240 | 263174400 |
| dimanche 15 novembre 1981 | 3047 | 73128 | 4387680 | 263260800 |
| lundi 16 novembre 1981 | 3048 | 73152 | 4389120 | 263347200 |
| mardi 17 novembre 1981 | 3049 | 73176 | 4390560 | 263433600 |
| mercredi 18 novembre 1981 | 3050 | 73200 | 4392000 | 263520000 |
| jeudi 19 novembre 1981 | 3051 | 73224 | 4393440 | 263606400 |
| vendredi 20 novembre 1981 | 3052 | 73248 | 4394880 | 263692800 |
| samedi 21 novembre 1981 | 3053 | 73272 | 4396320 | 263779200 |
| dimanche 22 novembre 1981 | 3054 | 73296 | 4397760 | 263865600 |
| lundi 23 novembre 1981 | 3055 | 73320 | 4399200 | 263952000 |
| mardi 24 novembre 1981 | 3056 | 73344 | 4400640 | 264038400 |
| mercredi 25 novembre 1981 | 3057 | 73368 | 4402080 | 264124800 |
| jeudi 26 novembre 1981 | 3058 | 73392 | 4403520 | 264211200 |
| vendredi 27 novembre 1981 | 3059 | 73416 | 4404960 | 264297600 |
| samedi 28 novembre 1981 | 3060 | 73440 | 4406400 | 264384000 |
| dimanche 29 novembre 1981 | 3061 | 73464 | 4407840 | 264470400 |
| lundi 30 novembre 1981 | 3062 | 73488 | 4409280 | 264556800 |
| mardi 1 décembre 1981 | 3063 | 73512 | 4410720 | 264643200 |
| mercredi 2 décembre 1981 | 3064 | 73536 | 4412160 | 264729600 |
| jeudi 3 décembre 1981 | 3065 | 73560 | 4413600 | 264816000 |
| vendredi 4 décembre 1981 | 3066 | 73584 | 4415040 | 264902400 |
| samedi 5 décembre 1981 | 3067 | 73608 | 4416480 | 264988800 |
| dimanche 6 décembre 1981 | 3068 | 73632 | 4417920 | 265075200 |
| lundi 7 décembre 1981 | 3069 | 73656 | 4419360 | 265161600 |
| mardi 8 décembre 1981 | 3070 | 73680 | 4420800 | 265248000 |
| mercredi 9 décembre 1981 | 3071 | 73704 | 4422240 | 265334400 |
| jeudi 10 décembre 1981 | 3072 | 73728 | 4423680 | 265420800 |
| vendredi 11 décembre 1981 | 3073 | 73752 | 4425120 | 265507200 |
| samedi 12 décembre 1981 | 3074 | 73776 | 4426560 | 265593600 |
| dimanche 13 décembre 1981 | 3075 | 73800 | 4428000 | 265680000 |
| lundi 14 décembre 1981 | 3076 | 73824 | 4429440 | 265766400 |

| | | | | |
|---|---|---|---|---|
| mardi 15 décembre 1981 | 3077 | 73848 | 4430880 | 265852800 |
| mercredi 16 décembre 1981 | 3078 | 73872 | 4432320 | 265939200 |
| jeudi 17 décembre 1981 | 3079 | 73896 | 4433760 | 266025600 |
| vendredi 18 décembre 1981 | 3080 | 73920 | 4435200 | 266112000 |
| samedi 19 décembre 1981 | 3081 | 73944 | 4436640 | 266198400 |
| dimanche 20 décembre 1981 | 3082 | 73968 | 4438080 | 266284800 |
| lundi 21 décembre 1981 | 3083 | 73992 | 4439520 | 266371200 |
| mardi 22 décembre 1981 | 3084 | 74016 | 4440960 | 266457600 |
| mercredi 23 décembre 1981 | 3085 | 74040 | 4442400 | 266544000 |
| jeudi 24 décembre 1981 | 3086 | 74064 | 4443840 | 266630400 |
| vendredi 25 décembre 1981 | 3087 | 74088 | 4445280 | 266716800 |
| samedi 26 décembre 1981 | 3088 | 74112 | 4446720 | 266803200 |
| dimanche 27 décembre 1981 | 3089 | 74136 | 4448160 | 266889600 |
| lundi 28 décembre 1981 | 3090 | 74160 | 4449600 | 266976000 |
| mardi 29 décembre 1981 | 3091 | 74184 | 4451040 | 267062400 |
| mercredi 30 décembre 1981 | 3092 | 74208 | 4452480 | 267148800 |
| jeudi 31 décembre 1981 | 3093 | 74232 | 4453920 | 267235200 |
| vendredi 1 janvier 1982 | 3094 | 74256 | 4455360 | 267321600 |
| samedi 2 janvier 1982 | 3095 | 74280 | 4456800 | 267408000 |
| dimanche 3 janvier 1982 | 3096 | 74304 | 4458240 | 267494400 |
| lundi 4 janvier 1982 | 3097 | 74328 | 4459680 | 267580800 |
| mardi 5 janvier 1982 | 3098 | 74352 | 4461120 | 267667200 |
| mercredi 6 janvier 1982 | 3099 | 74376 | 4462560 | 267753600 |
| jeudi 7 janvier 1982 | 3100 | 74400 | 4464000 | 267840000 |
| vendredi 8 janvier 1982 | 3101 | 74424 | 4465440 | 267926400 |
| samedi 9 janvier 1982 | 3102 | 74448 | 4466880 | 268012800 |
| dimanche 10 janvier 1982 | 3103 | 74472 | 4468320 | 268099200 |
| lundi 11 janvier 1982 | 3104 | 74496 | 4469760 | 268185600 |
| mardi 12 janvier 1982 | 3105 | 74520 | 4471200 | 268272000 |
| mercredi 13 janvier 1982 | 3106 | 74544 | 4472640 | 268358400 |
| jeudi 14 janvier 1982 | 3107 | 74568 | 4474080 | 268444800 |
| vendredi 15 janvier 1982 | 3108 | 74592 | 4475520 | 268531200 |
| samedi 16 janvier 1982 | 3109 | 74616 | 4476960 | 268617600 |
| dimanche 17 janvier 1982 | 3110 | 74640 | 4478400 | 268704000 |
| lundi 18 janvier 1982 | 3111 | 74664 | 4479840 | 268790400 |
| mardi 19 janvier 1982 | 3112 | 74688 | 4481280 | 268876800 |
| mercredi 20 janvier 1982 | 3113 | 74712 | 4482720 | 268963200 |
| jeudi 21 janvier 1982 | 3114 | 74736 | 4484160 | 269049600 |

| | | | | |
|---|---|---|---|---|
| vendredi 22 janvier 1982 | 3115 | 74760 | 4485600 | 269136000 |
| samedi 23 janvier 1982 | 3116 | 74784 | 4487040 | 269222400 |
| dimanche 24 janvier 1982 | 3117 | 74808 | 4488480 | 269308800 |
| lundi 25 janvier 1982 | 3118 | 74832 | 4489920 | 269395200 |
| mardi 26 janvier 1982 | 3119 | 74856 | 4491360 | 269481600 |
| mercredi 27 janvier 1982 | 3120 | 74880 | 4492800 | 269568000 |
| jeudi 28 janvier 1982 | 3121 | 74904 | 4494240 | 269654400 |
| vendredi 29 janvier 1982 | 3122 | 74928 | 4495680 | 269740800 |
| samedi 30 janvier 1982 | 3123 | 74952 | 4497120 | 269827200 |
| dimanche 31 janvier 1982 | 3124 | 74976 | 4498560 | 269913600 |
| lundi 1 février 1982 | 3125 | 75000 | 4500000 | 270000000 |
| mardi 2 février 1982 | 3126 | 75024 | 4501440 | 270086400 |
| mercredi 3 février 1982 | 3127 | 75048 | 4502880 | 270172800 |
| jeudi 4 février 1982 | 3128 | 75072 | 4504320 | 270259200 |
| vendredi 5 février 1982 | 3129 | 75096 | 4505760 | 270345600 |
| samedi 6 février 1982 | 3130 | 75120 | 4507200 | 270432000 |
| dimanche 7 février 1982 | 3131 | 75144 | 4508640 | 270518400 |
| lundi 8 février 1982 | 3132 | 75168 | 4510080 | 270604800 |
| mardi 9 février 1982 | 3133 | 75192 | 4511520 | 270691200 |
| mercredi 10 février 1982 | 3134 | 75216 | 4512960 | 270777600 |
| jeudi 11 février 1982 | 3135 | 75240 | 4514400 | 270864000 |
| vendredi 12 février 1982 | 3136 | 75264 | 4515840 | 270950400 |
| samedi 13 février 1982 | 3137 | 75288 | 4517280 | 271036800 |
| dimanche 14 février 1982 | 3138 | 75312 | 4518720 | 271123200 |
| lundi 15 février 1982 | 3139 | 75336 | 4520160 | 271209600 |
| mardi 16 février 1982 | 3140 | 75360 | 4521600 | 271296000 |
| mercredi 17 février 1982 | 3141 | 75384 | 4523040 | 271382400 |
| jeudi 18 février 1982 | 3142 | 75408 | 4524480 | 271468800 |
| vendredi 19 février 1982 | 3143 | 75432 | 4525920 | 271555200 |
| samedi 20 février 1982 | 3144 | 75456 | 4527360 | 271641600 |
| dimanche 21 février 1982 | 3145 | 75480 | 4528800 | 271728000 |
| lundi 22 février 1982 | 3146 | 75504 | 4530240 | 271814400 |
| mardi 23 février 1982 | 3147 | 75528 | 4531680 | 271900800 |
| mercredi 24 février 1982 | 3148 | 75552 | 4533120 | 271987200 |
| jeudi 25 février 1982 | 3149 | 75576 | 4534560 | 272073600 |
| vendredi 26 février 1982 | 3150 | 75600 | 4536000 | 272160000 |
| samedi 27 février 1982 | 3151 | 75624 | 4537440 | 272246400 |
| dimanche 28 février 1982 | 3152 | 75648 | 4538880 | 272332800 |

| | | | | |
|---|---|---|---|---|
| lundi 1 mars 1982 | 3153 | 75672 | 4540320 | 272419200 |
| mardi 2 mars 1982 | 3154 | 75696 | 4541760 | 272505600 |
| mercredi 3 mars 1982 | 3155 | 75720 | 4543200 | 272592000 |
| jeudi 4 mars 1982 | 3156 | 75744 | 4544640 | 272678400 |
| vendredi 5 mars 1982 | 3157 | 75768 | 4546080 | 272764800 |
| samedi 6 mars 1982 | 3158 | 75792 | 4547520 | 272851200 |
| dimanche 7 mars 1982 | 3159 | 75816 | 4548960 | 272937600 |
| lundi 8 mars 1982 | 3160 | 75840 | 4550400 | 273024000 |
| mardi 9 mars 1982 | 3161 | 75864 | 4551840 | 273110400 |
| mercredi 10 mars 1982 | 3162 | 75888 | 4553280 | 273196800 |
| jeudi 11 mars 1982 | 3163 | 75912 | 4554720 | 273283200 |
| vendredi 12 mars 1982 | 3164 | 75936 | 4556160 | 273369600 |
| samedi 13 mars 1982 | 3165 | 75960 | 4557600 | 273456000 |
| dimanche 14 mars 1982 | 3166 | 75984 | 4559040 | 273542400 |
| lundi 15 mars 1982 | 3167 | 76008 | 4560480 | 273628800 |
| mardi 16 mars 1982 | 3168 | 76032 | 4561920 | 273715200 |
| mercredi 17 mars 1982 | 3169 | 76056 | 4563360 | 273801600 |
| jeudi 18 mars 1982 | 3170 | 76080 | 4564800 | 273888000 |
| vendredi 19 mars 1982 | 3171 | 76104 | 4566240 | 273974400 |
| samedi 20 mars 1982 | 3172 | 76128 | 4567680 | 274060800 |
| dimanche 21 mars 1982 | 3173 | 76152 | 4569120 | 274147200 |
| lundi 22 mars 1982 | 3174 | 76176 | 4570560 | 274233600 |
| mardi 23 mars 1982 | 3175 | 76200 | 4572000 | 274320000 |
| mercredi 24 mars 1982 | 3176 | 76224 | 4573440 | 274406400 |
| jeudi 25 mars 1982 | 3177 | 76248 | 4574880 | 274492800 |
| vendredi 26 mars 1982 | 3178 | 76272 | 4576320 | 274579200 |
| samedi 27 mars 1982 | 3179 | 76296 | 4577760 | 274665600 |
| dimanche 28 mars 1982 | 3180 | 76320 | 4579200 | 274752000 |
| lundi 29 mars 1982 | 3181 | 76344 | 4580640 | 274838400 |
| mardi 30 mars 1982 | 3182 | 76368 | 4582080 | 274924800 |
| mercredi 31 mars 1982 | 3183 | 76392 | 4583520 | 275011200 |
| jeudi 1 avril 1982 | 3184 | 76416 | 4584960 | 275097600 |
| vendredi 2 avril 1982 | 3185 | 76440 | 4586400 | 275184000 |
| samedi 3 avril 1982 | 3186 | 76464 | 4587840 | 275270400 |
| dimanche 4 avril 1982 | 3187 | 76488 | 4589280 | 275356800 |
| lundi 5 avril 1982 | 3188 | 76512 | 4590720 | 275443200 |
| mardi 6 avril 1982 | 3189 | 76536 | 4592160 | 275529600 |
| mercredi 7 avril 1982 | 3190 | 76560 | 4593600 | 275616000 |

| | | | |
|---|---|---|---|
| jeudi 8 avril 1982 | 3191 | 76584 | 4595040 | 275702400 |
| vendredi 9 avril 1982 | 3192 | 76608 | 4596480 | 275788800 |
| samedi 10 avril 1982 | 3193 | 76632 | 4597920 | 275875200 |
| dimanche 11 avril 1982 | 3194 | 76656 | 4599360 | 275961600 |
| lundi 12 avril 1982 | 3195 | 76680 | 4600800 | 276048000 |
| mardi 13 avril 1982 | 3196 | 76704 | 4602240 | 276134400 |
| mercredi 14 avril 1982 | 3197 | 76728 | 4603680 | 276220800 |
| jeudi 15 avril 1982 | 3198 | 76752 | 4605120 | 276307200 |
| vendredi 16 avril 1982 | 3199 | 76776 | 4606560 | 276393600 |
| samedi 17 avril 1982 | 3200 | 76800 | 4608000 | 276480000 |
| dimanche 18 avril 1982 | 3201 | 76824 | 4609440 | 276566400 |
| lundi 19 avril 1982 | 3202 | 76848 | 4610880 | 276652800 |
| mardi 20 avril 1982 | 3203 | 76872 | 4612320 | 276739200 |
| mercredi 21 avril 1982 | 3204 | 76896 | 4613760 | 276825600 |
| jeudi 22 avril 1982 | 3205 | 76920 | 4615200 | 276912000 |
| vendredi 23 avril 1982 | 3206 | 76944 | 4616640 | 276998400 |
| samedi 24 avril 1982 | 3207 | 76968 | 4618080 | 277084800 |
| dimanche 25 avril 1982 | 3208 | 76992 | 4619520 | 277171200 |
| lundi 26 avril 1982 | 3209 | 77016 | 4620960 | 277257600 |
| mardi 27 avril 1982 | 3210 | 77040 | 4622400 | 277344000 |
| mercredi 28 avril 1982 | 3211 | 77064 | 4623840 | 277430400 |
| jeudi 29 avril 1982 | 3212 | 77088 | 4625280 | 277516800 |
| vendredi 30 avril 1982 | 3213 | 77112 | 4626720 | 277603200 |
| samedi 1 mai 1982 | 3214 | 77136 | 4628160 | 277689600 |
| dimanche 2 mai 1982 | 3215 | 77160 | 4629600 | 277776000 |
| lundi 3 mai 1982 | 3216 | 77184 | 4631040 | 277862400 |
| mardi 4 mai 1982 | 3217 | 77208 | 4632480 | 277948800 |
| mercredi 5 mai 1982 | 3218 | 77232 | 4633920 | 278035200 |
| jeudi 6 mai 1982 | 3219 | 77256 | 4635360 | 278121600 |
| vendredi 7 mai 1982 | 3220 | 77280 | 4636800 | 278208000 |
| samedi 8 mai 1982 | 3221 | 77304 | 4638240 | 278294400 |
| dimanche 9 mai 1982 | 3222 | 77328 | 4639680 | 278380800 |
| lundi 10 mai 1982 | 3223 | 77352 | 4641120 | 278467200 |
| mardi 11 mai 1982 | 3224 | 77376 | 4642560 | 278553600 |
| mercredi 12 mai 1982 | 3225 | 77400 | 4644000 | 278640000 |
| jeudi 13 mai 1982 | 3226 | 77424 | 4645440 | 278726400 |
| vendredi 14 mai 1982 | 3227 | 77448 | 4646880 | 278812800 |
| samedi 15 mai 1982 | 3228 | 77472 | 4648320 | 278899200 |

| | | | | |
|---|---|---|---|---|
| dimanche 16 mai 1982 | 3229 | 77496 | 4649760 | 278985600 |
| lundi 17 mai 1982 | 3230 | 77520 | 4651200 | 279072000 |
| mardi 18 mai 1982 | 3231 | 77544 | 4652640 | 279158400 |
| mercredi 19 mai 1982 | 3232 | 77568 | 4654080 | 279244800 |
| jeudi 20 mai 1982 | 3233 | 77592 | 4655520 | 279331200 |
| vendredi 21 mai 1982 | 3234 | 77616 | 4656960 | 279417600 |
| samedi 22 mai 1982 | 3235 | 77640 | 4658400 | 279504000 |
| dimanche 23 mai 1982 | 3236 | 77664 | 4659840 | 279590400 |
| lundi 24 mai 1982 | 3237 | 77688 | 4661280 | 279676800 |
| mardi 25 mai 1982 | 3238 | 77712 | 4662720 | 279763200 |
| mercredi 26 mai 1982 | 3239 | 77736 | 4664160 | 279849600 |
| jeudi 27 mai 1982 | 3240 | 77760 | 4665600 | 279936000 |
| vendredi 28 mai 1982 | 3241 | 77784 | 4667040 | 280022400 |
| samedi 29 mai 1982 | 3242 | 77808 | 4668480 | 280108800 |
| dimanche 30 mai 1982 | 3243 | 77832 | 4669920 | 280195200 |
| lundi 31 mai 1982 | 3244 | 77856 | 4671360 | 280281600 |
| mardi 1 juin 1982 | 3245 | 77880 | 4672800 | 280368000 |
| mercredi 2 juin 1982 | 3246 | 77904 | 4674240 | 280454400 |
| jeudi 3 juin 1982 | 3247 | 77928 | 4675680 | 280540800 |
| vendredi 4 juin 1982 | 3248 | 77952 | 4677120 | 280627200 |
| samedi 5 juin 1982 | 3249 | 77976 | 4678560 | 280713600 |
| dimanche 6 juin 1982 | 3250 | 78000 | 4680000 | 280800000 |
| lundi 7 juin 1982 | 3251 | 78024 | 4681440 | 280886400 |
| mardi 8 juin 1982 | 3252 | 78048 | 4682880 | 280972800 |
| mercredi 9 juin 1982 | 3253 | 78072 | 4684320 | 281059200 |
| jeudi 10 juin 1982 | 3254 | 78096 | 4685760 | 281145600 |
| vendredi 11 juin 1982 | 3255 | 78120 | 4687200 | 281232000 |
| samedi 12 juin 1982 | 3256 | 78144 | 4688640 | 281318400 |
| dimanche 13 juin 1982 | 3257 | 78168 | 4690080 | 281404800 |
| lundi 14 juin 1982 | 3258 | 78192 | 4691520 | 281491200 |
| mardi 15 juin 1982 | 3259 | 78216 | 4692960 | 281577600 |
| mercredi 16 juin 1982 | 3260 | 78240 | 4694400 | 281664000 |
| jeudi 17 juin 1982 | 3261 | 78264 | 4695840 | 281750400 |
| vendredi 18 juin 1982 | 3262 | 78288 | 4697280 | 281836800 |
| samedi 19 juin 1982 | 3263 | 78312 | 4698720 | 281923200 |
| dimanche 20 juin 1982 | 3264 | 78336 | 4700160 | 282009600 |
| lundi 21 juin 1982 | 3265 | 78360 | 4701600 | 282096000 |
| mardi 22 juin 1982 | 3266 | 78384 | 4703040 | 282182400 |

| | | | | |
|---|---|---|---|---|
| mercredi 23 juin 1982 | 3267 | 78408 | 4704480 | 282268800 |
| jeudi 24 juin 1982 | 3268 | 78432 | 4705920 | 282355200 |
| vendredi 25 juin 1982 | 3269 | 78456 | 4707360 | 282441600 |
| samedi 26 juin 1982 | 3270 | 78480 | 4708800 | 282528000 |
| dimanche 27 juin 1982 | 3271 | 78504 | 4710240 | 282614400 |
| lundi 28 juin 1982 | 3272 | 78528 | 4711680 | 282700800 |
| mardi 29 juin 1982 | 3273 | 78552 | 4713120 | 282787200 |
| mercredi 30 juin 1982 | 3274 | 78576 | 4714560 | 282873600 |
| jeudi 1 juillet 1982 | 3275 | 78600 | 4716000 | 282960000 |
| vendredi 2 juillet 1982 | 3276 | 78624 | 4717440 | 283046400 |
| samedi 3 juillet 1982 | 3277 | 78648 | 4718880 | 283132800 |
| dimanche 4 juillet 1982 | 3278 | 78672 | 4720320 | 283219200 |
| lundi 5 juillet 1982 | 3279 | 78696 | 4721760 | 283305600 |
| mardi 6 juillet 1982 | 3280 | 78720 | 4723200 | 283392000 |
| mercredi 7 juillet 1982 | 3281 | 78744 | 4724640 | 283478400 |
| jeudi 8 juillet 1982 | 3282 | 78768 | 4726080 | 283564800 |
| vendredi 9 juillet 1982 | 3283 | 78792 | 4727520 | 283651200 |
| samedi 10 juillet 1982 | 3284 | 78816 | 4728960 | 283737600 |
| dimanche 11 juillet 1982 | 3285 | 78840 | 4730400 | 283824000 |
| lundi 12 juillet 1982 | 3286 | 78864 | 4731840 | 283910400 |
| mardi 13 juillet 1982 | 3287 | 78888 | 4733280 | 283996800 |
| mercredi 14 juillet 1982 | 3288 | 78912 | 4734720 | 284083200 |
| jeudi 15 juillet 1982 | 3289 | 78936 | 4736160 | 284169600 |
| vendredi 16 juillet 1982 | 3290 | 78960 | 4737600 | 284256000 |
| samedi 17 juillet 1982 | 3291 | 78984 | 4739040 | 284342400 |
| dimanche 18 juillet 1982 | 3292 | 79008 | 4740480 | 284428800 |
| lundi 19 juillet 1982 | 3293 | 79032 | 4741920 | 284515200 |
| mardi 20 juillet 1982 | 3294 | 79056 | 4743360 | 284601600 |
| mercredi 21 juillet 1982 | 3295 | 79080 | 4744800 | 284688000 |
| jeudi 22 juillet 1982 | 3296 | 79104 | 4746240 | 284774400 |
| vendredi 23 juillet 1982 | 3297 | 79128 | 4747680 | 284860800 |
| samedi 24 juillet 1982 | 3298 | 79152 | 4749120 | 284947200 |
| dimanche 25 juillet 1982 | 3299 | 79176 | 4750560 | 285033600 |
| lundi 26 juillet 1982 | 3300 | 79200 | 4752000 | 285120000 |
| mardi 27 juillet 1982 | 3301 | 79224 | 4753440 | 285206400 |
| mercredi 28 juillet 1982 | 3302 | 79248 | 4754880 | 285292800 |
| jeudi 29 juillet 1982 | 3303 | 79272 | 4756320 | 285379200 |
| vendredi 30 juillet 1982 | 3304 | 79296 | 4757760 | 285465600 |

| | | | |
|---|---|---|---|
| samedi 31 juillet 1982 | 3305 | 79320 | 4759200 | 285552000 |
| dimanche 1 août 1982 | 3306 | 79344 | 4760640 | 285638400 |
| lundi 2 août 1982 | 3307 | 79368 | 4762080 | 285724800 |
| mardi 3 août 1982 | 3308 | 79392 | 4763520 | 285811200 |
| mercredi 4 août 1982 | 3309 | 79416 | 4764960 | 285897600 |
| jeudi 5 août 1982 | 3310 | 79440 | 4766400 | 285984000 |
| vendredi 6 août 1982 | 3311 | 79464 | 4767840 | 286070400 |
| samedi 7 août 1982 | 3312 | 79488 | 4769280 | 286156800 |
| dimanche 8 août 1982 | 3313 | 79512 | 4770720 | 286243200 |
| lundi 9 août 1982 | 3314 | 79536 | 4772160 | 286329600 |
| mardi 10 août 1982 | 3315 | 79560 | 4773600 | 286416000 |
| mercredi 11 août 1982 | 3316 | 79584 | 4775040 | 286502400 |
| jeudi 12 août 1982 | 3317 | 79608 | 4776480 | 286588800 |
| vendredi 13 août 1982 | 3318 | 79632 | 4777920 | 286675200 |
| samedi 14 août 1982 | 3319 | 79656 | 4779360 | 286761600 |
| dimanche 15 août 1982 | 3320 | 79680 | 4780800 | 286848000 |
| lundi 16 août 1982 | 3321 | 79704 | 4782240 | 286934400 |
| mardi 17 août 1982 | 3322 | 79728 | 4783680 | 287020800 |
| mercredi 18 août 1982 | 3323 | 79752 | 4785120 | 287107200 |
| jeudi 19 août 1982 | 3324 | 79776 | 4786560 | 287193600 |
| vendredi 20 août 1982 | 3325 | 79800 | 4788000 | 287280000 |
| samedi 21 août 1982 | 3326 | 79824 | 4789440 | 287366400 |
| dimanche 22 août 1982 | 3327 | 79848 | 4790880 | 287452800 |
| lundi 23 août 1982 | 3328 | 79872 | 4792320 | 287539200 |
| mardi 24 août 1982 | 3329 | 79896 | 4793760 | 287625600 |
| mercredi 25 août 1982 | 3330 | 79920 | 4795200 | 287712000 |
| jeudi 26 août 1982 | 3331 | 79944 | 4796640 | 287798400 |
| vendredi 27 août 1982 | 3332 | 79968 | 4798080 | 287884800 |
| samedi 28 août 1982 | 3333 | 79992 | 4799520 | 287971200 |
| dimanche 29 août 1982 | 3334 | 80016 | 4800960 | 288057600 |
| lundi 30 août 1982 | 3335 | 80040 | 4802400 | 288144000 |
| mardi 31 août 1982 | 3336 | 80064 | 4803840 | 288230400 |
| mercredi 1 septembre 1982 | 3337 | 80088 | 4805280 | 288316800 |
| jeudi 2 septembre 1982 | 3338 | 80112 | 4806720 | 288403200 |
| vendredi 3 septembre 1982 | 3339 | 80136 | 4808160 | 288489600 |
| samedi 4 septembre 1982 | 3340 | 80160 | 4809600 | 288576000 |
| dimanche 5 septembre 1982 | 3341 | 80184 | 4811040 | 288662400 |
| lundi 6 septembre 1982 | 3342 | 80208 | 4812480 | 288748800 |

| | | | | |
|---|---|---|---|---|
| mardi 7 septembre 1982 | 3343 | 80232 | 4813920 | 288835200 |
| mercredi 8 septembre 1982 | 3344 | 80256 | 4815360 | 288921600 |
| jeudi 9 septembre 1982 | 3345 | 80280 | 4816800 | 289008000 |
| vendredi 10 septembre 1982 | 3346 | 80304 | 4818240 | 289094400 |
| samedi 11 septembre 1982 | 3347 | 80328 | 4819680 | 289180800 |
| dimanche 12 septembre 1982 | 3348 | 80352 | 4821120 | 289267200 |
| lundi 13 septembre 1982 | 3349 | 80376 | 4822560 | 289353600 |
| mardi 14 septembre 1982 | 3350 | 80400 | 4824000 | 289440000 |
| mercredi 15 septembre 1982 | 3351 | 80424 | 4825440 | 289526400 |
| jeudi 16 septembre 1982 | 3352 | 80448 | 4826880 | 289612800 |
| vendredi 17 septembre 1982 | 3353 | 80472 | 4828320 | 289699200 |
| samedi 18 septembre 1982 | 3354 | 80496 | 4829760 | 289785600 |
| dimanche 19 septembre 1982 | 3355 | 80520 | 4831200 | 289872000 |
| lundi 20 septembre 1982 | 3356 | 80544 | 4832640 | 289958400 |
| mardi 21 septembre 1982 | 3357 | 80568 | 4834080 | 290044800 |
| mercredi 22 septembre 1982 | 3358 | 80592 | 4835520 | 290131200 |
| jeudi 23 septembre 1982 | 3359 | 80616 | 4836960 | 290217600 |
| vendredi 24 septembre 1982 | 3360 | 80640 | 4838400 | 290304000 |
| samedi 25 septembre 1982 | 3361 | 80664 | 4839840 | 290390400 |
| dimanche 26 septembre 1982 | 3362 | 80688 | 4841280 | 290476800 |
| lundi 27 septembre 1982 | 3363 | 80712 | 4842720 | 290563200 |
| mardi 28 septembre 1982 | 3364 | 80736 | 4844160 | 290649600 |
| mercredi 29 septembre 1982 | 3365 | 80760 | 4845600 | 290736000 |
| jeudi 30 septembre 1982 | 3366 | 80784 | 4847040 | 290822400 |
| vendredi 1 octobre 1982 | 3367 | 80808 | 4848480 | 290908800 |
| samedi 2 octobre 1982 | 3368 | 80832 | 4849920 | 290995200 |
| dimanche 3 octobre 1982 | 3369 | 80856 | 4851360 | 291081600 |
| lundi 4 octobre 1982 | 3370 | 80880 | 4852800 | 291168000 |
| mardi 5 octobre 1982 | 3371 | 80904 | 4854240 | 291254400 |
| mercredi 6 octobre 1982 | 3372 | 80928 | 4855680 | 291340800 |
| jeudi 7 octobre 1982 | 3373 | 80952 | 4857120 | 291427200 |
| vendredi 8 octobre 1982 | 3374 | 80976 | 4858560 | 291513600 |
| samedi 9 octobre 1982 | 3375 | 81000 | 4860000 | 291600000 |
| dimanche 10 octobre 1982 | 3376 | 81024 | 4861440 | 291686400 |
| lundi 11 octobre 1982 | 3377 | 81048 | 4862880 | 291772800 |
| mardi 12 octobre 1982 | 3378 | 81072 | 4864320 | 291859200 |
| mercredi 13 octobre 1982 | 3379 | 81096 | 4865760 | 291945600 |
| jeudi 14 octobre 1982 | 3380 | 81120 | 4867200 | 292032000 |

| | | | | |
|---|---|---|---|---|
| vendredi 15 octobre 1982 | 3381 | 81144 | 4868640 | 292118400 |
| samedi 16 octobre 1982 | 3382 | 81168 | 4870080 | 292204800 |
| dimanche 17 octobre 1982 | 3383 | 81192 | 4871520 | 292291200 |
| lundi 18 octobre 1982 | 3384 | 81216 | 4872960 | 292377600 |
| mardi 19 octobre 1982 | 3385 | 81240 | 4874400 | 292464000 |
| mercredi 20 octobre 1982 | 3386 | 81264 | 4875840 | 292550400 |
| jeudi 21 octobre 1982 | 3387 | 81288 | 4877280 | 292636800 |
| vendredi 22 octobre 1982 | 3388 | 81312 | 4878720 | 292723200 |
| samedi 23 octobre 1982 | 3389 | 81336 | 4880160 | 292809600 |
| dimanche 24 octobre 1982 | 3390 | 81360 | 4881600 | 292896000 |
| lundi 25 octobre 1982 | 3391 | 81384 | 4883040 | 292982400 |
| mardi 26 octobre 1982 | 3392 | 81408 | 4884480 | 293068800 |
| mercredi 27 octobre 1982 | 3393 | 81432 | 4885920 | 293155200 |
| jeudi 28 octobre 1982 | 3394 | 81456 | 4887360 | 293241600 |
| vendredi 29 octobre 1982 | 3395 | 81480 | 4888800 | 293328000 |
| samedi 30 octobre 1982 | 3396 | 81504 | 4890240 | 293414400 |
| dimanche 31 octobre 1982 | 3397 | 81528 | 4891680 | 293500800 |
| lundi 1 novembre 1982 | 3398 | 81552 | 4893120 | 293587200 |
| mardi 2 novembre 1982 | 3399 | 81576 | 4894560 | 293673600 |
| mercredi 3 novembre 1982 | 3400 | 81600 | 4896000 | 293760000 |
| jeudi 4 novembre 1982 | 3401 | 81624 | 4897440 | 293846400 |
| vendredi 5 novembre 1982 | 3402 | 81648 | 4898880 | 293932800 |
| samedi 6 novembre 1982 | 3403 | 81672 | 4900320 | 294019200 |
| dimanche 7 novembre 1982 | 3404 | 81696 | 4901760 | 294105600 |
| lundi 8 novembre 1982 | 3405 | 81720 | 4903200 | 294192000 |
| mardi 9 novembre 1982 | 3406 | 81744 | 4904640 | 294278400 |
| mercredi 10 novembre 1982 | 3407 | 81768 | 4906080 | 294364800 |
| jeudi 11 novembre 1982 | 3408 | 81792 | 4907520 | 294451200 |
| vendredi 12 novembre 1982 | 3409 | 81816 | 4908960 | 294537600 |
| samedi 13 novembre 1982 | 3410 | 81840 | 4910400 | 294624000 |
| dimanche 14 novembre 1982 | 3411 | 81864 | 4911840 | 294710400 |
| lundi 15 novembre 1982 | 3412 | 81888 | 4913280 | 294796800 |
| mardi 16 novembre 1982 | 3413 | 81912 | 4914720 | 294883200 |
| mercredi 17 novembre 1982 | 3414 | 81936 | 4916160 | 294969600 |
| jeudi 18 novembre 1982 | 3415 | 81960 | 4917600 | 295056000 |
| vendredi 19 novembre 1982 | 3416 | 81984 | 4919040 | 295142400 |
| samedi 20 novembre 1982 | 3417 | 82008 | 4920480 | 295228800 |
| dimanche 21 novembre 1982 | 3418 | 82032 | 4921920 | 295315200 |

| | | | | |
|---|---|---|---|---|
| lundi 22 novembre 1982 | 3419 | 82056 | 4923360 | 295401600 |
| mardi 23 novembre 1982 | 3420 | 82080 | 4924800 | 295488000 |
| mercredi 24 novembre 1982 | 3421 | 82104 | 4926240 | 295574400 |
| jeudi 25 novembre 1982 | 3422 | 82128 | 4927680 | 295660800 |
| vendredi 26 novembre 1982 | 3423 | 82152 | 4929120 | 295747200 |
| samedi 27 novembre 1982 | 3424 | 82176 | 4930560 | 295833600 |
| dimanche 28 novembre 1982 | 3425 | 82200 | 4932000 | 295920000 |
| lundi 29 novembre 1982 | 3426 | 82224 | 4933440 | 296006400 |
| mardi 30 novembre 1982 | 3427 | 82248 | 4934880 | 296092800 |
| mercredi 1 décembre 1982 | 3428 | 82272 | 4936320 | 296179200 |
| jeudi 2 décembre 1982 | 3429 | 82296 | 4937760 | 296265600 |
| vendredi 3 décembre 1982 | 3430 | 82320 | 4939200 | 296352000 |
| samedi 4 décembre 1982 | 3431 | 82344 | 4940640 | 296438400 |
| dimanche 5 décembre 1982 | 3432 | 82368 | 4942080 | 296524800 |
| lundi 6 décembre 1982 | 3433 | 82392 | 4943520 | 296611200 |
| mardi 7 décembre 1982 | 3434 | 82416 | 4944960 | 296697600 |
| mercredi 8 décembre 1982 | 3435 | 82440 | 4946400 | 296784000 |
| jeudi 9 décembre 1982 | 3436 | 82464 | 4947840 | 296870400 |
| vendredi 10 décembre 1982 | 3437 | 82488 | 4949280 | 296956800 |
| samedi 11 décembre 1982 | 3438 | 82512 | 4950720 | 297043200 |
| dimanche 12 décembre 1982 | 3439 | 82536 | 4952160 | 297129600 |
| lundi 13 décembre 1982 | 3440 | 82560 | 4953600 | 297216000 |
| mardi 14 décembre 1982 | 3441 | 82584 | 4955040 | 297302400 |
| mercredi 15 décembre 1982 | 3442 | 82608 | 4956480 | 297388800 |
| jeudi 16 décembre 1982 | 3443 | 82632 | 4957920 | 297475200 |
| vendredi 17 décembre 1982 | 3444 | 82656 | 4959360 | 297561600 |
| samedi 18 décembre 1982 | 3445 | 82680 | 4960800 | 297648000 |
| dimanche 19 décembre 1982 | 3446 | 82704 | 4962240 | 297734400 |
| lundi 20 décembre 1982 | 3447 | 82728 | 4963680 | 297820800 |
| mardi 21 décembre 1982 | 3448 | 82752 | 4965120 | 297907200 |
| mercredi 22 décembre 1982 | 3449 | 82776 | 4966560 | 297993600 |
| jeudi 23 décembre 1982 | 3450 | 82800 | 4968000 | 298080000 |
| vendredi 24 décembre 1982 | 3451 | 82824 | 4969440 | 298166400 |
| samedi 25 décembre 1982 | 3452 | 82848 | 4970880 | 298252800 |
| dimanche 26 décembre 1982 | 3453 | 82872 | 4972320 | 298339200 |
| lundi 27 décembre 1982 | 3454 | 82896 | 4973760 | 298425600 |
| mardi 28 décembre 1982 | 3455 | 82920 | 4975200 | 298512000 |
| mercredi 29 décembre 1982 | 3456 | 82944 | 4976640 | 298598400 |

| | | | | |
|---|---|---|---|---|
| jeudi 30 décembre 1982 | 3457 | 82968 | 4978080 | 298684800 |
| vendredi 31 décembre 1982 | 3458 | 82992 | 4979520 | 298771200 |
| samedi 1 janvier 1983 | 3459 | 83016 | 4980960 | 298857600 |
| dimanche 2 janvier 1983 | 3460 | 83040 | 4982400 | 298944000 |
| lundi 3 janvier 1983 | 3461 | 83064 | 4983840 | 299030400 |
| mardi 4 janvier 1983 | 3462 | 83088 | 4985280 | 299116800 |
| mercredi 5 janvier 1983 | 3463 | 83112 | 4986720 | 299203200 |
| jeudi 6 janvier 1983 | 3464 | 83136 | 4988160 | 299289600 |
| vendredi 7 janvier 1983 | 3465 | 83160 | 4989600 | 299376000 |
| samedi 8 janvier 1983 | 3466 | 83184 | 4991040 | 299462400 |
| dimanche 9 janvier 1983 | 3467 | 83208 | 4992480 | 299548800 |
| lundi 10 janvier 1983 | 3468 | 83232 | 4993920 | 299635200 |
| mardi 11 janvier 1983 | 3469 | 83256 | 4995360 | 299721600 |
| mercredi 12 janvier 1983 | 3470 | 83280 | 4996800 | 299808000 |
| jeudi 13 janvier 1983 | 3471 | 83304 | 4998240 | 299894400 |
| vendredi 14 janvier 1983 | 3472 | 83328 | 4999680 | 299980800 |
| samedi 15 janvier 1983 | 3473 | 83352 | 5001120 | 300067200 |
| dimanche 16 janvier 1983 | 3474 | 83376 | 5002560 | 300153600 |
| lundi 17 janvier 1983 | 3475 | 83400 | 5004000 | 300240000 |
| mardi 18 janvier 1983 | 3476 | 83424 | 5005440 | 300326400 |
| mercredi 19 janvier 1983 | 3477 | 83448 | 5006880 | 300412800 |
| jeudi 20 janvier 1983 | 3478 | 83472 | 5008320 | 300499200 |
| vendredi 21 janvier 1983 | 3479 | 83496 | 5009760 | 300585600 |
| samedi 22 janvier 1983 | 3480 | 83520 | 5011200 | 300672000 |
| dimanche 23 janvier 1983 | 3481 | 83544 | 5012640 | 300758400 |
| lundi 24 janvier 1983 | 3482 | 83568 | 5014080 | 300844800 |
| mardi 25 janvier 1983 | 3483 | 83592 | 5015520 | 300931200 |
| mercredi 26 janvier 1983 | 3484 | 83616 | 5016960 | 301017600 |
| jeudi 27 janvier 1983 | 3485 | 83640 | 5018400 | 301104000 |
| vendredi 28 janvier 1983 | 3486 | 83664 | 5019840 | 301190400 |
| samedi 29 janvier 1983 | 3487 | 83688 | 5021280 | 301276800 |
| dimanche 30 janvier 1983 | 3488 | 83712 | 5022720 | 301363200 |
| lundi 31 janvier 1983 | 3489 | 83736 | 5024160 | 301449600 |
| mardi 1 février 1983 | 3490 | 83760 | 5025600 | 301536000 |
| mercredi 2 février 1983 | 3491 | 83784 | 5027040 | 301622400 |
| jeudi 3 février 1983 | 3492 | 83808 | 5028480 | 301708800 |
| vendredi 4 février 1983 | 3493 | 83832 | 5029920 | 301795200 |
| samedi 5 février 1983 | 3494 | 83856 | 5031360 | 301881600 |

| | | | | |
|---|---|---|---|---|
| dimanche 6 février 1983 | 3495 | 83880 | 5032800 | 301968000 |
| lundi 7 février 1983 | 3496 | 83904 | 5034240 | 302054400 |
| mardi 8 février 1983 | 3497 | 83928 | 5035680 | 302140800 |
| mercredi 9 février 1983 | 3498 | 83952 | 5037120 | 302227200 |
| jeudi 10 février 1983 | 3499 | 83976 | 5038560 | 302313600 |
| vendredi 11 février 1983 | 3500 | 84000 | 5040000 | 302400000 |
| samedi 12 février 1983 | 3501 | 84024 | 5041440 | 302486400 |
| dimanche 13 février 1983 | 3502 | 84048 | 5042880 | 302572800 |
| lundi 14 février 1983 | 3503 | 84072 | 5044320 | 302659200 |
| mardi 15 février 1983 | 3504 | 84096 | 5045760 | 302745600 |
| mercredi 16 février 1983 | 3505 | 84120 | 5047200 | 302832000 |
| jeudi 17 février 1983 | 3506 | 84144 | 5048640 | 302918400 |
| vendredi 18 février 1983 | 3507 | 84168 | 5050080 | 303004800 |
| samedi 19 février 1983 | 3508 | 84192 | 5051520 | 303091200 |
| dimanche 20 février 1983 | 3509 | 84216 | 5052960 | 303177600 |
| lundi 21 février 1983 | 3510 | 84240 | 5054400 | 303264000 |
| mardi 22 février 1983 | 3511 | 84264 | 5055840 | 303350400 |
| mercredi 23 février 1983 | 3512 | 84288 | 5057280 | 303436800 |
| jeudi 24 février 1983 | 3513 | 84312 | 5058720 | 303523200 |
| vendredi 25 février 1983 | 3514 | 84336 | 5060160 | 303609600 |
| samedi 26 février 1983 | 3515 | 84360 | 5061600 | 303696000 |
| dimanche 27 février 1983 | 3516 | 84384 | 5063040 | 303782400 |
| lundi 28 février 1983 | 3517 | 84408 | 5064480 | 303868800 |
| mardi 1 mars 1983 | 3518 | 84432 | 5065920 | 303955200 |
| mercredi 2 mars 1983 | 3519 | 84456 | 5067360 | 304041600 |
| jeudi 3 mars 1983 | 3520 | 84480 | 5068800 | 304128000 |
| vendredi 4 mars 1983 | 3521 | 84504 | 5070240 | 304214400 |
| samedi 5 mars 1983 | 3522 | 84528 | 5071680 | 304300800 |
| dimanche 6 mars 1983 | 3523 | 84552 | 5073120 | 304387200 |
| lundi 7 mars 1983 | 3524 | 84576 | 5074560 | 304473600 |
| mardi 8 mars 1983 | 3525 | 84600 | 5076000 | 304560000 |
| mercredi 9 mars 1983 | 3526 | 84624 | 5077440 | 304646400 |
| jeudi 10 mars 1983 | 3527 | 84648 | 5078880 | 304732800 |
| vendredi 11 mars 1983 | 3528 | 84672 | 5080320 | 304819200 |
| samedi 12 mars 1983 | 3529 | 84696 | 5081760 | 304905600 |
| dimanche 13 mars 1983 | 3530 | 84720 | 5083200 | 304992000 |
| lundi 14 mars 1983 | 3531 | 84744 | 5084640 | 305078400 |
| mardi 15 mars 1983 | 3532 | 84768 | 5086080 | 305164800 |

| | | | | |
|---|---|---|---|---|
| mercredi 16 mars 1983 | 3533 | 84792 | 5087520 | 305251200 |
| jeudi 17 mars 1983 | 3534 | 84816 | 5088960 | 305337600 |
| vendredi 18 mars 1983 | 3535 | 84840 | 5090400 | 305424000 |
| samedi 19 mars 1983 | 3536 | 84864 | 5091840 | 305510400 |
| dimanche 20 mars 1983 | 3537 | 84888 | 5093280 | 305596800 |
| lundi 21 mars 1983 | 3538 | 84912 | 5094720 | 305683200 |
| mardi 22 mars 1983 | 3539 | 84936 | 5096160 | 305769600 |
| mercredi 23 mars 1983 | 3540 | 84960 | 5097600 | 305856000 |
| jeudi 24 mars 1983 | 3541 | 84984 | 5099040 | 305942400 |
| vendredi 25 mars 1983 | 3542 | 85008 | 5100480 | 306028800 |
| samedi 26 mars 1983 | 3543 | 85032 | 5101920 | 306115200 |
| dimanche 27 mars 1983 | 3544 | 85056 | 5103360 | 306201600 |
| lundi 28 mars 1983 | 3545 | 85080 | 5104800 | 306288000 |
| mardi 29 mars 1983 | 3546 | 85104 | 5106240 | 306374400 |
| mercredi 30 mars 1983 | 3547 | 85128 | 5107680 | 306460800 |
| jeudi 31 mars 1983 | 3548 | 85152 | 5109120 | 306547200 |
| vendredi 1 avril 1983 | 3549 | 85176 | 5110560 | 306633600 |
| samedi 2 avril 1983 | 3550 | 85200 | 5112000 | 306720000 |
| dimanche 3 avril 1983 | 3551 | 85224 | 5113440 | 306806400 |
| lundi 4 avril 1983 | 3552 | 85248 | 5114880 | 306892800 |
| mardi 5 avril 1983 | 3553 | 85272 | 5116320 | 306979200 |
| mercredi 6 avril 1983 | 3554 | 85296 | 5117760 | 307065600 |
| jeudi 7 avril 1983 | 3555 | 85320 | 5119200 | 307152000 |
| vendredi 8 avril 1983 | 3556 | 85344 | 5120640 | 307238400 |
| samedi 9 avril 1983 | 3557 | 85368 | 5122080 | 307324800 |
| dimanche 10 avril 1983 | 3558 | 85392 | 5123520 | 307411200 |
| lundi 11 avril 1983 | 3559 | 85416 | 5124960 | 307497600 |
| mardi 12 avril 1983 | 3560 | 85440 | 5126400 | 307584000 |
| mercredi 13 avril 1983 | 3561 | 85464 | 5127840 | 307670400 |
| jeudi 14 avril 1983 | 3562 | 85488 | 5129280 | 307756800 |
| vendredi 15 avril 1983 | 3563 | 85512 | 5130720 | 307843200 |
| samedi 16 avril 1983 | 3564 | 85536 | 5132160 | 307929600 |
| dimanche 17 avril 1983 | 3565 | 85560 | 5133600 | 308016000 |
| lundi 18 avril 1983 | 3566 | 85584 | 5135040 | 308102400 |
| mardi 19 avril 1983 | 3567 | 85608 | 5136480 | 308188800 |
| mercredi 20 avril 1983 | 3568 | 85632 | 5137920 | 308275200 |
| jeudi 21 avril 1983 | 3569 | 85656 | 5139360 | 308361600 |
| vendredi 22 avril 1983 | 3570 | 85680 | 5140800 | 308448000 |

| | | | | |
|---|---|---|---|---|
| samedi 23 avril 1983 | 3571 | 85704 | 5142240 | 308534400 |
| dimanche 24 avril 1983 | 3572 | 85728 | 5143680 | 308620800 |
| lundi 25 avril 1983 | 3573 | 85752 | 5145120 | 308707200 |
| mardi 26 avril 1983 | 3574 | 85776 | 5146560 | 308793600 |
| mercredi 27 avril 1983 | 3575 | 85800 | 5148000 | 308880000 |
| jeudi 28 avril 1983 | 3576 | 85824 | 5149440 | 308966400 |
| vendredi 29 avril 1983 | 3577 | 85848 | 5150880 | 309052800 |
| samedi 30 avril 1983 | 3578 | 85872 | 5152320 | 309139200 |
| dimanche 1 mai 1983 | 3579 | 85896 | 5153760 | 309225600 |
| lundi 2 mai 1983 | 3580 | 85920 | 5155200 | 309312000 |
| mardi 3 mai 1983 | 3581 | 85944 | 5156640 | 309398400 |
| mercredi 4 mai 1983 | 3582 | 85968 | 5158080 | 309484800 |
| jeudi 5 mai 1983 | 3583 | 85992 | 5159520 | 309571200 |
| vendredi 6 mai 1983 | 3584 | 86016 | 5160960 | 309657600 |
| samedi 7 mai 1983 | 3585 | 86040 | 5162400 | 309744000 |
| dimanche 8 mai 1983 | 3586 | 86064 | 5163840 | 309830400 |
| lundi 9 mai 1983 | 3587 | 86088 | 5165280 | 309916800 |
| mardi 10 mai 1983 | 3588 | 86112 | 5166720 | 310003200 |
| mercredi 11 mai 1983 | 3589 | 86136 | 5168160 | 310089600 |
| jeudi 12 mai 1983 | 3590 | 86160 | 5169600 | 310176000 |
| vendredi 13 mai 1983 | 3591 | 86184 | 5171040 | 310262400 |
| samedi 14 mai 1983 | 3592 | 86208 | 5172480 | 310348800 |
| dimanche 15 mai 1983 | 3593 | 86232 | 5173920 | 310435200 |
| lundi 16 mai 1983 | 3594 | 86256 | 5175360 | 310521600 |
| mardi 17 mai 1983 | 3595 | 86280 | 5176800 | 310608000 |
| mercredi 18 mai 1983 | 3596 | 86304 | 5178240 | 310694400 |
| jeudi 19 mai 1983 | 3597 | 86328 | 5179680 | 310780800 |
| vendredi 20 mai 1983 | 3598 | 86352 | 5181120 | 310867200 |
| samedi 21 mai 1983 | 3599 | 86376 | 5182560 | 310953600 |
| dimanche 22 mai 1983 | 3600 | 86400 | 5184000 | 311040000 |
| lundi 23 mai 1983 | 3601 | 86424 | 5185440 | 311126400 |
| mardi 24 mai 1983 | 3602 | 86448 | 5186880 | 311212800 |
| mercredi 25 mai 1983 | 3603 | 86472 | 5188320 | 311299200 |
| jeudi 26 mai 1983 | 3604 | 86496 | 5189760 | 311385600 |
| vendredi 27 mai 1983 | 3605 | 86520 | 5191200 | 311472000 |
| samedi 28 mai 1983 | 3606 | 86544 | 5192640 | 311558400 |
| dimanche 29 mai 1983 | 3607 | 86568 | 5194080 | 311644800 |
| lundi 30 mai 1983 | 3608 | 86592 | 5195520 | 311731200 |

| | | | | |
|---|---|---|---|---|
| mardi 31 mai 1983 | 3609 | 86616 | 5196960 | 311817600 |
| mercredi 1 juin 1983 | 3610 | 86640 | 5198400 | 311904000 |
| jeudi 2 juin 1983 | 3611 | 86664 | 5199840 | 311990400 |
| vendredi 3 juin 1983 | 3612 | 86688 | 5201280 | 312076800 |
| samedi 4 juin 1983 | 3613 | 86712 | 5202720 | 312163200 |
| dimanche 5 juin 1983 | 3614 | 86736 | 5204160 | 312249600 |
| lundi 6 juin 1983 | 3615 | 86760 | 5205600 | 312336000 |
| mardi 7 juin 1983 | 3616 | 86784 | 5207040 | 312422400 |
| mercredi 8 juin 1983 | 3617 | 86808 | 5208480 | 312508800 |
| jeudi 9 juin 1983 | 3618 | 86832 | 5209920 | 312595200 |
| vendredi 10 juin 1983 | 3619 | 86856 | 5211360 | 312681600 |
| samedi 11 juin 1983 | 3620 | 86880 | 5212800 | 312768000 |
| dimanche 12 juin 1983 | 3621 | 86904 | 5214240 | 312854400 |
| lundi 13 juin 1983 | 3622 | 86928 | 5215680 | 312940800 |
| mardi 14 juin 1983 | 3623 | 86952 | 5217120 | 313027200 |
| mercredi 15 juin 1983 | 3624 | 86976 | 5218560 | 313113600 |
| jeudi 16 juin 1983 | 3625 | 87000 | 5220000 | 313200000 |
| vendredi 17 juin 1983 | 3626 | 87024 | 5221440 | 313286400 |
| samedi 18 juin 1983 | 3627 | 87048 | 5222880 | 313372800 |
| dimanche 19 juin 1983 | 3628 | 87072 | 5224320 | 313459200 |
| lundi 20 juin 1983 | 3629 | 87096 | 5225760 | 313545600 |
| mardi 21 juin 1983 | 3630 | 87120 | 5227200 | 313632000 |
| mercredi 22 juin 1983 | 3631 | 87144 | 5228640 | 313718400 |
| jeudi 23 juin 1983 | 3632 | 87168 | 5230080 | 313804800 |
| vendredi 24 juin 1983 | 3633 | 87192 | 5231520 | 313891200 |
| samedi 25 juin 1983 | 3634 | 87216 | 5232960 | 313977600 |
| dimanche 26 juin 1983 | 3635 | 87240 | 5234400 | 314064000 |
| lundi 27 juin 1983 | 3636 | 87264 | 5235840 | 314150400 |
| mardi 28 juin 1983 | 3637 | 87288 | 5237280 | 314236800 |
| mercredi 29 juin 1983 | 3638 | 87312 | 5238720 | 314323200 |
| jeudi 30 juin 1983 | 3639 | 87336 | 5240160 | 314409600 |
| vendredi 1 juillet 1983 | 3640 | 87360 | 5241600 | 314496000 |
| samedi 2 juillet 1983 | 3641 | 87384 | 5243040 | 314582400 |
| dimanche 3 juillet 1983 | 3642 | 87408 | 5244480 | 314668800 |
| lundi 4 juillet 1983 | 3643 | 87432 | 5245920 | 314755200 |
| mardi 5 juillet 1983 | 3644 | 87456 | 5247360 | 314841600 |
| mercredi 6 juillet 1983 | 3645 | 87480 | 5248800 | 314928000 |
| jeudi 7 juillet 1983 | 3646 | 87504 | 5250240 | 315014400 |

| | | | | |
|---|---|---|---|---|
| vendredi 8 juillet 1983 | 3647 | 87528 | 5251680 | 315100800 |
| samedi 9 juillet 1983 | 3648 | 87552 | 5253120 | 315187200 |
| dimanche 10 juillet 1983 | 3649 | 87576 | 5254560 | 315273600 |
| lundi 11 juillet 1983 | 3650 | 87600 | 5256000 | 315360000 |
| mardi 12 juillet 1983 | 3651 | 87624 | 5257440 | 315446400 |
| mercredi 13 juillet 1983 | 3652 | 87648 | 5258880 | 315532800 |
| jeudi 14 juillet 1983 | 3653 | 87672 | 5260320 | 315619200 |
| vendredi 15 juillet 1983 | 3654 | 87696 | 5261760 | 315705600 |
| samedi 16 juillet 1983 | 3655 | 87720 | 5263200 | 315792000 |
| dimanche 17 juillet 1983 | 3656 | 87744 | 5264640 | 315878400 |
| lundi 18 juillet 1983 | 3657 | 87768 | 5266080 | 315964800 |
| mardi 19 juillet 1983 | 3658 | 87792 | 5267520 | 316051200 |
| mercredi 20 juillet 1983 | 3659 | 87816 | 5268960 | 316137600 |
| jeudi 21 juillet 1983 | 3660 | 87840 | 5270400 | 316224000 |
| vendredi 22 juillet 1983 | 3661 | 87864 | 5271840 | 316310400 |
| samedi 23 juillet 1983 | 3662 | 87888 | 5273280 | 316396800 |
| dimanche 24 juillet 1983 | 3663 | 87912 | 5274720 | 316483200 |
| lundi 25 juillet 1983 | 3664 | 87936 | 5276160 | 316569600 |
| mardi 26 juillet 1983 | 3665 | 87960 | 5277600 | 316656000 |
| mercredi 27 juillet 1983 | 3666 | 87984 | 5279040 | 316742400 |
| jeudi 28 juillet 1983 | 3667 | 88008 | 5280480 | 316828800 |
| vendredi 29 juillet 1983 | 3668 | 88032 | 5281920 | 316915200 |
| samedi 30 juillet 1983 | 3669 | 88056 | 5283360 | 317001600 |
| dimanche 31 juillet 1983 | 3670 | 88080 | 5284800 | 317088000 |
| lundi 1 août 1983 | 3671 | 88104 | 5286240 | 317174400 |
| mardi 2 août 1983 | 3672 | 88128 | 5287680 | 317260800 |
| mercredi 3 août 1983 | 3673 | 88152 | 5289120 | 317347200 |
| jeudi 4 août 1983 | 3674 | 88176 | 5290560 | 317433600 |
| vendredi 5 août 1983 | 3675 | 88200 | 5292000 | 317520000 |
| samedi 6 août 1983 | 3676 | 88224 | 5293440 | 317606400 |
| dimanche 7 août 1983 | 3677 | 88248 | 5294880 | 317692800 |
| lundi 8 août 1983 | 3678 | 88272 | 5296320 | 317779200 |
| mardi 9 août 1983 | 3679 | 88296 | 5297760 | 317865600 |
| mercredi 10 août 1983 | 3680 | 88320 | 5299200 | 317952000 |
| jeudi 11 août 1983 | 3681 | 88344 | 5300640 | 318038400 |
| vendredi 12 août 1983 | 3682 | 88368 | 5302080 | 318124800 |
| samedi 13 août 1983 | 3683 | 88392 | 5303520 | 318211200 |
| dimanche 14 août 1983 | 3684 | 88416 | 5304960 | 318297600 |

| | | | |
|---|---|---|---|
| lundi 15 août 1983 | 3685 | 88440 | 5306400 | 318384000
| mardi 16 août 1983 | 3686 | 88464 | 5307840 | 318470400
| mercredi 17 août 1983 | 3687 | 88488 | 5309280 | 318556800
| jeudi 18 août 1983 | 3688 | 88512 | 5310720 | 318643200
| vendredi 19 août 1983 | 3689 | 88536 | 5312160 | 318729600
| samedi 20 août 1983 | 3690 | 88560 | 5313600 | 318816000
| dimanche 21 août 1983 | 3691 | 88584 | 5315040 | 318902400
| lundi 22 août 1983 | 3692 | 88608 | 5316480 | 318988800
| mardi 23 août 1983 | 3693 | 88632 | 5317920 | 319075200
| mercredi 24 août 1983 | 3694 | 88656 | 5319360 | 319161600
| jeudi 25 août 1983 | 3695 | 88680 | 5320800 | 319248000
| vendredi 26 août 1983 | 3696 | 88704 | 5322240 | 319334400
| samedi 27 août 1983 | 3697 | 88728 | 5323680 | 319420800
| dimanche 28 août 1983 | 3698 | 88752 | 5325120 | 319507200
| lundi 29 août 1983 | 3699 | 88776 | 5326560 | 319593600
| mardi 30 août 1983 | 3700 | 88800 | 5328000 | 319680000
| mercredi 31 août 1983 | 3701 | 88824 | 5329440 | 319766400
| jeudi 1 septembre 1983 | 3702 | 88848 | 5330880 | 319852800
| vendredi 2 septembre 1983 | 3703 | 88872 | 5332320 | 319939200
| samedi 3 septembre 1983 | 3704 | 88896 | 5333760 | 320025600
| dimanche 4 septembre 1983 | 3705 | 88920 | 5335200 | 320112000
| lundi 5 septembre 1983 | 3706 | 88944 | 5336640 | 320198400
| mardi 6 septembre 1983 | 3707 | 88968 | 5338080 | 320284800
| mercredi 7 septembre 1983 | 3708 | 88992 | 5339520 | 320371200
| jeudi 8 septembre 1983 | 3709 | 89016 | 5340960 | 320457600
| vendredi 9 septembre 1983 | 3710 | 89040 | 5342400 | 320544000
| samedi 10 septembre 1983 | 3711 | 89064 | 5343840 | 320630400
| dimanche 11 septembre 1983 | 3712 | 89088 | 5345280 | 320716800
| lundi 12 septembre 1983 | 3713 | 89112 | 5346720 | 320803200
| mardi 13 septembre 1983 | 3714 | 89136 | 5348160 | 320889600
| mercredi 14 septembre 1983 | 3715 | 89160 | 5349600 | 320976000
| jeudi 15 septembre 1983 | 3716 | 89184 | 5351040 | 321062400
| vendredi 16 septembre 1983 | 3717 | 89208 | 5352480 | 321148800
| samedi 17 septembre 1983 | 3718 | 89232 | 5353920 | 321235200
| dimanche 18 septembre 1983 | 3719 | 89256 | 5355360 | 321321600
| lundi 19 septembre 1983 | 3720 | 89280 | 5356800 | 321408000
| mardi 20 septembre 1983 | 3721 | 89304 | 5358240 | 321494400
| mercredi 21 septembre 1983 | 3722 | 89328 | 5359680 | 321580800

| | | | | |
|---|---|---|---|---|
| jeudi 22 septembre 1983 | 3723 | 89352 | 5361120 | 321667200 |
| vendredi 23 septembre 1983 | 3724 | 89376 | 5362560 | 321753600 |
| samedi 24 septembre 1983 | 3725 | 89400 | 5364000 | 321840000 |
| dimanche 25 septembre 1983 | 3726 | 89424 | 5365440 | 321926400 |
| lundi 26 septembre 1983 | 3727 | 89448 | 5366880 | 322012800 |
| mardi 27 septembre 1983 | 3728 | 89472 | 5368320 | 322099200 |
| mercredi 28 septembre 1983 | 3729 | 89496 | 5369760 | 322185600 |
| jeudi 29 septembre 1983 | 3730 | 89520 | 5371200 | 322272000 |
| vendredi 30 septembre 1983 | 3731 | 89544 | 5372640 | 322358400 |
| samedi 1 octobre 1983 | 3732 | 89568 | 5374080 | 322444800 |
| dimanche 2 octobre 1983 | 3733 | 89592 | 5375520 | 322531200 |
| lundi 3 octobre 1983 | 3734 | 89616 | 5376960 | 322617600 |
| mardi 4 octobre 1983 | 3735 | 89640 | 5378400 | 322704000 |
| mercredi 5 octobre 1983 | 3736 | 89664 | 5379840 | 322790400 |
| jeudi 6 octobre 1983 | 3737 | 89688 | 5381280 | 322876800 |
| vendredi 7 octobre 1983 | 3738 | 89712 | 5382720 | 322963200 |
| samedi 8 octobre 1983 | 3739 | 89736 | 5384160 | 323049600 |
| dimanche 9 octobre 1983 | 3740 | 89760 | 5385600 | 323136000 |
| lundi 10 octobre 1983 | 3741 | 89784 | 5387040 | 323222400 |
| mardi 11 octobre 1983 | 3742 | 89808 | 5388480 | 323308800 |
| mercredi 12 octobre 1983 | 3743 | 89832 | 5389920 | 323395200 |
| jeudi 13 octobre 1983 | 3744 | 89856 | 5391360 | 323481600 |
| vendredi 14 octobre 1983 | 3745 | 89880 | 5392800 | 323568000 |
| samedi 15 octobre 1983 | 3746 | 89904 | 5394240 | 323654400 |
| dimanche 16 octobre 1983 | 3747 | 89928 | 5395680 | 323740800 |
| lundi 17 octobre 1983 | 3748 | 89952 | 5397120 | 323827200 |
| mardi 18 octobre 1983 | 3749 | 89976 | 5398560 | 323913600 |
| mercredi 19 octobre 1983 | 3750 | 90000 | 5400000 | 324000000 |
| jeudi 20 octobre 1983 | 3751 | 90024 | 5401440 | 324086400 |
| vendredi 21 octobre 1983 | 3752 | 90048 | 5402880 | 324172800 |
| samedi 22 octobre 1983 | 3753 | 90072 | 5404320 | 324259200 |
| dimanche 23 octobre 1983 | 3754 | 90096 | 5405760 | 324345600 |
| lundi 24 octobre 1983 | 3755 | 90120 | 5407200 | 324432000 |
| mardi 25 octobre 1983 | 3756 | 90144 | 5408640 | 324518400 |
| mercredi 26 octobre 1983 | 3757 | 90168 | 5410080 | 324604800 |
| jeudi 27 octobre 1983 | 3758 | 90192 | 5411520 | 324691200 |
| vendredi 28 octobre 1983 | 3759 | 90216 | 5412960 | 324777600 |
| samedi 29 octobre 1983 | 3760 | 90240 | 5414400 | 324864000 |

| | | | | |
|---|---|---|---|---|
| dimanche 30 octobre 1983 | 3761 | 90264 | 5415840 | 324950400 |
| lundi 31 octobre 1983 | 3762 | 90288 | 5417280 | 325036800 |
| mardi 1 novembre 1983 | 3763 | 90312 | 5418720 | 325123200 |
| mercredi 2 novembre 1983 | 3764 | 90336 | 5420160 | 325209600 |
| jeudi 3 novembre 1983 | 3765 | 90360 | 5421600 | 325296000 |
| vendredi 4 novembre 1983 | 3766 | 90384 | 5423040 | 325382400 |
| samedi 5 novembre 1983 | 3767 | 90408 | 5424480 | 325468800 |
| dimanche 6 novembre 1983 | 3768 | 90432 | 5425920 | 325555200 |
| lundi 7 novembre 1983 | 3769 | 90456 | 5427360 | 325641600 |
| mardi 8 novembre 1983 | 3770 | 90480 | 5428800 | 325728000 |
| mercredi 9 novembre 1983 | 3771 | 90504 | 5430240 | 325814400 |
| jeudi 10 novembre 1983 | 3772 | 90528 | 5431680 | 325900800 |
| vendredi 11 novembre 1983 | 3773 | 90552 | 5433120 | 325987200 |
| samedi 12 novembre 1983 | 3774 | 90576 | 5434560 | 326073600 |
| dimanche 13 novembre 1983 | 3775 | 90600 | 5436000 | 326160000 |
| lundi 14 novembre 1983 | 3776 | 90624 | 5437440 | 326246400 |
| mardi 15 novembre 1983 | 3777 | 90648 | 5438880 | 326332800 |
| mercredi 16 novembre 1983 | 3778 | 90672 | 5440320 | 326419200 |
| jeudi 17 novembre 1983 | 3779 | 90696 | 5441760 | 326505600 |
| vendredi 18 novembre 1983 | 3780 | 90720 | 5443200 | 326592000 |
| samedi 19 novembre 1983 | 3781 | 90744 | 5444640 | 326678400 |
| dimanche 20 novembre 1983 | 3782 | 90768 | 5446080 | 326764800 |
| lundi 21 novembre 1983 | 3783 | 90792 | 5447520 | 326851200 |
| mardi 22 novembre 1983 | 3784 | 90816 | 5448960 | 326937600 |
| mercredi 23 novembre 1983 | 3785 | 90840 | 5450400 | 327024000 |
| jeudi 24 novembre 1983 | 3786 | 90864 | 5451840 | 327110400 |
| vendredi 25 novembre 1983 | 3787 | 90888 | 5453280 | 327196800 |
| samedi 26 novembre 1983 | 3788 | 90912 | 5454720 | 327283200 |
| dimanche 27 novembre 1983 | 3789 | 90936 | 5456160 | 327369600 |
| lundi 28 novembre 1983 | 3790 | 90960 | 5457600 | 327456000 |
| mardi 29 novembre 1983 | 3791 | 90984 | 5459040 | 327542400 |
| mercredi 30 novembre 1983 | 3792 | 91008 | 5460480 | 327628800 |
| jeudi 1 décembre 1983 | 3793 | 91032 | 5461920 | 327715200 |
| vendredi 2 décembre 1983 | 3794 | 91056 | 5463360 | 327801600 |
| samedi 3 décembre 1983 | 3795 | 91080 | 5464800 | 327888000 |
| dimanche 4 décembre 1983 | 3796 | 91104 | 5466240 | 327974400 |
| lundi 5 décembre 1983 | 3797 | 91128 | 5467680 | 328060800 |
| mardi 6 décembre 1983 | 3798 | 91152 | 5469120 | 328147200 |

| | | | | |
|---|---|---|---|---|
| mercredi 7 décembre 1983 | 3799 | 91176 | 5470560 | 328233600 |
| jeudi 8 décembre 1983 | 3800 | 91200 | 5472000 | 328320000 |
| vendredi 9 décembre 1983 | 3801 | 91224 | 5473440 | 328406400 |
| samedi 10 décembre 1983 | 3802 | 91248 | 5474880 | 328492800 |
| dimanche 11 décembre 1983 | 3803 | 91272 | 5476320 | 328579200 |
| lundi 12 décembre 1983 | 3804 | 91296 | 5477760 | 328665600 |
| mardi 13 décembre 1983 | 3805 | 91320 | 5479200 | 328752000 |
| mercredi 14 décembre 1983 | 3806 | 91344 | 5480640 | 328838400 |
| jeudi 15 décembre 1983 | 3807 | 91368 | 5482080 | 328924800 |
| vendredi 16 décembre 1983 | 3808 | 91392 | 5483520 | 329011200 |
| samedi 17 décembre 1983 | 3809 | 91416 | 5484960 | 329097600 |
| dimanche 18 décembre 1983 | 3810 | 91440 | 5486400 | 329184000 |
| lundi 19 décembre 1983 | 3811 | 91464 | 5487840 | 329270400 |
| mardi 20 décembre 1983 | 3812 | 91488 | 5489280 | 329356800 |
| mercredi 21 décembre 1983 | 3813 | 91512 | 5490720 | 329443200 |
| jeudi 22 décembre 1983 | 3814 | 91536 | 5492160 | 329529600 |
| vendredi 23 décembre 1983 | 3815 | 91560 | 5493600 | 329616000 |
| samedi 24 décembre 1983 | 3816 | 91584 | 5495040 | 329702400 |
| dimanche 25 décembre 1983 | 3817 | 91608 | 5496480 | 329788800 |
| lundi 26 décembre 1983 | 3818 | 91632 | 5497920 | 329875200 |
| mardi 27 décembre 1983 | 3819 | 91656 | 5499360 | 329961600 |
| mercredi 28 décembre 1983 | 3820 | 91680 | 5500800 | 330048000 |
| jeudi 29 décembre 1983 | 3821 | 91704 | 5502240 | 330134400 |
| vendredi 30 décembre 1983 | 3822 | 91728 | 5503680 | 330220800 |
| samedi 31 décembre 1983 | 3823 | 91752 | 5505120 | 330307200 |
| dimanche 1 janvier 1984 | 3824 | 91776 | 5506560 | 330393600 |
| lundi 2 janvier 1984 | 3825 | 91800 | 5508000 | 330480000 |
| mardi 3 janvier 1984 | 3826 | 91824 | 5509440 | 330566400 |
| mercredi 4 janvier 1984 | 3827 | 91848 | 5510880 | 330652800 |
| jeudi 5 janvier 1984 | 3828 | 91872 | 5512320 | 330739200 |
| vendredi 6 janvier 1984 | 3829 | 91896 | 5513760 | 330825600 |
| samedi 7 janvier 1984 | 3830 | 91920 | 5515200 | 330912000 |
| dimanche 8 janvier 1984 | 3831 | 91944 | 5516640 | 330998400 |
| lundi 9 janvier 1984 | 3832 | 91968 | 5518080 | 331084800 |
| mardi 10 janvier 1984 | 3833 | 91992 | 5519520 | 331171200 |
| mercredi 11 janvier 1984 | 3834 | 92016 | 5520960 | 331257600 |
| jeudi 12 janvier 1984 | 3835 | 92040 | 5522400 | 331344000 |
| vendredi 13 janvier 1984 | 3836 | 92064 | 5523840 | 331430400 |

| | | | | |
|---|---|---|---|---|
| samedi 14 janvier 1984 | 3837 | 92088 | 5525280 | 331516800 |
| dimanche 15 janvier 1984 | 3838 | 92112 | 5526720 | 331603200 |
| lundi 16 janvier 1984 | 3839 | 92136 | 5528160 | 331689600 |
| mardi 17 janvier 1984 | 3840 | 92160 | 5529600 | 331776000 |
| mercredi 18 janvier 1984 | 3841 | 92184 | 5531040 | 331862400 |
| jeudi 19 janvier 1984 | 3842 | 92208 | 5532480 | 331948800 |
| vendredi 20 janvier 1984 | 3843 | 92232 | 5533920 | 332035200 |
| samedi 21 janvier 1984 | 3844 | 92256 | 5535360 | 332121600 |
| dimanche 22 janvier 1984 | 3845 | 92280 | 5536800 | 332208000 |
| lundi 23 janvier 1984 | 3846 | 92304 | 5538240 | 332294400 |
| mardi 24 janvier 1984 | 3847 | 92328 | 5539680 | 332380800 |
| mercredi 25 janvier 1984 | 3848 | 92352 | 5541120 | 332467200 |
| jeudi 26 janvier 1984 | 3849 | 92376 | 5542560 | 332553600 |
| vendredi 27 janvier 1984 | 3850 | 92400 | 5544000 | 332640000 |
| samedi 28 janvier 1984 | 3851 | 92424 | 5545440 | 332726400 |
| dimanche 29 janvier 1984 | 3852 | 92448 | 5546880 | 332812800 |
| lundi 30 janvier 1984 | 3853 | 92472 | 5548320 | 332899200 |
| mardi 31 janvier 1984 | 3854 | 92496 | 5549760 | 332985600 |
| mercredi 1 février 1984 | 3855 | 92520 | 5551200 | 333072000 |
| jeudi 2 février 1984 | 3856 | 92544 | 5552640 | 333158400 |
| vendredi 3 février 1984 | 3857 | 92568 | 5554080 | 333244800 |
| samedi 4 février 1984 | 3858 | 92592 | 5555520 | 333331200 |
| dimanche 5 février 1984 | 3859 | 92616 | 5556960 | 333417600 |
| lundi 6 février 1984 | 3860 | 92640 | 5558400 | 333504000 |
| mardi 7 février 1984 | 3861 | 92664 | 5559840 | 333590400 |
| mercredi 8 février 1984 | 3862 | 92688 | 5561280 | 333676800 |
| jeudi 9 février 1984 | 3863 | 92712 | 5562720 | 333763200 |
| vendredi 10 février 1984 | 3864 | 92736 | 5564160 | 333849600 |
| samedi 11 février 1984 | 3865 | 92760 | 5565600 | 333936000 |
| dimanche 12 février 1984 | 3866 | 92784 | 5567040 | 334022400 |
| lundi 13 février 1984 | 3867 | 92808 | 5568480 | 334108800 |
| mardi 14 février 1984 | 3868 | 92832 | 5569920 | 334195200 |
| mercredi 15 février 1984 | 3869 | 92856 | 5571360 | 334281600 |
| jeudi 16 février 1984 | 3870 | 92880 | 5572800 | 334368000 |
| vendredi 17 février 1984 | 3871 | 92904 | 5574240 | 334454400 |
| samedi 18 février 1984 | 3872 | 92928 | 5575680 | 334540800 |
| dimanche 19 février 1984 | 3873 | 92952 | 5577120 | 334627200 |
| lundi 20 février 1984 | 3874 | 92976 | 5578560 | 334713600 |

| | | | | |
|---|---|---|---|---|
| mardi 21 février 1984 | 3875 | 93000 | 5580000 | 334800000 |
| mercredi 22 février 1984 | 3876 | 93024 | 5581440 | 334886400 |
| jeudi 23 février 1984 | 3877 | 93048 | 5582880 | 334972800 |
| vendredi 24 février 1984 | 3878 | 93072 | 5584320 | 335059200 |
| samedi 25 février 1984 | 3879 | 93096 | 5585760 | 335145600 |
| dimanche 26 février 1984 | 3880 | 93120 | 5587200 | 335232000 |
| lundi 27 février 1984 | 3881 | 93144 | 5588640 | 335318400 |
| mardi 28 février 1984 | 3882 | 93168 | 5590080 | 335404800 |
| mercredi 29 février 1984 | 3883 | 93192 | 5591520 | 335491200 |
| jeudi 1 mars 1984 | 3884 | 93216 | 5592960 | 335577600 |
| vendredi 2 mars 1984 | 3885 | 93240 | 5594400 | 335664000 |
| samedi 3 mars 1984 | 3886 | 93264 | 5595840 | 335750400 |
| dimanche 4 mars 1984 | 3887 | 93288 | 5597280 | 335836800 |
| lundi 5 mars 1984 | 3888 | 93312 | 5598720 | 335923200 |
| mardi 6 mars 1984 | 3889 | 93336 | 5600160 | 336009600 |
| mercredi 7 mars 1984 | 3890 | 93360 | 5601600 | 336096000 |
| jeudi 8 mars 1984 | 3891 | 93384 | 5603040 | 336182400 |
| vendredi 9 mars 1984 | 3892 | 93408 | 5604480 | 336268800 |
| samedi 10 mars 1984 | 3893 | 93432 | 5605920 | 336355200 |
| dimanche 11 mars 1984 | 3894 | 93456 | 5607360 | 336441600 |
| lundi 12 mars 1984 | 3895 | 93480 | 5608800 | 336528000 |
| mardi 13 mars 1984 | 3896 | 93504 | 5610240 | 336614400 |
| mercredi 14 mars 1984 | 3897 | 93528 | 5611680 | 336700800 |
| jeudi 15 mars 1984 | 3898 | 93552 | 5613120 | 336787200 |
| vendredi 16 mars 1984 | 3899 | 93576 | 5614560 | 336873600 |
| samedi 17 mars 1984 | 3900 | 93600 | 5616000 | 336960000 |
| dimanche 18 mars 1984 | 3901 | 93624 | 5617440 | 337046400 |
| lundi 19 mars 1984 | 3902 | 93648 | 5618880 | 337132800 |
| mardi 20 mars 1984 | 3903 | 93672 | 5620320 | 337219200 |
| mercredi 21 mars 1984 | 3904 | 93696 | 5621760 | 337305600 |
| jeudi 22 mars 1984 | 3905 | 93720 | 5623200 | 337392000 |
| vendredi 23 mars 1984 | 3906 | 93744 | 5624640 | 337478400 |
| samedi 24 mars 1984 | 3907 | 93768 | 5626080 | 337564800 |
| dimanche 25 mars 1984 | 3908 | 93792 | 5627520 | 337651200 |
| lundi 26 mars 1984 | 3909 | 93816 | 5628960 | 337737600 |
| mardi 27 mars 1984 | 3910 | 93840 | 5630400 | 337824000 |
| mercredi 28 mars 1984 | 3911 | 93864 | 5631840 | 337910400 |
| jeudi 29 mars 1984 | 3912 | 93888 | 5633280 | 337996800 |

| | | | | |
|---|---|---|---|---|
| vendredi 30 mars 1984 | 3913 | 93912 | 5634720 | 338083200 |
| samedi 31 mars 1984 | 3914 | 93936 | 5636160 | 338169600 |
| dimanche 1 avril 1984 | 3915 | 93960 | 5637600 | 338256000 |
| lundi 2 avril 1984 | 3916 | 93984 | 5639040 | 338342400 |
| mardi 3 avril 1984 | 3917 | 94008 | 5640480 | 338428800 |
| mercredi 4 avril 1984 | 3918 | 94032 | 5641920 | 338515200 |
| jeudi 5 avril 1984 | 3919 | 94056 | 5643360 | 338601600 |
| vendredi 6 avril 1984 | 3920 | 94080 | 5644800 | 338688000 |
| samedi 7 avril 1984 | 3921 | 94104 | 5646240 | 338774400 |
| dimanche 8 avril 1984 | 3922 | 94128 | 5647680 | 338860800 |
| lundi 9 avril 1984 | 3923 | 94152 | 5649120 | 338947200 |
| mardi 10 avril 1984 | 3924 | 94176 | 5650560 | 339033600 |
| mercredi 11 avril 1984 | 3925 | 94200 | 5652000 | 339120000 |
| jeudi 12 avril 1984 | 3926 | 94224 | 5653440 | 339206400 |
| vendredi 13 avril 1984 | 3927 | 94248 | 5654880 | 339292800 |
| samedi 14 avril 1984 | 3928 | 94272 | 5656320 | 339379200 |
| dimanche 15 avril 1984 | 3929 | 94296 | 5657760 | 339465600 |
| lundi 16 avril 1984 | 3930 | 94320 | 5659200 | 339552000 |
| mardi 17 avril 1984 | 3931 | 94344 | 5660640 | 339638400 |
| mercredi 18 avril 1984 | 3932 | 94368 | 5662080 | 339724800 |
| jeudi 19 avril 1984 | 3933 | 94392 | 5663520 | 339811200 |
| vendredi 20 avril 1984 | 3934 | 94416 | 5664960 | 339897600 |
| samedi 21 avril 1984 | 3935 | 94440 | 5666400 | 339984000 |
| dimanche 22 avril 1984 | 3936 | 94464 | 5667840 | 340070400 |
| lundi 23 avril 1984 | 3937 | 94488 | 5669280 | 340156800 |
| mardi 24 avril 1984 | 3938 | 94512 | 5670720 | 340243200 |
| mercredi 25 avril 1984 | 3939 | 94536 | 5672160 | 340329600 |
| jeudi 26 avril 1984 | 3940 | 94560 | 5673600 | 340416000 |
| vendredi 27 avril 1984 | 3941 | 94584 | 5675040 | 340502400 |
| samedi 28 avril 1984 | 3942 | 94608 | 5676480 | 340588800 |
| dimanche 29 avril 1984 | 3943 | 94632 | 5677920 | 340675200 |
| lundi 30 avril 1984 | 3944 | 94656 | 5679360 | 340761600 |
| mardi 1 mai 1984 | 3945 | 94680 | 5680800 | 340848000 |
| mercredi 2 mai 1984 | 3946 | 94704 | 5682240 | 340934400 |
| jeudi 3 mai 1984 | 3947 | 94728 | 5683680 | 341020800 |
| vendredi 4 mai 1984 | 3948 | 94752 | 5685120 | 341107200 |
| samedi 5 mai 1984 | 3949 | 94776 | 5686560 | 341193600 |
| dimanche 6 mai 1984 | 3950 | 94800 | 5688000 | 341280000 |

| | | | | |
|---|---|---|---|---|
| lundi 7 mai 1984 | 3951 | 94824 | 5689440 | 341366400 |
| mardi 8 mai 1984 | 3952 | 94848 | 5690880 | 341452800 |
| mercredi 9 mai 1984 | 3953 | 94872 | 5692320 | 341539200 |
| jeudi 10 mai 1984 | 3954 | 94896 | 5693760 | 341625600 |
| vendredi 11 mai 1984 | 3955 | 94920 | 5695200 | 341712000 |
| samedi 12 mai 1984 | 3956 | 94944 | 5696640 | 341798400 |
| dimanche 13 mai 1984 | 3957 | 94968 | 5698080 | 341884800 |
| lundi 14 mai 1984 | 3958 | 94992 | 5699520 | 341971200 |
| mardi 15 mai 1984 | 3959 | 95016 | 5700960 | 342057600 |
| mercredi 16 mai 1984 | 3960 | 95040 | 5702400 | 342144000 |
| jeudi 17 mai 1984 | 3961 | 95064 | 5703840 | 342230400 |
| vendredi 18 mai 1984 | 3962 | 95088 | 5705280 | 342316800 |
| samedi 19 mai 1984 | 3963 | 95112 | 5706720 | 342403200 |
| dimanche 20 mai 1984 | 3964 | 95136 | 5708160 | 342489600 |
| lundi 21 mai 1984 | 3965 | 95160 | 5709600 | 342576000 |
| mardi 22 mai 1984 | 3966 | 95184 | 5711040 | 342662400 |
| mercredi 23 mai 1984 | 3967 | 95208 | 5712480 | 342748800 |
| jeudi 24 mai 1984 | 3968 | 95232 | 5713920 | 342835200 |
| vendredi 25 mai 1984 | 3969 | 95256 | 5715360 | 342921600 |
| samedi 26 mai 1984 | 3970 | 95280 | 5716800 | 343008000 |
| dimanche 27 mai 1984 | 3971 | 95304 | 5718240 | 343094400 |
| lundi 28 mai 1984 | 3972 | 95328 | 5719680 | 343180800 |
| mardi 29 mai 1984 | 3973 | 95352 | 5721120 | 343267200 |
| mercredi 30 mai 1984 | 3974 | 95376 | 5722560 | 343353600 |
| jeudi 31 mai 1984 | 3975 | 95400 | 5724000 | 343440000 |
| vendredi 1 juin 1984 | 3976 | 95424 | 5725440 | 343526400 |
| samedi 2 juin 1984 | 3977 | 95448 | 5726880 | 343612800 |
| dimanche 3 juin 1984 | 3978 | 95472 | 5728320 | 343699200 |
| lundi 4 juin 1984 | 3979 | 95496 | 5729760 | 343785600 |
| mardi 5 juin 1984 | 3980 | 95520 | 5731200 | 343872000 |
| mercredi 6 juin 1984 | 3981 | 95544 | 5732640 | 343958400 |
| jeudi 7 juin 1984 | 3982 | 95568 | 5734080 | 344044800 |
| vendredi 8 juin 1984 | 3983 | 95592 | 5735520 | 344131200 |
| samedi 9 juin 1984 | 3984 | 95616 | 5736960 | 344217600 |
| dimanche 10 juin 1984 | 3985 | 95640 | 5738400 | 344304000 |
| lundi 11 juin 1984 | 3986 | 95664 | 5739840 | 344390400 |
| mardi 12 juin 1984 | 3987 | 95688 | 5741280 | 344476800 |
| mercredi 13 juin 1984 | 3988 | 95712 | 5742720 | 344563200 |

| | | | | |
|---|---|---|---|---|
| jeudi 14 juin 1984 | 3989 | 95736 | 5744160 | 344649600 |
| vendredi 15 juin 1984 | 3990 | 95760 | 5745600 | 344736000 |
| samedi 16 juin 1984 | 3991 | 95784 | 5747040 | 344822400 |
| dimanche 17 juin 1984 | 3992 | 95808 | 5748480 | 344908800 |
| lundi 18 juin 1984 | 3993 | 95832 | 5749920 | 344995200 |
| mardi 19 juin 1984 | 3994 | 95856 | 5751360 | 345081600 |
| mercredi 20 juin 1984 | 3995 | 95880 | 5752800 | 345168000 |
| jeudi 21 juin 1984 | 3996 | 95904 | 5754240 | 345254400 |
| vendredi 22 juin 1984 | 3997 | 95928 | 5755680 | 345340800 |
| samedi 23 juin 1984 | 3998 | 95952 | 5757120 | 345427200 |
| dimanche 24 juin 1984 | 3999 | 95976 | 5758560 | 345513600 |
| lundi 25 juin 1984 | 4000 | 96000 | 5760000 | 345600000 |
| mardi 26 juin 1984 | 4001 | 96024 | 5761440 | 345686400 |
| mercredi 27 juin 1984 | 4002 | 96048 | 5762880 | 345772800 |
| jeudi 28 juin 1984 | 4003 | 96072 | 5764320 | 345859200 |
| vendredi 29 juin 1984 | 4004 | 96096 | 5765760 | 345945600 |
| samedi 30 juin 1984 | 4005 | 96120 | 5767200 | 346032000 |
| dimanche 1 juillet 1984 | 4006 | 96144 | 5768640 | 346118400 |
| lundi 2 juillet 1984 | 4007 | 96168 | 5770080 | 346204800 |
| mardi 3 juillet 1984 | 4008 | 96192 | 5771520 | 346291200 |
| mercredi 4 juillet 1984 | 4009 | 96216 | 5772960 | 346377600 |
| jeudi 5 juillet 1984 | 4010 | 96240 | 5774400 | 346464000 |
| vendredi 6 juillet 1984 | 4011 | 96264 | 5775840 | 346550400 |
| samedi 7 juillet 1984 | 4012 | 96288 | 5777280 | 346636800 |
| dimanche 8 juillet 1984 | 4013 | 96312 | 5778720 | 346723200 |
| lundi 9 juillet 1984 | 4014 | 96336 | 5780160 | 346809600 |
| mardi 10 juillet 1984 | 4015 | 96360 | 5781600 | 346896000 |
| mercredi 11 juillet 1984 | 4016 | 96384 | 5783040 | 346982400 |
| jeudi 12 juillet 1984 | 4017 | 96408 | 5784480 | 347068800 |
| vendredi 13 juillet 1984 | 4018 | 96432 | 5785920 | 347155200 |
| samedi 14 juillet 1984 | 4019 | 96456 | 5787360 | 347241600 |
| dimanche 15 juillet 1984 | 4020 | 96480 | 5788800 | 347328000 |
| lundi 16 juillet 1984 | 4021 | 96504 | 5790240 | 347414400 |
| mardi 17 juillet 1984 | 4022 | 96528 | 5791680 | 347500800 |
| mercredi 18 juillet 1984 | 4023 | 96552 | 5793120 | 347587200 |
| jeudi 19 juillet 1984 | 4024 | 96576 | 5794560 | 347673600 |
| vendredi 20 juillet 1984 | 4025 | 96600 | 5796000 | 347760000 |
| samedi 21 juillet 1984 | 4026 | 96624 | 5797440 | 347846400 |

| | | | | |
|---|---|---|---|---|
| dimanche 22 juillet 1984 | 4027 | 96648 | 5798880 | 347932800 |
| lundi 23 juillet 1984 | 4028 | 96672 | 5800320 | 348019200 |
| mardi 24 juillet 1984 | 4029 | 96696 | 5801760 | 348105600 |
| mercredi 25 juillet 1984 | 4030 | 96720 | 5803200 | 348192000 |
| jeudi 26 juillet 1984 | 4031 | 96744 | 5804640 | 348278400 |
| vendredi 27 juillet 1984 | 4032 | 96768 | 5806080 | 348364800 |
| samedi 28 juillet 1984 | 4033 | 96792 | 5807520 | 348451200 |
| dimanche 29 juillet 1984 | 4034 | 96816 | 5808960 | 348537600 |
| lundi 30 juillet 1984 | 4035 | 96840 | 5810400 | 348624000 |
| mardi 31 juillet 1984 | 4036 | 96864 | 5811840 | 348710400 |
| mercredi 1 août 1984 | 4037 | 96888 | 5813280 | 348796800 |
| jeudi 2 août 1984 | 4038 | 96912 | 5814720 | 348883200 |
| vendredi 3 août 1984 | 4039 | 96936 | 5816160 | 348969600 |
| samedi 4 août 1984 | 4040 | 96960 | 5817600 | 349056000 |
| dimanche 5 août 1984 | 4041 | 96984 | 5819040 | 349142400 |
| lundi 6 août 1984 | 4042 | 97008 | 5820480 | 349228800 |
| mardi 7 août 1984 | 4043 | 97032 | 5821920 | 349315200 |
| mercredi 8 août 1984 | 4044 | 97056 | 5823360 | 349401600 |
| jeudi 9 août 1984 | 4045 | 97080 | 5824800 | 349488000 |
| vendredi 10 août 1984 | 4046 | 97104 | 5826240 | 349574400 |
| samedi 11 août 1984 | 4047 | 97128 | 5827680 | 349660800 |
| dimanche 12 août 1984 | 4048 | 97152 | 5829120 | 349747200 |
| lundi 13 août 1984 | 4049 | 97176 | 5830560 | 349833600 |
| mardi 14 août 1984 | 4050 | 97200 | 5832000 | 349920000 |
| mercredi 15 août 1984 | 4051 | 97224 | 5833440 | 350006400 |
| jeudi 16 août 1984 | 4052 | 97248 | 5834880 | 350092800 |
| vendredi 17 août 1984 | 4053 | 97272 | 5836320 | 350179200 |
| samedi 18 août 1984 | 4054 | 97296 | 5837760 | 350265600 |
| dimanche 19 août 1984 | 4055 | 97320 | 5839200 | 350352000 |
| lundi 20 août 1984 | 4056 | 97344 | 5840640 | 350438400 |
| mardi 21 août 1984 | 4057 | 97368 | 5842080 | 350524800 |
| mercredi 22 août 1984 | 4058 | 97392 | 5843520 | 350611200 |
| jeudi 23 août 1984 | 4059 | 97416 | 5844960 | 350697600 |
| vendredi 24 août 1984 | 4060 | 97440 | 5846400 | 350784000 |
| samedi 25 août 1984 | 4061 | 97464 | 5847840 | 350870400 |
| dimanche 26 août 1984 | 4062 | 97488 | 5849280 | 350956800 |
| lundi 27 août 1984 | 4063 | 97512 | 5850720 | 351043200 |
| mardi 28 août 1984 | 4064 | 97536 | 5852160 | 351129600 |

| | | | | |
|---|---|---|---|---|
| mercredi 29 août 1984 | 4065 | 97560 | 5853600 | 351216000 |
| jeudi 30 août 1984 | 4066 | 97584 | 5855040 | 351302400 |
| vendredi 31 août 1984 | 4067 | 97608 | 5856480 | 351388800 |
| samedi 1 septembre 1984 | 4068 | 97632 | 5857920 | 351475200 |
| dimanche 2 septembre 1984 | 4069 | 97656 | 5859360 | 351561600 |
| lundi 3 septembre 1984 | 4070 | 97680 | 5860800 | 351648000 |
| mardi 4 septembre 1984 | 4071 | 97704 | 5862240 | 351734400 |
| mercredi 5 septembre 1984 | 4072 | 97728 | 5863680 | 351820800 |
| jeudi 6 septembre 1984 | 4073 | 97752 | 5865120 | 351907200 |
| vendredi 7 septembre 1984 | 4074 | 97776 | 5866560 | 351993600 |
| samedi 8 septembre 1984 | 4075 | 97800 | 5868000 | 352080000 |
| dimanche 9 septembre 1984 | 4076 | 97824 | 5869440 | 352166400 |
| lundi 10 septembre 1984 | 4077 | 97848 | 5870880 | 352252800 |
| mardi 11 septembre 1984 | 4078 | 97872 | 5872320 | 352339200 |
| mercredi 12 septembre 1984 | 4079 | 97896 | 5873760 | 352425600 |
| jeudi 13 septembre 1984 | 4080 | 97920 | 5875200 | 352512000 |
| vendredi 14 septembre 1984 | 4081 | 97944 | 5876640 | 352598400 |
| samedi 15 septembre 1984 | 4082 | 97968 | 5878080 | 352684800 |
| dimanche 16 septembre 1984 | 4083 | 97992 | 5879520 | 352771200 |
| lundi 17 septembre 1984 | 4084 | 98016 | 5880960 | 352857600 |
| mardi 18 septembre 1984 | 4085 | 98040 | 5882400 | 352944000 |
| mercredi 19 septembre 1984 | 4086 | 98064 | 5883840 | 353030400 |
| jeudi 20 septembre 1984 | 4087 | 98088 | 5885280 | 353116800 |
| vendredi 21 septembre 1984 | 4088 | 98112 | 5886720 | 353203200 |
| samedi 22 septembre 1984 | 4089 | 98136 | 5888160 | 353289600 |
| dimanche 23 septembre 1984 | 4090 | 98160 | 5889600 | 353376000 |
| lundi 24 septembre 1984 | 4091 | 98184 | 5891040 | 353462400 |
| mardi 25 septembre 1984 | 4092 | 98208 | 5892480 | 353548800 |
| mercredi 26 septembre 1984 | 4093 | 98232 | 5893920 | 353635200 |
| jeudi 27 septembre 1984 | 4094 | 98256 | 5895360 | 353721600 |
| vendredi 28 septembre 1984 | 4095 | 98280 | 5896800 | 353808000 |
| samedi 29 septembre 1984 | 4096 | 98304 | 5898240 | 353894400 |
| dimanche 30 septembre 1984 | 4097 | 98328 | 5899680 | 353980800 |
| lundi 1 octobre 1984 | 4098 | 98352 | 5901120 | 354067200 |
| mardi 2 octobre 1984 | 4099 | 98376 | 5902560 | 354153600 |
| mercredi 3 octobre 1984 | 4100 | 98400 | 5904000 | 354240000 |
| jeudi 4 octobre 1984 | 4101 | 98424 | 5905440 | 354326400 |
| vendredi 5 octobre 1984 | 4102 | 98448 | 5906880 | 354412800 |

| | | | | |
|---|---|---|---|---|
| samedi 6 octobre 1984 | 4103 | 98472 | 5908320 | 354499200 |
| dimanche 7 octobre 1984 | 4104 | 98496 | 5909760 | 354585600 |
| lundi 8 octobre 1984 | 4105 | 98520 | 5911200 | 354672000 |
| mardi 9 octobre 1984 | 4106 | 98544 | 5912640 | 354758400 |
| mercredi 10 octobre 1984 | 4107 | 98568 | 5914080 | 354844800 |
| jeudi 11 octobre 1984 | 4108 | 98592 | 5915520 | 354931200 |
| vendredi 12 octobre 1984 | 4109 | 98616 | 5916960 | 355017600 |
| samedi 13 octobre 1984 | 4110 | 98640 | 5918400 | 355104000 |
| dimanche 14 octobre 1984 | 4111 | 98664 | 5919840 | 355190400 |
| lundi 15 octobre 1984 | 4112 | 98688 | 5921280 | 355276800 |
| mardi 16 octobre 1984 | 4113 | 98712 | 5922720 | 355363200 |
| mercredi 17 octobre 1984 | 4114 | 98736 | 5924160 | 355449600 |
| jeudi 18 octobre 1984 | 4115 | 98760 | 5925600 | 355536000 |
| vendredi 19 octobre 1984 | 4116 | 98784 | 5927040 | 355622400 |
| samedi 20 octobre 1984 | 4117 | 98808 | 5928480 | 355708800 |
| dimanche 21 octobre 1984 | 4118 | 98832 | 5929920 | 355795200 |
| lundi 22 octobre 1984 | 4119 | 98856 | 5931360 | 355881600 |
| mardi 23 octobre 1984 | 4120 | 98880 | 5932800 | 355968000 |
| mercredi 24 octobre 1984 | 4121 | 98904 | 5934240 | 356054400 |
| jeudi 25 octobre 1984 | 4122 | 98928 | 5935680 | 356140800 |
| vendredi 26 octobre 1984 | 4123 | 98952 | 5937120 | 356227200 |
| samedi 27 octobre 1984 | 4124 | 98976 | 5938560 | 356313600 |
| dimanche 28 octobre 1984 | 4125 | 99000 | 5940000 | 356400000 |
| lundi 29 octobre 1984 | 4126 | 99024 | 5941440 | 356486400 |
| mardi 30 octobre 1984 | 4127 | 99048 | 5942880 | 356572800 |
| mercredi 31 octobre 1984 | 4128 | 99072 | 5944320 | 356659200 |
| jeudi 1 novembre 1984 | 4129 | 99096 | 5945760 | 356745600 |
| vendredi 2 novembre 1984 | 4130 | 99120 | 5947200 | 356832000 |
| samedi 3 novembre 1984 | 4131 | 99144 | 5948640 | 356918400 |
| dimanche 4 novembre 1984 | 4132 | 99168 | 5950080 | 357004800 |
| lundi 5 novembre 1984 | 4133 | 99192 | 5951520 | 357091200 |
| mardi 6 novembre 1984 | 4134 | 99216 | 5952960 | 357177600 |
| mercredi 7 novembre 1984 | 4135 | 99240 | 5954400 | 357264000 |
| jeudi 8 novembre 1984 | 4136 | 99264 | 5955840 | 357350400 |
| vendredi 9 novembre 1984 | 4137 | 99288 | 5957280 | 357436800 |
| samedi 10 novembre 1984 | 4138 | 99312 | 5958720 | 357523200 |
| dimanche 11 novembre 1984 | 4139 | 99336 | 5960160 | 357609600 |
| lundi 12 novembre 1984 | 4140 | 99360 | 5961600 | 357696000 |

| | | | | |
|---|---|---|---|---|
| mardi 13 novembre 1984 | 4141 | 99384 | 5963040 | 357782400 |
| mercredi 14 novembre 1984 | 4142 | 99408 | 5964480 | 357868800 |
| jeudi 15 novembre 1984 | 4143 | 99432 | 5965920 | 357955200 |
| vendredi 16 novembre 1984 | 4144 | 99456 | 5967360 | 358041600 |
| samedi 17 novembre 1984 | 4145 | 99480 | 5968800 | 358128000 |
| dimanche 18 novembre 1984 | 4146 | 99504 | 5970240 | 358214400 |
| lundi 19 novembre 1984 | 4147 | 99528 | 5971680 | 358300800 |
| mardi 20 novembre 1984 | 4148 | 99552 | 5973120 | 358387200 |
| mercredi 21 novembre 1984 | 4149 | 99576 | 5974560 | 358473600 |
| jeudi 22 novembre 1984 | 4150 | 99600 | 5976000 | 358560000 |
| vendredi 23 novembre 1984 | 4151 | 99624 | 5977440 | 358646400 |
| samedi 24 novembre 1984 | 4152 | 99648 | 5978880 | 358732800 |
| dimanche 25 novembre 1984 | 4153 | 99672 | 5980320 | 358819200 |
| lundi 26 novembre 1984 | 4154 | 99696 | 5981760 | 358905600 |
| mardi 27 novembre 1984 | 4155 | 99720 | 5983200 | 358992000 |
| mercredi 28 novembre 1984 | 4156 | 99744 | 5984640 | 359078400 |
| jeudi 29 novembre 1984 | 4157 | 99768 | 5986080 | 359164800 |
| vendredi 30 novembre 1984 | 4158 | 99792 | 5987520 | 359251200 |
| samedi 1 décembre 1984 | 4159 | 99816 | 5988960 | 359337600 |
| dimanche 2 décembre 1984 | 4160 | 99840 | 5990400 | 359424000 |
| lundi 3 décembre 1984 | 4161 | 99864 | 5991840 | 359510400 |
| mardi 4 décembre 1984 | 4162 | 99888 | 5993280 | 359596800 |
| mercredi 5 décembre 1984 | 4163 | 99912 | 5994720 | 359683200 |
| jeudi 6 décembre 1984 | 4164 | 99936 | 5996160 | 359769600 |
| vendredi 7 décembre 1984 | 4165 | 99960 | 5997600 | 359856000 |
| samedi 8 décembre 1984 | 4166 | 99984 | 5999040 | 359942400 |
| dimanche 9 décembre 1984 | 4167 | 100008 | 6000480 | 360028800 |
| lundi 10 décembre 1984 | 4168 | 100032 | 6001920 | 360115200 |
| mardi 11 décembre 1984 | 4169 | 100056 | 6003360 | 360201600 |
| mercredi 12 décembre 1984 | 4170 | 100080 | 6004800 | 360288000 |
| jeudi 13 décembre 1984 | 4171 | 100104 | 6006240 | 360374400 |
| vendredi 14 décembre 1984 | 4172 | 100128 | 6007680 | 360460800 |
| samedi 15 décembre 1984 | 4173 | 100152 | 6009120 | 360547200 |
| dimanche 16 décembre 1984 | 4174 | 100176 | 6010560 | 360633600 |
| lundi 17 décembre 1984 | 4175 | 100200 | 6012000 | 360720000 |
| mardi 18 décembre 1984 | 4176 | 100224 | 6013440 | 360806400 |
| mercredi 19 décembre 1984 | 4177 | 100248 | 6014880 | 360892800 |
| jeudi 20 décembre 1984 | 4178 | 100272 | 6016320 | 360979200 |

| | | | | |
|---|---|---|---|---|
| vendredi 21 décembre 1984 | 4179 | 100296 | 6017760 | 361065600 |
| samedi 22 décembre 1984 | 4180 | 100320 | 6019200 | 361152000 |
| dimanche 23 décembre 1984 | 4181 | 100344 | 6020640 | 361238400 |
| lundi 24 décembre 1984 | 4182 | 100368 | 6022080 | 361324800 |
| mardi 25 décembre 1984 | 4183 | 100392 | 6023520 | 361411200 |
| mercredi 26 décembre 1984 | 4184 | 100416 | 6024960 | 361497600 |
| jeudi 27 décembre 1984 | 4185 | 100440 | 6026400 | 361584000 |
| vendredi 28 décembre 1984 | 4186 | 100464 | 6027840 | 361670400 |
| samedi 29 décembre 1984 | 4187 | 100488 | 6029280 | 361756800 |
| dimanche 30 décembre 1984 | 4188 | 100512 | 6030720 | 361843200 |
| lundi 31 décembre 1984 | 4189 | 100536 | 6032160 | 361929600 |
| mardi 1 janvier 1985 | 4190 | 100560 | 6033600 | 362016000 |
| mercredi 2 janvier 1985 | 4191 | 100584 | 6035040 | 362102400 |
| jeudi 3 janvier 1985 | 4192 | 100608 | 6036480 | 362188800 |
| vendredi 4 janvier 1985 | 4193 | 100632 | 6037920 | 362275200 |
| samedi 5 janvier 1985 | 4194 | 100656 | 6039360 | 362361600 |
| dimanche 6 janvier 1985 | 4195 | 100680 | 6040800 | 362448000 |
| lundi 7 janvier 1985 | 4196 | 100704 | 6042240 | 362534400 |
| mardi 8 janvier 1985 | 4197 | 100728 | 6043680 | 362620800 |
| mercredi 9 janvier 1985 | 4198 | 100752 | 6045120 | 362707200 |
| jeudi 10 janvier 1985 | 4199 | 100776 | 6046560 | 362793600 |
| vendredi 11 janvier 1985 | 4200 | 100800 | 6048000 | 362880000 |
| samedi 12 janvier 1985 | 4201 | 100824 | 6049440 | 362966400 |
| dimanche 13 janvier 1985 | 4202 | 100848 | 6050880 | 363052800 |
| lundi 14 janvier 1985 | 4203 | 100872 | 6052320 | 363139200 |
| mardi 15 janvier 1985 | 4204 | 100896 | 6053760 | 363225600 |
| mercredi 16 janvier 1985 | 4205 | 100920 | 6055200 | 363312000 |
| jeudi 17 janvier 1985 | 4206 | 100944 | 6056640 | 363398400 |
| vendredi 18 janvier 1985 | 4207 | 100968 | 6058080 | 363484800 |
| samedi 19 janvier 1985 | 4208 | 100992 | 6059520 | 363571200 |
| dimanche 20 janvier 1985 | 4209 | 101016 | 6060960 | 363657600 |
| lundi 21 janvier 1985 | 4210 | 101040 | 6062400 | 363744000 |
| mardi 22 janvier 1985 | 4211 | 101064 | 6063840 | 363830400 |
| mercredi 23 janvier 1985 | 4212 | 101088 | 6065280 | 363916800 |
| jeudi 24 janvier 1985 | 4213 | 101112 | 6066720 | 364003200 |
| vendredi 25 janvier 1985 | 4214 | 101136 | 6068160 | 364089600 |
| samedi 26 janvier 1985 | 4215 | 101160 | 6069600 | 364176000 |
| dimanche 27 janvier 1985 | 4216 | 101184 | 6071040 | 364262400 |

| | | | | |
|---|---|---|---|---|
| lundi 28 janvier 1985 | 4217 | 101208 | 6072480 | 364348800 |
| mardi 29 janvier 1985 | 4218 | 101232 | 6073920 | 364435200 |
| mercredi 30 janvier 1985 | 4219 | 101256 | 6075360 | 364521600 |
| jeudi 31 janvier 1985 | 4220 | 101280 | 6076800 | 364608000 |
| vendredi 1 février 1985 | 4221 | 101304 | 6078240 | 364694400 |
| samedi 2 février 1985 | 4222 | 101328 | 6079680 | 364780800 |
| dimanche 3 février 1985 | 4223 | 101352 | 6081120 | 364867200 |
| lundi 4 février 1985 | 4224 | 101376 | 6082560 | 364953600 |
| mardi 5 février 1985 | 4225 | 101400 | 6084000 | 365040000 |
| mercredi 6 février 1985 | 4226 | 101424 | 6085440 | 365126400 |
| jeudi 7 février 1985 | 4227 | 101448 | 6086880 | 365212800 |
| vendredi 8 février 1985 | 4228 | 101472 | 6088320 | 365299200 |
| samedi 9 février 1985 | 4229 | 101496 | 6089760 | 365385600 |
| dimanche 10 février 1985 | 4230 | 101520 | 6091200 | 365472000 |
| lundi 11 février 1985 | 4231 | 101544 | 6092640 | 365558400 |
| mardi 12 février 1985 | 4232 | 101568 | 6094080 | 365644800 |
| mercredi 13 février 1985 | 4233 | 101592 | 6095520 | 365731200 |
| jeudi 14 février 1985 | 4234 | 101616 | 6096960 | 365817600 |
| vendredi 15 février 1985 | 4235 | 101640 | 6098400 | 365904000 |
| samedi 16 février 1985 | 4236 | 101664 | 6099840 | 365990400 |
| dimanche 17 février 1985 | 4237 | 101688 | 6101280 | 366076800 |
| lundi 18 février 1985 | 4238 | 101712 | 6102720 | 366163200 |
| mardi 19 février 1985 | 4239 | 101736 | 6104160 | 366249600 |
| mercredi 20 février 1985 | 4240 | 101760 | 6105600 | 366336000 |
| jeudi 21 février 1985 | 4241 | 101784 | 6107040 | 366422400 |
| vendredi 22 février 1985 | 4242 | 101808 | 6108480 | 366508800 |
| samedi 23 février 1985 | 4243 | 101832 | 6109920 | 366595200 |
| dimanche 24 février 1985 | 4244 | 101856 | 6111360 | 366681600 |
| lundi 25 février 1985 | 4245 | 101880 | 6112800 | 366768000 |
| mardi 26 février 1985 | 4246 | 101904 | 6114240 | 366854400 |
| mercredi 27 février 1985 | 4247 | 101928 | 6115680 | 366940800 |
| jeudi 28 février 1985 | 4248 | 101952 | 6117120 | 367027200 |
| vendredi 1 mars 1985 | 4249 | 101976 | 6118560 | 367113600 |
| samedi 2 mars 1985 | 4250 | 102000 | 6120000 | 367200000 |
| dimanche 3 mars 1985 | 4251 | 102024 | 6121440 | 367286400 |
| lundi 4 mars 1985 | 4252 | 102048 | 6122880 | 367372800 |
| mardi 5 mars 1985 | 4253 | 102072 | 6124320 | 367459200 |
| mercredi 6 mars 1985 | 4254 | 102096 | 6125760 | 367545600 |

| | | | | |
|---|---|---|---|---|
| jeudi 7 mars 1985 | 4255 | 102120 | 6127200 | 367632000 |
| vendredi 8 mars 1985 | 4256 | 102144 | 6128640 | 367718400 |
| samedi 9 mars 1985 | 4257 | 102168 | 6130080 | 367804800 |
| dimanche 10 mars 1985 | 4258 | 102192 | 6131520 | 367891200 |
| lundi 11 mars 1985 | 4259 | 102216 | 6132960 | 367977600 |
| mardi 12 mars 1985 | 4260 | 102240 | 6134400 | 368064000 |
| mercredi 13 mars 1985 | 4261 | 102264 | 6135840 | 368150400 |
| jeudi 14 mars 1985 | 4262 | 102288 | 6137280 | 368236800 |
| vendredi 15 mars 1985 | 4263 | 102312 | 6138720 | 368323200 |
| samedi 16 mars 1985 | 4264 | 102336 | 6140160 | 368409600 |
| dimanche 17 mars 1985 | 4265 | 102360 | 6141600 | 368496000 |
| lundi 18 mars 1985 | 4266 | 102384 | 6143040 | 368582400 |
| mardi 19 mars 1985 | 4267 | 102408 | 6144480 | 368668800 |
| mercredi 20 mars 1985 | 4268 | 102432 | 6145920 | 368755200 |
| jeudi 21 mars 1985 | 4269 | 102456 | 6147360 | 368841600 |
| vendredi 22 mars 1985 | 4270 | 102480 | 6148800 | 368928000 |
| samedi 23 mars 1985 | 4271 | 102504 | 6150240 | 369014400 |
| dimanche 24 mars 1985 | 4272 | 102528 | 6151680 | 369100800 |
| lundi 25 mars 1985 | 4273 | 102552 | 6153120 | 369187200 |
| mardi 26 mars 1985 | 4274 | 102576 | 6154560 | 369273600 |
| mercredi 27 mars 1985 | 4275 | 102600 | 6156000 | 369360000 |
| jeudi 28 mars 1985 | 4276 | 102624 | 6157440 | 369446400 |
| vendredi 29 mars 1985 | 4277 | 102648 | 6158880 | 369532800 |
| samedi 30 mars 1985 | 4278 | 102672 | 6160320 | 369619200 |
| dimanche 31 mars 1985 | 4279 | 102696 | 6161760 | 369705600 |
| lundi 1 avril 1985 | 4280 | 102720 | 6163200 | 369792000 |
| mardi 2 avril 1985 | 4281 | 102744 | 6164640 | 369878400 |
| mercredi 3 avril 1985 | 4282 | 102768 | 6166080 | 369964800 |
| jeudi 4 avril 1985 | 4283 | 102792 | 6167520 | 370051200 |
| vendredi 5 avril 1985 | 4284 | 102816 | 6168960 | 370137600 |
| samedi 6 avril 1985 | 4285 | 102840 | 6170400 | 370224000 |
| dimanche 7 avril 1985 | 4286 | 102864 | 6171840 | 370310400 |
| lundi 8 avril 1985 | 4287 | 102888 | 6173280 | 370396800 |
| mardi 9 avril 1985 | 4288 | 102912 | 6174720 | 370483200 |
| mercredi 10 avril 1985 | 4289 | 102936 | 6176160 | 370569600 |
| jeudi 11 avril 1985 | 4290 | 102960 | 6177600 | 370656000 |
| vendredi 12 avril 1985 | 4291 | 102984 | 6179040 | 370742400 |
| samedi 13 avril 1985 | 4292 | 103008 | 6180480 | 370828800 |

| | | | | |
|---|---|---|---|---|
| dimanche 14 avril 1985 | 4293 | 103032 | 6181920 | 370915200 |
| lundi 15 avril 1985 | 4294 | 103056 | 6183360 | 371001600 |
| mardi 16 avril 1985 | 4295 | 103080 | 6184800 | 371088000 |
| mercredi 17 avril 1985 | 4296 | 103104 | 6186240 | 371174400 |
| jeudi 18 avril 1985 | 4297 | 103128 | 6187680 | 371260800 |
| vendredi 19 avril 1985 | 4298 | 103152 | 6189120 | 371347200 |
| samedi 20 avril 1985 | 4299 | 103176 | 6190560 | 371433600 |
| dimanche 21 avril 1985 | 4300 | 103200 | 6192000 | 371520000 |
| lundi 22 avril 1985 | 4301 | 103224 | 6193440 | 371606400 |
| mardi 23 avril 1985 | 4302 | 103248 | 6194880 | 371692800 |
| mercredi 24 avril 1985 | 4303 | 103272 | 6196320 | 371779200 |
| jeudi 25 avril 1985 | 4304 | 103296 | 6197760 | 371865600 |
| vendredi 26 avril 1985 | 4305 | 103320 | 6199200 | 371952000 |
| samedi 27 avril 1985 | 4306 | 103344 | 6200640 | 372038400 |
| dimanche 28 avril 1985 | 4307 | 103368 | 6202080 | 372124800 |
| lundi 29 avril 1985 | 4308 | 103392 | 6203520 | 372211200 |
| mardi 30 avril 1985 | 4309 | 103416 | 6204960 | 372297600 |
| mercredi 1 mai 1985 | 4310 | 103440 | 6206400 | 372384000 |
| jeudi 2 mai 1985 | 4311 | 103464 | 6207840 | 372470400 |
| vendredi 3 mai 1985 | 4312 | 103488 | 6209280 | 372556800 |
| samedi 4 mai 1985 | 4313 | 103512 | 6210720 | 372643200 |
| dimanche 5 mai 1985 | 4314 | 103536 | 6212160 | 372729600 |
| lundi 6 mai 1985 | 4315 | 103560 | 6213600 | 372816000 |
| mardi 7 mai 1985 | 4316 | 103584 | 6215040 | 372902400 |
| mercredi 8 mai 1985 | 4317 | 103608 | 6216480 | 372988800 |
| jeudi 9 mai 1985 | 4318 | 103632 | 6217920 | 373075200 |
| vendredi 10 mai 1985 | 4319 | 103656 | 6219360 | 373161600 |
| samedi 11 mai 1985 | 4320 | 103680 | 6220800 | 373248000 |
| dimanche 12 mai 1985 | 4321 | 103704 | 6222240 | 373334400 |
| lundi 13 mai 1985 | 4322 | 103728 | 6223680 | 373420800 |
| mardi 14 mai 1985 | 4323 | 103752 | 6225120 | 373507200 |
| mercredi 15 mai 1985 | 4324 | 103776 | 6226560 | 373593600 |
| jeudi 16 mai 1985 | 4325 | 103800 | 6228000 | 373680000 |
| vendredi 17 mai 1985 | 4326 | 103824 | 6229440 | 373766400 |
| samedi 18 mai 1985 | 4327 | 103848 | 6230880 | 373852800 |
| dimanche 19 mai 1985 | 4328 | 103872 | 6232320 | 373939200 |
| lundi 20 mai 1985 | 4329 | 103896 | 6233760 | 374025600 |
| mardi 21 mai 1985 | 4330 | 103920 | 6235200 | 374112000 |

| | | | | |
|---|---|---|---|---|
| mercredi 22 mai 1985 | 4331 | 103944 | 6236640 | 374198400 |
| jeudi 23 mai 1985 | 4332 | 103968 | 6238080 | 374284800 |
| vendredi 24 mai 1985 | 4333 | 103992 | 6239520 | 374371200 |
| samedi 25 mai 1985 | 4334 | 104016 | 6240960 | 374457600 |
| dimanche 26 mai 1985 | 4335 | 104040 | 6242400 | 374544000 |
| lundi 27 mai 1985 | 4336 | 104064 | 6243840 | 374630400 |
| mardi 28 mai 1985 | 4337 | 104088 | 6245280 | 374716800 |
| mercredi 29 mai 1985 | 4338 | 104112 | 6246720 | 374803200 |
| jeudi 30 mai 1985 | 4339 | 104136 | 6248160 | 374889600 |
| vendredi 31 mai 1985 | 4340 | 104160 | 6249600 | 374976000 |
| samedi 1 juin 1985 | 4341 | 104184 | 6251040 | 375062400 |
| dimanche 2 juin 1985 | 4342 | 104208 | 6252480 | 375148800 |
| lundi 3 juin 1985 | 4343 | 104232 | 6253920 | 375235200 |
| mardi 4 juin 1985 | 4344 | 104256 | 6255360 | 375321600 |
| mercredi 5 juin 1985 | 4345 | 104280 | 6256800 | 375408000 |
| jeudi 6 juin 1985 | 4346 | 104304 | 6258240 | 375494400 |
| vendredi 7 juin 1985 | 4347 | 104328 | 6259680 | 375580800 |
| samedi 8 juin 1985 | 4348 | 104352 | 6261120 | 375667200 |
| dimanche 9 juin 1985 | 4349 | 104376 | 6262560 | 375753600 |
| lundi 10 juin 1985 | 4350 | 104400 | 6264000 | 375840000 |
| mardi 11 juin 1985 | 4351 | 104424 | 6265440 | 375926400 |
| mercredi 12 juin 1985 | 4352 | 104448 | 6266880 | 376012800 |
| jeudi 13 juin 1985 | 4353 | 104472 | 6268320 | 376099200 |
| vendredi 14 juin 1985 | 4354 | 104496 | 6269760 | 376185600 |
| samedi 15 juin 1985 | 4355 | 104520 | 6271200 | 376272000 |
| dimanche 16 juin 1985 | 4356 | 104544 | 6272640 | 376358400 |
| lundi 17 juin 1985 | 4357 | 104568 | 6274080 | 376444800 |
| mardi 18 juin 1985 | 4358 | 104592 | 6275520 | 376531200 |
| mercredi 19 juin 1985 | 4359 | 104616 | 6276960 | 376617600 |
| jeudi 20 juin 1985 | 4360 | 104640 | 6278400 | 376704000 |
| vendredi 21 juin 1985 | 4361 | 104664 | 6279840 | 376790400 |
| samedi 22 juin 1985 | 4362 | 104688 | 6281280 | 376876800 |
| dimanche 23 juin 1985 | 4363 | 104712 | 6282720 | 376963200 |
| lundi 24 juin 1985 | 4364 | 104736 | 6284160 | 377049600 |
| mardi 25 juin 1985 | 4365 | 104760 | 6285600 | 377136000 |
| mercredi 26 juin 1985 | 4366 | 104784 | 6287040 | 377222400 |
| jeudi 27 juin 1985 | 4367 | 104808 | 6288480 | 377308800 |
| vendredi 28 juin 1985 | 4368 | 104832 | 6289920 | 377395200 |

| | | | | |
|---|---|---|---|---|
| samedi 29 juin 1985 | 4369 | 104856 | 6291360 | 377481600 |
| dimanche 30 juin 1985 | 4370 | 104880 | 6292800 | 377568000 |
| lundi 1 juillet 1985 | 4371 | 104904 | 6294240 | 377654400 |
| mardi 2 juillet 1985 | 4372 | 104928 | 6295680 | 377740800 |
| mercredi 3 juillet 1985 | 4373 | 104952 | 6297120 | 377827200 |
| jeudi 4 juillet 1985 | 4374 | 104976 | 6298560 | 377913600 |
| vendredi 5 juillet 1985 | 4375 | 105000 | 6300000 | 378000000 |
| samedi 6 juillet 1985 | 4376 | 105024 | 6301440 | 378086400 |
| dimanche 7 juillet 1985 | 4377 | 105048 | 6302880 | 378172800 |
| lundi 8 juillet 1985 | 4378 | 105072 | 6304320 | 378259200 |
| mardi 9 juillet 1985 | 4379 | 105096 | 6305760 | 378345600 |
| mercredi 10 juillet 1985 | 4380 | 105120 | 6307200 | 378432000 |
| jeudi 11 juillet 1985 | 4381 | 105144 | 6308640 | 378518400 |
| vendredi 12 juillet 1985 | 4382 | 105168 | 6310080 | 378604800 |
| samedi 13 juillet 1985 | 4383 | 105192 | 6311520 | 378691200 |
| dimanche 14 juillet 1985 | 4384 | 105216 | 6312960 | 378777600 |
| lundi 15 juillet 1985 | 4385 | 105240 | 6314400 | 378864000 |
| mardi 16 juillet 1985 | 4386 | 105264 | 6315840 | 378950400 |
| mercredi 17 juillet 1985 | 4387 | 105288 | 6317280 | 379036800 |
| jeudi 18 juillet 1985 | 4388 | 105312 | 6318720 | 379123200 |
| vendredi 19 juillet 1985 | 4389 | 105336 | 6320160 | 379209600 |
| samedi 20 juillet 1985 | 4390 | 105360 | 6321600 | 379296000 |
| dimanche 21 juillet 1985 | 4391 | 105384 | 6323040 | 379382400 |
| lundi 22 juillet 1985 | 4392 | 105408 | 6324480 | 379468800 |
| mardi 23 juillet 1985 | 4393 | 105432 | 6325920 | 379555200 |
| mercredi 24 juillet 1985 | 4394 | 105456 | 6327360 | 379641600 |
| jeudi 25 juillet 1985 | 4395 | 105480 | 6328800 | 379728000 |
| vendredi 26 juillet 1985 | 4396 | 105504 | 6330240 | 379814400 |
| samedi 27 juillet 1985 | 4397 | 105528 | 6331680 | 379900800 |
| dimanche 28 juillet 1985 | 4398 | 105552 | 6333120 | 379987200 |
| lundi 29 juillet 1985 | 4399 | 105576 | 6334560 | 380073600 |
| mardi 30 juillet 1985 | 4400 | 105600 | 6336000 | 380160000 |
| mercredi 31 juillet 1985 | 4401 | 105624 | 6337440 | 380246400 |
| jeudi 1 août 1985 | 4402 | 105648 | 6338880 | 380332800 |
| vendredi 2 août 1985 | 4403 | 105672 | 6340320 | 380419200 |
| samedi 3 août 1985 | 4404 | 105696 | 6341760 | 380505600 |
| dimanche 4 août 1985 | 4405 | 105720 | 6343200 | 380592000 |
| lundi 5 août 1985 | 4406 | 105744 | 6344640 | 380678400 |

| | | | | |
|---|---|---|---|---|
| mardi 6 août 1985 | 4407 | 105768 | 6346080 | 380764800 |
| mercredi 7 août 1985 | 4408 | 105792 | 6347520 | 380851200 |
| jeudi 8 août 1985 | 4409 | 105816 | 6348960 | 380937600 |
| vendredi 9 août 1985 | 4410 | 105840 | 6350400 | 381024000 |
| samedi 10 août 1985 | 4411 | 105864 | 6351840 | 381110400 |
| dimanche 11 août 1985 | 4412 | 105888 | 6353280 | 381196800 |
| lundi 12 août 1985 | 4413 | 105912 | 6354720 | 381283200 |
| mardi 13 août 1985 | 4414 | 105936 | 6356160 | 381369600 |
| mercredi 14 août 1985 | 4415 | 105960 | 6357600 | 381456000 |
| jeudi 15 août 1985 | 4416 | 105984 | 6359040 | 381542400 |
| vendredi 16 août 1985 | 4417 | 106008 | 6360480 | 381628800 |
| samedi 17 août 1985 | 4418 | 106032 | 6361920 | 381715200 |
| dimanche 18 août 1985 | 4419 | 106056 | 6363360 | 381801600 |
| lundi 19 août 1985 | 4420 | 106080 | 6364800 | 381888000 |
| mardi 20 août 1985 | 4421 | 106104 | 6366240 | 381974400 |
| mercredi 21 août 1985 | 4422 | 106128 | 6367680 | 382060800 |
| jeudi 22 août 1985 | 4423 | 106152 | 6369120 | 382147200 |
| vendredi 23 août 1985 | 4424 | 106176 | 6370560 | 382233600 |
| samedi 24 août 1985 | 4425 | 106200 | 6372000 | 382320000 |
| dimanche 25 août 1985 | 4426 | 106224 | 6373440 | 382406400 |
| lundi 26 août 1985 | 4427 | 106248 | 6374880 | 382492800 |
| mardi 27 août 1985 | 4428 | 106272 | 6376320 | 382579200 |
| mercredi 28 août 1985 | 4429 | 106296 | 6377760 | 382665600 |
| jeudi 29 août 1985 | 4430 | 106320 | 6379200 | 382752000 |
| vendredi 30 août 1985 | 4431 | 106344 | 6380640 | 382838400 |
| samedi 31 août 1985 | 4432 | 106368 | 6382080 | 382924800 |
| dimanche 1 septembre 1985 | 4433 | 106392 | 6383520 | 383011200 |
| lundi 2 septembre 1985 | 4434 | 106416 | 6384960 | 383097600 |
| mardi 3 septembre 1985 | 4435 | 106440 | 6386400 | 383184000 |
| mercredi 4 septembre 1985 | 4436 | 106464 | 6387840 | 383270400 |
| jeudi 5 septembre 1985 | 4437 | 106488 | 6389280 | 383356800 |
| vendredi 6 septembre 1985 | 4438 | 106512 | 6390720 | 383443200 |
| samedi 7 septembre 1985 | 4439 | 106536 | 6392160 | 383529600 |
| dimanche 8 septembre 1985 | 4440 | 106560 | 6393600 | 383616000 |
| lundi 9 septembre 1985 | 4441 | 106584 | 6395040 | 383702400 |
| mardi 10 septembre 1985 | 4442 | 106608 | 6396480 | 383788800 |
| mercredi 11 septembre 1985 | 4443 | 106632 | 6397920 | 383875200 |
| jeudi 12 septembre 1985 | 4444 | 106656 | 6399360 | 383961600 |

| | | | | |
|---|---|---|---|---|
| vendredi 13 septembre 1985 | 4445 | 106680 | 6400800 | 384048000 |
| samedi 14 septembre 1985 | 4446 | 106704 | 6402240 | 384134400 |
| dimanche 15 septembre 1985 | 4447 | 106728 | 6403680 | 384220800 |
| lundi 16 septembre 1985 | 4448 | 106752 | 6405120 | 384307200 |
| mardi 17 septembre 1985 | 4449 | 106776 | 6406560 | 384393600 |
| mercredi 18 septembre 1985 | 4450 | 106800 | 6408000 | 384480000 |
| jeudi 19 septembre 1985 | 4451 | 106824 | 6409440 | 384566400 |
| vendredi 20 septembre 1985 | 4452 | 106848 | 6410880 | 384652800 |
| samedi 21 septembre 1985 | 4453 | 106872 | 6412320 | 384739200 |
| dimanche 22 septembre 1985 | 4454 | 106896 | 6413760 | 384825600 |
| lundi 23 septembre 1985 | 4455 | 106920 | 6415200 | 384912000 |
| mardi 24 septembre 1985 | 4456 | 106944 | 6416640 | 384998400 |
| mercredi 25 septembre 1985 | 4457 | 106968 | 6418080 | 385084800 |
| jeudi 26 septembre 1985 | 4458 | 106992 | 6419520 | 385171200 |
| vendredi 27 septembre 1985 | 4459 | 107016 | 6420960 | 385257600 |
| samedi 28 septembre 1985 | 4460 | 107040 | 6422400 | 385344000 |
| dimanche 29 septembre 1985 | 4461 | 107064 | 6423840 | 385430400 |
| lundi 30 septembre 1985 | 4462 | 107088 | 6425280 | 385516800 |
| mardi 1 octobre 1985 | 4463 | 107112 | 6426720 | 385603200 |
| mercredi 2 octobre 1985 | 4464 | 107136 | 6428160 | 385689600 |
| jeudi 3 octobre 1985 | 4465 | 107160 | 6429600 | 385776000 |
| vendredi 4 octobre 1985 | 4466 | 107184 | 6431040 | 385862400 |
| samedi 5 octobre 1985 | 4467 | 107208 | 6432480 | 385948800 |
| dimanche 6 octobre 1985 | 4468 | 107232 | 6433920 | 386035200 |
| lundi 7 octobre 1985 | 4469 | 107256 | 6435360 | 386121600 |
| mardi 8 octobre 1985 | 4470 | 107280 | 6436800 | 386208000 |
| mercredi 9 octobre 1985 | 4471 | 107304 | 6438240 | 386294400 |
| jeudi 10 octobre 1985 | 4472 | 107328 | 6439680 | 386380800 |
| vendredi 11 octobre 1985 | 4473 | 107352 | 6441120 | 386467200 |
| samedi 12 octobre 1985 | 4474 | 107376 | 6442560 | 386553600 |
| dimanche 13 octobre 1985 | 4475 | 107400 | 6444000 | 386640000 |
| lundi 14 octobre 1985 | 4476 | 107424 | 6445440 | 386726400 |
| mardi 15 octobre 1985 | 4477 | 107448 | 6446880 | 386812800 |
| mercredi 16 octobre 1985 | 4478 | 107472 | 6448320 | 386899200 |
| jeudi 17 octobre 1985 | 4479 | 107496 | 6449760 | 386985600 |
| vendredi 18 octobre 1985 | 4480 | 107520 | 6451200 | 387072000 |
| samedi 19 octobre 1985 | 4481 | 107544 | 6452640 | 387158400 |
| dimanche 20 octobre 1985 | 4482 | 107568 | 6454080 | 387244800 |

| | | | | |
|---|---|---|---|---|
| lundi 21 octobre 1985 | 4483 | 107592 | 6455520 | 387331200 |
| mardi 22 octobre 1985 | 4484 | 107616 | 6456960 | 387417600 |
| mercredi 23 octobre 1985 | 4485 | 107640 | 6458400 | 387504000 |
| jeudi 24 octobre 1985 | 4486 | 107664 | 6459840 | 387590400 |
| vendredi 25 octobre 1985 | 4487 | 107688 | 6461280 | 387676800 |
| samedi 26 octobre 1985 | 4488 | 107712 | 6462720 | 387763200 |
| dimanche 27 octobre 1985 | 4489 | 107736 | 6464160 | 387849600 |
| lundi 28 octobre 1985 | 4490 | 107760 | 6465600 | 387936000 |
| mardi 29 octobre 1985 | 4491 | 107784 | 6467040 | 388022400 |
| mercredi 30 octobre 1985 | 4492 | 107808 | 6468480 | 388108800 |
| jeudi 31 octobre 1985 | 4493 | 107832 | 6469920 | 388195200 |
| vendredi 1 novembre 1985 | 4494 | 107856 | 6471360 | 388281600 |
| samedi 2 novembre 1985 | 4495 | 107880 | 6472800 | 388368000 |
| dimanche 3 novembre 1985 | 4496 | 107904 | 6474240 | 388454400 |
| lundi 4 novembre 1985 | 4497 | 107928 | 6475680 | 388540800 |
| mardi 5 novembre 1985 | 4498 | 107952 | 6477120 | 388627200 |
| mercredi 6 novembre 1985 | 4499 | 107976 | 6478560 | 388713600 |
| jeudi 7 novembre 1985 | 4500 | 108000 | 6480000 | 388800000 |
| vendredi 8 novembre 1985 | 4501 | 108024 | 6481440 | 388886400 |
| samedi 9 novembre 1985 | 4502 | 108048 | 6482880 | 388972800 |
| dimanche 10 novembre 1985 | 4503 | 108072 | 6484320 | 389059200 |
| lundi 11 novembre 1985 | 4504 | 108096 | 6485760 | 389145600 |
| mardi 12 novembre 1985 | 4505 | 108120 | 6487200 | 389232000 |
| mercredi 13 novembre 1985 | 4506 | 108144 | 6488640 | 389318400 |
| jeudi 14 novembre 1985 | 4507 | 108168 | 6490080 | 389404800 |
| vendredi 15 novembre 1985 | 4508 | 108192 | 6491520 | 389491200 |
| samedi 16 novembre 1985 | 4509 | 108216 | 6492960 | 389577600 |
| dimanche 17 novembre 1985 | 4510 | 108240 | 6494400 | 389664000 |
| lundi 18 novembre 1985 | 4511 | 108264 | 6495840 | 389750400 |
| mardi 19 novembre 1985 | 4512 | 108288 | 6497280 | 389836800 |
| mercredi 20 novembre 1985 | 4513 | 108312 | 6498720 | 389923200 |
| jeudi 21 novembre 1985 | 4514 | 108336 | 6500160 | 390009600 |
| vendredi 22 novembre 1985 | 4515 | 108360 | 6501600 | 390096000 |
| samedi 23 novembre 1985 | 4516 | 108384 | 6503040 | 390182400 |
| dimanche 24 novembre 1985 | 4517 | 108408 | 6504480 | 390268800 |
| lundi 25 novembre 1985 | 4518 | 108432 | 6505920 | 390355200 |
| mardi 26 novembre 1985 | 4519 | 108456 | 6507360 | 390441600 |
| mercredi 27 novembre 1985 | 4520 | 108480 | 6508800 | 390528000 |

| | | | | |
|---|---|---|---|---|
| jeudi 28 novembre 1985 | 4521 | 108504 | 6510240 | 390614400 |
| vendredi 29 novembre 1985 | 4522 | 108528 | 6511680 | 390700800 |
| samedi 30 novembre 1985 | 4523 | 108552 | 6513120 | 390787200 |
| dimanche 1 décembre 1985 | 4524 | 108576 | 6514560 | 390873600 |
| lundi 2 décembre 1985 | 4525 | 108600 | 6516000 | 390960000 |
| mardi 3 décembre 1985 | 4526 | 108624 | 6517440 | 391046400 |
| mercredi 4 décembre 1985 | 4527 | 108648 | 6518880 | 391132800 |
| jeudi 5 décembre 1985 | 4528 | 108672 | 6520320 | 391219200 |
| vendredi 6 décembre 1985 | 4529 | 108696 | 6521760 | 391305600 |
| samedi 7 décembre 1985 | 4530 | 108720 | 6523200 | 391392000 |
| dimanche 8 décembre 1985 | 4531 | 108744 | 6524640 | 391478400 |
| lundi 9 décembre 1985 | 4532 | 108768 | 6526080 | 391564800 |
| mardi 10 décembre 1985 | 4533 | 108792 | 6527520 | 391651200 |
| mercredi 11 décembre 1985 | 4534 | 108816 | 6528960 | 391737600 |
| jeudi 12 décembre 1985 | 4535 | 108840 | 6530400 | 391824000 |
| vendredi 13 décembre 1985 | 4536 | 108864 | 6531840 | 391910400 |
| samedi 14 décembre 1985 | 4537 | 108888 | 6533280 | 391996800 |
| dimanche 15 décembre 1985 | 4538 | 108912 | 6534720 | 392083200 |
| lundi 16 décembre 1985 | 4539 | 108936 | 6536160 | 392169600 |
| mardi 17 décembre 1985 | 4540 | 108960 | 6537600 | 392256000 |
| mercredi 18 décembre 1985 | 4541 | 108984 | 6539040 | 392342400 |
| jeudi 19 décembre 1985 | 4542 | 109008 | 6540480 | 392428800 |
| vendredi 20 décembre 1985 | 4543 | 109032 | 6541920 | 392515200 |
| samedi 21 décembre 1985 | 4544 | 109056 | 6543360 | 392601600 |
| dimanche 22 décembre 1985 | 4545 | 109080 | 6544800 | 392688000 |
| lundi 23 décembre 1985 | 4546 | 109104 | 6546240 | 392774400 |
| mardi 24 décembre 1985 | 4547 | 109128 | 6547680 | 392860800 |
| mercredi 25 décembre 1985 | 4548 | 109152 | 6549120 | 392947200 |
| jeudi 26 décembre 1985 | 4549 | 109176 | 6550560 | 393033600 |
| vendredi 27 décembre 1985 | 4550 | 109200 | 6552000 | 393120000 |
| samedi 28 décembre 1985 | 4551 | 109224 | 6553440 | 393206400 |
| dimanche 29 décembre 1985 | 4552 | 109248 | 6554880 | 393292800 |
| lundi 30 décembre 1985 | 4553 | 109272 | 6556320 | 393379200 |
| mardi 31 décembre 1985 | 4554 | 109296 | 6557760 | 393465600 |
| mercredi 1 janvier 1986 | 4555 | 109320 | 6559200 | 393552000 |
| jeudi 2 janvier 1986 | 4556 | 109344 | 6560640 | 393638400 |
| vendredi 3 janvier 1986 | 4557 | 109368 | 6562080 | 393724800 |
| samedi 4 janvier 1986 | 4558 | 109392 | 6563520 | 393811200 |

| | | | | |
|---|---|---|---|---|
| dimanche 5 janvier 1986 | 4559 | 109416 | 6564960 | 393897600 |
| lundi 6 janvier 1986 | 4560 | 109440 | 6566400 | 393984000 |
| mardi 7 janvier 1986 | 4561 | 109464 | 6567840 | 394070400 |
| mercredi 8 janvier 1986 | 4562 | 109488 | 6569280 | 394156800 |
| jeudi 9 janvier 1986 | 4563 | 109512 | 6570720 | 394243200 |
| vendredi 10 janvier 1986 | 4564 | 109536 | 6572160 | 394329600 |
| samedi 11 janvier 1986 | 4565 | 109560 | 6573600 | 394416000 |
| dimanche 12 janvier 1986 | 4566 | 109584 | 6575040 | 394502400 |
| lundi 13 janvier 1986 | 4567 | 109608 | 6576480 | 394588800 |
| mardi 14 janvier 1986 | 4568 | 109632 | 6577920 | 394675200 |
| mercredi 15 janvier 1986 | 4569 | 109656 | 6579360 | 394761600 |
| jeudi 16 janvier 1986 | 4570 | 109680 | 6580800 | 394848000 |
| vendredi 17 janvier 1986 | 4571 | 109704 | 6582240 | 394934400 |
| samedi 18 janvier 1986 | 4572 | 109728 | 6583680 | 395020800 |
| dimanche 19 janvier 1986 | 4573 | 109752 | 6585120 | 395107200 |
| lundi 20 janvier 1986 | 4574 | 109776 | 6586560 | 395193600 |
| mardi 21 janvier 1986 | 4575 | 109800 | 6588000 | 395280000 |
| mercredi 22 janvier 1986 | 4576 | 109824 | 6589440 | 395366400 |
| jeudi 23 janvier 1986 | 4577 | 109848 | 6590880 | 395452800 |
| vendredi 24 janvier 1986 | 4578 | 109872 | 6592320 | 395539200 |
| samedi 25 janvier 1986 | 4579 | 109896 | 6593760 | 395625600 |
| dimanche 26 janvier 1986 | 4580 | 109920 | 6595200 | 395712000 |
| lundi 27 janvier 1986 | 4581 | 109944 | 6596640 | 395798400 |
| mardi 28 janvier 1986 | 4582 | 109968 | 6598080 | 395884800 |
| mercredi 29 janvier 1986 | 4583 | 109992 | 6599520 | 395971200 |
| jeudi 30 janvier 1986 | 4584 | 110016 | 6600960 | 396057600 |
| vendredi 31 janvier 1986 | 4585 | 110040 | 6602400 | 396144000 |
| samedi 1 février 1986 | 4586 | 110064 | 6603840 | 396230400 |
| dimanche 2 février 1986 | 4587 | 110088 | 6605280 | 396316800 |
| lundi 3 février 1986 | 4588 | 110112 | 6606720 | 396403200 |
| mardi 4 février 1986 | 4589 | 110136 | 6608160 | 396489600 |
| mercredi 5 février 1986 | 4590 | 110160 | 6609600 | 396576000 |
| jeudi 6 février 1986 | 4591 | 110184 | 6611040 | 396662400 |
| vendredi 7 février 1986 | 4592 | 110208 | 6612480 | 396748800 |
| samedi 8 février 1986 | 4593 | 110232 | 6613920 | 396835200 |
| dimanche 9 février 1986 | 4594 | 110256 | 6615360 | 396921600 |
| lundi 10 février 1986 | 4595 | 110280 | 6616800 | 397008000 |
| mardi 11 février 1986 | 4596 | 110304 | 6618240 | 397094400 |

| | | | | |
|---|---|---|---|---|
| mercredi 12 février 1986 | 4597 | 110328 | 6619680 | 397180800 |
| jeudi 13 février 1986 | 4598 | 110352 | 6621120 | 397267200 |
| vendredi 14 février 1986 | 4599 | 110376 | 6622560 | 397353600 |
| samedi 15 février 1986 | 4600 | 110400 | 6624000 | 397440000 |
| dimanche 16 février 1986 | 4601 | 110424 | 6625440 | 397526400 |
| lundi 17 février 1986 | 4602 | 110448 | 6626880 | 397612800 |
| mardi 18 février 1986 | 4603 | 110472 | 6628320 | 397699200 |
| mercredi 19 février 1986 | 4604 | 110496 | 6629760 | 397785600 |
| jeudi 20 février 1986 | 4605 | 110520 | 6631200 | 397872000 |
| vendredi 21 février 1986 | 4606 | 110544 | 6632640 | 397958400 |
| samedi 22 février 1986 | 4607 | 110568 | 6634080 | 398044800 |
| dimanche 23 février 1986 | 4608 | 110592 | 6635520 | 398131200 |
| lundi 24 février 1986 | 4609 | 110616 | 6636960 | 398217600 |
| mardi 25 février 1986 | 4610 | 110640 | 6638400 | 398304000 |
| mercredi 26 février 1986 | 4611 | 110664 | 6639840 | 398390400 |
| jeudi 27 février 1986 | 4612 | 110688 | 6641280 | 398476800 |
| vendredi 28 février 1986 | 4613 | 110712 | 6642720 | 398563200 |
| samedi 1 mars 1986 | 4614 | 110736 | 6644160 | 398649600 |
| dimanche 2 mars 1986 | 4615 | 110760 | 6645600 | 398736000 |
| lundi 3 mars 1986 | 4616 | 110784 | 6647040 | 398822400 |
| mardi 4 mars 1986 | 4617 | 110808 | 6648480 | 398908800 |
| mercredi 5 mars 1986 | 4618 | 110832 | 6649920 | 398995200 |
| jeudi 6 mars 1986 | 4619 | 110856 | 6651360 | 399081600 |
| vendredi 7 mars 1986 | 4620 | 110880 | 6652800 | 399168000 |
| samedi 8 mars 1986 | 4621 | 110904 | 6654240 | 399254400 |
| dimanche 9 mars 1986 | 4622 | 110928 | 6655680 | 399340800 |
| lundi 10 mars 1986 | 4623 | 110952 | 6657120 | 399427200 |
| mardi 11 mars 1986 | 4624 | 110976 | 6658560 | 399513600 |
| mercredi 12 mars 1986 | 4625 | 111000 | 6660000 | 399600000 |
| jeudi 13 mars 1986 | 4626 | 111024 | 6661440 | 399686400 |
| vendredi 14 mars 1986 | 4627 | 111048 | 6662880 | 399772800 |
| samedi 15 mars 1986 | 4628 | 111072 | 6664320 | 399859200 |
| dimanche 16 mars 1986 | 4629 | 111096 | 6665760 | 399945600 |
| lundi 17 mars 1986 | 4630 | 111120 | 6667200 | 400032000 |
| mardi 18 mars 1986 | 4631 | 111144 | 6668640 | 400118400 |
| mercredi 19 mars 1986 | 4632 | 111168 | 6670080 | 400204800 |
| jeudi 20 mars 1986 | 4633 | 111192 | 6671520 | 400291200 |
| vendredi 21 mars 1986 | 4634 | 111216 | 6672960 | 400377600 |

| | | | | |
|---|---|---|---|---|
| samedi 22 mars 1986 | 4635 | 111240 | 6674400 | 400464000 |
| dimanche 23 mars 1986 | 4636 | 111264 | 6675840 | 400550400 |
| lundi 24 mars 1986 | 4637 | 111288 | 6677280 | 400636800 |
| mardi 25 mars 1986 | 4638 | 111312 | 6678720 | 400723200 |
| mercredi 26 mars 1986 | 4639 | 111336 | 6680160 | 400809600 |
| jeudi 27 mars 1986 | 4640 | 111360 | 6681600 | 400896000 |
| vendredi 28 mars 1986 | 4641 | 111384 | 6683040 | 400982400 |
| samedi 29 mars 1986 | 4642 | 111408 | 6684480 | 401068800 |
| dimanche 30 mars 1986 | 4643 | 111432 | 6685920 | 401155200 |
| lundi 31 mars 1986 | 4644 | 111456 | 6687360 | 401241600 |
| mardi 1 avril 1986 | 4645 | 111480 | 6688800 | 401328000 |
| mercredi 2 avril 1986 | 4646 | 111504 | 6690240 | 401414400 |
| jeudi 3 avril 1986 | 4647 | 111528 | 6691680 | 401500800 |
| vendredi 4 avril 1986 | 4648 | 111552 | 6693120 | 401587200 |
| samedi 5 avril 1986 | 4649 | 111576 | 6694560 | 401673600 |
| dimanche 6 avril 1986 | 4650 | 111600 | 6696000 | 401760000 |
| lundi 7 avril 1986 | 4651 | 111624 | 6697440 | 401846400 |
| mardi 8 avril 1986 | 4652 | 111648 | 6698880 | 401932800 |
| mercredi 9 avril 1986 | 4653 | 111672 | 6700320 | 402019200 |
| jeudi 10 avril 1986 | 4654 | 111696 | 6701760 | 402105600 |
| vendredi 11 avril 1986 | 4655 | 111720 | 6703200 | 402192000 |
| samedi 12 avril 1986 | 4656 | 111744 | 6704640 | 402278400 |
| dimanche 13 avril 1986 | 4657 | 111768 | 6706080 | 402364800 |
| lundi 14 avril 1986 | 4658 | 111792 | 6707520 | 402451200 |
| mardi 15 avril 1986 | 4659 | 111816 | 6708960 | 402537600 |
| mercredi 16 avril 1986 | 4660 | 111840 | 6710400 | 402624000 |
| jeudi 17 avril 1986 | 4661 | 111864 | 6711840 | 402710400 |
| vendredi 18 avril 1986 | 4662 | 111888 | 6713280 | 402796800 |
| samedi 19 avril 1986 | 4663 | 111912 | 6714720 | 402883200 |
| dimanche 20 avril 1986 | 4664 | 111936 | 6716160 | 402969600 |
| lundi 21 avril 1986 | 4665 | 111960 | 6717600 | 403056000 |
| mardi 22 avril 1986 | 4666 | 111984 | 6719040 | 403142400 |
| mercredi 23 avril 1986 | 4667 | 112008 | 6720480 | 403228800 |
| jeudi 24 avril 1986 | 4668 | 112032 | 6721920 | 403315200 |
| vendredi 25 avril 1986 | 4669 | 112056 | 6723360 | 403401600 |
| samedi 26 avril 1986 | 4670 | 112080 | 6724800 | 403488000 |
| dimanche 27 avril 1986 | 4671 | 112104 | 6726240 | 403574400 |
| lundi 28 avril 1986 | 4672 | 112128 | 6727680 | 403660800 |

| | | | | |
|---|---|---|---|---|
| mardi 29 avril 1986 | 4673 | 112152 | 6729120 | 403747200 |
| mercredi 30 avril 1986 | 4674 | 112176 | 6730560 | 403833600 |
| jeudi 1 mai 1986 | 4675 | 112200 | 6732000 | 403920000 |
| vendredi 2 mai 1986 | 4676 | 112224 | 6733440 | 404006400 |
| samedi 3 mai 1986 | 4677 | 112248 | 6734880 | 404092800 |
| dimanche 4 mai 1986 | 4678 | 112272 | 6736320 | 404179200 |
| lundi 5 mai 1986 | 4679 | 112296 | 6737760 | 404265600 |
| mardi 6 mai 1986 | 4680 | 112320 | 6739200 | 404352000 |
| mercredi 7 mai 1986 | 4681 | 112344 | 6740640 | 404438400 |
| jeudi 8 mai 1986 | 4682 | 112368 | 6742080 | 404524800 |
| vendredi 9 mai 1986 | 4683 | 112392 | 6743520 | 404611200 |
| samedi 10 mai 1986 | 4684 | 112416 | 6744960 | 404697600 |
| dimanche 11 mai 1986 | 4685 | 112440 | 6746400 | 404784000 |
| lundi 12 mai 1986 | 4686 | 112464 | 6747840 | 404870400 |
| mardi 13 mai 1986 | 4687 | 112488 | 6749280 | 404956800 |
| mercredi 14 mai 1986 | 4688 | 112512 | 6750720 | 405043200 |
| jeudi 15 mai 1986 | 4689 | 112536 | 6752160 | 405129600 |
| vendredi 16 mai 1986 | 4690 | 112560 | 6753600 | 405216000 |
| samedi 17 mai 1986 | 4691 | 112584 | 6755040 | 405302400 |
| dimanche 18 mai 1986 | 4692 | 112608 | 6756480 | 405388800 |
| lundi 19 mai 1986 | 4693 | 112632 | 6757920 | 405475200 |
| mardi 20 mai 1986 | 4694 | 112656 | 6759360 | 405561600 |
| mercredi 21 mai 1986 | 4695 | 112680 | 6760800 | 405648000 |
| jeudi 22 mai 1986 | 4696 | 112704 | 6762240 | 405734400 |
| vendredi 23 mai 1986 | 4697 | 112728 | 6763680 | 405820800 |
| samedi 24 mai 1986 | 4698 | 112752 | 6765120 | 405907200 |
| dimanche 25 mai 1986 | 4699 | 112776 | 6766560 | 405993600 |
| lundi 26 mai 1986 | 4700 | 112800 | 6768000 | 406080000 |
| mardi 27 mai 1986 | 4701 | 112824 | 6769440 | 406166400 |
| mercredi 28 mai 1986 | 4702 | 112848 | 6770880 | 406252800 |
| jeudi 29 mai 1986 | 4703 | 112872 | 6772320 | 406339200 |
| vendredi 30 mai 1986 | 4704 | 112896 | 6773760 | 406425600 |
| samedi 31 mai 1986 | 4705 | 112920 | 6775200 | 406512000 |
| dimanche 1 juin 1986 | 4706 | 112944 | 6776640 | 406598400 |
| lundi 2 juin 1986 | 4707 | 112968 | 6778080 | 406684800 |
| mardi 3 juin 1986 | 4708 | 112992 | 6779520 | 406771200 |
| mercredi 4 juin 1986 | 4709 | 113016 | 6780960 | 406857600 |
| jeudi 5 juin 1986 | 4710 | 113040 | 6782400 | 406944000 |

| | | | | |
|---|---|---|---|---|
| vendredi 6 juin 1986 | 4711 | 113064 | 6783840 | 407030400 |
| samedi 7 juin 1986 | 4712 | 113088 | 6785280 | 407116800 |
| dimanche 8 juin 1986 | 4713 | 113112 | 6786720 | 407203200 |
| lundi 9 juin 1986 | 4714 | 113136 | 6788160 | 407289600 |
| mardi 10 juin 1986 | 4715 | 113160 | 6789600 | 407376000 |
| mercredi 11 juin 1986 | 4716 | 113184 | 6791040 | 407462400 |
| jeudi 12 juin 1986 | 4717 | 113208 | 6792480 | 407548800 |
| vendredi 13 juin 1986 | 4718 | 113232 | 6793920 | 407635200 |
| samedi 14 juin 1986 | 4719 | 113256 | 6795360 | 407721600 |
| dimanche 15 juin 1986 | 4720 | 113280 | 6796800 | 407808000 |
| lundi 16 juin 1986 | 4721 | 113304 | 6798240 | 407894400 |
| mardi 17 juin 1986 | 4722 | 113328 | 6799680 | 407980800 |
| mercredi 18 juin 1986 | 4723 | 113352 | 6801120 | 408067200 |
| jeudi 19 juin 1986 | 4724 | 113376 | 6802560 | 408153600 |
| vendredi 20 juin 1986 | 4725 | 113400 | 6804000 | 408240000 |
| samedi 21 juin 1986 | 4726 | 113424 | 6805440 | 408326400 |
| dimanche 22 juin 1986 | 4727 | 113448 | 6806880 | 408412800 |
| lundi 23 juin 1986 | 4728 | 113472 | 6808320 | 408499200 |
| mardi 24 juin 1986 | 4729 | 113496 | 6809760 | 408585600 |
| mercredi 25 juin 1986 | 4730 | 113520 | 6811200 | 408672000 |
| jeudi 26 juin 1986 | 4731 | 113544 | 6812640 | 408758400 |
| vendredi 27 juin 1986 | 4732 | 113568 | 6814080 | 408844800 |
| samedi 28 juin 1986 | 4733 | 113592 | 6815520 | 408931200 |
| dimanche 29 juin 1986 | 4734 | 113616 | 6816960 | 409017600 |
| lundi 30 juin 1986 | 4735 | 113640 | 6818400 | 409104000 |
| mardi 1 juillet 1986 | 4736 | 113664 | 6819840 | 409190400 |
| mercredi 2 juillet 1986 | 4737 | 113688 | 6821280 | 409276800 |
| jeudi 3 juillet 1986 | 4738 | 113712 | 6822720 | 409363200 |
| vendredi 4 juillet 1986 | 4739 | 113736 | 6824160 | 409449600 |
| samedi 5 juillet 1986 | 4740 | 113760 | 6825600 | 409536000 |
| dimanche 6 juillet 1986 | 4741 | 113784 | 6827040 | 409622400 |
| lundi 7 juillet 1986 | 4742 | 113808 | 6828480 | 409708800 |
| mardi 8 juillet 1986 | 4743 | 113832 | 6829920 | 409795200 |
| mercredi 9 juillet 1986 | 4744 | 113856 | 6831360 | 409881600 |
| jeudi 10 juillet 1986 | 4745 | 113880 | 6832800 | 409968000 |
| vendredi 11 juillet 1986 | 4746 | 113904 | 6834240 | 410054400 |
| samedi 12 juillet 1986 | 4747 | 113928 | 6835680 | 410140800 |
| dimanche 13 juillet 1986 | 4748 | 113952 | 6837120 | 410227200 |

| | | | | |
|---|---|---|---|---|
| lundi 14 juillet 1986 | 4749 | 113976 | 6838560 | 410313600 |
| mardi 15 juillet 1986 | 4750 | 114000 | 6840000 | 410400000 |
| mercredi 16 juillet 1986 | 4751 | 114024 | 6841440 | 410486400 |
| jeudi 17 juillet 1986 | 4752 | 114048 | 6842880 | 410572800 |
| vendredi 18 juillet 1986 | 4753 | 114072 | 6844320 | 410659200 |
| samedi 19 juillet 1986 | 4754 | 114096 | 6845760 | 410745600 |
| dimanche 20 juillet 1986 | 4755 | 114120 | 6847200 | 410832000 |
| lundi 21 juillet 1986 | 4756 | 114144 | 6848640 | 410918400 |
| mardi 22 juillet 1986 | 4757 | 114168 | 6850080 | 411004800 |
| mercredi 23 juillet 1986 | 4758 | 114192 | 6851520 | 411091200 |
| jeudi 24 juillet 1986 | 4759 | 114216 | 6852960 | 411177600 |
| vendredi 25 juillet 1986 | 4760 | 114240 | 6854400 | 411264000 |
| samedi 26 juillet 1986 | 4761 | 114264 | 6855840 | 411350400 |
| dimanche 27 juillet 1986 | 4762 | 114288 | 6857280 | 411436800 |
| lundi 28 juillet 1986 | 4763 | 114312 | 6858720 | 411523200 |
| mardi 29 juillet 1986 | 4764 | 114336 | 6860160 | 411609600 |
| mercredi 30 juillet 1986 | 4765 | 114360 | 6861600 | 411696000 |
| jeudi 31 juillet 1986 | 4766 | 114384 | 6863040 | 411782400 |
| vendredi 1 août 1986 | 4767 | 114408 | 6864480 | 411868800 |
| samedi 2 août 1986 | 4768 | 114432 | 6865920 | 411955200 |
| dimanche 3 août 1986 | 4769 | 114456 | 6867360 | 412041600 |
| lundi 4 août 1986 | 4770 | 114480 | 6868800 | 412128000 |
| mardi 5 août 1986 | 4771 | 114504 | 6870240 | 412214400 |
| mercredi 6 août 1986 | 4772 | 114528 | 6871680 | 412300800 |
| jeudi 7 août 1986 | 4773 | 114552 | 6873120 | 412387200 |
| vendredi 8 août 1986 | 4774 | 114576 | 6874560 | 412473600 |
| samedi 9 août 1986 | 4775 | 114600 | 6876000 | 412560000 |
| dimanche 10 août 1986 | 4776 | 114624 | 6877440 | 412646400 |
| lundi 11 août 1986 | 4777 | 114648 | 6878880 | 412732800 |
| mardi 12 août 1986 | 4778 | 114672 | 6880320 | 412819200 |
| mercredi 13 août 1986 | 4779 | 114696 | 6881760 | 412905600 |
| jeudi 14 août 1986 | 4780 | 114720 | 6883200 | 412992000 |
| vendredi 15 août 1986 | 4781 | 114744 | 6884640 | 413078400 |
| samedi 16 août 1986 | 4782 | 114768 | 6886080 | 413164800 |
| dimanche 17 août 1986 | 4783 | 114792 | 6887520 | 413251200 |
| lundi 18 août 1986 | 4784 | 114816 | 6888960 | 413337600 |
| mardi 19 août 1986 | 4785 | 114840 | 6890400 | 413424000 |
| mercredi 20 août 1986 | 4786 | 114864 | 6891840 | 413510400 |

| | | | | |
|---|---|---|---|---|
| jeudi 21 août 1986 | 4787 | 114888 | 6893280 | 413596800 |
| vendredi 22 août 1986 | 4788 | 114912 | 6894720 | 413683200 |
| samedi 23 août 1986 | 4789 | 114936 | 6896160 | 413769600 |
| dimanche 24 août 1986 | 4790 | 114960 | 6897600 | 413856000 |
| lundi 25 août 1986 | 4791 | 114984 | 6899040 | 413942400 |
| mardi 26 août 1986 | 4792 | 115008 | 6900480 | 414028800 |
| mercredi 27 août 1986 | 4793 | 115032 | 6901920 | 414115200 |
| jeudi 28 août 1986 | 4794 | 115056 | 6903360 | 414201600 |
| vendredi 29 août 1986 | 4795 | 115080 | 6904800 | 414288000 |
| samedi 30 août 1986 | 4796 | 115104 | 6906240 | 414374400 |
| dimanche 31 août 1986 | 4797 | 115128 | 6907680 | 414460800 |
| lundi 1 septembre 1986 | 4798 | 115152 | 6909120 | 414547200 |
| mardi 2 septembre 1986 | 4799 | 115176 | 6910560 | 414633600 |
| mercredi 3 septembre 1986 | 4800 | 115200 | 6912000 | 414720000 |
| jeudi 4 septembre 1986 | 4801 | 115224 | 6913440 | 414806400 |
| vendredi 5 septembre 1986 | 4802 | 115248 | 6914880 | 414892800 |
| samedi 6 septembre 1986 | 4803 | 115272 | 6916320 | 414979200 |
| dimanche 7 septembre 1986 | 4804 | 115296 | 6917760 | 415065600 |
| lundi 8 septembre 1986 | 4805 | 115320 | 6919200 | 415152000 |
| mardi 9 septembre 1986 | 4806 | 115344 | 6920640 | 415238400 |
| mercredi 10 septembre 1986 | 4807 | 115368 | 6922080 | 415324800 |
| jeudi 11 septembre 1986 | 4808 | 115392 | 6923520 | 415411200 |
| vendredi 12 septembre 1986 | 4809 | 115416 | 6924960 | 415497600 |
| samedi 13 septembre 1986 | 4810 | 115440 | 6926400 | 415584000 |
| dimanche 14 septembre 1986 | 4811 | 115464 | 6927840 | 415670400 |
| lundi 15 septembre 1986 | 4812 | 115488 | 6929280 | 415756800 |
| mardi 16 septembre 1986 | 4813 | 115512 | 6930720 | 415843200 |
| mercredi 17 septembre 1986 | 4814 | 115536 | 6932160 | 415929600 |
| jeudi 18 septembre 1986 | 4815 | 115560 | 6933600 | 416016000 |
| vendredi 19 septembre 1986 | 4816 | 115584 | 6935040 | 416102400 |
| samedi 20 septembre 1986 | 4817 | 115608 | 6936480 | 416188800 |
| dimanche 21 septembre 1986 | 4818 | 115632 | 6937920 | 416275200 |
| lundi 22 septembre 1986 | 4819 | 115656 | 6939360 | 416361600 |
| mardi 23 septembre 1986 | 4820 | 115680 | 6940800 | 416448000 |
| mercredi 24 septembre 1986 | 4821 | 115704 | 6942240 | 416534400 |
| jeudi 25 septembre 1986 | 4822 | 115728 | 6943680 | 416620800 |
| vendredi 26 septembre 1986 | 4823 | 115752 | 6945120 | 416707200 |
| samedi 27 septembre 1986 | 4824 | 115776 | 6946560 | 416793600 |

| | | | | |
|---|---|---|---|---|
| dimanche 28 septembre 1986 | 4825 | 115800 | 6948000 | 416880000 |
| lundi 29 septembre 1986 | 4826 | 115824 | 6949440 | 416966400 |
| mardi 30 septembre 1986 | 4827 | 115848 | 6950880 | 417052800 |
| mercredi 1 octobre 1986 | 4828 | 115872 | 6952320 | 417139200 |
| jeudi 2 octobre 1986 | 4829 | 115896 | 6953760 | 417225600 |
| vendredi 3 octobre 1986 | 4830 | 115920 | 6955200 | 417312000 |
| samedi 4 octobre 1986 | 4831 | 115944 | 6956640 | 417398400 |
| dimanche 5 octobre 1986 | 4832 | 115968 | 6958080 | 417484800 |
| lundi 6 octobre 1986 | 4833 | 115992 | 6959520 | 417571200 |
| mardi 7 octobre 1986 | 4834 | 116016 | 6960960 | 417657600 |
| mercredi 8 octobre 1986 | 4835 | 116040 | 6962400 | 417744000 |
| jeudi 9 octobre 1986 | 4836 | 116064 | 6963840 | 417830400 |
| vendredi 10 octobre 1986 | 4837 | 116088 | 6965280 | 417916800 |
| samedi 11 octobre 1986 | 4838 | 116112 | 6966720 | 418003200 |
| dimanche 12 octobre 1986 | 4839 | 116136 | 6968160 | 418089600 |
| lundi 13 octobre 1986 | 4840 | 116160 | 6969600 | 418176000 |
| mardi 14 octobre 1986 | 4841 | 116184 | 6971040 | 418262400 |
| mercredi 15 octobre 1986 | 4842 | 116208 | 6972480 | 418348800 |
| jeudi 16 octobre 1986 | 4843 | 116232 | 6973920 | 418435200 |
| vendredi 17 octobre 1986 | 4844 | 116256 | 6975360 | 418521600 |
| samedi 18 octobre 1986 | 4845 | 116280 | 6976800 | 418608000 |
| dimanche 19 octobre 1986 | 4846 | 116304 | 6978240 | 418694400 |
| lundi 20 octobre 1986 | 4847 | 116328 | 6979680 | 418780800 |
| mardi 21 octobre 1986 | 4848 | 116352 | 6981120 | 418867200 |
| mercredi 22 octobre 1986 | 4849 | 116376 | 6982560 | 418953600 |
| jeudi 23 octobre 1986 | 4850 | 116400 | 6984000 | 419040000 |
| vendredi 24 octobre 1986 | 4851 | 116424 | 6985440 | 419126400 |
| samedi 25 octobre 1986 | 4852 | 116448 | 6986880 | 419212800 |
| dimanche 26 octobre 1986 | 4853 | 116472 | 6988320 | 419299200 |
| lundi 27 octobre 1986 | 4854 | 116496 | 6989760 | 419385600 |
| mardi 28 octobre 1986 | 4855 | 116520 | 6991200 | 419472000 |
| mercredi 29 octobre 1986 | 4856 | 116544 | 6992640 | 419558400 |
| jeudi 30 octobre 1986 | 4857 | 116568 | 6994080 | 419644800 |
| vendredi 31 octobre 1986 | 4858 | 116592 | 6995520 | 419731200 |
| samedi 1 novembre 1986 | 4859 | 116616 | 6996960 | 419817600 |
| dimanche 2 novembre 1986 | 4860 | 116640 | 6998400 | 419904000 |
| lundi 3 novembre 1986 | 4861 | 116664 | 6999840 | 419990400 |
| mardi 4 novembre 1986 | 4862 | 116688 | 7001280 | 420076800 |

| | | | | |
|---|---|---|---|---|
| mercredi 5 novembre 1986 | 4863 | 116712 | 7002720 | 420163200 |
| jeudi 6 novembre 1986 | 4864 | 116736 | 7004160 | 420249600 |
| vendredi 7 novembre 1986 | 4865 | 116760 | 7005600 | 420336000 |
| samedi 8 novembre 1986 | 4866 | 116784 | 7007040 | 420422400 |
| dimanche 9 novembre 1986 | 4867 | 116808 | 7008480 | 420508800 |
| lundi 10 novembre 1986 | 4868 | 116832 | 7009920 | 420595200 |
| mardi 11 novembre 1986 | 4869 | 116856 | 7011360 | 420681600 |
| mercredi 12 novembre 1986 | 4870 | 116880 | 7012800 | 420768000 |
| jeudi 13 novembre 1986 | 4871 | 116904 | 7014240 | 420854400 |
| vendredi 14 novembre 1986 | 4872 | 116928 | 7015680 | 420940800 |
| samedi 15 novembre 1986 | 4873 | 116952 | 7017120 | 421027200 |
| dimanche 16 novembre 1986 | 4874 | 116976 | 7018560 | 421113600 |
| lundi 17 novembre 1986 | 4875 | 117000 | 7020000 | 421200000 |
| mardi 18 novembre 1986 | 4876 | 117024 | 7021440 | 421286400 |
| mercredi 19 novembre 1986 | 4877 | 117048 | 7022880 | 421372800 |
| jeudi 20 novembre 1986 | 4878 | 117072 | 7024320 | 421459200 |
| vendredi 21 novembre 1986 | 4879 | 117096 | 7025760 | 421545600 |
| samedi 22 novembre 1986 | 4880 | 117120 | 7027200 | 421632000 |
| dimanche 23 novembre 1986 | 4881 | 117144 | 7028640 | 421718400 |
| lundi 24 novembre 1986 | 4882 | 117168 | 7030080 | 421804800 |
| mardi 25 novembre 1986 | 4883 | 117192 | 7031520 | 421891200 |
| mercredi 26 novembre 1986 | 4884 | 117216 | 7032960 | 421977600 |
| jeudi 27 novembre 1986 | 4885 | 117240 | 7034400 | 422064000 |
| vendredi 28 novembre 1986 | 4886 | 117264 | 7035840 | 422150400 |
| samedi 29 novembre 1986 | 4887 | 117288 | 7037280 | 422236800 |
| dimanche 30 novembre 1986 | 4888 | 117312 | 7038720 | 422323200 |
| lundi 1 décembre 1986 | 4889 | 117336 | 7040160 | 422409600 |
| mardi 2 décembre 1986 | 4890 | 117360 | 7041600 | 422496000 |
| mercredi 3 décembre 1986 | 4891 | 117384 | 7043040 | 422582400 |
| jeudi 4 décembre 1986 | 4892 | 117408 | 7044480 | 422668800 |
| vendredi 5 décembre 1986 | 4893 | 117432 | 7045920 | 422755200 |
| samedi 6 décembre 1986 | 4894 | 117456 | 7047360 | 422841600 |
| dimanche 7 décembre 1986 | 4895 | 117480 | 7048800 | 422928000 |
| lundi 8 décembre 1986 | 4896 | 117504 | 7050240 | 423014400 |
| mardi 9 décembre 1986 | 4897 | 117528 | 7051680 | 423100800 |
| mercredi 10 décembre 1986 | 4898 | 117552 | 7053120 | 423187200 |
| jeudi 11 décembre 1986 | 4899 | 117576 | 7054560 | 423273600 |
| vendredi 12 décembre 1986 | 4900 | 117600 | 7056000 | 423360000 |

| | | | | |
|---|---|---|---|---|
| samedi 13 décembre 1986 | 4901 | 117624 | 7057440 | 423446400 |
| dimanche 14 décembre 1986 | 4902 | 117648 | 7058880 | 423532800 |
| lundi 15 décembre 1986 | 4903 | 117672 | 7060320 | 423619200 |
| mardi 16 décembre 1986 | 4904 | 117696 | 7061760 | 423705600 |
| mercredi 17 décembre 1986 | 4905 | 117720 | 7063200 | 423792000 |
| jeudi 18 décembre 1986 | 4906 | 117744 | 7064640 | 423878400 |
| vendredi 19 décembre 1986 | 4907 | 117768 | 7066080 | 423964800 |
| samedi 20 décembre 1986 | 4908 | 117792 | 7067520 | 424051200 |
| dimanche 21 décembre 1986 | 4909 | 117816 | 7068960 | 424137600 |
| lundi 22 décembre 1986 | 4910 | 117840 | 7070400 | 424224000 |
| mardi 23 décembre 1986 | 4911 | 117864 | 7071840 | 424310400 |
| mercredi 24 décembre 1986 | 4912 | 117888 | 7073280 | 424396800 |
| jeudi 25 décembre 1986 | 4913 | 117912 | 7074720 | 424483200 |
| vendredi 26 décembre 1986 | 4914 | 117936 | 7076160 | 424569600 |
| samedi 27 décembre 1986 | 4915 | 117960 | 7077600 | 424656000 |
| dimanche 28 décembre 1986 | 4916 | 117984 | 7079040 | 424742400 |
| lundi 29 décembre 1986 | 4917 | 118008 | 7080480 | 424828800 |
| mardi 30 décembre 1986 | 4918 | 118032 | 7081920 | 424915200 |
| mercredi 31 décembre 1986 | 4919 | 118056 | 7083360 | 425001600 |
| jeudi 1 janvier 1987 | 4920 | 118080 | 7084800 | 425088000 |
| vendredi 2 janvier 1987 | 4921 | 118104 | 7086240 | 425174400 |
| samedi 3 janvier 1987 | 4922 | 118128 | 7087680 | 425260800 |
| dimanche 4 janvier 1987 | 4923 | 118152 | 7089120 | 425347200 |
| lundi 5 janvier 1987 | 4924 | 118176 | 7090560 | 425433600 |
| mardi 6 janvier 1987 | 4925 | 118200 | 7092000 | 425520000 |
| mercredi 7 janvier 1987 | 4926 | 118224 | 7093440 | 425606400 |
| jeudi 8 janvier 1987 | 4927 | 118248 | 7094880 | 425692800 |
| vendredi 9 janvier 1987 | 4928 | 118272 | 7096320 | 425779200 |
| samedi 10 janvier 1987 | 4929 | 118296 | 7097760 | 425865600 |
| dimanche 11 janvier 1987 | 4930 | 118320 | 7099200 | 425952000 |
| lundi 12 janvier 1987 | 4931 | 118344 | 7100640 | 426038400 |
| mardi 13 janvier 1987 | 4932 | 118368 | 7102080 | 426124800 |
| mercredi 14 janvier 1987 | 4933 | 118392 | 7103520 | 426211200 |
| jeudi 15 janvier 1987 | 4934 | 118416 | 7104960 | 426297600 |
| vendredi 16 janvier 1987 | 4935 | 118440 | 7106400 | 426384000 |
| samedi 17 janvier 1987 | 4936 | 118464 | 7107840 | 426470400 |
| dimanche 18 janvier 1987 | 4937 | 118488 | 7109280 | 426556800 |
| lundi 19 janvier 1987 | 4938 | 118512 | 7110720 | 426643200 |

| | | | | |
|---|---|---|---|---|
| mardi 20 janvier 1987 | 4939 | 118536 | 7112160 | 426729600 |
| mercredi 21 janvier 1987 | 4940 | 118560 | 7113600 | 426816000 |
| jeudi 22 janvier 1987 | 4941 | 118584 | 7115040 | 426902400 |
| vendredi 23 janvier 1987 | 4942 | 118608 | 7116480 | 426988800 |
| samedi 24 janvier 1987 | 4943 | 118632 | 7117920 | 427075200 |
| dimanche 25 janvier 1987 | 4944 | 118656 | 7119360 | 427161600 |
| lundi 26 janvier 1987 | 4945 | 118680 | 7120800 | 427248000 |
| mardi 27 janvier 1987 | 4946 | 118704 | 7122240 | 427334400 |
| mercredi 28 janvier 1987 | 4947 | 118728 | 7123680 | 427420800 |
| jeudi 29 janvier 1987 | 4948 | 118752 | 7125120 | 427507200 |
| vendredi 30 janvier 1987 | 4949 | 118776 | 7126560 | 427593600 |
| samedi 31 janvier 1987 | 4950 | 118800 | 7128000 | 427680000 |
| dimanche 1 février 1987 | 4951 | 118824 | 7129440 | 427766400 |
| lundi 2 février 1987 | 4952 | 118848 | 7130880 | 427852800 |
| mardi 3 février 1987 | 4953 | 118872 | 7132320 | 427939200 |
| mercredi 4 février 1987 | 4954 | 118896 | 7133760 | 428025600 |
| jeudi 5 février 1987 | 4955 | 118920 | 7135200 | 428112000 |
| vendredi 6 février 1987 | 4956 | 118944 | 7136640 | 428198400 |
| samedi 7 février 1987 | 4957 | 118968 | 7138080 | 428284800 |
| dimanche 8 février 1987 | 4958 | 118992 | 7139520 | 428371200 |
| lundi 9 février 1987 | 4959 | 119016 | 7140960 | 428457600 |
| mardi 10 février 1987 | 4960 | 119040 | 7142400 | 428544000 |
| mercredi 11 février 1987 | 4961 | 119064 | 7143840 | 428630400 |
| jeudi 12 février 1987 | 4962 | 119088 | 7145280 | 428716800 |
| vendredi 13 février 1987 | 4963 | 119112 | 7146720 | 428803200 |
| samedi 14 février 1987 | 4964 | 119136 | 7148160 | 428889600 |
| dimanche 15 février 1987 | 4965 | 119160 | 7149600 | 428976000 |
| lundi 16 février 1987 | 4966 | 119184 | 7151040 | 429062400 |
| mardi 17 février 1987 | 4967 | 119208 | 7152480 | 429148800 |
| mercredi 18 février 1987 | 4968 | 119232 | 7153920 | 429235200 |
| jeudi 19 février 1987 | 4969 | 119256 | 7155360 | 429321600 |
| vendredi 20 février 1987 | 4970 | 119280 | 7156800 | 429408000 |
| samedi 21 février 1987 | 4971 | 119304 | 7158240 | 429494400 |
| dimanche 22 février 1987 | 4972 | 119328 | 7159680 | 429580800 |
| lundi 23 février 1987 | 4973 | 119352 | 7161120 | 429667200 |
| mardi 24 février 1987 | 4974 | 119376 | 7162560 | 429753600 |
| mercredi 25 février 1987 | 4975 | 119400 | 7164000 | 429840000 |
| jeudi 26 février 1987 | 4976 | 119424 | 7165440 | 429926400 |

| | | | | |
|---|---|---|---|---|
| vendredi 27 février 1987 | 4977 | 119448 | 7166880 | 430012800 |
| samedi 28 février 1987 | 4978 | 119472 | 7168320 | 430099200 |
| dimanche 1 mars 1987 | 4979 | 119496 | 7169760 | 430185600 |
| lundi 2 mars 1987 | 4980 | 119520 | 7171200 | 430272000 |
| mardi 3 mars 1987 | 4981 | 119544 | 7172640 | 430358400 |
| mercredi 4 mars 1987 | 4982 | 119568 | 7174080 | 430444800 |
| jeudi 5 mars 1987 | 4983 | 119592 | 7175520 | 430531200 |
| vendredi 6 mars 1987 | 4984 | 119616 | 7176960 | 430617600 |
| samedi 7 mars 1987 | 4985 | 119640 | 7178400 | 430704000 |
| dimanche 8 mars 1987 | 4986 | 119664 | 7179840 | 430790400 |
| lundi 9 mars 1987 | 4987 | 119688 | 7181280 | 430876800 |
| mardi 10 mars 1987 | 4988 | 119712 | 7182720 | 430963200 |
| mercredi 11 mars 1987 | 4989 | 119736 | 7184160 | 431049600 |
| jeudi 12 mars 1987 | 4990 | 119760 | 7185600 | 431136000 |
| vendredi 13 mars 1987 | 4991 | 119784 | 7187040 | 431222400 |
| samedi 14 mars 1987 | 4992 | 119808 | 7188480 | 431308800 |
| dimanche 15 mars 1987 | 4993 | 119832 | 7189920 | 431395200 |
| lundi 16 mars 1987 | 4994 | 119856 | 7191360 | 431481600 |
| mardi 17 mars 1987 | 4995 | 119880 | 7192800 | 431568000 |
| mercredi 18 mars 1987 | 4996 | 119904 | 7194240 | 431654400 |
| jeudi 19 mars 1987 | 4997 | 119928 | 7195680 | 431740800 |
| vendredi 20 mars 1987 | 4998 | 119952 | 7197120 | 431827200 |
| samedi 21 mars 1987 | 4999 | 119976 | 7198560 | 431913600 |
| dimanche 22 mars 1987 | 5000 | 120000 | 7200000 | 432000000 |
| lundi 23 mars 1987 | 5001 | 120024 | 7201440 | 432086400 |
| mardi 24 mars 1987 | 5002 | 120048 | 7202880 | 432172800 |
| mercredi 25 mars 1987 | 5003 | 120072 | 7204320 | 432259200 |
| jeudi 26 mars 1987 | 5004 | 120096 | 7205760 | 432345600 |
| vendredi 27 mars 1987 | 5005 | 120120 | 7207200 | 432432000 |
| samedi 28 mars 1987 | 5006 | 120144 | 7208640 | 432518400 |
| dimanche 29 mars 1987 | 5007 | 120168 | 7210080 | 432604800 |
| lundi 30 mars 1987 | 5008 | 120192 | 7211520 | 432691200 |
| mardi 31 mars 1987 | 5009 | 120216 | 7212960 | 432777600 |
| mercredi 1 avril 1987 | 5010 | 120240 | 7214400 | 432864000 |
| jeudi 2 avril 1987 | 5011 | 120264 | 7215840 | 432950400 |
| vendredi 3 avril 1987 | 5012 | 120288 | 7217280 | 433036800 |
| samedi 4 avril 1987 | 5013 | 120312 | 7218720 | 433123200 |
| dimanche 5 avril 1987 | 5014 | 120336 | 7220160 | 433209600 |

| | | | | |
|---|---|---|---|---|
| lundi 6 avril 1987 | 5015 | 120360 | 7221600 | 433296000 |
| mardi 7 avril 1987 | 5016 | 120384 | 7223040 | 433382400 |
| mercredi 8 avril 1987 | 5017 | 120408 | 7224480 | 433468800 |
| jeudi 9 avril 1987 | 5018 | 120432 | 7225920 | 433555200 |
| vendredi 10 avril 1987 | 5019 | 120456 | 7227360 | 433641600 |
| samedi 11 avril 1987 | 5020 | 120480 | 7228800 | 433728000 |
| dimanche 12 avril 1987 | 5021 | 120504 | 7230240 | 433814400 |
| lundi 13 avril 1987 | 5022 | 120528 | 7231680 | 433900800 |
| mardi 14 avril 1987 | 5023 | 120552 | 7233120 | 433987200 |
| mercredi 15 avril 1987 | 5024 | 120576 | 7234560 | 434073600 |
| jeudi 16 avril 1987 | 5025 | 120600 | 7236000 | 434160000 |
| vendredi 17 avril 1987 | 5026 | 120624 | 7237440 | 434246400 |
| samedi 18 avril 1987 | 5027 | 120648 | 7238880 | 434332800 |
| dimanche 19 avril 1987 | 5028 | 120672 | 7240320 | 434419200 |
| lundi 20 avril 1987 | 5029 | 120696 | 7241760 | 434505600 |
| mardi 21 avril 1987 | 5030 | 120720 | 7243200 | 434592000 |
| mercredi 22 avril 1987 | 5031 | 120744 | 7244640 | 434678400 |
| jeudi 23 avril 1987 | 5032 | 120768 | 7246080 | 434764800 |
| vendredi 24 avril 1987 | 5033 | 120792 | 7247520 | 434851200 |
| samedi 25 avril 1987 | 5034 | 120816 | 7248960 | 434937600 |
| dimanche 26 avril 1987 | 5035 | 120840 | 7250400 | 435024000 |
| lundi 27 avril 1987 | 5036 | 120864 | 7251840 | 435110400 |
| mardi 28 avril 1987 | 5037 | 120888 | 7253280 | 435196800 |
| mercredi 29 avril 1987 | 5038 | 120912 | 7254720 | 435283200 |
| jeudi 30 avril 1987 | 5039 | 120936 | 7256160 | 435369600 |
| vendredi 1 mai 1987 | 5040 | 120960 | 7257600 | 435456000 |
| samedi 2 mai 1987 | 5041 | 120984 | 7259040 | 435542400 |
| dimanche 3 mai 1987 | 5042 | 121008 | 7260480 | 435628800 |
| lundi 4 mai 1987 | 5043 | 121032 | 7261920 | 435715200 |
| mardi 5 mai 1987 | 5044 | 121056 | 7263360 | 435801600 |
| mercredi 6 mai 1987 | 5045 | 121080 | 7264800 | 435888000 |
| jeudi 7 mai 1987 | 5046 | 121104 | 7266240 | 435974400 |
| vendredi 8 mai 1987 | 5047 | 121128 | 7267680 | 436060800 |
| samedi 9 mai 1987 | 5048 | 121152 | 7269120 | 436147200 |
| dimanche 10 mai 1987 | 5049 | 121176 | 7270560 | 436233600 |
| lundi 11 mai 1987 | 5050 | 121200 | 7272000 | 436320000 |
| mardi 12 mai 1987 | 5051 | 121224 | 7273440 | 436406400 |
| mercredi 13 mai 1987 | 5052 | 121248 | 7274880 | 436492800 |

| | | | | |
|---|---|---|---|---|
| jeudi 14 mai 1987 | 5053 | 121272 | 7276320 | 436579200 |
| vendredi 15 mai 1987 | 5054 | 121296 | 7277760 | 436665600 |
| samedi 16 mai 1987 | 5055 | 121320 | 7279200 | 436752000 |
| dimanche 17 mai 1987 | 5056 | 121344 | 7280640 | 436838400 |
| lundi 18 mai 1987 | 5057 | 121368 | 7282080 | 436924800 |
| mardi 19 mai 1987 | 5058 | 121392 | 7283520 | 437011200 |
| mercredi 20 mai 1987 | 5059 | 121416 | 7284960 | 437097600 |
| jeudi 21 mai 1987 | 5060 | 121440 | 7286400 | 437184000 |
| vendredi 22 mai 1987 | 5061 | 121464 | 7287840 | 437270400 |
| samedi 23 mai 1987 | 5062 | 121488 | 7289280 | 437356800 |
| dimanche 24 mai 1987 | 5063 | 121512 | 7290720 | 437443200 |
| lundi 25 mai 1987 | 5064 | 121536 | 7292160 | 437529600 |
| mardi 26 mai 1987 | 5065 | 121560 | 7293600 | 437616000 |
| mercredi 27 mai 1987 | 5066 | 121584 | 7295040 | 437702400 |
| jeudi 28 mai 1987 | 5067 | 121608 | 7296480 | 437788800 |
| vendredi 29 mai 1987 | 5068 | 121632 | 7297920 | 437875200 |
| samedi 30 mai 1987 | 5069 | 121656 | 7299360 | 437961600 |
| dimanche 31 mai 1987 | 5070 | 121680 | 7300800 | 438048000 |
| lundi 1 juin 1987 | 5071 | 121704 | 7302240 | 438134400 |
| mardi 2 juin 1987 | 5072 | 121728 | 7303680 | 438220800 |
| mercredi 3 juin 1987 | 5073 | 121752 | 7305120 | 438307200 |
| jeudi 4 juin 1987 | 5074 | 121776 | 7306560 | 438393600 |
| vendredi 5 juin 1987 | 5075 | 121800 | 7308000 | 438480000 |
| samedi 6 juin 1987 | 5076 | 121824 | 7309440 | 438566400 |
| dimanche 7 juin 1987 | 5077 | 121848 | 7310880 | 438652800 |
| lundi 8 juin 1987 | 5078 | 121872 | 7312320 | 438739200 |
| mardi 9 juin 1987 | 5079 | 121896 | 7313760 | 438825600 |
| mercredi 10 juin 1987 | 5080 | 121920 | 7315200 | 438912000 |
| jeudi 11 juin 1987 | 5081 | 121944 | 7316640 | 438998400 |
| vendredi 12 juin 1987 | 5082 | 121968 | 7318080 | 439084800 |
| samedi 13 juin 1987 | 5083 | 121992 | 7319520 | 439171200 |
| dimanche 14 juin 1987 | 5084 | 122016 | 7320960 | 439257600 |
| lundi 15 juin 1987 | 5085 | 122040 | 7322400 | 439344000 |
| mardi 16 juin 1987 | 5086 | 122064 | 7323840 | 439430400 |
| mercredi 17 juin 1987 | 5087 | 122088 | 7325280 | 439516800 |
| jeudi 18 juin 1987 | 5088 | 122112 | 7326720 | 439603200 |
| vendredi 19 juin 1987 | 5089 | 122136 | 7328160 | 439689600 |
| samedi 20 juin 1987 | 5090 | 122160 | 7329600 | 439776000 |

| | | | | |
|---|---|---|---|---|
| dimanche 21 juin 1987 | 5091 | 122184 | 7331040 | 439862400 |
| lundi 22 juin 1987 | 5092 | 122208 | 7332480 | 439948800 |
| mardi 23 juin 1987 | 5093 | 122232 | 7333920 | 440035200 |
| mercredi 24 juin 1987 | 5094 | 122256 | 7335360 | 440121600 |
| jeudi 25 juin 1987 | 5095 | 122280 | 7336800 | 440208000 |
| vendredi 26 juin 1987 | 5096 | 122304 | 7338240 | 440294400 |
| samedi 27 juin 1987 | 5097 | 122328 | 7339680 | 440380800 |
| dimanche 28 juin 1987 | 5098 | 122352 | 7341120 | 440467200 |
| lundi 29 juin 1987 | 5099 | 122376 | 7342560 | 440553600 |
| mardi 30 juin 1987 | 5100 | 122400 | 7344000 | 440640000 |
| mercredi 1 juillet 1987 | 5101 | 122424 | 7345440 | 440726400 |
| jeudi 2 juillet 1987 | 5102 | 122448 | 7346880 | 440812800 |
| vendredi 3 juillet 1987 | 5103 | 122472 | 7348320 | 440899200 |
| samedi 4 juillet 1987 | 5104 | 122496 | 7349760 | 440985600 |
| dimanche 5 juillet 1987 | 5105 | 122520 | 7351200 | 441072000 |
| lundi 6 juillet 1987 | 5106 | 122544 | 7352640 | 441158400 |
| mardi 7 juillet 1987 | 5107 | 122568 | 7354080 | 441244800 |
| mercredi 8 juillet 1987 | 5108 | 122592 | 7355520 | 441331200 |
| jeudi 9 juillet 1987 | 5109 | 122616 | 7356960 | 441417600 |
| vendredi 10 juillet 1987 | 5110 | 122640 | 7358400 | 441504000 |
| samedi 11 juillet 1987 | 5111 | 122664 | 7359840 | 441590400 |
| dimanche 12 juillet 1987 | 5112 | 122688 | 7361280 | 441676800 |
| lundi 13 juillet 1987 | 5113 | 122712 | 7362720 | 441763200 |
| mardi 14 juillet 1987 | 5114 | 122736 | 7364160 | 441849600 |
| mercredi 15 juillet 1987 | 5115 | 122760 | 7365600 | 441936000 |
| jeudi 16 juillet 1987 | 5116 | 122784 | 7367040 | 442022400 |
| vendredi 17 juillet 1987 | 5117 | 122808 | 7368480 | 442108800 |
| samedi 18 juillet 1987 | 5118 | 122832 | 7369920 | 442195200 |
| dimanche 19 juillet 1987 | 5119 | 122856 | 7371360 | 442281600 |
| lundi 20 juillet 1987 | 5120 | 122880 | 7372800 | 442368000 |
| mardi 21 juillet 1987 | 5121 | 122904 | 7374240 | 442454400 |
| mercredi 22 juillet 1987 | 5122 | 122928 | 7375680 | 442540800 |
| jeudi 23 juillet 1987 | 5123 | 122952 | 7377120 | 442627200 |
| vendredi 24 juillet 1987 | 5124 | 122976 | 7378560 | 442713600 |
| samedi 25 juillet 1987 | 5125 | 123000 | 7380000 | 442800000 |
| dimanche 26 juillet 1987 | 5126 | 123024 | 7381440 | 442886400 |
| lundi 27 juillet 1987 | 5127 | 123048 | 7382880 | 442972800 |
| mardi 28 juillet 1987 | 5128 | 123072 | 7384320 | 443059200 |

| | | | | |
|---|---|---|---|---|
| mercredi 29 juillet 1987 | 5129 | 123096 | 7385760 | 443145600 |
| jeudi 30 juillet 1987 | 5130 | 123120 | 7387200 | 443232000 |
| vendredi 31 juillet 1987 | 5131 | 123144 | 7388640 | 443318400 |
| samedi 1 août 1987 | 5132 | 123168 | 7390080 | 443404800 |
| dimanche 2 août 1987 | 5133 | 123192 | 7391520 | 443491200 |
| lundi 3 août 1987 | 5134 | 123216 | 7392960 | 443577600 |
| mardi 4 août 1987 | 5135 | 123240 | 7394400 | 443664000 |
| mercredi 5 août 1987 | 5136 | 123264 | 7395840 | 443750400 |
| jeudi 6 août 1987 | 5137 | 123288 | 7397280 | 443836800 |
| vendredi 7 août 1987 | 5138 | 123312 | 7398720 | 443923200 |
| samedi 8 août 1987 | 5139 | 123336 | 7400160 | 444009600 |
| dimanche 9 août 1987 | 5140 | 123360 | 7401600 | 444096000 |
| lundi 10 août 1987 | 5141 | 123384 | 7403040 | 444182400 |
| mardi 11 août 1987 | 5142 | 123408 | 7404480 | 444268800 |
| mercredi 12 août 1987 | 5143 | 123432 | 7405920 | 444355200 |
| jeudi 13 août 1987 | 5144 | 123456 | 7407360 | 444441600 |
| vendredi 14 août 1987 | 5145 | 123480 | 7408800 | 444528000 |
| samedi 15 août 1987 | 5146 | 123504 | 7410240 | 444614400 |
| dimanche 16 août 1987 | 5147 | 123528 | 7411680 | 444700800 |
| lundi 17 août 1987 | 5148 | 123552 | 7413120 | 444787200 |
| mardi 18 août 1987 | 5149 | 123576 | 7414560 | 444873600 |
| mercredi 19 août 1987 | 5150 | 123600 | 7416000 | 444960000 |
| jeudi 20 août 1987 | 5151 | 123624 | 7417440 | 445046400 |
| vendredi 21 août 1987 | 5152 | 123648 | 7418880 | 445132800 |
| samedi 22 août 1987 | 5153 | 123672 | 7420320 | 445219200 |
| dimanche 23 août 1987 | 5154 | 123696 | 7421760 | 445305600 |
| lundi 24 août 1987 | 5155 | 123720 | 7423200 | 445392000 |
| mardi 25 août 1987 | 5156 | 123744 | 7424640 | 445478400 |
| mercredi 26 août 1987 | 5157 | 123768 | 7426080 | 445564800 |
| jeudi 27 août 1987 | 5158 | 123792 | 7427520 | 445651200 |
| vendredi 28 août 1987 | 5159 | 123816 | 7428960 | 445737600 |
| samedi 29 août 1987 | 5160 | 123840 | 7430400 | 445824000 |
| dimanche 30 août 1987 | 5161 | 123864 | 7431840 | 445910400 |
| lundi 31 août 1987 | 5162 | 123888 | 7433280 | 445996800 |
| mardi 1 septembre 1987 | 5163 | 123912 | 7434720 | 446083200 |
| mercredi 2 septembre 1987 | 5164 | 123936 | 7436160 | 446169600 |
| jeudi 3 septembre 1987 | 5165 | 123960 | 7437600 | 446256000 |
| vendredi 4 septembre 1987 | 5166 | 123984 | 7439040 | 446342400 |

| | | | | |
|---|---|---|---|---|
| samedi 5 septembre 1987 | 5167 | 124008 | 7440480 | 446428800 |
| dimanche 6 septembre 1987 | 5168 | 124032 | 7441920 | 446515200 |
| lundi 7 septembre 1987 | 5169 | 124056 | 7443360 | 446601600 |
| mardi 8 septembre 1987 | 5170 | 124080 | 7444800 | 446688000 |
| mercredi 9 septembre 1987 | 5171 | 124104 | 7446240 | 446774400 |
| jeudi 10 septembre 1987 | 5172 | 124128 | 7447680 | 446860800 |
| vendredi 11 septembre 1987 | 5173 | 124152 | 7449120 | 446947200 |
| samedi 12 septembre 1987 | 5174 | 124176 | 7450560 | 447033600 |
| dimanche 13 septembre 1987 | 5175 | 124200 | 7452000 | 447120000 |
| lundi 14 septembre 1987 | 5176 | 124224 | 7453440 | 447206400 |
| mardi 15 septembre 1987 | 5177 | 124248 | 7454880 | 447292800 |
| mercredi 16 septembre 1987 | 5178 | 124272 | 7456320 | 447379200 |
| jeudi 17 septembre 1987 | 5179 | 124296 | 7457760 | 447465600 |
| vendredi 18 septembre 1987 | 5180 | 124320 | 7459200 | 447552000 |
| samedi 19 septembre 1987 | 5181 | 124344 | 7460640 | 447638400 |
| dimanche 20 septembre 1987 | 5182 | 124368 | 7462080 | 447724800 |
| lundi 21 septembre 1987 | 5183 | 124392 | 7463520 | 447811200 |
| mardi 22 septembre 1987 | 5184 | 124416 | 7464960 | 447897600 |
| mercredi 23 septembre 1987 | 5185 | 124440 | 7466400 | 447984000 |
| jeudi 24 septembre 1987 | 5186 | 124464 | 7467840 | 448070400 |
| vendredi 25 septembre 1987 | 5187 | 124488 | 7469280 | 448156800 |
| samedi 26 septembre 1987 | 5188 | 124512 | 7470720 | 448243200 |
| dimanche 27 septembre 1987 | 5189 | 124536 | 7472160 | 448329600 |
| lundi 28 septembre 1987 | 5190 | 124560 | 7473600 | 448416000 |
| mardi 29 septembre 1987 | 5191 | 124584 | 7475040 | 448502400 |
| mercredi 30 septembre 1987 | 5192 | 124608 | 7476480 | 448588800 |
| jeudi 1 octobre 1987 | 5193 | 124632 | 7477920 | 448675200 |
| vendredi 2 octobre 1987 | 5194 | 124656 | 7479360 | 448761600 |
| samedi 3 octobre 1987 | 5195 | 124680 | 7480800 | 448848000 |
| dimanche 4 octobre 1987 | 5196 | 124704 | 7482240 | 448934400 |
| lundi 5 octobre 1987 | 5197 | 124728 | 7483680 | 449020800 |
| mardi 6 octobre 1987 | 5198 | 124752 | 7485120 | 449107200 |
| mercredi 7 octobre 1987 | 5199 | 124776 | 7486560 | 449193600 |
| jeudi 8 octobre 1987 | 5200 | 124800 | 7488000 | 449280000 |
| vendredi 9 octobre 1987 | 5201 | 124824 | 7489440 | 449366400 |
| samedi 10 octobre 1987 | 5202 | 124848 | 7490880 | 449452800 |
| dimanche 11 octobre 1987 | 5203 | 124872 | 7492320 | 449539200 |
| lundi 12 octobre 1987 | 5204 | 124896 | 7493760 | 449625600 |

| | | | | |
|---|---|---|---|---|
| mardi 13 octobre 1987 | 5205 | 124920 | 7495200 | 449712000 |
| mercredi 14 octobre 1987 | 5206 | 124944 | 7496640 | 449798400 |
| jeudi 15 octobre 1987 | 5207 | 124968 | 7498080 | 449884800 |
| vendredi 16 octobre 1987 | 5208 | 124992 | 7499520 | 449971200 |
| samedi 17 octobre 1987 | 5209 | 125016 | 7500960 | 450057600 |
| dimanche 18 octobre 1987 | 5210 | 125040 | 7502400 | 450144000 |
| lundi 19 octobre 1987 | 5211 | 125064 | 7503840 | 450230400 |
| mardi 20 octobre 1987 | 5212 | 125088 | 7505280 | 450316800 |
| mercredi 21 octobre 1987 | 5213 | 125112 | 7506720 | 450403200 |
| jeudi 22 octobre 1987 | 5214 | 125136 | 7508160 | 450489600 |
| vendredi 23 octobre 1987 | 5215 | 125160 | 7509600 | 450576000 |
| samedi 24 octobre 1987 | 5216 | 125184 | 7511040 | 450662400 |
| dimanche 25 octobre 1987 | 5217 | 125208 | 7512480 | 450748800 |
| lundi 26 octobre 1987 | 5218 | 125232 | 7513920 | 450835200 |
| mardi 27 octobre 1987 | 5219 | 125256 | 7515360 | 450921600 |
| mercredi 28 octobre 1987 | 5220 | 125280 | 7516800 | 451008000 |
| jeudi 29 octobre 1987 | 5221 | 125304 | 7518240 | 451094400 |
| vendredi 30 octobre 1987 | 5222 | 125328 | 7519680 | 451180800 |
| samedi 31 octobre 1987 | 5223 | 125352 | 7521120 | 451267200 |
| dimanche 1 novembre 1987 | 5224 | 125376 | 7522560 | 451353600 |
| lundi 2 novembre 1987 | 5225 | 125400 | 7524000 | 451440000 |
| mardi 3 novembre 1987 | 5226 | 125424 | 7525440 | 451526400 |
| mercredi 4 novembre 1987 | 5227 | 125448 | 7526880 | 451612800 |
| jeudi 5 novembre 1987 | 5228 | 125472 | 7528320 | 451699200 |
| vendredi 6 novembre 1987 | 5229 | 125496 | 7529760 | 451785600 |
| samedi 7 novembre 1987 | 5230 | 125520 | 7531200 | 451872000 |
| dimanche 8 novembre 1987 | 5231 | 125544 | 7532640 | 451958400 |
| lundi 9 novembre 1987 | 5232 | 125568 | 7534080 | 452044800 |
| mardi 10 novembre 1987 | 5233 | 125592 | 7535520 | 452131200 |
| mercredi 11 novembre 1987 | 5234 | 125616 | 7536960 | 452217600 |
| jeudi 12 novembre 1987 | 5235 | 125640 | 7538400 | 452304000 |
| vendredi 13 novembre 1987 | 5236 | 125664 | 7539840 | 452390400 |
| samedi 14 novembre 1987 | 5237 | 125688 | 7541280 | 452476800 |
| dimanche 15 novembre 1987 | 5238 | 125712 | 7542720 | 452563200 |
| lundi 16 novembre 1987 | 5239 | 125736 | 7544160 | 452649600 |
| mardi 17 novembre 1987 | 5240 | 125760 | 7545600 | 452736000 |
| mercredi 18 novembre 1987 | 5241 | 125784 | 7547040 | 452822400 |
| jeudi 19 novembre 1987 | 5242 | 125808 | 7548480 | 452908800 |

| | | | | |
|---|---|---|---|---|
| vendredi 20 novembre 1987 | 5243 | 125832 | 7549920 | 452995200 |
| samedi 21 novembre 1987 | 5244 | 125856 | 7551360 | 453081600 |
| dimanche 22 novembre 1987 | 5245 | 125880 | 7552800 | 453168000 |
| lundi 23 novembre 1987 | 5246 | 125904 | 7554240 | 453254400 |
| mardi 24 novembre 1987 | 5247 | 125928 | 7555680 | 453340800 |
| mercredi 25 novembre 1987 | 5248 | 125952 | 7557120 | 453427200 |
| jeudi 26 novembre 1987 | 5249 | 125976 | 7558560 | 453513600 |
| vendredi 27 novembre 1987 | 5250 | 126000 | 7560000 | 453600000 |
| samedi 28 novembre 1987 | 5251 | 126024 | 7561440 | 453686400 |
| dimanche 29 novembre 1987 | 5252 | 126048 | 7562880 | 453772800 |
| lundi 30 novembre 1987 | 5253 | 126072 | 7564320 | 453859200 |
| mardi 1 décembre 1987 | 5254 | 126096 | 7565760 | 453945600 |
| mercredi 2 décembre 1987 | 5255 | 126120 | 7567200 | 454032000 |
| jeudi 3 décembre 1987 | 5256 | 126144 | 7568640 | 454118400 |
| vendredi 4 décembre 1987 | 5257 | 126168 | 7570080 | 454204800 |
| samedi 5 décembre 1987 | 5258 | 126192 | 7571520 | 454291200 |
| dimanche 6 décembre 1987 | 5259 | 126216 | 7572960 | 454377600 |
| lundi 7 décembre 1987 | 5260 | 126240 | 7574400 | 454464000 |
| mardi 8 décembre 1987 | 5261 | 126264 | 7575840 | 454550400 |
| mercredi 9 décembre 1987 | 5262 | 126288 | 7577280 | 454636800 |
| jeudi 10 décembre 1987 | 5263 | 126312 | 7578720 | 454723200 |
| vendredi 11 décembre 1987 | 5264 | 126336 | 7580160 | 454809600 |
| samedi 12 décembre 1987 | 5265 | 126360 | 7581600 | 454896000 |
| dimanche 13 décembre 1987 | 5266 | 126384 | 7583040 | 454982400 |
| lundi 14 décembre 1987 | 5267 | 126408 | 7584480 | 455068800 |
| mardi 15 décembre 1987 | 5268 | 126432 | 7585920 | 455155200 |
| mercredi 16 décembre 1987 | 5269 | 126456 | 7587360 | 455241600 |
| jeudi 17 décembre 1987 | 5270 | 126480 | 7588800 | 455328000 |
| vendredi 18 décembre 1987 | 5271 | 126504 | 7590240 | 455414400 |
| samedi 19 décembre 1987 | 5272 | 126528 | 7591680 | 455500800 |
| dimanche 20 décembre 1987 | 5273 | 126552 | 7593120 | 455587200 |
| lundi 21 décembre 1987 | 5274 | 126576 | 7594560 | 455673600 |
| mardi 22 décembre 1987 | 5275 | 126600 | 7596000 | 455760000 |
| mercredi 23 décembre 1987 | 5276 | 126624 | 7597440 | 455846400 |
| jeudi 24 décembre 1987 | 5277 | 126648 | 7598880 | 455932800 |
| vendredi 25 décembre 1987 | 5278 | 126672 | 7600320 | 456019200 |
| samedi 26 décembre 1987 | 5279 | 126696 | 7601760 | 456105600 |
| dimanche 27 décembre 1987 | 5280 | 126720 | 7603200 | 456192000 |

| | | | | |
|---|---|---|---|---|
| lundi 28 décembre 1987 | 5281 | 126744 | 7604640 | 456278400 |
| mardi 29 décembre 1987 | 5282 | 126768 | 7606080 | 456364800 |
| mercredi 30 décembre 1987 | 5283 | 126792 | 7607520 | 456451200 |
| jeudi 31 décembre 1987 | 5284 | 126816 | 7608960 | 456537600 |
| vendredi 1 janvier 1988 | 5285 | 126840 | 7610400 | 456624000 |
| samedi 2 janvier 1988 | 5286 | 126864 | 7611840 | 456710400 |
| dimanche 3 janvier 1988 | 5287 | 126888 | 7613280 | 456796800 |
| lundi 4 janvier 1988 | 5288 | 126912 | 7614720 | 456883200 |
| mardi 5 janvier 1988 | 5289 | 126936 | 7616160 | 456969600 |
| mercredi 6 janvier 1988 | 5290 | 126960 | 7617600 | 457056000 |
| jeudi 7 janvier 1988 | 5291 | 126984 | 7619040 | 457142400 |
| vendredi 8 janvier 1988 | 5292 | 127008 | 7620480 | 457228800 |
| samedi 9 janvier 1988 | 5293 | 127032 | 7621920 | 457315200 |
| dimanche 10 janvier 1988 | 5294 | 127056 | 7623360 | 457401600 |
| lundi 11 janvier 1988 | 5295 | 127080 | 7624800 | 457488000 |
| mardi 12 janvier 1988 | 5296 | 127104 | 7626240 | 457574400 |
| mercredi 13 janvier 1988 | 5297 | 127128 | 7627680 | 457660800 |
| jeudi 14 janvier 1988 | 5298 | 127152 | 7629120 | 457747200 |
| vendredi 15 janvier 1988 | 5299 | 127176 | 7630560 | 457833600 |
| samedi 16 janvier 1988 | 5300 | 127200 | 7632000 | 457920000 |
| dimanche 17 janvier 1988 | 5301 | 127224 | 7633440 | 458006400 |
| lundi 18 janvier 1988 | 5302 | 127248 | 7634880 | 458092800 |
| mardi 19 janvier 1988 | 5303 | 127272 | 7636320 | 458179200 |
| mercredi 20 janvier 1988 | 5304 | 127296 | 7637760 | 458265600 |
| jeudi 21 janvier 1988 | 5305 | 127320 | 7639200 | 458352000 |
| vendredi 22 janvier 1988 | 5306 | 127344 | 7640640 | 458438400 |
| samedi 23 janvier 1988 | 5307 | 127368 | 7642080 | 458524800 |
| dimanche 24 janvier 1988 | 5308 | 127392 | 7643520 | 458611200 |
| lundi 25 janvier 1988 | 5309 | 127416 | 7644960 | 458697600 |
| mardi 26 janvier 1988 | 5310 | 127440 | 7646400 | 458784000 |
| mercredi 27 janvier 1988 | 5311 | 127464 | 7647840 | 458870400 |
| jeudi 28 janvier 1988 | 5312 | 127488 | 7649280 | 458956800 |
| vendredi 29 janvier 1988 | 5313 | 127512 | 7650720 | 459043200 |
| samedi 30 janvier 1988 | 5314 | 127536 | 7652160 | 459129600 |
| dimanche 31 janvier 1988 | 5315 | 127560 | 7653600 | 459216000 |
| lundi 1 février 1988 | 5316 | 127584 | 7655040 | 459302400 |
| mardi 2 février 1988 | 5317 | 127608 | 7656480 | 459388800 |
| mercredi 3 février 1988 | 5318 | 127632 | 7657920 | 459475200 |

| | | | | |
|---|---|---|---|---|
| jeudi 4 février 1988 | 5319 | 127656 | 7659360 | 459561600 |
| vendredi 5 février 1988 | 5320 | 127680 | 7660800 | 459648000 |
| samedi 6 février 1988 | 5321 | 127704 | 7662240 | 459734400 |
| dimanche 7 février 1988 | 5322 | 127728 | 7663680 | 459820800 |
| lundi 8 février 1988 | 5323 | 127752 | 7665120 | 459907200 |
| mardi 9 février 1988 | 5324 | 127776 | 7666560 | 459993600 |
| mercredi 10 février 1988 | 5325 | 127800 | 7668000 | 460080000 |
| jeudi 11 février 1988 | 5326 | 127824 | 7669440 | 460166400 |
| vendredi 12 février 1988 | 5327 | 127848 | 7670880 | 460252800 |
| samedi 13 février 1988 | 5328 | 127872 | 7672320 | 460339200 |
| dimanche 14 février 1988 | 5329 | 127896 | 7673760 | 460425600 |
| lundi 15 février 1988 | 5330 | 127920 | 7675200 | 460512000 |
| mardi 16 février 1988 | 5331 | 127944 | 7676640 | 460598400 |
| mercredi 17 février 1988 | 5332 | 127968 | 7678080 | 460684800 |
| jeudi 18 février 1988 | 5333 | 127992 | 7679520 | 460771200 |
| vendredi 19 février 1988 | 5334 | 128016 | 7680960 | 460857600 |
| samedi 20 février 1988 | 5335 | 128040 | 7682400 | 460944000 |
| dimanche 21 février 1988 | 5336 | 128064 | 7683840 | 461030400 |
| lundi 22 février 1988 | 5337 | 128088 | 7685280 | 461116800 |
| mardi 23 février 1988 | 5338 | 128112 | 7686720 | 461203200 |
| mercredi 24 février 1988 | 5339 | 128136 | 7688160 | 461289600 |
| jeudi 25 février 1988 | 5340 | 128160 | 7689600 | 461376000 |
| vendredi 26 février 1988 | 5341 | 128184 | 7691040 | 461462400 |
| samedi 27 février 1988 | 5342 | 128208 | 7692480 | 461548800 |
| dimanche 28 février 1988 | 5343 | 128232 | 7693920 | 461635200 |
| lundi 29 février 1988 | 5344 | 128256 | 7695360 | 461721600 |
| mardi 1 mars 1988 | 5345 | 128280 | 7696800 | 461808000 |
| mercredi 2 mars 1988 | 5346 | 128304 | 7698240 | 461894400 |
| jeudi 3 mars 1988 | 5347 | 128328 | 7699680 | 461980800 |
| vendredi 4 mars 1988 | 5348 | 128352 | 7701120 | 462067200 |
| samedi 5 mars 1988 | 5349 | 128376 | 7702560 | 462153600 |
| dimanche 6 mars 1988 | 5350 | 128400 | 7704000 | 462240000 |
| lundi 7 mars 1988 | 5351 | 128424 | 7705440 | 462326400 |
| mardi 8 mars 1988 | 5352 | 128448 | 7706880 | 462412800 |
| mercredi 9 mars 1988 | 5353 | 128472 | 7708320 | 462499200 |
| jeudi 10 mars 1988 | 5354 | 128496 | 7709760 | 462585600 |
| vendredi 11 mars 1988 | 5355 | 128520 | 7711200 | 462672000 |
| samedi 12 mars 1988 | 5356 | 128544 | 7712640 | 462758400 |

| | | | | |
|---|---|---|---|---|
| dimanche 13 mars 1988 | 5357 | 128568 | 7714080 | 462844800 |
| lundi 14 mars 1988 | 5358 | 128592 | 7715520 | 462931200 |
| mardi 15 mars 1988 | 5359 | 128616 | 7716960 | 463017600 |
| mercredi 16 mars 1988 | 5360 | 128640 | 7718400 | 463104000 |
| jeudi 17 mars 1988 | 5361 | 128664 | 7719840 | 463190400 |
| vendredi 18 mars 1988 | 5362 | 128688 | 7721280 | 463276800 |
| samedi 19 mars 1988 | 5363 | 128712 | 7722720 | 463363200 |
| dimanche 20 mars 1988 | 5364 | 128736 | 7724160 | 463449600 |
| lundi 21 mars 1988 | 5365 | 128760 | 7725600 | 463536000 |
| mardi 22 mars 1988 | 5366 | 128784 | 7727040 | 463622400 |
| mercredi 23 mars 1988 | 5367 | 128808 | 7728480 | 463708800 |
| jeudi 24 mars 1988 | 5368 | 128832 | 7729920 | 463795200 |
| vendredi 25 mars 1988 | 5369 | 128856 | 7731360 | 463881600 |
| samedi 26 mars 1988 | 5370 | 128880 | 7732800 | 463968000 |
| dimanche 27 mars 1988 | 5371 | 128904 | 7734240 | 464054400 |
| lundi 28 mars 1988 | 5372 | 128928 | 7735680 | 464140800 |
| mardi 29 mars 1988 | 5373 | 128952 | 7737120 | 464227200 |
| mercredi 30 mars 1988 | 5374 | 128976 | 7738560 | 464313600 |
| jeudi 31 mars 1988 | 5375 | 129000 | 7740000 | 464400000 |
| vendredi 1 avril 1988 | 5376 | 129024 | 7741440 | 464486400 |
| samedi 2 avril 1988 | 5377 | 129048 | 7742880 | 464572800 |
| dimanche 3 avril 1988 | 5378 | 129072 | 7744320 | 464659200 |
| lundi 4 avril 1988 | 5379 | 129096 | 7745760 | 464745600 |
| mardi 5 avril 1988 | 5380 | 129120 | 7747200 | 464832000 |
| mercredi 6 avril 1988 | 5381 | 129144 | 7748640 | 464918400 |
| jeudi 7 avril 1988 | 5382 | 129168 | 7750080 | 465004800 |
| vendredi 8 avril 1988 | 5383 | 129192 | 7751520 | 465091200 |
| samedi 9 avril 1988 | 5384 | 129216 | 7752960 | 465177600 |
| dimanche 10 avril 1988 | 5385 | 129240 | 7754400 | 465264000 |
| lundi 11 avril 1988 | 5386 | 129264 | 7755840 | 465350400 |
| mardi 12 avril 1988 | 5387 | 129288 | 7757280 | 465436800 |
| mercredi 13 avril 1988 | 5388 | 129312 | 7758720 | 465523200 |
| jeudi 14 avril 1988 | 5389 | 129336 | 7760160 | 465609600 |
| vendredi 15 avril 1988 | 5390 | 129360 | 7761600 | 465696000 |
| samedi 16 avril 1988 | 5391 | 129384 | 7763040 | 465782400 |
| dimanche 17 avril 1988 | 5392 | 129408 | 7764480 | 465868800 |
| lundi 18 avril 1988 | 5393 | 129432 | 7765920 | 465955200 |
| mardi 19 avril 1988 | 5394 | 129456 | 7767360 | 466041600 |

| | | | |
|---|---|---|---|
| mercredi 20 avril 1988 | 5395 | 129480 | 7768800 | 466128000 |
| jeudi 21 avril 1988 | 5396 | 129504 | 7770240 | 466214400 |
| vendredi 22 avril 1988 | 5397 | 129528 | 7771680 | 466300800 |
| samedi 23 avril 1988 | 5398 | 129552 | 7773120 | 466387200 |
| dimanche 24 avril 1988 | 5399 | 129576 | 7774560 | 466473600 |
| lundi 25 avril 1988 | 5400 | 129600 | 7776000 | 466560000 |
| mardi 26 avril 1988 | 5401 | 129624 | 7777440 | 466646400 |
| mercredi 27 avril 1988 | 5402 | 129648 | 7778880 | 466732800 |
| jeudi 28 avril 1988 | 5403 | 129672 | 7780320 | 466819200 |
| vendredi 29 avril 1988 | 5404 | 129696 | 7781760 | 466905600 |
| samedi 30 avril 1988 | 5405 | 129720 | 7783200 | 466992000 |
| dimanche 1 mai 1988 | 5406 | 129744 | 7784640 | 467078400 |
| lundi 2 mai 1988 | 5407 | 129768 | 7786080 | 467164800 |
| mardi 3 mai 1988 | 5408 | 129792 | 7787520 | 467251200 |
| mercredi 4 mai 1988 | 5409 | 129816 | 7788960 | 467337600 |
| jeudi 5 mai 1988 | 5410 | 129840 | 7790400 | 467424000 |
| vendredi 6 mai 1988 | 5411 | 129864 | 7791840 | 467510400 |
| samedi 7 mai 1988 | 5412 | 129888 | 7793280 | 467596800 |
| dimanche 8 mai 1988 | 5413 | 129912 | 7794720 | 467683200 |
| lundi 9 mai 1988 | 5414 | 129936 | 7796160 | 467769600 |
| mardi 10 mai 1988 | 5415 | 129960 | 7797600 | 467856000 |
| mercredi 11 mai 1988 | 5416 | 129984 | 7799040 | 467942400 |
| jeudi 12 mai 1988 | 5417 | 130008 | 7800480 | 468028800 |
| vendredi 13 mai 1988 | 5418 | 130032 | 7801920 | 468115200 |
| samedi 14 mai 1988 | 5419 | 130056 | 7803360 | 468201600 |
| dimanche 15 mai 1988 | 5420 | 130080 | 7804800 | 468288000 |
| lundi 16 mai 1988 | 5421 | 130104 | 7806240 | 468374400 |
| mardi 17 mai 1988 | 5422 | 130128 | 7807680 | 468460800 |
| mercredi 18 mai 1988 | 5423 | 130152 | 7809120 | 468547200 |
| jeudi 19 mai 1988 | 5424 | 130176 | 7810560 | 468633600 |
| vendredi 20 mai 1988 | 5425 | 130200 | 7812000 | 468720000 |
| samedi 21 mai 1988 | 5426 | 130224 | 7813440 | 468806400 |
| dimanche 22 mai 1988 | 5427 | 130248 | 7814880 | 468892800 |
| lundi 23 mai 1988 | 5428 | 130272 | 7816320 | 468979200 |
| mardi 24 mai 1988 | 5429 | 130296 | 7817760 | 469065600 |
| mercredi 25 mai 1988 | 5430 | 130320 | 7819200 | 469152000 |
| jeudi 26 mai 1988 | 5431 | 130344 | 7820640 | 469238400 |
| vendredi 27 mai 1988 | 5432 | 130368 | 7822080 | 469324800 |

| | | | | |
|---|---|---|---|---|
| samedi 28 mai 1988 | 5433 | 130392 | 7823520 | 469411200 |
| dimanche 29 mai 1988 | 5434 | 130416 | 7824960 | 469497600 |
| lundi 30 mai 1988 | 5435 | 130440 | 7826400 | 469584000 |
| mardi 31 mai 1988 | 5436 | 130464 | 7827840 | 469670400 |
| mercredi 1 juin 1988 | 5437 | 130488 | 7829280 | 469756800 |
| jeudi 2 juin 1988 | 5438 | 130512 | 7830720 | 469843200 |
| vendredi 3 juin 1988 | 5439 | 130536 | 7832160 | 469929600 |
| samedi 4 juin 1988 | 5440 | 130560 | 7833600 | 470016000 |
| dimanche 5 juin 1988 | 5441 | 130584 | 7835040 | 470102400 |
| lundi 6 juin 1988 | 5442 | 130608 | 7836480 | 470188800 |
| mardi 7 juin 1988 | 5443 | 130632 | 7837920 | 470275200 |
| mercredi 8 juin 1988 | 5444 | 130656 | 7839360 | 470361600 |
| jeudi 9 juin 1988 | 5445 | 130680 | 7840800 | 470448000 |
| vendredi 10 juin 1988 | 5446 | 130704 | 7842240 | 470534400 |
| samedi 11 juin 1988 | 5447 | 130728 | 7843680 | 470620800 |
| dimanche 12 juin 1988 | 5448 | 130752 | 7845120 | 470707200 |
| lundi 13 juin 1988 | 5449 | 130776 | 7846560 | 470793600 |
| mardi 14 juin 1988 | 5450 | 130800 | 7848000 | 470880000 |
| mercredi 15 juin 1988 | 5451 | 130824 | 7849440 | 470966400 |
| jeudi 16 juin 1988 | 5452 | 130848 | 7850880 | 471052800 |
| vendredi 17 juin 1988 | 5453 | 130872 | 7852320 | 471139200 |
| samedi 18 juin 1988 | 5454 | 130896 | 7853760 | 471225600 |
| dimanche 19 juin 1988 | 5455 | 130920 | 7855200 | 471312000 |
| lundi 20 juin 1988 | 5456 | 130944 | 7856640 | 471398400 |
| mardi 21 juin 1988 | 5457 | 130968 | 7858080 | 471484800 |
| mercredi 22 juin 1988 | 5458 | 130992 | 7859520 | 471571200 |
| jeudi 23 juin 1988 | 5459 | 131016 | 7860960 | 471657600 |
| vendredi 24 juin 1988 | 5460 | 131040 | 7862400 | 471744000 |
| samedi 25 juin 1988 | 5461 | 131064 | 7863840 | 471830400 |
| dimanche 26 juin 1988 | 5462 | 131088 | 7865280 | 471916800 |
| lundi 27 juin 1988 | 5463 | 131112 | 7866720 | 472003200 |
| mardi 28 juin 1988 | 5464 | 131136 | 7868160 | 472089600 |
| mercredi 29 juin 1988 | 5465 | 131160 | 7869600 | 472176000 |
| jeudi 30 juin 1988 | 5466 | 131184 | 7871040 | 472262400 |
| vendredi 1 juillet 1988 | 5467 | 131208 | 7872480 | 472348800 |
| samedi 2 juillet 1988 | 5468 | 131232 | 7873920 | 472435200 |
| dimanche 3 juillet 1988 | 5469 | 131256 | 7875360 | 472521600 |
| lundi 4 juillet 1988 | 5470 | 131280 | 7876800 | 472608000 |

| | | | | |
|---|---|---|---|---|
| mardi 5 juillet 1988 | 5471 | 131304 | 7878240 | 472694400 |
| mercredi 6 juillet 1988 | 5472 | 131328 | 7879680 | 472780800 |
| jeudi 7 juillet 1988 | 5473 | 131352 | 7881120 | 472867200 |
| vendredi 8 juillet 1988 | 5474 | 131376 | 7882560 | 472953600 |
| samedi 9 juillet 1988 | 5475 | 131400 | 7884000 | 473040000 |
| dimanche 10 juillet 1988 | 5476 | 131424 | 7885440 | 473126400 |
| lundi 11 juillet 1988 | 5477 | 131448 | 7886880 | 473212800 |
| mardi 12 juillet 1988 | 5478 | 131472 | 7888320 | 473299200 |
| mercredi 13 juillet 1988 | 5479 | 131496 | 7889760 | 473385600 |
| jeudi 14 juillet 1988 | 5480 | 131520 | 7891200 | 473472000 |
| vendredi 15 juillet 1988 | 5481 | 131544 | 7892640 | 473558400 |
| samedi 16 juillet 1988 | 5482 | 131568 | 7894080 | 473644800 |
| dimanche 17 juillet 1988 | 5483 | 131592 | 7895520 | 473731200 |
| lundi 18 juillet 1988 | 5484 | 131616 | 7896960 | 473817600 |
| mardi 19 juillet 1988 | 5485 | 131640 | 7898400 | 473904000 |
| mercredi 20 juillet 1988 | 5486 | 131664 | 7899840 | 473990400 |
| jeudi 21 juillet 1988 | 5487 | 131688 | 7901280 | 474076800 |
| vendredi 22 juillet 1988 | 5488 | 131712 | 7902720 | 474163200 |
| samedi 23 juillet 1988 | 5489 | 131736 | 7904160 | 474249600 |
| dimanche 24 juillet 1988 | 5490 | 131760 | 7905600 | 474336000 |
| lundi 25 juillet 1988 | 5491 | 131784 | 7907040 | 474422400 |
| mardi 26 juillet 1988 | 5492 | 131808 | 7908480 | 474508800 |
| mercredi 27 juillet 1988 | 5493 | 131832 | 7909920 | 474595200 |
| jeudi 28 juillet 1988 | 5494 | 131856 | 7911360 | 474681600 |
| vendredi 29 juillet 1988 | 5495 | 131880 | 7912800 | 474768000 |
| samedi 30 juillet 1988 | 5496 | 131904 | 7914240 | 474854400 |
| dimanche 31 juillet 1988 | 5497 | 131928 | 7915680 | 474940800 |
| lundi 1 août 1988 | 5498 | 131952 | 7917120 | 475027200 |
| mardi 2 août 1988 | 5499 | 131976 | 7918560 | 475113600 |
| mercredi 3 août 1988 | 5500 | 132000 | 7920000 | 475200000 |
| jeudi 4 août 1988 | 5501 | 132024 | 7921440 | 475286400 |
| vendredi 5 août 1988 | 5502 | 132048 | 7922880 | 475372800 |
| samedi 6 août 1988 | 5503 | 132072 | 7924320 | 475459200 |
| dimanche 7 août 1988 | 5504 | 132096 | 7925760 | 475545600 |
| lundi 8 août 1988 | 5505 | 132120 | 7927200 | 475632000 |
| mardi 9 août 1988 | 5506 | 132144 | 7928640 | 475718400 |
| mercredi 10 août 1988 | 5507 | 132168 | 7930080 | 475804800 |
| jeudi 11 août 1988 | 5508 | 132192 | 7931520 | 475891200 |

| | | | | |
|---|---|---|---|---|
| vendredi 12 août 1988 | 5509 | 132216 | 7932960 | 475977600 |
| samedi 13 août 1988 | 5510 | 132240 | 7934400 | 476064000 |
| dimanche 14 août 1988 | 5511 | 132264 | 7935840 | 476150400 |
| lundi 15 août 1988 | 5512 | 132288 | 7937280 | 476236800 |
| mardi 16 août 1988 | 5513 | 132312 | 7938720 | 476323200 |
| mercredi 17 août 1988 | 5514 | 132336 | 7940160 | 476409600 |
| jeudi 18 août 1988 | 5515 | 132360 | 7941600 | 476496000 |
| vendredi 19 août 1988 | 5516 | 132384 | 7943040 | 476582400 |
| samedi 20 août 1988 | 5517 | 132408 | 7944480 | 476668800 |
| dimanche 21 août 1988 | 5518 | 132432 | 7945920 | 476755200 |
| lundi 22 août 1988 | 5519 | 132456 | 7947360 | 476841600 |
| mardi 23 août 1988 | 5520 | 132480 | 7948800 | 476928000 |
| mercredi 24 août 1988 | 5521 | 132504 | 7950240 | 477014400 |
| jeudi 25 août 1988 | 5522 | 132528 | 7951680 | 477100800 |
| vendredi 26 août 1988 | 5523 | 132552 | 7953120 | 477187200 |
| samedi 27 août 1988 | 5524 | 132576 | 7954560 | 477273600 |
| dimanche 28 août 1988 | 5525 | 132600 | 7956000 | 477360000 |
| lundi 29 août 1988 | 5526 | 132624 | 7957440 | 477446400 |
| mardi 30 août 1988 | 5527 | 132648 | 7958880 | 477532800 |
| mercredi 31 août 1988 | 5528 | 132672 | 7960320 | 477619200 |
| jeudi 1 septembre 1988 | 5529 | 132696 | 7961760 | 477705600 |
| vendredi 2 septembre 1988 | 5530 | 132720 | 7963200 | 477792000 |
| samedi 3 septembre 1988 | 5531 | 132744 | 7964640 | 477878400 |
| dimanche 4 septembre 1988 | 5532 | 132768 | 7966080 | 477964800 |
| lundi 5 septembre 1988 | 5533 | 132792 | 7967520 | 478051200 |
| mardi 6 septembre 1988 | 5534 | 132816 | 7968960 | 478137600 |
| mercredi 7 septembre 1988 | 5535 | 132840 | 7970400 | 478224000 |
| jeudi 8 septembre 1988 | 5536 | 132864 | 7971840 | 478310400 |
| vendredi 9 septembre 1988 | 5537 | 132888 | 7973280 | 478396800 |
| samedi 10 septembre 1988 | 5538 | 132912 | 7974720 | 478483200 |
| dimanche 11 septembre 1988 | 5539 | 132936 | 7976160 | 478569600 |
| lundi 12 septembre 1988 | 5540 | 132960 | 7977600 | 478656000 |
| mardi 13 septembre 1988 | 5541 | 132984 | 7979040 | 478742400 |
| mercredi 14 septembre 1988 | 5542 | 133008 | 7980480 | 478828800 |
| jeudi 15 septembre 1988 | 5543 | 133032 | 7981920 | 478915200 |
| vendredi 16 septembre 1988 | 5544 | 133056 | 7983360 | 479001600 |
| samedi 17 septembre 1988 | 5545 | 133080 | 7984800 | 479088000 |
| dimanche 18 septembre 1988 | 5546 | 133104 | 7986240 | 479174400 |

| | | | | |
|---|---|---|---|---|
| lundi 19 septembre 1988 | 5547 | 133128 | 7987680 | 479260800 |
| mardi 20 septembre 1988 | 5548 | 133152 | 7989120 | 479347200 |
| mercredi 21 septembre 1988 | 5549 | 133176 | 7990560 | 479433600 |
| jeudi 22 septembre 1988 | 5550 | 133200 | 7992000 | 479520000 |
| vendredi 23 septembre 1988 | 5551 | 133224 | 7993440 | 479606400 |
| samedi 24 septembre 1988 | 5552 | 133248 | 7994880 | 479692800 |
| dimanche 25 septembre 1988 | 5553 | 133272 | 7996320 | 479779200 |
| lundi 26 septembre 1988 | 5554 | 133296 | 7997760 | 479865600 |
| mardi 27 septembre 1988 | 5555 | 133320 | 7999200 | 479952000 |
| mercredi 28 septembre 1988 | 5556 | 133344 | 8000640 | 480038400 |
| jeudi 29 septembre 1988 | 5557 | 133368 | 8002080 | 480124800 |
| vendredi 30 septembre 1988 | 5558 | 133392 | 8003520 | 480211200 |
| samedi 1 octobre 1988 | 5559 | 133416 | 8004960 | 480297600 |
| dimanche 2 octobre 1988 | 5560 | 133440 | 8006400 | 480384000 |
| lundi 3 octobre 1988 | 5561 | 133464 | 8007840 | 480470400 |
| mardi 4 octobre 1988 | 5562 | 133488 | 8009280 | 480556800 |
| mercredi 5 octobre 1988 | 5563 | 133512 | 8010720 | 480643200 |
| jeudi 6 octobre 1988 | 5564 | 133536 | 8012160 | 480729600 |
| vendredi 7 octobre 1988 | 5565 | 133560 | 8013600 | 480816000 |
| samedi 8 octobre 1988 | 5566 | 133584 | 8015040 | 480902400 |
| dimanche 9 octobre 1988 | 5567 | 133608 | 8016480 | 480988800 |
| lundi 10 octobre 1988 | 5568 | 133632 | 8017920 | 481075200 |
| mardi 11 octobre 1988 | 5569 | 133656 | 8019360 | 481161600 |
| mercredi 12 octobre 1988 | 5570 | 133680 | 8020800 | 481248000 |
| jeudi 13 octobre 1988 | 5571 | 133704 | 8022240 | 481334400 |
| vendredi 14 octobre 1988 | 5572 | 133728 | 8023680 | 481420800 |
| samedi 15 octobre 1988 | 5573 | 133752 | 8025120 | 481507200 |
| dimanche 16 octobre 1988 | 5574 | 133776 | 8026560 | 481593600 |
| lundi 17 octobre 1988 | 5575 | 133800 | 8028000 | 481680000 |
| mardi 18 octobre 1988 | 5576 | 133824 | 8029440 | 481766400 |
| mercredi 19 octobre 1988 | 5577 | 133848 | 8030880 | 481852800 |
| jeudi 20 octobre 1988 | 5578 | 133872 | 8032320 | 481939200 |
| vendredi 21 octobre 1988 | 5579 | 133896 | 8033760 | 482025600 |
| samedi 22 octobre 1988 | 5580 | 133920 | 8035200 | 482112000 |
| dimanche 23 octobre 1988 | 5581 | 133944 | 8036640 | 482198400 |
| lundi 24 octobre 1988 | 5582 | 133968 | 8038080 | 482284800 |
| mardi 25 octobre 1988 | 5583 | 133992 | 8039520 | 482371200 |
| mercredi 26 octobre 1988 | 5584 | 134016 | 8040960 | 482457600 |

| | | | | |
|---|---|---|---|---|
| jeudi 27 octobre 1988 | 5585 | 134040 | 8042400 | 482544000 |
| vendredi 28 octobre 1988 | 5586 | 134064 | 8043840 | 482630400 |
| samedi 29 octobre 1988 | 5587 | 134088 | 8045280 | 482716800 |
| dimanche 30 octobre 1988 | 5588 | 134112 | 8046720 | 482803200 |
| lundi 31 octobre 1988 | 5589 | 134136 | 8048160 | 482889600 |
| mardi 1 novembre 1988 | 5590 | 134160 | 8049600 | 482976000 |
| mercredi 2 novembre 1988 | 5591 | 134184 | 8051040 | 483062400 |
| jeudi 3 novembre 1988 | 5592 | 134208 | 8052480 | 483148800 |
| vendredi 4 novembre 1988 | 5593 | 134232 | 8053920 | 483235200 |
| samedi 5 novembre 1988 | 5594 | 134256 | 8055360 | 483321600 |
| dimanche 6 novembre 1988 | 5595 | 134280 | 8056800 | 483408000 |
| lundi 7 novembre 1988 | 5596 | 134304 | 8058240 | 483494400 |
| mardi 8 novembre 1988 | 5597 | 134328 | 8059680 | 483580800 |
| mercredi 9 novembre 1988 | 5598 | 134352 | 8061120 | 483667200 |
| jeudi 10 novembre 1988 | 5599 | 134376 | 8062560 | 483753600 |
| vendredi 11 novembre 1988 | 5600 | 134400 | 8064000 | 483840000 |
| samedi 12 novembre 1988 | 5601 | 134424 | 8065440 | 483926400 |
| dimanche 13 novembre 1988 | 5602 | 134448 | 8066880 | 484012800 |
| lundi 14 novembre 1988 | 5603 | 134472 | 8068320 | 484099200 |
| mardi 15 novembre 1988 | 5604 | 134496 | 8069760 | 484185600 |
| mercredi 16 novembre 1988 | 5605 | 134520 | 8071200 | 484272000 |
| jeudi 17 novembre 1988 | 5606 | 134544 | 8072640 | 484358400 |
| vendredi 18 novembre 1988 | 5607 | 134568 | 8074080 | 484444800 |
| samedi 19 novembre 1988 | 5608 | 134592 | 8075520 | 484531200 |
| dimanche 20 novembre 1988 | 5609 | 134616 | 8076960 | 484617600 |
| lundi 21 novembre 1988 | 5610 | 134640 | 8078400 | 484704000 |
| mardi 22 novembre 1988 | 5611 | 134664 | 8079840 | 484790400 |
| mercredi 23 novembre 1988 | 5612 | 134688 | 8081280 | 484876800 |
| jeudi 24 novembre 1988 | 5613 | 134712 | 8082720 | 484963200 |
| vendredi 25 novembre 1988 | 5614 | 134736 | 8084160 | 485049600 |
| samedi 26 novembre 1988 | 5615 | 134760 | 8085600 | 485136000 |
| dimanche 27 novembre 1988 | 5616 | 134784 | 8087040 | 485222400 |
| lundi 28 novembre 1988 | 5617 | 134808 | 8088480 | 485308800 |
| mardi 29 novembre 1988 | 5618 | 134832 | 8089920 | 485395200 |
| mercredi 30 novembre 1988 | 5619 | 134856 | 8091360 | 485481600 |
| jeudi 1 décembre 1988 | 5620 | 134880 | 8092800 | 485568000 |
| vendredi 2 décembre 1988 | 5621 | 134904 | 8094240 | 485654400 |
| samedi 3 décembre 1988 | 5622 | 134928 | 8095680 | 485740800 |

| | | | | |
|---|---|---|---|---|
| dimanche 4 décembre 1988 | 5623 | 134952 | 8097120 | 485827200 |
| lundi 5 décembre 1988 | 5624 | 134976 | 8098560 | 485913600 |
| mardi 6 décembre 1988 | 5625 | 135000 | 8100000 | 486000000 |
| mercredi 7 décembre 1988 | 5626 | 135024 | 8101440 | 486086400 |
| jeudi 8 décembre 1988 | 5627 | 135048 | 8102880 | 486172800 |
| vendredi 9 décembre 1988 | 5628 | 135072 | 8104320 | 486259200 |
| samedi 10 décembre 1988 | 5629 | 135096 | 8105760 | 486345600 |
| dimanche 11 décembre 1988 | 5630 | 135120 | 8107200 | 486432000 |
| lundi 12 décembre 1988 | 5631 | 135144 | 8108640 | 486518400 |
| mardi 13 décembre 1988 | 5632 | 135168 | 8110080 | 486604800 |
| mercredi 14 décembre 1988 | 5633 | 135192 | 8111520 | 486691200 |
| jeudi 15 décembre 1988 | 5634 | 135216 | 8112960 | 486777600 |
| vendredi 16 décembre 1988 | 5635 | 135240 | 8114400 | 486864000 |
| samedi 17 décembre 1988 | 5636 | 135264 | 8115840 | 486950400 |
| dimanche 18 décembre 1988 | 5637 | 135288 | 8117280 | 487036800 |
| lundi 19 décembre 1988 | 5638 | 135312 | 8118720 | 487123200 |
| mardi 20 décembre 1988 | 5639 | 135336 | 8120160 | 487209600 |
| mercredi 21 décembre 1988 | 5640 | 135360 | 8121600 | 487296000 |
| jeudi 22 décembre 1988 | 5641 | 135384 | 8123040 | 487382400 |
| vendredi 23 décembre 1988 | 5642 | 135408 | 8124480 | 487468800 |
| samedi 24 décembre 1988 | 5643 | 135432 | 8125920 | 487555200 |
| dimanche 25 décembre 1988 | 5644 | 135456 | 8127360 | 487641600 |
| lundi 26 décembre 1988 | 5645 | 135480 | 8128800 | 487728000 |
| mardi 27 décembre 1988 | 5646 | 135504 | 8130240 | 487814400 |
| mercredi 28 décembre 1988 | 5647 | 135528 | 8131680 | 487900800 |
| jeudi 29 décembre 1988 | 5648 | 135552 | 8133120 | 487987200 |
| vendredi 30 décembre 1988 | 5649 | 135576 | 8134560 | 488073600 |
| samedi 31 décembre 1988 | 5650 | 135600 | 8136000 | 488160000 |
| dimanche 1 janvier 1989 | 5651 | 135624 | 8137440 | 488246400 |
| lundi 2 janvier 1989 | 5652 | 135648 | 8138880 | 488332800 |
| mardi 3 janvier 1989 | 5653 | 135672 | 8140320 | 488419200 |
| mercredi 4 janvier 1989 | 5654 | 135696 | 8141760 | 488505600 |
| jeudi 5 janvier 1989 | 5655 | 135720 | 8143200 | 488592000 |
| vendredi 6 janvier 1989 | 5656 | 135744 | 8144640 | 488678400 |
| samedi 7 janvier 1989 | 5657 | 135768 | 8146080 | 488764800 |
| dimanche 8 janvier 1989 | 5658 | 135792 | 8147520 | 488851200 |
| lundi 9 janvier 1989 | 5659 | 135816 | 8148960 | 488937600 |
| mardi 10 janvier 1989 | 5660 | 135840 | 8150400 | 489024000 |

| | | | | |
|---|---|---|---|---|
| mercredi 11 janvier 1989 | 5661 | 135864 | 8151840 | 489110400 |
| jeudi 12 janvier 1989 | 5662 | 135888 | 8153280 | 489196800 |
| vendredi 13 janvier 1989 | 5663 | 135912 | 8154720 | 489283200 |
| samedi 14 janvier 1989 | 5664 | 135936 | 8156160 | 489369600 |
| dimanche 15 janvier 1989 | 5665 | 135960 | 8157600 | 489456000 |
| lundi 16 janvier 1989 | 5666 | 135984 | 8159040 | 489542400 |
| mardi 17 janvier 1989 | 5667 | 136008 | 8160480 | 489628800 |
| mercredi 18 janvier 1989 | 5668 | 136032 | 8161920 | 489715200 |
| jeudi 19 janvier 1989 | 5669 | 136056 | 8163360 | 489801600 |
| vendredi 20 janvier 1989 | 5670 | 136080 | 8164800 | 489888000 |
| samedi 21 janvier 1989 | 5671 | 136104 | 8166240 | 489974400 |
| dimanche 22 janvier 1989 | 5672 | 136128 | 8167680 | 490060800 |
| lundi 23 janvier 1989 | 5673 | 136152 | 8169120 | 490147200 |
| mardi 24 janvier 1989 | 5674 | 136176 | 8170560 | 490233600 |
| mercredi 25 janvier 1989 | 5675 | 136200 | 8172000 | 490320000 |
| jeudi 26 janvier 1989 | 5676 | 136224 | 8173440 | 490406400 |
| vendredi 27 janvier 1989 | 5677 | 136248 | 8174880 | 490492800 |
| samedi 28 janvier 1989 | 5678 | 136272 | 8176320 | 490579200 |
| dimanche 29 janvier 1989 | 5679 | 136296 | 8177760 | 490665600 |
| lundi 30 janvier 1989 | 5680 | 136320 | 8179200 | 490752000 |
| mardi 31 janvier 1989 | 5681 | 136344 | 8180640 | 490838400 |
| mercredi 1 février 1989 | 5682 | 136368 | 8182080 | 490924800 |
| jeudi 2 février 1989 | 5683 | 136392 | 8183520 | 491011200 |
| vendredi 3 février 1989 | 5684 | 136416 | 8184960 | 491097600 |
| samedi 4 février 1989 | 5685 | 136440 | 8186400 | 491184000 |
| dimanche 5 février 1989 | 5686 | 136464 | 8187840 | 491270400 |
| lundi 6 février 1989 | 5687 | 136488 | 8189280 | 491356800 |
| mardi 7 février 1989 | 5688 | 136512 | 8190720 | 491443200 |
| mercredi 8 février 1989 | 5689 | 136536 | 8192160 | 491529600 |
| jeudi 9 février 1989 | 5690 | 136560 | 8193600 | 491616000 |
| vendredi 10 février 1989 | 5691 | 136584 | 8195040 | 491702400 |
| samedi 11 février 1989 | 5692 | 136608 | 8196480 | 491788800 |
| dimanche 12 février 1989 | 5693 | 136632 | 8197920 | 491875200 |
| lundi 13 février 1989 | 5694 | 136656 | 8199360 | 491961600 |
| mardi 14 février 1989 | 5695 | 136680 | 8200800 | 492048000 |
| mercredi 15 février 1989 | 5696 | 136704 | 8202240 | 492134400 |
| jeudi 16 février 1989 | 5697 | 136728 | 8203680 | 492220800 |
| vendredi 17 février 1989 | 5698 | 136752 | 8205120 | 492307200 |

| | | | | |
|---|---|---|---|---|
| samedi 18 février 1989 | 5699 | 136776 | 8206560 | 492393600 |
| dimanche 19 février 1989 | 5700 | 136800 | 8208000 | 492480000 |
| lundi 20 février 1989 | 5701 | 136824 | 8209440 | 492566400 |
| mardi 21 février 1989 | 5702 | 136848 | 8210880 | 492652800 |
| mercredi 22 février 1989 | 5703 | 136872 | 8212320 | 492739200 |
| jeudi 23 février 1989 | 5704 | 136896 | 8213760 | 492825600 |
| vendredi 24 février 1989 | 5705 | 136920 | 8215200 | 492912000 |
| samedi 25 février 1989 | 5706 | 136944 | 8216640 | 492998400 |
| dimanche 26 février 1989 | 5707 | 136968 | 8218080 | 493084800 |
| lundi 27 février 1989 | 5708 | 136992 | 8219520 | 493171200 |
| mardi 28 février 1989 | 5709 | 137016 | 8220960 | 493257600 |
| mercredi 1 mars 1989 | 5710 | 137040 | 8222400 | 493344000 |
| jeudi 2 mars 1989 | 5711 | 137064 | 8223840 | 493430400 |
| vendredi 3 mars 1989 | 5712 | 137088 | 8225280 | 493516800 |
| samedi 4 mars 1989 | 5713 | 137112 | 8226720 | 493603200 |
| dimanche 5 mars 1989 | 5714 | 137136 | 8228160 | 493689600 |
| lundi 6 mars 1989 | 5715 | 137160 | 8229600 | 493776000 |
| mardi 7 mars 1989 | 5716 | 137184 | 8231040 | 493862400 |
| mercredi 8 mars 1989 | 5717 | 137208 | 8232480 | 493948800 |
| jeudi 9 mars 1989 | 5718 | 137232 | 8233920 | 494035200 |
| vendredi 10 mars 1989 | 5719 | 137256 | 8235360 | 494121600 |
| samedi 11 mars 1989 | 5720 | 137280 | 8236800 | 494208000 |
| dimanche 12 mars 1989 | 5721 | 137304 | 8238240 | 494294400 |
| lundi 13 mars 1989 | 5722 | 137328 | 8239680 | 494380800 |
| mardi 14 mars 1989 | 5723 | 137352 | 8241120 | 494467200 |
| mercredi 15 mars 1989 | 5724 | 137376 | 8242560 | 494553600 |
| jeudi 16 mars 1989 | 5725 | 137400 | 8244000 | 494640000 |
| vendredi 17 mars 1989 | 5726 | 137424 | 8245440 | 494726400 |
| samedi 18 mars 1989 | 5727 | 137448 | 8246880 | 494812800 |
| dimanche 19 mars 1989 | 5728 | 137472 | 8248320 | 494899200 |
| lundi 20 mars 1989 | 5729 | 137496 | 8249760 | 494985600 |
| mardi 21 mars 1989 | 5730 | 137520 | 8251200 | 495072000 |
| mercredi 22 mars 1989 | 5731 | 137544 | 8252640 | 495158400 |
| jeudi 23 mars 1989 | 5732 | 137568 | 8254080 | 495244800 |
| vendredi 24 mars 1989 | 5733 | 137592 | 8255520 | 495331200 |
| samedi 25 mars 1989 | 5734 | 137616 | 8256960 | 495417600 |
| dimanche 26 mars 1989 | 5735 | 137640 | 8258400 | 495504000 |
| lundi 27 mars 1989 | 5736 | 137664 | 8259840 | 495590400 |

| | | | | |
|---|---|---|---|---|
| mardi 28 mars 1989 | 5737 | 137688 | 8261280 | 495676800 |
| mercredi 29 mars 1989 | 5738 | 137712 | 8262720 | 495763200 |
| jeudi 30 mars 1989 | 5739 | 137736 | 8264160 | 495849600 |
| vendredi 31 mars 1989 | 5740 | 137760 | 8265600 | 495936000 |
| samedi 1 avril 1989 | 5741 | 137784 | 8267040 | 496022400 |
| dimanche 2 avril 1989 | 5742 | 137808 | 8268480 | 496108800 |
| lundi 3 avril 1989 | 5743 | 137832 | 8269920 | 496195200 |
| mardi 4 avril 1989 | 5744 | 137856 | 8271360 | 496281600 |
| mercredi 5 avril 1989 | 5745 | 137880 | 8272800 | 496368000 |
| jeudi 6 avril 1989 | 5746 | 137904 | 8274240 | 496454400 |
| vendredi 7 avril 1989 | 5747 | 137928 | 8275680 | 496540800 |
| samedi 8 avril 1989 | 5748 | 137952 | 8277120 | 496627200 |
| dimanche 9 avril 1989 | 5749 | 137976 | 8278560 | 496713600 |
| lundi 10 avril 1989 | 5750 | 138000 | 8280000 | 496800000 |
| mardi 11 avril 1989 | 5751 | 138024 | 8281440 | 496886400 |
| mercredi 12 avril 1989 | 5752 | 138048 | 8282880 | 496972800 |
| jeudi 13 avril 1989 | 5753 | 138072 | 8284320 | 497059200 |
| vendredi 14 avril 1989 | 5754 | 138096 | 8285760 | 497145600 |
| samedi 15 avril 1989 | 5755 | 138120 | 8287200 | 497232000 |
| dimanche 16 avril 1989 | 5756 | 138144 | 8288640 | 497318400 |
| lundi 17 avril 1989 | 5757 | 138168 | 8290080 | 497404800 |
| mardi 18 avril 1989 | 5758 | 138192 | 8291520 | 497491200 |
| mercredi 19 avril 1989 | 5759 | 138216 | 8292960 | 497577600 |
| jeudi 20 avril 1989 | 5760 | 138240 | 8294400 | 497664000 |
| vendredi 21 avril 1989 | 5761 | 138264 | 8295840 | 497750400 |
| samedi 22 avril 1989 | 5762 | 138288 | 8297280 | 497836800 |
| dimanche 23 avril 1989 | 5763 | 138312 | 8298720 | 497923200 |
| lundi 24 avril 1989 | 5764 | 138336 | 8300160 | 498009600 |
| mardi 25 avril 1989 | 5765 | 138360 | 8301600 | 498096000 |
| mercredi 26 avril 1989 | 5766 | 138384 | 8303040 | 498182400 |
| jeudi 27 avril 1989 | 5767 | 138408 | 8304480 | 498268800 |
| vendredi 28 avril 1989 | 5768 | 138432 | 8305920 | 498355200 |
| samedi 29 avril 1989 | 5769 | 138456 | 8307360 | 498441600 |
| dimanche 30 avril 1989 | 5770 | 138480 | 8308800 | 498528000 |
| lundi 1 mai 1989 | 5771 | 138504 | 8310240 | 498614400 |
| mardi 2 mai 1989 | 5772 | 138528 | 8311680 | 498700800 |
| mercredi 3 mai 1989 | 5773 | 138552 | 8313120 | 498787200 |
| jeudi 4 mai 1989 | 5774 | 138576 | 8314560 | 498873600 |

| | | | | |
|---|---|---|---|---|
| vendredi 5 mai 1989 | 5775 | 138600 | 8316000 | 498960000 |
| samedi 6 mai 1989 | 5776 | 138624 | 8317440 | 499046400 |
| dimanche 7 mai 1989 | 5777 | 138648 | 8318880 | 499132800 |
| lundi 8 mai 1989 | 5778 | 138672 | 8320320 | 499219200 |
| mardi 9 mai 1989 | 5779 | 138696 | 8321760 | 499305600 |
| mercredi 10 mai 1989 | 5780 | 138720 | 8323200 | 499392000 |
| jeudi 11 mai 1989 | 5781 | 138744 | 8324640 | 499478400 |
| vendredi 12 mai 1989 | 5782 | 138768 | 8326080 | 499564800 |
| samedi 13 mai 1989 | 5783 | 138792 | 8327520 | 499651200 |
| dimanche 14 mai 1989 | 5784 | 138816 | 8328960 | 499737600 |
| lundi 15 mai 1989 | 5785 | 138840 | 8330400 | 499824000 |
| mardi 16 mai 1989 | 5786 | 138864 | 8331840 | 499910400 |
| mercredi 17 mai 1989 | 5787 | 138888 | 8333280 | 499996800 |
| jeudi 18 mai 1989 | 5788 | 138912 | 8334720 | 500083200 |
| vendredi 19 mai 1989 | 5789 | 138936 | 8336160 | 500169600 |
| samedi 20 mai 1989 | 5790 | 138960 | 8337600 | 500256000 |
| dimanche 21 mai 1989 | 5791 | 138984 | 8339040 | 500342400 |
| lundi 22 mai 1989 | 5792 | 139008 | 8340480 | 500428800 |
| mardi 23 mai 1989 | 5793 | 139032 | 8341920 | 500515200 |
| mercredi 24 mai 1989 | 5794 | 139056 | 8343360 | 500601600 |
| jeudi 25 mai 1989 | 5795 | 139080 | 8344800 | 500688000 |
| vendredi 26 mai 1989 | 5796 | 139104 | 8346240 | 500774400 |
| samedi 27 mai 1989 | 5797 | 139128 | 8347680 | 500860800 |
| dimanche 28 mai 1989 | 5798 | 139152 | 8349120 | 500947200 |
| lundi 29 mai 1989 | 5799 | 139176 | 8350560 | 501033600 |
| mardi 30 mai 1989 | 5800 | 139200 | 8352000 | 501120000 |
| mercredi 31 mai 1989 | 5801 | 139224 | 8353440 | 501206400 |
| jeudi 1 juin 1989 | 5802 | 139248 | 8354880 | 501292800 |
| vendredi 2 juin 1989 | 5803 | 139272 | 8356320 | 501379200 |
| samedi 3 juin 1989 | 5804 | 139296 | 8357760 | 501465600 |
| dimanche 4 juin 1989 | 5805 | 139320 | 8359200 | 501552000 |
| lundi 5 juin 1989 | 5806 | 139344 | 8360640 | 501638400 |
| mardi 6 juin 1989 | 5807 | 139368 | 8362080 | 501724800 |
| mercredi 7 juin 1989 | 5808 | 139392 | 8363520 | 501811200 |
| jeudi 8 juin 1989 | 5809 | 139416 | 8364960 | 501897600 |
| vendredi 9 juin 1989 | 5810 | 139440 | 8366400 | 501984000 |
| samedi 10 juin 1989 | 5811 | 139464 | 8367840 | 502070400 |
| dimanche 11 juin 1989 | 5812 | 139488 | 8369280 | 502156800 |

| | | | | |
|---|---|---|---|---|
| lundi 12 juin 1989 | 5813 | 139512 | 8370720 | 502243200 |
| mardi 13 juin 1989 | 5814 | 139536 | 8372160 | 502329600 |
| mercredi 14 juin 1989 | 5815 | 139560 | 8373600 | 502416000 |
| jeudi 15 juin 1989 | 5816 | 139584 | 8375040 | 502502400 |
| vendredi 16 juin 1989 | 5817 | 139608 | 8376480 | 502588800 |
| samedi 17 juin 1989 | 5818 | 139632 | 8377920 | 502675200 |
| dimanche 18 juin 1989 | 5819 | 139656 | 8379360 | 502761600 |
| lundi 19 juin 1989 | 5820 | 139680 | 8380800 | 502848000 |
| mardi 20 juin 1989 | 5821 | 139704 | 8382240 | 502934400 |
| mercredi 21 juin 1989 | 5822 | 139728 | 8383680 | 503020800 |
| jeudi 22 juin 1989 | 5823 | 139752 | 8385120 | 503107200 |
| vendredi 23 juin 1989 | 5824 | 139776 | 8386560 | 503193600 |
| samedi 24 juin 1989 | 5825 | 139800 | 8388000 | 503280000 |
| dimanche 25 juin 1989 | 5826 | 139824 | 8389440 | 503366400 |
| lundi 26 juin 1989 | 5827 | 139848 | 8390880 | 503452800 |
| mardi 27 juin 1989 | 5828 | 139872 | 8392320 | 503539200 |
| mercredi 28 juin 1989 | 5829 | 139896 | 8393760 | 503625600 |
| jeudi 29 juin 1989 | 5830 | 139920 | 8395200 | 503712000 |
| vendredi 30 juin 1989 | 5831 | 139944 | 8396640 | 503798400 |
| samedi 1 juillet 1989 | 5832 | 139968 | 8398080 | 503884800 |
| dimanche 2 juillet 1989 | 5833 | 139992 | 8399520 | 503971200 |
| lundi 3 juillet 1989 | 5834 | 140016 | 8400960 | 504057600 |
| mardi 4 juillet 1989 | 5835 | 140040 | 8402400 | 504144000 |
| mercredi 5 juillet 1989 | 5836 | 140064 | 8403840 | 504230400 |
| jeudi 6 juillet 1989 | 5837 | 140088 | 8405280 | 504316800 |
| vendredi 7 juillet 1989 | 5838 | 140112 | 8406720 | 504403200 |
| samedi 8 juillet 1989 | 5839 | 140136 | 8408160 | 504489600 |
| dimanche 9 juillet 1989 | 5840 | 140160 | 8409600 | 504576000 |
| lundi 10 juillet 1989 | 5841 | 140184 | 8411040 | 504662400 |
| mardi 11 juillet 1989 | 5842 | 140208 | 8412480 | 504748800 |
| mercredi 12 juillet 1989 | 5843 | 140232 | 8413920 | 504835200 |
| jeudi 13 juillet 1989 | 5844 | 140256 | 8415360 | 504921600 |
| vendredi 14 juillet 1989 | 5845 | 140280 | 8416800 | 505008000 |
| samedi 15 juillet 1989 | 5846 | 140304 | 8418240 | 505094400 |
| dimanche 16 juillet 1989 | 5847 | 140328 | 8419680 | 505180800 |
| lundi 17 juillet 1989 | 5848 | 140352 | 8421120 | 505267200 |
| mardi 18 juillet 1989 | 5849 | 140376 | 8422560 | 505353600 |
| mercredi 19 juillet 1989 | 5850 | 140400 | 8424000 | 505440000 |

| | | | | |
|---|---|---|---|---|
| jeudi 20 juillet 1989 | 5851 | 140424 | 8425440 | 505526400 |
| vendredi 21 juillet 1989 | 5852 | 140448 | 8426880 | 505612800 |
| samedi 22 juillet 1989 | 5853 | 140472 | 8428320 | 505699200 |
| dimanche 23 juillet 1989 | 5854 | 140496 | 8429760 | 505785600 |
| lundi 24 juillet 1989 | 5855 | 140520 | 8431200 | 505872000 |
| mardi 25 juillet 1989 | 5856 | 140544 | 8432640 | 505958400 |
| mercredi 26 juillet 1989 | 5857 | 140568 | 8434080 | 506044800 |
| jeudi 27 juillet 1989 | 5858 | 140592 | 8435520 | 506131200 |
| vendredi 28 juillet 1989 | 5859 | 140616 | 8436960 | 506217600 |
| samedi 29 juillet 1989 | 5860 | 140640 | 8438400 | 506304000 |
| dimanche 30 juillet 1989 | 5861 | 140664 | 8439840 | 506390400 |
| lundi 31 juillet 1989 | 5862 | 140688 | 8441280 | 506476800 |
| mardi 1 août 1989 | 5863 | 140712 | 8442720 | 506563200 |
| mercredi 2 août 1989 | 5864 | 140736 | 8444160 | 506649600 |
| jeudi 3 août 1989 | 5865 | 140760 | 8445600 | 506736000 |
| vendredi 4 août 1989 | 5866 | 140784 | 8447040 | 506822400 |
| samedi 5 août 1989 | 5867 | 140808 | 8448480 | 506908800 |
| dimanche 6 août 1989 | 5868 | 140832 | 8449920 | 506995200 |
| lundi 7 août 1989 | 5869 | 140856 | 8451360 | 507081600 |
| mardi 8 août 1989 | 5870 | 140880 | 8452800 | 507168000 |
| mercredi 9 août 1989 | 5871 | 140904 | 8454240 | 507254400 |
| jeudi 10 août 1989 | 5872 | 140928 | 8455680 | 507340800 |
| vendredi 11 août 1989 | 5873 | 140952 | 8457120 | 507427200 |
| samedi 12 août 1989 | 5874 | 140976 | 8458560 | 507513600 |
| dimanche 13 août 1989 | 5875 | 141000 | 8460000 | 507600000 |
| lundi 14 août 1989 | 5876 | 141024 | 8461440 | 507686400 |
| mardi 15 août 1989 | 5877 | 141048 | 8462880 | 507772800 |
| mercredi 16 août 1989 | 5878 | 141072 | 8464320 | 507859200 |
| jeudi 17 août 1989 | 5879 | 141096 | 8465760 | 507945600 |
| vendredi 18 août 1989 | 5880 | 141120 | 8467200 | 508032000 |
| samedi 19 août 1989 | 5881 | 141144 | 8468640 | 508118400 |
| dimanche 20 août 1989 | 5882 | 141168 | 8470080 | 508204800 |
| lundi 21 août 1989 | 5883 | 141192 | 8471520 | 508291200 |
| mardi 22 août 1989 | 5884 | 141216 | 8472960 | 508377600 |
| mercredi 23 août 1989 | 5885 | 141240 | 8474400 | 508464000 |
| jeudi 24 août 1989 | 5886 | 141264 | 8475840 | 508550400 |
| vendredi 25 août 1989 | 5887 | 141288 | 8477280 | 508636800 |
| samedi 26 août 1989 | 5888 | 141312 | 8478720 | 508723200 |

| | | | | |
|---|---|---|---|---|
| dimanche 27 août 1989 | 5889 | 141336 | 8480160 | 508809600 |
| lundi 28 août 1989 | 5890 | 141360 | 8481600 | 508896000 |
| mardi 29 août 1989 | 5891 | 141384 | 8483040 | 508982400 |
| mercredi 30 août 1989 | 5892 | 141408 | 8484480 | 509068800 |
| jeudi 31 août 1989 | 5893 | 141432 | 8485920 | 509155200 |
| vendredi 1 septembre 1989 | 5894 | 141456 | 8487360 | 509241600 |
| samedi 2 septembre 1989 | 5895 | 141480 | 8488800 | 509328000 |
| dimanche 3 septembre 1989 | 5896 | 141504 | 8490240 | 509414400 |
| lundi 4 septembre 1989 | 5897 | 141528 | 8491680 | 509500800 |
| mardi 5 septembre 1989 | 5898 | 141552 | 8493120 | 509587200 |
| mercredi 6 septembre 1989 | 5899 | 141576 | 8494560 | 509673600 |
| jeudi 7 septembre 1989 | 5900 | 141600 | 8496000 | 509760000 |
| vendredi 8 septembre 1989 | 5901 | 141624 | 8497440 | 509846400 |
| samedi 9 septembre 1989 | 5902 | 141648 | 8498880 | 509932800 |
| dimanche 10 septembre 1989 | 5903 | 141672 | 8500320 | 510019200 |
| lundi 11 septembre 1989 | 5904 | 141696 | 8501760 | 510105600 |
| mardi 12 septembre 1989 | 5905 | 141720 | 8503200 | 510192000 |
| mercredi 13 septembre 1989 | 5906 | 141744 | 8504640 | 510278400 |
| jeudi 14 septembre 1989 | 5907 | 141768 | 8506080 | 510364800 |
| vendredi 15 septembre 1989 | 5908 | 141792 | 8507520 | 510451200 |
| samedi 16 septembre 1989 | 5909 | 141816 | 8508960 | 510537600 |
| dimanche 17 septembre 1989 | 5910 | 141840 | 8510400 | 510624000 |
| lundi 18 septembre 1989 | 5911 | 141864 | 8511840 | 510710400 |
| mardi 19 septembre 1989 | 5912 | 141888 | 8513280 | 510796800 |
| mercredi 20 septembre 1989 | 5913 | 141912 | 8514720 | 510883200 |
| jeudi 21 septembre 1989 | 5914 | 141936 | 8516160 | 510969600 |
| vendredi 22 septembre 1989 | 5915 | 141960 | 8517600 | 511056000 |
| samedi 23 septembre 1989 | 5916 | 141984 | 8519040 | 511142400 |
| dimanche 24 septembre 1989 | 5917 | 142008 | 8520480 | 511228800 |
| lundi 25 septembre 1989 | 5918 | 142032 | 8521920 | 511315200 |
| mardi 26 septembre 1989 | 5919 | 142056 | 8523360 | 511401600 |
| mercredi 27 septembre 1989 | 5920 | 142080 | 8524800 | 511488000 |
| jeudi 28 septembre 1989 | 5921 | 142104 | 8526240 | 511574400 |
| vendredi 29 septembre 1989 | 5922 | 142128 | 8527680 | 511660800 |
| samedi 30 septembre 1989 | 5923 | 142152 | 8529120 | 511747200 |
| dimanche 1 octobre 1989 | 5924 | 142176 | 8530560 | 511833600 |
| lundi 2 octobre 1989 | 5925 | 142200 | 8532000 | 511920000 |
| mardi 3 octobre 1989 | 5926 | 142224 | 8533440 | 512006400 |

| | | | | |
|---|---|---|---|---|
| mercredi 4 octobre 1989 | 5927 | 142248 | 8534880 | 512092800 |
| jeudi 5 octobre 1989 | 5928 | 142272 | 8536320 | 512179200 |
| vendredi 6 octobre 1989 | 5929 | 142296 | 8537760 | 512265600 |
| samedi 7 octobre 1989 | 5930 | 142320 | 8539200 | 512352000 |
| dimanche 8 octobre 1989 | 5931 | 142344 | 8540640 | 512438400 |
| lundi 9 octobre 1989 | 5932 | 142368 | 8542080 | 512524800 |
| mardi 10 octobre 1989 | 5933 | 142392 | 8543520 | 512611200 |
| mercredi 11 octobre 1989 | 5934 | 142416 | 8544960 | 512697600 |
| jeudi 12 octobre 1989 | 5935 | 142440 | 8546400 | 512784000 |
| vendredi 13 octobre 1989 | 5936 | 142464 | 8547840 | 512870400 |
| samedi 14 octobre 1989 | 5937 | 142488 | 8549280 | 512956800 |
| dimanche 15 octobre 1989 | 5938 | 142512 | 8550720 | 513043200 |
| lundi 16 octobre 1989 | 5939 | 142536 | 8552160 | 513129600 |
| mardi 17 octobre 1989 | 5940 | 142560 | 8553600 | 513216000 |
| mercredi 18 octobre 1989 | 5941 | 142584 | 8555040 | 513302400 |
| jeudi 19 octobre 1989 | 5942 | 142608 | 8556480 | 513388800 |
| vendredi 20 octobre 1989 | 5943 | 142632 | 8557920 | 513475200 |
| samedi 21 octobre 1989 | 5944 | 142656 | 8559360 | 513561600 |
| dimanche 22 octobre 1989 | 5945 | 142680 | 8560800 | 513648000 |
| lundi 23 octobre 1989 | 5946 | 142704 | 8562240 | 513734400 |
| mardi 24 octobre 1989 | 5947 | 142728 | 8563680 | 513820800 |
| mercredi 25 octobre 1989 | 5948 | 142752 | 8565120 | 513907200 |
| jeudi 26 octobre 1989 | 5949 | 142776 | 8566560 | 513993600 |
| vendredi 27 octobre 1989 | 5950 | 142800 | 8568000 | 514080000 |
| samedi 28 octobre 1989 | 5951 | 142824 | 8569440 | 514166400 |
| dimanche 29 octobre 1989 | 5952 | 142848 | 8570880 | 514252800 |
| lundi 30 octobre 1989 | 5953 | 142872 | 8572320 | 514339200 |
| mardi 31 octobre 1989 | 5954 | 142896 | 8573760 | 514425600 |
| mercredi 1 novembre 1989 | 5955 | 142920 | 8575200 | 514512000 |
| jeudi 2 novembre 1989 | 5956 | 142944 | 8576640 | 514598400 |
| vendredi 3 novembre 1989 | 5957 | 142968 | 8578080 | 514684800 |
| samedi 4 novembre 1989 | 5958 | 142992 | 8579520 | 514771200 |
| dimanche 5 novembre 1989 | 5959 | 143016 | 8580960 | 514857600 |
| lundi 6 novembre 1989 | 5960 | 143040 | 8582400 | 514944000 |
| mardi 7 novembre 1989 | 5961 | 143064 | 8583840 | 515030400 |
| mercredi 8 novembre 1989 | 5962 | 143088 | 8585280 | 515116800 |
| jeudi 9 novembre 1989 | 5963 | 143112 | 8586720 | 515203200 |
| vendredi 10 novembre 1989 | 5964 | 143136 | 8588160 | 515289600 |

| | | | | |
|---|---|---|---|---|
| samedi 11 novembre 1989 | 5965 | 143160 | 8589600 | 515376000 |
| dimanche 12 novembre 1989 | 5966 | 143184 | 8591040 | 515462400 |
| lundi 13 novembre 1989 | 5967 | 143208 | 8592480 | 515548800 |
| mardi 14 novembre 1989 | 5968 | 143232 | 8593920 | 515635200 |
| mercredi 15 novembre 1989 | 5969 | 143256 | 8595360 | 515721600 |
| jeudi 16 novembre 1989 | 5970 | 143280 | 8596800 | 515808000 |
| vendredi 17 novembre 1989 | 5971 | 143304 | 8598240 | 515894400 |
| samedi 18 novembre 1989 | 5972 | 143328 | 8599680 | 515980800 |
| dimanche 19 novembre 1989 | 5973 | 143352 | 8601120 | 516067200 |
| lundi 20 novembre 1989 | 5974 | 143376 | 8602560 | 516153600 |
| mardi 21 novembre 1989 | 5975 | 143400 | 8604000 | 516240000 |
| mercredi 22 novembre 1989 | 5976 | 143424 | 8605440 | 516326400 |
| jeudi 23 novembre 1989 | 5977 | 143448 | 8606880 | 516412800 |
| vendredi 24 novembre 1989 | 5978 | 143472 | 8608320 | 516499200 |
| samedi 25 novembre 1989 | 5979 | 143496 | 8609760 | 516585600 |
| dimanche 26 novembre 1989 | 5980 | 143520 | 8611200 | 516672000 |
| lundi 27 novembre 1989 | 5981 | 143544 | 8612640 | 516758400 |
| mardi 28 novembre 1989 | 5982 | 143568 | 8614080 | 516844800 |
| mercredi 29 novembre 1989 | 5983 | 143592 | 8615520 | 516931200 |
| jeudi 30 novembre 1989 | 5984 | 143616 | 8616960 | 517017600 |
| vendredi 1 décembre 1989 | 5985 | 143640 | 8618400 | 517104000 |
| samedi 2 décembre 1989 | 5986 | 143664 | 8619840 | 517190400 |
| dimanche 3 décembre 1989 | 5987 | 143688 | 8621280 | 517276800 |
| lundi 4 décembre 1989 | 5988 | 143712 | 8622720 | 517363200 |
| mardi 5 décembre 1989 | 5989 | 143736 | 8624160 | 517449600 |
| mercredi 6 décembre 1989 | 5990 | 143760 | 8625600 | 517536000 |
| jeudi 7 décembre 1989 | 5991 | 143784 | 8627040 | 517622400 |
| vendredi 8 décembre 1989 | 5992 | 143808 | 8628480 | 517708800 |
| samedi 9 décembre 1989 | 5993 | 143832 | 8629920 | 517795200 |
| dimanche 10 décembre 1989 | 5994 | 143856 | 8631360 | 517881600 |
| lundi 11 décembre 1989 | 5995 | 143880 | 8632800 | 517968000 |
| mardi 12 décembre 1989 | 5996 | 143904 | 8634240 | 518054400 |
| mercredi 13 décembre 1989 | 5997 | 143928 | 8635680 | 518140800 |
| jeudi 14 décembre 1989 | 5998 | 143952 | 8637120 | 518227200 |
| vendredi 15 décembre 1989 | 5999 | 143976 | 8638560 | 518313600 |
| samedi 16 décembre 1989 | 6000 | 144000 | 8640000 | 518400000 |
| dimanche 17 décembre 1989 | 6001 | 144024 | 8641440 | 518486400 |
| lundi 18 décembre 1989 | 6002 | 144048 | 8642880 | 518572800 |

| | | | | |
|---|---|---|---|---|
| mardi 19 décembre 1989 | 6003 | 144072 | 8644320 | 518659200 |
| mercredi 20 décembre 1989 | 6004 | 144096 | 8645760 | 518745600 |
| jeudi 21 décembre 1989 | 6005 | 144120 | 8647200 | 518832000 |
| vendredi 22 décembre 1989 | 6006 | 144144 | 8648640 | 518918400 |
| samedi 23 décembre 1989 | 6007 | 144168 | 8650080 | 519004800 |
| dimanche 24 décembre 1989 | 6008 | 144192 | 8651520 | 519091200 |
| lundi 25 décembre 1989 | 6009 | 144216 | 8652960 | 519177600 |
| mardi 26 décembre 1989 | 6010 | 144240 | 8654400 | 519264000 |
| mercredi 27 décembre 1989 | 6011 | 144264 | 8655840 | 519350400 |
| jeudi 28 décembre 1989 | 6012 | 144288 | 8657280 | 519436800 |
| vendredi 29 décembre 1989 | 6013 | 144312 | 8658720 | 519523200 |
| samedi 30 décembre 1989 | 6014 | 144336 | 8660160 | 519609600 |
| dimanche 31 décembre 1989 | 6015 | 144360 | 8661600 | 519696000 |
| lundi 1 janvier 1990 | 6016 | 144384 | 8663040 | 519782400 |
| mardi 2 janvier 1990 | 6017 | 144408 | 8664480 | 519868800 |
| mercredi 3 janvier 1990 | 6018 | 144432 | 8665920 | 519955200 |
| jeudi 4 janvier 1990 | 6019 | 144456 | 8667360 | 520041600 |
| vendredi 5 janvier 1990 | 6020 | 144480 | 8668800 | 520128000 |
| samedi 6 janvier 1990 | 6021 | 144504 | 8670240 | 520214400 |
| dimanche 7 janvier 1990 | 6022 | 144528 | 8671680 | 520300800 |
| lundi 8 janvier 1990 | 6023 | 144552 | 8673120 | 520387200 |
| mardi 9 janvier 1990 | 6024 | 144576 | 8674560 | 520473600 |
| mercredi 10 janvier 1990 | 6025 | 144600 | 8676000 | 520560000 |
| jeudi 11 janvier 1990 | 6026 | 144624 | 8677440 | 520646400 |
| vendredi 12 janvier 1990 | 6027 | 144648 | 8678880 | 520732800 |
| samedi 13 janvier 1990 | 6028 | 144672 | 8680320 | 520819200 |
| dimanche 14 janvier 1990 | 6029 | 144696 | 8681760 | 520905600 |
| lundi 15 janvier 1990 | 6030 | 144720 | 8683200 | 520992000 |
| mardi 16 janvier 1990 | 6031 | 144744 | 8684640 | 521078400 |
| mercredi 17 janvier 1990 | 6032 | 144768 | 8686080 | 521164800 |
| jeudi 18 janvier 1990 | 6033 | 144792 | 8687520 | 521251200 |
| vendredi 19 janvier 1990 | 6034 | 144816 | 8688960 | 521337600 |
| samedi 20 janvier 1990 | 6035 | 144840 | 8690400 | 521424000 |
| dimanche 21 janvier 1990 | 6036 | 144864 | 8691840 | 521510400 |
| lundi 22 janvier 1990 | 6037 | 144888 | 8693280 | 521596800 |
| mardi 23 janvier 1990 | 6038 | 144912 | 8694720 | 521683200 |
| mercredi 24 janvier 1990 | 6039 | 144936 | 8696160 | 521769600 |
| jeudi 25 janvier 1990 | 6040 | 144960 | 8697600 | 521856000 |

| | | | |
|---|---|---|---|
| vendredi 26 janvier 1990 | 6041 | 144984 | 8699040 | 521942400 |
| samedi 27 janvier 1990 | 6042 | 145008 | 8700480 | 522028800 |
| dimanche 28 janvier 1990 | 6043 | 145032 | 8701920 | 522115200 |
| lundi 29 janvier 1990 | 6044 | 145056 | 8703360 | 522201600 |
| mardi 30 janvier 1990 | 6045 | 145080 | 8704800 | 522288000 |
| mercredi 31 janvier 1990 | 6046 | 145104 | 8706240 | 522374400 |
| jeudi 1 février 1990 | 6047 | 145128 | 8707680 | 522460800 |
| vendredi 2 février 1990 | 6048 | 145152 | 8709120 | 522547200 |
| samedi 3 février 1990 | 6049 | 145176 | 8710560 | 522633600 |
| dimanche 4 février 1990 | 6050 | 145200 | 8712000 | 522720000 |
| lundi 5 février 1990 | 6051 | 145224 | 8713440 | 522806400 |
| mardi 6 février 1990 | 6052 | 145248 | 8714880 | 522892800 |
| mercredi 7 février 1990 | 6053 | 145272 | 8716320 | 522979200 |
| jeudi 8 février 1990 | 6054 | 145296 | 8717760 | 523065600 |
| vendredi 9 février 1990 | 6055 | 145320 | 8719200 | 523152000 |
| samedi 10 février 1990 | 6056 | 145344 | 8720640 | 523238400 |
| dimanche 11 février 1990 | 6057 | 145368 | 8722080 | 523324800 |
| lundi 12 février 1990 | 6058 | 145392 | 8723520 | 523411200 |
| mardi 13 février 1990 | 6059 | 145416 | 8724960 | 523497600 |
| mercredi 14 février 1990 | 6060 | 145440 | 8726400 | 523584000 |
| jeudi 15 février 1990 | 6061 | 145464 | 8727840 | 523670400 |
| vendredi 16 février 1990 | 6062 | 145488 | 8729280 | 523756800 |
| samedi 17 février 1990 | 6063 | 145512 | 8730720 | 523843200 |
| dimanche 18 février 1990 | 6064 | 145536 | 8732160 | 523929600 |
| lundi 19 février 1990 | 6065 | 145560 | 8733600 | 524016000 |
| mardi 20 février 1990 | 6066 | 145584 | 8735040 | 524102400 |
| mercredi 21 février 1990 | 6067 | 145608 | 8736480 | 524188800 |
| jeudi 22 février 1990 | 6068 | 145632 | 8737920 | 524275200 |
| vendredi 23 février 1990 | 6069 | 145656 | 8739360 | 524361600 |
| samedi 24 février 1990 | 6070 | 145680 | 8740800 | 524448000 |
| dimanche 25 février 1990 | 6071 | 145704 | 8742240 | 524534400 |
| lundi 26 février 1990 | 6072 | 145728 | 8743680 | 524620800 |
| mardi 27 février 1990 | 6073 | 145752 | 8745120 | 524707200 |
| mercredi 28 février 1990 | 6074 | 145776 | 8746560 | 524793600 |
| jeudi 1 mars 1990 | 6075 | 145800 | 8748000 | 524880000 |
| vendredi 2 mars 1990 | 6076 | 145824 | 8749440 | 524966400 |
| samedi 3 mars 1990 | 6077 | 145848 | 8750880 | 525052800 |
| dimanche 4 mars 1990 | 6078 | 145872 | 8752320 | 525139200 |

| | | | | |
|---|---|---|---|---|
| lundi 5 mars 1990 | 6079 | 145896 | 8753760 | 525225600 |
| mardi 6 mars 1990 | 6080 | 145920 | 8755200 | 525312000 |
| mercredi 7 mars 1990 | 6081 | 145944 | 8756640 | 525398400 |
| jeudi 8 mars 1990 | 6082 | 145968 | 8758080 | 525484800 |
| vendredi 9 mars 1990 | 6083 | 145992 | 8759520 | 525571200 |
| samedi 10 mars 1990 | 6084 | 146016 | 8760960 | 525657600 |
| dimanche 11 mars 1990 | 6085 | 146040 | 8762400 | 525744000 |
| lundi 12 mars 1990 | 6086 | 146064 | 8763840 | 525830400 |
| mardi 13 mars 1990 | 6087 | 146088 | 8765280 | 525916800 |
| mercredi 14 mars 1990 | 6088 | 146112 | 8766720 | 526003200 |
| jeudi 15 mars 1990 | 6089 | 146136 | 8768160 | 526089600 |
| vendredi 16 mars 1990 | 6090 | 146160 | 8769600 | 526176000 |
| samedi 17 mars 1990 | 6091 | 146184 | 8771040 | 526262400 |
| dimanche 18 mars 1990 | 6092 | 146208 | 8772480 | 526348800 |
| lundi 19 mars 1990 | 6093 | 146232 | 8773920 | 526435200 |
| mardi 20 mars 1990 | 6094 | 146256 | 8775360 | 526521600 |
| mercredi 21 mars 1990 | 6095 | 146280 | 8776800 | 526608000 |
| jeudi 22 mars 1990 | 6096 | 146304 | 8778240 | 526694400 |
| vendredi 23 mars 1990 | 6097 | 146328 | 8779680 | 526780800 |
| samedi 24 mars 1990 | 6098 | 146352 | 8781120 | 526867200 |
| dimanche 25 mars 1990 | 6099 | 146376 | 8782560 | 526953600 |
| lundi 26 mars 1990 | 6100 | 146400 | 8784000 | 527040000 |
| mardi 27 mars 1990 | 6101 | 146424 | 8785440 | 527126400 |
| mercredi 28 mars 1990 | 6102 | 146448 | 8786880 | 527212800 |
| jeudi 29 mars 1990 | 6103 | 146472 | 8788320 | 527299200 |
| vendredi 30 mars 1990 | 6104 | 146496 | 8789760 | 527385600 |
| samedi 31 mars 1990 | 6105 | 146520 | 8791200 | 527472000 |
| dimanche 1 avril 1990 | 6106 | 146544 | 8792640 | 527558400 |
| lundi 2 avril 1990 | 6107 | 146568 | 8794080 | 527644800 |
| mardi 3 avril 1990 | 6108 | 146592 | 8795520 | 527731200 |
| mercredi 4 avril 1990 | 6109 | 146616 | 8796960 | 527817600 |
| jeudi 5 avril 1990 | 6110 | 146640 | 8798400 | 527904000 |
| vendredi 6 avril 1990 | 6111 | 146664 | 8799840 | 527990400 |
| samedi 7 avril 1990 | 6112 | 146688 | 8801280 | 528076800 |
| dimanche 8 avril 1990 | 6113 | 146712 | 8802720 | 528163200 |
| lundi 9 avril 1990 | 6114 | 146736 | 8804160 | 528249600 |
| mardi 10 avril 1990 | 6115 | 146760 | 8805600 | 528336000 |
| mercredi 11 avril 1990 | 6116 | 146784 | 8807040 | 528422400 |

| | | | | |
|---|---|---|---|---|
| jeudi 12 avril 1990 | 6117 | 146808 | 8808480 | 528508800 |
| vendredi 13 avril 1990 | 6118 | 146832 | 8809920 | 528595200 |
| samedi 14 avril 1990 | 6119 | 146856 | 8811360 | 528681600 |
| dimanche 15 avril 1990 | 6120 | 146880 | 8812800 | 528768000 |
| lundi 16 avril 1990 | 6121 | 146904 | 8814240 | 528854400 |
| mardi 17 avril 1990 | 6122 | 146928 | 8815680 | 528940800 |
| mercredi 18 avril 1990 | 6123 | 146952 | 8817120 | 529027200 |
| jeudi 19 avril 1990 | 6124 | 146976 | 8818560 | 529113600 |
| vendredi 20 avril 1990 | 6125 | 147000 | 8820000 | 529200000 |
| samedi 21 avril 1990 | 6126 | 147024 | 8821440 | 529286400 |
| dimanche 22 avril 1990 | 6127 | 147048 | 8822880 | 529372800 |
| lundi 23 avril 1990 | 6128 | 147072 | 8824320 | 529459200 |
| mardi 24 avril 1990 | 6129 | 147096 | 8825760 | 529545600 |
| mercredi 25 avril 1990 | 6130 | 147120 | 8827200 | 529632000 |
| jeudi 26 avril 1990 | 6131 | 147144 | 8828640 | 529718400 |
| vendredi 27 avril 1990 | 6132 | 147168 | 8830080 | 529804800 |
| samedi 28 avril 1990 | 6133 | 147192 | 8831520 | 529891200 |
| dimanche 29 avril 1990 | 6134 | 147216 | 8832960 | 529977600 |
| lundi 30 avril 1990 | 6135 | 147240 | 8834400 | 530064000 |
| mardi 1 mai 1990 | 6136 | 147264 | 8835840 | 530150400 |
| mercredi 2 mai 1990 | 6137 | 147288 | 8837280 | 530236800 |
| jeudi 3 mai 1990 | 6138 | 147312 | 8838720 | 530323200 |
| vendredi 4 mai 1990 | 6139 | 147336 | 8840160 | 530409600 |
| samedi 5 mai 1990 | 6140 | 147360 | 8841600 | 530496000 |
| dimanche 6 mai 1990 | 6141 | 147384 | 8843040 | 530582400 |
| lundi 7 mai 1990 | 6142 | 147408 | 8844480 | 530668800 |
| mardi 8 mai 1990 | 6143 | 147432 | 8845920 | 530755200 |
| mercredi 9 mai 1990 | 6144 | 147456 | 8847360 | 530841600 |
| jeudi 10 mai 1990 | 6145 | 147480 | 8848800 | 530928000 |
| vendredi 11 mai 1990 | 6146 | 147504 | 8850240 | 531014400 |
| samedi 12 mai 1990 | 6147 | 147528 | 8851680 | 531100800 |
| dimanche 13 mai 1990 | 6148 | 147552 | 8853120 | 531187200 |
| lundi 14 mai 1990 | 6149 | 147576 | 8854560 | 531273600 |
| mardi 15 mai 1990 | 6150 | 147600 | 8856000 | 531360000 |
| mercredi 16 mai 1990 | 6151 | 147624 | 8857440 | 531446400 |
| jeudi 17 mai 1990 | 6152 | 147648 | 8858880 | 531532800 |
| vendredi 18 mai 1990 | 6153 | 147672 | 8860320 | 531619200 |
| samedi 19 mai 1990 | 6154 | 147696 | 8861760 | 531705600 |

| | | | | |
|---|---|---|---|---|
| dimanche 20 mai 1990 | 6155 | 147720 | 8863200 | 531792000 |
| lundi 21 mai 1990 | 6156 | 147744 | 8864640 | 531878400 |
| mardi 22 mai 1990 | 6157 | 147768 | 8866080 | 531964800 |
| mercredi 23 mai 1990 | 6158 | 147792 | 8867520 | 532051200 |
| jeudi 24 mai 1990 | 6159 | 147816 | 8868960 | 532137600 |
| vendredi 25 mai 1990 | 6160 | 147840 | 8870400 | 532224000 |
| samedi 26 mai 1990 | 6161 | 147864 | 8871840 | 532310400 |
| dimanche 27 mai 1990 | 6162 | 147888 | 8873280 | 532396800 |
| lundi 28 mai 1990 | 6163 | 147912 | 8874720 | 532483200 |
| mardi 29 mai 1990 | 6164 | 147936 | 8876160 | 532569600 |
| mercredi 30 mai 1990 | 6165 | 147960 | 8877600 | 532656000 |
| jeudi 31 mai 1990 | 6166 | 147984 | 8879040 | 532742400 |
| vendredi 1 juin 1990 | 6167 | 148008 | 8880480 | 532828800 |
| samedi 2 juin 1990 | 6168 | 148032 | 8881920 | 532915200 |
| dimanche 3 juin 1990 | 6169 | 148056 | 8883360 | 533001600 |
| lundi 4 juin 1990 | 6170 | 148080 | 8884800 | 533088000 |
| mardi 5 juin 1990 | 6171 | 148104 | 8886240 | 533174400 |
| mercredi 6 juin 1990 | 6172 | 148128 | 8887680 | 533260800 |
| jeudi 7 juin 1990 | 6173 | 148152 | 8889120 | 533347200 |
| vendredi 8 juin 1990 | 6174 | 148176 | 8890560 | 533433600 |
| samedi 9 juin 1990 | 6175 | 148200 | 8892000 | 533520000 |
| dimanche 10 juin 1990 | 6176 | 148224 | 8893440 | 533606400 |
| lundi 11 juin 1990 | 6177 | 148248 | 8894880 | 533692800 |
| mardi 12 juin 1990 | 6178 | 148272 | 8896320 | 533779200 |
| mercredi 13 juin 1990 | 6179 | 148296 | 8897760 | 533865600 |
| jeudi 14 juin 1990 | 6180 | 148320 | 8899200 | 533952000 |
| vendredi 15 juin 1990 | 6181 | 148344 | 8900640 | 534038400 |
| samedi 16 juin 1990 | 6182 | 148368 | 8902080 | 534124800 |
| dimanche 17 juin 1990 | 6183 | 148392 | 8903520 | 534211200 |
| lundi 18 juin 1990 | 6184 | 148416 | 8904960 | 534297600 |
| mardi 19 juin 1990 | 6185 | 148440 | 8906400 | 534384000 |
| mercredi 20 juin 1990 | 6186 | 148464 | 8907840 | 534470400 |
| jeudi 21 juin 1990 | 6187 | 148488 | 8909280 | 534556800 |
| vendredi 22 juin 1990 | 6188 | 148512 | 8910720 | 534643200 |
| samedi 23 juin 1990 | 6189 | 148536 | 8912160 | 534729600 |
| dimanche 24 juin 1990 | 6190 | 148560 | 8913600 | 534816000 |
| lundi 25 juin 1990 | 6191 | 148584 | 8915040 | 534902400 |
| mardi 26 juin 1990 | 6192 | 148608 | 8916480 | 534988800 |

| | | | |
|---|---|---|---|
| mercredi 27 juin 1990 | 6193 | 148632 | 8917920 | 535075200 |
| jeudi 28 juin 1990 | 6194 | 148656 | 8919360 | 535161600 |
| vendredi 29 juin 1990 | 6195 | 148680 | 8920800 | 535248000 |
| samedi 30 juin 1990 | 6196 | 148704 | 8922240 | 535334400 |
| dimanche 1 juillet 1990 | 6197 | 148728 | 8923680 | 535420800 |
| lundi 2 juillet 1990 | 6198 | 148752 | 8925120 | 535507200 |
| mardi 3 juillet 1990 | 6199 | 148776 | 8926560 | 535593600 |
| mercredi 4 juillet 1990 | 6200 | 148800 | 8928000 | 535680000 |
| jeudi 5 juillet 1990 | 6201 | 148824 | 8929440 | 535766400 |
| vendredi 6 juillet 1990 | 6202 | 148848 | 8930880 | 535852800 |
| samedi 7 juillet 1990 | 6203 | 148872 | 8932320 | 535939200 |
| dimanche 8 juillet 1990 | 6204 | 148896 | 8933760 | 536025600 |
| lundi 9 juillet 1990 | 6205 | 148920 | 8935200 | 536112000 |
| mardi 10 juillet 1990 | 6206 | 148944 | 8936640 | 536198400 |
| mercredi 11 juillet 1990 | 6207 | 148968 | 8938080 | 536284800 |
| jeudi 12 juillet 1990 | 6208 | 148992 | 8939520 | 536371200 |
| vendredi 13 juillet 1990 | 6209 | 149016 | 8940960 | 536457600 |
| samedi 14 juillet 1990 | 6210 | 149040 | 8942400 | 536544000 |
| dimanche 15 juillet 1990 | 6211 | 149064 | 8943840 | 536630400 |
| lundi 16 juillet 1990 | 6212 | 149088 | 8945280 | 536716800 |
| mardi 17 juillet 1990 | 6213 | 149112 | 8946720 | 536803200 |
| mercredi 18 juillet 1990 | 6214 | 149136 | 8948160 | 536889600 |
| jeudi 19 juillet 1990 | 6215 | 149160 | 8949600 | 536976000 |
| vendredi 20 juillet 1990 | 6216 | 149184 | 8951040 | 537062400 |
| samedi 21 juillet 1990 | 6217 | 149208 | 8952480 | 537148800 |
| dimanche 22 juillet 1990 | 6218 | 149232 | 8953920 | 537235200 |
| lundi 23 juillet 1990 | 6219 | 149256 | 8955360 | 537321600 |
| mardi 24 juillet 1990 | 6220 | 149280 | 8956800 | 537408000 |
| mercredi 25 juillet 1990 | 6221 | 149304 | 8958240 | 537494400 |
| jeudi 26 juillet 1990 | 6222 | 149328 | 8959680 | 537580800 |
| vendredi 27 juillet 1990 | 6223 | 149352 | 8961120 | 537667200 |
| samedi 28 juillet 1990 | 6224 | 149376 | 8962560 | 537753600 |
| dimanche 29 juillet 1990 | 6225 | 149400 | 8964000 | 537840000 |
| lundi 30 juillet 1990 | 6226 | 149424 | 8965440 | 537926400 |
| mardi 31 juillet 1990 | 6227 | 149448 | 8966880 | 538012800 |
| mercredi 1 août 1990 | 6228 | 149472 | 8968320 | 538099200 |
| jeudi 2 août 1990 | 6229 | 149496 | 8969760 | 538185600 |
| vendredi 3 août 1990 | 6230 | 149520 | 8971200 | 538272000 |

| | | | | |
|---|---|---|---|---|
| samedi 4 août 1990 | 6231 | 149544 | 8972640 | 538358400 |
| dimanche 5 août 1990 | 6232 | 149568 | 8974080 | 538444800 |
| lundi 6 août 1990 | 6233 | 149592 | 8975520 | 538531200 |
| mardi 7 août 1990 | 6234 | 149616 | 8976960 | 538617600 |
| mercredi 8 août 1990 | 6235 | 149640 | 8978400 | 538704000 |
| jeudi 9 août 1990 | 6236 | 149664 | 8979840 | 538790400 |
| vendredi 10 août 1990 | 6237 | 149688 | 8981280 | 538876800 |
| samedi 11 août 1990 | 6238 | 149712 | 8982720 | 538963200 |
| dimanche 12 août 1990 | 6239 | 149736 | 8984160 | 539049600 |
| lundi 13 août 1990 | 6240 | 149760 | 8985600 | 539136000 |
| mardi 14 août 1990 | 6241 | 149784 | 8987040 | 539222400 |
| mercredi 15 août 1990 | 6242 | 149808 | 8988480 | 539308800 |
| jeudi 16 août 1990 | 6243 | 149832 | 8989920 | 539395200 |
| vendredi 17 août 1990 | 6244 | 149856 | 8991360 | 539481600 |
| samedi 18 août 1990 | 6245 | 149880 | 8992800 | 539568000 |
| dimanche 19 août 1990 | 6246 | 149904 | 8994240 | 539654400 |
| lundi 20 août 1990 | 6247 | 149928 | 8995680 | 539740800 |
| mardi 21 août 1990 | 6248 | 149952 | 8997120 | 539827200 |
| mercredi 22 août 1990 | 6249 | 149976 | 8998560 | 539913600 |
| jeudi 23 août 1990 | 6250 | 150000 | 9000000 | 540000000 |
| vendredi 24 août 1990 | 6251 | 150024 | 9001440 | 540086400 |
| samedi 25 août 1990 | 6252 | 150048 | 9002880 | 540172800 |
| dimanche 26 août 1990 | 6253 | 150072 | 9004320 | 540259200 |
| lundi 27 août 1990 | 6254 | 150096 | 9005760 | 540345600 |
| mardi 28 août 1990 | 6255 | 150120 | 9007200 | 540432000 |
| mercredi 29 août 1990 | 6256 | 150144 | 9008640 | 540518400 |
| jeudi 30 août 1990 | 6257 | 150168 | 9010080 | 540604800 |
| vendredi 31 août 1990 | 6258 | 150192 | 9011520 | 540691200 |
| samedi 1 septembre 1990 | 6259 | 150216 | 9012960 | 540777600 |
| dimanche 2 septembre 1990 | 6260 | 150240 | 9014400 | 540864000 |
| lundi 3 septembre 1990 | 6261 | 150264 | 9015840 | 540950400 |
| mardi 4 septembre 1990 | 6262 | 150288 | 9017280 | 541036800 |
| mercredi 5 septembre 1990 | 6263 | 150312 | 9018720 | 541123200 |
| jeudi 6 septembre 1990 | 6264 | 150336 | 9020160 | 541209600 |
| vendredi 7 septembre 1990 | 6265 | 150360 | 9021600 | 541296000 |
| samedi 8 septembre 1990 | 6266 | 150384 | 9023040 | 541382400 |
| dimanche 9 septembre 1990 | 6267 | 150408 | 9024480 | 541468800 |
| lundi 10 septembre 1990 | 6268 | 150432 | 9025920 | 541555200 |

| | | | |
|---|---|---|---|
| mardi 11 septembre 1990 | 6269 | 150456 | 9027360 | 541641600 |
| mercredi 12 septembre 1990 | 6270 | 150480 | 9028800 | 541728000 |
| jeudi 13 septembre 1990 | 6271 | 150504 | 9030240 | 541814400 |
| vendredi 14 septembre 1990 | 6272 | 150528 | 9031680 | 541900800 |
| samedi 15 septembre 1990 | 6273 | 150552 | 9033120 | 541987200 |
| dimanche 16 septembre 1990 | 6274 | 150576 | 9034560 | 542073600 |
| lundi 17 septembre 1990 | 6275 | 150600 | 9036000 | 542160000 |
| mardi 18 septembre 1990 | 6276 | 150624 | 9037440 | 542246400 |
| mercredi 19 septembre 1990 | 6277 | 150648 | 9038880 | 542332800 |
| jeudi 20 septembre 1990 | 6278 | 150672 | 9040320 | 542419200 |
| vendredi 21 septembre 1990 | 6279 | 150696 | 9041760 | 542505600 |
| samedi 22 septembre 1990 | 6280 | 150720 | 9043200 | 542592000 |
| dimanche 23 septembre 1990 | 6281 | 150744 | 9044640 | 542678400 |
| lundi 24 septembre 1990 | 6282 | 150768 | 9046080 | 542764800 |
| mardi 25 septembre 1990 | 6283 | 150792 | 9047520 | 542851200 |
| mercredi 26 septembre 1990 | 6284 | 150816 | 9048960 | 542937600 |
| jeudi 27 septembre 1990 | 6285 | 150840 | 9050400 | 543024000 |
| vendredi 28 septembre 1990 | 6286 | 150864 | 9051840 | 543110400 |
| samedi 29 septembre 1990 | 6287 | 150888 | 9053280 | 543196800 |
| dimanche 30 septembre 1990 | 6288 | 150912 | 9054720 | 543283200 |
| lundi 1 octobre 1990 | 6289 | 150936 | 9056160 | 543369600 |
| mardi 2 octobre 1990 | 6290 | 150960 | 9057600 | 543456000 |
| mercredi 3 octobre 1990 | 6291 | 150984 | 9059040 | 543542400 |
| jeudi 4 octobre 1990 | 6292 | 151008 | 9060480 | 543628800 |
| vendredi 5 octobre 1990 | 6293 | 151032 | 9061920 | 543715200 |
| samedi 6 octobre 1990 | 6294 | 151056 | 9063360 | 543801600 |
| dimanche 7 octobre 1990 | 6295 | 151080 | 9064800 | 543888000 |
| lundi 8 octobre 1990 | 6296 | 151104 | 9066240 | 543974400 |
| mardi 9 octobre 1990 | 6297 | 151128 | 9067680 | 544060800 |
| mercredi 10 octobre 1990 | 6298 | 151152 | 9069120 | 544147200 |
| jeudi 11 octobre 1990 | 6299 | 151176 | 9070560 | 544233600 |
| vendredi 12 octobre 1990 | 6300 | 151200 | 9072000 | 544320000 |
| samedi 13 octobre 1990 | 6301 | 151224 | 9073440 | 544406400 |
| dimanche 14 octobre 1990 | 6302 | 151248 | 9074880 | 544492800 |
| lundi 15 octobre 1990 | 6303 | 151272 | 9076320 | 544579200 |
| mardi 16 octobre 1990 | 6304 | 151296 | 9077760 | 544665600 |
| mercredi 17 octobre 1990 | 6305 | 151320 | 9079200 | 544752000 |
| jeudi 18 octobre 1990 | 6306 | 151344 | 9080640 | 544838400 |

| | | | |
|---|---|---|---|
| vendredi 19 octobre 1990 | 6307 | 151368 | 9082080 | 544924800 |
| samedi 20 octobre 1990 | 6308 | 151392 | 9083520 | 545011200 |
| dimanche 21 octobre 1990 | 6309 | 151416 | 9084960 | 545097600 |
| lundi 22 octobre 1990 | 6310 | 151440 | 9086400 | 545184000 |
| mardi 23 octobre 1990 | 6311 | 151464 | 9087840 | 545270400 |
| mercredi 24 octobre 1990 | 6312 | 151488 | 9089280 | 545356800 |
| jeudi 25 octobre 1990 | 6313 | 151512 | 9090720 | 545443200 |
| vendredi 26 octobre 1990 | 6314 | 151536 | 9092160 | 545529600 |
| samedi 27 octobre 1990 | 6315 | 151560 | 9093600 | 545616000 |
| dimanche 28 octobre 1990 | 6316 | 151584 | 9095040 | 545702400 |
| lundi 29 octobre 1990 | 6317 | 151608 | 9096480 | 545788800 |
| mardi 30 octobre 1990 | 6318 | 151632 | 9097920 | 545875200 |
| mercredi 31 octobre 1990 | 6319 | 151656 | 9099360 | 545961600 |
| jeudi 1 novembre 1990 | 6320 | 151680 | 9100800 | 546048000 |
| vendredi 2 novembre 1990 | 6321 | 151704 | 9102240 | 546134400 |
| samedi 3 novembre 1990 | 6322 | 151728 | 9103680 | 546220800 |
| dimanche 4 novembre 1990 | 6323 | 151752 | 9105120 | 546307200 |
| lundi 5 novembre 1990 | 6324 | 151776 | 9106560 | 546393600 |
| mardi 6 novembre 1990 | 6325 | 151800 | 9108000 | 546480000 |
| mercredi 7 novembre 1990 | 6326 | 151824 | 9109440 | 546566400 |
| jeudi 8 novembre 1990 | 6327 | 151848 | 9110880 | 546652800 |
| vendredi 9 novembre 1990 | 6328 | 151872 | 9112320 | 546739200 |
| samedi 10 novembre 1990 | 6329 | 151896 | 9113760 | 546825600 |
| dimanche 11 novembre 1990 | 6330 | 151920 | 9115200 | 546912000 |
| lundi 12 novembre 1990 | 6331 | 151944 | 9116640 | 546998400 |
| mardi 13 novembre 1990 | 6332 | 151968 | 9118080 | 547084800 |
| mercredi 14 novembre 1990 | 6333 | 151992 | 9119520 | 547171200 |
| jeudi 15 novembre 1990 | 6334 | 152016 | 9120960 | 547257600 |
| vendredi 16 novembre 1990 | 6335 | 152040 | 9122400 | 547344000 |
| samedi 17 novembre 1990 | 6336 | 152064 | 9123840 | 547430400 |
| dimanche 18 novembre 1990 | 6337 | 152088 | 9125280 | 547516800 |
| lundi 19 novembre 1990 | 6338 | 152112 | 9126720 | 547603200 |
| mardi 20 novembre 1990 | 6339 | 152136 | 9128160 | 547689600 |
| mercredi 21 novembre 1990 | 6340 | 152160 | 9129600 | 547776000 |
| jeudi 22 novembre 1990 | 6341 | 152184 | 9131040 | 547862400 |
| vendredi 23 novembre 1990 | 6342 | 152208 | 9132480 | 547948800 |
| samedi 24 novembre 1990 | 6343 | 152232 | 9133920 | 548035200 |
| dimanche 25 novembre 1990 | 6344 | 152256 | 9135360 | 548121600 |

| | | | | |
|---|---|---|---|---|
| lundi 26 novembre 1990 | 6345 | 152280 | 9136800 | 548208000 |
| mardi 27 novembre 1990 | 6346 | 152304 | 9138240 | 548294400 |
| mercredi 28 novembre 1990 | 6347 | 152328 | 9139680 | 548380800 |
| jeudi 29 novembre 1990 | 6348 | 152352 | 9141120 | 548467200 |
| vendredi 30 novembre 1990 | 6349 | 152376 | 9142560 | 548553600 |
| samedi 1 décembre 1990 | 6350 | 152400 | 9144000 | 548640000 |
| dimanche 2 décembre 1990 | 6351 | 152424 | 9145440 | 548726400 |
| lundi 3 décembre 1990 | 6352 | 152448 | 9146880 | 548812800 |
| mardi 4 décembre 1990 | 6353 | 152472 | 9148320 | 548899200 |
| mercredi 5 décembre 1990 | 6354 | 152496 | 9149760 | 548985600 |
| jeudi 6 décembre 1990 | 6355 | 152520 | 9151200 | 549072000 |
| vendredi 7 décembre 1990 | 6356 | 152544 | 9152640 | 549158400 |
| samedi 8 décembre 1990 | 6357 | 152568 | 9154080 | 549244800 |
| dimanche 9 décembre 1990 | 6358 | 152592 | 9155520 | 549331200 |
| lundi 10 décembre 1990 | 6359 | 152616 | 9156960 | 549417600 |
| mardi 11 décembre 1990 | 6360 | 152640 | 9158400 | 549504000 |
| mercredi 12 décembre 1990 | 6361 | 152664 | 9159840 | 549590400 |
| jeudi 13 décembre 1990 | 6362 | 152688 | 9161280 | 549676800 |
| vendredi 14 décembre 1990 | 6363 | 152712 | 9162720 | 549763200 |
| samedi 15 décembre 1990 | 6364 | 152736 | 9164160 | 549849600 |
| dimanche 16 décembre 1990 | 6365 | 152760 | 9165600 | 549936000 |
| lundi 17 décembre 1990 | 6366 | 152784 | 9167040 | 550022400 |
| mardi 18 décembre 1990 | 6367 | 152808 | 9168480 | 550108800 |
| mercredi 19 décembre 1990 | 6368 | 152832 | 9169920 | 550195200 |
| jeudi 20 décembre 1990 | 6369 | 152856 | 9171360 | 550281600 |
| vendredi 21 décembre 1990 | 6370 | 152880 | 9172800 | 550368000 |
| samedi 22 décembre 1990 | 6371 | 152904 | 9174240 | 550454400 |
| dimanche 23 décembre 1990 | 6372 | 152928 | 9175680 | 550540800 |
| lundi 24 décembre 1990 | 6373 | 152952 | 9177120 | 550627200 |
| mardi 25 décembre 1990 | 6374 | 152976 | 9178560 | 550713600 |
| mercredi 26 décembre 1990 | 6375 | 153000 | 9180000 | 550800000 |
| jeudi 27 décembre 1990 | 6376 | 153024 | 9181440 | 550886400 |
| vendredi 28 décembre 1990 | 6377 | 153048 | 9182880 | 550972800 |
| samedi 29 décembre 1990 | 6378 | 153072 | 9184320 | 551059200 |
| dimanche 30 décembre 1990 | 6379 | 153096 | 9185760 | 551145600 |
| lundi 31 décembre 1990 | 6380 | 153120 | 9187200 | 551232000 |
| mardi 1 janvier 1991 | 6381 | 153144 | 9188640 | 551318400 |
| mercredi 2 janvier 1991 | 6382 | 153168 | 9190080 | 551404800 |

| | | | | |
|---|---|---|---|---|
| jeudi 3 janvier 1991 | 6383 | 153192 | 9191520 | 551491200 |
| vendredi 4 janvier 1991 | 6384 | 153216 | 9192960 | 551577600 |
| samedi 5 janvier 1991 | 6385 | 153240 | 9194400 | 551664000 |
| dimanche 6 janvier 1991 | 6386 | 153264 | 9195840 | 551750400 |
| lundi 7 janvier 1991 | 6387 | 153288 | 9197280 | 551836800 |
| mardi 8 janvier 1991 | 6388 | 153312 | 9198720 | 551923200 |
| mercredi 9 janvier 1991 | 6389 | 153336 | 9200160 | 552009600 |
| jeudi 10 janvier 1991 | 6390 | 153360 | 9201600 | 552096000 |
| vendredi 11 janvier 1991 | 6391 | 153384 | 9203040 | 552182400 |
| samedi 12 janvier 1991 | 6392 | 153408 | 9204480 | 552268800 |
| dimanche 13 janvier 1991 | 6393 | 153432 | 9205920 | 552355200 |
| lundi 14 janvier 1991 | 6394 | 153456 | 9207360 | 552441600 |
| mardi 15 janvier 1991 | 6395 | 153480 | 9208800 | 552528000 |
| mercredi 16 janvier 1991 | 6396 | 153504 | 9210240 | 552614400 |
| jeudi 17 janvier 1991 | 6397 | 153528 | 9211680 | 552700800 |
| vendredi 18 janvier 1991 | 6398 | 153552 | 9213120 | 552787200 |
| samedi 19 janvier 1991 | 6399 | 153576 | 9214560 | 552873600 |
| dimanche 20 janvier 1991 | 6400 | 153600 | 9216000 | 552960000 |
| lundi 21 janvier 1991 | 6401 | 153624 | 9217440 | 553046400 |
| mardi 22 janvier 1991 | 6402 | 153648 | 9218880 | 553132800 |
| mercredi 23 janvier 1991 | 6403 | 153672 | 9220320 | 553219200 |
| jeudi 24 janvier 1991 | 6404 | 153696 | 9221760 | 553305600 |
| vendredi 25 janvier 1991 | 6405 | 153720 | 9223200 | 553392000 |
| samedi 26 janvier 1991 | 6406 | 153744 | 9224640 | 553478400 |
| dimanche 27 janvier 1991 | 6407 | 153768 | 9226080 | 553564800 |
| lundi 28 janvier 1991 | 6408 | 153792 | 9227520 | 553651200 |
| mardi 29 janvier 1991 | 6409 | 153816 | 9228960 | 553737600 |
| mercredi 30 janvier 1991 | 6410 | 153840 | 9230400 | 553824000 |
| jeudi 31 janvier 1991 | 6411 | 153864 | 9231840 | 553910400 |
| vendredi 1 février 1991 | 6412 | 153888 | 9233280 | 553996800 |
| samedi 2 février 1991 | 6413 | 153912 | 9234720 | 554083200 |
| dimanche 3 février 1991 | 6414 | 153936 | 9236160 | 554169600 |
| lundi 4 février 1991 | 6415 | 153960 | 9237600 | 554256000 |
| mardi 5 février 1991 | 6416 | 153984 | 9239040 | 554342400 |
| mercredi 6 février 1991 | 6417 | 154008 | 9240480 | 554428800 |
| jeudi 7 février 1991 | 6418 | 154032 | 9241920 | 554515200 |
| vendredi 8 février 1991 | 6419 | 154056 | 9243360 | 554601600 |
| samedi 9 février 1991 | 6420 | 154080 | 9244800 | 554688000 |

| | | | | |
|---|---|---|---|---|
| dimanche 10 février 1991 | 6421 | 154104 | 9246240 | 554774400 |
| lundi 11 février 1991 | 6422 | 154128 | 9247680 | 554860800 |
| mardi 12 février 1991 | 6423 | 154152 | 9249120 | 554947200 |
| mercredi 13 février 1991 | 6424 | 154176 | 9250560 | 555033600 |
| jeudi 14 février 1991 | 6425 | 154200 | 9252000 | 555120000 |
| vendredi 15 février 1991 | 6426 | 154224 | 9253440 | 555206400 |
| samedi 16 février 1991 | 6427 | 154248 | 9254880 | 555292800 |
| dimanche 17 février 1991 | 6428 | 154272 | 9256320 | 555379200 |
| lundi 18 février 1991 | 6429 | 154296 | 9257760 | 555465600 |
| mardi 19 février 1991 | 6430 | 154320 | 9259200 | 555552000 |
| mercredi 20 février 1991 | 6431 | 154344 | 9260640 | 555638400 |
| jeudi 21 février 1991 | 6432 | 154368 | 9262080 | 555724800 |
| vendredi 22 février 1991 | 6433 | 154392 | 9263520 | 555811200 |
| samedi 23 février 1991 | 6434 | 154416 | 9264960 | 555897600 |
| dimanche 24 février 1991 | 6435 | 154440 | 9266400 | 555984000 |
| lundi 25 février 1991 | 6436 | 154464 | 9267840 | 556070400 |
| mardi 26 février 1991 | 6437 | 154488 | 9269280 | 556156800 |
| mercredi 27 février 1991 | 6438 | 154512 | 9270720 | 556243200 |
| jeudi 28 février 1991 | 6439 | 154536 | 9272160 | 556329600 |
| vendredi 1 mars 1991 | 6440 | 154560 | 9273600 | 556416000 |
| samedi 2 mars 1991 | 6441 | 154584 | 9275040 | 556502400 |
| dimanche 3 mars 1991 | 6442 | 154608 | 9276480 | 556588800 |
| lundi 4 mars 1991 | 6443 | 154632 | 9277920 | 556675200 |
| mardi 5 mars 1991 | 6444 | 154656 | 9279360 | 556761600 |
| mercredi 6 mars 1991 | 6445 | 154680 | 9280800 | 556848000 |
| jeudi 7 mars 1991 | 6446 | 154704 | 9282240 | 556934400 |
| vendredi 8 mars 1991 | 6447 | 154728 | 9283680 | 557020800 |
| samedi 9 mars 1991 | 6448 | 154752 | 9285120 | 557107200 |
| dimanche 10 mars 1991 | 6449 | 154776 | 9286560 | 557193600 |
| lundi 11 mars 1991 | 6450 | 154800 | 9288000 | 557280000 |
| mardi 12 mars 1991 | 6451 | 154824 | 9289440 | 557366400 |
| mercredi 13 mars 1991 | 6452 | 154848 | 9290880 | 557452800 |
| jeudi 14 mars 1991 | 6453 | 154872 | 9292320 | 557539200 |
| vendredi 15 mars 1991 | 6454 | 154896 | 9293760 | 557625600 |
| samedi 16 mars 1991 | 6455 | 154920 | 9295200 | 557712000 |
| dimanche 17 mars 1991 | 6456 | 154944 | 9296640 | 557798400 |
| lundi 18 mars 1991 | 6457 | 154968 | 9298080 | 557884800 |
| mardi 19 mars 1991 | 6458 | 154992 | 9299520 | 557971200 |

| | | | | |
|---|---|---|---|---|
| mercredi 20 mars 1991 | 6459 | 155016 | 9300960 | 558057600 |
| jeudi 21 mars 1991 | 6460 | 155040 | 9302400 | 558144000 |
| vendredi 22 mars 1991 | 6461 | 155064 | 9303840 | 558230400 |
| samedi 23 mars 1991 | 6462 | 155088 | 9305280 | 558316800 |
| dimanche 24 mars 1991 | 6463 | 155112 | 9306720 | 558403200 |
| lundi 25 mars 1991 | 6464 | 155136 | 9308160 | 558489600 |
| mardi 26 mars 1991 | 6465 | 155160 | 9309600 | 558576000 |
| mercredi 27 mars 1991 | 6466 | 155184 | 9311040 | 558662400 |
| jeudi 28 mars 1991 | 6467 | 155208 | 9312480 | 558748800 |
| vendredi 29 mars 1991 | 6468 | 155232 | 9313920 | 558835200 |
| samedi 30 mars 1991 | 6469 | 155256 | 9315360 | 558921600 |
| dimanche 31 mars 1991 | 6470 | 155280 | 9316800 | 559008000 |
| lundi 1 avril 1991 | 6471 | 155304 | 9318240 | 559094400 |
| mardi 2 avril 1991 | 6472 | 155328 | 9319680 | 559180800 |
| mercredi 3 avril 1991 | 6473 | 155352 | 9321120 | 559267200 |
| jeudi 4 avril 1991 | 6474 | 155376 | 9322560 | 559353600 |
| vendredi 5 avril 1991 | 6475 | 155400 | 9324000 | 559440000 |
| samedi 6 avril 1991 | 6476 | 155424 | 9325440 | 559526400 |
| dimanche 7 avril 1991 | 6477 | 155448 | 9326880 | 559612800 |
| lundi 8 avril 1991 | 6478 | 155472 | 9328320 | 559699200 |
| mardi 9 avril 1991 | 6479 | 155496 | 9329760 | 559785600 |
| mercredi 10 avril 1991 | 6480 | 155520 | 9331200 | 559872000 |
| jeudi 11 avril 1991 | 6481 | 155544 | 9332640 | 559958400 |
| vendredi 12 avril 1991 | 6482 | 155568 | 9334080 | 560044800 |
| samedi 13 avril 1991 | 6483 | 155592 | 9335520 | 560131200 |
| dimanche 14 avril 1991 | 6484 | 155616 | 9336960 | 560217600 |
| lundi 15 avril 1991 | 6485 | 155640 | 9338400 | 560304000 |
| mardi 16 avril 1991 | 6486 | 155664 | 9339840 | 560390400 |
| mercredi 17 avril 1991 | 6487 | 155688 | 9341280 | 560476800 |
| jeudi 18 avril 1991 | 6488 | 155712 | 9342720 | 560563200 |
| vendredi 19 avril 1991 | 6489 | 155736 | 9344160 | 560649600 |
| samedi 20 avril 1991 | 6490 | 155760 | 9345600 | 560736000 |
| dimanche 21 avril 1991 | 6491 | 155784 | 9347040 | 560822400 |
| lundi 22 avril 1991 | 6492 | 155808 | 9348480 | 560908800 |
| mardi 23 avril 1991 | 6493 | 155832 | 9349920 | 560995200 |
| mercredi 24 avril 1991 | 6494 | 155856 | 9351360 | 561081600 |
| jeudi 25 avril 1991 | 6495 | 155880 | 9352800 | 561168000 |
| vendredi 26 avril 1991 | 6496 | 155904 | 9354240 | 561254400 |

| | | | | |
|---|---|---|---|---|
| samedi 27 avril 1991 | 6497 | 155928 | 9355680 | 561340800 |
| dimanche 28 avril 1991 | 6498 | 155952 | 9357120 | 561427200 |
| lundi 29 avril 1991 | 6499 | 155976 | 9358560 | 561513600 |
| mardi 30 avril 1991 | 6500 | 156000 | 9360000 | 561600000 |
| mercredi 1 mai 1991 | 6501 | 156024 | 9361440 | 561686400 |
| jeudi 2 mai 1991 | 6502 | 156048 | 9362880 | 561772800 |
| vendredi 3 mai 1991 | 6503 | 156072 | 9364320 | 561859200 |
| samedi 4 mai 1991 | 6504 | 156096 | 9365760 | 561945600 |
| dimanche 5 mai 1991 | 6505 | 156120 | 9367200 | 562032000 |
| lundi 6 mai 1991 | 6506 | 156144 | 9368640 | 562118400 |
| mardi 7 mai 1991 | 6507 | 156168 | 9370080 | 562204800 |
| mercredi 8 mai 1991 | 6508 | 156192 | 9371520 | 562291200 |
| jeudi 9 mai 1991 | 6509 | 156216 | 9372960 | 562377600 |
| vendredi 10 mai 1991 | 6510 | 156240 | 9374400 | 562464000 |
| samedi 11 mai 1991 | 6511 | 156264 | 9375840 | 562550400 |
| dimanche 12 mai 1991 | 6512 | 156288 | 9377280 | 562636800 |
| lundi 13 mai 1991 | 6513 | 156312 | 9378720 | 562723200 |
| mardi 14 mai 1991 | 6514 | 156336 | 9380160 | 562809600 |
| mercredi 15 mai 1991 | 6515 | 156360 | 9381600 | 562896000 |
| jeudi 16 mai 1991 | 6516 | 156384 | 9383040 | 562982400 |
| vendredi 17 mai 1991 | 6517 | 156408 | 9384480 | 563068800 |
| samedi 18 mai 1991 | 6518 | 156432 | 9385920 | 563155200 |
| dimanche 19 mai 1991 | 6519 | 156456 | 9387360 | 563241600 |
| lundi 20 mai 1991 | 6520 | 156480 | 9388800 | 563328000 |
| mardi 21 mai 1991 | 6521 | 156504 | 9390240 | 563414400 |
| mercredi 22 mai 1991 | 6522 | 156528 | 9391680 | 563500800 |
| jeudi 23 mai 1991 | 6523 | 156552 | 9393120 | 563587200 |
| vendredi 24 mai 1991 | 6524 | 156576 | 9394560 | 563673600 |
| samedi 25 mai 1991 | 6525 | 156600 | 9396000 | 563760000 |
| dimanche 26 mai 1991 | 6526 | 156624 | 9397440 | 563846400 |
| lundi 27 mai 1991 | 6527 | 156648 | 9398880 | 563932800 |
| mardi 28 mai 1991 | 6528 | 156672 | 9400320 | 564019200 |
| mercredi 29 mai 1991 | 6529 | 156696 | 9401760 | 564105600 |
| jeudi 30 mai 1991 | 6530 | 156720 | 9403200 | 564192000 |
| vendredi 31 mai 1991 | 6531 | 156744 | 9404640 | 564278400 |
| samedi 1 juin 1991 | 6532 | 156768 | 9406080 | 564364800 |
| dimanche 2 juin 1991 | 6533 | 156792 | 9407520 | 564451200 |
| lundi 3 juin 1991 | 6534 | 156816 | 9408960 | 564537600 |

| | | | | |
|---|---|---|---|---|
| mardi 4 juin 1991 | 6535 | 156840 | 9410400 | 564624000 |
| mercredi 5 juin 1991 | 6536 | 156864 | 9411840 | 564710400 |
| jeudi 6 juin 1991 | 6537 | 156888 | 9413280 | 564796800 |
| vendredi 7 juin 1991 | 6538 | 156912 | 9414720 | 564883200 |
| samedi 8 juin 1991 | 6539 | 156936 | 9416160 | 564969600 |
| dimanche 9 juin 1991 | 6540 | 156960 | 9417600 | 565056000 |
| lundi 10 juin 1991 | 6541 | 156984 | 9419040 | 565142400 |
| mardi 11 juin 1991 | 6542 | 157008 | 9420480 | 565228800 |
| mercredi 12 juin 1991 | 6543 | 157032 | 9421920 | 565315200 |
| jeudi 13 juin 1991 | 6544 | 157056 | 9423360 | 565401600 |
| vendredi 14 juin 1991 | 6545 | 157080 | 9424800 | 565488000 |
| samedi 15 juin 1991 | 6546 | 157104 | 9426240 | 565574400 |
| dimanche 16 juin 1991 | 6547 | 157128 | 9427680 | 565660800 |
| lundi 17 juin 1991 | 6548 | 157152 | 9429120 | 565747200 |
| mardi 18 juin 1991 | 6549 | 157176 | 9430560 | 565833600 |
| mercredi 19 juin 1991 | 6550 | 157200 | 9432000 | 565920000 |
| jeudi 20 juin 1991 | 6551 | 157224 | 9433440 | 566006400 |
| vendredi 21 juin 1991 | 6552 | 157248 | 9434880 | 566092800 |
| samedi 22 juin 1991 | 6553 | 157272 | 9436320 | 566179200 |
| dimanche 23 juin 1991 | 6554 | 157296 | 9437760 | 566265600 |
| lundi 24 juin 1991 | 6555 | 157320 | 9439200 | 566352000 |
| mardi 25 juin 1991 | 6556 | 157344 | 9440640 | 566438400 |
| mercredi 26 juin 1991 | 6557 | 157368 | 9442080 | 566524800 |
| jeudi 27 juin 1991 | 6558 | 157392 | 9443520 | 566611200 |
| vendredi 28 juin 1991 | 6559 | 157416 | 9444960 | 566697600 |
| samedi 29 juin 1991 | 6560 | 157440 | 9446400 | 566784000 |
| dimanche 30 juin 1991 | 6561 | 157464 | 9447840 | 566870400 |
| lundi 1 juillet 1991 | 6562 | 157488 | 9449280 | 566956800 |
| mardi 2 juillet 1991 | 6563 | 157512 | 9450720 | 567043200 |
| mercredi 3 juillet 1991 | 6564 | 157536 | 9452160 | 567129600 |
| jeudi 4 juillet 1991 | 6565 | 157560 | 9453600 | 567216000 |
| vendredi 5 juillet 1991 | 6566 | 157584 | 9455040 | 567302400 |
| samedi 6 juillet 1991 | 6567 | 157608 | 9456480 | 567388800 |
| dimanche 7 juillet 1991 | 6568 | 157632 | 9457920 | 567475200 |
| lundi 8 juillet 1991 | 6569 | 157656 | 9459360 | 567561600 |
| mardi 9 juillet 1991 | 6570 | 157680 | 9460800 | 567648000 |
| mercredi 10 juillet 1991 | 6571 | 157704 | 9462240 | 567734400 |
| jeudi 11 juillet 1991 | 6572 | 157728 | 9463680 | 567820800 |

| | | | | |
|---|---|---|---|---|
| vendredi 12 juillet 1991 | 6573 | 157752 | 9465120 | 567907200 |
| samedi 13 juillet 1991 | 6574 | 157776 | 9466560 | 567993600 |
| dimanche 14 juillet 1991 | 6575 | 157800 | 9468000 | 568080000 |
| lundi 15 juillet 1991 | 6576 | 157824 | 9469440 | 568166400 |
| mardi 16 juillet 1991 | 6577 | 157848 | 9470880 | 568252800 |
| mercredi 17 juillet 1991 | 6578 | 157872 | 9472320 | 568339200 |
| jeudi 18 juillet 1991 | 6579 | 157896 | 9473760 | 568425600 |
| vendredi 19 juillet 1991 | 6580 | 157920 | 9475200 | 568512000 |
| samedi 20 juillet 1991 | 6581 | 157944 | 9476640 | 568598400 |
| dimanche 21 juillet 1991 | 6582 | 157968 | 9478080 | 568684800 |
| lundi 22 juillet 1991 | 6583 | 157992 | 9479520 | 568771200 |
| mardi 23 juillet 1991 | 6584 | 158016 | 9480960 | 568857600 |
| mercredi 24 juillet 1991 | 6585 | 158040 | 9482400 | 568944000 |
| jeudi 25 juillet 1991 | 6586 | 158064 | 9483840 | 569030400 |
| vendredi 26 juillet 1991 | 6587 | 158088 | 9485280 | 569116800 |
| samedi 27 juillet 1991 | 6588 | 158112 | 9486720 | 569203200 |
| dimanche 28 juillet 1991 | 6589 | 158136 | 9488160 | 569289600 |
| lundi 29 juillet 1991 | 6590 | 158160 | 9489600 | 569376000 |
| mardi 30 juillet 1991 | 6591 | 158184 | 9491040 | 569462400 |
| mercredi 31 juillet 1991 | 6592 | 158208 | 9492480 | 569548800 |
| jeudi 1 août 1991 | 6593 | 158232 | 9493920 | 569635200 |
| vendredi 2 août 1991 | 6594 | 158256 | 9495360 | 569721600 |
| samedi 3 août 1991 | 6595 | 158280 | 9496800 | 569808000 |
| dimanche 4 août 1991 | 6596 | 158304 | 9498240 | 569894400 |
| lundi 5 août 1991 | 6597 | 158328 | 9499680 | 569980800 |
| mardi 6 août 1991 | 6598 | 158352 | 9501120 | 570067200 |
| mercredi 7 août 1991 | 6599 | 158376 | 9502560 | 570153600 |
| jeudi 8 août 1991 | 6600 | 158400 | 9504000 | 570240000 |
| vendredi 9 août 1991 | 6601 | 158424 | 9505440 | 570326400 |
| samedi 10 août 1991 | 6602 | 158448 | 9506880 | 570412800 |
| dimanche 11 août 1991 | 6603 | 158472 | 9508320 | 570499200 |
| lundi 12 août 1991 | 6604 | 158496 | 9509760 | 570585600 |
| mardi 13 août 1991 | 6605 | 158520 | 9511200 | 570672000 |
| mercredi 14 août 1991 | 6606 | 158544 | 9512640 | 570758400 |
| jeudi 15 août 1991 | 6607 | 158568 | 9514080 | 570844800 |
| vendredi 16 août 1991 | 6608 | 158592 | 9515520 | 570931200 |
| samedi 17 août 1991 | 6609 | 158616 | 9516960 | 571017600 |
| dimanche 18 août 1991 | 6610 | 158640 | 9518400 | 571104000 |

| | | | | |
|---|---|---|---|---|
| lundi 19 août 1991 | 6611 | 158664 | 9519840 | 571190400 |
| mardi 20 août 1991 | 6612 | 158688 | 9521280 | 571276800 |
| mercredi 21 août 1991 | 6613 | 158712 | 9522720 | 571363200 |
| jeudi 22 août 1991 | 6614 | 158736 | 9524160 | 571449600 |
| vendredi 23 août 1991 | 6615 | 158760 | 9525600 | 571536000 |
| samedi 24 août 1991 | 6616 | 158784 | 9527040 | 571622400 |
| dimanche 25 août 1991 | 6617 | 158808 | 9528480 | 571708800 |
| lundi 26 août 1991 | 6618 | 158832 | 9529920 | 571795200 |
| mardi 27 août 1991 | 6619 | 158856 | 9531360 | 571881600 |
| mercredi 28 août 1991 | 6620 | 158880 | 9532800 | 571968000 |
| jeudi 29 août 1991 | 6621 | 158904 | 9534240 | 572054400 |
| vendredi 30 août 1991 | 6622 | 158928 | 9535680 | 572140800 |
| samedi 31 août 1991 | 6623 | 158952 | 9537120 | 572227200 |
| dimanche 1 septembre 1991 | 6624 | 158976 | 9538560 | 572313600 |
| lundi 2 septembre 1991 | 6625 | 159000 | 9540000 | 572400000 |
| mardi 3 septembre 1991 | 6626 | 159024 | 9541440 | 572486400 |
| mercredi 4 septembre 1991 | 6627 | 159048 | 9542880 | 572572800 |
| jeudi 5 septembre 1991 | 6628 | 159072 | 9544320 | 572659200 |
| vendredi 6 septembre 1991 | 6629 | 159096 | 9545760 | 572745600 |
| samedi 7 septembre 1991 | 6630 | 159120 | 9547200 | 572832000 |
| dimanche 8 septembre 1991 | 6631 | 159144 | 9548640 | 572918400 |
| lundi 9 septembre 1991 | 6632 | 159168 | 9550080 | 573004800 |
| mardi 10 septembre 1991 | 6633 | 159192 | 9551520 | 573091200 |
| mercredi 11 septembre 1991 | 6634 | 159216 | 9552960 | 573177600 |
| jeudi 12 septembre 1991 | 6635 | 159240 | 9554400 | 573264000 |
| vendredi 13 septembre 1991 | 6636 | 159264 | 9555840 | 573350400 |
| samedi 14 septembre 1991 | 6637 | 159288 | 9557280 | 573436800 |
| dimanche 15 septembre 1991 | 6638 | 159312 | 9558720 | 573523200 |
| lundi 16 septembre 1991 | 6639 | 159336 | 9560160 | 573609600 |
| mardi 17 septembre 1991 | 6640 | 159360 | 9561600 | 573696000 |
| mercredi 18 septembre 1991 | 6641 | 159384 | 9563040 | 573782400 |
| jeudi 19 septembre 1991 | 6642 | 159408 | 9564480 | 573868800 |
| vendredi 20 septembre 1991 | 6643 | 159432 | 9565920 | 573955200 |
| samedi 21 septembre 1991 | 6644 | 159456 | 9567360 | 574041600 |
| dimanche 22 septembre 1991 | 6645 | 159480 | 9568800 | 574128000 |
| lundi 23 septembre 1991 | 6646 | 159504 | 9570240 | 574214400 |
| mardi 24 septembre 1991 | 6647 | 159528 | 9571680 | 574300800 |
| mercredi 25 septembre 1991 | 6648 | 159552 | 9573120 | 574387200 |

| | | | | |
|---|---|---|---|---|
| jeudi 26 septembre 1991 | 6649 | 159576 | 9574560 | 574473600 |
| vendredi 27 septembre 1991 | 6650 | 159600 | 9576000 | 574560000 |
| samedi 28 septembre 1991 | 6651 | 159624 | 9577440 | 574646400 |
| dimanche 29 septembre 1991 | 6652 | 159648 | 9578880 | 574732800 |
| lundi 30 septembre 1991 | 6653 | 159672 | 9580320 | 574819200 |
| mardi 1 octobre 1991 | 6654 | 159696 | 9581760 | 574905600 |
| mercredi 2 octobre 1991 | 6655 | 159720 | 9583200 | 574992000 |
| jeudi 3 octobre 1991 | 6656 | 159744 | 9584640 | 575078400 |
| vendredi 4 octobre 1991 | 6657 | 159768 | 9586080 | 575164800 |
| samedi 5 octobre 1991 | 6658 | 159792 | 9587520 | 575251200 |
| dimanche 6 octobre 1991 | 6659 | 159816 | 9588960 | 575337600 |
| lundi 7 octobre 1991 | 6660 | 159840 | 9590400 | 575424000 |
| mardi 8 octobre 1991 | 6661 | 159864 | 9591840 | 575510400 |
| mercredi 9 octobre 1991 | 6662 | 159888 | 9593280 | 575596800 |
| jeudi 10 octobre 1991 | 6663 | 159912 | 9594720 | 575683200 |
| vendredi 11 octobre 1991 | 6664 | 159936 | 9596160 | 575769600 |
| samedi 12 octobre 1991 | 6665 | 159960 | 9597600 | 575856000 |
| dimanche 13 octobre 1991 | 6666 | 159984 | 9599040 | 575942400 |
| lundi 14 octobre 1991 | 6667 | 160008 | 9600480 | 576028800 |
| mardi 15 octobre 1991 | 6668 | 160032 | 9601920 | 576115200 |
| mercredi 16 octobre 1991 | 6669 | 160056 | 9603360 | 576201600 |
| jeudi 17 octobre 1991 | 6670 | 160080 | 9604800 | 576288000 |
| vendredi 18 octobre 1991 | 6671 | 160104 | 9606240 | 576374400 |
| samedi 19 octobre 1991 | 6672 | 160128 | 9607680 | 576460800 |
| dimanche 20 octobre 1991 | 6673 | 160152 | 9609120 | 576547200 |
| lundi 21 octobre 1991 | 6674 | 160176 | 9610560 | 576633600 |
| mardi 22 octobre 1991 | 6675 | 160200 | 9612000 | 576720000 |
| mercredi 23 octobre 1991 | 6676 | 160224 | 9613440 | 576806400 |
| jeudi 24 octobre 1991 | 6677 | 160248 | 9614880 | 576892800 |
| vendredi 25 octobre 1991 | 6678 | 160272 | 9616320 | 576979200 |
| samedi 26 octobre 1991 | 6679 | 160296 | 9617760 | 577065600 |
| dimanche 27 octobre 1991 | 6680 | 160320 | 9619200 | 577152000 |
| lundi 28 octobre 1991 | 6681 | 160344 | 9620640 | 577238400 |
| mardi 29 octobre 1991 | 6682 | 160368 | 9622080 | 577324800 |
| mercredi 30 octobre 1991 | 6683 | 160392 | 9623520 | 577411200 |
| jeudi 31 octobre 1991 | 6684 | 160416 | 9624960 | 577497600 |
| vendredi 1 novembre 1991 | 6685 | 160440 | 9626400 | 577584000 |
| samedi 2 novembre 1991 | 6686 | 160464 | 9627840 | 577670400 |

| | | | | |
|---|---|---|---|---|
| dimanche 3 novembre 1991 | 6687 | 160488 | 9629280 | 577756800 |
| lundi 4 novembre 1991 | 6688 | 160512 | 9630720 | 577843200 |
| mardi 5 novembre 1991 | 6689 | 160536 | 9632160 | 577929600 |
| mercredi 6 novembre 1991 | 6690 | 160560 | 9633600 | 578016000 |
| jeudi 7 novembre 1991 | 6691 | 160584 | 9635040 | 578102400 |
| vendredi 8 novembre 1991 | 6692 | 160608 | 9636480 | 578188800 |
| samedi 9 novembre 1991 | 6693 | 160632 | 9637920 | 578275200 |
| dimanche 10 novembre 1991 | 6694 | 160656 | 9639360 | 578361600 |
| lundi 11 novembre 1991 | 6695 | 160680 | 9640800 | 578448000 |
| mardi 12 novembre 1991 | 6696 | 160704 | 9642240 | 578534400 |
| mercredi 13 novembre 1991 | 6697 | 160728 | 9643680 | 578620800 |
| jeudi 14 novembre 1991 | 6698 | 160752 | 9645120 | 578707200 |
| vendredi 15 novembre 1991 | 6699 | 160776 | 9646560 | 578793600 |
| samedi 16 novembre 1991 | 6700 | 160800 | 9648000 | 578880000 |
| dimanche 17 novembre 1991 | 6701 | 160824 | 9649440 | 578966400 |
| lundi 18 novembre 1991 | 6702 | 160848 | 9650880 | 579052800 |
| mardi 19 novembre 1991 | 6703 | 160872 | 9652320 | 579139200 |
| mercredi 20 novembre 1991 | 6704 | 160896 | 9653760 | 579225600 |
| jeudi 21 novembre 1991 | 6705 | 160920 | 9655200 | 579312000 |
| vendredi 22 novembre 1991 | 6706 | 160944 | 9656640 | 579398400 |
| samedi 23 novembre 1991 | 6707 | 160968 | 9658080 | 579484800 |
| dimanche 24 novembre 1991 | 6708 | 160992 | 9659520 | 579571200 |
| lundi 25 novembre 1991 | 6709 | 161016 | 9660960 | 579657600 |
| mardi 26 novembre 1991 | 6710 | 161040 | 9662400 | 579744000 |
| mercredi 27 novembre 1991 | 6711 | 161064 | 9663840 | 579830400 |
| jeudi 28 novembre 1991 | 6712 | 161088 | 9665280 | 579916800 |
| vendredi 29 novembre 1991 | 6713 | 161112 | 9666720 | 580003200 |
| samedi 30 novembre 1991 | 6714 | 161136 | 9668160 | 580089600 |
| dimanche 1 décembre 1991 | 6715 | 161160 | 9669600 | 580176000 |
| lundi 2 décembre 1991 | 6716 | 161184 | 9671040 | 580262400 |
| mardi 3 décembre 1991 | 6717 | 161208 | 9672480 | 580348800 |
| mercredi 4 décembre 1991 | 6718 | 161232 | 9673920 | 580435200 |
| jeudi 5 décembre 1991 | 6719 | 161256 | 9675360 | 580521600 |
| vendredi 6 décembre 1991 | 6720 | 161280 | 9676800 | 580608000 |
| samedi 7 décembre 1991 | 6721 | 161304 | 9678240 | 580694400 |
| dimanche 8 décembre 1991 | 6722 | 161328 | 9679680 | 580780800 |
| lundi 9 décembre 1991 | 6723 | 161352 | 9681120 | 580867200 |
| mardi 10 décembre 1991 | 6724 | 161376 | 9682560 | 580953600 |

| | | | | |
|---|---|---|---|---|
| mercredi 11 décembre 1991 | 6725 | 161400 | 9684000 | 581040000 |
| jeudi 12 décembre 1991 | 6726 | 161424 | 9685440 | 581126400 |
| vendredi 13 décembre 1991 | 6727 | 161448 | 9686880 | 581212800 |
| samedi 14 décembre 1991 | 6728 | 161472 | 9688320 | 581299200 |
| dimanche 15 décembre 1991 | 6729 | 161496 | 9689760 | 581385600 |
| lundi 16 décembre 1991 | 6730 | 161520 | 9691200 | 581472000 |
| mardi 17 décembre 1991 | 6731 | 161544 | 9692640 | 581558400 |
| mercredi 18 décembre 1991 | 6732 | 161568 | 9694080 | 581644800 |
| jeudi 19 décembre 1991 | 6733 | 161592 | 9695520 | 581731200 |
| vendredi 20 décembre 1991 | 6734 | 161616 | 9696960 | 581817600 |
| samedi 21 décembre 1991 | 6735 | 161640 | 9698400 | 581904000 |
| dimanche 22 décembre 1991 | 6736 | 161664 | 9699840 | 581990400 |
| lundi 23 décembre 1991 | 6737 | 161688 | 9701280 | 582076800 |
| mardi 24 décembre 1991 | 6738 | 161712 | 9702720 | 582163200 |
| mercredi 25 décembre 1991 | 6739 | 161736 | 9704160 | 582249600 |
| jeudi 26 décembre 1991 | 6740 | 161760 | 9705600 | 582336000 |
| vendredi 27 décembre 1991 | 6741 | 161784 | 9707040 | 582422400 |
| samedi 28 décembre 1991 | 6742 | 161808 | 9708480 | 582508800 |
| dimanche 29 décembre 1991 | 6743 | 161832 | 9709920 | 582595200 |
| lundi 30 décembre 1991 | 6744 | 161856 | 9711360 | 582681600 |
| mardi 31 décembre 1991 | 6745 | 161880 | 9712800 | 582768000 |
| mercredi 1 janvier 1992 | 6746 | 161904 | 9714240 | 582854400 |
| jeudi 2 janvier 1992 | 6747 | 161928 | 9715680 | 582940800 |
| vendredi 3 janvier 1992 | 6748 | 161952 | 9717120 | 583027200 |
| samedi 4 janvier 1992 | 6749 | 161976 | 9718560 | 583113600 |
| dimanche 5 janvier 1992 | 6750 | 162000 | 9720000 | 583200000 |
| lundi 6 janvier 1992 | 6751 | 162024 | 9721440 | 583286400 |
| mardi 7 janvier 1992 | 6752 | 162048 | 9722880 | 583372800 |
| mercredi 8 janvier 1992 | 6753 | 162072 | 9724320 | 583459200 |
| jeudi 9 janvier 1992 | 6754 | 162096 | 9725760 | 583545600 |
| vendredi 10 janvier 1992 | 6755 | 162120 | 9727200 | 583632000 |
| samedi 11 janvier 1992 | 6756 | 162144 | 9728640 | 583718400 |
| dimanche 12 janvier 1992 | 6757 | 162168 | 9730080 | 583804800 |
| lundi 13 janvier 1992 | 6758 | 162192 | 9731520 | 583891200 |
| mardi 14 janvier 1992 | 6759 | 162216 | 9732960 | 583977600 |
| mercredi 15 janvier 1992 | 6760 | 162240 | 9734400 | 584064000 |
| jeudi 16 janvier 1992 | 6761 | 162264 | 9735840 | 584150400 |
| vendredi 17 janvier 1992 | 6762 | 162288 | 9737280 | 584236800 |

| | | | | |
|---|---|---|---|---|
| samedi 18 janvier 1992 | 6763 | 162312 | 9738720 | 584323200 |
| dimanche 19 janvier 1992 | 6764 | 162336 | 9740160 | 584409600 |
| lundi 20 janvier 1992 | 6765 | 162360 | 9741600 | 584496000 |
| mardi 21 janvier 1992 | 6766 | 162384 | 9743040 | 584582400 |
| mercredi 22 janvier 1992 | 6767 | 162408 | 9744480 | 584668800 |
| jeudi 23 janvier 1992 | 6768 | 162432 | 9745920 | 584755200 |
| vendredi 24 janvier 1992 | 6769 | 162456 | 9747360 | 584841600 |
| samedi 25 janvier 1992 | 6770 | 162480 | 9748800 | 584928000 |
| dimanche 26 janvier 1992 | 6771 | 162504 | 9750240 | 585014400 |
| lundi 27 janvier 1992 | 6772 | 162528 | 9751680 | 585100800 |
| mardi 28 janvier 1992 | 6773 | 162552 | 9753120 | 585187200 |
| mercredi 29 janvier 1992 | 6774 | 162576 | 9754560 | 585273600 |
| jeudi 30 janvier 1992 | 6775 | 162600 | 9756000 | 585360000 |
| vendredi 31 janvier 1992 | 6776 | 162624 | 9757440 | 585446400 |
| samedi 1 février 1992 | 6777 | 162648 | 9758880 | 585532800 |
| dimanche 2 février 1992 | 6778 | 162672 | 9760320 | 585619200 |
| lundi 3 février 1992 | 6779 | 162696 | 9761760 | 585705600 |
| mardi 4 février 1992 | 6780 | 162720 | 9763200 | 585792000 |
| mercredi 5 février 1992 | 6781 | 162744 | 9764640 | 585878400 |
| jeudi 6 février 1992 | 6782 | 162768 | 9766080 | 585964800 |
| vendredi 7 février 1992 | 6783 | 162792 | 9767520 | 586051200 |
| samedi 8 février 1992 | 6784 | 162816 | 9768960 | 586137600 |
| dimanche 9 février 1992 | 6785 | 162840 | 9770400 | 586224000 |
| lundi 10 février 1992 | 6786 | 162864 | 9771840 | 586310400 |
| mardi 11 février 1992 | 6787 | 162888 | 9773280 | 586396800 |
| mercredi 12 février 1992 | 6788 | 162912 | 9774720 | 586483200 |
| jeudi 13 février 1992 | 6789 | 162936 | 9776160 | 586569600 |
| vendredi 14 février 1992 | 6790 | 162960 | 9777600 | 586656000 |
| samedi 15 février 1992 | 6791 | 162984 | 9779040 | 586742400 |
| dimanche 16 février 1992 | 6792 | 163008 | 9780480 | 586828800 |
| lundi 17 février 1992 | 6793 | 163032 | 9781920 | 586915200 |
| mardi 18 février 1992 | 6794 | 163056 | 9783360 | 587001600 |
| mercredi 19 février 1992 | 6795 | 163080 | 9784800 | 587088000 |
| jeudi 20 février 1992 | 6796 | 163104 | 9786240 | 587174400 |
| vendredi 21 février 1992 | 6797 | 163128 | 9787680 | 587260800 |
| samedi 22 février 1992 | 6798 | 163152 | 9789120 | 587347200 |
| dimanche 23 février 1992 | 6799 | 163176 | 9790560 | 587433600 |
| lundi 24 février 1992 | 6800 | 163200 | 9792000 | 587520000 |

| | | | | |
|---|---|---|---|---|
| mardi 25 février 1992 | 6801 | 163224 | 9793440 | 587606400 |
| mercredi 26 février 1992 | 6802 | 163248 | 9794880 | 587692800 |
| jeudi 27 février 1992 | 6803 | 163272 | 9796320 | 587779200 |
| vendredi 28 février 1992 | 6804 | 163296 | 9797760 | 587865600 |
| samedi 29 février 1992 | 6805 | 163320 | 9799200 | 587952000 |
| dimanche 1 mars 1992 | 6806 | 163344 | 9800640 | 588038400 |
| lundi 2 mars 1992 | 6807 | 163368 | 9802080 | 588124800 |
| mardi 3 mars 1992 | 6808 | 163392 | 9803520 | 588211200 |
| mercredi 4 mars 1992 | 6809 | 163416 | 9804960 | 588297600 |
| jeudi 5 mars 1992 | 6810 | 163440 | 9806400 | 588384000 |
| vendredi 6 mars 1992 | 6811 | 163464 | 9807840 | 588470400 |
| samedi 7 mars 1992 | 6812 | 163488 | 9809280 | 588556800 |
| dimanche 8 mars 1992 | 6813 | 163512 | 9810720 | 588643200 |
| lundi 9 mars 1992 | 6814 | 163536 | 9812160 | 588729600 |
| mardi 10 mars 1992 | 6815 | 163560 | 9813600 | 588816000 |
| mercredi 11 mars 1992 | 6816 | 163584 | 9815040 | 588902400 |
| jeudi 12 mars 1992 | 6817 | 163608 | 9816480 | 588988800 |
| vendredi 13 mars 1992 | 6818 | 163632 | 9817920 | 589075200 |
| samedi 14 mars 1992 | 6819 | 163656 | 9819360 | 589161600 |
| dimanche 15 mars 1992 | 6820 | 163680 | 9820800 | 589248000 |
| lundi 16 mars 1992 | 6821 | 163704 | 9822240 | 589334400 |
| mardi 17 mars 1992 | 6822 | 163728 | 9823680 | 589420800 |
| mercredi 18 mars 1992 | 6823 | 163752 | 9825120 | 589507200 |
| jeudi 19 mars 1992 | 6824 | 163776 | 9826560 | 589593600 |
| vendredi 20 mars 1992 | 6825 | 163800 | 9828000 | 589680000 |
| samedi 21 mars 1992 | 6826 | 163824 | 9829440 | 589766400 |
| dimanche 22 mars 1992 | 6827 | 163848 | 9830880 | 589852800 |
| lundi 23 mars 1992 | 6828 | 163872 | 9832320 | 589939200 |
| mardi 24 mars 1992 | 6829 | 163896 | 9833760 | 590025600 |
| mercredi 25 mars 1992 | 6830 | 163920 | 9835200 | 590112000 |
| jeudi 26 mars 1992 | 6831 | 163944 | 9836640 | 590198400 |
| vendredi 27 mars 1992 | 6832 | 163968 | 9838080 | 590284800 |
| samedi 28 mars 1992 | 6833 | 163992 | 9839520 | 590371200 |
| dimanche 29 mars 1992 | 6834 | 164016 | 9840960 | 590457600 |
| lundi 30 mars 1992 | 6835 | 164040 | 9842400 | 590544000 |
| mardi 31 mars 1992 | 6836 | 164064 | 9843840 | 590630400 |
| mercredi 1 avril 1992 | 6837 | 164088 | 9845280 | 590716800 |
| jeudi 2 avril 1992 | 6838 | 164112 | 9846720 | 590803200 |

| | | | |
|---|---|---|---|
| vendredi 3 avril 1992 | 6839 | 164136 | 9848160 | 590889600 |
| samedi 4 avril 1992 | 6840 | 164160 | 9849600 | 590976000 |
| dimanche 5 avril 1992 | 6841 | 164184 | 9851040 | 591062400 |
| lundi 6 avril 1992 | 6842 | 164208 | 9852480 | 591148800 |
| mardi 7 avril 1992 | 6843 | 164232 | 9853920 | 591235200 |
| mercredi 8 avril 1992 | 6844 | 164256 | 9855360 | 591321600 |
| jeudi 9 avril 1992 | 6845 | 164280 | 9856800 | 591408000 |
| vendredi 10 avril 1992 | 6846 | 164304 | 9858240 | 591494400 |
| samedi 11 avril 1992 | 6847 | 164328 | 9859680 | 591580800 |
| dimanche 12 avril 1992 | 6848 | 164352 | 9861120 | 591667200 |
| lundi 13 avril 1992 | 6849 | 164376 | 9862560 | 591753600 |
| mardi 14 avril 1992 | 6850 | 164400 | 9864000 | 591840000 |
| mercredi 15 avril 1992 | 6851 | 164424 | 9865440 | 591926400 |
| jeudi 16 avril 1992 | 6852 | 164448 | 9866880 | 592012800 |
| vendredi 17 avril 1992 | 6853 | 164472 | 9868320 | 592099200 |
| samedi 18 avril 1992 | 6854 | 164496 | 9869760 | 592185600 |
| dimanche 19 avril 1992 | 6855 | 164520 | 9871200 | 592272000 |
| lundi 20 avril 1992 | 6856 | 164544 | 9872640 | 592358400 |
| mardi 21 avril 1992 | 6857 | 164568 | 9874080 | 592444800 |
| mercredi 22 avril 1992 | 6858 | 164592 | 9875520 | 592531200 |
| jeudi 23 avril 1992 | 6859 | 164616 | 9876960 | 592617600 |
| vendredi 24 avril 1992 | 6860 | 164640 | 9878400 | 592704000 |
| samedi 25 avril 1992 | 6861 | 164664 | 9879840 | 592790400 |
| dimanche 26 avril 1992 | 6862 | 164688 | 9881280 | 592876800 |
| lundi 27 avril 1992 | 6863 | 164712 | 9882720 | 592963200 |
| mardi 28 avril 1992 | 6864 | 164736 | 9884160 | 593049600 |
| mercredi 29 avril 1992 | 6865 | 164760 | 9885600 | 593136000 |
| jeudi 30 avril 1992 | 6866 | 164784 | 9887040 | 593222400 |
| vendredi 1 mai 1992 | 6867 | 164808 | 9888480 | 593308800 |
| samedi 2 mai 1992 | 6868 | 164832 | 9889920 | 593395200 |
| dimanche 3 mai 1992 | 6869 | 164856 | 9891360 | 593481600 |
| lundi 4 mai 1992 | 6870 | 164880 | 9892800 | 593568000 |
| mardi 5 mai 1992 | 6871 | 164904 | 9894240 | 593654400 |
| mercredi 6 mai 1992 | 6872 | 164928 | 9895680 | 593740800 |
| jeudi 7 mai 1992 | 6873 | 164952 | 9897120 | 593827200 |
| vendredi 8 mai 1992 | 6874 | 164976 | 9898560 | 593913600 |
| samedi 9 mai 1992 | 6875 | 165000 | 9900000 | 594000000 |
| dimanche 10 mai 1992 | 6876 | 165024 | 9901440 | 594086400 |

| | | | | |
|---|---|---|---|---|
| lundi 11 mai 1992 | 6877 | 165048 | 9902880 | 594172800 |
| mardi 12 mai 1992 | 6878 | 165072 | 9904320 | 594259200 |
| mercredi 13 mai 1992 | 6879 | 165096 | 9905760 | 594345600 |
| jeudi 14 mai 1992 | 6880 | 165120 | 9907200 | 594432000 |
| vendredi 15 mai 1992 | 6881 | 165144 | 9908640 | 594518400 |
| samedi 16 mai 1992 | 6882 | 165168 | 9910080 | 594604800 |
| dimanche 17 mai 1992 | 6883 | 165192 | 9911520 | 594691200 |
| lundi 18 mai 1992 | 6884 | 165216 | 9912960 | 594777600 |
| mardi 19 mai 1992 | 6885 | 165240 | 9914400 | 594864000 |
| mercredi 20 mai 1992 | 6886 | 165264 | 9915840 | 594950400 |
| jeudi 21 mai 1992 | 6887 | 165288 | 9917280 | 595036800 |
| vendredi 22 mai 1992 | 6888 | 165312 | 9918720 | 595123200 |
| samedi 23 mai 1992 | 6889 | 165336 | 9920160 | 595209600 |
| dimanche 24 mai 1992 | 6890 | 165360 | 9921600 | 595296000 |
| lundi 25 mai 1992 | 6891 | 165384 | 9923040 | 595382400 |
| mardi 26 mai 1992 | 6892 | 165408 | 9924480 | 595468800 |
| mercredi 27 mai 1992 | 6893 | 165432 | 9925920 | 595555200 |
| jeudi 28 mai 1992 | 6894 | 165456 | 9927360 | 595641600 |
| vendredi 29 mai 1992 | 6895 | 165480 | 9928800 | 595728000 |
| samedi 30 mai 1992 | 6896 | 165504 | 9930240 | 595814400 |
| dimanche 31 mai 1992 | 6897 | 165528 | 9931680 | 595900800 |
| lundi 1 juin 1992 | 6898 | 165552 | 9933120 | 595987200 |
| mardi 2 juin 1992 | 6899 | 165576 | 9934560 | 596073600 |
| mercredi 3 juin 1992 | 6900 | 165600 | 9936000 | 596160000 |
| jeudi 4 juin 1992 | 6901 | 165624 | 9937440 | 596246400 |
| vendredi 5 juin 1992 | 6902 | 165648 | 9938880 | 596332800 |
| samedi 6 juin 1992 | 6903 | 165672 | 9940320 | 596419200 |
| dimanche 7 juin 1992 | 6904 | 165696 | 9941760 | 596505600 |
| lundi 8 juin 1992 | 6905 | 165720 | 9943200 | 596592000 |
| mardi 9 juin 1992 | 6906 | 165744 | 9944640 | 596678400 |
| mercredi 10 juin 1992 | 6907 | 165768 | 9946080 | 596764800 |
| jeudi 11 juin 1992 | 6908 | 165792 | 9947520 | 596851200 |
| vendredi 12 juin 1992 | 6909 | 165816 | 9948960 | 596937600 |
| samedi 13 juin 1992 | 6910 | 165840 | 9950400 | 597024000 |
| dimanche 14 juin 1992 | 6911 | 165864 | 9951840 | 597110400 |
| lundi 15 juin 1992 | 6912 | 165888 | 9953280 | 597196800 |
| mardi 16 juin 1992 | 6913 | 165912 | 9954720 | 597283200 |
| mercredi 17 juin 1992 | 6914 | 165936 | 9956160 | 597369600 |

| | | | | |
|---|---|---|---|---|
| jeudi 18 juin 1992 | 6915 | 165960 | 9957600 | 597456000 |
| vendredi 19 juin 1992 | 6916 | 165984 | 9959040 | 597542400 |
| samedi 20 juin 1992 | 6917 | 166008 | 9960480 | 597628800 |
| dimanche 21 juin 1992 | 6918 | 166032 | 9961920 | 597715200 |
| lundi 22 juin 1992 | 6919 | 166056 | 9963360 | 597801600 |
| mardi 23 juin 1992 | 6920 | 166080 | 9964800 | 597888000 |
| mercredi 24 juin 1992 | 6921 | 166104 | 9966240 | 597974400 |
| jeudi 25 juin 1992 | 6922 | 166128 | 9967680 | 598060800 |
| vendredi 26 juin 1992 | 6923 | 166152 | 9969120 | 598147200 |
| samedi 27 juin 1992 | 6924 | 166176 | 9970560 | 598233600 |
| dimanche 28 juin 1992 | 6925 | 166200 | 9972000 | 598320000 |
| lundi 29 juin 1992 | 6926 | 166224 | 9973440 | 598406400 |
| mardi 30 juin 1992 | 6927 | 166248 | 9974880 | 598492800 |
| mercredi 1 juillet 1992 | 6928 | 166272 | 9976320 | 598579200 |
| jeudi 2 juillet 1992 | 6929 | 166296 | 9977760 | 598665600 |
| vendredi 3 juillet 1992 | 6930 | 166320 | 9979200 | 598752000 |
| samedi 4 juillet 1992 | 6931 | 166344 | 9980640 | 598838400 |
| dimanche 5 juillet 1992 | 6932 | 166368 | 9982080 | 598924800 |
| lundi 6 juillet 1992 | 6933 | 166392 | 9983520 | 599011200 |
| mardi 7 juillet 1992 | 6934 | 166416 | 9984960 | 599097600 |
| mercredi 8 juillet 1992 | 6935 | 166440 | 9986400 | 599184000 |
| jeudi 9 juillet 1992 | 6936 | 166464 | 9987840 | 599270400 |
| vendredi 10 juillet 1992 | 6937 | 166488 | 9989280 | 599356800 |
| samedi 11 juillet 1992 | 6938 | 166512 | 9990720 | 599443200 |
| dimanche 12 juillet 1992 | 6939 | 166536 | 9992160 | 599529600 |
| lundi 13 juillet 1992 | 6940 | 166560 | 9993600 | 599616000 |
| mardi 14 juillet 1992 | 6941 | 166584 | 9995040 | 599702400 |
| mercredi 15 juillet 1992 | 6942 | 166608 | 9996480 | 599788800 |
| jeudi 16 juillet 1992 | 6943 | 166632 | 9997920 | 599875200 |
| vendredi 17 juillet 1992 | 6944 | 166656 | 9999360 | 599961600 |
| samedi 18 juillet 1992 | 6945 | 166680 | 10000800 | 600048000 |
| dimanche 19 juillet 1992 | 6946 | 166704 | 10002240 | 600134400 |
| lundi 20 juillet 1992 | 6947 | 166728 | 10003680 | 600220800 |
| mardi 21 juillet 1992 | 6948 | 166752 | 10005120 | 600307200 |
| mercredi 22 juillet 1992 | 6949 | 166776 | 10006560 | 600393600 |
| jeudi 23 juillet 1992 | 6950 | 166800 | 10008000 | 600480000 |
| vendredi 24 juillet 1992 | 6951 | 166824 | 10009440 | 600566400 |
| samedi 25 juillet 1992 | 6952 | 166848 | 10010880 | 600652800 |

| | | | | |
|---|---|---|---|---|
| dimanche 26 juillet 1992 | 6953 | 166872 | 10012320 | 600739200 |
| lundi 27 juillet 1992 | 6954 | 166896 | 10013760 | 600825600 |
| mardi 28 juillet 1992 | 6955 | 166920 | 10015200 | 600912000 |
| mercredi 29 juillet 1992 | 6956 | 166944 | 10016640 | 600998400 |
| jeudi 30 juillet 1992 | 6957 | 166968 | 10018080 | 601084800 |
| vendredi 31 juillet 1992 | 6958 | 166992 | 10019520 | 601171200 |
| samedi 1 août 1992 | 6959 | 167016 | 10020960 | 601257600 |
| dimanche 2 août 1992 | 6960 | 167040 | 10022400 | 601344000 |
| lundi 3 août 1992 | 6961 | 167064 | 10023840 | 601430400 |
| mardi 4 août 1992 | 6962 | 167088 | 10025280 | 601516800 |
| mercredi 5 août 1992 | 6963 | 167112 | 10026720 | 601603200 |
| jeudi 6 août 1992 | 6964 | 167136 | 10028160 | 601689600 |
| vendredi 7 août 1992 | 6965 | 167160 | 10029600 | 601776000 |
| samedi 8 août 1992 | 6966 | 167184 | 10031040 | 601862400 |
| dimanche 9 août 1992 | 6967 | 167208 | 10032480 | 601948800 |
| lundi 10 août 1992 | 6968 | 167232 | 10033920 | 602035200 |
| mardi 11 août 1992 | 6969 | 167256 | 10035360 | 602121600 |
| mercredi 12 août 1992 | 6970 | 167280 | 10036800 | 602208000 |
| jeudi 13 août 1992 | 6971 | 167304 | 10038240 | 602294400 |
| vendredi 14 août 1992 | 6972 | 167328 | 10039680 | 602380800 |
| samedi 15 août 1992 | 6973 | 167352 | 10041120 | 602467200 |
| dimanche 16 août 1992 | 6974 | 167376 | 10042560 | 602553600 |
| lundi 17 août 1992 | 6975 | 167400 | 10044000 | 602640000 |
| mardi 18 août 1992 | 6976 | 167424 | 10045440 | 602726400 |
| mercredi 19 août 1992 | 6977 | 167448 | 10046880 | 602812800 |
| jeudi 20 août 1992 | 6978 | 167472 | 10048320 | 602899200 |
| vendredi 21 août 1992 | 6979 | 167496 | 10049760 | 602985600 |
| samedi 22 août 1992 | 6980 | 167520 | 10051200 | 603072000 |
| dimanche 23 août 1992 | 6981 | 167544 | 10052640 | 603158400 |
| lundi 24 août 1992 | 6982 | 167568 | 10054080 | 603244800 |
| mardi 25 août 1992 | 6983 | 167592 | 10055520 | 603331200 |
| mercredi 26 août 1992 | 6984 | 167616 | 10056960 | 603417600 |
| jeudi 27 août 1992 | 6985 | 167640 | 10058400 | 603504000 |
| vendredi 28 août 1992 | 6986 | 167664 | 10059840 | 603590400 |
| samedi 29 août 1992 | 6987 | 167688 | 10061280 | 603676800 |
| dimanche 30 août 1992 | 6988 | 167712 | 10062720 | 603763200 |
| lundi 31 août 1992 | 6989 | 167736 | 10064160 | 603849600 |
| mardi 1 septembre 1992 | 6990 | 167760 | 10065600 | 603936000 |

| | | | | |
|---|---|---|---|---|
| mercredi 2 septembre 1992 | 6991 | 167784 | 10067040 | 604022400 |
| jeudi 3 septembre 1992 | 6992 | 167808 | 10068480 | 604108800 |
| vendredi 4 septembre 1992 | 6993 | 167832 | 10069920 | 604195200 |
| samedi 5 septembre 1992 | 6994 | 167856 | 10071360 | 604281600 |
| dimanche 6 septembre 1992 | 6995 | 167880 | 10072800 | 604368000 |
| lundi 7 septembre 1992 | 6996 | 167904 | 10074240 | 604454400 |
| mardi 8 septembre 1992 | 6997 | 167928 | 10075680 | 604540800 |
| mercredi 9 septembre 1992 | 6998 | 167952 | 10077120 | 604627200 |
| jeudi 10 septembre 1992 | 6999 | 167976 | 10078560 | 604713600 |
| vendredi 11 septembre 1992 | 7000 | 168000 | 10080000 | 604800000 |
| samedi 12 septembre 1992 | 7001 | 168024 | 10081440 | 604886400 |
| dimanche 13 septembre 1992 | 7002 | 168048 | 10082880 | 604972800 |
| lundi 14 septembre 1992 | 7003 | 168072 | 10084320 | 605059200 |
| mardi 15 septembre 1992 | 7004 | 168096 | 10085760 | 605145600 |
| mercredi 16 septembre 1992 | 7005 | 168120 | 10087200 | 605232000 |
| jeudi 17 septembre 1992 | 7006 | 168144 | 10088640 | 605318400 |
| vendredi 18 septembre 1992 | 7007 | 168168 | 10090080 | 605404800 |
| samedi 19 septembre 1992 | 7008 | 168192 | 10091520 | 605491200 |
| dimanche 20 septembre 1992 | 7009 | 168216 | 10092960 | 605577600 |
| lundi 21 septembre 1992 | 7010 | 168240 | 10094400 | 605664000 |
| mardi 22 septembre 1992 | 7011 | 168264 | 10095840 | 605750400 |
| mercredi 23 septembre 1992 | 7012 | 168288 | 10097280 | 605836800 |
| jeudi 24 septembre 1992 | 7013 | 168312 | 10098720 | 605923200 |
| vendredi 25 septembre 1992 | 7014 | 168336 | 10100160 | 606009600 |
| samedi 26 septembre 1992 | 7015 | 168360 | 10101600 | 606096000 |
| dimanche 27 septembre 1992 | 7016 | 168384 | 10103040 | 606182400 |
| lundi 28 septembre 1992 | 7017 | 168408 | 10104480 | 606268800 |
| mardi 29 septembre 1992 | 7018 | 168432 | 10105920 | 606355200 |
| mercredi 30 septembre 1992 | 7019 | 168456 | 10107360 | 606441600 |
| jeudi 1 octobre 1992 | 7020 | 168480 | 10108800 | 606528000 |
| vendredi 2 octobre 1992 | 7021 | 168504 | 10110240 | 606614400 |
| samedi 3 octobre 1992 | 7022 | 168528 | 10111680 | 606700800 |
| dimanche 4 octobre 1992 | 7023 | 168552 | 10113120 | 606787200 |
| lundi 5 octobre 1992 | 7024 | 168576 | 10114560 | 606873600 |
| mardi 6 octobre 1992 | 7025 | 168600 | 10116000 | 606960000 |
| mercredi 7 octobre 1992 | 7026 | 168624 | 10117440 | 607046400 |
| jeudi 8 octobre 1992 | 7027 | 168648 | 10118880 | 607132800 |
| vendredi 9 octobre 1992 | 7028 | 168672 | 10120320 | 607219200 |

| | | | | |
|---|---|---|---|---|
| samedi 10 octobre 1992 | 7029 | 168696 | 10121760 | 607305600 |
| dimanche 11 octobre 1992 | 7030 | 168720 | 10123200 | 607392000 |
| lundi 12 octobre 1992 | 7031 | 168744 | 10124640 | 607478400 |
| mardi 13 octobre 1992 | 7032 | 168768 | 10126080 | 607564800 |
| mercredi 14 octobre 1992 | 7033 | 168792 | 10127520 | 607651200 |
| jeudi 15 octobre 1992 | 7034 | 168816 | 10128960 | 607737600 |
| vendredi 16 octobre 1992 | 7035 | 168840 | 10130400 | 607824000 |
| samedi 17 octobre 1992 | 7036 | 168864 | 10131840 | 607910400 |
| dimanche 18 octobre 1992 | 7037 | 168888 | 10133280 | 607996800 |
| lundi 19 octobre 1992 | 7038 | 168912 | 10134720 | 608083200 |
| mardi 20 octobre 1992 | 7039 | 168936 | 10136160 | 608169600 |
| mercredi 21 octobre 1992 | 7040 | 168960 | 10137600 | 608256000 |
| jeudi 22 octobre 1992 | 7041 | 168984 | 10139040 | 608342400 |
| vendredi 23 octobre 1992 | 7042 | 169008 | 10140480 | 608428800 |
| samedi 24 octobre 1992 | 7043 | 169032 | 10141920 | 608515200 |
| dimanche 25 octobre 1992 | 7044 | 169056 | 10143360 | 608601600 |
| lundi 26 octobre 1992 | 7045 | 169080 | 10144800 | 608688000 |
| mardi 27 octobre 1992 | 7046 | 169104 | 10146240 | 608774400 |
| mercredi 28 octobre 1992 | 7047 | 169128 | 10147680 | 608860800 |
| jeudi 29 octobre 1992 | 7048 | 169152 | 10149120 | 608947200 |
| vendredi 30 octobre 1992 | 7049 | 169176 | 10150560 | 609033600 |
| samedi 31 octobre 1992 | 7050 | 169200 | 10152000 | 609120000 |
| dimanche 1 novembre 1992 | 7051 | 169224 | 10153440 | 609206400 |
| lundi 2 novembre 1992 | 7052 | 169248 | 10154880 | 609292800 |
| mardi 3 novembre 1992 | 7053 | 169272 | 10156320 | 609379200 |
| mercredi 4 novembre 1992 | 7054 | 169296 | 10157760 | 609465600 |
| jeudi 5 novembre 1992 | 7055 | 169320 | 10159200 | 609552000 |
| vendredi 6 novembre 1992 | 7056 | 169344 | 10160640 | 609638400 |
| samedi 7 novembre 1992 | 7057 | 169368 | 10162080 | 609724800 |
| dimanche 8 novembre 1992 | 7058 | 169392 | 10163520 | 609811200 |
| lundi 9 novembre 1992 | 7059 | 169416 | 10164960 | 609897600 |
| mardi 10 novembre 1992 | 7060 | 169440 | 10166400 | 609984000 |
| mercredi 11 novembre 1992 | 7061 | 169464 | 10167840 | 610070400 |
| jeudi 12 novembre 1992 | 7062 | 169488 | 10169280 | 610156800 |
| vendredi 13 novembre 1992 | 7063 | 169512 | 10170720 | 610243200 |
| samedi 14 novembre 1992 | 7064 | 169536 | 10172160 | 610329600 |
| dimanche 15 novembre 1992 | 7065 | 169560 | 10173600 | 610416000 |
| lundi 16 novembre 1992 | 7066 | 169584 | 10175040 | 610502400 |

| | | | | |
|---|---|---|---|---|
| mardi 17 novembre 1992 | 7067 | 169608 | 10176480 | 610588800 |
| mercredi 18 novembre 1992 | 7068 | 169632 | 10177920 | 610675200 |
| jeudi 19 novembre 1992 | 7069 | 169656 | 10179360 | 610761600 |
| vendredi 20 novembre 1992 | 7070 | 169680 | 10180800 | 610848000 |
| samedi 21 novembre 1992 | 7071 | 169704 | 10182240 | 610934400 |
| dimanche 22 novembre 1992 | 7072 | 169728 | 10183680 | 611020800 |
| lundi 23 novembre 1992 | 7073 | 169752 | 10185120 | 611107200 |
| mardi 24 novembre 1992 | 7074 | 169776 | 10186560 | 611193600 |
| mercredi 25 novembre 1992 | 7075 | 169800 | 10188000 | 611280000 |
| jeudi 26 novembre 1992 | 7076 | 169824 | 10189440 | 611366400 |
| vendredi 27 novembre 1992 | 7077 | 169848 | 10190880 | 611452800 |
| samedi 28 novembre 1992 | 7078 | 169872 | 10192320 | 611539200 |
| dimanche 29 novembre 1992 | 7079 | 169896 | 10193760 | 611625600 |
| lundi 30 novembre 1992 | 7080 | 169920 | 10195200 | 611712000 |
| mardi 1 décembre 1992 | 7081 | 169944 | 10196640 | 611798400 |
| mercredi 2 décembre 1992 | 7082 | 169968 | 10198080 | 611884800 |
| jeudi 3 décembre 1992 | 7083 | 169992 | 10199520 | 611971200 |
| vendredi 4 décembre 1992 | 7084 | 170016 | 10200960 | 612057600 |
| samedi 5 décembre 1992 | 7085 | 170040 | 10202400 | 612144000 |
| dimanche 6 décembre 1992 | 7086 | 170064 | 10203840 | 612230400 |
| lundi 7 décembre 1992 | 7087 | 170088 | 10205280 | 612316800 |
| mardi 8 décembre 1992 | 7088 | 170112 | 10206720 | 612403200 |
| mercredi 9 décembre 1992 | 7089 | 170136 | 10208160 | 612489600 |
| jeudi 10 décembre 1992 | 7090 | 170160 | 10209600 | 612576000 |
| vendredi 11 décembre 1992 | 7091 | 170184 | 10211040 | 612662400 |
| samedi 12 décembre 1992 | 7092 | 170208 | 10212480 | 612748800 |
| dimanche 13 décembre 1992 | 7093 | 170232 | 10213920 | 612835200 |
| lundi 14 décembre 1992 | 7094 | 170256 | 10215360 | 612921600 |
| mardi 15 décembre 1992 | 7095 | 170280 | 10216800 | 613008000 |
| mercredi 16 décembre 1992 | 7096 | 170304 | 10218240 | 613094400 |
| jeudi 17 décembre 1992 | 7097 | 170328 | 10219680 | 613180800 |
| vendredi 18 décembre 1992 | 7098 | 170352 | 10221120 | 613267200 |
| samedi 19 décembre 1992 | 7099 | 170376 | 10222560 | 613353600 |
| dimanche 20 décembre 1992 | 7100 | 170400 | 10224000 | 613440000 |
| lundi 21 décembre 1992 | 7101 | 170424 | 10225440 | 613526400 |
| mardi 22 décembre 1992 | 7102 | 170448 | 10226880 | 613612800 |
| mercredi 23 décembre 1992 | 7103 | 170472 | 10228320 | 613699200 |
| jeudi 24 décembre 1992 | 7104 | 170496 | 10229760 | 613785600 |

| | | | | |
|---|---|---|---|---|
| vendredi 25 décembre 1992 | 7105 | 170520 | 10231200 | 613872000 |
| samedi 26 décembre 1992 | 7106 | 170544 | 10232640 | 613958400 |
| dimanche 27 décembre 1992 | 7107 | 170568 | 10234080 | 614044800 |
| lundi 28 décembre 1992 | 7108 | 170592 | 10235520 | 614131200 |
| mardi 29 décembre 1992 | 7109 | 170616 | 10236960 | 614217600 |
| mercredi 30 décembre 1992 | 7110 | 170640 | 10238400 | 614304000 |
| jeudi 31 décembre 1992 | 7111 | 170664 | 10239840 | 614390400 |
| vendredi 1 janvier 1993 | 7112 | 170688 | 10241280 | 614476800 |
| samedi 2 janvier 1993 | 7113 | 170712 | 10242720 | 614563200 |
| dimanche 3 janvier 1993 | 7114 | 170736 | 10244160 | 614649600 |
| lundi 4 janvier 1993 | 7115 | 170760 | 10245600 | 614736000 |
| mardi 5 janvier 1993 | 7116 | 170784 | 10247040 | 614822400 |
| mercredi 6 janvier 1993 | 7117 | 170808 | 10248480 | 614908800 |
| jeudi 7 janvier 1993 | 7118 | 170832 | 10249920 | 614995200 |
| vendredi 8 janvier 1993 | 7119 | 170856 | 10251360 | 615081600 |
| samedi 9 janvier 1993 | 7120 | 170880 | 10252800 | 615168000 |
| dimanche 10 janvier 1993 | 7121 | 170904 | 10254240 | 615254400 |
| lundi 11 janvier 1993 | 7122 | 170928 | 10255680 | 615340800 |
| mardi 12 janvier 1993 | 7123 | 170952 | 10257120 | 615427200 |
| mercredi 13 janvier 1993 | 7124 | 170976 | 10258560 | 615513600 |
| jeudi 14 janvier 1993 | 7125 | 171000 | 10260000 | 615600000 |
| vendredi 15 janvier 1993 | 7126 | 171024 | 10261440 | 615686400 |
| samedi 16 janvier 1993 | 7127 | 171048 | 10262880 | 615772800 |
| dimanche 17 janvier 1993 | 7128 | 171072 | 10264320 | 615859200 |
| lundi 18 janvier 1993 | 7129 | 171096 | 10265760 | 615945600 |
| mardi 19 janvier 1993 | 7130 | 171120 | 10267200 | 616032000 |
| mercredi 20 janvier 1993 | 7131 | 171144 | 10268640 | 616118400 |
| jeudi 21 janvier 1993 | 7132 | 171168 | 10270080 | 616204800 |
| vendredi 22 janvier 1993 | 7133 | 171192 | 10271520 | 616291200 |
| samedi 23 janvier 1993 | 7134 | 171216 | 10272960 | 616377600 |
| dimanche 24 janvier 1993 | 7135 | 171240 | 10274400 | 616464000 |
| lundi 25 janvier 1993 | 7136 | 171264 | 10275840 | 616550400 |
| mardi 26 janvier 1993 | 7137 | 171288 | 10277280 | 616636800 |
| mercredi 27 janvier 1993 | 7138 | 171312 | 10278720 | 616723200 |
| jeudi 28 janvier 1993 | 7139 | 171336 | 10280160 | 616809600 |
| vendredi 29 janvier 1993 | 7140 | 171360 | 10281600 | 616896000 |
| samedi 30 janvier 1993 | 7141 | 171384 | 10283040 | 616982400 |
| dimanche 31 janvier 1993 | 7142 | 171408 | 10284480 | 617068800 |

| | | | | |
|---|---|---|---|---|
| lundi 1 février 1993 | 7143 | 171432 | 10285920 | 617155200 |
| mardi 2 février 1993 | 7144 | 171456 | 10287360 | 617241600 |
| mercredi 3 février 1993 | 7145 | 171480 | 10288800 | 617328000 |
| jeudi 4 février 1993 | 7146 | 171504 | 10290240 | 617414400 |
| vendredi 5 février 1993 | 7147 | 171528 | 10291680 | 617500800 |
| samedi 6 février 1993 | 7148 | 171552 | 10293120 | 617587200 |
| dimanche 7 février 1993 | 7149 | 171576 | 10294560 | 617673600 |
| lundi 8 février 1993 | 7150 | 171600 | 10296000 | 617760000 |
| mardi 9 février 1993 | 7151 | 171624 | 10297440 | 617846400 |
| mercredi 10 février 1993 | 7152 | 171648 | 10298880 | 617932800 |
| jeudi 11 février 1993 | 7153 | 171672 | 10300320 | 618019200 |
| vendredi 12 février 1993 | 7154 | 171696 | 10301760 | 618105600 |
| samedi 13 février 1993 | 7155 | 171720 | 10303200 | 618192000 |
| dimanche 14 février 1993 | 7156 | 171744 | 10304640 | 618278400 |
| lundi 15 février 1993 | 7157 | 171768 | 10306080 | 618364800 |
| mardi 16 février 1993 | 7158 | 171792 | 10307520 | 618451200 |
| mercredi 17 février 1993 | 7159 | 171816 | 10308960 | 618537600 |
| jeudi 18 février 1993 | 7160 | 171840 | 10310400 | 618624000 |
| vendredi 19 février 1993 | 7161 | 171864 | 10311840 | 618710400 |
| samedi 20 février 1993 | 7162 | 171888 | 10313280 | 618796800 |
| dimanche 21 février 1993 | 7163 | 171912 | 10314720 | 618883200 |
| lundi 22 février 1993 | 7164 | 171936 | 10316160 | 618969600 |
| mardi 23 février 1993 | 7165 | 171960 | 10317600 | 619056000 |
| mercredi 24 février 1993 | 7166 | 171984 | 10319040 | 619142400 |
| jeudi 25 février 1993 | 7167 | 172008 | 10320480 | 619228800 |
| vendredi 26 février 1993 | 7168 | 172032 | 10321920 | 619315200 |
| samedi 27 février 1993 | 7169 | 172056 | 10323360 | 619401600 |
| dimanche 28 février 1993 | 7170 | 172080 | 10324800 | 619488000 |
| lundi 1 mars 1993 | 7171 | 172104 | 10326240 | 619574400 |
| mardi 2 mars 1993 | 7172 | 172128 | 10327680 | 619660800 |
| mercredi 3 mars 1993 | 7173 | 172152 | 10329120 | 619747200 |
| jeudi 4 mars 1993 | 7174 | 172176 | 10330560 | 619833600 |
| vendredi 5 mars 1993 | 7175 | 172200 | 10332000 | 619920000 |
| samedi 6 mars 1993 | 7176 | 172224 | 10333440 | 620006400 |
| dimanche 7 mars 1993 | 7177 | 172248 | 10334880 | 620092800 |
| lundi 8 mars 1993 | 7178 | 172272 | 10336320 | 620179200 |
| mardi 9 mars 1993 | 7179 | 172296 | 10337760 | 620265600 |
| mercredi 10 mars 1993 | 7180 | 172320 | 10339200 | 620352000 |

| | | | | |
|---|---|---|---|---|
| jeudi 11 mars 1993 | 7181 | 172344 | 10340640 | 620438400 |
| vendredi 12 mars 1993 | 7182 | 172368 | 10342080 | 620524800 |
| samedi 13 mars 1993 | 7183 | 172392 | 10343520 | 620611200 |
| dimanche 14 mars 1993 | 7184 | 172416 | 10344960 | 620697600 |
| lundi 15 mars 1993 | 7185 | 172440 | 10346400 | 620784000 |
| mardi 16 mars 1993 | 7186 | 172464 | 10347840 | 620870400 |
| mercredi 17 mars 1993 | 7187 | 172488 | 10349280 | 620956800 |
| jeudi 18 mars 1993 | 7188 | 172512 | 10350720 | 621043200 |
| vendredi 19 mars 1993 | 7189 | 172536 | 10352160 | 621129600 |
| samedi 20 mars 1993 | 7190 | 172560 | 10353600 | 621216000 |
| dimanche 21 mars 1993 | 7191 | 172584 | 10355040 | 621302400 |
| lundi 22 mars 1993 | 7192 | 172608 | 10356480 | 621388800 |
| mardi 23 mars 1993 | 7193 | 172632 | 10357920 | 621475200 |
| mercredi 24 mars 1993 | 7194 | 172656 | 10359360 | 621561600 |
| jeudi 25 mars 1993 | 7195 | 172680 | 10360800 | 621648000 |
| vendredi 26 mars 1993 | 7196 | 172704 | 10362240 | 621734400 |
| samedi 27 mars 1993 | 7197 | 172728 | 10363680 | 621820800 |
| dimanche 28 mars 1993 | 7198 | 172752 | 10365120 | 621907200 |
| lundi 29 mars 1993 | 7199 | 172776 | 10366560 | 621993600 |
| mardi 30 mars 1993 | 7200 | 172800 | 10368000 | 622080000 |
| mercredi 31 mars 1993 | 7201 | 172824 | 10369440 | 622166400 |
| jeudi 1 avril 1993 | 7202 | 172848 | 10370880 | 622252800 |
| vendredi 2 avril 1993 | 7203 | 172872 | 10372320 | 622339200 |
| samedi 3 avril 1993 | 7204 | 172896 | 10373760 | 622425600 |
| dimanche 4 avril 1993 | 7205 | 172920 | 10375200 | 622512000 |
| lundi 5 avril 1993 | 7206 | 172944 | 10376640 | 622598400 |
| mardi 6 avril 1993 | 7207 | 172968 | 10378080 | 622684800 |
| mercredi 7 avril 1993 | 7208 | 172992 | 10379520 | 622771200 |
| jeudi 8 avril 1993 | 7209 | 173016 | 10380960 | 622857600 |
| vendredi 9 avril 1993 | 7210 | 173040 | 10382400 | 622944000 |
| samedi 10 avril 1993 | 7211 | 173064 | 10383840 | 623030400 |
| dimanche 11 avril 1993 | 7212 | 173088 | 10385280 | 623116800 |
| lundi 12 avril 1993 | 7213 | 173112 | 10386720 | 623203200 |
| mardi 13 avril 1993 | 7214 | 173136 | 10388160 | 623289600 |
| mercredi 14 avril 1993 | 7215 | 173160 | 10389600 | 623376000 |
| jeudi 15 avril 1993 | 7216 | 173184 | 10391040 | 623462400 |
| vendredi 16 avril 1993 | 7217 | 173208 | 10392480 | 623548800 |
| samedi 17 avril 1993 | 7218 | 173232 | 10393920 | 623635200 |

| | | | | |
|---|---|---|---|---|
| dimanche 18 avril 1993 | 7219 | 173256 | 10395360 | 623721600 |
| lundi 19 avril 1993 | 7220 | 173280 | 10396800 | 623808000 |
| mardi 20 avril 1993 | 7221 | 173304 | 10398240 | 623894400 |
| mercredi 21 avril 1993 | 7222 | 173328 | 10399680 | 623980800 |
| jeudi 22 avril 1993 | 7223 | 173352 | 10401120 | 624067200 |
| vendredi 23 avril 1993 | 7224 | 173376 | 10402560 | 624153600 |
| samedi 24 avril 1993 | 7225 | 173400 | 10404000 | 624240000 |
| dimanche 25 avril 1993 | 7226 | 173424 | 10405440 | 624326400 |
| lundi 26 avril 1993 | 7227 | 173448 | 10406880 | 624412800 |
| mardi 27 avril 1993 | 7228 | 173472 | 10408320 | 624499200 |
| mercredi 28 avril 1993 | 7229 | 173496 | 10409760 | 624585600 |
| jeudi 29 avril 1993 | 7230 | 173520 | 10411200 | 624672000 |
| vendredi 30 avril 1993 | 7231 | 173544 | 10412640 | 624758400 |
| samedi 1 mai 1993 | 7232 | 173568 | 10414080 | 624844800 |
| dimanche 2 mai 1993 | 7233 | 173592 | 10415520 | 624931200 |
| lundi 3 mai 1993 | 7234 | 173616 | 10416960 | 625017600 |
| mardi 4 mai 1993 | 7235 | 173640 | 10418400 | 625104000 |
| mercredi 5 mai 1993 | 7236 | 173664 | 10419840 | 625190400 |
| jeudi 6 mai 1993 | 7237 | 173688 | 10421280 | 625276800 |
| vendredi 7 mai 1993 | 7238 | 173712 | 10422720 | 625363200 |
| samedi 8 mai 1993 | 7239 | 173736 | 10424160 | 625449600 |
| dimanche 9 mai 1993 | 7240 | 173760 | 10425600 | 625536000 |
| lundi 10 mai 1993 | 7241 | 173784 | 10427040 | 625622400 |
| mardi 11 mai 1993 | 7242 | 173808 | 10428480 | 625708800 |
| mercredi 12 mai 1993 | 7243 | 173832 | 10429920 | 625795200 |
| jeudi 13 mai 1993 | 7244 | 173856 | 10431360 | 625881600 |
| vendredi 14 mai 1993 | 7245 | 173880 | 10432800 | 625968000 |
| samedi 15 mai 1993 | 7246 | 173904 | 10434240 | 626054400 |
| dimanche 16 mai 1993 | 7247 | 173928 | 10435680 | 626140800 |
| lundi 17 mai 1993 | 7248 | 173952 | 10437120 | 626227200 |
| mardi 18 mai 1993 | 7249 | 173976 | 10438560 | 626313600 |
| mercredi 19 mai 1993 | 7250 | 174000 | 10440000 | 626400000 |
| jeudi 20 mai 1993 | 7251 | 174024 | 10441440 | 626486400 |
| vendredi 21 mai 1993 | 7252 | 174048 | 10442880 | 626572800 |
| samedi 22 mai 1993 | 7253 | 174072 | 10444320 | 626659200 |
| dimanche 23 mai 1993 | 7254 | 174096 | 10445760 | 626745600 |
| lundi 24 mai 1993 | 7255 | 174120 | 10447200 | 626832000 |
| mardi 25 mai 1993 | 7256 | 174144 | 10448640 | 626918400 |

| | | | | |
|---|---|---|---|---|
| mercredi 26 mai 1993 | 7257 | 174168 | 10450080 | 627004800 |
| jeudi 27 mai 1993 | 7258 | 174192 | 10451520 | 627091200 |
| vendredi 28 mai 1993 | 7259 | 174216 | 10452960 | 627177600 |
| samedi 29 mai 1993 | 7260 | 174240 | 10454400 | 627264000 |
| dimanche 30 mai 1993 | 7261 | 174264 | 10455840 | 627350400 |
| lundi 31 mai 1993 | 7262 | 174288 | 10457280 | 627436800 |
| mardi 1 juin 1993 | 7263 | 174312 | 10458720 | 627523200 |
| mercredi 2 juin 1993 | 7264 | 174336 | 10460160 | 627609600 |
| jeudi 3 juin 1993 | 7265 | 174360 | 10461600 | 627696000 |
| vendredi 4 juin 1993 | 7266 | 174384 | 10463040 | 627782400 |
| samedi 5 juin 1993 | 7267 | 174408 | 10464480 | 627868800 |
| dimanche 6 juin 1993 | 7268 | 174432 | 10465920 | 627955200 |
| lundi 7 juin 1993 | 7269 | 174456 | 10467360 | 628041600 |
| mardi 8 juin 1993 | 7270 | 174480 | 10468800 | 628128000 |
| mercredi 9 juin 1993 | 7271 | 174504 | 10470240 | 628214400 |
| jeudi 10 juin 1993 | 7272 | 174528 | 10471680 | 628300800 |
| vendredi 11 juin 1993 | 7273 | 174552 | 10473120 | 628387200 |
| samedi 12 juin 1993 | 7274 | 174576 | 10474560 | 628473600 |
| dimanche 13 juin 1993 | 7275 | 174600 | 10476000 | 628560000 |
| lundi 14 juin 1993 | 7276 | 174624 | 10477440 | 628646400 |
| mardi 15 juin 1993 | 7277 | 174648 | 10478880 | 628732800 |
| mercredi 16 juin 1993 | 7278 | 174672 | 10480320 | 628819200 |
| jeudi 17 juin 1993 | 7279 | 174696 | 10481760 | 628905600 |
| vendredi 18 juin 1993 | 7280 | 174720 | 10483200 | 628992000 |
| samedi 19 juin 1993 | 7281 | 174744 | 10484640 | 629078400 |
| dimanche 20 juin 1993 | 7282 | 174768 | 10486080 | 629164800 |
| lundi 21 juin 1993 | 7283 | 174792 | 10487520 | 629251200 |
| mardi 22 juin 1993 | 7284 | 174816 | 10488960 | 629337600 |
| mercredi 23 juin 1993 | 7285 | 174840 | 10490400 | 629424000 |
| jeudi 24 juin 1993 | 7286 | 174864 | 10491840 | 629510400 |
| vendredi 25 juin 1993 | 7287 | 174888 | 10493280 | 629596800 |
| samedi 26 juin 1993 | 7288 | 174912 | 10494720 | 629683200 |
| dimanche 27 juin 1993 | 7289 | 174936 | 10496160 | 629769600 |
| lundi 28 juin 1993 | 7290 | 174960 | 10497600 | 629856000 |
| mardi 29 juin 1993 | 7291 | 174984 | 10499040 | 629942400 |
| mercredi 30 juin 1993 | 7292 | 175008 | 10500480 | 630028800 |
| jeudi 1 juillet 1993 | 7293 | 175032 | 10501920 | 630115200 |
| vendredi 2 juillet 1993 | 7294 | 175056 | 10503360 | 630201600 |

| | | | |
|---|---|---|---|
| samedi 3 juillet 1993 | 7295 | 175080 | 10504800 | 630288000 |
| dimanche 4 juillet 1993 | 7296 | 175104 | 10506240 | 630374400 |
| lundi 5 juillet 1993 | 7297 | 175128 | 10507680 | 630460800 |
| mardi 6 juillet 1993 | 7298 | 175152 | 10509120 | 630547200 |
| mercredi 7 juillet 1993 | 7299 | 175176 | 10510560 | 630633600 |
| jeudi 8 juillet 1993 | 7300 | 175200 | 10512000 | 630720000 |
| vendredi 9 juillet 1993 | 7301 | 175224 | 10513440 | 630806400 |
| samedi 10 juillet 1993 | 7302 | 175248 | 10514880 | 630892800 |
| dimanche 11 juillet 1993 | 7303 | 175272 | 10516320 | 630979200 |
| lundi 12 juillet 1993 | 7304 | 175296 | 10517760 | 631065600 |
| mardi 13 juillet 1993 | 7305 | 175320 | 10519200 | 631152000 |
| mercredi 14 juillet 1993 | 7306 | 175344 | 10520640 | 631238400 |
| jeudi 15 juillet 1993 | 7307 | 175368 | 10522080 | 631324800 |
| vendredi 16 juillet 1993 | 7308 | 175392 | 10523520 | 631411200 |
| samedi 17 juillet 1993 | 7309 | 175416 | 10524960 | 631497600 |
| dimanche 18 juillet 1993 | 7310 | 175440 | 10526400 | 631584000 |
| lundi 19 juillet 1993 | 7311 | 175464 | 10527840 | 631670400 |
| mardi 20 juillet 1993 | 7312 | 175488 | 10529280 | 631756800 |
| mercredi 21 juillet 1993 | 7313 | 175512 | 10530720 | 631843200 |
| jeudi 22 juillet 1993 | 7314 | 175536 | 10532160 | 631929600 |
| vendredi 23 juillet 1993 | 7315 | 175560 | 10533600 | 632016000 |
| samedi 24 juillet 1993 | 7316 | 175584 | 10535040 | 632102400 |
| dimanche 25 juillet 1993 | 7317 | 175608 | 10536480 | 632188800 |
| lundi 26 juillet 1993 | 7318 | 175632 | 10537920 | 632275200 |
| mardi 27 juillet 1993 | 7319 | 175656 | 10539360 | 632361600 |
| mercredi 28 juillet 1993 | 7320 | 175680 | 10540800 | 632448000 |
| jeudi 29 juillet 1993 | 7321 | 175704 | 10542240 | 632534400 |
| vendredi 30 juillet 1993 | 7322 | 175728 | 10543680 | 632620800 |
| samedi 31 juillet 1993 | 7323 | 175752 | 10545120 | 632707200 |
| dimanche 1 août 1993 | 7324 | 175776 | 10546560 | 632793600 |
| lundi 2 août 1993 | 7325 | 175800 | 10548000 | 632880000 |
| mardi 3 août 1993 | 7326 | 175824 | 10549440 | 632966400 |
| mercredi 4 août 1993 | 7327 | 175848 | 10550880 | 633052800 |
| jeudi 5 août 1993 | 7328 | 175872 | 10552320 | 633139200 |
| vendredi 6 août 1993 | 7329 | 175896 | 10553760 | 633225600 |
| samedi 7 août 1993 | 7330 | 175920 | 10555200 | 633312000 |
| dimanche 8 août 1993 | 7331 | 175944 | 10556640 | 633398400 |
| lundi 9 août 1993 | 7332 | 175968 | 10558080 | 633484800 |

| | | | | |
|---|---|---|---|---|
| mardi 10 août 1993 | 7333 | 175992 | 10559520 | 633571200 |
| mercredi 11 août 1993 | 7334 | 176016 | 10560960 | 633657600 |
| jeudi 12 août 1993 | 7335 | 176040 | 10562400 | 633744000 |
| vendredi 13 août 1993 | 7336 | 176064 | 10563840 | 633830400 |
| samedi 14 août 1993 | 7337 | 176088 | 10565280 | 633916800 |
| dimanche 15 août 1993 | 7338 | 176112 | 10566720 | 634003200 |
| lundi 16 août 1993 | 7339 | 176136 | 10568160 | 634089600 |
| mardi 17 août 1993 | 7340 | 176160 | 10569600 | 634176000 |
| mercredi 18 août 1993 | 7341 | 176184 | 10571040 | 634262400 |
| jeudi 19 août 1993 | 7342 | 176208 | 10572480 | 634348800 |
| vendredi 20 août 1993 | 7343 | 176232 | 10573920 | 634435200 |
| samedi 21 août 1993 | 7344 | 176256 | 10575360 | 634521600 |
| dimanche 22 août 1993 | 7345 | 176280 | 10576800 | 634608000 |
| lundi 23 août 1993 | 7346 | 176304 | 10578240 | 634694400 |
| mardi 24 août 1993 | 7347 | 176328 | 10579680 | 634780800 |
| mercredi 25 août 1993 | 7348 | 176352 | 10581120 | 634867200 |
| jeudi 26 août 1993 | 7349 | 176376 | 10582560 | 634953600 |
| vendredi 27 août 1993 | 7350 | 176400 | 10584000 | 635040000 |
| samedi 28 août 1993 | 7351 | 176424 | 10585440 | 635126400 |
| dimanche 29 août 1993 | 7352 | 176448 | 10586880 | 635212800 |
| lundi 30 août 1993 | 7353 | 176472 | 10588320 | 635299200 |
| mardi 31 août 1993 | 7354 | 176496 | 10589760 | 635385600 |
| mercredi 1 septembre 1993 | 7355 | 176520 | 10591200 | 635472000 |
| jeudi 2 septembre 1993 | 7356 | 176544 | 10592640 | 635558400 |
| vendredi 3 septembre 1993 | 7357 | 176568 | 10594080 | 635644800 |
| samedi 4 septembre 1993 | 7358 | 176592 | 10595520 | 635731200 |
| dimanche 5 septembre 1993 | 7359 | 176616 | 10596960 | 635817600 |
| lundi 6 septembre 1993 | 7360 | 176640 | 10598400 | 635904000 |
| mardi 7 septembre 1993 | 7361 | 176664 | 10599840 | 635990400 |
| mercredi 8 septembre 1993 | 7362 | 176688 | 10601280 | 636076800 |
| jeudi 9 septembre 1993 | 7363 | 176712 | 10602720 | 636163200 |
| vendredi 10 septembre 1993 | 7364 | 176736 | 10604160 | 636249600 |
| samedi 11 septembre 1993 | 7365 | 176760 | 10605600 | 636336000 |
| dimanche 12 septembre 1993 | 7366 | 176784 | 10607040 | 636422400 |
| lundi 13 septembre 1993 | 7367 | 176808 | 10608480 | 636508800 |
| mardi 14 septembre 1993 | 7368 | 176832 | 10609920 | 636595200 |
| mercredi 15 septembre 1993 | 7369 | 176856 | 10611360 | 636681600 |
| jeudi 16 septembre 1993 | 7370 | 176880 | 10612800 | 636768000 |

| | | | | |
|---|---|---|---|---|
| vendredi 17 septembre 1993 | 7371 | 176904 | 10614240 | 636854400 |
| samedi 18 septembre 1993 | 7372 | 176928 | 10615680 | 636940800 |
| dimanche 19 septembre 1993 | 7373 | 176952 | 10617120 | 637027200 |
| lundi 20 septembre 1993 | 7374 | 176976 | 10618560 | 637113600 |
| mardi 21 septembre 1993 | 7375 | 177000 | 10620000 | 637200000 |
| mercredi 22 septembre 1993 | 7376 | 177024 | 10621440 | 637286400 |
| jeudi 23 septembre 1993 | 7377 | 177048 | 10622880 | 637372800 |
| vendredi 24 septembre 1993 | 7378 | 177072 | 10624320 | 637459200 |
| samedi 25 septembre 1993 | 7379 | 177096 | 10625760 | 637545600 |
| dimanche 26 septembre 1993 | 7380 | 177120 | 10627200 | 637632000 |
| lundi 27 septembre 1993 | 7381 | 177144 | 10628640 | 637718400 |
| mardi 28 septembre 1993 | 7382 | 177168 | 10630080 | 637804800 |
| mercredi 29 septembre 1993 | 7383 | 177192 | 10631520 | 637891200 |
| jeudi 30 septembre 1993 | 7384 | 177216 | 10632960 | 637977600 |
| vendredi 1 octobre 1993 | 7385 | 177240 | 10634400 | 638064000 |
| samedi 2 octobre 1993 | 7386 | 177264 | 10635840 | 638150400 |
| dimanche 3 octobre 1993 | 7387 | 177288 | 10637280 | 638236800 |
| lundi 4 octobre 1993 | 7388 | 177312 | 10638720 | 638323200 |
| mardi 5 octobre 1993 | 7389 | 177336 | 10640160 | 638409600 |
| mercredi 6 octobre 1993 | 7390 | 177360 | 10641600 | 638496000 |
| jeudi 7 octobre 1993 | 7391 | 177384 | 10643040 | 638582400 |
| vendredi 8 octobre 1993 | 7392 | 177408 | 10644480 | 638668800 |
| samedi 9 octobre 1993 | 7393 | 177432 | 10645920 | 638755200 |
| dimanche 10 octobre 1993 | 7394 | 177456 | 10647360 | 638841600 |
| lundi 11 octobre 1993 | 7395 | 177480 | 10648800 | 638928000 |
| mardi 12 octobre 1993 | 7396 | 177504 | 10650240 | 639014400 |
| mercredi 13 octobre 1993 | 7397 | 177528 | 10651680 | 639100800 |
| jeudi 14 octobre 1993 | 7398 | 177552 | 10653120 | 639187200 |
| vendredi 15 octobre 1993 | 7399 | 177576 | 10654560 | 639273600 |
| samedi 16 octobre 1993 | 7400 | 177600 | 10656000 | 639360000 |
| dimanche 17 octobre 1993 | 7401 | 177624 | 10657440 | 639446400 |
| lundi 18 octobre 1993 | 7402 | 177648 | 10658880 | 639532800 |
| mardi 19 octobre 1993 | 7403 | 177672 | 10660320 | 639619200 |
| mercredi 20 octobre 1993 | 7404 | 177696 | 10661760 | 639705600 |
| jeudi 21 octobre 1993 | 7405 | 177720 | 10663200 | 639792000 |
| vendredi 22 octobre 1993 | 7406 | 177744 | 10664640 | 639878400 |
| samedi 23 octobre 1993 | 7407 | 177768 | 10666080 | 639964800 |
| dimanche 24 octobre 1993 | 7408 | 177792 | 10667520 | 640051200 |

| | | | |
|---|---|---|---|
| lundi 25 octobre 1993 | 7409 | 177816 | 10668960 | 640137600 |
| mardi 26 octobre 1993 | 7410 | 177840 | 10670400 | 640224000 |
| mercredi 27 octobre 1993 | 7411 | 177864 | 10671840 | 640310400 |
| jeudi 28 octobre 1993 | 7412 | 177888 | 10673280 | 640396800 |
| vendredi 29 octobre 1993 | 7413 | 177912 | 10674720 | 640483200 |
| samedi 30 octobre 1993 | 7414 | 177936 | 10676160 | 640569600 |
| dimanche 31 octobre 1993 | 7415 | 177960 | 10677600 | 640656000 |
| lundi 1 novembre 1993 | 7416 | 177984 | 10679040 | 640742400 |
| mardi 2 novembre 1993 | 7417 | 178008 | 10680480 | 640828800 |
| mercredi 3 novembre 1993 | 7418 | 178032 | 10681920 | 640915200 |
| jeudi 4 novembre 1993 | 7419 | 178056 | 10683360 | 641001600 |
| vendredi 5 novembre 1993 | 7420 | 178080 | 10684800 | 641088000 |
| samedi 6 novembre 1993 | 7421 | 178104 | 10686240 | 641174400 |
| dimanche 7 novembre 1993 | 7422 | 178128 | 10687680 | 641260800 |
| lundi 8 novembre 1993 | 7423 | 178152 | 10689120 | 641347200 |
| mardi 9 novembre 1993 | 7424 | 178176 | 10690560 | 641433600 |
| mercredi 10 novembre 1993 | 7425 | 178200 | 10692000 | 641520000 |
| jeudi 11 novembre 1993 | 7426 | 178224 | 10693440 | 641606400 |
| vendredi 12 novembre 1993 | 7427 | 178248 | 10694880 | 641692800 |
| samedi 13 novembre 1993 | 7428 | 178272 | 10696320 | 641779200 |
| dimanche 14 novembre 1993 | 7429 | 178296 | 10697760 | 641865600 |
| lundi 15 novembre 1993 | 7430 | 178320 | 10699200 | 641952000 |
| mardi 16 novembre 1993 | 7431 | 178344 | 10700640 | 642038400 |
| mercredi 17 novembre 1993 | 7432 | 178368 | 10702080 | 642124800 |
| jeudi 18 novembre 1993 | 7433 | 178392 | 10703520 | 642211200 |
| vendredi 19 novembre 1993 | 7434 | 178416 | 10704960 | 642297600 |
| samedi 20 novembre 1993 | 7435 | 178440 | 10706400 | 642384000 |
| dimanche 21 novembre 1993 | 7436 | 178464 | 10707840 | 642470400 |
| lundi 22 novembre 1993 | 7437 | 178488 | 10709280 | 642556800 |
| mardi 23 novembre 1993 | 7438 | 178512 | 10710720 | 642643200 |
| mercredi 24 novembre 1993 | 7439 | 178536 | 10712160 | 642729600 |
| jeudi 25 novembre 1993 | 7440 | 178560 | 10713600 | 642816000 |
| vendredi 26 novembre 1993 | 7441 | 178584 | 10715040 | 642902400 |
| samedi 27 novembre 1993 | 7442 | 178608 | 10716480 | 642988800 |
| dimanche 28 novembre 1993 | 7443 | 178632 | 10717920 | 643075200 |
| lundi 29 novembre 1993 | 7444 | 178656 | 10719360 | 643161600 |
| mardi 30 novembre 1993 | 7445 | 178680 | 10720800 | 643248000 |
| mercredi 1 décembre 1993 | 7446 | 178704 | 10722240 | 643334400 |

| | | | | |
|---|---|---|---|---|
| jeudi 2 décembre 1993 | 7447 | 178728 | 10723680 | 643420800 |
| vendredi 3 décembre 1993 | 7448 | 178752 | 10725120 | 643507200 |
| samedi 4 décembre 1993 | 7449 | 178776 | 10726560 | 643593600 |
| dimanche 5 décembre 1993 | 7450 | 178800 | 10728000 | 643680000 |
| lundi 6 décembre 1993 | 7451 | 178824 | 10729440 | 643766400 |
| mardi 7 décembre 1993 | 7452 | 178848 | 10730880 | 643852800 |
| mercredi 8 décembre 1993 | 7453 | 178872 | 10732320 | 643939200 |
| jeudi 9 décembre 1993 | 7454 | 178896 | 10733760 | 644025600 |
| vendredi 10 décembre 1993 | 7455 | 178920 | 10735200 | 644112000 |
| samedi 11 décembre 1993 | 7456 | 178944 | 10736640 | 644198400 |
| dimanche 12 décembre 1993 | 7457 | 178968 | 10738080 | 644284800 |
| lundi 13 décembre 1993 | 7458 | 178992 | 10739520 | 644371200 |
| mardi 14 décembre 1993 | 7459 | 179016 | 10740960 | 644457600 |
| mercredi 15 décembre 1993 | 7460 | 179040 | 10742400 | 644544000 |
| jeudi 16 décembre 1993 | 7461 | 179064 | 10743840 | 644630400 |
| vendredi 17 décembre 1993 | 7462 | 179088 | 10745280 | 644716800 |
| samedi 18 décembre 1993 | 7463 | 179112 | 10746720 | 644803200 |
| dimanche 19 décembre 1993 | 7464 | 179136 | 10748160 | 644889600 |
| lundi 20 décembre 1993 | 7465 | 179160 | 10749600 | 644976000 |
| mardi 21 décembre 1993 | 7466 | 179184 | 10751040 | 645062400 |
| mercredi 22 décembre 1993 | 7467 | 179208 | 10752480 | 645148800 |
| jeudi 23 décembre 1993 | 7468 | 179232 | 10753920 | 645235200 |
| vendredi 24 décembre 1993 | 7469 | 179256 | 10755360 | 645321600 |
| samedi 25 décembre 1993 | 7470 | 179280 | 10756800 | 645408000 |
| dimanche 26 décembre 1993 | 7471 | 179304 | 10758240 | 645494400 |
| lundi 27 décembre 1993 | 7472 | 179328 | 10759680 | 645580800 |
| mardi 28 décembre 1993 | 7473 | 179352 | 10761120 | 645667200 |
| mercredi 29 décembre 1993 | 7474 | 179376 | 10762560 | 645753600 |
| jeudi 30 décembre 1993 | 7475 | 179400 | 10764000 | 645840000 |
| vendredi 31 décembre 1993 | 7476 | 179424 | 10765440 | 645926400 |
| samedi 1 janvier 1994 | 7477 | 179448 | 10766880 | 646012800 |
| dimanche 2 janvier 1994 | 7478 | 179472 | 10768320 | 646099200 |
| lundi 3 janvier 1994 | 7479 | 179496 | 10769760 | 646185600 |
| mardi 4 janvier 1994 | 7480 | 179520 | 10771200 | 646272000 |
| mercredi 5 janvier 1994 | 7481 | 179544 | 10772640 | 646358400 |
| jeudi 6 janvier 1994 | 7482 | 179568 | 10774080 | 646444800 |
| vendredi 7 janvier 1994 | 7483 | 179592 | 10775520 | 646531200 |
| samedi 8 janvier 1994 | 7484 | 179616 | 10776960 | 646617600 |

| | | | | |
|---|---|---|---|---|
| dimanche 9 janvier 1994 | 7485 | 179640 | 10778400 | 646704000 |
| lundi 10 janvier 1994 | 7486 | 179664 | 10779840 | 646790400 |
| mardi 11 janvier 1994 | 7487 | 179688 | 10781280 | 646876800 |
| mercredi 12 janvier 1994 | 7488 | 179712 | 10782720 | 646963200 |
| jeudi 13 janvier 1994 | 7489 | 179736 | 10784160 | 647049600 |
| vendredi 14 janvier 1994 | 7490 | 179760 | 10785600 | 647136000 |
| samedi 15 janvier 1994 | 7491 | 179784 | 10787040 | 647222400 |
| dimanche 16 janvier 1994 | 7492 | 179808 | 10788480 | 647308800 |
| lundi 17 janvier 1994 | 7493 | 179832 | 10789920 | 647395200 |
| mardi 18 janvier 1994 | 7494 | 179856 | 10791360 | 647481600 |
| mercredi 19 janvier 1994 | 7495 | 179880 | 10792800 | 647568000 |
| jeudi 20 janvier 1994 | 7496 | 179904 | 10794240 | 647654400 |
| vendredi 21 janvier 1994 | 7497 | 179928 | 10795680 | 647740800 |
| samedi 22 janvier 1994 | 7498 | 179952 | 10797120 | 647827200 |
| dimanche 23 janvier 1994 | 7499 | 179976 | 10798560 | 647913600 |
| lundi 24 janvier 1994 | 7500 | 180000 | 10800000 | 648000000 |
| mardi 25 janvier 1994 | 7501 | 180024 | 10801440 | 648086400 |
| mercredi 26 janvier 1994 | 7502 | 180048 | 10802880 | 648172800 |
| jeudi 27 janvier 1994 | 7503 | 180072 | 10804320 | 648259200 |
| vendredi 28 janvier 1994 | 7504 | 180096 | 10805760 | 648345600 |
| samedi 29 janvier 1994 | 7505 | 180120 | 10807200 | 648432000 |
| dimanche 30 janvier 1994 | 7506 | 180144 | 10808640 | 648518400 |
| lundi 31 janvier 1994 | 7507 | 180168 | 10810080 | 648604800 |
| mardi 1 février 1994 | 7508 | 180192 | 10811520 | 648691200 |
| mercredi 2 février 1994 | 7509 | 180216 | 10812960 | 648777600 |
| jeudi 3 février 1994 | 7510 | 180240 | 10814400 | 648864000 |
| vendredi 4 février 1994 | 7511 | 180264 | 10815840 | 648950400 |
| samedi 5 février 1994 | 7512 | 180288 | 10817280 | 649036800 |
| dimanche 6 février 1994 | 7513 | 180312 | 10818720 | 649123200 |
| lundi 7 février 1994 | 7514 | 180336 | 10820160 | 649209600 |
| mardi 8 février 1994 | 7515 | 180360 | 10821600 | 649296000 |
| mercredi 9 février 1994 | 7516 | 180384 | 10823040 | 649382400 |
| jeudi 10 février 1994 | 7517 | 180408 | 10824480 | 649468800 |
| vendredi 11 février 1994 | 7518 | 180432 | 10825920 | 649555200 |
| samedi 12 février 1994 | 7519 | 180456 | 10827360 | 649641600 |
| dimanche 13 février 1994 | 7520 | 180480 | 10828800 | 649728000 |
| lundi 14 février 1994 | 7521 | 180504 | 10830240 | 649814400 |
| mardi 15 février 1994 | 7522 | 180528 | 10831680 | 649900800 |

| | | | | |
|---|---|---|---|---|
| mercredi 16 février 1994 | 7523 | 180552 | 10833120 | 649987200 |
| jeudi 17 février 1994 | 7524 | 180576 | 10834560 | 650073600 |
| vendredi 18 février 1994 | 7525 | 180600 | 10836000 | 650160000 |
| samedi 19 février 1994 | 7526 | 180624 | 10837440 | 650246400 |
| dimanche 20 février 1994 | 7527 | 180648 | 10838880 | 650332800 |
| lundi 21 février 1994 | 7528 | 180672 | 10840320 | 650419200 |
| mardi 22 février 1994 | 7529 | 180696 | 10841760 | 650505600 |
| mercredi 23 février 1994 | 7530 | 180720 | 10843200 | 650592000 |
| jeudi 24 février 1994 | 7531 | 180744 | 10844640 | 650678400 |
| vendredi 25 février 1994 | 7532 | 180768 | 10846080 | 650764800 |
| samedi 26 février 1994 | 7533 | 180792 | 10847520 | 650851200 |
| dimanche 27 février 1994 | 7534 | 180816 | 10848960 | 650937600 |
| lundi 28 février 1994 | 7535 | 180840 | 10850400 | 651024000 |
| mardi 1 mars 1994 | 7536 | 180864 | 10851840 | 651110400 |
| mercredi 2 mars 1994 | 7537 | 180888 | 10853280 | 651196800 |
| jeudi 3 mars 1994 | 7538 | 180912 | 10854720 | 651283200 |
| vendredi 4 mars 1994 | 7539 | 180936 | 10856160 | 651369600 |
| samedi 5 mars 1994 | 7540 | 180960 | 10857600 | 651456000 |
| dimanche 6 mars 1994 | 7541 | 180984 | 10859040 | 651542400 |
| lundi 7 mars 1994 | 7542 | 181008 | 10860480 | 651628800 |
| mardi 8 mars 1994 | 7543 | 181032 | 10861920 | 651715200 |
| mercredi 9 mars 1994 | 7544 | 181056 | 10863360 | 651801600 |
| jeudi 10 mars 1994 | 7545 | 181080 | 10864800 | 651888000 |
| vendredi 11 mars 1994 | 7546 | 181104 | 10866240 | 651974400 |
| samedi 12 mars 1994 | 7547 | 181128 | 10867680 | 652060800 |
| dimanche 13 mars 1994 | 7548 | 181152 | 10869120 | 652147200 |
| lundi 14 mars 1994 | 7549 | 181176 | 10870560 | 652233600 |
| mardi 15 mars 1994 | 7550 | 181200 | 10872000 | 652320000 |
| mercredi 16 mars 1994 | 7551 | 181224 | 10873440 | 652406400 |
| jeudi 17 mars 1994 | 7552 | 181248 | 10874880 | 652492800 |
| vendredi 18 mars 1994 | 7553 | 181272 | 10876320 | 652579200 |
| samedi 19 mars 1994 | 7554 | 181296 | 10877760 | 652665600 |
| dimanche 20 mars 1994 | 7555 | 181320 | 10879200 | 652752000 |
| lundi 21 mars 1994 | 7556 | 181344 | 10880640 | 652838400 |
| mardi 22 mars 1994 | 7557 | 181368 | 10882080 | 652924800 |
| mercredi 23 mars 1994 | 7558 | 181392 | 10883520 | 653011200 |
| jeudi 24 mars 1994 | 7559 | 181416 | 10884960 | 653097600 |
| vendredi 25 mars 1994 | 7560 | 181440 | 10886400 | 653184000 |

| | | | | |
|---|---|---|---|---|
| samedi 26 mars 1994 | 7561 | 181464 | 10887840 | 653270400 |
| dimanche 27 mars 1994 | 7562 | 181488 | 10889280 | 653356800 |
| lundi 28 mars 1994 | 7563 | 181512 | 10890720 | 653443200 |
| mardi 29 mars 1994 | 7564 | 181536 | 10892160 | 653529600 |
| mercredi 30 mars 1994 | 7565 | 181560 | 10893600 | 653616000 |
| jeudi 31 mars 1994 | 7566 | 181584 | 10895040 | 653702400 |
| vendredi 1 avril 1994 | 7567 | 181608 | 10896480 | 653788800 |
| samedi 2 avril 1994 | 7568 | 181632 | 10897920 | 653875200 |
| dimanche 3 avril 1994 | 7569 | 181656 | 10899360 | 653961600 |
| lundi 4 avril 1994 | 7570 | 181680 | 10900800 | 654048000 |
| mardi 5 avril 1994 | 7571 | 181704 | 10902240 | 654134400 |
| mercredi 6 avril 1994 | 7572 | 181728 | 10903680 | 654220800 |
| jeudi 7 avril 1994 | 7573 | 181752 | 10905120 | 654307200 |
| vendredi 8 avril 1994 | 7574 | 181776 | 10906560 | 654393600 |
| samedi 9 avril 1994 | 7575 | 181800 | 10908000 | 654480000 |
| dimanche 10 avril 1994 | 7576 | 181824 | 10909440 | 654566400 |
| lundi 11 avril 1994 | 7577 | 181848 | 10910880 | 654652800 |
| mardi 12 avril 1994 | 7578 | 181872 | 10912320 | 654739200 |
| mercredi 13 avril 1994 | 7579 | 181896 | 10913760 | 654825600 |
| jeudi 14 avril 1994 | 7580 | 181920 | 10915200 | 654912000 |
| vendredi 15 avril 1994 | 7581 | 181944 | 10916640 | 654998400 |
| samedi 16 avril 1994 | 7582 | 181968 | 10918080 | 655084800 |
| dimanche 17 avril 1994 | 7583 | 181992 | 10919520 | 655171200 |
| lundi 18 avril 1994 | 7584 | 182016 | 10920960 | 655257600 |
| mardi 19 avril 1994 | 7585 | 182040 | 10922400 | 655344000 |
| mercredi 20 avril 1994 | 7586 | 182064 | 10923840 | 655430400 |
| jeudi 21 avril 1994 | 7587 | 182088 | 10925280 | 655516800 |
| vendredi 22 avril 1994 | 7588 | 182112 | 10926720 | 655603200 |
| samedi 23 avril 1994 | 7589 | 182136 | 10928160 | 655689600 |
| dimanche 24 avril 1994 | 7590 | 182160 | 10929600 | 655776000 |
| lundi 25 avril 1994 | 7591 | 182184 | 10931040 | 655862400 |
| mardi 26 avril 1994 | 7592 | 182208 | 10932480 | 655948800 |
| mercredi 27 avril 1994 | 7593 | 182232 | 10933920 | 656035200 |
| jeudi 28 avril 1994 | 7594 | 182256 | 10935360 | 656121600 |
| vendredi 29 avril 1994 | 7595 | 182280 | 10936800 | 656208000 |
| samedi 30 avril 1994 | 7596 | 182304 | 10938240 | 656294400 |
| dimanche 1 mai 1994 | 7597 | 182328 | 10939680 | 656380800 |
| lundi 2 mai 1994 | 7598 | 182352 | 10941120 | 656467200 |

| | | | | |
|---|---|---|---|---|
| mardi 3 mai 1994 | 7599 | 182376 | 10942560 | 656553600 |
| mercredi 4 mai 1994 | 7600 | 182400 | 10944000 | 656640000 |
| jeudi 5 mai 1994 | 7601 | 182424 | 10945440 | 656726400 |
| vendredi 6 mai 1994 | 7602 | 182448 | 10946880 | 656812800 |
| samedi 7 mai 1994 | 7603 | 182472 | 10948320 | 656899200 |
| dimanche 8 mai 1994 | 7604 | 182496 | 10949760 | 656985600 |
| lundi 9 mai 1994 | 7605 | 182520 | 10951200 | 657072000 |
| mardi 10 mai 1994 | 7606 | 182544 | 10952640 | 657158400 |
| mercredi 11 mai 1994 | 7607 | 182568 | 10954080 | 657244800 |
| jeudi 12 mai 1994 | 7608 | 182592 | 10955520 | 657331200 |
| vendredi 13 mai 1994 | 7609 | 182616 | 10956960 | 657417600 |
| samedi 14 mai 1994 | 7610 | 182640 | 10958400 | 657504000 |
| dimanche 15 mai 1994 | 7611 | 182664 | 10959840 | 657590400 |
| lundi 16 mai 1994 | 7612 | 182688 | 10961280 | 657676800 |
| mardi 17 mai 1994 | 7613 | 182712 | 10962720 | 657763200 |
| mercredi 18 mai 1994 | 7614 | 182736 | 10964160 | 657849600 |
| jeudi 19 mai 1994 | 7615 | 182760 | 10965600 | 657936000 |
| vendredi 20 mai 1994 | 7616 | 182784 | 10967040 | 658022400 |
| samedi 21 mai 1994 | 7617 | 182808 | 10968480 | 658108800 |
| dimanche 22 mai 1994 | 7618 | 182832 | 10969920 | 658195200 |
| lundi 23 mai 1994 | 7619 | 182856 | 10971360 | 658281600 |
| mardi 24 mai 1994 | 7620 | 182880 | 10972800 | 658368000 |
| mercredi 25 mai 1994 | 7621 | 182904 | 10974240 | 658454400 |
| jeudi 26 mai 1994 | 7622 | 182928 | 10975680 | 658540800 |
| vendredi 27 mai 1994 | 7623 | 182952 | 10977120 | 658627200 |
| samedi 28 mai 1994 | 7624 | 182976 | 10978560 | 658713600 |
| dimanche 29 mai 1994 | 7625 | 183000 | 10980000 | 658800000 |
| lundi 30 mai 1994 | 7626 | 183024 | 10981440 | 658886400 |
| mardi 31 mai 1994 | 7627 | 183048 | 10982880 | 658972800 |
| mercredi 1 juin 1994 | 7628 | 183072 | 10984320 | 659059200 |
| jeudi 2 juin 1994 | 7629 | 183096 | 10985760 | 659145600 |
| vendredi 3 juin 1994 | 7630 | 183120 | 10987200 | 659232000 |
| samedi 4 juin 1994 | 7631 | 183144 | 10988640 | 659318400 |
| dimanche 5 juin 1994 | 7632 | 183168 | 10990080 | 659404800 |
| lundi 6 juin 1994 | 7633 | 183192 | 10991520 | 659491200 |
| mardi 7 juin 1994 | 7634 | 183216 | 10992960 | 659577600 |
| mercredi 8 juin 1994 | 7635 | 183240 | 10994400 | 659664000 |
| jeudi 9 juin 1994 | 7636 | 183264 | 10995840 | 659750400 |

| | | | | |
|---|---|---|---|---|
| vendredi 10 juin 1994 | 7637 | 183288 | 10997280 | 659836800 |
| samedi 11 juin 1994 | 7638 | 183312 | 10998720 | 659923200 |
| dimanche 12 juin 1994 | 7639 | 183336 | 11000160 | 660009600 |
| lundi 13 juin 1994 | 7640 | 183360 | 11001600 | 660096000 |
| mardi 14 juin 1994 | 7641 | 183384 | 11003040 | 660182400 |
| mercredi 15 juin 1994 | 7642 | 183408 | 11004480 | 660268800 |
| jeudi 16 juin 1994 | 7643 | 183432 | 11005920 | 660355200 |
| vendredi 17 juin 1994 | 7644 | 183456 | 11007360 | 660441600 |
| samedi 18 juin 1994 | 7645 | 183480 | 11008800 | 660528000 |
| dimanche 19 juin 1994 | 7646 | 183504 | 11010240 | 660614400 |
| lundi 20 juin 1994 | 7647 | 183528 | 11011680 | 660700800 |
| mardi 21 juin 1994 | 7648 | 183552 | 11013120 | 660787200 |
| mercredi 22 juin 1994 | 7649 | 183576 | 11014560 | 660873600 |
| jeudi 23 juin 1994 | 7650 | 183600 | 11016000 | 660960000 |
| vendredi 24 juin 1994 | 7651 | 183624 | 11017440 | 661046400 |
| samedi 25 juin 1994 | 7652 | 183648 | 11018880 | 661132800 |
| dimanche 26 juin 1994 | 7653 | 183672 | 11020320 | 661219200 |
| lundi 27 juin 1994 | 7654 | 183696 | 11021760 | 661305600 |
| mardi 28 juin 1994 | 7655 | 183720 | 11023200 | 661392000 |
| mercredi 29 juin 1994 | 7656 | 183744 | 11024640 | 661478400 |
| jeudi 30 juin 1994 | 7657 | 183768 | 11026080 | 661564800 |
| vendredi 1 juillet 1994 | 7658 | 183792 | 11027520 | 661651200 |
| samedi 2 juillet 1994 | 7659 | 183816 | 11028960 | 661737600 |
| dimanche 3 juillet 1994 | 7660 | 183840 | 11030400 | 661824000 |
| lundi 4 juillet 1994 | 7661 | 183864 | 11031840 | 661910400 |
| mardi 5 juillet 1994 | 7662 | 183888 | 11033280 | 661996800 |
| mercredi 6 juillet 1994 | 7663 | 183912 | 11034720 | 662083200 |
| jeudi 7 juillet 1994 | 7664 | 183936 | 11036160 | 662169600 |
| vendredi 8 juillet 1994 | 7665 | 183960 | 11037600 | 662256000 |
| samedi 9 juillet 1994 | 7666 | 183984 | 11039040 | 662342400 |
| dimanche 10 juillet 1994 | 7667 | 184008 | 11040480 | 662428800 |
| lundi 11 juillet 1994 | 7668 | 184032 | 11041920 | 662515200 |
| mardi 12 juillet 1994 | 7669 | 184056 | 11043360 | 662601600 |
| mercredi 13 juillet 1994 | 7670 | 184080 | 11044800 | 662688000 |
| jeudi 14 juillet 1994 | 7671 | 184104 | 11046240 | 662774400 |
| vendredi 15 juillet 1994 | 7672 | 184128 | 11047680 | 662860800 |
| samedi 16 juillet 1994 | 7673 | 184152 | 11049120 | 662947200 |
| dimanche 17 juillet 1994 | 7674 | 184176 | 11050560 | 663033600 |

| | | | | |
|---|---|---|---|---|
| lundi 18 juillet 1994 | 7675 | 184200 | 11052000 | 663120000 |
| mardi 19 juillet 1994 | 7676 | 184224 | 11053440 | 663206400 |
| mercredi 20 juillet 1994 | 7677 | 184248 | 11054880 | 663292800 |
| jeudi 21 juillet 1994 | 7678 | 184272 | 11056320 | 663379200 |
| vendredi 22 juillet 1994 | 7679 | 184296 | 11057760 | 663465600 |
| samedi 23 juillet 1994 | 7680 | 184320 | 11059200 | 663552000 |
| dimanche 24 juillet 1994 | 7681 | 184344 | 11060640 | 663638400 |
| lundi 25 juillet 1994 | 7682 | 184368 | 11062080 | 663724800 |
| mardi 26 juillet 1994 | 7683 | 184392 | 11063520 | 663811200 |
| mercredi 27 juillet 1994 | 7684 | 184416 | 11064960 | 663897600 |
| jeudi 28 juillet 1994 | 7685 | 184440 | 11066400 | 663984000 |
| vendredi 29 juillet 1994 | 7686 | 184464 | 11067840 | 664070400 |
| samedi 30 juillet 1994 | 7687 | 184488 | 11069280 | 664156800 |
| dimanche 31 juillet 1994 | 7688 | 184512 | 11070720 | 664243200 |
| lundi 1 août 1994 | 7689 | 184536 | 11072160 | 664329600 |
| mardi 2 août 1994 | 7690 | 184560 | 11073600 | 664416000 |
| mercredi 3 août 1994 | 7691 | 184584 | 11075040 | 664502400 |
| jeudi 4 août 1994 | 7692 | 184608 | 11076480 | 664588800 |
| vendredi 5 août 1994 | 7693 | 184632 | 11077920 | 664675200 |
| samedi 6 août 1994 | 7694 | 184656 | 11079360 | 664761600 |
| dimanche 7 août 1994 | 7695 | 184680 | 11080800 | 664848000 |
| lundi 8 août 1994 | 7696 | 184704 | 11082240 | 664934400 |
| mardi 9 août 1994 | 7697 | 184728 | 11083680 | 665020800 |
| mercredi 10 août 1994 | 7698 | 184752 | 11085120 | 665107200 |
| jeudi 11 août 1994 | 7699 | 184776 | 11086560 | 665193600 |
| vendredi 12 août 1994 | 7700 | 184800 | 11088000 | 665280000 |
| samedi 13 août 1994 | 7701 | 184824 | 11089440 | 665366400 |
| dimanche 14 août 1994 | 7702 | 184848 | 11090880 | 665452800 |
| lundi 15 août 1994 | 7703 | 184872 | 11092320 | 665539200 |
| mardi 16 août 1994 | 7704 | 184896 | 11093760 | 665625600 |
| mercredi 17 août 1994 | 7705 | 184920 | 11095200 | 665712000 |
| jeudi 18 août 1994 | 7706 | 184944 | 11096640 | 665798400 |
| vendredi 19 août 1994 | 7707 | 184968 | 11098080 | 665884800 |
| samedi 20 août 1994 | 7708 | 184992 | 11099520 | 665971200 |
| dimanche 21 août 1994 | 7709 | 185016 | 11100960 | 666057600 |
| lundi 22 août 1994 | 7710 | 185040 | 11102400 | 666144000 |
| mardi 23 août 1994 | 7711 | 185064 | 11103840 | 666230400 |
| mercredi 24 août 1994 | 7712 | 185088 | 11105280 | 666316800 |

| | | | | |
|---|---|---|---|---|
| jeudi 25 août 1994 | 7713 | 185112 | 11106720 | 666403200 |
| vendredi 26 août 1994 | 7714 | 185136 | 11108160 | 666489600 |
| samedi 27 août 1994 | 7715 | 185160 | 11109600 | 666576000 |
| dimanche 28 août 1994 | 7716 | 185184 | 11111040 | 666662400 |
| lundi 29 août 1994 | 7717 | 185208 | 11112480 | 666748800 |
| mardi 30 août 1994 | 7718 | 185232 | 11113920 | 666835200 |
| mercredi 31 août 1994 | 7719 | 185256 | 11115360 | 666921600 |
| jeudi 1 septembre 1994 | 7720 | 185280 | 11116800 | 667008000 |
| vendredi 2 septembre 1994 | 7721 | 185304 | 11118240 | 667094400 |
| samedi 3 septembre 1994 | 7722 | 185328 | 11119680 | 667180800 |
| dimanche 4 septembre 1994 | 7723 | 185352 | 11121120 | 667267200 |
| lundi 5 septembre 1994 | 7724 | 185376 | 11122560 | 667353600 |
| mardi 6 septembre 1994 | 7725 | 185400 | 11124000 | 667440000 |
| mercredi 7 septembre 1994 | 7726 | 185424 | 11125440 | 667526400 |
| jeudi 8 septembre 1994 | 7727 | 185448 | 11126880 | 667612800 |
| vendredi 9 septembre 1994 | 7728 | 185472 | 11128320 | 667699200 |
| samedi 10 septembre 1994 | 7729 | 185496 | 11129760 | 667785600 |
| dimanche 11 septembre 1994 | 7730 | 185520 | 11131200 | 667872000 |
| lundi 12 septembre 1994 | 7731 | 185544 | 11132640 | 667958400 |
| mardi 13 septembre 1994 | 7732 | 185568 | 11134080 | 668044800 |
| mercredi 14 septembre 1994 | 7733 | 185592 | 11135520 | 668131200 |
| jeudi 15 septembre 1994 | 7734 | 185616 | 11136960 | 668217600 |
| vendredi 16 septembre 1994 | 7735 | 185640 | 11138400 | 668304000 |
| samedi 17 septembre 1994 | 7736 | 185664 | 11139840 | 668390400 |
| dimanche 18 septembre 1994 | 7737 | 185688 | 11141280 | 668476800 |
| lundi 19 septembre 1994 | 7738 | 185712 | 11142720 | 668563200 |
| mardi 20 septembre 1994 | 7739 | 185736 | 11144160 | 668649600 |
| mercredi 21 septembre 1994 | 7740 | 185760 | 11145600 | 668736000 |
| jeudi 22 septembre 1994 | 7741 | 185784 | 11147040 | 668822400 |
| vendredi 23 septembre 1994 | 7742 | 185808 | 11148480 | 668908800 |
| samedi 24 septembre 1994 | 7743 | 185832 | 11149920 | 668995200 |
| dimanche 25 septembre 1994 | 7744 | 185856 | 11151360 | 669081600 |
| lundi 26 septembre 1994 | 7745 | 185880 | 11152800 | 669168000 |
| mardi 27 septembre 1994 | 7746 | 185904 | 11154240 | 669254400 |
| mercredi 28 septembre 1994 | 7747 | 185928 | 11155680 | 669340800 |
| jeudi 29 septembre 1994 | 7748 | 185952 | 11157120 | 669427200 |
| vendredi 30 septembre 1994 | 7749 | 185976 | 11158560 | 669513600 |
| samedi 1 octobre 1994 | 7750 | 186000 | 11160000 | 669600000 |

| | | | | |
|---|---|---|---|---|
| dimanche 2 octobre 1994 | 7751 | 186024 | 11161440 | 669686400 |
| lundi 3 octobre 1994 | 7752 | 186048 | 11162880 | 669772800 |
| mardi 4 octobre 1994 | 7753 | 186072 | 11164320 | 669859200 |
| mercredi 5 octobre 1994 | 7754 | 186096 | 11165760 | 669945600 |
| jeudi 6 octobre 1994 | 7755 | 186120 | 11167200 | 670032000 |
| vendredi 7 octobre 1994 | 7756 | 186144 | 11168640 | 670118400 |
| samedi 8 octobre 1994 | 7757 | 186168 | 11170080 | 670204800 |
| dimanche 9 octobre 1994 | 7758 | 186192 | 11171520 | 670291200 |
| lundi 10 octobre 1994 | 7759 | 186216 | 11172960 | 670377600 |
| mardi 11 octobre 1994 | 7760 | 186240 | 11174400 | 670464000 |
| mercredi 12 octobre 1994 | 7761 | 186264 | 11175840 | 670550400 |
| jeudi 13 octobre 1994 | 7762 | 186288 | 11177280 | 670636800 |
| vendredi 14 octobre 1994 | 7763 | 186312 | 11178720 | 670723200 |
| samedi 15 octobre 1994 | 7764 | 186336 | 11180160 | 670809600 |
| dimanche 16 octobre 1994 | 7765 | 186360 | 11181600 | 670896000 |
| lundi 17 octobre 1994 | 7766 | 186384 | 11183040 | 670982400 |
| mardi 18 octobre 1994 | 7767 | 186408 | 11184480 | 671068800 |
| mercredi 19 octobre 1994 | 7768 | 186432 | 11185920 | 671155200 |
| jeudi 20 octobre 1994 | 7769 | 186456 | 11187360 | 671241600 |
| vendredi 21 octobre 1994 | 7770 | 186480 | 11188800 | 671328000 |
| samedi 22 octobre 1994 | 7771 | 186504 | 11190240 | 671414400 |
| dimanche 23 octobre 1994 | 7772 | 186528 | 11191680 | 671500800 |
| lundi 24 octobre 1994 | 7773 | 186552 | 11193120 | 671587200 |
| mardi 25 octobre 1994 | 7774 | 186576 | 11194560 | 671673600 |
| mercredi 26 octobre 1994 | 7775 | 186600 | 11196000 | 671760000 |
| jeudi 27 octobre 1994 | 7776 | 186624 | 11197440 | 671846400 |
| vendredi 28 octobre 1994 | 7777 | 186648 | 11198880 | 671932800 |
| samedi 29 octobre 1994 | 7778 | 186672 | 11200320 | 672019200 |
| dimanche 30 octobre 1994 | 7779 | 186696 | 11201760 | 672105600 |
| lundi 31 octobre 1994 | 7780 | 186720 | 11203200 | 672192000 |
| mardi 1 novembre 1994 | 7781 | 186744 | 11204640 | 672278400 |
| mercredi 2 novembre 1994 | 7782 | 186768 | 11206080 | 672364800 |
| jeudi 3 novembre 1994 | 7783 | 186792 | 11207520 | 672451200 |
| vendredi 4 novembre 1994 | 7784 | 186816 | 11208960 | 672537600 |
| samedi 5 novembre 1994 | 7785 | 186840 | 11210400 | 672624000 |
| dimanche 6 novembre 1994 | 7786 | 186864 | 11211840 | 672710400 |
| lundi 7 novembre 1994 | 7787 | 186888 | 11213280 | 672796800 |
| mardi 8 novembre 1994 | 7788 | 186912 | 11214720 | 672883200 |

| | | | | |
|---|---|---|---|---|
| mercredi 9 novembre 1994 | 7789 | 186936 | 11216160 | 672969600 |
| jeudi 10 novembre 1994 | 7790 | 186960 | 11217600 | 673056000 |
| vendredi 11 novembre 1994 | 7791 | 186984 | 11219040 | 673142400 |
| samedi 12 novembre 1994 | 7792 | 187008 | 11220480 | 673228800 |
| dimanche 13 novembre 1994 | 7793 | 187032 | 11221920 | 673315200 |
| lundi 14 novembre 1994 | 7794 | 187056 | 11223360 | 673401600 |
| mardi 15 novembre 1994 | 7795 | 187080 | 11224800 | 673488000 |
| mercredi 16 novembre 1994 | 7796 | 187104 | 11226240 | 673574400 |
| jeudi 17 novembre 1994 | 7797 | 187128 | 11227680 | 673660800 |
| vendredi 18 novembre 1994 | 7798 | 187152 | 11229120 | 673747200 |
| samedi 19 novembre 1994 | 7799 | 187176 | 11230560 | 673833600 |
| dimanche 20 novembre 1994 | 7800 | 187200 | 11232000 | 673920000 |
| lundi 21 novembre 1994 | 7801 | 187224 | 11233440 | 674006400 |
| mardi 22 novembre 1994 | 7802 | 187248 | 11234880 | 674092800 |
| mercredi 23 novembre 1994 | 7803 | 187272 | 11236320 | 674179200 |
| jeudi 24 novembre 1994 | 7804 | 187296 | 11237760 | 674265600 |
| vendredi 25 novembre 1994 | 7805 | 187320 | 11239200 | 674352000 |
| samedi 26 novembre 1994 | 7806 | 187344 | 11240640 | 674438400 |
| dimanche 27 novembre 1994 | 7807 | 187368 | 11242080 | 674524800 |
| lundi 28 novembre 1994 | 7808 | 187392 | 11243520 | 674611200 |
| mardi 29 novembre 1994 | 7809 | 187416 | 11244960 | 674697600 |
| mercredi 30 novembre 1994 | 7810 | 187440 | 11246400 | 674784000 |
| jeudi 1 décembre 1994 | 7811 | 187464 | 11247840 | 674870400 |
| vendredi 2 décembre 1994 | 7812 | 187488 | 11249280 | 674956800 |
| samedi 3 décembre 1994 | 7813 | 187512 | 11250720 | 675043200 |
| dimanche 4 décembre 1994 | 7814 | 187536 | 11252160 | 675129600 |
| lundi 5 décembre 1994 | 7815 | 187560 | 11253600 | 675216000 |
| mardi 6 décembre 1994 | 7816 | 187584 | 11255040 | 675302400 |
| mercredi 7 décembre 1994 | 7817 | 187608 | 11256480 | 675388800 |
| jeudi 8 décembre 1994 | 7818 | 187632 | 11257920 | 675475200 |
| vendredi 9 décembre 1994 | 7819 | 187656 | 11259360 | 675561600 |
| samedi 10 décembre 1994 | 7820 | 187680 | 11260800 | 675648000 |
| dimanche 11 décembre 1994 | 7821 | 187704 | 11262240 | 675734400 |
| lundi 12 décembre 1994 | 7822 | 187728 | 11263680 | 675820800 |
| mardi 13 décembre 1994 | 7823 | 187752 | 11265120 | 675907200 |
| mercredi 14 décembre 1994 | 7824 | 187776 | 11266560 | 675993600 |
| jeudi 15 décembre 1994 | 7825 | 187800 | 11268000 | 676080000 |
| vendredi 16 décembre 1994 | 7826 | 187824 | 11269440 | 676166400 |

| | | | |
|---|---|---|---|
| samedi 17 décembre 1994 | 7827 | 187848 | 11270880 | 676252800 |
| dimanche 18 décembre 1994 | 7828 | 187872 | 11272320 | 676339200 |
| lundi 19 décembre 1994 | 7829 | 187896 | 11273760 | 676425600 |
| mardi 20 décembre 1994 | 7830 | 187920 | 11275200 | 676512000 |
| mercredi 21 décembre 1994 | 7831 | 187944 | 11276640 | 676598400 |
| jeudi 22 décembre 1994 | 7832 | 187968 | 11278080 | 676684800 |
| vendredi 23 décembre 1994 | 7833 | 187992 | 11279520 | 676771200 |
| samedi 24 décembre 1994 | 7834 | 188016 | 11280960 | 676857600 |
| dimanche 25 décembre 1994 | 7835 | 188040 | 11282400 | 676944000 |
| lundi 26 décembre 1994 | 7836 | 188064 | 11283840 | 677030400 |
| mardi 27 décembre 1994 | 7837 | 188088 | 11285280 | 677116800 |
| mercredi 28 décembre 1994 | 7838 | 188112 | 11286720 | 677203200 |
| jeudi 29 décembre 1994 | 7839 | 188136 | 11288160 | 677289600 |
| vendredi 30 décembre 1994 | 7840 | 188160 | 11289600 | 677376000 |
| samedi 31 décembre 1994 | 7841 | 188184 | 11291040 | 677462400 |
| dimanche 1 janvier 1995 | 7842 | 188208 | 11292480 | 677548800 |
| lundi 2 janvier 1995 | 7843 | 188232 | 11293920 | 677635200 |
| mardi 3 janvier 1995 | 7844 | 188256 | 11295360 | 677721600 |
| mercredi 4 janvier 1995 | 7845 | 188280 | 11296800 | 677808000 |
| jeudi 5 janvier 1995 | 7846 | 188304 | 11298240 | 677894400 |
| vendredi 6 janvier 1995 | 7847 | 188328 | 11299680 | 677980800 |
| samedi 7 janvier 1995 | 7848 | 188352 | 11301120 | 678067200 |
| dimanche 8 janvier 1995 | 7849 | 188376 | 11302560 | 678153600 |
| lundi 9 janvier 1995 | 7850 | 188400 | 11304000 | 678240000 |
| mardi 10 janvier 1995 | 7851 | 188424 | 11305440 | 678326400 |
| mercredi 11 janvier 1995 | 7852 | 188448 | 11306880 | 678412800 |
| jeudi 12 janvier 1995 | 7853 | 188472 | 11308320 | 678499200 |
| vendredi 13 janvier 1995 | 7854 | 188496 | 11309760 | 678585600 |
| samedi 14 janvier 1995 | 7855 | 188520 | 11311200 | 678672000 |
| dimanche 15 janvier 1995 | 7856 | 188544 | 11312640 | 678758400 |
| lundi 16 janvier 1995 | 7857 | 188568 | 11314080 | 678844800 |
| mardi 17 janvier 1995 | 7858 | 188592 | 11315520 | 678931200 |
| mercredi 18 janvier 1995 | 7859 | 188616 | 11316960 | 679017600 |
| jeudi 19 janvier 1995 | 7860 | 188640 | 11318400 | 679104000 |
| vendredi 20 janvier 1995 | 7861 | 188664 | 11319840 | 679190400 |
| samedi 21 janvier 1995 | 7862 | 188688 | 11321280 | 679276800 |
| dimanche 22 janvier 1995 | 7863 | 188712 | 11322720 | 679363200 |
| lundi 23 janvier 1995 | 7864 | 188736 | 11324160 | 679449600 |

| | | | | |
|---|---|---|---|---|
| mardi 24 janvier 1995 | 7865 | 188760 | 11325600 | 679536000 |
| mercredi 25 janvier 1995 | 7866 | 188784 | 11327040 | 679622400 |
| jeudi 26 janvier 1995 | 7867 | 188808 | 11328480 | 679708800 |
| vendredi 27 janvier 1995 | 7868 | 188832 | 11329920 | 679795200 |
| samedi 28 janvier 1995 | 7869 | 188856 | 11331360 | 679881600 |
| dimanche 29 janvier 1995 | 7870 | 188880 | 11332800 | 679968000 |
| lundi 30 janvier 1995 | 7871 | 188904 | 11334240 | 680054400 |
| mardi 31 janvier 1995 | 7872 | 188928 | 11335680 | 680140800 |
| mercredi 1 février 1995 | 7873 | 188952 | 11337120 | 680227200 |
| jeudi 2 février 1995 | 7874 | 188976 | 11338560 | 680313600 |
| vendredi 3 février 1995 | 7875 | 189000 | 11340000 | 680400000 |
| samedi 4 février 1995 | 7876 | 189024 | 11341440 | 680486400 |
| dimanche 5 février 1995 | 7877 | 189048 | 11342880 | 680572800 |
| lundi 6 février 1995 | 7878 | 189072 | 11344320 | 680659200 |
| mardi 7 février 1995 | 7879 | 189096 | 11345760 | 680745600 |
| mercredi 8 février 1995 | 7880 | 189120 | 11347200 | 680832000 |
| jeudi 9 février 1995 | 7881 | 189144 | 11348640 | 680918400 |
| vendredi 10 février 1995 | 7882 | 189168 | 11350080 | 681004800 |
| samedi 11 février 1995 | 7883 | 189192 | 11351520 | 681091200 |
| dimanche 12 février 1995 | 7884 | 189216 | 11352960 | 681177600 |
| lundi 13 février 1995 | 7885 | 189240 | 11354400 | 681264000 |
| mardi 14 février 1995 | 7886 | 189264 | 11355840 | 681350400 |
| mercredi 15 février 1995 | 7887 | 189288 | 11357280 | 681436800 |
| jeudi 16 février 1995 | 7888 | 189312 | 11358720 | 681523200 |
| vendredi 17 février 1995 | 7889 | 189336 | 11360160 | 681609600 |
| samedi 18 février 1995 | 7890 | 189360 | 11361600 | 681696000 |
| dimanche 19 février 1995 | 7891 | 189384 | 11363040 | 681782400 |
| lundi 20 février 1995 | 7892 | 189408 | 11364480 | 681868800 |
| mardi 21 février 1995 | 7893 | 189432 | 11365920 | 681955200 |
| mercredi 22 février 1995 | 7894 | 189456 | 11367360 | 682041600 |
| jeudi 23 février 1995 | 7895 | 189480 | 11368800 | 682128000 |
| vendredi 24 février 1995 | 7896 | 189504 | 11370240 | 682214400 |
| samedi 25 février 1995 | 7897 | 189528 | 11371680 | 682300800 |
| dimanche 26 février 1995 | 7898 | 189552 | 11373120 | 682387200 |
| lundi 27 février 1995 | 7899 | 189576 | 11374560 | 682473600 |
| mardi 28 février 1995 | 7900 | 189600 | 11376000 | 682560000 |
| mercredi 1 mars 1995 | 7901 | 189624 | 11377440 | 682646400 |
| jeudi 2 mars 1995 | 7902 | 189648 | 11378880 | 682732800 |

| | | | | |
|---|---|---|---|---|
| vendredi 3 mars 1995 | 7903 | 189672 | 11380320 | 682819200 |
| samedi 4 mars 1995 | 7904 | 189696 | 11381760 | 682905600 |
| dimanche 5 mars 1995 | 7905 | 189720 | 11383200 | 682992000 |
| lundi 6 mars 1995 | 7906 | 189744 | 11384640 | 683078400 |
| mardi 7 mars 1995 | 7907 | 189768 | 11386080 | 683164800 |
| mercredi 8 mars 1995 | 7908 | 189792 | 11387520 | 683251200 |
| jeudi 9 mars 1995 | 7909 | 189816 | 11388960 | 683337600 |
| vendredi 10 mars 1995 | 7910 | 189840 | 11390400 | 683424000 |
| samedi 11 mars 1995 | 7911 | 189864 | 11391840 | 683510400 |
| dimanche 12 mars 1995 | 7912 | 189888 | 11393280 | 683596800 |
| lundi 13 mars 1995 | 7913 | 189912 | 11394720 | 683683200 |
| mardi 14 mars 1995 | 7914 | 189936 | 11396160 | 683769600 |
| mercredi 15 mars 1995 | 7915 | 189960 | 11397600 | 683856000 |
| jeudi 16 mars 1995 | 7916 | 189984 | 11399040 | 683942400 |
| vendredi 17 mars 1995 | 7917 | 190008 | 11400480 | 684028800 |
| samedi 18 mars 1995 | 7918 | 190032 | 11401920 | 684115200 |
| dimanche 19 mars 1995 | 7919 | 190056 | 11403360 | 684201600 |
| lundi 20 mars 1995 | 7920 | 190080 | 11404800 | 684288000 |
| mardi 21 mars 1995 | 7921 | 190104 | 11406240 | 684374400 |
| mercredi 22 mars 1995 | 7922 | 190128 | 11407680 | 684460800 |
| jeudi 23 mars 1995 | 7923 | 190152 | 11409120 | 684547200 |
| vendredi 24 mars 1995 | 7924 | 190176 | 11410560 | 684633600 |
| samedi 25 mars 1995 | 7925 | 190200 | 11412000 | 684720000 |
| dimanche 26 mars 1995 | 7926 | 190224 | 11413440 | 684806400 |
| lundi 27 mars 1995 | 7927 | 190248 | 11414880 | 684892800 |
| mardi 28 mars 1995 | 7928 | 190272 | 11416320 | 684979200 |
| mercredi 29 mars 1995 | 7929 | 190296 | 11417760 | 685065600 |
| jeudi 30 mars 1995 | 7930 | 190320 | 11419200 | 685152000 |
| vendredi 31 mars 1995 | 7931 | 190344 | 11420640 | 685238400 |
| samedi 1 avril 1995 | 7932 | 190368 | 11422080 | 685324800 |
| dimanche 2 avril 1995 | 7933 | 190392 | 11423520 | 685411200 |
| lundi 3 avril 1995 | 7934 | 190416 | 11424960 | 685497600 |
| mardi 4 avril 1995 | 7935 | 190440 | 11426400 | 685584000 |
| mercredi 5 avril 1995 | 7936 | 190464 | 11427840 | 685670400 |
| jeudi 6 avril 1995 | 7937 | 190488 | 11429280 | 685756800 |
| vendredi 7 avril 1995 | 7938 | 190512 | 11430720 | 685843200 |
| samedi 8 avril 1995 | 7939 | 190536 | 11432160 | 685929600 |
| dimanche 9 avril 1995 | 7940 | 190560 | 11433600 | 686016000 |

| | | | | |
|---|---|---|---|---|
| lundi 10 avril 1995 | 7941 | 190584 | 11435040 | 686102400 |
| mardi 11 avril 1995 | 7942 | 190608 | 11436480 | 686188800 |
| mercredi 12 avril 1995 | 7943 | 190632 | 11437920 | 686275200 |
| jeudi 13 avril 1995 | 7944 | 190656 | 11439360 | 686361600 |
| vendredi 14 avril 1995 | 7945 | 190680 | 11440800 | 686448000 |
| samedi 15 avril 1995 | 7946 | 190704 | 11442240 | 686534400 |
| dimanche 16 avril 1995 | 7947 | 190728 | 11443680 | 686620800 |
| lundi 17 avril 1995 | 7948 | 190752 | 11445120 | 686707200 |
| mardi 18 avril 1995 | 7949 | 190776 | 11446560 | 686793600 |
| mercredi 19 avril 1995 | 7950 | 190800 | 11448000 | 686880000 |
| jeudi 20 avril 1995 | 7951 | 190824 | 11449440 | 686966400 |
| vendredi 21 avril 1995 | 7952 | 190848 | 11450880 | 687052800 |
| samedi 22 avril 1995 | 7953 | 190872 | 11452320 | 687139200 |
| dimanche 23 avril 1995 | 7954 | 190896 | 11453760 | 687225600 |
| lundi 24 avril 1995 | 7955 | 190920 | 11455200 | 687312000 |
| mardi 25 avril 1995 | 7956 | 190944 | 11456640 | 687398400 |
| mercredi 26 avril 1995 | 7957 | 190968 | 11458080 | 687484800 |
| jeudi 27 avril 1995 | 7958 | 190992 | 11459520 | 687571200 |
| vendredi 28 avril 1995 | 7959 | 191016 | 11460960 | 687657600 |
| samedi 29 avril 1995 | 7960 | 191040 | 11462400 | 687744000 |
| dimanche 30 avril 1995 | 7961 | 191064 | 11463840 | 687830400 |
| lundi 1 mai 1995 | 7962 | 191088 | 11465280 | 687916800 |
| mardi 2 mai 1995 | 7963 | 191112 | 11466720 | 688003200 |
| mercredi 3 mai 1995 | 7964 | 191136 | 11468160 | 688089600 |
| jeudi 4 mai 1995 | 7965 | 191160 | 11469600 | 688176000 |
| vendredi 5 mai 1995 | 7966 | 191184 | 11471040 | 688262400 |
| samedi 6 mai 1995 | 7967 | 191208 | 11472480 | 688348800 |
| dimanche 7 mai 1995 | 7968 | 191232 | 11473920 | 688435200 |
| lundi 8 mai 1995 | 7969 | 191256 | 11475360 | 688521600 |
| mardi 9 mai 1995 | 7970 | 191280 | 11476800 | 688608000 |
| mercredi 10 mai 1995 | 7971 | 191304 | 11478240 | 688694400 |
| jeudi 11 mai 1995 | 7972 | 191328 | 11479680 | 688780800 |
| vendredi 12 mai 1995 | 7973 | 191352 | 11481120 | 688867200 |
| samedi 13 mai 1995 | 7974 | 191376 | 11482560 | 688953600 |
| dimanche 14 mai 1995 | 7975 | 191400 | 11484000 | 689040000 |
| lundi 15 mai 1995 | 7976 | 191424 | 11485440 | 689126400 |
| mardi 16 mai 1995 | 7977 | 191448 | 11486880 | 689212800 |
| mercredi 17 mai 1995 | 7978 | 191472 | 11488320 | 689299200 |

| | | | | |
|---|---|---|---|---|
| jeudi 18 mai 1995 | 7979 | 191496 | 11489760 | 689385600 |
| vendredi 19 mai 1995 | 7980 | 191520 | 11491200 | 689472000 |
| samedi 20 mai 1995 | 7981 | 191544 | 11492640 | 689558400 |
| dimanche 21 mai 1995 | 7982 | 191568 | 11494080 | 689644800 |
| lundi 22 mai 1995 | 7983 | 191592 | 11495520 | 689731200 |
| mardi 23 mai 1995 | 7984 | 191616 | 11496960 | 689817600 |
| mercredi 24 mai 1995 | 7985 | 191640 | 11498400 | 689904000 |
| jeudi 25 mai 1995 | 7986 | 191664 | 11499840 | 689990400 |
| vendredi 26 mai 1995 | 7987 | 191688 | 11501280 | 690076800 |
| samedi 27 mai 1995 | 7988 | 191712 | 11502720 | 690163200 |
| dimanche 28 mai 1995 | 7989 | 191736 | 11504160 | 690249600 |
| lundi 29 mai 1995 | 7990 | 191760 | 11505600 | 690336000 |
| mardi 30 mai 1995 | 7991 | 191784 | 11507040 | 690422400 |
| mercredi 31 mai 1995 | 7992 | 191808 | 11508480 | 690508800 |
| jeudi 1 juin 1995 | 7993 | 191832 | 11509920 | 690595200 |
| vendredi 2 juin 1995 | 7994 | 191856 | 11511360 | 690681600 |
| samedi 3 juin 1995 | 7995 | 191880 | 11512800 | 690768000 |
| dimanche 4 juin 1995 | 7996 | 191904 | 11514240 | 690854400 |
| lundi 5 juin 1995 | 7997 | 191928 | 11515680 | 690940800 |
| mardi 6 juin 1995 | 7998 | 191952 | 11517120 | 691027200 |
| mercredi 7 juin 1995 | 7999 | 191976 | 11518560 | 691113600 |
| jeudi 8 juin 1995 | 8000 | 192000 | 11520000 | 691200000 |
| vendredi 9 juin 1995 | 8001 | 192024 | 11521440 | 691286400 |
| samedi 10 juin 1995 | 8002 | 192048 | 11522880 | 691372800 |
| dimanche 11 juin 1995 | 8003 | 192072 | 11524320 | 691459200 |
| lundi 12 juin 1995 | 8004 | 192096 | 11525760 | 691545600 |
| mardi 13 juin 1995 | 8005 | 192120 | 11527200 | 691632000 |
| mercredi 14 juin 1995 | 8006 | 192144 | 11528640 | 691718400 |
| jeudi 15 juin 1995 | 8007 | 192168 | 11530080 | 691804800 |
| vendredi 16 juin 1995 | 8008 | 192192 | 11531520 | 691891200 |
| samedi 17 juin 1995 | 8009 | 192216 | 11532960 | 691977600 |
| dimanche 18 juin 1995 | 8010 | 192240 | 11534400 | 692064000 |
| lundi 19 juin 1995 | 8011 | 192264 | 11535840 | 692150400 |
| mardi 20 juin 1995 | 8012 | 192288 | 11537280 | 692236800 |
| mercredi 21 juin 1995 | 8013 | 192312 | 11538720 | 692323200 |
| jeudi 22 juin 1995 | 8014 | 192336 | 11540160 | 692409600 |
| vendredi 23 juin 1995 | 8015 | 192360 | 11541600 | 692496000 |
| samedi 24 juin 1995 | 8016 | 192384 | 11543040 | 692582400 |

| | | | | |
|---|---|---|---|---|
| dimanche 25 juin 1995 | 8017 | 192408 | 11544480 | 692668800 |
| lundi 26 juin 1995 | 8018 | 192432 | 11545920 | 692755200 |
| mardi 27 juin 1995 | 8019 | 192456 | 11547360 | 692841600 |
| mercredi 28 juin 1995 | 8020 | 192480 | 11548800 | 692928000 |
| jeudi 29 juin 1995 | 8021 | 192504 | 11550240 | 693014400 |
| vendredi 30 juin 1995 | 8022 | 192528 | 11551680 | 693100800 |
| samedi 1 juillet 1995 | 8023 | 192552 | 11553120 | 693187200 |
| dimanche 2 juillet 1995 | 8024 | 192576 | 11554560 | 693273600 |
| lundi 3 juillet 1995 | 8025 | 192600 | 11556000 | 693360000 |
| mardi 4 juillet 1995 | 8026 | 192624 | 11557440 | 693446400 |
| mercredi 5 juillet 1995 | 8027 | 192648 | 11558880 | 693532800 |
| jeudi 6 juillet 1995 | 8028 | 192672 | 11560320 | 693619200 |
| vendredi 7 juillet 1995 | 8029 | 192696 | 11561760 | 693705600 |
| samedi 8 juillet 1995 | 8030 | 192720 | 11563200 | 693792000 |
| dimanche 9 juillet 1995 | 8031 | 192744 | 11564640 | 693878400 |
| lundi 10 juillet 1995 | 8032 | 192768 | 11566080 | 693964800 |
| mardi 11 juillet 1995 | 8033 | 192792 | 11567520 | 694051200 |
| mercredi 12 juillet 1995 | 8034 | 192816 | 11568960 | 694137600 |
| jeudi 13 juillet 1995 | 8035 | 192840 | 11570400 | 694224000 |
| vendredi 14 juillet 1995 | 8036 | 192864 | 11571840 | 694310400 |
| samedi 15 juillet 1995 | 8037 | 192888 | 11573280 | 694396800 |
| dimanche 16 juillet 1995 | 8038 | 192912 | 11574720 | 694483200 |
| lundi 17 juillet 1995 | 8039 | 192936 | 11576160 | 694569600 |
| mardi 18 juillet 1995 | 8040 | 192960 | 11577600 | 694656000 |
| mercredi 19 juillet 1995 | 8041 | 192984 | 11579040 | 694742400 |
| jeudi 20 juillet 1995 | 8042 | 193008 | 11580480 | 694828800 |
| vendredi 21 juillet 1995 | 8043 | 193032 | 11581920 | 694915200 |
| samedi 22 juillet 1995 | 8044 | 193056 | 11583360 | 695001600 |
| dimanche 23 juillet 1995 | 8045 | 193080 | 11584800 | 695088000 |
| lundi 24 juillet 1995 | 8046 | 193104 | 11586240 | 695174400 |
| mardi 25 juillet 1995 | 8047 | 193128 | 11587680 | 695260800 |
| mercredi 26 juillet 1995 | 8048 | 193152 | 11589120 | 695347200 |
| jeudi 27 juillet 1995 | 8049 | 193176 | 11590560 | 695433600 |
| vendredi 28 juillet 1995 | 8050 | 193200 | 11592000 | 695520000 |
| samedi 29 juillet 1995 | 8051 | 193224 | 11593440 | 695606400 |
| dimanche 30 juillet 1995 | 8052 | 193248 | 11594880 | 695692800 |
| lundi 31 juillet 1995 | 8053 | 193272 | 11596320 | 695779200 |
| mardi 1 août 1995 | 8054 | 193296 | 11597760 | 695865600 |

| | | | | |
|---|---|---|---|---|
| mercredi 2 août 1995 | 8055 | 193320 | 11599200 | 695952000 |
| jeudi 3 août 1995 | 8056 | 193344 | 11600640 | 696038400 |
| vendredi 4 août 1995 | 8057 | 193368 | 11602080 | 696124800 |
| samedi 5 août 1995 | 8058 | 193392 | 11603520 | 696211200 |
| dimanche 6 août 1995 | 8059 | 193416 | 11604960 | 696297600 |
| lundi 7 août 1995 | 8060 | 193440 | 11606400 | 696384000 |
| mardi 8 août 1995 | 8061 | 193464 | 11607840 | 696470400 |
| mercredi 9 août 1995 | 8062 | 193488 | 11609280 | 696556800 |
| jeudi 10 août 1995 | 8063 | 193512 | 11610720 | 696643200 |
| vendredi 11 août 1995 | 8064 | 193536 | 11612160 | 696729600 |
| samedi 12 août 1995 | 8065 | 193560 | 11613600 | 696816000 |
| dimanche 13 août 1995 | 8066 | 193584 | 11615040 | 696902400 |
| lundi 14 août 1995 | 8067 | 193608 | 11616480 | 696988800 |
| mardi 15 août 1995 | 8068 | 193632 | 11617920 | 697075200 |
| mercredi 16 août 1995 | 8069 | 193656 | 11619360 | 697161600 |
| jeudi 17 août 1995 | 8070 | 193680 | 11620800 | 697248000 |
| vendredi 18 août 1995 | 8071 | 193704 | 11622240 | 697334400 |
| samedi 19 août 1995 | 8072 | 193728 | 11623680 | 697420800 |
| dimanche 20 août 1995 | 8073 | 193752 | 11625120 | 697507200 |
| lundi 21 août 1995 | 8074 | 193776 | 11626560 | 697593600 |
| mardi 22 août 1995 | 8075 | 193800 | 11628000 | 697680000 |
| mercredi 23 août 1995 | 8076 | 193824 | 11629440 | 697766400 |
| jeudi 24 août 1995 | 8077 | 193848 | 11630880 | 697852800 |
| vendredi 25 août 1995 | 8078 | 193872 | 11632320 | 697939200 |
| samedi 26 août 1995 | 8079 | 193896 | 11633760 | 698025600 |
| dimanche 27 août 1995 | 8080 | 193920 | 11635200 | 698112000 |
| lundi 28 août 1995 | 8081 | 193944 | 11636640 | 698198400 |
| mardi 29 août 1995 | 8082 | 193968 | 11638080 | 698284800 |
| mercredi 30 août 1995 | 8083 | 193992 | 11639520 | 698371200 |
| jeudi 31 août 1995 | 8084 | 194016 | 11640960 | 698457600 |
| vendredi 1 septembre 1995 | 8085 | 194040 | 11642400 | 698544000 |
| samedi 2 septembre 1995 | 8086 | 194064 | 11643840 | 698630400 |
| dimanche 3 septembre 1995 | 8087 | 194088 | 11645280 | 698716800 |
| lundi 4 septembre 1995 | 8088 | 194112 | 11646720 | 698803200 |
| mardi 5 septembre 1995 | 8089 | 194136 | 11648160 | 698889600 |
| mercredi 6 septembre 1995 | 8090 | 194160 | 11649600 | 698976000 |
| jeudi 7 septembre 1995 | 8091 | 194184 | 11651040 | 699062400 |
| vendredi 8 septembre 1995 | 8092 | 194208 | 11652480 | 699148800 |

| | | | | |
|---|---|---|---|---|
| samedi 9 septembre 1995 | 8093 | 194232 | 11653920 | 699235200 |
| dimanche 10 septembre 1995 | 8094 | 194256 | 11655360 | 699321600 |
| lundi 11 septembre 1995 | 8095 | 194280 | 11656800 | 699408000 |
| mardi 12 septembre 1995 | 8096 | 194304 | 11658240 | 699494400 |
| mercredi 13 septembre 1995 | 8097 | 194328 | 11659680 | 699580800 |
| jeudi 14 septembre 1995 | 8098 | 194352 | 11661120 | 699667200 |
| vendredi 15 septembre 1995 | 8099 | 194376 | 11662560 | 699753600 |
| samedi 16 septembre 1995 | 8100 | 194400 | 11664000 | 699840000 |
| dimanche 17 septembre 1995 | 8101 | 194424 | 11665440 | 699926400 |
| lundi 18 septembre 1995 | 8102 | 194448 | 11666880 | 700012800 |
| mardi 19 septembre 1995 | 8103 | 194472 | 11668320 | 700099200 |
| mercredi 20 septembre 1995 | 8104 | 194496 | 11669760 | 700185600 |
| jeudi 21 septembre 1995 | 8105 | 194520 | 11671200 | 700272000 |
| vendredi 22 septembre 1995 | 8106 | 194544 | 11672640 | 700358400 |
| samedi 23 septembre 1995 | 8107 | 194568 | 11674080 | 700444800 |
| dimanche 24 septembre 1995 | 8108 | 194592 | 11675520 | 700531200 |
| lundi 25 septembre 1995 | 8109 | 194616 | 11676960 | 700617600 |
| mardi 26 septembre 1995 | 8110 | 194640 | 11678400 | 700704000 |
| mercredi 27 septembre 1995 | 8111 | 194664 | 11679840 | 700790400 |
| jeudi 28 septembre 1995 | 8112 | 194688 | 11681280 | 700876800 |
| vendredi 29 septembre 1995 | 8113 | 194712 | 11682720 | 700963200 |
| samedi 30 septembre 1995 | 8114 | 194736 | 11684160 | 701049600 |
| dimanche 1 octobre 1995 | 8115 | 194760 | 11685600 | 701136000 |
| lundi 2 octobre 1995 | 8116 | 194784 | 11687040 | 701222400 |
| mardi 3 octobre 1995 | 8117 | 194808 | 11688480 | 701308800 |
| mercredi 4 octobre 1995 | 8118 | 194832 | 11689920 | 701395200 |
| jeudi 5 octobre 1995 | 8119 | 194856 | 11691360 | 701481600 |
| vendredi 6 octobre 1995 | 8120 | 194880 | 11692800 | 701568000 |
| samedi 7 octobre 1995 | 8121 | 194904 | 11694240 | 701654400 |
| dimanche 8 octobre 1995 | 8122 | 194928 | 11695680 | 701740800 |
| lundi 9 octobre 1995 | 8123 | 194952 | 11697120 | 701827200 |
| mardi 10 octobre 1995 | 8124 | 194976 | 11698560 | 701913600 |
| mercredi 11 octobre 1995 | 8125 | 195000 | 11700000 | 702000000 |
| jeudi 12 octobre 1995 | 8126 | 195024 | 11701440 | 702086400 |
| vendredi 13 octobre 1995 | 8127 | 195048 | 11702880 | 702172800 |
| samedi 14 octobre 1995 | 8128 | 195072 | 11704320 | 702259200 |
| dimanche 15 octobre 1995 | 8129 | 195096 | 11705760 | 702345600 |
| lundi 16 octobre 1995 | 8130 | 195120 | 11707200 | 702432000 |

| | | | | |
|---|---|---|---|---|
| mardi 17 octobre 1995 | 8131 | 195144 | 11708640 | 702518400 |
| mercredi 18 octobre 1995 | 8132 | 195168 | 11710080 | 702604800 |
| jeudi 19 octobre 1995 | 8133 | 195192 | 11711520 | 702691200 |
| vendredi 20 octobre 1995 | 8134 | 195216 | 11712960 | 702777600 |
| samedi 21 octobre 1995 | 8135 | 195240 | 11714400 | 702864000 |
| dimanche 22 octobre 1995 | 8136 | 195264 | 11715840 | 702950400 |
| lundi 23 octobre 1995 | 8137 | 195288 | 11717280 | 703036800 |
| mardi 24 octobre 1995 | 8138 | 195312 | 11718720 | 703123200 |
| mercredi 25 octobre 1995 | 8139 | 195336 | 11720160 | 703209600 |
| jeudi 26 octobre 1995 | 8140 | 195360 | 11721600 | 703296000 |
| vendredi 27 octobre 1995 | 8141 | 195384 | 11723040 | 703382400 |
| samedi 28 octobre 1995 | 8142 | 195408 | 11724480 | 703468800 |
| dimanche 29 octobre 1995 | 8143 | 195432 | 11725920 | 703555200 |
| lundi 30 octobre 1995 | 8144 | 195456 | 11727360 | 703641600 |
| mardi 31 octobre 1995 | 8145 | 195480 | 11728800 | 703728000 |
| mercredi 1 novembre 1995 | 8146 | 195504 | 11730240 | 703814400 |
| jeudi 2 novembre 1995 | 8147 | 195528 | 11731680 | 703900800 |
| vendredi 3 novembre 1995 | 8148 | 195552 | 11733120 | 703987200 |
| samedi 4 novembre 1995 | 8149 | 195576 | 11734560 | 704073600 |
| dimanche 5 novembre 1995 | 8150 | 195600 | 11736000 | 704160000 |
| lundi 6 novembre 1995 | 8151 | 195624 | 11737440 | 704246400 |
| mardi 7 novembre 1995 | 8152 | 195648 | 11738880 | 704332800 |
| mercredi 8 novembre 1995 | 8153 | 195672 | 11740320 | 704419200 |
| jeudi 9 novembre 1995 | 8154 | 195696 | 11741760 | 704505600 |
| vendredi 10 novembre 1995 | 8155 | 195720 | 11743200 | 704592000 |
| samedi 11 novembre 1995 | 8156 | 195744 | 11744640 | 704678400 |
| dimanche 12 novembre 1995 | 8157 | 195768 | 11746080 | 704764800 |
| lundi 13 novembre 1995 | 8158 | 195792 | 11747520 | 704851200 |
| mardi 14 novembre 1995 | 8159 | 195816 | 11748960 | 704937600 |
| mercredi 15 novembre 1995 | 8160 | 195840 | 11750400 | 705024000 |
| jeudi 16 novembre 1995 | 8161 | 195864 | 11751840 | 705110400 |
| vendredi 17 novembre 1995 | 8162 | 195888 | 11753280 | 705196800 |
| samedi 18 novembre 1995 | 8163 | 195912 | 11754720 | 705283200 |
| dimanche 19 novembre 1995 | 8164 | 195936 | 11756160 | 705369600 |
| lundi 20 novembre 1995 | 8165 | 195960 | 11757600 | 705456000 |
| mardi 21 novembre 1995 | 8166 | 195984 | 11759040 | 705542400 |
| mercredi 22 novembre 1995 | 8167 | 196008 | 11760480 | 705628800 |
| jeudi 23 novembre 1995 | 8168 | 196032 | 11761920 | 705715200 |

| | | | | |
|---|---|---|---|---|
| vendredi 24 novembre 1995 | 8169 | 196056 | 11763360 | 705801600 |
| samedi 25 novembre 1995 | 8170 | 196080 | 11764800 | 705888000 |
| dimanche 26 novembre 1995 | 8171 | 196104 | 11766240 | 705974400 |
| lundi 27 novembre 1995 | 8172 | 196128 | 11767680 | 706060800 |
| mardi 28 novembre 1995 | 8173 | 196152 | 11769120 | 706147200 |
| mercredi 29 novembre 1995 | 8174 | 196176 | 11770560 | 706233600 |
| jeudi 30 novembre 1995 | 8175 | 196200 | 11772000 | 706320000 |
| vendredi 1 décembre 1995 | 8176 | 196224 | 11773440 | 706406400 |
| samedi 2 décembre 1995 | 8177 | 196248 | 11774880 | 706492800 |
| dimanche 3 décembre 1995 | 8178 | 196272 | 11776320 | 706579200 |
| lundi 4 décembre 1995 | 8179 | 196296 | 11777760 | 706665600 |
| mardi 5 décembre 1995 | 8180 | 196320 | 11779200 | 706752000 |
| mercredi 6 décembre 1995 | 8181 | 196344 | 11780640 | 706838400 |
| jeudi 7 décembre 1995 | 8182 | 196368 | 11782080 | 706924800 |
| vendredi 8 décembre 1995 | 8183 | 196392 | 11783520 | 707011200 |
| samedi 9 décembre 1995 | 8184 | 196416 | 11784960 | 707097600 |
| dimanche 10 décembre 1995 | 8185 | 196440 | 11786400 | 707184000 |
| lundi 11 décembre 1995 | 8186 | 196464 | 11787840 | 707270400 |
| mardi 12 décembre 1995 | 8187 | 196488 | 11789280 | 707356800 |
| mercredi 13 décembre 1995 | 8188 | 196512 | 11790720 | 707443200 |
| jeudi 14 décembre 1995 | 8189 | 196536 | 11792160 | 707529600 |
| vendredi 15 décembre 1995 | 8190 | 196560 | 11793600 | 707616000 |
| samedi 16 décembre 1995 | 8191 | 196584 | 11795040 | 707702400 |
| dimanche 17 décembre 1995 | 8192 | 196608 | 11796480 | 707788800 |
| lundi 18 décembre 1995 | 8193 | 196632 | 11797920 | 707875200 |
| mardi 19 décembre 1995 | 8194 | 196656 | 11799360 | 707961600 |
| mercredi 20 décembre 1995 | 8195 | 196680 | 11800800 | 708048000 |
| jeudi 21 décembre 1995 | 8196 | 196704 | 11802240 | 708134400 |
| vendredi 22 décembre 1995 | 8197 | 196728 | 11803680 | 708220800 |
| samedi 23 décembre 1995 | 8198 | 196752 | 11805120 | 708307200 |
| dimanche 24 décembre 1995 | 8199 | 196776 | 11806560 | 708393600 |
| lundi 25 décembre 1995 | 8200 | 196800 | 11808000 | 708480000 |
| mardi 26 décembre 1995 | 8201 | 196824 | 11809440 | 708566400 |
| mercredi 27 décembre 1995 | 8202 | 196848 | 11810880 | 708652800 |
| jeudi 28 décembre 1995 | 8203 | 196872 | 11812320 | 708739200 |
| vendredi 29 décembre 1995 | 8204 | 196896 | 11813760 | 708825600 |
| samedi 30 décembre 1995 | 8205 | 196920 | 11815200 | 708912000 |
| dimanche 31 décembre 1995 | 8206 | 196944 | 11816640 | 708998400 |

| | | | | |
|---|---|---|---|---|
| lundi 1 janvier 1996 | 8207 | 196968 | 11818080 | 709084800 |
| mardi 2 janvier 1996 | 8208 | 196992 | 11819520 | 709171200 |
| mercredi 3 janvier 1996 | 8209 | 197016 | 11820960 | 709257600 |
| jeudi 4 janvier 1996 | 8210 | 197040 | 11822400 | 709344000 |
| vendredi 5 janvier 1996 | 8211 | 197064 | 11823840 | 709430400 |
| samedi 6 janvier 1996 | 8212 | 197088 | 11825280 | 709516800 |
| dimanche 7 janvier 1996 | 8213 | 197112 | 11826720 | 709603200 |
| lundi 8 janvier 1996 | 8214 | 197136 | 11828160 | 709689600 |
| mardi 9 janvier 1996 | 8215 | 197160 | 11829600 | 709776000 |
| mercredi 10 janvier 1996 | 8216 | 197184 | 11831040 | 709862400 |
| jeudi 11 janvier 1996 | 8217 | 197208 | 11832480 | 709948800 |
| vendredi 12 janvier 1996 | 8218 | 197232 | 11833920 | 710035200 |
| samedi 13 janvier 1996 | 8219 | 197256 | 11835360 | 710121600 |
| dimanche 14 janvier 1996 | 8220 | 197280 | 11836800 | 710208000 |
| lundi 15 janvier 1996 | 8221 | 197304 | 11838240 | 710294400 |
| mardi 16 janvier 1996 | 8222 | 197328 | 11839680 | 710380800 |
| mercredi 17 janvier 1996 | 8223 | 197352 | 11841120 | 710467200 |
| jeudi 18 janvier 1996 | 8224 | 197376 | 11842560 | 710553600 |
| vendredi 19 janvier 1996 | 8225 | 197400 | 11844000 | 710640000 |
| samedi 20 janvier 1996 | 8226 | 197424 | 11845440 | 710726400 |
| dimanche 21 janvier 1996 | 8227 | 197448 | 11846880 | 710812800 |
| lundi 22 janvier 1996 | 8228 | 197472 | 11848320 | 710899200 |
| mardi 23 janvier 1996 | 8229 | 197496 | 11849760 | 710985600 |
| mercredi 24 janvier 1996 | 8230 | 197520 | 11851200 | 711072000 |
| jeudi 25 janvier 1996 | 8231 | 197544 | 11852640 | 711158400 |
| vendredi 26 janvier 1996 | 8232 | 197568 | 11854080 | 711244800 |
| samedi 27 janvier 1996 | 8233 | 197592 | 11855520 | 711331200 |
| dimanche 28 janvier 1996 | 8234 | 197616 | 11856960 | 711417600 |
| lundi 29 janvier 1996 | 8235 | 197640 | 11858400 | 711504000 |
| mardi 30 janvier 1996 | 8236 | 197664 | 11859840 | 711590400 |
| mercredi 31 janvier 1996 | 8237 | 197688 | 11861280 | 711676800 |
| jeudi 1 février 1996 | 8238 | 197712 | 11862720 | 711763200 |
| vendredi 2 février 1996 | 8239 | 197736 | 11864160 | 711849600 |
| samedi 3 février 1996 | 8240 | 197760 | 11865600 | 711936000 |
| dimanche 4 février 1996 | 8241 | 197784 | 11867040 | 712022400 |
| lundi 5 février 1996 | 8242 | 197808 | 11868480 | 712108800 |
| mardi 6 février 1996 | 8243 | 197832 | 11869920 | 712195200 |
| mercredi 7 février 1996 | 8244 | 197856 | 11871360 | 712281600 |

| | | | | |
|---|---|---|---|---|
| jeudi 8 février 1996 | 8245 | 197880 | 11872800 | 712368000 |
| vendredi 9 février 1996 | 8246 | 197904 | 11874240 | 712454400 |
| samedi 10 février 1996 | 8247 | 197928 | 11875680 | 712540800 |
| dimanche 11 février 1996 | 8248 | 197952 | 11877120 | 712627200 |
| lundi 12 février 1996 | 8249 | 197976 | 11878560 | 712713600 |
| mardi 13 février 1996 | 8250 | 198000 | 11880000 | 712800000 |
| mercredi 14 février 1996 | 8251 | 198024 | 11881440 | 712886400 |
| jeudi 15 février 1996 | 8252 | 198048 | 11882880 | 712972800 |
| vendredi 16 février 1996 | 8253 | 198072 | 11884320 | 713059200 |
| samedi 17 février 1996 | 8254 | 198096 | 11885760 | 713145600 |
| dimanche 18 février 1996 | 8255 | 198120 | 11887200 | 713232000 |
| lundi 19 février 1996 | 8256 | 198144 | 11888640 | 713318400 |
| mardi 20 février 1996 | 8257 | 198168 | 11890080 | 713404800 |
| mercredi 21 février 1996 | 8258 | 198192 | 11891520 | 713491200 |
| jeudi 22 février 1996 | 8259 | 198216 | 11892960 | 713577600 |
| vendredi 23 février 1996 | 8260 | 198240 | 11894400 | 713664000 |
| samedi 24 février 1996 | 8261 | 198264 | 11895840 | 713750400 |
| dimanche 25 février 1996 | 8262 | 198288 | 11897280 | 713836800 |
| lundi 26 février 1996 | 8263 | 198312 | 11898720 | 713923200 |
| mardi 27 février 1996 | 8264 | 198336 | 11900160 | 714009600 |
| mercredi 28 février 1996 | 8265 | 198360 | 11901600 | 714096000 |
| jeudi 29 février 1996 | 8266 | 198384 | 11903040 | 714182400 |
| vendredi 1 mars 1996 | 8267 | 198408 | 11904480 | 714268800 |
| samedi 2 mars 1996 | 8268 | 198432 | 11905920 | 714355200 |
| dimanche 3 mars 1996 | 8269 | 198456 | 11907360 | 714441600 |
| lundi 4 mars 1996 | 8270 | 198480 | 11908800 | 714528000 |
| mardi 5 mars 1996 | 8271 | 198504 | 11910240 | 714614400 |
| mercredi 6 mars 1996 | 8272 | 198528 | 11911680 | 714700800 |
| jeudi 7 mars 1996 | 8273 | 198552 | 11913120 | 714787200 |
| vendredi 8 mars 1996 | 8274 | 198576 | 11914560 | 714873600 |
| samedi 9 mars 1996 | 8275 | 198600 | 11916000 | 714960000 |
| dimanche 10 mars 1996 | 8276 | 198624 | 11917440 | 715046400 |
| lundi 11 mars 1996 | 8277 | 198648 | 11918880 | 715132800 |
| mardi 12 mars 1996 | 8278 | 198672 | 11920320 | 715219200 |
| mercredi 13 mars 1996 | 8279 | 198696 | 11921760 | 715305600 |
| jeudi 14 mars 1996 | 8280 | 198720 | 11923200 | 715392000 |
| vendredi 15 mars 1996 | 8281 | 198744 | 11924640 | 715478400 |
| samedi 16 mars 1996 | 8282 | 198768 | 11926080 | 715564800 |

| | | | | |
|---|---|---|---|---|
| dimanche 17 mars 1996 | 8283 | 198792 | 11927520 | 715651200 |
| lundi 18 mars 1996 | 8284 | 198816 | 11928960 | 715737600 |
| mardi 19 mars 1996 | 8285 | 198840 | 11930400 | 715824000 |
| mercredi 20 mars 1996 | 8286 | 198864 | 11931840 | 715910400 |
| jeudi 21 mars 1996 | 8287 | 198888 | 11933280 | 715996800 |
| vendredi 22 mars 1996 | 8288 | 198912 | 11934720 | 716083200 |
| samedi 23 mars 1996 | 8289 | 198936 | 11936160 | 716169600 |
| dimanche 24 mars 1996 | 8290 | 198960 | 11937600 | 716256000 |
| lundi 25 mars 1996 | 8291 | 198984 | 11939040 | 716342400 |
| mardi 26 mars 1996 | 8292 | 199008 | 11940480 | 716428800 |
| mercredi 27 mars 1996 | 8293 | 199032 | 11941920 | 716515200 |
| jeudi 28 mars 1996 | 8294 | 199056 | 11943360 | 716601600 |
| vendredi 29 mars 1996 | 8295 | 199080 | 11944800 | 716688000 |
| samedi 30 mars 1996 | 8296 | 199104 | 11946240 | 716774400 |
| dimanche 31 mars 1996 | 8297 | 199128 | 11947680 | 716860800 |
| lundi 1 avril 1996 | 8298 | 199152 | 11949120 | 716947200 |
| mardi 2 avril 1996 | 8299 | 199176 | 11950560 | 717033600 |
| mercredi 3 avril 1996 | 8300 | 199200 | 11952000 | 717120000 |
| jeudi 4 avril 1996 | 8301 | 199224 | 11953440 | 717206400 |
| vendredi 5 avril 1996 | 8302 | 199248 | 11954880 | 717292800 |
| samedi 6 avril 1996 | 8303 | 199272 | 11956320 | 717379200 |
| dimanche 7 avril 1996 | 8304 | 199296 | 11957760 | 717465600 |
| lundi 8 avril 1996 | 8305 | 199320 | 11959200 | 717552000 |
| mardi 9 avril 1996 | 8306 | 199344 | 11960640 | 717638400 |
| mercredi 10 avril 1996 | 8307 | 199368 | 11962080 | 717724800 |
| jeudi 11 avril 1996 | 8308 | 199392 | 11963520 | 717811200 |
| vendredi 12 avril 1996 | 8309 | 199416 | 11964960 | 717897600 |
| samedi 13 avril 1996 | 8310 | 199440 | 11966400 | 717984000 |
| dimanche 14 avril 1996 | 8311 | 199464 | 11967840 | 718070400 |
| lundi 15 avril 1996 | 8312 | 199488 | 11969280 | 718156800 |
| mardi 16 avril 1996 | 8313 | 199512 | 11970720 | 718243200 |
| mercredi 17 avril 1996 | 8314 | 199536 | 11972160 | 718329600 |
| jeudi 18 avril 1996 | 8315 | 199560 | 11973600 | 718416000 |
| vendredi 19 avril 1996 | 8316 | 199584 | 11975040 | 718502400 |
| samedi 20 avril 1996 | 8317 | 199608 | 11976480 | 718588800 |
| dimanche 21 avril 1996 | 8318 | 199632 | 11977920 | 718675200 |
| lundi 22 avril 1996 | 8319 | 199656 | 11979360 | 718761600 |
| mardi 23 avril 1996 | 8320 | 199680 | 11980800 | 718848000 |

| | | | | |
|---|---|---|---|---|
| mercredi 24 avril 1996 | 8321 | 199704 | 11982240 | 718934400 |
| jeudi 25 avril 1996 | 8322 | 199728 | 11983680 | 719020800 |
| vendredi 26 avril 1996 | 8323 | 199752 | 11985120 | 719107200 |
| samedi 27 avril 1996 | 8324 | 199776 | 11986560 | 719193600 |
| dimanche 28 avril 1996 | 8325 | 199800 | 11988000 | 719280000 |
| lundi 29 avril 1996 | 8326 | 199824 | 11989440 | 719366400 |
| mardi 30 avril 1996 | 8327 | 199848 | 11990880 | 719452800 |
| mercredi 1 mai 1996 | 8328 | 199872 | 11992320 | 719539200 |
| jeudi 2 mai 1996 | 8329 | 199896 | 11993760 | 719625600 |
| vendredi 3 mai 1996 | 8330 | 199920 | 11995200 | 719712000 |
| samedi 4 mai 1996 | 8331 | 199944 | 11996640 | 719798400 |
| dimanche 5 mai 1996 | 8332 | 199968 | 11998080 | 719884800 |
| lundi 6 mai 1996 | 8333 | 199992 | 11999520 | 719971200 |
| mardi 7 mai 1996 | 8334 | 200016 | 12000960 | 720057600 |
| mercredi 8 mai 1996 | 8335 | 200040 | 12002400 | 720144000 |
| jeudi 9 mai 1996 | 8336 | 200064 | 12003840 | 720230400 |
| vendredi 10 mai 1996 | 8337 | 200088 | 12005280 | 720316800 |
| samedi 11 mai 1996 | 8338 | 200112 | 12006720 | 720403200 |
| dimanche 12 mai 1996 | 8339 | 200136 | 12008160 | 720489600 |
| lundi 13 mai 1996 | 8340 | 200160 | 12009600 | 720576000 |
| mardi 14 mai 1996 | 8341 | 200184 | 12011040 | 720662400 |
| mercredi 15 mai 1996 | 8342 | 200208 | 12012480 | 720748800 |
| jeudi 16 mai 1996 | 8343 | 200232 | 12013920 | 720835200 |
| vendredi 17 mai 1996 | 8344 | 200256 | 12015360 | 720921600 |
| samedi 18 mai 1996 | 8345 | 200280 | 12016800 | 721008000 |
| dimanche 19 mai 1996 | 8346 | 200304 | 12018240 | 721094400 |
| lundi 20 mai 1996 | 8347 | 200328 | 12019680 | 721180800 |
| mardi 21 mai 1996 | 8348 | 200352 | 12021120 | 721267200 |
| mercredi 22 mai 1996 | 8349 | 200376 | 12022560 | 721353600 |
| jeudi 23 mai 1996 | 8350 | 200400 | 12024000 | 721440000 |
| vendredi 24 mai 1996 | 8351 | 200424 | 12025440 | 721526400 |
| samedi 25 mai 1996 | 8352 | 200448 | 12026880 | 721612800 |
| dimanche 26 mai 1996 | 8353 | 200472 | 12028320 | 721699200 |
| lundi 27 mai 1996 | 8354 | 200496 | 12029760 | 721785600 |
| mardi 28 mai 1996 | 8355 | 200520 | 12031200 | 721872000 |
| mercredi 29 mai 1996 | 8356 | 200544 | 12032640 | 721958400 |
| jeudi 30 mai 1996 | 8357 | 200568 | 12034080 | 722044800 |
| vendredi 31 mai 1996 | 8358 | 200592 | 12035520 | 722131200 |

| | | | | |
|---|---|---|---|---|
| samedi 1 juin 1996 | 8359 | 200616 | 12036960 | 722217600 |
| dimanche 2 juin 1996 | 8360 | 200640 | 12038400 | 722304000 |
| lundi 3 juin 1996 | 8361 | 200664 | 12039840 | 722390400 |
| mardi 4 juin 1996 | 8362 | 200688 | 12041280 | 722476800 |
| mercredi 5 juin 1996 | 8363 | 200712 | 12042720 | 722563200 |
| jeudi 6 juin 1996 | 8364 | 200736 | 12044160 | 722649600 |
| vendredi 7 juin 1996 | 8365 | 200760 | 12045600 | 722736000 |
| samedi 8 juin 1996 | 8366 | 200784 | 12047040 | 722822400 |
| dimanche 9 juin 1996 | 8367 | 200808 | 12048480 | 722908800 |
| lundi 10 juin 1996 | 8368 | 200832 | 12049920 | 722995200 |
| mardi 11 juin 1996 | 8369 | 200856 | 12051360 | 723081600 |
| mercredi 12 juin 1996 | 8370 | 200880 | 12052800 | 723168000 |
| jeudi 13 juin 1996 | 8371 | 200904 | 12054240 | 723254400 |
| vendredi 14 juin 1996 | 8372 | 200928 | 12055680 | 723340800 |
| samedi 15 juin 1996 | 8373 | 200952 | 12057120 | 723427200 |
| dimanche 16 juin 1996 | 8374 | 200976 | 12058560 | 723513600 |
| lundi 17 juin 1996 | 8375 | 201000 | 12060000 | 723600000 |
| mardi 18 juin 1996 | 8376 | 201024 | 12061440 | 723686400 |
| mercredi 19 juin 1996 | 8377 | 201048 | 12062880 | 723772800 |
| jeudi 20 juin 1996 | 8378 | 201072 | 12064320 | 723859200 |
| vendredi 21 juin 1996 | 8379 | 201096 | 12065760 | 723945600 |
| samedi 22 juin 1996 | 8380 | 201120 | 12067200 | 724032000 |
| dimanche 23 juin 1996 | 8381 | 201144 | 12068640 | 724118400 |
| lundi 24 juin 1996 | 8382 | 201168 | 12070080 | 724204800 |
| mardi 25 juin 1996 | 8383 | 201192 | 12071520 | 724291200 |
| mercredi 26 juin 1996 | 8384 | 201216 | 12072960 | 724377600 |
| jeudi 27 juin 1996 | 8385 | 201240 | 12074400 | 724464000 |
| vendredi 28 juin 1996 | 8386 | 201264 | 12075840 | 724550400 |
| samedi 29 juin 1996 | 8387 | 201288 | 12077280 | 724636800 |
| dimanche 30 juin 1996 | 8388 | 201312 | 12078720 | 724723200 |
| lundi 1 juillet 1996 | 8389 | 201336 | 12080160 | 724809600 |
| mardi 2 juillet 1996 | 8390 | 201360 | 12081600 | 724896000 |
| mercredi 3 juillet 1996 | 8391 | 201384 | 12083040 | 724982400 |
| jeudi 4 juillet 1996 | 8392 | 201408 | 12084480 | 725068800 |
| vendredi 5 juillet 1996 | 8393 | 201432 | 12085920 | 725155200 |
| samedi 6 juillet 1996 | 8394 | 201456 | 12087360 | 725241600 |
| dimanche 7 juillet 1996 | 8395 | 201480 | 12088800 | 725328000 |
| lundi 8 juillet 1996 | 8396 | 201504 | 12090240 | 725414400 |

| | | | | |
|---|---|---|---|---|
| mardi 9 juillet 1996 | 8397 | 201528 | 12091680 | 725500800 |
| mercredi 10 juillet 1996 | 8398 | 201552 | 12093120 | 725587200 |
| jeudi 11 juillet 1996 | 8399 | 201576 | 12094560 | 725673600 |
| vendredi 12 juillet 1996 | 8400 | 201600 | 12096000 | 725760000 |
| samedi 13 juillet 1996 | 8401 | 201624 | 12097440 | 725846400 |
| dimanche 14 juillet 1996 | 8402 | 201648 | 12098880 | 725932800 |
| lundi 15 juillet 1996 | 8403 | 201672 | 12100320 | 726019200 |
| mardi 16 juillet 1996 | 8404 | 201696 | 12101760 | 726105600 |
| mercredi 17 juillet 1996 | 8405 | 201720 | 12103200 | 726192000 |
| jeudi 18 juillet 1996 | 8406 | 201744 | 12104640 | 726278400 |
| vendredi 19 juillet 1996 | 8407 | 201768 | 12106080 | 726364800 |
| samedi 20 juillet 1996 | 8408 | 201792 | 12107520 | 726451200 |
| dimanche 21 juillet 1996 | 8409 | 201816 | 12108960 | 726537600 |
| lundi 22 juillet 1996 | 8410 | 201840 | 12110400 | 726624000 |
| mardi 23 juillet 1996 | 8411 | 201864 | 12111840 | 726710400 |
| mercredi 24 juillet 1996 | 8412 | 201888 | 12113280 | 726796800 |
| jeudi 25 juillet 1996 | 8413 | 201912 | 12114720 | 726883200 |
| vendredi 26 juillet 1996 | 8414 | 201936 | 12116160 | 726969600 |
| samedi 27 juillet 1996 | 8415 | 201960 | 12117600 | 727056000 |
| dimanche 28 juillet 1996 | 8416 | 201984 | 12119040 | 727142400 |
| lundi 29 juillet 1996 | 8417 | 202008 | 12120480 | 727228800 |
| mardi 30 juillet 1996 | 8418 | 202032 | 12121920 | 727315200 |
| mercredi 31 juillet 1996 | 8419 | 202056 | 12123360 | 727401600 |
| jeudi 1 août 1996 | 8420 | 202080 | 12124800 | 727488000 |
| vendredi 2 août 1996 | 8421 | 202104 | 12126240 | 727574400 |
| samedi 3 août 1996 | 8422 | 202128 | 12127680 | 727660800 |
| dimanche 4 août 1996 | 8423 | 202152 | 12129120 | 727747200 |
| lundi 5 août 1996 | 8424 | 202176 | 12130560 | 727833600 |
| mardi 6 août 1996 | 8425 | 202200 | 12132000 | 727920000 |
| mercredi 7 août 1996 | 8426 | 202224 | 12133440 | 728006400 |
| jeudi 8 août 1996 | 8427 | 202248 | 12134880 | 728092800 |
| vendredi 9 août 1996 | 8428 | 202272 | 12136320 | 728179200 |
| samedi 10 août 1996 | 8429 | 202296 | 12137760 | 728265600 |
| dimanche 11 août 1996 | 8430 | 202320 | 12139200 | 728352000 |
| lundi 12 août 1996 | 8431 | 202344 | 12140640 | 728438400 |
| mardi 13 août 1996 | 8432 | 202368 | 12142080 | 728524800 |
| mercredi 14 août 1996 | 8433 | 202392 | 12143520 | 728611200 |
| jeudi 15 août 1996 | 8434 | 202416 | 12144960 | 728697600 |

| | | | | |
|---|---|---|---|---|
| vendredi 16 août 1996 | 8435 | 202440 | 12146400 | 728784000 |
| samedi 17 août 1996 | 8436 | 202464 | 12147840 | 728870400 |
| dimanche 18 août 1996 | 8437 | 202488 | 12149280 | 728956800 |
| lundi 19 août 1996 | 8438 | 202512 | 12150720 | 729043200 |
| mardi 20 août 1996 | 8439 | 202536 | 12152160 | 729129600 |
| mercredi 21 août 1996 | 8440 | 202560 | 12153600 | 729216000 |
| jeudi 22 août 1996 | 8441 | 202584 | 12155040 | 729302400 |
| vendredi 23 août 1996 | 8442 | 202608 | 12156480 | 729388800 |
| samedi 24 août 1996 | 8443 | 202632 | 12157920 | 729475200 |
| dimanche 25 août 1996 | 8444 | 202656 | 12159360 | 729561600 |
| lundi 26 août 1996 | 8445 | 202680 | 12160800 | 729648000 |
| mardi 27 août 1996 | 8446 | 202704 | 12162240 | 729734400 |
| mercredi 28 août 1996 | 8447 | 202728 | 12163680 | 729820800 |
| jeudi 29 août 1996 | 8448 | 202752 | 12165120 | 729907200 |
| vendredi 30 août 1996 | 8449 | 202776 | 12166560 | 729993600 |
| samedi 31 août 1996 | 8450 | 202800 | 12168000 | 730080000 |
| dimanche 1 septembre 1996 | 8451 | 202824 | 12169440 | 730166400 |
| lundi 2 septembre 1996 | 8452 | 202848 | 12170880 | 730252800 |
| mardi 3 septembre 1996 | 8453 | 202872 | 12172320 | 730339200 |
| mercredi 4 septembre 1996 | 8454 | 202896 | 12173760 | 730425600 |
| jeudi 5 septembre 1996 | 8455 | 202920 | 12175200 | 730512000 |
| vendredi 6 septembre 1996 | 8456 | 202944 | 12176640 | 730598400 |
| samedi 7 septembre 1996 | 8457 | 202968 | 12178080 | 730684800 |
| dimanche 8 septembre 1996 | 8458 | 202992 | 12179520 | 730771200 |
| lundi 9 septembre 1996 | 8459 | 203016 | 12180960 | 730857600 |
| mardi 10 septembre 1996 | 8460 | 203040 | 12182400 | 730944000 |
| mercredi 11 septembre 1996 | 8461 | 203064 | 12183840 | 731030400 |
| jeudi 12 septembre 1996 | 8462 | 203088 | 12185280 | 731116800 |
| vendredi 13 septembre 1996 | 8463 | 203112 | 12186720 | 731203200 |
| samedi 14 septembre 1996 | 8464 | 203136 | 12188160 | 731289600 |
| dimanche 15 septembre 1996 | 8465 | 203160 | 12189600 | 731376000 |
| lundi 16 septembre 1996 | 8466 | 203184 | 12191040 | 731462400 |
| mardi 17 septembre 1996 | 8467 | 203208 | 12192480 | 731548800 |
| mercredi 18 septembre 1996 | 8468 | 203232 | 12193920 | 731635200 |
| jeudi 19 septembre 1996 | 8469 | 203256 | 12195360 | 731721600 |
| vendredi 20 septembre 1996 | 8470 | 203280 | 12196800 | 731808000 |
| samedi 21 septembre 1996 | 8471 | 203304 | 12198240 | 731894400 |
| dimanche 22 septembre 1996 | 8472 | 203328 | 12199680 | 731980800 |

| | | | | |
|---|---|---|---|---|
| lundi 23 septembre 1996 | 8473 | 203352 | 12201120 | 732067200 |
| mardi 24 septembre 1996 | 8474 | 203376 | 12202560 | 732153600 |
| mercredi 25 septembre 1996 | 8475 | 203400 | 12204000 | 732240000 |
| jeudi 26 septembre 1996 | 8476 | 203424 | 12205440 | 732326400 |
| vendredi 27 septembre 1996 | 8477 | 203448 | 12206880 | 732412800 |
| samedi 28 septembre 1996 | 8478 | 203472 | 12208320 | 732499200 |
| dimanche 29 septembre 1996 | 8479 | 203496 | 12209760 | 732585600 |
| lundi 30 septembre 1996 | 8480 | 203520 | 12211200 | 732672000 |
| mardi 1 octobre 1996 | 8481 | 203544 | 12212640 | 732758400 |
| mercredi 2 octobre 1996 | 8482 | 203568 | 12214080 | 732844800 |
| jeudi 3 octobre 1996 | 8483 | 203592 | 12215520 | 732931200 |
| vendredi 4 octobre 1996 | 8484 | 203616 | 12216960 | 733017600 |
| samedi 5 octobre 1996 | 8485 | 203640 | 12218400 | 733104000 |
| dimanche 6 octobre 1996 | 8486 | 203664 | 12219840 | 733190400 |
| lundi 7 octobre 1996 | 8487 | 203688 | 12221280 | 733276800 |
| mardi 8 octobre 1996 | 8488 | 203712 | 12222720 | 733363200 |
| mercredi 9 octobre 1996 | 8489 | 203736 | 12224160 | 733449600 |
| jeudi 10 octobre 1996 | 8490 | 203760 | 12225600 | 733536000 |
| vendredi 11 octobre 1996 | 8491 | 203784 | 12227040 | 733622400 |
| samedi 12 octobre 1996 | 8492 | 203808 | 12228480 | 733708800 |
| dimanche 13 octobre 1996 | 8493 | 203832 | 12229920 | 733795200 |
| lundi 14 octobre 1996 | 8494 | 203856 | 12231360 | 733881600 |
| mardi 15 octobre 1996 | 8495 | 203880 | 12232800 | 733968000 |
| mercredi 16 octobre 1996 | 8496 | 203904 | 12234240 | 734054400 |
| jeudi 17 octobre 1996 | 8497 | 203928 | 12235680 | 734140800 |
| vendredi 18 octobre 1996 | 8498 | 203952 | 12237120 | 734227200 |
| samedi 19 octobre 1996 | 8499 | 203976 | 12238560 | 734313600 |
| dimanche 20 octobre 1996 | 8500 | 204000 | 12240000 | 734400000 |
| lundi 21 octobre 1996 | 8501 | 204024 | 12241440 | 734486400 |
| mardi 22 octobre 1996 | 8502 | 204048 | 12242880 | 734572800 |
| mercredi 23 octobre 1996 | 8503 | 204072 | 12244320 | 734659200 |
| jeudi 24 octobre 1996 | 8504 | 204096 | 12245760 | 734745600 |
| vendredi 25 octobre 1996 | 8505 | 204120 | 12247200 | 734832000 |
| samedi 26 octobre 1996 | 8506 | 204144 | 12248640 | 734918400 |
| dimanche 27 octobre 1996 | 8507 | 204168 | 12250080 | 735004800 |
| lundi 28 octobre 1996 | 8508 | 204192 | 12251520 | 735091200 |
| mardi 29 octobre 1996 | 8509 | 204216 | 12252960 | 735177600 |
| mercredi 30 octobre 1996 | 8510 | 204240 | 12254400 | 735264000 |

| | | | | |
|---|---|---|---|---|
| jeudi 31 octobre 1996 | 8511 | 204264 | 12255840 | 735350400 |
| vendredi 1 novembre 1996 | 8512 | 204288 | 12257280 | 735436800 |
| samedi 2 novembre 1996 | 8513 | 204312 | 12258720 | 735523200 |
| dimanche 3 novembre 1996 | 8514 | 204336 | 12260160 | 735609600 |
| lundi 4 novembre 1996 | 8515 | 204360 | 12261600 | 735696000 |
| mardi 5 novembre 1996 | 8516 | 204384 | 12263040 | 735782400 |
| mercredi 6 novembre 1996 | 8517 | 204408 | 12264480 | 735868800 |
| jeudi 7 novembre 1996 | 8518 | 204432 | 12265920 | 735955200 |
| vendredi 8 novembre 1996 | 8519 | 204456 | 12267360 | 736041600 |
| samedi 9 novembre 1996 | 8520 | 204480 | 12268800 | 736128000 |
| dimanche 10 novembre 1996 | 8521 | 204504 | 12270240 | 736214400 |
| lundi 11 novembre 1996 | 8522 | 204528 | 12271680 | 736300800 |
| mardi 12 novembre 1996 | 8523 | 204552 | 12273120 | 736387200 |
| mercredi 13 novembre 1996 | 8524 | 204576 | 12274560 | 736473600 |
| jeudi 14 novembre 1996 | 8525 | 204600 | 12276000 | 736560000 |
| vendredi 15 novembre 1996 | 8526 | 204624 | 12277440 | 736646400 |
| samedi 16 novembre 1996 | 8527 | 204648 | 12278880 | 736732800 |
| dimanche 17 novembre 1996 | 8528 | 204672 | 12280320 | 736819200 |
| lundi 18 novembre 1996 | 8529 | 204696 | 12281760 | 736905600 |
| mardi 19 novembre 1996 | 8530 | 204720 | 12283200 | 736992000 |
| mercredi 20 novembre 1996 | 8531 | 204744 | 12284640 | 737078400 |
| jeudi 21 novembre 1996 | 8532 | 204768 | 12286080 | 737164800 |
| vendredi 22 novembre 1996 | 8533 | 204792 | 12287520 | 737251200 |
| samedi 23 novembre 1996 | 8534 | 204816 | 12288960 | 737337600 |
| dimanche 24 novembre 1996 | 8535 | 204840 | 12290400 | 737424000 |
| lundi 25 novembre 1996 | 8536 | 204864 | 12291840 | 737510400 |
| mardi 26 novembre 1996 | 8537 | 204888 | 12293280 | 737596800 |
| mercredi 27 novembre 1996 | 8538 | 204912 | 12294720 | 737683200 |
| jeudi 28 novembre 1996 | 8539 | 204936 | 12296160 | 737769600 |
| vendredi 29 novembre 1996 | 8540 | 204960 | 12297600 | 737856000 |
| samedi 30 novembre 1996 | 8541 | 204984 | 12299040 | 737942400 |
| dimanche 1 décembre 1996 | 8542 | 205008 | 12300480 | 738028800 |
| lundi 2 décembre 1996 | 8543 | 205032 | 12301920 | 738115200 |
| mardi 3 décembre 1996 | 8544 | 205056 | 12303360 | 738201600 |
| mercredi 4 décembre 1996 | 8545 | 205080 | 12304800 | 738288000 |
| jeudi 5 décembre 1996 | 8546 | 205104 | 12306240 | 738374400 |
| vendredi 6 décembre 1996 | 8547 | 205128 | 12307680 | 738460800 |
| samedi 7 décembre 1996 | 8548 | 205152 | 12309120 | 738547200 |

| | | | | |
|---|---|---|---|---|
| dimanche 8 décembre 1996 | 8549 | 205176 | 12310560 | 738633600 |
| lundi 9 décembre 1996 | 8550 | 205200 | 12312000 | 738720000 |
| mardi 10 décembre 1996 | 8551 | 205224 | 12313440 | 738806400 |
| mercredi 11 décembre 1996 | 8552 | 205248 | 12314880 | 738892800 |
| jeudi 12 décembre 1996 | 8553 | 205272 | 12316320 | 738979200 |
| vendredi 13 décembre 1996 | 8554 | 205296 | 12317760 | 739065600 |
| samedi 14 décembre 1996 | 8555 | 205320 | 12319200 | 739152000 |
| dimanche 15 décembre 1996 | 8556 | 205344 | 12320640 | 739238400 |
| lundi 16 décembre 1996 | 8557 | 205368 | 12322080 | 739324800 |
| mardi 17 décembre 1996 | 8558 | 205392 | 12323520 | 739411200 |
| mercredi 18 décembre 1996 | 8559 | 205416 | 12324960 | 739497600 |
| jeudi 19 décembre 1996 | 8560 | 205440 | 12326400 | 739584000 |
| vendredi 20 décembre 1996 | 8561 | 205464 | 12327840 | 739670400 |
| samedi 21 décembre 1996 | 8562 | 205488 | 12329280 | 739756800 |
| dimanche 22 décembre 1996 | 8563 | 205512 | 12330720 | 739843200 |
| lundi 23 décembre 1996 | 8564 | 205536 | 12332160 | 739929600 |
| mardi 24 décembre 1996 | 8565 | 205560 | 12333600 | 740016000 |
| mercredi 25 décembre 1996 | 8566 | 205584 | 12335040 | 740102400 |
| jeudi 26 décembre 1996 | 8567 | 205608 | 12336480 | 740188800 |
| vendredi 27 décembre 1996 | 8568 | 205632 | 12337920 | 740275200 |
| samedi 28 décembre 1996 | 8569 | 205656 | 12339360 | 740361600 |
| dimanche 29 décembre 1996 | 8570 | 205680 | 12340800 | 740448000 |
| lundi 30 décembre 1996 | 8571 | 205704 | 12342240 | 740534400 |
| mardi 31 décembre 1996 | 8572 | 205728 | 12343680 | 740620800 |
| mercredi 1 janvier 1997 | 8573 | 205752 | 12345120 | 740707200 |
| jeudi 2 janvier 1997 | 8574 | 205776 | 12346560 | 740793600 |
| vendredi 3 janvier 1997 | 8575 | 205800 | 12348000 | 740880000 |
| samedi 4 janvier 1997 | 8576 | 205824 | 12349440 | 740966400 |
| dimanche 5 janvier 1997 | 8577 | 205848 | 12350880 | 741052800 |
| lundi 6 janvier 1997 | 8578 | 205872 | 12352320 | 741139200 |
| mardi 7 janvier 1997 | 8579 | 205896 | 12353760 | 741225600 |
| mercredi 8 janvier 1997 | 8580 | 205920 | 12355200 | 741312000 |
| jeudi 9 janvier 1997 | 8581 | 205944 | 12356640 | 741398400 |
| vendredi 10 janvier 1997 | 8582 | 205968 | 12358080 | 741484800 |
| samedi 11 janvier 1997 | 8583 | 205992 | 12359520 | 741571200 |
| dimanche 12 janvier 1997 | 8584 | 206016 | 12360960 | 741657600 |
| lundi 13 janvier 1997 | 8585 | 206040 | 12362400 | 741744000 |
| mardi 14 janvier 1997 | 8586 | 206064 | 12363840 | 741830400 |

| | | | |
|---|---|---|---|
| mercredi 15 janvier 1997 | 8587 | 206088 | 12365280 | 741916800 |
| jeudi 16 janvier 1997 | 8588 | 206112 | 12366720 | 742003200 |
| vendredi 17 janvier 1997 | 8589 | 206136 | 12368160 | 742089600 |
| samedi 18 janvier 1997 | 8590 | 206160 | 12369600 | 742176000 |
| dimanche 19 janvier 1997 | 8591 | 206184 | 12371040 | 742262400 |
| lundi 20 janvier 1997 | 8592 | 206208 | 12372480 | 742348800 |
| mardi 21 janvier 1997 | 8593 | 206232 | 12373920 | 742435200 |
| mercredi 22 janvier 1997 | 8594 | 206256 | 12375360 | 742521600 |
| jeudi 23 janvier 1997 | 8595 | 206280 | 12376800 | 742608000 |
| vendredi 24 janvier 1997 | 8596 | 206304 | 12378240 | 742694400 |
| samedi 25 janvier 1997 | 8597 | 206328 | 12379680 | 742780800 |
| dimanche 26 janvier 1997 | 8598 | 206352 | 12381120 | 742867200 |
| lundi 27 janvier 1997 | 8599 | 206376 | 12382560 | 742953600 |
| mardi 28 janvier 1997 | 8600 | 206400 | 12384000 | 743040000 |
| mercredi 29 janvier 1997 | 8601 | 206424 | 12385440 | 743126400 |
| jeudi 30 janvier 1997 | 8602 | 206448 | 12386880 | 743212800 |
| vendredi 31 janvier 1997 | 8603 | 206472 | 12388320 | 743299200 |
| samedi 1 février 1997 | 8604 | 206496 | 12389760 | 743385600 |
| dimanche 2 février 1997 | 8605 | 206520 | 12391200 | 743472000 |
| lundi 3 février 1997 | 8606 | 206544 | 12392640 | 743558400 |
| mardi 4 février 1997 | 8607 | 206568 | 12394080 | 743644800 |
| mercredi 5 février 1997 | 8608 | 206592 | 12395520 | 743731200 |
| jeudi 6 février 1997 | 8609 | 206616 | 12396960 | 743817600 |
| vendredi 7 février 1997 | 8610 | 206640 | 12398400 | 743904000 |
| samedi 8 février 1997 | 8611 | 206664 | 12399840 | 743990400 |
| dimanche 9 février 1997 | 8612 | 206688 | 12401280 | 744076800 |
| lundi 10 février 1997 | 8613 | 206712 | 12402720 | 744163200 |
| mardi 11 février 1997 | 8614 | 206736 | 12404160 | 744249600 |
| mercredi 12 février 1997 | 8615 | 206760 | 12405600 | 744336000 |
| jeudi 13 février 1997 | 8616 | 206784 | 12407040 | 744422400 |
| vendredi 14 février 1997 | 8617 | 206808 | 12408480 | 744508800 |
| samedi 15 février 1997 | 8618 | 206832 | 12409920 | 744595200 |
| dimanche 16 février 1997 | 8619 | 206856 | 12411360 | 744681600 |
| lundi 17 février 1997 | 8620 | 206880 | 12412800 | 744768000 |
| mardi 18 février 1997 | 8621 | 206904 | 12414240 | 744854400 |
| mercredi 19 février 1997 | 8622 | 206928 | 12415680 | 744940800 |
| jeudi 20 février 1997 | 8623 | 206952 | 12417120 | 745027200 |
| vendredi 21 février 1997 | 8624 | 206976 | 12418560 | 745113600 |

| | | | | |
|---|---|---|---|---|
| samedi 22 février 1997 | 8625 | 207000 | 12420000 | 745200000 |
| dimanche 23 février 1997 | 8626 | 207024 | 12421440 | 745286400 |
| lundi 24 février 1997 | 8627 | 207048 | 12422880 | 745372800 |
| mardi 25 février 1997 | 8628 | 207072 | 12424320 | 745459200 |
| mercredi 26 février 1997 | 8629 | 207096 | 12425760 | 745545600 |
| jeudi 27 février 1997 | 8630 | 207120 | 12427200 | 745632000 |
| vendredi 28 février 1997 | 8631 | 207144 | 12428640 | 745718400 |
| samedi 1 mars 1997 | 8632 | 207168 | 12430080 | 745804800 |
| dimanche 2 mars 1997 | 8633 | 207192 | 12431520 | 745891200 |
| lundi 3 mars 1997 | 8634 | 207216 | 12432960 | 745977600 |
| mardi 4 mars 1997 | 8635 | 207240 | 12434400 | 746064000 |
| mercredi 5 mars 1997 | 8636 | 207264 | 12435840 | 746150400 |
| jeudi 6 mars 1997 | 8637 | 207288 | 12437280 | 746236800 |
| vendredi 7 mars 1997 | 8638 | 207312 | 12438720 | 746323200 |
| samedi 8 mars 1997 | 8639 | 207336 | 12440160 | 746409600 |
| dimanche 9 mars 1997 | 8640 | 207360 | 12441600 | 746496000 |
| lundi 10 mars 1997 | 8641 | 207384 | 12443040 | 746582400 |
| mardi 11 mars 1997 | 8642 | 207408 | 12444480 | 746668800 |
| mercredi 12 mars 1997 | 8643 | 207432 | 12445920 | 746755200 |
| jeudi 13 mars 1997 | 8644 | 207456 | 12447360 | 746841600 |
| vendredi 14 mars 1997 | 8645 | 207480 | 12448800 | 746928000 |
| samedi 15 mars 1997 | 8646 | 207504 | 12450240 | 747014400 |
| dimanche 16 mars 1997 | 8647 | 207528 | 12451680 | 747100800 |
| lundi 17 mars 1997 | 8648 | 207552 | 12453120 | 747187200 |
| mardi 18 mars 1997 | 8649 | 207576 | 12454560 | 747273600 |
| mercredi 19 mars 1997 | 8650 | 207600 | 12456000 | 747360000 |
| jeudi 20 mars 1997 | 8651 | 207624 | 12457440 | 747446400 |
| vendredi 21 mars 1997 | 8652 | 207648 | 12458880 | 747532800 |
| samedi 22 mars 1997 | 8653 | 207672 | 12460320 | 747619200 |
| dimanche 23 mars 1997 | 8654 | 207696 | 12461760 | 747705600 |
| lundi 24 mars 1997 | 8655 | 207720 | 12463200 | 747792000 |
| mardi 25 mars 1997 | 8656 | 207744 | 12464640 | 747878400 |
| mercredi 26 mars 1997 | 8657 | 207768 | 12466080 | 747964800 |
| jeudi 27 mars 1997 | 8658 | 207792 | 12467520 | 748051200 |
| vendredi 28 mars 1997 | 8659 | 207816 | 12468960 | 748137600 |
| samedi 29 mars 1997 | 8660 | 207840 | 12470400 | 748224000 |
| dimanche 30 mars 1997 | 8661 | 207864 | 12471840 | 748310400 |
| lundi 31 mars 1997 | 8662 | 207888 | 12473280 | 748396800 |

| | | | | |
|---|---|---|---|---|
| mardi 1 avril 1997 | 8663 | 207912 | 12474720 | 748483200 |
| mercredi 2 avril 1997 | 8664 | 207936 | 12476160 | 748569600 |
| jeudi 3 avril 1997 | 8665 | 207960 | 12477600 | 748656000 |
| vendredi 4 avril 1997 | 8666 | 207984 | 12479040 | 748742400 |
| samedi 5 avril 1997 | 8667 | 208008 | 12480480 | 748828800 |
| dimanche 6 avril 1997 | 8668 | 208032 | 12481920 | 748915200 |
| lundi 7 avril 1997 | 8669 | 208056 | 12483360 | 749001600 |
| mardi 8 avril 1997 | 8670 | 208080 | 12484800 | 749088000 |
| mercredi 9 avril 1997 | 8671 | 208104 | 12486240 | 749174400 |
| jeudi 10 avril 1997 | 8672 | 208128 | 12487680 | 749260800 |
| vendredi 11 avril 1997 | 8673 | 208152 | 12489120 | 749347200 |
| samedi 12 avril 1997 | 8674 | 208176 | 12490560 | 749433600 |
| dimanche 13 avril 1997 | 8675 | 208200 | 12492000 | 749520000 |
| lundi 14 avril 1997 | 8676 | 208224 | 12493440 | 749606400 |
| mardi 15 avril 1997 | 8677 | 208248 | 12494880 | 749692800 |
| mercredi 16 avril 1997 | 8678 | 208272 | 12496320 | 749779200 |
| jeudi 17 avril 1997 | 8679 | 208296 | 12497760 | 749865600 |
| vendredi 18 avril 1997 | 8680 | 208320 | 12499200 | 749952000 |
| samedi 19 avril 1997 | 8681 | 208344 | 12500640 | 750038400 |
| dimanche 20 avril 1997 | 8682 | 208368 | 12502080 | 750124800 |
| lundi 21 avril 1997 | 8683 | 208392 | 12503520 | 750211200 |
| mardi 22 avril 1997 | 8684 | 208416 | 12504960 | 750297600 |
| mercredi 23 avril 1997 | 8685 | 208440 | 12506400 | 750384000 |
| jeudi 24 avril 1997 | 8686 | 208464 | 12507840 | 750470400 |
| vendredi 25 avril 1997 | 8687 | 208488 | 12509280 | 750556800 |
| samedi 26 avril 1997 | 8688 | 208512 | 12510720 | 750643200 |
| dimanche 27 avril 1997 | 8689 | 208536 | 12512160 | 750729600 |
| lundi 28 avril 1997 | 8690 | 208560 | 12513600 | 750816000 |
| mardi 29 avril 1997 | 8691 | 208584 | 12515040 | 750902400 |
| mercredi 30 avril 1997 | 8692 | 208608 | 12516480 | 750988800 |
| jeudi 1 mai 1997 | 8693 | 208632 | 12517920 | 751075200 |
| vendredi 2 mai 1997 | 8694 | 208656 | 12519360 | 751161600 |
| samedi 3 mai 1997 | 8695 | 208680 | 12520800 | 751248000 |
| dimanche 4 mai 1997 | 8696 | 208704 | 12522240 | 751334400 |
| lundi 5 mai 1997 | 8697 | 208728 | 12523680 | 751420800 |
| mardi 6 mai 1997 | 8698 | 208752 | 12525120 | 751507200 |
| mercredi 7 mai 1997 | 8699 | 208776 | 12526560 | 751593600 |
| jeudi 8 mai 1997 | 8700 | 208800 | 12528000 | 751680000 |

| | | | | |
|---|---|---|---|---|
| vendredi 9 mai 1997 | 8701 | 208824 | 12529440 | 751766400 |
| samedi 10 mai 1997 | 8702 | 208848 | 12530880 | 751852800 |
| dimanche 11 mai 1997 | 8703 | 208872 | 12532320 | 751939200 |
| lundi 12 mai 1997 | 8704 | 208896 | 12533760 | 752025600 |
| mardi 13 mai 1997 | 8705 | 208920 | 12535200 | 752112000 |
| mercredi 14 mai 1997 | 8706 | 208944 | 12536640 | 752198400 |
| jeudi 15 mai 1997 | 8707 | 208968 | 12538080 | 752284800 |
| vendredi 16 mai 1997 | 8708 | 208992 | 12539520 | 752371200 |
| samedi 17 mai 1997 | 8709 | 209016 | 12540960 | 752457600 |
| dimanche 18 mai 1997 | 8710 | 209040 | 12542400 | 752544000 |
| lundi 19 mai 1997 | 8711 | 209064 | 12543840 | 752630400 |
| mardi 20 mai 1997 | 8712 | 209088 | 12545280 | 752716800 |
| mercredi 21 mai 1997 | 8713 | 209112 | 12546720 | 752803200 |
| jeudi 22 mai 1997 | 8714 | 209136 | 12548160 | 752889600 |
| vendredi 23 mai 1997 | 8715 | 209160 | 12549600 | 752976000 |
| samedi 24 mai 1997 | 8716 | 209184 | 12551040 | 753062400 |
| dimanche 25 mai 1997 | 8717 | 209208 | 12552480 | 753148800 |
| lundi 26 mai 1997 | 8718 | 209232 | 12553920 | 753235200 |
| mardi 27 mai 1997 | 8719 | 209256 | 12555360 | 753321600 |
| mercredi 28 mai 1997 | 8720 | 209280 | 12556800 | 753408000 |
| jeudi 29 mai 1997 | 8721 | 209304 | 12558240 | 753494400 |
| vendredi 30 mai 1997 | 8722 | 209328 | 12559680 | 753580800 |
| samedi 31 mai 1997 | 8723 | 209352 | 12561120 | 753667200 |
| dimanche 1 juin 1997 | 8724 | 209376 | 12562560 | 753753600 |
| lundi 2 juin 1997 | 8725 | 209400 | 12564000 | 753840000 |
| mardi 3 juin 1997 | 8726 | 209424 | 12565440 | 753926400 |
| mercredi 4 juin 1997 | 8727 | 209448 | 12566880 | 754012800 |
| jeudi 5 juin 1997 | 8728 | 209472 | 12568320 | 754099200 |
| vendredi 6 juin 1997 | 8729 | 209496 | 12569760 | 754185600 |
| samedi 7 juin 1997 | 8730 | 209520 | 12571200 | 754272000 |
| dimanche 8 juin 1997 | 8731 | 209544 | 12572640 | 754358400 |
| lundi 9 juin 1997 | 8732 | 209568 | 12574080 | 754444800 |
| mardi 10 juin 1997 | 8733 | 209592 | 12575520 | 754531200 |
| mercredi 11 juin 1997 | 8734 | 209616 | 12576960 | 754617600 |
| jeudi 12 juin 1997 | 8735 | 209640 | 12578400 | 754704000 |
| vendredi 13 juin 1997 | 8736 | 209664 | 12579840 | 754790400 |
| samedi 14 juin 1997 | 8737 | 209688 | 12581280 | 754876800 |
| dimanche 15 juin 1997 | 8738 | 209712 | 12582720 | 754963200 |

| | | | | |
|---|---|---|---|---|
| lundi 16 juin 1997 | 8739 | 209736 | 12584160 | 755049600 |
| mardi 17 juin 1997 | 8740 | 209760 | 12585600 | 755136000 |
| mercredi 18 juin 1997 | 8741 | 209784 | 12587040 | 755222400 |
| jeudi 19 juin 1997 | 8742 | 209808 | 12588480 | 755308800 |
| vendredi 20 juin 1997 | 8743 | 209832 | 12589920 | 755395200 |
| samedi 21 juin 1997 | 8744 | 209856 | 12591360 | 755481600 |
| dimanche 22 juin 1997 | 8745 | 209880 | 12592800 | 755568000 |
| lundi 23 juin 1997 | 8746 | 209904 | 12594240 | 755654400 |
| mardi 24 juin 1997 | 8747 | 209928 | 12595680 | 755740800 |
| mercredi 25 juin 1997 | 8748 | 209952 | 12597120 | 755827200 |
| jeudi 26 juin 1997 | 8749 | 209976 | 12598560 | 755913600 |
| vendredi 27 juin 1997 | 8750 | 210000 | 12600000 | 756000000 |
| samedi 28 juin 1997 | 8751 | 210024 | 12601440 | 756086400 |
| dimanche 29 juin 1997 | 8752 | 210048 | 12602880 | 756172800 |
| lundi 30 juin 1997 | 8753 | 210072 | 12604320 | 756259200 |
| mardi 1 juillet 1997 | 8754 | 210096 | 12605760 | 756345600 |
| mercredi 2 juillet 1997 | 8755 | 210120 | 12607200 | 756432000 |
| jeudi 3 juillet 1997 | 8756 | 210144 | 12608640 | 756518400 |
| vendredi 4 juillet 1997 | 8757 | 210168 | 12610080 | 756604800 |
| samedi 5 juillet 1997 | 8758 | 210192 | 12611520 | 756691200 |
| dimanche 6 juillet 1997 | 8759 | 210216 | 12612960 | 756777600 |
| lundi 7 juillet 1997 | 8760 | 210240 | 12614400 | 756864000 |
| mardi 8 juillet 1997 | 8761 | 210264 | 12615840 | 756950400 |
| mercredi 9 juillet 1997 | 8762 | 210288 | 12617280 | 757036800 |
| jeudi 10 juillet 1997 | 8763 | 210312 | 12618720 | 757123200 |
| vendredi 11 juillet 1997 | 8764 | 210336 | 12620160 | 757209600 |
| samedi 12 juillet 1997 | 8765 | 210360 | 12621600 | 757296000 |
| dimanche 13 juillet 1997 | 8766 | 210384 | 12623040 | 757382400 |
| lundi 14 juillet 1997 | 8767 | 210408 | 12624480 | 757468800 |
| mardi 15 juillet 1997 | 8768 | 210432 | 12625920 | 757555200 |
| mercredi 16 juillet 1997 | 8769 | 210456 | 12627360 | 757641600 |
| jeudi 17 juillet 1997 | 8770 | 210480 | 12628800 | 757728000 |
| vendredi 18 juillet 1997 | 8771 | 210504 | 12630240 | 757814400 |
| samedi 19 juillet 1997 | 8772 | 210528 | 12631680 | 757900800 |
| dimanche 20 juillet 1997 | 8773 | 210552 | 12633120 | 757987200 |
| lundi 21 juillet 1997 | 8774 | 210576 | 12634560 | 758073600 |
| mardi 22 juillet 1997 | 8775 | 210600 | 12636000 | 758160000 |
| mercredi 23 juillet 1997 | 8776 | 210624 | 12637440 | 758246400 |

| | | | | |
|---|---|---|---|---|
| jeudi 24 juillet 1997 | 8777 | 210648 | 12638880 | 758332800 |
| vendredi 25 juillet 1997 | 8778 | 210672 | 12640320 | 758419200 |
| samedi 26 juillet 1997 | 8779 | 210696 | 12641760 | 758505600 |
| dimanche 27 juillet 1997 | 8780 | 210720 | 12643200 | 758592000 |
| lundi 28 juillet 1997 | 8781 | 210744 | 12644640 | 758678400 |
| mardi 29 juillet 1997 | 8782 | 210768 | 12646080 | 758764800 |
| mercredi 30 juillet 1997 | 8783 | 210792 | 12647520 | 758851200 |
| jeudi 31 juillet 1997 | 8784 | 210816 | 12648960 | 758937600 |
| vendredi 1 août 1997 | 8785 | 210840 | 12650400 | 759024000 |
| samedi 2 août 1997 | 8786 | 210864 | 12651840 | 759110400 |
| dimanche 3 août 1997 | 8787 | 210888 | 12653280 | 759196800 |
| lundi 4 août 1997 | 8788 | 210912 | 12654720 | 759283200 |
| mardi 5 août 1997 | 8789 | 210936 | 12656160 | 759369600 |
| mercredi 6 août 1997 | 8790 | 210960 | 12657600 | 759456000 |
| jeudi 7 août 1997 | 8791 | 210984 | 12659040 | 759542400 |
| vendredi 8 août 1997 | 8792 | 211008 | 12660480 | 759628800 |
| samedi 9 août 1997 | 8793 | 211032 | 12661920 | 759715200 |
| dimanche 10 août 1997 | 8794 | 211056 | 12663360 | 759801600 |
| lundi 11 août 1997 | 8795 | 211080 | 12664800 | 759888000 |
| mardi 12 août 1997 | 8796 | 211104 | 12666240 | 759974400 |
| mercredi 13 août 1997 | 8797 | 211128 | 12667680 | 760060800 |
| jeudi 14 août 1997 | 8798 | 211152 | 12669120 | 760147200 |
| vendredi 15 août 1997 | 8799 | 211176 | 12670560 | 760233600 |
| samedi 16 août 1997 | 8800 | 211200 | 12672000 | 760320000 |
| dimanche 17 août 1997 | 8801 | 211224 | 12673440 | 760406400 |
| lundi 18 août 1997 | 8802 | 211248 | 12674880 | 760492800 |
| mardi 19 août 1997 | 8803 | 211272 | 12676320 | 760579200 |
| mercredi 20 août 1997 | 8804 | 211296 | 12677760 | 760665600 |
| jeudi 21 août 1997 | 8805 | 211320 | 12679200 | 760752000 |
| vendredi 22 août 1997 | 8806 | 211344 | 12680640 | 760838400 |
| samedi 23 août 1997 | 8807 | 211368 | 12682080 | 760924800 |
| dimanche 24 août 1997 | 8808 | 211392 | 12683520 | 761011200 |
| lundi 25 août 1997 | 8809 | 211416 | 12684960 | 761097600 |
| mardi 26 août 1997 | 8810 | 211440 | 12686400 | 761184000 |
| mercredi 27 août 1997 | 8811 | 211464 | 12687840 | 761270400 |
| jeudi 28 août 1997 | 8812 | 211488 | 12689280 | 761356800 |
| vendredi 29 août 1997 | 8813 | 211512 | 12690720 | 761443200 |
| samedi 30 août 1997 | 8814 | 211536 | 12692160 | 761529600 |

| | | | | |
|---|---|---|---|---|
| dimanche 31 août 1997 | 8815 | 211560 | 12693600 | 761616000 |
| lundi 1 septembre 1997 | 8816 | 211584 | 12695040 | 761702400 |
| mardi 2 septembre 1997 | 8817 | 211608 | 12696480 | 761788800 |
| mercredi 3 septembre 1997 | 8818 | 211632 | 12697920 | 761875200 |
| jeudi 4 septembre 1997 | 8819 | 211656 | 12699360 | 761961600 |
| vendredi 5 septembre 1997 | 8820 | 211680 | 12700800 | 762048000 |
| samedi 6 septembre 1997 | 8821 | 211704 | 12702240 | 762134400 |
| dimanche 7 septembre 1997 | 8822 | 211728 | 12703680 | 762220800 |
| lundi 8 septembre 1997 | 8823 | 211752 | 12705120 | 762307200 |
| mardi 9 septembre 1997 | 8824 | 211776 | 12706560 | 762393600 |
| mercredi 10 septembre 1997 | 8825 | 211800 | 12708000 | 762480000 |
| jeudi 11 septembre 1997 | 8826 | 211824 | 12709440 | 762566400 |
| vendredi 12 septembre 1997 | 8827 | 211848 | 12710880 | 762652800 |
| samedi 13 septembre 1997 | 8828 | 211872 | 12712320 | 762739200 |
| dimanche 14 septembre 1997 | 8829 | 211896 | 12713760 | 762825600 |
| lundi 15 septembre 1997 | 8830 | 211920 | 12715200 | 762912000 |
| mardi 16 septembre 1997 | 8831 | 211944 | 12716640 | 762998400 |
| mercredi 17 septembre 1997 | 8832 | 211968 | 12718080 | 763084800 |
| jeudi 18 septembre 1997 | 8833 | 211992 | 12719520 | 763171200 |
| vendredi 19 septembre 1997 | 8834 | 212016 | 12720960 | 763257600 |
| samedi 20 septembre 1997 | 8835 | 212040 | 12722400 | 763344000 |
| dimanche 21 septembre 1997 | 8836 | 212064 | 12723840 | 763430400 |
| lundi 22 septembre 1997 | 8837 | 212088 | 12725280 | 763516800 |
| mardi 23 septembre 1997 | 8838 | 212112 | 12726720 | 763603200 |
| mercredi 24 septembre 1997 | 8839 | 212136 | 12728160 | 763689600 |
| jeudi 25 septembre 1997 | 8840 | 212160 | 12729600 | 763776000 |
| vendredi 26 septembre 1997 | 8841 | 212184 | 12731040 | 763862400 |
| samedi 27 septembre 1997 | 8842 | 212208 | 12732480 | 763948800 |
| dimanche 28 septembre 1997 | 8843 | 212232 | 12733920 | 764035200 |
| lundi 29 septembre 1997 | 8844 | 212256 | 12735360 | 764121600 |
| mardi 30 septembre 1997 | 8845 | 212280 | 12736800 | 764208000 |
| mercredi 1 octobre 1997 | 8846 | 212304 | 12738240 | 764294400 |
| jeudi 2 octobre 1997 | 8847 | 212328 | 12739680 | 764380800 |
| vendredi 3 octobre 1997 | 8848 | 212352 | 12741120 | 764467200 |
| samedi 4 octobre 1997 | 8849 | 212376 | 12742560 | 764553600 |
| dimanche 5 octobre 1997 | 8850 | 212400 | 12744000 | 764640000 |
| lundi 6 octobre 1997 | 8851 | 212424 | 12745440 | 764726400 |
| mardi 7 octobre 1997 | 8852 | 212448 | 12746880 | 764812800 |

| | | | | |
|---|---|---|---|---|
| mercredi 8 octobre 1997 | 8853 | 212472 | 12748320 | 764899200 |
| jeudi 9 octobre 1997 | 8854 | 212496 | 12749760 | 764985600 |
| vendredi 10 octobre 1997 | 8855 | 212520 | 12751200 | 765072000 |
| samedi 11 octobre 1997 | 8856 | 212544 | 12752640 | 765158400 |
| dimanche 12 octobre 1997 | 8857 | 212568 | 12754080 | 765244800 |
| lundi 13 octobre 1997 | 8858 | 212592 | 12755520 | 765331200 |
| mardi 14 octobre 1997 | 8859 | 212616 | 12756960 | 765417600 |
| mercredi 15 octobre 1997 | 8860 | 212640 | 12758400 | 765504000 |
| jeudi 16 octobre 1997 | 8861 | 212664 | 12759840 | 765590400 |
| vendredi 17 octobre 1997 | 8862 | 212688 | 12761280 | 765676800 |
| samedi 18 octobre 1997 | 8863 | 212712 | 12762720 | 765763200 |
| dimanche 19 octobre 1997 | 8864 | 212736 | 12764160 | 765849600 |
| lundi 20 octobre 1997 | 8865 | 212760 | 12765600 | 765936000 |
| mardi 21 octobre 1997 | 8866 | 212784 | 12767040 | 766022400 |
| mercredi 22 octobre 1997 | 8867 | 212808 | 12768480 | 766108800 |
| jeudi 23 octobre 1997 | 8868 | 212832 | 12769920 | 766195200 |
| vendredi 24 octobre 1997 | 8869 | 212856 | 12771360 | 766281600 |
| samedi 25 octobre 1997 | 8870 | 212880 | 12772800 | 766368000 |
| dimanche 26 octobre 1997 | 8871 | 212904 | 12774240 | 766454400 |
| lundi 27 octobre 1997 | 8872 | 212928 | 12775680 | 766540800 |
| mardi 28 octobre 1997 | 8873 | 212952 | 12777120 | 766627200 |
| mercredi 29 octobre 1997 | 8874 | 212976 | 12778560 | 766713600 |
| jeudi 30 octobre 1997 | 8875 | 213000 | 12780000 | 766800000 |
| vendredi 31 octobre 1997 | 8876 | 213024 | 12781440 | 766886400 |
| samedi 1 novembre 1997 | 8877 | 213048 | 12782880 | 766972800 |
| dimanche 2 novembre 1997 | 8878 | 213072 | 12784320 | 767059200 |
| lundi 3 novembre 1997 | 8879 | 213096 | 12785760 | 767145600 |
| mardi 4 novembre 1997 | 8880 | 213120 | 12787200 | 767232000 |
| mercredi 5 novembre 1997 | 8881 | 213144 | 12788640 | 767318400 |
| jeudi 6 novembre 1997 | 8882 | 213168 | 12790080 | 767404800 |
| vendredi 7 novembre 1997 | 8883 | 213192 | 12791520 | 767491200 |
| samedi 8 novembre 1997 | 8884 | 213216 | 12792960 | 767577600 |
| dimanche 9 novembre 1997 | 8885 | 213240 | 12794400 | 767664000 |
| lundi 10 novembre 1997 | 8886 | 213264 | 12795840 | 767750400 |
| mardi 11 novembre 1997 | 8887 | 213288 | 12797280 | 767836800 |
| mercredi 12 novembre 1997 | 8888 | 213312 | 12798720 | 767923200 |
| jeudi 13 novembre 1997 | 8889 | 213336 | 12800160 | 768009600 |
| vendredi 14 novembre 1997 | 8890 | 213360 | 12801600 | 768096000 |

| | | | | |
|---|---|---|---|---|
| samedi 15 novembre 1997 | 8891 | 213384 | 12803040 | 768182400 |
| dimanche 16 novembre 1997 | 8892 | 213408 | 12804480 | 768268800 |
| lundi 17 novembre 1997 | 8893 | 213432 | 12805920 | 768355200 |
| mardi 18 novembre 1997 | 8894 | 213456 | 12807360 | 768441600 |
| mercredi 19 novembre 1997 | 8895 | 213480 | 12808800 | 768528000 |
| jeudi 20 novembre 1997 | 8896 | 213504 | 12810240 | 768614400 |
| vendredi 21 novembre 1997 | 8897 | 213528 | 12811680 | 768700800 |
| samedi 22 novembre 1997 | 8898 | 213552 | 12813120 | 768787200 |
| dimanche 23 novembre 1997 | 8899 | 213576 | 12814560 | 768873600 |
| lundi 24 novembre 1997 | 8900 | 213600 | 12816000 | 768960000 |
| mardi 25 novembre 1997 | 8901 | 213624 | 12817440 | 769046400 |
| mercredi 26 novembre 1997 | 8902 | 213648 | 12818880 | 769132800 |
| jeudi 27 novembre 1997 | 8903 | 213672 | 12820320 | 769219200 |
| vendredi 28 novembre 1997 | 8904 | 213696 | 12821760 | 769305600 |
| samedi 29 novembre 1997 | 8905 | 213720 | 12823200 | 769392000 |
| dimanche 30 novembre 1997 | 8906 | 213744 | 12824640 | 769478400 |
| lundi 1 décembre 1997 | 8907 | 213768 | 12826080 | 769564800 |
| mardi 2 décembre 1997 | 8908 | 213792 | 12827520 | 769651200 |
| mercredi 3 décembre 1997 | 8909 | 213816 | 12828960 | 769737600 |
| jeudi 4 décembre 1997 | 8910 | 213840 | 12830400 | 769824000 |
| vendredi 5 décembre 1997 | 8911 | 213864 | 12831840 | 769910400 |
| samedi 6 décembre 1997 | 8912 | 213888 | 12833280 | 769996800 |
| dimanche 7 décembre 1997 | 8913 | 213912 | 12834720 | 770083200 |
| lundi 8 décembre 1997 | 8914 | 213936 | 12836160 | 770169600 |
| mardi 9 décembre 1997 | 8915 | 213960 | 12837600 | 770256000 |
| mercredi 10 décembre 1997 | 8916 | 213984 | 12839040 | 770342400 |
| jeudi 11 décembre 1997 | 8917 | 214008 | 12840480 | 770428800 |
| vendredi 12 décembre 1997 | 8918 | 214032 | 12841920 | 770515200 |
| samedi 13 décembre 1997 | 8919 | 214056 | 12843360 | 770601600 |
| dimanche 14 décembre 1997 | 8920 | 214080 | 12844800 | 770688000 |
| lundi 15 décembre 1997 | 8921 | 214104 | 12846240 | 770774400 |
| mardi 16 décembre 1997 | 8922 | 214128 | 12847680 | 770860800 |
| mercredi 17 décembre 1997 | 8923 | 214152 | 12849120 | 770947200 |
| jeudi 18 décembre 1997 | 8924 | 214176 | 12850560 | 771033600 |
| vendredi 19 décembre 1997 | 8925 | 214200 | 12852000 | 771120000 |
| samedi 20 décembre 1997 | 8926 | 214224 | 12853440 | 771206400 |
| dimanche 21 décembre 1997 | 8927 | 214248 | 12854880 | 771292800 |
| lundi 22 décembre 1997 | 8928 | 214272 | 12856320 | 771379200 |

| | | | | |
|---|---|---|---|---|
| mardi 23 décembre 1997 | 8929 | 214296 | 12857760 | 771465600 |
| mercredi 24 décembre 1997 | 8930 | 214320 | 12859200 | 771552000 |
| jeudi 25 décembre 1997 | 8931 | 214344 | 12860640 | 771638400 |
| vendredi 26 décembre 1997 | 8932 | 214368 | 12862080 | 771724800 |
| samedi 27 décembre 1997 | 8933 | 214392 | 12863520 | 771811200 |
| dimanche 28 décembre 1997 | 8934 | 214416 | 12864960 | 771897600 |
| lundi 29 décembre 1997 | 8935 | 214440 | 12866400 | 771984000 |
| mardi 30 décembre 1997 | 8936 | 214464 | 12867840 | 772070400 |
| mercredi 31 décembre 1997 | 8937 | 214488 | 12869280 | 772156800 |
| jeudi 1 janvier 1998 | 8938 | 214512 | 12870720 | 772243200 |
| vendredi 2 janvier 1998 | 8939 | 214536 | 12872160 | 772329600 |
| samedi 3 janvier 1998 | 8940 | 214560 | 12873600 | 772416000 |
| dimanche 4 janvier 1998 | 8941 | 214584 | 12875040 | 772502400 |
| lundi 5 janvier 1998 | 8942 | 214608 | 12876480 | 772588800 |
| mardi 6 janvier 1998 | 8943 | 214632 | 12877920 | 772675200 |
| mercredi 7 janvier 1998 | 8944 | 214656 | 12879360 | 772761600 |
| jeudi 8 janvier 1998 | 8945 | 214680 | 12880800 | 772848000 |
| vendredi 9 janvier 1998 | 8946 | 214704 | 12882240 | 772934400 |
| samedi 10 janvier 1998 | 8947 | 214728 | 12883680 | 773020800 |
| dimanche 11 janvier 1998 | 8948 | 214752 | 12885120 | 773107200 |
| lundi 12 janvier 1998 | 8949 | 214776 | 12886560 | 773193600 |
| mardi 13 janvier 1998 | 8950 | 214800 | 12888000 | 773280000 |
| mercredi 14 janvier 1998 | 8951 | 214824 | 12889440 | 773366400 |
| jeudi 15 janvier 1998 | 8952 | 214848 | 12890880 | 773452800 |
| vendredi 16 janvier 1998 | 8953 | 214872 | 12892320 | 773539200 |
| samedi 17 janvier 1998 | 8954 | 214896 | 12893760 | 773625600 |
| dimanche 18 janvier 1998 | 8955 | 214920 | 12895200 | 773712000 |
| lundi 19 janvier 1998 | 8956 | 214944 | 12896640 | 773798400 |
| mardi 20 janvier 1998 | 8957 | 214968 | 12898080 | 773884800 |
| mercredi 21 janvier 1998 | 8958 | 214992 | 12899520 | 773971200 |
| jeudi 22 janvier 1998 | 8959 | 215016 | 12900960 | 774057600 |
| vendredi 23 janvier 1998 | 8960 | 215040 | 12902400 | 774144000 |
| samedi 24 janvier 1998 | 8961 | 215064 | 12903840 | 774230400 |
| dimanche 25 janvier 1998 | 8962 | 215088 | 12905280 | 774316800 |
| lundi 26 janvier 1998 | 8963 | 215112 | 12906720 | 774403200 |
| mardi 27 janvier 1998 | 8964 | 215136 | 12908160 | 774489600 |
| mercredi 28 janvier 1998 | 8965 | 215160 | 12909600 | 774576000 |
| jeudi 29 janvier 1998 | 8966 | 215184 | 12911040 | 774662400 |

| | | | | |
|---|---|---|---|---|
| vendredi 30 janvier 1998 | 8967 | 215208 | 12912480 | 774748800 |
| samedi 31 janvier 1998 | 8968 | 215232 | 12913920 | 774835200 |
| dimanche 1 février 1998 | 8969 | 215256 | 12915360 | 774921600 |
| lundi 2 février 1998 | 8970 | 215280 | 12916800 | 775008000 |
| mardi 3 février 1998 | 8971 | 215304 | 12918240 | 775094400 |
| mercredi 4 février 1998 | 8972 | 215328 | 12919680 | 775180800 |
| jeudi 5 février 1998 | 8973 | 215352 | 12921120 | 775267200 |
| vendredi 6 février 1998 | 8974 | 215376 | 12922560 | 775353600 |
| samedi 7 février 1998 | 8975 | 215400 | 12924000 | 775440000 |
| dimanche 8 février 1998 | 8976 | 215424 | 12925440 | 775526400 |
| lundi 9 février 1998 | 8977 | 215448 | 12926880 | 775612800 |
| mardi 10 février 1998 | 8978 | 215472 | 12928320 | 775699200 |
| mercredi 11 février 1998 | 8979 | 215496 | 12929760 | 775785600 |
| jeudi 12 février 1998 | 8980 | 215520 | 12931200 | 775872000 |
| vendredi 13 février 1998 | 8981 | 215544 | 12932640 | 775958400 |
| samedi 14 février 1998 | 8982 | 215568 | 12934080 | 776044800 |
| dimanche 15 février 1998 | 8983 | 215592 | 12935520 | 776131200 |
| lundi 16 février 1998 | 8984 | 215616 | 12936960 | 776217600 |
| mardi 17 février 1998 | 8985 | 215640 | 12938400 | 776304000 |
| mercredi 18 février 1998 | 8986 | 215664 | 12939840 | 776390400 |
| jeudi 19 février 1998 | 8987 | 215688 | 12941280 | 776476800 |
| vendredi 20 février 1998 | 8988 | 215712 | 12942720 | 776563200 |
| samedi 21 février 1998 | 8989 | 215736 | 12944160 | 776649600 |
| dimanche 22 février 1998 | 8990 | 215760 | 12945600 | 776736000 |
| lundi 23 février 1998 | 8991 | 215784 | 12947040 | 776822400 |
| mardi 24 février 1998 | 8992 | 215808 | 12948480 | 776908800 |
| mercredi 25 février 1998 | 8993 | 215832 | 12949920 | 776995200 |
| jeudi 26 février 1998 | 8994 | 215856 | 12951360 | 777081600 |
| vendredi 27 février 1998 | 8995 | 215880 | 12952800 | 777168000 |
| samedi 28 février 1998 | 8996 | 215904 | 12954240 | 777254400 |
| dimanche 1 mars 1998 | 8997 | 215928 | 12955680 | 777340800 |
| lundi 2 mars 1998 | 8998 | 215952 | 12957120 | 777427200 |
| mardi 3 mars 1998 | 8999 | 215976 | 12958560 | 777513600 |
| mercredi 4 mars 1998 | 9000 | 216000 | 12960000 | 777600000 |
| jeudi 5 mars 1998 | 9001 | 216024 | 12961440 | 777686400 |
| vendredi 6 mars 1998 | 9002 | 216048 | 12962880 | 777772800 |
| samedi 7 mars 1998 | 9003 | 216072 | 12964320 | 777859200 |
| dimanche 8 mars 1998 | 9004 | 216096 | 12965760 | 777945600 |

| | | | | |
|---|---|---|---|---|
| lundi 9 mars 1998 | 9005 | 216120 | 12967200 | 778032000 |
| mardi 10 mars 1998 | 9006 | 216144 | 12968640 | 778118400 |
| mercredi 11 mars 1998 | 9007 | 216168 | 12970080 | 778204800 |
| jeudi 12 mars 1998 | 9008 | 216192 | 12971520 | 778291200 |
| vendredi 13 mars 1998 | 9009 | 216216 | 12972960 | 778377600 |
| samedi 14 mars 1998 | 9010 | 216240 | 12974400 | 778464000 |
| dimanche 15 mars 1998 | 9011 | 216264 | 12975840 | 778550400 |
| lundi 16 mars 1998 | 9012 | 216288 | 12977280 | 778636800 |
| mardi 17 mars 1998 | 9013 | 216312 | 12978720 | 778723200 |
| mercredi 18 mars 1998 | 9014 | 216336 | 12980160 | 778809600 |
| jeudi 19 mars 1998 | 9015 | 216360 | 12981600 | 778896000 |
| vendredi 20 mars 1998 | 9016 | 216384 | 12983040 | 778982400 |
| samedi 21 mars 1998 | 9017 | 216408 | 12984480 | 779068800 |
| dimanche 22 mars 1998 | 9018 | 216432 | 12985920 | 779155200 |
| lundi 23 mars 1998 | 9019 | 216456 | 12987360 | 779241600 |
| mardi 24 mars 1998 | 9020 | 216480 | 12988800 | 779328000 |
| mercredi 25 mars 1998 | 9021 | 216504 | 12990240 | 779414400 |
| jeudi 26 mars 1998 | 9022 | 216528 | 12991680 | 779500800 |
| vendredi 27 mars 1998 | 9023 | 216552 | 12993120 | 779587200 |
| samedi 28 mars 1998 | 9024 | 216576 | 12994560 | 779673600 |
| dimanche 29 mars 1998 | 9025 | 216600 | 12996000 | 779760000 |
| lundi 30 mars 1998 | 9026 | 216624 | 12997440 | 779846400 |
| mardi 31 mars 1998 | 9027 | 216648 | 12998880 | 779932800 |
| mercredi 1 avril 1998 | 9028 | 216672 | 13000320 | 780019200 |
| jeudi 2 avril 1998 | 9029 | 216696 | 13001760 | 780105600 |
| vendredi 3 avril 1998 | 9030 | 216720 | 13003200 | 780192000 |
| samedi 4 avril 1998 | 9031 | 216744 | 13004640 | 780278400 |
| dimanche 5 avril 1998 | 9032 | 216768 | 13006080 | 780364800 |
| lundi 6 avril 1998 | 9033 | 216792 | 13007520 | 780451200 |
| mardi 7 avril 1998 | 9034 | 216816 | 13008960 | 780537600 |
| mercredi 8 avril 1998 | 9035 | 216840 | 13010400 | 780624000 |
| jeudi 9 avril 1998 | 9036 | 216864 | 13011840 | 780710400 |
| vendredi 10 avril 1998 | 9037 | 216888 | 13013280 | 780796800 |
| samedi 11 avril 1998 | 9038 | 216912 | 13014720 | 780883200 |
| dimanche 12 avril 1998 | 9039 | 216936 | 13016160 | 780969600 |
| lundi 13 avril 1998 | 9040 | 216960 | 13017600 | 781056000 |
| mardi 14 avril 1998 | 9041 | 216984 | 13019040 | 781142400 |
| mercredi 15 avril 1998 | 9042 | 217008 | 13020480 | 781228800 |

| | | | |
|---|---|---|---|
| jeudi 16 avril 1998 | 9043 | 217032 | 13021920 | 781315200 |
| vendredi 17 avril 1998 | 9044 | 217056 | 13023360 | 781401600 |
| samedi 18 avril 1998 | 9045 | 217080 | 13024800 | 781488000 |
| dimanche 19 avril 1998 | 9046 | 217104 | 13026240 | 781574400 |
| lundi 20 avril 1998 | 9047 | 217128 | 13027680 | 781660800 |
| mardi 21 avril 1998 | 9048 | 217152 | 13029120 | 781747200 |
| mercredi 22 avril 1998 | 9049 | 217176 | 13030560 | 781833600 |
| jeudi 23 avril 1998 | 9050 | 217200 | 13032000 | 781920000 |
| vendredi 24 avril 1998 | 9051 | 217224 | 13033440 | 782006400 |
| samedi 25 avril 1998 | 9052 | 217248 | 13034880 | 782092800 |
| dimanche 26 avril 1998 | 9053 | 217272 | 13036320 | 782179200 |
| lundi 27 avril 1998 | 9054 | 217296 | 13037760 | 782265600 |
| mardi 28 avril 1998 | 9055 | 217320 | 13039200 | 782352000 |
| mercredi 29 avril 1998 | 9056 | 217344 | 13040640 | 782438400 |
| jeudi 30 avril 1998 | 9057 | 217368 | 13042080 | 782524800 |
| vendredi 1 mai 1998 | 9058 | 217392 | 13043520 | 782611200 |
| samedi 2 mai 1998 | 9059 | 217416 | 13044960 | 782697600 |
| dimanche 3 mai 1998 | 9060 | 217440 | 13046400 | 782784000 |
| lundi 4 mai 1998 | 9061 | 217464 | 13047840 | 782870400 |
| mardi 5 mai 1998 | 9062 | 217488 | 13049280 | 782956800 |
| mercredi 6 mai 1998 | 9063 | 217512 | 13050720 | 783043200 |
| jeudi 7 mai 1998 | 9064 | 217536 | 13052160 | 783129600 |
| vendredi 8 mai 1998 | 9065 | 217560 | 13053600 | 783216000 |
| samedi 9 mai 1998 | 9066 | 217584 | 13055040 | 783302400 |
| dimanche 10 mai 1998 | 9067 | 217608 | 13056480 | 783388800 |
| lundi 11 mai 1998 | 9068 | 217632 | 13057920 | 783475200 |
| mardi 12 mai 1998 | 9069 | 217656 | 13059360 | 783561600 |
| mercredi 13 mai 1998 | 9070 | 217680 | 13060800 | 783648000 |
| jeudi 14 mai 1998 | 9071 | 217704 | 13062240 | 783734400 |
| vendredi 15 mai 1998 | 9072 | 217728 | 13063680 | 783820800 |
| samedi 16 mai 1998 | 9073 | 217752 | 13065120 | 783907200 |
| dimanche 17 mai 1998 | 9074 | 217776 | 13066560 | 783993600 |
| lundi 18 mai 1998 | 9075 | 217800 | 13068000 | 784080000 |
| mardi 19 mai 1998 | 9076 | 217824 | 13069440 | 784166400 |
| mercredi 20 mai 1998 | 9077 | 217848 | 13070880 | 784252800 |
| jeudi 21 mai 1998 | 9078 | 217872 | 13072320 | 784339200 |
| vendredi 22 mai 1998 | 9079 | 217896 | 13073760 | 784425600 |
| samedi 23 mai 1998 | 9080 | 217920 | 13075200 | 784512000 |

| | | | | |
|---|---|---|---|---|
| dimanche 24 mai 1998 | 9081 | 217944 | 13076640 | 784598400 |
| lundi 25 mai 1998 | 9082 | 217968 | 13078080 | 784684800 |
| mardi 26 mai 1998 | 9083 | 217992 | 13079520 | 784771200 |
| mercredi 27 mai 1998 | 9084 | 218016 | 13080960 | 784857600 |
| jeudi 28 mai 1998 | 9085 | 218040 | 13082400 | 784944000 |
| vendredi 29 mai 1998 | 9086 | 218064 | 13083840 | 785030400 |
| samedi 30 mai 1998 | 9087 | 218088 | 13085280 | 785116800 |
| dimanche 31 mai 1998 | 9088 | 218112 | 13086720 | 785203200 |
| lundi 1 juin 1998 | 9089 | 218136 | 13088160 | 785289600 |
| mardi 2 juin 1998 | 9090 | 218160 | 13089600 | 785376000 |
| mercredi 3 juin 1998 | 9091 | 218184 | 13091040 | 785462400 |
| jeudi 4 juin 1998 | 9092 | 218208 | 13092480 | 785548800 |
| vendredi 5 juin 1998 | 9093 | 218232 | 13093920 | 785635200 |
| samedi 6 juin 1998 | 9094 | 218256 | 13095360 | 785721600 |
| dimanche 7 juin 1998 | 9095 | 218280 | 13096800 | 785808000 |
| lundi 8 juin 1998 | 9096 | 218304 | 13098240 | 785894400 |
| mardi 9 juin 1998 | 9097 | 218328 | 13099680 | 785980800 |
| mercredi 10 juin 1998 | 9098 | 218352 | 13101120 | 786067200 |
| jeudi 11 juin 1998 | 9099 | 218376 | 13102560 | 786153600 |
| vendredi 12 juin 1998 | 9100 | 218400 | 13104000 | 786240000 |
| samedi 13 juin 1998 | 9101 | 218424 | 13105440 | 786326400 |
| dimanche 14 juin 1998 | 9102 | 218448 | 13106880 | 786412800 |
| lundi 15 juin 1998 | 9103 | 218472 | 13108320 | 786499200 |
| mardi 16 juin 1998 | 9104 | 218496 | 13109760 | 786585600 |
| mercredi 17 juin 1998 | 9105 | 218520 | 13111200 | 786672000 |
| jeudi 18 juin 1998 | 9106 | 218544 | 13112640 | 786758400 |
| vendredi 19 juin 1998 | 9107 | 218568 | 13114080 | 786844800 |
| samedi 20 juin 1998 | 9108 | 218592 | 13115520 | 786931200 |
| dimanche 21 juin 1998 | 9109 | 218616 | 13116960 | 787017600 |
| lundi 22 juin 1998 | 9110 | 218640 | 13118400 | 787104000 |
| mardi 23 juin 1998 | 9111 | 218664 | 13119840 | 787190400 |
| mercredi 24 juin 1998 | 9112 | 218688 | 13121280 | 787276800 |
| jeudi 25 juin 1998 | 9113 | 218712 | 13122720 | 787363200 |
| vendredi 26 juin 1998 | 9114 | 218736 | 13124160 | 787449600 |
| samedi 27 juin 1998 | 9115 | 218760 | 13125600 | 787536000 |
| dimanche 28 juin 1998 | 9116 | 218784 | 13127040 | 787622400 |
| lundi 29 juin 1998 | 9117 | 218808 | 13128480 | 787708800 |
| mardi 30 juin 1998 | 9118 | 218832 | 13129920 | 787795200 |

| | | | |
|---|---|---|---|
| mercredi 1 juillet 1998 | 9119 | 218856 | 13131360 | 787881600 |
| jeudi 2 juillet 1998 | 9120 | 218880 | 13132800 | 787968000 |
| vendredi 3 juillet 1998 | 9121 | 218904 | 13134240 | 788054400 |
| samedi 4 juillet 1998 | 9122 | 218928 | 13135680 | 788140800 |
| dimanche 5 juillet 1998 | 9123 | 218952 | 13137120 | 788227200 |
| lundi 6 juillet 1998 | 9124 | 218976 | 13138560 | 788313600 |
| mardi 7 juillet 1998 | 9125 | 219000 | 13140000 | 788400000 |
| mercredi 8 juillet 1998 | 9126 | 219024 | 13141440 | 788486400 |
| jeudi 9 juillet 1998 | 9127 | 219048 | 13142880 | 788572800 |
| vendredi 10 juillet 1998 | 9128 | 219072 | 13144320 | 788659200 |
| samedi 11 juillet 1998 | 9129 | 219096 | 13145760 | 788745600 |
| dimanche 12 juillet 1998 | 9130 | 219120 | 13147200 | 788832000 |
| lundi 13 juillet 1998 | 9131 | 219144 | 13148640 | 788918400 |
| mardi 14 juillet 1998 | 9132 | 219168 | 13150080 | 789004800 |
| mercredi 15 juillet 1998 | 9133 | 219192 | 13151520 | 789091200 |
| jeudi 16 juillet 1998 | 9134 | 219216 | 13152960 | 789177600 |
| vendredi 17 juillet 1998 | 9135 | 219240 | 13154400 | 789264000 |
| samedi 18 juillet 1998 | 9136 | 219264 | 13155840 | 789350400 |
| dimanche 19 juillet 1998 | 9137 | 219288 | 13157280 | 789436800 |
| lundi 20 juillet 1998 | 9138 | 219312 | 13158720 | 789523200 |
| mardi 21 juillet 1998 | 9139 | 219336 | 13160160 | 789609600 |
| mercredi 22 juillet 1998 | 9140 | 219360 | 13161600 | 789696000 |
| jeudi 23 juillet 1998 | 9141 | 219384 | 13163040 | 789782400 |
| vendredi 24 juillet 1998 | 9142 | 219408 | 13164480 | 789868800 |
| samedi 25 juillet 1998 | 9143 | 219432 | 13165920 | 789955200 |
| dimanche 26 juillet 1998 | 9144 | 219456 | 13167360 | 790041600 |
| lundi 27 juillet 1998 | 9145 | 219480 | 13168800 | 790128000 |
| mardi 28 juillet 1998 | 9146 | 219504 | 13170240 | 790214400 |
| mercredi 29 juillet 1998 | 9147 | 219528 | 13171680 | 790300800 |
| jeudi 30 juillet 1998 | 9148 | 219552 | 13173120 | 790387200 |
| vendredi 31 juillet 1998 | 9149 | 219576 | 13174560 | 790473600 |
| samedi 1 août 1998 | 9150 | 219600 | 13176000 | 790560000 |
| dimanche 2 août 1998 | 9151 | 219624 | 13177440 | 790646400 |
| lundi 3 août 1998 | 9152 | 219648 | 13178880 | 790732800 |
| mardi 4 août 1998 | 9153 | 219672 | 13180320 | 790819200 |
| mercredi 5 août 1998 | 9154 | 219696 | 13181760 | 790905600 |
| jeudi 6 août 1998 | 9155 | 219720 | 13183200 | 790992000 |
| vendredi 7 août 1998 | 9156 | 219744 | 13184640 | 791078400 |

| | | | | |
|---|---|---|---|---|
| samedi 8 août 1998 | 9157 | 219768 | 13186080 | 791164800 |
| dimanche 9 août 1998 | 9158 | 219792 | 13187520 | 791251200 |
| lundi 10 août 1998 | 9159 | 219816 | 13188960 | 791337600 |
| mardi 11 août 1998 | 9160 | 219840 | 13190400 | 791424000 |
| mercredi 12 août 1998 | 9161 | 219864 | 13191840 | 791510400 |
| jeudi 13 août 1998 | 9162 | 219888 | 13193280 | 791596800 |
| vendredi 14 août 1998 | 9163 | 219912 | 13194720 | 791683200 |
| samedi 15 août 1998 | 9164 | 219936 | 13196160 | 791769600 |
| dimanche 16 août 1998 | 9165 | 219960 | 13197600 | 791856000 |
| lundi 17 août 1998 | 9166 | 219984 | 13199040 | 791942400 |
| mardi 18 août 1998 | 9167 | 220008 | 13200480 | 792028800 |
| mercredi 19 août 1998 | 9168 | 220032 | 13201920 | 792115200 |
| jeudi 20 août 1998 | 9169 | 220056 | 13203360 | 792201600 |
| vendredi 21 août 1998 | 9170 | 220080 | 13204800 | 792288000 |
| samedi 22 août 1998 | 9171 | 220104 | 13206240 | 792374400 |
| dimanche 23 août 1998 | 9172 | 220128 | 13207680 | 792460800 |
| lundi 24 août 1998 | 9173 | 220152 | 13209120 | 792547200 |
| mardi 25 août 1998 | 9174 | 220176 | 13210560 | 792633600 |
| mercredi 26 août 1998 | 9175 | 220200 | 13212000 | 792720000 |
| jeudi 27 août 1998 | 9176 | 220224 | 13213440 | 792806400 |
| vendredi 28 août 1998 | 9177 | 220248 | 13214880 | 792892800 |
| samedi 29 août 1998 | 9178 | 220272 | 13216320 | 792979200 |
| dimanche 30 août 1998 | 9179 | 220296 | 13217760 | 793065600 |
| lundi 31 août 1998 | 9180 | 220320 | 13219200 | 793152000 |
| mardi 1 septembre 1998 | 9181 | 220344 | 13220640 | 793238400 |
| mercredi 2 septembre 1998 | 9182 | 220368 | 13222080 | 793324800 |
| jeudi 3 septembre 1998 | 9183 | 220392 | 13223520 | 793411200 |
| vendredi 4 septembre 1998 | 9184 | 220416 | 13224960 | 793497600 |
| samedi 5 septembre 1998 | 9185 | 220440 | 13226400 | 793584000 |
| dimanche 6 septembre 1998 | 9186 | 220464 | 13227840 | 793670400 |
| lundi 7 septembre 1998 | 9187 | 220488 | 13229280 | 793756800 |
| mardi 8 septembre 1998 | 9188 | 220512 | 13230720 | 793843200 |
| mercredi 9 septembre 1998 | 9189 | 220536 | 13232160 | 793929600 |
| jeudi 10 septembre 1998 | 9190 | 220560 | 13233600 | 794016000 |
| vendredi 11 septembre 1998 | 9191 | 220584 | 13235040 | 794102400 |
| samedi 12 septembre 1998 | 9192 | 220608 | 13236480 | 794188800 |
| dimanche 13 septembre 1998 | 9193 | 220632 | 13237920 | 794275200 |
| lundi 14 septembre 1998 | 9194 | 220656 | 13239360 | 794361600 |

| | | | | |
|---|---|---|---|---|
| mardi 15 septembre 1998 | 9195 | 220680 | 13240800 | 794448000 |
| mercredi 16 septembre 1998 | 9196 | 220704 | 13242240 | 794534400 |
| jeudi 17 septembre 1998 | 9197 | 220728 | 13243680 | 794620800 |
| vendredi 18 septembre 1998 | 9198 | 220752 | 13245120 | 794707200 |
| samedi 19 septembre 1998 | 9199 | 220776 | 13246560 | 794793600 |
| dimanche 20 septembre 1998 | 9200 | 220800 | 13248000 | 794880000 |
| lundi 21 septembre 1998 | 9201 | 220824 | 13249440 | 794966400 |
| mardi 22 septembre 1998 | 9202 | 220848 | 13250880 | 795052800 |
| mercredi 23 septembre 1998 | 9203 | 220872 | 13252320 | 795139200 |
| jeudi 24 septembre 1998 | 9204 | 220896 | 13253760 | 795225600 |
| vendredi 25 septembre 1998 | 9205 | 220920 | 13255200 | 795312000 |
| samedi 26 septembre 1998 | 9206 | 220944 | 13256640 | 795398400 |
| dimanche 27 septembre 1998 | 9207 | 220968 | 13258080 | 795484800 |
| lundi 28 septembre 1998 | 9208 | 220992 | 13259520 | 795571200 |
| mardi 29 septembre 1998 | 9209 | 221016 | 13260960 | 795657600 |
| mercredi 30 septembre 1998 | 9210 | 221040 | 13262400 | 795744000 |
| jeudi 1 octobre 1998 | 9211 | 221064 | 13263840 | 795830400 |
| vendredi 2 octobre 1998 | 9212 | 221088 | 13265280 | 795916800 |
| samedi 3 octobre 1998 | 9213 | 221112 | 13266720 | 796003200 |
| dimanche 4 octobre 1998 | 9214 | 221136 | 13268160 | 796089600 |
| lundi 5 octobre 1998 | 9215 | 221160 | 13269600 | 796176000 |
| mardi 6 octobre 1998 | 9216 | 221184 | 13271040 | 796262400 |
| mercredi 7 octobre 1998 | 9217 | 221208 | 13272480 | 796348800 |
| jeudi 8 octobre 1998 | 9218 | 221232 | 13273920 | 796435200 |
| vendredi 9 octobre 1998 | 9219 | 221256 | 13275360 | 796521600 |
| samedi 10 octobre 1998 | 9220 | 221280 | 13276800 | 796608000 |
| dimanche 11 octobre 1998 | 9221 | 221304 | 13278240 | 796694400 |
| lundi 12 octobre 1998 | 9222 | 221328 | 13279680 | 796780800 |
| mardi 13 octobre 1998 | 9223 | 221352 | 13281120 | 796867200 |
| mercredi 14 octobre 1998 | 9224 | 221376 | 13282560 | 796953600 |
| jeudi 15 octobre 1998 | 9225 | 221400 | 13284000 | 797040000 |
| vendredi 16 octobre 1998 | 9226 | 221424 | 13285440 | 797126400 |
| samedi 17 octobre 1998 | 9227 | 221448 | 13286880 | 797212800 |
| dimanche 18 octobre 1998 | 9228 | 221472 | 13288320 | 797299200 |
| lundi 19 octobre 1998 | 9229 | 221496 | 13289760 | 797385600 |
| mardi 20 octobre 1998 | 9230 | 221520 | 13291200 | 797472000 |
| mercredi 21 octobre 1998 | 9231 | 221544 | 13292640 | 797558400 |
| jeudi 22 octobre 1998 | 9232 | 221568 | 13294080 | 797644800 |

| | | | |
|---|---|---|---|
| vendredi 23 octobre 1998 | 9233 | 221592 | 13295520 | 797731200 |
| samedi 24 octobre 1998 | 9234 | 221616 | 13296960 | 797817600 |
| dimanche 25 octobre 1998 | 9235 | 221640 | 13298400 | 797904000 |
| lundi 26 octobre 1998 | 9236 | 221664 | 13299840 | 797990400 |
| mardi 27 octobre 1998 | 9237 | 221688 | 13301280 | 798076800 |
| mercredi 28 octobre 1998 | 9238 | 221712 | 13302720 | 798163200 |
| jeudi 29 octobre 1998 | 9239 | 221736 | 13304160 | 798249600 |
| vendredi 30 octobre 1998 | 9240 | 221760 | 13305600 | 798336000 |
| samedi 31 octobre 1998 | 9241 | 221784 | 13307040 | 798422400 |
| dimanche 1 novembre 1998 | 9242 | 221808 | 13308480 | 798508800 |
| lundi 2 novembre 1998 | 9243 | 221832 | 13309920 | 798595200 |
| mardi 3 novembre 1998 | 9244 | 221856 | 13311360 | 798681600 |
| mercredi 4 novembre 1998 | 9245 | 221880 | 13312800 | 798768000 |
| jeudi 5 novembre 1998 | 9246 | 221904 | 13314240 | 798854400 |
| vendredi 6 novembre 1998 | 9247 | 221928 | 13315680 | 798940800 |
| samedi 7 novembre 1998 | 9248 | 221952 | 13317120 | 799027200 |
| dimanche 8 novembre 1998 | 9249 | 221976 | 13318560 | 799113600 |
| lundi 9 novembre 1998 | 9250 | 222000 | 13320000 | 799200000 |
| mardi 10 novembre 1998 | 9251 | 222024 | 13321440 | 799286400 |
| mercredi 11 novembre 1998 | 9252 | 222048 | 13322880 | 799372800 |
| jeudi 12 novembre 1998 | 9253 | 222072 | 13324320 | 799459200 |
| vendredi 13 novembre 1998 | 9254 | 222096 | 13325760 | 799545600 |
| samedi 14 novembre 1998 | 9255 | 222120 | 13327200 | 799632000 |
| dimanche 15 novembre 1998 | 9256 | 222144 | 13328640 | 799718400 |
| lundi 16 novembre 1998 | 9257 | 222168 | 13330080 | 799804800 |
| mardi 17 novembre 1998 | 9258 | 222192 | 13331520 | 799891200 |
| mercredi 18 novembre 1998 | 9259 | 222216 | 13332960 | 799977600 |
| jeudi 19 novembre 1998 | 9260 | 222240 | 13334400 | 800064000 |
| vendredi 20 novembre 1998 | 9261 | 222264 | 13335840 | 800150400 |
| samedi 21 novembre 1998 | 9262 | 222288 | 13337280 | 800236800 |
| dimanche 22 novembre 1998 | 9263 | 222312 | 13338720 | 800323200 |
| lundi 23 novembre 1998 | 9264 | 222336 | 13340160 | 800409600 |
| mardi 24 novembre 1998 | 9265 | 222360 | 13341600 | 800496000 |
| mercredi 25 novembre 1998 | 9266 | 222384 | 13343040 | 800582400 |
| jeudi 26 novembre 1998 | 9267 | 222408 | 13344480 | 800668800 |
| vendredi 27 novembre 1998 | 9268 | 222432 | 13345920 | 800755200 |
| samedi 28 novembre 1998 | 9269 | 222456 | 13347360 | 800841600 |
| dimanche 29 novembre 1998 | 9270 | 222480 | 13348800 | 800928000 |

| | | | | |
|---|---|---|---|---|
| lundi 30 novembre 1998 | 9271 | 222504 | 13350240 | 801014400 |
| mardi 1 décembre 1998 | 9272 | 222528 | 13351680 | 801100800 |
| mercredi 2 décembre 1998 | 9273 | 222552 | 13353120 | 801187200 |
| jeudi 3 décembre 1998 | 9274 | 222576 | 13354560 | 801273600 |
| vendredi 4 décembre 1998 | 9275 | 222600 | 13356000 | 801360000 |
| samedi 5 décembre 1998 | 9276 | 222624 | 13357440 | 801446400 |
| dimanche 6 décembre 1998 | 9277 | 222648 | 13358880 | 801532800 |
| lundi 7 décembre 1998 | 9278 | 222672 | 13360320 | 801619200 |
| mardi 8 décembre 1998 | 9279 | 222696 | 13361760 | 801705600 |
| mercredi 9 décembre 1998 | 9280 | 222720 | 13363200 | 801792000 |
| jeudi 10 décembre 1998 | 9281 | 222744 | 13364640 | 801878400 |
| vendredi 11 décembre 1998 | 9282 | 222768 | 13366080 | 801964800 |
| samedi 12 décembre 1998 | 9283 | 222792 | 13367520 | 802051200 |
| dimanche 13 décembre 1998 | 9284 | 222816 | 13368960 | 802137600 |
| lundi 14 décembre 1998 | 9285 | 222840 | 13370400 | 802224000 |
| mardi 15 décembre 1998 | 9286 | 222864 | 13371840 | 802310400 |
| mercredi 16 décembre 1998 | 9287 | 222888 | 13373280 | 802396800 |
| jeudi 17 décembre 1998 | 9288 | 222912 | 13374720 | 802483200 |
| vendredi 18 décembre 1998 | 9289 | 222936 | 13376160 | 802569600 |
| samedi 19 décembre 1998 | 9290 | 222960 | 13377600 | 802656000 |
| dimanche 20 décembre 1998 | 9291 | 222984 | 13379040 | 802742400 |
| lundi 21 décembre 1998 | 9292 | 223008 | 13380480 | 802828800 |
| mardi 22 décembre 1998 | 9293 | 223032 | 13381920 | 802915200 |
| mercredi 23 décembre 1998 | 9294 | 223056 | 13383360 | 803001600 |
| jeudi 24 décembre 1998 | 9295 | 223080 | 13384800 | 803088000 |
| vendredi 25 décembre 1998 | 9296 | 223104 | 13386240 | 803174400 |
| samedi 26 décembre 1998 | 9297 | 223128 | 13387680 | 803260800 |
| dimanche 27 décembre 1998 | 9298 | 223152 | 13389120 | 803347200 |
| lundi 28 décembre 1998 | 9299 | 223176 | 13390560 | 803433600 |
| mardi 29 décembre 1998 | 9300 | 223200 | 13392000 | 803520000 |
| mercredi 30 décembre 1998 | 9301 | 223224 | 13393440 | 803606400 |
| jeudi 31 décembre 1998 | 9302 | 223248 | 13394880 | 803692800 |
| vendredi 1 janvier 1999 | 9303 | 223272 | 13396320 | 803779200 |
| samedi 2 janvier 1999 | 9304 | 223296 | 13397760 | 803865600 |
| dimanche 3 janvier 1999 | 9305 | 223320 | 13399200 | 803952000 |
| lundi 4 janvier 1999 | 9306 | 223344 | 13400640 | 804038400 |
| mardi 5 janvier 1999 | 9307 | 223368 | 13402080 | 804124800 |
| mercredi 6 janvier 1999 | 9308 | 223392 | 13403520 | 804211200 |

| | | | | |
|---|---|---|---|---|
| jeudi 7 janvier 1999 | 9309 | 223416 | 13404960 | 804297600 |
| vendredi 8 janvier 1999 | 9310 | 223440 | 13406400 | 804384000 |
| samedi 9 janvier 1999 | 9311 | 223464 | 13407840 | 804470400 |
| dimanche 10 janvier 1999 | 9312 | 223488 | 13409280 | 804556800 |
| lundi 11 janvier 1999 | 9313 | 223512 | 13410720 | 804643200 |
| mardi 12 janvier 1999 | 9314 | 223536 | 13412160 | 804729600 |
| mercredi 13 janvier 1999 | 9315 | 223560 | 13413600 | 804816000 |
| jeudi 14 janvier 1999 | 9316 | 223584 | 13415040 | 804902400 |
| vendredi 15 janvier 1999 | 9317 | 223608 | 13416480 | 804988800 |
| samedi 16 janvier 1999 | 9318 | 223632 | 13417920 | 805075200 |
| dimanche 17 janvier 1999 | 9319 | 223656 | 13419360 | 805161600 |
| lundi 18 janvier 1999 | 9320 | 223680 | 13420800 | 805248000 |
| mardi 19 janvier 1999 | 9321 | 223704 | 13422240 | 805334400 |
| mercredi 20 janvier 1999 | 9322 | 223728 | 13423680 | 805420800 |
| jeudi 21 janvier 1999 | 9323 | 223752 | 13425120 | 805507200 |
| vendredi 22 janvier 1999 | 9324 | 223776 | 13426560 | 805593600 |
| samedi 23 janvier 1999 | 9325 | 223800 | 13428000 | 805680000 |
| dimanche 24 janvier 1999 | 9326 | 223824 | 13429440 | 805766400 |
| lundi 25 janvier 1999 | 9327 | 223848 | 13430880 | 805852800 |
| mardi 26 janvier 1999 | 9328 | 223872 | 13432320 | 805939200 |
| mercredi 27 janvier 1999 | 9329 | 223896 | 13433760 | 806025600 |
| jeudi 28 janvier 1999 | 9330 | 223920 | 13435200 | 806112000 |
| vendredi 29 janvier 1999 | 9331 | 223944 | 13436640 | 806198400 |
| samedi 30 janvier 1999 | 9332 | 223968 | 13438080 | 806284800 |
| dimanche 31 janvier 1999 | 9333 | 223992 | 13439520 | 806371200 |
| lundi 1 février 1999 | 9334 | 224016 | 13440960 | 806457600 |
| mardi 2 février 1999 | 9335 | 224040 | 13442400 | 806544000 |
| mercredi 3 février 1999 | 9336 | 224064 | 13443840 | 806630400 |
| jeudi 4 février 1999 | 9337 | 224088 | 13445280 | 806716800 |
| vendredi 5 février 1999 | 9338 | 224112 | 13446720 | 806803200 |
| samedi 6 février 1999 | 9339 | 224136 | 13448160 | 806889600 |
| dimanche 7 février 1999 | 9340 | 224160 | 13449600 | 806976000 |
| lundi 8 février 1999 | 9341 | 224184 | 13451040 | 807062400 |
| mardi 9 février 1999 | 9342 | 224208 | 13452480 | 807148800 |
| mercredi 10 février 1999 | 9343 | 224232 | 13453920 | 807235200 |
| jeudi 11 février 1999 | 9344 | 224256 | 13455360 | 807321600 |
| vendredi 12 février 1999 | 9345 | 224280 | 13456800 | 807408000 |
| samedi 13 février 1999 | 9346 | 224304 | 13458240 | 807494400 |

| | | | | |
|---|---|---|---|---|
| dimanche 14 février 1999 | 9347 | 224328 | 13459680 | 807580800 |
| lundi 15 février 1999 | 9348 | 224352 | 13461120 | 807667200 |
| mardi 16 février 1999 | 9349 | 224376 | 13462560 | 807753600 |
| mercredi 17 février 1999 | 9350 | 224400 | 13464000 | 807840000 |
| jeudi 18 février 1999 | 9351 | 224424 | 13465440 | 807926400 |
| vendredi 19 février 1999 | 9352 | 224448 | 13466880 | 808012800 |
| samedi 20 février 1999 | 9353 | 224472 | 13468320 | 808099200 |
| dimanche 21 février 1999 | 9354 | 224496 | 13469760 | 808185600 |
| lundi 22 février 1999 | 9355 | 224520 | 13471200 | 808272000 |
| mardi 23 février 1999 | 9356 | 224544 | 13472640 | 808358400 |
| mercredi 24 février 1999 | 9357 | 224568 | 13474080 | 808444800 |
| jeudi 25 février 1999 | 9358 | 224592 | 13475520 | 808531200 |
| vendredi 26 février 1999 | 9359 | 224616 | 13476960 | 808617600 |
| samedi 27 février 1999 | 9360 | 224640 | 13478400 | 808704000 |
| dimanche 28 février 1999 | 9361 | 224664 | 13479840 | 808790400 |
| lundi 1 mars 1999 | 9362 | 224688 | 13481280 | 808876800 |
| mardi 2 mars 1999 | 9363 | 224712 | 13482720 | 808963200 |
| mercredi 3 mars 1999 | 9364 | 224736 | 13484160 | 809049600 |
| jeudi 4 mars 1999 | 9365 | 224760 | 13485600 | 809136000 |
| vendredi 5 mars 1999 | 9366 | 224784 | 13487040 | 809222400 |
| samedi 6 mars 1999 | 9367 | 224808 | 13488480 | 809308800 |
| dimanche 7 mars 1999 | 9368 | 224832 | 13489920 | 809395200 |
| lundi 8 mars 1999 | 9369 | 224856 | 13491360 | 809481600 |
| mardi 9 mars 1999 | 9370 | 224880 | 13492800 | 809568000 |
| mercredi 10 mars 1999 | 9371 | 224904 | 13494240 | 809654400 |
| jeudi 11 mars 1999 | 9372 | 224928 | 13495680 | 809740800 |
| vendredi 12 mars 1999 | 9373 | 224952 | 13497120 | 809827200 |
| samedi 13 mars 1999 | 9374 | 224976 | 13498560 | 809913600 |
| dimanche 14 mars 1999 | 9375 | 225000 | 13500000 | 810000000 |
| lundi 15 mars 1999 | 9376 | 225024 | 13501440 | 810086400 |
| mardi 16 mars 1999 | 9377 | 225048 | 13502880 | 810172800 |
| mercredi 17 mars 1999 | 9378 | 225072 | 13504320 | 810259200 |
| jeudi 18 mars 1999 | 9379 | 225096 | 13505760 | 810345600 |
| vendredi 19 mars 1999 | 9380 | 225120 | 13507200 | 810432000 |
| samedi 20 mars 1999 | 9381 | 225144 | 13508640 | 810518400 |
| dimanche 21 mars 1999 | 9382 | 225168 | 13510080 | 810604800 |
| lundi 22 mars 1999 | 9383 | 225192 | 13511520 | 810691200 |
| mardi 23 mars 1999 | 9384 | 225216 | 13512960 | 810777600 |

| | | | | |
|---|---|---|---|---|
| mercredi 24 mars 1999 | 9385 | 225240 | 13514400 | 810864000 |
| jeudi 25 mars 1999 | 9386 | 225264 | 13515840 | 810950400 |
| vendredi 26 mars 1999 | 9387 | 225288 | 13517280 | 811036800 |
| samedi 27 mars 1999 | 9388 | 225312 | 13518720 | 811123200 |
| dimanche 28 mars 1999 | 9389 | 225336 | 13520160 | 811209600 |
| lundi 29 mars 1999 | 9390 | 225360 | 13521600 | 811296000 |
| mardi 30 mars 1999 | 9391 | 225384 | 13523040 | 811382400 |
| mercredi 31 mars 1999 | 9392 | 225408 | 13524480 | 811468800 |
| jeudi 1 avril 1999 | 9393 | 225432 | 13525920 | 811555200 |
| vendredi 2 avril 1999 | 9394 | 225456 | 13527360 | 811641600 |
| samedi 3 avril 1999 | 9395 | 225480 | 13528800 | 811728000 |
| dimanche 4 avril 1999 | 9396 | 225504 | 13530240 | 811814400 |
| lundi 5 avril 1999 | 9397 | 225528 | 13531680 | 811900800 |
| mardi 6 avril 1999 | 9398 | 225552 | 13533120 | 811987200 |
| mercredi 7 avril 1999 | 9399 | 225576 | 13534560 | 812073600 |
| jeudi 8 avril 1999 | 9400 | 225600 | 13536000 | 812160000 |
| vendredi 9 avril 1999 | 9401 | 225624 | 13537440 | 812246400 |
| samedi 10 avril 1999 | 9402 | 225648 | 13538880 | 812332800 |
| dimanche 11 avril 1999 | 9403 | 225672 | 13540320 | 812419200 |
| lundi 12 avril 1999 | 9404 | 225696 | 13541760 | 812505600 |
| mardi 13 avril 1999 | 9405 | 225720 | 13543200 | 812592000 |
| mercredi 14 avril 1999 | 9406 | 225744 | 13544640 | 812678400 |
| jeudi 15 avril 1999 | 9407 | 225768 | 13546080 | 812764800 |
| vendredi 16 avril 1999 | 9408 | 225792 | 13547520 | 812851200 |
| samedi 17 avril 1999 | 9409 | 225816 | 13548960 | 812937600 |
| dimanche 18 avril 1999 | 9410 | 225840 | 13550400 | 813024000 |
| lundi 19 avril 1999 | 9411 | 225864 | 13551840 | 813110400 |
| mardi 20 avril 1999 | 9412 | 225888 | 13553280 | 813196800 |
| mercredi 21 avril 1999 | 9413 | 225912 | 13554720 | 813283200 |
| jeudi 22 avril 1999 | 9414 | 225936 | 13556160 | 813369600 |
| vendredi 23 avril 1999 | 9415 | 225960 | 13557600 | 813456000 |
| samedi 24 avril 1999 | 9416 | 225984 | 13559040 | 813542400 |
| dimanche 25 avril 1999 | 9417 | 226008 | 13560480 | 813628800 |
| lundi 26 avril 1999 | 9418 | 226032 | 13561920 | 813715200 |
| mardi 27 avril 1999 | 9419 | 226056 | 13563360 | 813801600 |
| mercredi 28 avril 1999 | 9420 | 226080 | 13564800 | 813888000 |
| jeudi 29 avril 1999 | 9421 | 226104 | 13566240 | 813974400 |
| vendredi 30 avril 1999 | 9422 | 226128 | 13567680 | 814060800 |

| | | | | |
|---|---|---|---|---|
| samedi 1 mai 1999 | 9423 | 226152 | 13569120 | 814147200 |
| dimanche 2 mai 1999 | 9424 | 226176 | 13570560 | 814233600 |
| lundi 3 mai 1999 | 9425 | 226200 | 13572000 | 814320000 |
| mardi 4 mai 1999 | 9426 | 226224 | 13573440 | 814406400 |
| mercredi 5 mai 1999 | 9427 | 226248 | 13574880 | 814492800 |
| jeudi 6 mai 1999 | 9428 | 226272 | 13576320 | 814579200 |
| vendredi 7 mai 1999 | 9429 | 226296 | 13577760 | 814665600 |
| samedi 8 mai 1999 | 9430 | 226320 | 13579200 | 814752000 |
| dimanche 9 mai 1999 | 9431 | 226344 | 13580640 | 814838400 |
| lundi 10 mai 1999 | 9432 | 226368 | 13582080 | 814924800 |
| mardi 11 mai 1999 | 9433 | 226392 | 13583520 | 815011200 |
| mercredi 12 mai 1999 | 9434 | 226416 | 13584960 | 815097600 |
| jeudi 13 mai 1999 | 9435 | 226440 | 13586400 | 815184000 |
| vendredi 14 mai 1999 | 9436 | 226464 | 13587840 | 815270400 |
| samedi 15 mai 1999 | 9437 | 226488 | 13589280 | 815356800 |
| dimanche 16 mai 1999 | 9438 | 226512 | 13590720 | 815443200 |
| lundi 17 mai 1999 | 9439 | 226536 | 13592160 | 815529600 |
| mardi 18 mai 1999 | 9440 | 226560 | 13593600 | 815616000 |
| mercredi 19 mai 1999 | 9441 | 226584 | 13595040 | 815702400 |
| jeudi 20 mai 1999 | 9442 | 226608 | 13596480 | 815788800 |
| vendredi 21 mai 1999 | 9443 | 226632 | 13597920 | 815875200 |
| samedi 22 mai 1999 | 9444 | 226656 | 13599360 | 815961600 |
| dimanche 23 mai 1999 | 9445 | 226680 | 13600800 | 816048000 |
| lundi 24 mai 1999 | 9446 | 226704 | 13602240 | 816134400 |
| mardi 25 mai 1999 | 9447 | 226728 | 13603680 | 816220800 |
| mercredi 26 mai 1999 | 9448 | 226752 | 13605120 | 816307200 |
| jeudi 27 mai 1999 | 9449 | 226776 | 13606560 | 816393600 |
| vendredi 28 mai 1999 | 9450 | 226800 | 13608000 | 816480000 |
| samedi 29 mai 1999 | 9451 | 226824 | 13609440 | 816566400 |
| dimanche 30 mai 1999 | 9452 | 226848 | 13610880 | 816652800 |
| lundi 31 mai 1999 | 9453 | 226872 | 13612320 | 816739200 |
| mardi 1 juin 1999 | 9454 | 226896 | 13613760 | 816825600 |
| mercredi 2 juin 1999 | 9455 | 226920 | 13615200 | 816912000 |
| jeudi 3 juin 1999 | 9456 | 226944 | 13616640 | 816998400 |
| vendredi 4 juin 1999 | 9457 | 226968 | 13618080 | 817084800 |
| samedi 5 juin 1999 | 9458 | 226992 | 13619520 | 817171200 |
| dimanche 6 juin 1999 | 9459 | 227016 | 13620960 | 817257600 |
| lundi 7 juin 1999 | 9460 | 227040 | 13622400 | 817344000 |

| | | | | |
|---|---|---|---|---|
| mardi 8 juin 1999 | 9461 | 227064 | 13623840 | 817430400 |
| mercredi 9 juin 1999 | 9462 | 227088 | 13625280 | 817516800 |
| jeudi 10 juin 1999 | 9463 | 227112 | 13626720 | 817603200 |
| vendredi 11 juin 1999 | 9464 | 227136 | 13628160 | 817689600 |
| samedi 12 juin 1999 | 9465 | 227160 | 13629600 | 817776000 |
| dimanche 13 juin 1999 | 9466 | 227184 | 13631040 | 817862400 |
| lundi 14 juin 1999 | 9467 | 227208 | 13632480 | 817948800 |
| mardi 15 juin 1999 | 9468 | 227232 | 13633920 | 818035200 |
| mercredi 16 juin 1999 | 9469 | 227256 | 13635360 | 818121600 |
| jeudi 17 juin 1999 | 9470 | 227280 | 13636800 | 818208000 |
| vendredi 18 juin 1999 | 9471 | 227304 | 13638240 | 818294400 |
| samedi 19 juin 1999 | 9472 | 227328 | 13639680 | 818380800 |
| dimanche 20 juin 1999 | 9473 | 227352 | 13641120 | 818467200 |
| lundi 21 juin 1999 | 9474 | 227376 | 13642560 | 818553600 |
| mardi 22 juin 1999 | 9475 | 227400 | 13644000 | 818640000 |
| mercredi 23 juin 1999 | 9476 | 227424 | 13645440 | 818726400 |
| jeudi 24 juin 1999 | 9477 | 227448 | 13646880 | 818812800 |
| vendredi 25 juin 1999 | 9478 | 227472 | 13648320 | 818899200 |
| samedi 26 juin 1999 | 9479 | 227496 | 13649760 | 818985600 |
| dimanche 27 juin 1999 | 9480 | 227520 | 13651200 | 819072000 |
| lundi 28 juin 1999 | 9481 | 227544 | 13652640 | 819158400 |
| mardi 29 juin 1999 | 9482 | 227568 | 13654080 | 819244800 |
| mercredi 30 juin 1999 | 9483 | 227592 | 13655520 | 819331200 |
| jeudi 1 juillet 1999 | 9484 | 227616 | 13656960 | 819417600 |
| vendredi 2 juillet 1999 | 9485 | 227640 | 13658400 | 819504000 |
| samedi 3 juillet 1999 | 9486 | 227664 | 13659840 | 819590400 |
| dimanche 4 juillet 1999 | 9487 | 227688 | 13661280 | 819676800 |
| lundi 5 juillet 1999 | 9488 | 227712 | 13662720 | 819763200 |
| mardi 6 juillet 1999 | 9489 | 227736 | 13664160 | 819849600 |
| mercredi 7 juillet 1999 | 9490 | 227760 | 13665600 | 819936000 |
| jeudi 8 juillet 1999 | 9491 | 227784 | 13667040 | 820022400 |
| vendredi 9 juillet 1999 | 9492 | 227808 | 13668480 | 820108800 |
| samedi 10 juillet 1999 | 9493 | 227832 | 13669920 | 820195200 |
| dimanche 11 juillet 1999 | 9494 | 227856 | 13671360 | 820281600 |
| lundi 12 juillet 1999 | 9495 | 227880 | 13672800 | 820368000 |
| mardi 13 juillet 1999 | 9496 | 227904 | 13674240 | 820454400 |
| mercredi 14 juillet 1999 | 9497 | 227928 | 13675680 | 820540800 |
| jeudi 15 juillet 1999 | 9498 | 227952 | 13677120 | 820627200 |

| | | | | |
|---|---|---|---|---|
| vendredi 16 juillet 1999 | 9499 | 227976 | 13678560 | 820713600 |
| samedi 17 juillet 1999 | 9500 | 228000 | 13680000 | 820800000 |
| dimanche 18 juillet 1999 | 9501 | 228024 | 13681440 | 820886400 |
| lundi 19 juillet 1999 | 9502 | 228048 | 13682880 | 820972800 |
| mardi 20 juillet 1999 | 9503 | 228072 | 13684320 | 821059200 |
| mercredi 21 juillet 1999 | 9504 | 228096 | 13685760 | 821145600 |
| jeudi 22 juillet 1999 | 9505 | 228120 | 13687200 | 821232000 |
| vendredi 23 juillet 1999 | 9506 | 228144 | 13688640 | 821318400 |
| samedi 24 juillet 1999 | 9507 | 228168 | 13690080 | 821404800 |
| dimanche 25 juillet 1999 | 9508 | 228192 | 13691520 | 821491200 |
| lundi 26 juillet 1999 | 9509 | 228216 | 13692960 | 821577600 |
| mardi 27 juillet 1999 | 9510 | 228240 | 13694400 | 821664000 |
| mercredi 28 juillet 1999 | 9511 | 228264 | 13695840 | 821750400 |
| jeudi 29 juillet 1999 | 9512 | 228288 | 13697280 | 821836800 |
| vendredi 30 juillet 1999 | 9513 | 228312 | 13698720 | 821923200 |
| samedi 31 juillet 1999 | 9514 | 228336 | 13700160 | 822009600 |
| dimanche 1 août 1999 | 9515 | 228360 | 13701600 | 822096000 |
| lundi 2 août 1999 | 9516 | 228384 | 13703040 | 822182400 |
| mardi 3 août 1999 | 9517 | 228408 | 13704480 | 822268800 |
| mercredi 4 août 1999 | 9518 | 228432 | 13705920 | 822355200 |
| jeudi 5 août 1999 | 9519 | 228456 | 13707360 | 822441600 |
| vendredi 6 août 1999 | 9520 | 228480 | 13708800 | 822528000 |
| samedi 7 août 1999 | 9521 | 228504 | 13710240 | 822614400 |
| dimanche 8 août 1999 | 9522 | 228528 | 13711680 | 822700800 |
| lundi 9 août 1999 | 9523 | 228552 | 13713120 | 822787200 |
| mardi 10 août 1999 | 9524 | 228576 | 13714560 | 822873600 |
| mercredi 11 août 1999 | 9525 | 228600 | 13716000 | 822960000 |
| jeudi 12 août 1999 | 9526 | 228624 | 13717440 | 823046400 |
| vendredi 13 août 1999 | 9527 | 228648 | 13718880 | 823132800 |
| samedi 14 août 1999 | 9528 | 228672 | 13720320 | 823219200 |
| dimanche 15 août 1999 | 9529 | 228696 | 13721760 | 823305600 |
| lundi 16 août 1999 | 9530 | 228720 | 13723200 | 823392000 |
| mardi 17 août 1999 | 9531 | 228744 | 13724640 | 823478400 |
| mercredi 18 août 1999 | 9532 | 228768 | 13726080 | 823564800 |
| jeudi 19 août 1999 | 9533 | 228792 | 13727520 | 823651200 |
| vendredi 20 août 1999 | 9534 | 228816 | 13728960 | 823737600 |
| samedi 21 août 1999 | 9535 | 228840 | 13730400 | 823824000 |
| dimanche 22 août 1999 | 9536 | 228864 | 13731840 | 823910400 |

| | | | | |
|---|---|---|---|---|
| lundi 23 août 1999 | 9537 | 228888 | 13733280 | 823996800 |
| mardi 24 août 1999 | 9538 | 228912 | 13734720 | 824083200 |
| mercredi 25 août 1999 | 9539 | 228936 | 13736160 | 824169600 |
| jeudi 26 août 1999 | 9540 | 228960 | 13737600 | 824256000 |
| vendredi 27 août 1999 | 9541 | 228984 | 13739040 | 824342400 |
| samedi 28 août 1999 | 9542 | 229008 | 13740480 | 824428800 |
| dimanche 29 août 1999 | 9543 | 229032 | 13741920 | 824515200 |
| lundi 30 août 1999 | 9544 | 229056 | 13743360 | 824601600 |
| mardi 31 août 1999 | 9545 | 229080 | 13744800 | 824688000 |
| mercredi 1 septembre 1999 | 9546 | 229104 | 13746240 | 824774400 |
| jeudi 2 septembre 1999 | 9547 | 229128 | 13747680 | 824860800 |
| vendredi 3 septembre 1999 | 9548 | 229152 | 13749120 | 824947200 |
| samedi 4 septembre 1999 | 9549 | 229176 | 13750560 | 825033600 |
| dimanche 5 septembre 1999 | 9550 | 229200 | 13752000 | 825120000 |
| lundi 6 septembre 1999 | 9551 | 229224 | 13753440 | 825206400 |
| mardi 7 septembre 1999 | 9552 | 229248 | 13754880 | 825292800 |
| mercredi 8 septembre 1999 | 9553 | 229272 | 13756320 | 825379200 |
| jeudi 9 septembre 1999 | 9554 | 229296 | 13757760 | 825465600 |
| vendredi 10 septembre 1999 | 9555 | 229320 | 13759200 | 825552000 |
| samedi 11 septembre 1999 | 9556 | 229344 | 13760640 | 825638400 |
| dimanche 12 septembre 1999 | 9557 | 229368 | 13762080 | 825724800 |
| lundi 13 septembre 1999 | 9558 | 229392 | 13763520 | 825811200 |
| mardi 14 septembre 1999 | 9559 | 229416 | 13764960 | 825897600 |
| mercredi 15 septembre 1999 | 9560 | 229440 | 13766400 | 825984000 |
| jeudi 16 septembre 1999 | 9561 | 229464 | 13767840 | 826070400 |
| vendredi 17 septembre 1999 | 9562 | 229488 | 13769280 | 826156800 |
| samedi 18 septembre 1999 | 9563 | 229512 | 13770720 | 826243200 |
| dimanche 19 septembre 1999 | 9564 | 229536 | 13772160 | 826329600 |
| lundi 20 septembre 1999 | 9565 | 229560 | 13773600 | 826416000 |
| mardi 21 septembre 1999 | 9566 | 229584 | 13775040 | 826502400 |
| mercredi 22 septembre 1999 | 9567 | 229608 | 13776480 | 826588800 |
| jeudi 23 septembre 1999 | 9568 | 229632 | 13777920 | 826675200 |
| vendredi 24 septembre 1999 | 9569 | 229656 | 13779360 | 826761600 |
| samedi 25 septembre 1999 | 9570 | 229680 | 13780800 | 826848000 |
| dimanche 26 septembre 1999 | 9571 | 229704 | 13782240 | 826934400 |
| lundi 27 septembre 1999 | 9572 | 229728 | 13783680 | 827020800 |
| mardi 28 septembre 1999 | 9573 | 229752 | 13785120 | 827107200 |
| mercredi 29 septembre 1999 | 9574 | 229776 | 13786560 | 827193600 |

| | | | | |
|---|---|---|---|---|
| jeudi 30 septembre 1999 | 9575 | 229800 | 13788000 | 827280000 |
| vendredi 1 octobre 1999 | 9576 | 229824 | 13789440 | 827366400 |
| samedi 2 octobre 1999 | 9577 | 229848 | 13790880 | 827452800 |
| dimanche 3 octobre 1999 | 9578 | 229872 | 13792320 | 827539200 |
| lundi 4 octobre 1999 | 9579 | 229896 | 13793760 | 827625600 |
| mardi 5 octobre 1999 | 9580 | 229920 | 13795200 | 827712000 |
| mercredi 6 octobre 1999 | 9581 | 229944 | 13796640 | 827798400 |
| jeudi 7 octobre 1999 | 9582 | 229968 | 13798080 | 827884800 |
| vendredi 8 octobre 1999 | 9583 | 229992 | 13799520 | 827971200 |
| samedi 9 octobre 1999 | 9584 | 230016 | 13800960 | 828057600 |
| dimanche 10 octobre 1999 | 9585 | 230040 | 13802400 | 828144000 |
| lundi 11 octobre 1999 | 9586 | 230064 | 13803840 | 828230400 |
| mardi 12 octobre 1999 | 9587 | 230088 | 13805280 | 828316800 |
| mercredi 13 octobre 1999 | 9588 | 230112 | 13806720 | 828403200 |
| jeudi 14 octobre 1999 | 9589 | 230136 | 13808160 | 828489600 |
| vendredi 15 octobre 1999 | 9590 | 230160 | 13809600 | 828576000 |
| samedi 16 octobre 1999 | 9591 | 230184 | 13811040 | 828662400 |
| dimanche 17 octobre 1999 | 9592 | 230208 | 13812480 | 828748800 |
| lundi 18 octobre 1999 | 9593 | 230232 | 13813920 | 828835200 |
| mardi 19 octobre 1999 | 9594 | 230256 | 13815360 | 828921600 |
| mercredi 20 octobre 1999 | 9595 | 230280 | 13816800 | 829008000 |
| jeudi 21 octobre 1999 | 9596 | 230304 | 13818240 | 829094400 |
| vendredi 22 octobre 1999 | 9597 | 230328 | 13819680 | 829180800 |
| samedi 23 octobre 1999 | 9598 | 230352 | 13821120 | 829267200 |
| dimanche 24 octobre 1999 | 9599 | 230376 | 13822560 | 829353600 |
| lundi 25 octobre 1999 | 9600 | 230400 | 13824000 | 829440000 |
| mardi 26 octobre 1999 | 9601 | 230424 | 13825440 | 829526400 |
| mercredi 27 octobre 1999 | 9602 | 230448 | 13826880 | 829612800 |
| jeudi 28 octobre 1999 | 9603 | 230472 | 13828320 | 829699200 |
| vendredi 29 octobre 1999 | 9604 | 230496 | 13829760 | 829785600 |
| samedi 30 octobre 1999 | 9605 | 230520 | 13831200 | 829872000 |
| dimanche 31 octobre 1999 | 9606 | 230544 | 13832640 | 829958400 |
| lundi 1 novembre 1999 | 9607 | 230568 | 13834080 | 830044800 |
| mardi 2 novembre 1999 | 9608 | 230592 | 13835520 | 830131200 |
| mercredi 3 novembre 1999 | 9609 | 230616 | 13836960 | 830217600 |
| jeudi 4 novembre 1999 | 9610 | 230640 | 13838400 | 830304000 |
| vendredi 5 novembre 1999 | 9611 | 230664 | 13839840 | 830390400 |
| samedi 6 novembre 1999 | 9612 | 230688 | 13841280 | 830476800 |

| | | | | |
|---|---|---|---|---|
| dimanche 7 novembre 1999 | 9613 | 230712 | 13842720 | 830563200 |
| lundi 8 novembre 1999 | 9614 | 230736 | 13844160 | 830649600 |
| mardi 9 novembre 1999 | 9615 | 230760 | 13845600 | 830736000 |
| mercredi 10 novembre 1999 | 9616 | 230784 | 13847040 | 830822400 |
| jeudi 11 novembre 1999 | 9617 | 230808 | 13848480 | 830908800 |
| vendredi 12 novembre 1999 | 9618 | 230832 | 13849920 | 830995200 |
| samedi 13 novembre 1999 | 9619 | 230856 | 13851360 | 831081600 |
| dimanche 14 novembre 1999 | 9620 | 230880 | 13852800 | 831168000 |
| lundi 15 novembre 1999 | 9621 | 230904 | 13854240 | 831254400 |
| mardi 16 novembre 1999 | 9622 | 230928 | 13855680 | 831340800 |
| mercredi 17 novembre 1999 | 9623 | 230952 | 13857120 | 831427200 |
| jeudi 18 novembre 1999 | 9624 | 230976 | 13858560 | 831513600 |
| vendredi 19 novembre 1999 | 9625 | 231000 | 13860000 | 831600000 |
| samedi 20 novembre 1999 | 9626 | 231024 | 13861440 | 831686400 |
| dimanche 21 novembre 1999 | 9627 | 231048 | 13862880 | 831772800 |
| lundi 22 novembre 1999 | 9628 | 231072 | 13864320 | 831859200 |
| mardi 23 novembre 1999 | 9629 | 231096 | 13865760 | 831945600 |
| mercredi 24 novembre 1999 | 9630 | 231120 | 13867200 | 832032000 |
| jeudi 25 novembre 1999 | 9631 | 231144 | 13868640 | 832118400 |
| vendredi 26 novembre 1999 | 9632 | 231168 | 13870080 | 832204800 |
| samedi 27 novembre 1999 | 9633 | 231192 | 13871520 | 832291200 |
| dimanche 28 novembre 1999 | 9634 | 231216 | 13872960 | 832377600 |
| lundi 29 novembre 1999 | 9635 | 231240 | 13874400 | 832464000 |
| mardi 30 novembre 1999 | 9636 | 231264 | 13875840 | 832550400 |
| mercredi 1 décembre 1999 | 9637 | 231288 | 13877280 | 832636800 |
| jeudi 2 décembre 1999 | 9638 | 231312 | 13878720 | 832723200 |
| vendredi 3 décembre 1999 | 9639 | 231336 | 13880160 | 832809600 |
| samedi 4 décembre 1999 | 9640 | 231360 | 13881600 | 832896000 |
| dimanche 5 décembre 1999 | 9641 | 231384 | 13883040 | 832982400 |
| lundi 6 décembre 1999 | 9642 | 231408 | 13884480 | 833068800 |
| mardi 7 décembre 1999 | 9643 | 231432 | 13885920 | 833155200 |
| mercredi 8 décembre 1999 | 9644 | 231456 | 13887360 | 833241600 |
| jeudi 9 décembre 1999 | 9645 | 231480 | 13888800 | 833328000 |
| vendredi 10 décembre 1999 | 9646 | 231504 | 13890240 | 833414400 |
| samedi 11 décembre 1999 | 9647 | 231528 | 13891680 | 833500800 |
| dimanche 12 décembre 1999 | 9648 | 231552 | 13893120 | 833587200 |
| lundi 13 décembre 1999 | 9649 | 231576 | 13894560 | 833673600 |
| mardi 14 décembre 1999 | 9650 | 231600 | 13896000 | 833760000 |

| | | | | |
|---|---|---|---|---|
| mercredi 15 décembre 1999 | 9651 | 231624 | 13897440 | 833846400 |
| jeudi 16 décembre 1999 | 9652 | 231648 | 13898880 | 833932800 |
| vendredi 17 décembre 1999 | 9653 | 231672 | 13900320 | 834019200 |
| samedi 18 décembre 1999 | 9654 | 231696 | 13901760 | 834105600 |
| dimanche 19 décembre 1999 | 9655 | 231720 | 13903200 | 834192000 |
| lundi 20 décembre 1999 | 9656 | 231744 | 13904640 | 834278400 |
| mardi 21 décembre 1999 | 9657 | 231768 | 13906080 | 834364800 |
| mercredi 22 décembre 1999 | 9658 | 231792 | 13907520 | 834451200 |
| jeudi 23 décembre 1999 | 9659 | 231816 | 13908960 | 834537600 |
| vendredi 24 décembre 1999 | 9660 | 231840 | 13910400 | 834624000 |
| samedi 25 décembre 1999 | 9661 | 231864 | 13911840 | 834710400 |
| dimanche 26 décembre 1999 | 9662 | 231888 | 13913280 | 834796800 |
| lundi 27 décembre 1999 | 9663 | 231912 | 13914720 | 834883200 |
| mardi 28 décembre 1999 | 9664 | 231936 | 13916160 | 834969600 |
| mercredi 29 décembre 1999 | 9665 | 231960 | 13917600 | 835056000 |
| jeudi 30 décembre 1999 | 9666 | 231984 | 13919040 | 835142400 |
| vendredi 31 décembre 1999 | 9667 | 232008 | 13920480 | 835228800 |
| samedi 1 janvier 2000 | 9668 | 232032 | 13921920 | 835315200 |
| dimanche 2 janvier 2000 | 9669 | 232056 | 13923360 | 835401600 |
| lundi 3 janvier 2000 | 9670 | 232080 | 13924800 | 835488000 |
| mardi 4 janvier 2000 | 9671 | 232104 | 13926240 | 835574400 |
| mercredi 5 janvier 2000 | 9672 | 232128 | 13927680 | 835660800 |
| jeudi 6 janvier 2000 | 9673 | 232152 | 13929120 | 835747200 |
| vendredi 7 janvier 2000 | 9674 | 232176 | 13930560 | 835833600 |
| samedi 8 janvier 2000 | 9675 | 232200 | 13932000 | 835920000 |
| dimanche 9 janvier 2000 | 9676 | 232224 | 13933440 | 836006400 |
| lundi 10 janvier 2000 | 9677 | 232248 | 13934880 | 836092800 |
| mardi 11 janvier 2000 | 9678 | 232272 | 13936320 | 836179200 |
| mercredi 12 janvier 2000 | 9679 | 232296 | 13937760 | 836265600 |
| jeudi 13 janvier 2000 | 9680 | 232320 | 13939200 | 836352000 |
| vendredi 14 janvier 2000 | 9681 | 232344 | 13940640 | 836438400 |
| samedi 15 janvier 2000 | 9682 | 232368 | 13942080 | 836524800 |
| dimanche 16 janvier 2000 | 9683 | 232392 | 13943520 | 836611200 |
| lundi 17 janvier 2000 | 9684 | 232416 | 13944960 | 836697600 |
| mardi 18 janvier 2000 | 9685 | 232440 | 13946400 | 836784000 |
| mercredi 19 janvier 2000 | 9686 | 232464 | 13947840 | 836870400 |
| jeudi 20 janvier 2000 | 9687 | 232488 | 13949280 | 836956800 |
| vendredi 21 janvier 2000 | 9688 | 232512 | 13950720 | 837043200 |

| | | | | |
|---|---|---|---|---|
| samedi 22 janvier 2000 | 9689 | 232536 | 13952160 | 837129600 |
| dimanche 23 janvier 2000 | 9690 | 232560 | 13953600 | 837216000 |
| lundi 24 janvier 2000 | 9691 | 232584 | 13955040 | 837302400 |
| mardi 25 janvier 2000 | 9692 | 232608 | 13956480 | 837388800 |
| mercredi 26 janvier 2000 | 9693 | 232632 | 13957920 | 837475200 |
| jeudi 27 janvier 2000 | 9694 | 232656 | 13959360 | 837561600 |
| vendredi 28 janvier 2000 | 9695 | 232680 | 13960800 | 837648000 |
| samedi 29 janvier 2000 | 9696 | 232704 | 13962240 | 837734400 |
| dimanche 30 janvier 2000 | 9697 | 232728 | 13963680 | 837820800 |
| lundi 31 janvier 2000 | 9698 | 232752 | 13965120 | 837907200 |
| mardi 1 février 2000 | 9699 | 232776 | 13966560 | 837993600 |
| mercredi 2 février 2000 | 9700 | 232800 | 13968000 | 838080000 |
| jeudi 3 février 2000 | 9701 | 232824 | 13969440 | 838166400 |
| vendredi 4 février 2000 | 9702 | 232848 | 13970880 | 838252800 |
| samedi 5 février 2000 | 9703 | 232872 | 13972320 | 838339200 |
| dimanche 6 février 2000 | 9704 | 232896 | 13973760 | 838425600 |
| lundi 7 février 2000 | 9705 | 232920 | 13975200 | 838512000 |
| mardi 8 février 2000 | 9706 | 232944 | 13976640 | 838598400 |
| mercredi 9 février 2000 | 9707 | 232968 | 13978080 | 838684800 |
| jeudi 10 février 2000 | 9708 | 232992 | 13979520 | 838771200 |
| vendredi 11 février 2000 | 9709 | 233016 | 13980960 | 838857600 |
| samedi 12 février 2000 | 9710 | 233040 | 13982400 | 838944000 |
| dimanche 13 février 2000 | 9711 | 233064 | 13983840 | 839030400 |
| lundi 14 février 2000 | 9712 | 233088 | 13985280 | 839116800 |
| mardi 15 février 2000 | 9713 | 233112 | 13986720 | 839203200 |
| mercredi 16 février 2000 | 9714 | 233136 | 13988160 | 839289600 |
| jeudi 17 février 2000 | 9715 | 233160 | 13989600 | 839376000 |
| vendredi 18 février 2000 | 9716 | 233184 | 13991040 | 839462400 |
| samedi 19 février 2000 | 9717 | 233208 | 13992480 | 839548800 |
| dimanche 20 février 2000 | 9718 | 233232 | 13993920 | 839635200 |
| lundi 21 février 2000 | 9719 | 233256 | 13995360 | 839721600 |
| mardi 22 février 2000 | 9720 | 233280 | 13996800 | 839808000 |
| mercredi 23 février 2000 | 9721 | 233304 | 13998240 | 839894400 |
| jeudi 24 février 2000 | 9722 | 233328 | 13999680 | 839980800 |
| vendredi 25 février 2000 | 9723 | 233352 | 14001120 | 840067200 |
| samedi 26 février 2000 | 9724 | 233376 | 14002560 | 840153600 |
| dimanche 27 février 2000 | 9725 | 233400 | 14004000 | 840240000 |
| lundi 28 février 2000 | 9726 | 233424 | 14005440 | 840326400 |

| | | | | |
|---|---|---|---|---|
| mardi 29 février 2000 | 9727 | 233448 | 14006880 | 840412800 |
| mercredi 1 mars 2000 | 9728 | 233472 | 14008320 | 840499200 |
| jeudi 2 mars 2000 | 9729 | 233496 | 14009760 | 840585600 |
| vendredi 3 mars 2000 | 9730 | 233520 | 14011200 | 840672000 |
| samedi 4 mars 2000 | 9731 | 233544 | 14012640 | 840758400 |
| dimanche 5 mars 2000 | 9732 | 233568 | 14014080 | 840844800 |
| lundi 6 mars 2000 | 9733 | 233592 | 14015520 | 840931200 |
| mardi 7 mars 2000 | 9734 | 233616 | 14016960 | 841017600 |
| mercredi 8 mars 2000 | 9735 | 233640 | 14018400 | 841104000 |
| jeudi 9 mars 2000 | 9736 | 233664 | 14019840 | 841190400 |
| vendredi 10 mars 2000 | 9737 | 233688 | 14021280 | 841276800 |
| samedi 11 mars 2000 | 9738 | 233712 | 14022720 | 841363200 |
| dimanche 12 mars 2000 | 9739 | 233736 | 14024160 | 841449600 |
| lundi 13 mars 2000 | 9740 | 233760 | 14025600 | 841536000 |
| mardi 14 mars 2000 | 9741 | 233784 | 14027040 | 841622400 |
| mercredi 15 mars 2000 | 9742 | 233808 | 14028480 | 841708800 |
| jeudi 16 mars 2000 | 9743 | 233832 | 14029920 | 841795200 |
| vendredi 17 mars 2000 | 9744 | 233856 | 14031360 | 841881600 |
| samedi 18 mars 2000 | 9745 | 233880 | 14032800 | 841968000 |
| dimanche 19 mars 2000 | 9746 | 233904 | 14034240 | 842054400 |
| lundi 20 mars 2000 | 9747 | 233928 | 14035680 | 842140800 |
| mardi 21 mars 2000 | 9748 | 233952 | 14037120 | 842227200 |
| mercredi 22 mars 2000 | 9749 | 233976 | 14038560 | 842313600 |
| jeudi 23 mars 2000 | 9750 | 234000 | 14040000 | 842400000 |
| vendredi 24 mars 2000 | 9751 | 234024 | 14041440 | 842486400 |
| samedi 25 mars 2000 | 9752 | 234048 | 14042880 | 842572800 |
| dimanche 26 mars 2000 | 9753 | 234072 | 14044320 | 842659200 |
| lundi 27 mars 2000 | 9754 | 234096 | 14045760 | 842745600 |
| mardi 28 mars 2000 | 9755 | 234120 | 14047200 | 842832000 |
| mercredi 29 mars 2000 | 9756 | 234144 | 14048640 | 842918400 |
| jeudi 30 mars 2000 | 9757 | 234168 | 14050080 | 843004800 |
| vendredi 31 mars 2000 | 9758 | 234192 | 14051520 | 843091200 |
| samedi 1 avril 2000 | 9759 | 234216 | 14052960 | 843177600 |
| dimanche 2 avril 2000 | 9760 | 234240 | 14054400 | 843264000 |
| lundi 3 avril 2000 | 9761 | 234264 | 14055840 | 843350400 |
| mardi 4 avril 2000 | 9762 | 234288 | 14057280 | 843436800 |
| mercredi 5 avril 2000 | 9763 | 234312 | 14058720 | 843523200 |
| jeudi 6 avril 2000 | 9764 | 234336 | 14060160 | 843609600 |

| | | | | |
|---|---|---|---|---|
| vendredi 7 avril 2000 | 9765 | 234360 | 14061600 | 843696000 |
| samedi 8 avril 2000 | 9766 | 234384 | 14063040 | 843782400 |
| dimanche 9 avril 2000 | 9767 | 234408 | 14064480 | 843868800 |
| lundi 10 avril 2000 | 9768 | 234432 | 14065920 | 843955200 |
| mardi 11 avril 2000 | 9769 | 234456 | 14067360 | 844041600 |
| mercredi 12 avril 2000 | 9770 | 234480 | 14068800 | 844128000 |
| jeudi 13 avril 2000 | 9771 | 234504 | 14070240 | 844214400 |
| vendredi 14 avril 2000 | 9772 | 234528 | 14071680 | 844300800 |
| samedi 15 avril 2000 | 9773 | 234552 | 14073120 | 844387200 |
| dimanche 16 avril 2000 | 9774 | 234576 | 14074560 | 844473600 |
| lundi 17 avril 2000 | 9775 | 234600 | 14076000 | 844560000 |
| mardi 18 avril 2000 | 9776 | 234624 | 14077440 | 844646400 |
| mercredi 19 avril 2000 | 9777 | 234648 | 14078880 | 844732800 |
| jeudi 20 avril 2000 | 9778 | 234672 | 14080320 | 844819200 |
| vendredi 21 avril 2000 | 9779 | 234696 | 14081760 | 844905600 |
| samedi 22 avril 2000 | 9780 | 234720 | 14083200 | 844992000 |
| dimanche 23 avril 2000 | 9781 | 234744 | 14084640 | 845078400 |
| lundi 24 avril 2000 | 9782 | 234768 | 14086080 | 845164800 |
| mardi 25 avril 2000 | 9783 | 234792 | 14087520 | 845251200 |
| mercredi 26 avril 2000 | 9784 | 234816 | 14088960 | 845337600 |
| jeudi 27 avril 2000 | 9785 | 234840 | 14090400 | 845424000 |
| vendredi 28 avril 2000 | 9786 | 234864 | 14091840 | 845510400 |
| samedi 29 avril 2000 | 9787 | 234888 | 14093280 | 845596800 |
| dimanche 30 avril 2000 | 9788 | 234912 | 14094720 | 845683200 |
| lundi 1 mai 2000 | 9789 | 234936 | 14096160 | 845769600 |
| mardi 2 mai 2000 | 9790 | 234960 | 14097600 | 845856000 |
| mercredi 3 mai 2000 | 9791 | 234984 | 14099040 | 845942400 |
| jeudi 4 mai 2000 | 9792 | 235008 | 14100480 | 846028800 |
| vendredi 5 mai 2000 | 9793 | 235032 | 14101920 | 846115200 |
| samedi 6 mai 2000 | 9794 | 235056 | 14103360 | 846201600 |
| dimanche 7 mai 2000 | 9795 | 235080 | 14104800 | 846288000 |
| lundi 8 mai 2000 | 9796 | 235104 | 14106240 | 846374400 |
| mardi 9 mai 2000 | 9797 | 235128 | 14107680 | 846460800 |
| mercredi 10 mai 2000 | 9798 | 235152 | 14109120 | 846547200 |
| jeudi 11 mai 2000 | 9799 | 235176 | 14110560 | 846633600 |
| vendredi 12 mai 2000 | 9800 | 235200 | 14112000 | 846720000 |
| samedi 13 mai 2000 | 9801 | 235224 | 14113440 | 846806400 |
| dimanche 14 mai 2000 | 9802 | 235248 | 14114880 | 846892800 |

| | | | | |
|---|---|---|---|---|
| lundi 15 mai 2000 | 9803 | 235272 | 14116320 | 846979200 |
| mardi 16 mai 2000 | 9804 | 235296 | 14117760 | 847065600 |
| mercredi 17 mai 2000 | 9805 | 235320 | 14119200 | 847152000 |
| jeudi 18 mai 2000 | 9806 | 235344 | 14120640 | 847238400 |
| vendredi 19 mai 2000 | 9807 | 235368 | 14122080 | 847324800 |
| samedi 20 mai 2000 | 9808 | 235392 | 14123520 | 847411200 |
| dimanche 21 mai 2000 | 9809 | 235416 | 14124960 | 847497600 |
| lundi 22 mai 2000 | 9810 | 235440 | 14126400 | 847584000 |
| mardi 23 mai 2000 | 9811 | 235464 | 14127840 | 847670400 |
| mercredi 24 mai 2000 | 9812 | 235488 | 14129280 | 847756800 |
| jeudi 25 mai 2000 | 9813 | 235512 | 14130720 | 847843200 |
| vendredi 26 mai 2000 | 9814 | 235536 | 14132160 | 847929600 |
| samedi 27 mai 2000 | 9815 | 235560 | 14133600 | 848016000 |
| dimanche 28 mai 2000 | 9816 | 235584 | 14135040 | 848102400 |
| lundi 29 mai 2000 | 9817 | 235608 | 14136480 | 848188800 |
| mardi 30 mai 2000 | 9818 | 235632 | 14137920 | 848275200 |
| mercredi 31 mai 2000 | 9819 | 235656 | 14139360 | 848361600 |
| jeudi 1 juin 2000 | 9820 | 235680 | 14140800 | 848448000 |
| vendredi 2 juin 2000 | 9821 | 235704 | 14142240 | 848534400 |
| samedi 3 juin 2000 | 9822 | 235728 | 14143680 | 848620800 |
| dimanche 4 juin 2000 | 9823 | 235752 | 14145120 | 848707200 |
| lundi 5 juin 2000 | 9824 | 235776 | 14146560 | 848793600 |
| mardi 6 juin 2000 | 9825 | 235800 | 14148000 | 848880000 |
| mercredi 7 juin 2000 | 9826 | 235824 | 14149440 | 848966400 |
| jeudi 8 juin 2000 | 9827 | 235848 | 14150880 | 849052800 |
| vendredi 9 juin 2000 | 9828 | 235872 | 14152320 | 849139200 |
| samedi 10 juin 2000 | 9829 | 235896 | 14153760 | 849225600 |
| dimanche 11 juin 2000 | 9830 | 235920 | 14155200 | 849312000 |
| lundi 12 juin 2000 | 9831 | 235944 | 14156640 | 849398400 |
| mardi 13 juin 2000 | 9832 | 235968 | 14158080 | 849484800 |
| mercredi 14 juin 2000 | 9833 | 235992 | 14159520 | 849571200 |
| jeudi 15 juin 2000 | 9834 | 236016 | 14160960 | 849657600 |
| vendredi 16 juin 2000 | 9835 | 236040 | 14162400 | 849744000 |
| samedi 17 juin 2000 | 9836 | 236064 | 14163840 | 849830400 |
| dimanche 18 juin 2000 | 9837 | 236088 | 14165280 | 849916800 |
| lundi 19 juin 2000 | 9838 | 236112 | 14166720 | 850003200 |
| mardi 20 juin 2000 | 9839 | 236136 | 14168160 | 850089600 |
| mercredi 21 juin 2000 | 9840 | 236160 | 14169600 | 850176000 |

| | | | | |
|---|---|---|---|---|
| jeudi 22 juin 2000 | 9841 | 236184 | 14171040 | 850262400 |
| vendredi 23 juin 2000 | 9842 | 236208 | 14172480 | 850348800 |
| samedi 24 juin 2000 | 9843 | 236232 | 14173920 | 850435200 |
| dimanche 25 juin 2000 | 9844 | 236256 | 14175360 | 850521600 |
| lundi 26 juin 2000 | 9845 | 236280 | 14176800 | 850608000 |
| mardi 27 juin 2000 | 9846 | 236304 | 14178240 | 850694400 |
| mercredi 28 juin 2000 | 9847 | 236328 | 14179680 | 850780800 |
| jeudi 29 juin 2000 | 9848 | 236352 | 14181120 | 850867200 |
| vendredi 30 juin 2000 | 9849 | 236376 | 14182560 | 850953600 |
| samedi 1 juillet 2000 | 9850 | 236400 | 14184000 | 851040000 |
| dimanche 2 juillet 2000 | 9851 | 236424 | 14185440 | 851126400 |
| lundi 3 juillet 2000 | 9852 | 236448 | 14186880 | 851212800 |
| mardi 4 juillet 2000 | 9853 | 236472 | 14188320 | 851299200 |
| mercredi 5 juillet 2000 | 9854 | 236496 | 14189760 | 851385600 |
| jeudi 6 juillet 2000 | 9855 | 236520 | 14191200 | 851472000 |
| vendredi 7 juillet 2000 | 9856 | 236544 | 14192640 | 851558400 |
| samedi 8 juillet 2000 | 9857 | 236568 | 14194080 | 851644800 |
| dimanche 9 juillet 2000 | 9858 | 236592 | 14195520 | 851731200 |
| lundi 10 juillet 2000 | 9859 | 236616 | 14196960 | 851817600 |
| mardi 11 juillet 2000 | 9860 | 236640 | 14198400 | 851904000 |
| mercredi 12 juillet 2000 | 9861 | 236664 | 14199840 | 851990400 |
| jeudi 13 juillet 2000 | 9862 | 236688 | 14201280 | 852076800 |
| vendredi 14 juillet 2000 | 9863 | 236712 | 14202720 | 852163200 |
| samedi 15 juillet 2000 | 9864 | 236736 | 14204160 | 852249600 |
| dimanche 16 juillet 2000 | 9865 | 236760 | 14205600 | 852336000 |
| lundi 17 juillet 2000 | 9866 | 236784 | 14207040 | 852422400 |
| mardi 18 juillet 2000 | 9867 | 236808 | 14208480 | 852508800 |
| mercredi 19 juillet 2000 | 9868 | 236832 | 14209920 | 852595200 |
| jeudi 20 juillet 2000 | 9869 | 236856 | 14211360 | 852681600 |
| vendredi 21 juillet 2000 | 9870 | 236880 | 14212800 | 852768000 |
| samedi 22 juillet 2000 | 9871 | 236904 | 14214240 | 852854400 |
| dimanche 23 juillet 2000 | 9872 | 236928 | 14215680 | 852940800 |
| lundi 24 juillet 2000 | 9873 | 236952 | 14217120 | 853027200 |
| mardi 25 juillet 2000 | 9874 | 236976 | 14218560 | 853113600 |
| mercredi 26 juillet 2000 | 9875 | 237000 | 14220000 | 853200000 |
| jeudi 27 juillet 2000 | 9876 | 237024 | 14221440 | 853286400 |
| vendredi 28 juillet 2000 | 9877 | 237048 | 14222880 | 853372800 |
| samedi 29 juillet 2000 | 9878 | 237072 | 14224320 | 853459200 |

| | | | | |
|---|---|---|---|---|
| dimanche 30 juillet 2000 | 9879 | 237096 | 14225760 | 853545600 |
| lundi 31 juillet 2000 | 9880 | 237120 | 14227200 | 853632000 |
| mardi 1 août 2000 | 9881 | 237144 | 14228640 | 853718400 |
| mercredi 2 août 2000 | 9882 | 237168 | 14230080 | 853804800 |
| jeudi 3 août 2000 | 9883 | 237192 | 14231520 | 853891200 |
| vendredi 4 août 2000 | 9884 | 237216 | 14232960 | 853977600 |
| samedi 5 août 2000 | 9885 | 237240 | 14234400 | 854064000 |
| dimanche 6 août 2000 | 9886 | 237264 | 14235840 | 854150400 |
| lundi 7 août 2000 | 9887 | 237288 | 14237280 | 854236800 |
| mardi 8 août 2000 | 9888 | 237312 | 14238720 | 854323200 |
| mercredi 9 août 2000 | 9889 | 237336 | 14240160 | 854409600 |
| jeudi 10 août 2000 | 9890 | 237360 | 14241600 | 854496000 |
| vendredi 11 août 2000 | 9891 | 237384 | 14243040 | 854582400 |
| samedi 12 août 2000 | 9892 | 237408 | 14244480 | 854668800 |
| dimanche 13 août 2000 | 9893 | 237432 | 14245920 | 854755200 |
| lundi 14 août 2000 | 9894 | 237456 | 14247360 | 854841600 |
| mardi 15 août 2000 | 9895 | 237480 | 14248800 | 854928000 |
| mercredi 16 août 2000 | 9896 | 237504 | 14250240 | 855014400 |
| jeudi 17 août 2000 | 9897 | 237528 | 14251680 | 855100800 |
| vendredi 18 août 2000 | 9898 | 237552 | 14253120 | 855187200 |
| samedi 19 août 2000 | 9899 | 237576 | 14254560 | 855273600 |
| dimanche 20 août 2000 | 9900 | 237600 | 14256000 | 855360000 |
| lundi 21 août 2000 | 9901 | 237624 | 14257440 | 855446400 |
| mardi 22 août 2000 | 9902 | 237648 | 14258880 | 855532800 |
| mercredi 23 août 2000 | 9903 | 237672 | 14260320 | 855619200 |
| jeudi 24 août 2000 | 9904 | 237696 | 14261760 | 855705600 |
| vendredi 25 août 2000 | 9905 | 237720 | 14263200 | 855792000 |
| samedi 26 août 2000 | 9906 | 237744 | 14264640 | 855878400 |
| dimanche 27 août 2000 | 9907 | 237768 | 14266080 | 855964800 |
| lundi 28 août 2000 | 9908 | 237792 | 14267520 | 856051200 |
| mardi 29 août 2000 | 9909 | 237816 | 14268960 | 856137600 |
| mercredi 30 août 2000 | 9910 | 237840 | 14270400 | 856224000 |
| jeudi 31 août 2000 | 9911 | 237864 | 14271840 | 856310400 |
| vendredi 1 septembre 2000 | 9912 | 237888 | 14273280 | 856396800 |
| samedi 2 septembre 2000 | 9913 | 237912 | 14274720 | 856483200 |
| dimanche 3 septembre 2000 | 9914 | 237936 | 14276160 | 856569600 |
| lundi 4 septembre 2000 | 9915 | 237960 | 14277600 | 856656000 |
| mardi 5 septembre 2000 | 9916 | 237984 | 14279040 | 856742400 |

| | | | | |
|---|---|---|---|---|
| mercredi 6 septembre 2000 | 9917 | 238008 | 14280480 | 856828800 |
| jeudi 7 septembre 2000 | 9918 | 238032 | 14281920 | 856915200 |
| vendredi 8 septembre 2000 | 9919 | 238056 | 14283360 | 857001600 |
| samedi 9 septembre 2000 | 9920 | 238080 | 14284800 | 857088000 |
| dimanche 10 septembre 2000 | 9921 | 238104 | 14286240 | 857174400 |
| lundi 11 septembre 2000 | 9922 | 238128 | 14287680 | 857260800 |
| mardi 12 septembre 2000 | 9923 | 238152 | 14289120 | 857347200 |
| mercredi 13 septembre 2000 | 9924 | 238176 | 14290560 | 857433600 |
| jeudi 14 septembre 2000 | 9925 | 238200 | 14292000 | 857520000 |
| vendredi 15 septembre 2000 | 9926 | 238224 | 14293440 | 857606400 |
| samedi 16 septembre 2000 | 9927 | 238248 | 14294880 | 857692800 |
| dimanche 17 septembre 2000 | 9928 | 238272 | 14296320 | 857779200 |
| lundi 18 septembre 2000 | 9929 | 238296 | 14297760 | 857865600 |
| mardi 19 septembre 2000 | 9930 | 238320 | 14299200 | 857952000 |
| mercredi 20 septembre 2000 | 9931 | 238344 | 14300640 | 858038400 |
| jeudi 21 septembre 2000 | 9932 | 238368 | 14302080 | 858124800 |
| vendredi 22 septembre 2000 | 9933 | 238392 | 14303520 | 858211200 |
| samedi 23 septembre 2000 | 9934 | 238416 | 14304960 | 858297600 |
| dimanche 24 septembre 2000 | 9935 | 238440 | 14306400 | 858384000 |
| lundi 25 septembre 2000 | 9936 | 238464 | 14307840 | 858470400 |
| mardi 26 septembre 2000 | 9937 | 238488 | 14309280 | 858556800 |
| mercredi 27 septembre 2000 | 9938 | 238512 | 14310720 | 858643200 |
| jeudi 28 septembre 2000 | 9939 | 238536 | 14312160 | 858729600 |
| vendredi 29 septembre 2000 | 9940 | 238560 | 14313600 | 858816000 |
| samedi 30 septembre 2000 | 9941 | 238584 | 14315040 | 858902400 |
| dimanche 1 octobre 2000 | 9942 | 238608 | 14316480 | 858988800 |
| lundi 2 octobre 2000 | 9943 | 238632 | 14317920 | 859075200 |
| mardi 3 octobre 2000 | 9944 | 238656 | 14319360 | 859161600 |
| mercredi 4 octobre 2000 | 9945 | 238680 | 14320800 | 859248000 |
| jeudi 5 octobre 2000 | 9946 | 238704 | 14322240 | 859334400 |
| vendredi 6 octobre 2000 | 9947 | 238728 | 14323680 | 859420800 |
| samedi 7 octobre 2000 | 9948 | 238752 | 14325120 | 859507200 |
| dimanche 8 octobre 2000 | 9949 | 238776 | 14326560 | 859593600 |
| lundi 9 octobre 2000 | 9950 | 238800 | 14328000 | 859680000 |
| mardi 10 octobre 2000 | 9951 | 238824 | 14329440 | 859766400 |
| mercredi 11 octobre 2000 | 9952 | 238848 | 14330880 | 859852800 |
| jeudi 12 octobre 2000 | 9953 | 238872 | 14332320 | 859939200 |
| vendredi 13 octobre 2000 | 9954 | 238896 | 14333760 | 860025600 |

| | | | | |
|---|---|---|---|---|
| samedi 14 octobre 2000 | 9955 | 238920 | 14335200 | 860112000 |
| dimanche 15 octobre 2000 | 9956 | 238944 | 14336640 | 860198400 |
| lundi 16 octobre 2000 | 9957 | 238968 | 14338080 | 860284800 |
| mardi 17 octobre 2000 | 9958 | 238992 | 14339520 | 860371200 |
| mercredi 18 octobre 2000 | 9959 | 239016 | 14340960 | 860457600 |
| jeudi 19 octobre 2000 | 9960 | 239040 | 14342400 | 860544000 |
| vendredi 20 octobre 2000 | 9961 | 239064 | 14343840 | 860630400 |
| samedi 21 octobre 2000 | 9962 | 239088 | 14345280 | 860716800 |
| dimanche 22 octobre 2000 | 9963 | 239112 | 14346720 | 860803200 |
| lundi 23 octobre 2000 | 9964 | 239136 | 14348160 | 860889600 |
| mardi 24 octobre 2000 | 9965 | 239160 | 14349600 | 860976000 |
| mercredi 25 octobre 2000 | 9966 | 239184 | 14351040 | 861062400 |
| jeudi 26 octobre 2000 | 9967 | 239208 | 14352480 | 861148800 |
| vendredi 27 octobre 2000 | 9968 | 239232 | 14353920 | 861235200 |
| samedi 28 octobre 2000 | 9969 | 239256 | 14355360 | 861321600 |
| dimanche 29 octobre 2000 | 9970 | 239280 | 14356800 | 861408000 |
| lundi 30 octobre 2000 | 9971 | 239304 | 14358240 | 861494400 |
| mardi 31 octobre 2000 | 9972 | 239328 | 14359680 | 861580800 |
| mercredi 1 novembre 2000 | 9973 | 239352 | 14361120 | 861667200 |
| jeudi 2 novembre 2000 | 9974 | 239376 | 14362560 | 861753600 |
| vendredi 3 novembre 2000 | 9975 | 239400 | 14364000 | 861840000 |
| samedi 4 novembre 2000 | 9976 | 239424 | 14365440 | 861926400 |
| dimanche 5 novembre 2000 | 9977 | 239448 | 14366880 | 862012800 |
| lundi 6 novembre 2000 | 9978 | 239472 | 14368320 | 862099200 |
| mardi 7 novembre 2000 | 9979 | 239496 | 14369760 | 862185600 |
| mercredi 8 novembre 2000 | 9980 | 239520 | 14371200 | 862272000 |
| jeudi 9 novembre 2000 | 9981 | 239544 | 14372640 | 862358400 |
| vendredi 10 novembre 2000 | 9982 | 239568 | 14374080 | 862444800 |
| samedi 11 novembre 2000 | 9983 | 239592 | 14375520 | 862531200 |
| dimanche 12 novembre 2000 | 9984 | 239616 | 14376960 | 862617600 |
| lundi 13 novembre 2000 | 9985 | 239640 | 14378400 | 862704000 |
| mardi 14 novembre 2000 | 9986 | 239664 | 14379840 | 862790400 |
| mercredi 15 novembre 2000 | 9987 | 239688 | 14381280 | 862876800 |
| jeudi 16 novembre 2000 | 9988 | 239712 | 14382720 | 862963200 |
| vendredi 17 novembre 2000 | 9989 | 239736 | 14384160 | 863049600 |
| samedi 18 novembre 2000 | 9990 | 239760 | 14385600 | 863136000 |
| dimanche 19 novembre 2000 | 9991 | 239784 | 14387040 | 863222400 |
| lundi 20 novembre 2000 | 9992 | 239808 | 14388480 | 863308800 |

| | | | | |
|---|---|---|---|---|
| mardi 21 novembre 2000 | 9993 | 239832 | 14389920 | 863395200 |
| mercredi 22 novembre 2000 | 9994 | 239856 | 14391360 | 863481600 |
| jeudi 23 novembre 2000 | 9995 | 239880 | 14392800 | 863568000 |
| vendredi 24 novembre 2000 | 9996 | 239904 | 14394240 | 863654400 |
| samedi 25 novembre 2000 | 9997 | 239928 | 14395680 | 863740800 |
| dimanche 26 novembre 2000 | 9998 | 239952 | 14397120 | 863827200 |
| lundi 27 novembre 2000 | 9999 | 239976 | 14398560 | 863913600 |
| mardi 28 novembre 2000 | 10000 | 240000 | 14400000 | 864000000 |
| mercredi 29 novembre 2000 | 10001 | 240024 | 14401440 | 864086400 |
| jeudi 30 novembre 2000 | 10002 | 240048 | 14402880 | 864172800 |
| vendredi 1 décembre 2000 | 10003 | 240072 | 14404320 | 864259200 |
| samedi 2 décembre 2000 | 10004 | 240096 | 14405760 | 864345600 |
| dimanche 3 décembre 2000 | 10005 | 240120 | 14407200 | 864432000 |
| lundi 4 décembre 2000 | 10006 | 240144 | 14408640 | 864518400 |
| mardi 5 décembre 2000 | 10007 | 240168 | 14410080 | 864604800 |
| mercredi 6 décembre 2000 | 10008 | 240192 | 14411520 | 864691200 |
| jeudi 7 décembre 2000 | 10009 | 240216 | 14412960 | 864777600 |
| vendredi 8 décembre 2000 | 10010 | 240240 | 14414400 | 864864000 |
| samedi 9 décembre 2000 | 10011 | 240264 | 14415840 | 864950400 |
| dimanche 10 décembre 2000 | 10012 | 240288 | 14417280 | 865036800 |
| lundi 11 décembre 2000 | 10013 | 240312 | 14418720 | 865123200 |
| mardi 12 décembre 2000 | 10014 | 240336 | 14420160 | 865209600 |
| mercredi 13 décembre 2000 | 10015 | 240360 | 14421600 | 865296000 |
| jeudi 14 décembre 2000 | 10016 | 240384 | 14423040 | 865382400 |
| vendredi 15 décembre 2000 | 10017 | 240408 | 14424480 | 865468800 |
| samedi 16 décembre 2000 | 10018 | 240432 | 14425920 | 865555200 |
| dimanche 17 décembre 2000 | 10019 | 240456 | 14427360 | 865641600 |
| lundi 18 décembre 2000 | 10020 | 240480 | 14428800 | 865728000 |
| mardi 19 décembre 2000 | 10021 | 240504 | 14430240 | 865814400 |
| mercredi 20 décembre 2000 | 10022 | 240528 | 14431680 | 865900800 |
| jeudi 21 décembre 2000 | 10023 | 240552 | 14433120 | 865987200 |
| vendredi 22 décembre 2000 | 10024 | 240576 | 14434560 | 866073600 |
| samedi 23 décembre 2000 | 10025 | 240600 | 14436000 | 866160000 |
| dimanche 24 décembre 2000 | 10026 | 240624 | 14437440 | 866246400 |
| lundi 25 décembre 2000 | 10027 | 240648 | 14438880 | 866332800 |
| mardi 26 décembre 2000 | 10028 | 240672 | 14440320 | 866419200 |
| mercredi 27 décembre 2000 | 10029 | 240696 | 14441760 | 866505600 |
| jeudi 28 décembre 2000 | 10030 | 240720 | 14443200 | 866592000 |

| | | | | |
|---|---|---|---|---|
| vendredi 29 décembre 2000 | 10031 | 240744 | 14444640 | 866678400 |
| samedi 30 décembre 2000 | 10032 | 240768 | 14446080 | 866764800 |
| dimanche 31 décembre 2000 | 10033 | 240792 | 14447520 | 866851200 |
| lundi 1 janvier 2001 | 10034 | 240816 | 14448960 | 866937600 |
| mardi 2 janvier 2001 | 10035 | 240840 | 14450400 | 867024000 |
| mercredi 3 janvier 2001 | 10036 | 240864 | 14451840 | 867110400 |
| jeudi 4 janvier 2001 | 10037 | 240888 | 14453280 | 867196800 |
| vendredi 5 janvier 2001 | 10038 | 240912 | 14454720 | 867283200 |
| samedi 6 janvier 2001 | 10039 | 240936 | 14456160 | 867369600 |
| dimanche 7 janvier 2001 | 10040 | 240960 | 14457600 | 867456000 |
| lundi 8 janvier 2001 | 10041 | 240984 | 14459040 | 867542400 |
| mardi 9 janvier 2001 | 10042 | 241008 | 14460480 | 867628800 |
| mercredi 10 janvier 2001 | 10043 | 241032 | 14461920 | 867715200 |
| jeudi 11 janvier 2001 | 10044 | 241056 | 14463360 | 867801600 |
| vendredi 12 janvier 2001 | 10045 | 241080 | 14464800 | 867888000 |
| samedi 13 janvier 2001 | 10046 | 241104 | 14466240 | 867974400 |
| dimanche 14 janvier 2001 | 10047 | 241128 | 14467680 | 868060800 |
| lundi 15 janvier 2001 | 10048 | 241152 | 14469120 | 868147200 |
| mardi 16 janvier 2001 | 10049 | 241176 | 14470560 | 868233600 |
| mercredi 17 janvier 2001 | 10050 | 241200 | 14472000 | 868320000 |
| jeudi 18 janvier 2001 | 10051 | 241224 | 14473440 | 868406400 |
| vendredi 19 janvier 2001 | 10052 | 241248 | 14474880 | 868492800 |
| samedi 20 janvier 2001 | 10053 | 241272 | 14476320 | 868579200 |
| dimanche 21 janvier 2001 | 10054 | 241296 | 14477760 | 868665600 |
| lundi 22 janvier 2001 | 10055 | 241320 | 14479200 | 868752000 |
| mardi 23 janvier 2001 | 10056 | 241344 | 14480640 | 868838400 |
| mercredi 24 janvier 2001 | 10057 | 241368 | 14482080 | 868924800 |
| jeudi 25 janvier 2001 | 10058 | 241392 | 14483520 | 869011200 |
| vendredi 26 janvier 2001 | 10059 | 241416 | 14484960 | 869097600 |
| samedi 27 janvier 2001 | 10060 | 241440 | 14486400 | 869184000 |
| dimanche 28 janvier 2001 | 10061 | 241464 | 14487840 | 869270400 |
| lundi 29 janvier 2001 | 10062 | 241488 | 14489280 | 869356800 |
| mardi 30 janvier 2001 | 10063 | 241512 | 14490720 | 869443200 |
| mercredi 31 janvier 2001 | 10064 | 241536 | 14492160 | 869529600 |
| jeudi 1 février 2001 | 10065 | 241560 | 14493600 | 869616000 |
| vendredi 2 février 2001 | 10066 | 241584 | 14495040 | 869702400 |
| samedi 3 février 2001 | 10067 | 241608 | 14496480 | 869788800 |
| dimanche 4 février 2001 | 10068 | 241632 | 14497920 | 869875200 |

| | | | | |
|---|---|---|---|---|
| lundi 5 février 2001 | 10069 | 241656 | 14499360 | 869961600 |
| mardi 6 février 2001 | 10070 | 241680 | 14500800 | 870048000 |
| mercredi 7 février 2001 | 10071 | 241704 | 14502240 | 870134400 |
| jeudi 8 février 2001 | 10072 | 241728 | 14503680 | 870220800 |
| vendredi 9 février 2001 | 10073 | 241752 | 14505120 | 870307200 |
| samedi 10 février 2001 | 10074 | 241776 | 14506560 | 870393600 |
| dimanche 11 février 2001 | 10075 | 241800 | 14508000 | 870480000 |
| lundi 12 février 2001 | 10076 | 241824 | 14509440 | 870566400 |
| mardi 13 février 2001 | 10077 | 241848 | 14510880 | 870652800 |
| mercredi 14 février 2001 | 10078 | 241872 | 14512320 | 870739200 |
| jeudi 15 février 2001 | 10079 | 241896 | 14513760 | 870825600 |
| vendredi 16 février 2001 | 10080 | 241920 | 14515200 | 870912000 |
| samedi 17 février 2001 | 10081 | 241944 | 14516640 | 870998400 |
| dimanche 18 février 2001 | 10082 | 241968 | 14518080 | 871084800 |
| lundi 19 février 2001 | 10083 | 241992 | 14519520 | 871171200 |
| mardi 20 février 2001 | 10084 | 242016 | 14520960 | 871257600 |
| mercredi 21 février 2001 | 10085 | 242040 | 14522400 | 871344000 |
| jeudi 22 février 2001 | 10086 | 242064 | 14523840 | 871430400 |
| vendredi 23 février 2001 | 10087 | 242088 | 14525280 | 871516800 |
| samedi 24 février 2001 | 10088 | 242112 | 14526720 | 871603200 |
| dimanche 25 février 2001 | 10089 | 242136 | 14528160 | 871689600 |
| lundi 26 février 2001 | 10090 | 242160 | 14529600 | 871776000 |
| mardi 27 février 2001 | 10091 | 242184 | 14531040 | 871862400 |
| mercredi 28 février 2001 | 10092 | 242208 | 14532480 | 871948800 |
| jeudi 1 mars 2001 | 10093 | 242232 | 14533920 | 872035200 |
| vendredi 2 mars 2001 | 10094 | 242256 | 14535360 | 872121600 |
| samedi 3 mars 2001 | 10095 | 242280 | 14536800 | 872208000 |
| dimanche 4 mars 2001 | 10096 | 242304 | 14538240 | 872294400 |
| lundi 5 mars 2001 | 10097 | 242328 | 14539680 | 872380800 |
| mardi 6 mars 2001 | 10098 | 242352 | 14541120 | 872467200 |
| mercredi 7 mars 2001 | 10099 | 242376 | 14542560 | 872553600 |
| jeudi 8 mars 2001 | 10100 | 242400 | 14544000 | 872640000 |
| vendredi 9 mars 2001 | 10101 | 242424 | 14545440 | 872726400 |
| samedi 10 mars 2001 | 10102 | 242448 | 14546880 | 872812800 |
| dimanche 11 mars 2001 | 10103 | 242472 | 14548320 | 872899200 |
| lundi 12 mars 2001 | 10104 | 242496 | 14549760 | 872985600 |
| mardi 13 mars 2001 | 10105 | 242520 | 14551200 | 873072000 |
| mercredi 14 mars 2001 | 10106 | 242544 | 14552640 | 873158400 |

| | | | | |
|---|---|---|---|---|
| jeudi 15 mars 2001 | 10107 | 242568 | 14554080 | 873244800 |
| vendredi 16 mars 2001 | 10108 | 242592 | 14555520 | 873331200 |
| samedi 17 mars 2001 | 10109 | 242616 | 14556960 | 873417600 |
| dimanche 18 mars 2001 | 10110 | 242640 | 14558400 | 873504000 |
| lundi 19 mars 2001 | 10111 | 242664 | 14559840 | 873590400 |
| mardi 20 mars 2001 | 10112 | 242688 | 14561280 | 873676800 |
| mercredi 21 mars 2001 | 10113 | 242712 | 14562720 | 873763200 |
| jeudi 22 mars 2001 | 10114 | 242736 | 14564160 | 873849600 |
| vendredi 23 mars 2001 | 10115 | 242760 | 14565600 | 873936000 |
| samedi 24 mars 2001 | 10116 | 242784 | 14567040 | 874022400 |
| dimanche 25 mars 2001 | 10117 | 242808 | 14568480 | 874108800 |
| lundi 26 mars 2001 | 10118 | 242832 | 14569920 | 874195200 |
| mardi 27 mars 2001 | 10119 | 242856 | 14571360 | 874281600 |
| mercredi 28 mars 2001 | 10120 | 242880 | 14572800 | 874368000 |
| jeudi 29 mars 2001 | 10121 | 242904 | 14574240 | 874454400 |
| vendredi 30 mars 2001 | 10122 | 242928 | 14575680 | 874540800 |
| samedi 31 mars 2001 | 10123 | 242952 | 14577120 | 874627200 |
| dimanche 1 avril 2001 | 10124 | 242976 | 14578560 | 874713600 |
| lundi 2 avril 2001 | 10125 | 243000 | 14580000 | 874800000 |
| mardi 3 avril 2001 | 10126 | 243024 | 14581440 | 874886400 |
| mercredi 4 avril 2001 | 10127 | 243048 | 14582880 | 874972800 |
| jeudi 5 avril 2001 | 10128 | 243072 | 14584320 | 875059200 |
| vendredi 6 avril 2001 | 10129 | 243096 | 14585760 | 875145600 |
| samedi 7 avril 2001 | 10130 | 243120 | 14587200 | 875232000 |
| dimanche 8 avril 2001 | 10131 | 243144 | 14588640 | 875318400 |
| lundi 9 avril 2001 | 10132 | 243168 | 14590080 | 875404800 |
| mardi 10 avril 2001 | 10133 | 243192 | 14591520 | 875491200 |
| mercredi 11 avril 2001 | 10134 | 243216 | 14592960 | 875577600 |
| jeudi 12 avril 2001 | 10135 | 243240 | 14594400 | 875664000 |
| vendredi 13 avril 2001 | 10136 | 243264 | 14595840 | 875750400 |
| samedi 14 avril 2001 | 10137 | 243288 | 14597280 | 875836800 |
| dimanche 15 avril 2001 | 10138 | 243312 | 14598720 | 875923200 |
| lundi 16 avril 2001 | 10139 | 243336 | 14600160 | 876009600 |
| mardi 17 avril 2001 | 10140 | 243360 | 14601600 | 876096000 |
| mercredi 18 avril 2001 | 10141 | 243384 | 14603040 | 876182400 |
| jeudi 19 avril 2001 | 10142 | 243408 | 14604480 | 876268800 |
| vendredi 20 avril 2001 | 10143 | 243432 | 14605920 | 876355200 |
| samedi 21 avril 2001 | 10144 | 243456 | 14607360 | 876441600 |

| | | | | |
|---|---|---|---|---|
| dimanche 22 avril 2001 | 10145 | 243480 | 14608800 | 876528000 |
| lundi 23 avril 2001 | 10146 | 243504 | 14610240 | 876614400 |
| mardi 24 avril 2001 | 10147 | 243528 | 14611680 | 876700800 |
| mercredi 25 avril 2001 | 10148 | 243552 | 14613120 | 876787200 |
| jeudi 26 avril 2001 | 10149 | 243576 | 14614560 | 876873600 |
| vendredi 27 avril 2001 | 10150 | 243600 | 14616000 | 876960000 |
| samedi 28 avril 2001 | 10151 | 243624 | 14617440 | 877046400 |
| dimanche 29 avril 2001 | 10152 | 243648 | 14618880 | 877132800 |
| lundi 30 avril 2001 | 10153 | 243672 | 14620320 | 877219200 |
| mardi 1 mai 2001 | 10154 | 243696 | 14621760 | 877305600 |
| mercredi 2 mai 2001 | 10155 | 243720 | 14623200 | 877392000 |
| jeudi 3 mai 2001 | 10156 | 243744 | 14624640 | 877478400 |
| vendredi 4 mai 2001 | 10157 | 243768 | 14626080 | 877564800 |
| samedi 5 mai 2001 | 10158 | 243792 | 14627520 | 877651200 |
| dimanche 6 mai 2001 | 10159 | 243816 | 14628960 | 877737600 |
| lundi 7 mai 2001 | 10160 | 243840 | 14630400 | 877824000 |
| mardi 8 mai 2001 | 10161 | 243864 | 14631840 | 877910400 |
| mercredi 9 mai 2001 | 10162 | 243888 | 14633280 | 877996800 |
| jeudi 10 mai 2001 | 10163 | 243912 | 14634720 | 878083200 |
| vendredi 11 mai 2001 | 10164 | 243936 | 14636160 | 878169600 |
| samedi 12 mai 2001 | 10165 | 243960 | 14637600 | 878256000 |
| dimanche 13 mai 2001 | 10166 | 243984 | 14639040 | 878342400 |
| lundi 14 mai 2001 | 10167 | 244008 | 14640480 | 878428800 |
| mardi 15 mai 2001 | 10168 | 244032 | 14641920 | 878515200 |
| mercredi 16 mai 2001 | 10169 | 244056 | 14643360 | 878601600 |
| jeudi 17 mai 2001 | 10170 | 244080 | 14644800 | 878688000 |
| vendredi 18 mai 2001 | 10171 | 244104 | 14646240 | 878774400 |
| samedi 19 mai 2001 | 10172 | 244128 | 14647680 | 878860800 |
| dimanche 20 mai 2001 | 10173 | 244152 | 14649120 | 878947200 |
| lundi 21 mai 2001 | 10174 | 244176 | 14650560 | 879033600 |
| mardi 22 mai 2001 | 10175 | 244200 | 14652000 | 879120000 |
| mercredi 23 mai 2001 | 10176 | 244224 | 14653440 | 879206400 |
| jeudi 24 mai 2001 | 10177 | 244248 | 14654880 | 879292800 |
| vendredi 25 mai 2001 | 10178 | 244272 | 14656320 | 879379200 |
| samedi 26 mai 2001 | 10179 | 244296 | 14657760 | 879465600 |
| dimanche 27 mai 2001 | 10180 | 244320 | 14659200 | 879552000 |
| lundi 28 mai 2001 | 10181 | 244344 | 14660640 | 879638400 |
| mardi 29 mai 2001 | 10182 | 244368 | 14662080 | 879724800 |

| | | | | |
|---|---|---|---|---|
| mercredi 30 mai 2001 | 10183 | 244392 | 14663520 | 879811200 |
| jeudi 31 mai 2001 | 10184 | 244416 | 14664960 | 879897600 |
| vendredi 1 juin 2001 | 10185 | 244440 | 14666400 | 879984000 |
| samedi 2 juin 2001 | 10186 | 244464 | 14667840 | 880070400 |
| dimanche 3 juin 2001 | 10187 | 244488 | 14669280 | 880156800 |
| lundi 4 juin 2001 | 10188 | 244512 | 14670720 | 880243200 |
| mardi 5 juin 2001 | 10189 | 244536 | 14672160 | 880329600 |
| mercredi 6 juin 2001 | 10190 | 244560 | 14673600 | 880416000 |
| jeudi 7 juin 2001 | 10191 | 244584 | 14675040 | 880502400 |
| vendredi 8 juin 2001 | 10192 | 244608 | 14676480 | 880588800 |
| samedi 9 juin 2001 | 10193 | 244632 | 14677920 | 880675200 |
| dimanche 10 juin 2001 | 10194 | 244656 | 14679360 | 880761600 |
| lundi 11 juin 2001 | 10195 | 244680 | 14680800 | 880848000 |
| mardi 12 juin 2001 | 10196 | 244704 | 14682240 | 880934400 |
| mercredi 13 juin 2001 | 10197 | 244728 | 14683680 | 881020800 |
| jeudi 14 juin 2001 | 10198 | 244752 | 14685120 | 881107200 |
| vendredi 15 juin 2001 | 10199 | 244776 | 14686560 | 881193600 |
| samedi 16 juin 2001 | 10200 | 244800 | 14688000 | 881280000 |
| dimanche 17 juin 2001 | 10201 | 244824 | 14689440 | 881366400 |
| lundi 18 juin 2001 | 10202 | 244848 | 14690880 | 881452800 |
| mardi 19 juin 2001 | 10203 | 244872 | 14692320 | 881539200 |
| mercredi 20 juin 2001 | 10204 | 244896 | 14693760 | 881625600 |
| jeudi 21 juin 2001 | 10205 | 244920 | 14695200 | 881712000 |
| vendredi 22 juin 2001 | 10206 | 244944 | 14696640 | 881798400 |
| samedi 23 juin 2001 | 10207 | 244968 | 14698080 | 881884800 |
| dimanche 24 juin 2001 | 10208 | 244992 | 14699520 | 881971200 |
| lundi 25 juin 2001 | 10209 | 245016 | 14700960 | 882057600 |
| mardi 26 juin 2001 | 10210 | 245040 | 14702400 | 882144000 |
| mercredi 27 juin 2001 | 10211 | 245064 | 14703840 | 882230400 |
| jeudi 28 juin 2001 | 10212 | 245088 | 14705280 | 882316800 |
| vendredi 29 juin 2001 | 10213 | 245112 | 14706720 | 882403200 |
| samedi 30 juin 2001 | 10214 | 245136 | 14708160 | 882489600 |
| dimanche 1 juillet 2001 | 10215 | 245160 | 14709600 | 882576000 |
| lundi 2 juillet 2001 | 10216 | 245184 | 14711040 | 882662400 |
| mardi 3 juillet 2001 | 10217 | 245208 | 14712480 | 882748800 |
| mercredi 4 juillet 2001 | 10218 | 245232 | 14713920 | 882835200 |
| jeudi 5 juillet 2001 | 10219 | 245256 | 14715360 | 882921600 |
| vendredi 6 juillet 2001 | 10220 | 245280 | 14716800 | 883008000 |

| | | | | |
|---|---|---|---|---|
| samedi 7 juillet 2001 | 10221 | 245304 | 14718240 | 883094400 |
| dimanche 8 juillet 2001 | 10222 | 245328 | 14719680 | 883180800 |
| lundi 9 juillet 2001 | 10223 | 245352 | 14721120 | 883267200 |
| mardi 10 juillet 2001 | 10224 | 245376 | 14722560 | 883353600 |
| mercredi 11 juillet 2001 | 10225 | 245400 | 14724000 | 883440000 |
| jeudi 12 juillet 2001 | 10226 | 245424 | 14725440 | 883526400 |
| vendredi 13 juillet 2001 | 10227 | 245448 | 14726880 | 883612800 |
| samedi 14 juillet 2001 | 10228 | 245472 | 14728320 | 883699200 |
| dimanche 15 juillet 2001 | 10229 | 245496 | 14729760 | 883785600 |
| lundi 16 juillet 2001 | 10230 | 245520 | 14731200 | 883872000 |
| mardi 17 juillet 2001 | 10231 | 245544 | 14732640 | 883958400 |
| mercredi 18 juillet 2001 | 10232 | 245568 | 14734080 | 884044800 |
| jeudi 19 juillet 2001 | 10233 | 245592 | 14735520 | 884131200 |
| vendredi 20 juillet 2001 | 10234 | 245616 | 14736960 | 884217600 |
| samedi 21 juillet 2001 | 10235 | 245640 | 14738400 | 884304000 |
| dimanche 22 juillet 2001 | 10236 | 245664 | 14739840 | 884390400 |
| lundi 23 juillet 2001 | 10237 | 245688 | 14741280 | 884476800 |
| mardi 24 juillet 2001 | 10238 | 245712 | 14742720 | 884563200 |
| mercredi 25 juillet 2001 | 10239 | 245736 | 14744160 | 884649600 |
| jeudi 26 juillet 2001 | 10240 | 245760 | 14745600 | 884736000 |
| vendredi 27 juillet 2001 | 10241 | 245784 | 14747040 | 884822400 |
| samedi 28 juillet 2001 | 10242 | 245808 | 14748480 | 884908800 |
| dimanche 29 juillet 2001 | 10243 | 245832 | 14749920 | 884995200 |
| lundi 30 juillet 2001 | 10244 | 245856 | 14751360 | 885081600 |
| mardi 31 juillet 2001 | 10245 | 245880 | 14752800 | 885168000 |
| mercredi 1 août 2001 | 10246 | 245904 | 14754240 | 885254400 |
| jeudi 2 août 2001 | 10247 | 245928 | 14755680 | 885340800 |
| vendredi 3 août 2001 | 10248 | 245952 | 14757120 | 885427200 |
| samedi 4 août 2001 | 10249 | 245976 | 14758560 | 885513600 |
| dimanche 5 août 2001 | 10250 | 246000 | 14760000 | 885600000 |
| lundi 6 août 2001 | 10251 | 246024 | 14761440 | 885686400 |
| mardi 7 août 2001 | 10252 | 246048 | 14762880 | 885772800 |
| mercredi 8 août 2001 | 10253 | 246072 | 14764320 | 885859200 |
| jeudi 9 août 2001 | 10254 | 246096 | 14765760 | 885945600 |
| vendredi 10 août 2001 | 10255 | 246120 | 14767200 | 886032000 |
| samedi 11 août 2001 | 10256 | 246144 | 14768640 | 886118400 |
| dimanche 12 août 2001 | 10257 | 246168 | 14770080 | 886204800 |
| lundi 13 août 2001 | 10258 | 246192 | 14771520 | 886291200 |

| | | | | |
|---|---|---|---|---|
| mardi 14 août 2001 | 10259 | 246216 | 14772960 | 886377600 |
| mercredi 15 août 2001 | 10260 | 246240 | 14774400 | 886464000 |
| jeudi 16 août 2001 | 10261 | 246264 | 14775840 | 886550400 |
| vendredi 17 août 2001 | 10262 | 246288 | 14777280 | 886636800 |
| samedi 18 août 2001 | 10263 | 246312 | 14778720 | 886723200 |
| dimanche 19 août 2001 | 10264 | 246336 | 14780160 | 886809600 |
| lundi 20 août 2001 | 10265 | 246360 | 14781600 | 886896000 |
| mardi 21 août 2001 | 10266 | 246384 | 14783040 | 886982400 |
| mercredi 22 août 2001 | 10267 | 246408 | 14784480 | 887068800 |
| jeudi 23 août 2001 | 10268 | 246432 | 14785920 | 887155200 |
| vendredi 24 août 2001 | 10269 | 246456 | 14787360 | 887241600 |
| samedi 25 août 2001 | 10270 | 246480 | 14788800 | 887328000 |
| dimanche 26 août 2001 | 10271 | 246504 | 14790240 | 887414400 |
| lundi 27 août 2001 | 10272 | 246528 | 14791680 | 887500800 |
| mardi 28 août 2001 | 10273 | 246552 | 14793120 | 887587200 |
| mercredi 29 août 2001 | 10274 | 246576 | 14794560 | 887673600 |
| jeudi 30 août 2001 | 10275 | 246600 | 14796000 | 887760000 |
| vendredi 31 août 2001 | 10276 | 246624 | 14797440 | 887846400 |
| samedi 1 septembre 2001 | 10277 | 246648 | 14798880 | 887932800 |
| dimanche 2 septembre 2001 | 10278 | 246672 | 14800320 | 888019200 |
| lundi 3 septembre 2001 | 10279 | 246696 | 14801760 | 888105600 |
| mardi 4 septembre 2001 | 10280 | 246720 | 14803200 | 888192000 |
| mercredi 5 septembre 2001 | 10281 | 246744 | 14804640 | 888278400 |
| jeudi 6 septembre 2001 | 10282 | 246768 | 14806080 | 888364800 |
| vendredi 7 septembre 2001 | 10283 | 246792 | 14807520 | 888451200 |
| samedi 8 septembre 2001 | 10284 | 246816 | 14808960 | 888537600 |
| dimanche 9 septembre 2001 | 10285 | 246840 | 14810400 | 888624000 |
| lundi 10 septembre 2001 | 10286 | 246864 | 14811840 | 888710400 |
| mardi 11 septembre 2001 | 10287 | 246888 | 14813280 | 888796800 |
| mercredi 12 septembre 2001 | 10288 | 246912 | 14814720 | 888883200 |
| jeudi 13 septembre 2001 | 10289 | 246936 | 14816160 | 888969600 |
| vendredi 14 septembre 2001 | 10290 | 246960 | 14817600 | 889056000 |
| samedi 15 septembre 2001 | 10291 | 246984 | 14819040 | 889142400 |
| dimanche 16 septembre 2001 | 10292 | 247008 | 14820480 | 889228800 |
| lundi 17 septembre 2001 | 10293 | 247032 | 14821920 | 889315200 |
| mardi 18 septembre 2001 | 10294 | 247056 | 14823360 | 889401600 |
| mercredi 19 septembre 2001 | 10295 | 247080 | 14824800 | 889488000 |
| jeudi 20 septembre 2001 | 10296 | 247104 | 14826240 | 889574400 |

| | | | | |
|---|---|---|---|---|
| vendredi 21 septembre 2001 | 10297 | 247128 | 14827680 | 889660800 |
| samedi 22 septembre 2001 | 10298 | 247152 | 14829120 | 889747200 |
| dimanche 23 septembre 2001 | 10299 | 247176 | 14830560 | 889833600 |
| lundi 24 septembre 2001 | 10300 | 247200 | 14832000 | 889920000 |
| mardi 25 septembre 2001 | 10301 | 247224 | 14833440 | 890006400 |
| mercredi 26 septembre 2001 | 10302 | 247248 | 14834880 | 890092800 |
| jeudi 27 septembre 2001 | 10303 | 247272 | 14836320 | 890179200 |
| vendredi 28 septembre 2001 | 10304 | 247296 | 14837760 | 890265600 |
| samedi 29 septembre 2001 | 10305 | 247320 | 14839200 | 890352000 |
| dimanche 30 septembre 2001 | 10306 | 247344 | 14840640 | 890438400 |
| lundi 1 octobre 2001 | 10307 | 247368 | 14842080 | 890524800 |
| mardi 2 octobre 2001 | 10308 | 247392 | 14843520 | 890611200 |
| mercredi 3 octobre 2001 | 10309 | 247416 | 14844960 | 890697600 |
| jeudi 4 octobre 2001 | 10310 | 247440 | 14846400 | 890784000 |
| vendredi 5 octobre 2001 | 10311 | 247464 | 14847840 | 890870400 |
| samedi 6 octobre 2001 | 10312 | 247488 | 14849280 | 890956800 |
| dimanche 7 octobre 2001 | 10313 | 247512 | 14850720 | 891043200 |
| lundi 8 octobre 2001 | 10314 | 247536 | 14852160 | 891129600 |
| mardi 9 octobre 2001 | 10315 | 247560 | 14853600 | 891216000 |
| mercredi 10 octobre 2001 | 10316 | 247584 | 14855040 | 891302400 |
| jeudi 11 octobre 2001 | 10317 | 247608 | 14856480 | 891388800 |
| vendredi 12 octobre 2001 | 10318 | 247632 | 14857920 | 891475200 |
| samedi 13 octobre 2001 | 10319 | 247656 | 14859360 | 891561600 |
| dimanche 14 octobre 2001 | 10320 | 247680 | 14860800 | 891648000 |
| lundi 15 octobre 2001 | 10321 | 247704 | 14862240 | 891734400 |
| mardi 16 octobre 2001 | 10322 | 247728 | 14863680 | 891820800 |
| mercredi 17 octobre 2001 | 10323 | 247752 | 14865120 | 891907200 |
| jeudi 18 octobre 2001 | 10324 | 247776 | 14866560 | 891993600 |
| vendredi 19 octobre 2001 | 10325 | 247800 | 14868000 | 892080000 |
| samedi 20 octobre 2001 | 10326 | 247824 | 14869440 | 892166400 |
| dimanche 21 octobre 2001 | 10327 | 247848 | 14870880 | 892252800 |
| lundi 22 octobre 2001 | 10328 | 247872 | 14872320 | 892339200 |
| mardi 23 octobre 2001 | 10329 | 247896 | 14873760 | 892425600 |
| mercredi 24 octobre 2001 | 10330 | 247920 | 14875200 | 892512000 |
| jeudi 25 octobre 2001 | 10331 | 247944 | 14876640 | 892598400 |
| vendredi 26 octobre 2001 | 10332 | 247968 | 14878080 | 892684800 |
| samedi 27 octobre 2001 | 10333 | 247992 | 14879520 | 892771200 |
| dimanche 28 octobre 2001 | 10334 | 248016 | 14880960 | 892857600 |

| | | | | |
|---|---|---|---|---|
| lundi 29 octobre 2001 | 10335 | 248040 | 14882400 | 892944000 |
| mardi 30 octobre 2001 | 10336 | 248064 | 14883840 | 893030400 |
| mercredi 31 octobre 2001 | 10337 | 248088 | 14885280 | 893116800 |
| jeudi 1 novembre 2001 | 10338 | 248112 | 14886720 | 893203200 |
| vendredi 2 novembre 2001 | 10339 | 248136 | 14888160 | 893289600 |
| samedi 3 novembre 2001 | 10340 | 248160 | 14889600 | 893376000 |
| dimanche 4 novembre 2001 | 10341 | 248184 | 14891040 | 893462400 |
| lundi 5 novembre 2001 | 10342 | 248208 | 14892480 | 893548800 |
| mardi 6 novembre 2001 | 10343 | 248232 | 14893920 | 893635200 |
| mercredi 7 novembre 2001 | 10344 | 248256 | 14895360 | 893721600 |
| jeudi 8 novembre 2001 | 10345 | 248280 | 14896800 | 893808000 |
| vendredi 9 novembre 2001 | 10346 | 248304 | 14898240 | 893894400 |
| samedi 10 novembre 2001 | 10347 | 248328 | 14899680 | 893980800 |
| dimanche 11 novembre 2001 | 10348 | 248352 | 14901120 | 894067200 |
| lundi 12 novembre 2001 | 10349 | 248376 | 14902560 | 894153600 |
| mardi 13 novembre 2001 | 10350 | 248400 | 14904000 | 894240000 |
| mercredi 14 novembre 2001 | 10351 | 248424 | 14905440 | 894326400 |
| jeudi 15 novembre 2001 | 10352 | 248448 | 14906880 | 894412800 |
| vendredi 16 novembre 2001 | 10353 | 248472 | 14908320 | 894499200 |
| samedi 17 novembre 2001 | 10354 | 248496 | 14909760 | 894585600 |
| dimanche 18 novembre 2001 | 10355 | 248520 | 14911200 | 894672000 |
| lundi 19 novembre 2001 | 10356 | 248544 | 14912640 | 894758400 |
| mardi 20 novembre 2001 | 10357 | 248568 | 14914080 | 894844800 |
| mercredi 21 novembre 2001 | 10358 | 248592 | 14915520 | 894931200 |
| jeudi 22 novembre 2001 | 10359 | 248616 | 14916960 | 895017600 |
| vendredi 23 novembre 2001 | 10360 | 248640 | 14918400 | 895104000 |
| samedi 24 novembre 2001 | 10361 | 248664 | 14919840 | 895190400 |
| dimanche 25 novembre 2001 | 10362 | 248688 | 14921280 | 895276800 |
| lundi 26 novembre 2001 | 10363 | 248712 | 14922720 | 895363200 |
| mardi 27 novembre 2001 | 10364 | 248736 | 14924160 | 895449600 |
| mercredi 28 novembre 2001 | 10365 | 248760 | 14925600 | 895536000 |
| jeudi 29 novembre 2001 | 10366 | 248784 | 14927040 | 895622400 |
| vendredi 30 novembre 2001 | 10367 | 248808 | 14928480 | 895708800 |
| samedi 1 décembre 2001 | 10368 | 248832 | 14929920 | 895795200 |
| dimanche 2 décembre 2001 | 10369 | 248856 | 14931360 | 895881600 |
| lundi 3 décembre 2001 | 10370 | 248880 | 14932800 | 895968000 |
| mardi 4 décembre 2001 | 10371 | 248904 | 14934240 | 896054400 |
| mercredi 5 décembre 2001 | 10372 | 248928 | 14935680 | 896140800 |

| | | | | |
|---|---|---|---|---|
| jeudi 6 décembre 2001 | 10373 | 248952 | 14937120 | 896227200 |
| vendredi 7 décembre 2001 | 10374 | 248976 | 14938560 | 896313600 |
| samedi 8 décembre 2001 | 10375 | 249000 | 14940000 | 896400000 |
| dimanche 9 décembre 2001 | 10376 | 249024 | 14941440 | 896486400 |
| lundi 10 décembre 2001 | 10377 | 249048 | 14942880 | 896572800 |
| mardi 11 décembre 2001 | 10378 | 249072 | 14944320 | 896659200 |
| mercredi 12 décembre 2001 | 10379 | 249096 | 14945760 | 896745600 |
| jeudi 13 décembre 2001 | 10380 | 249120 | 14947200 | 896832000 |
| vendredi 14 décembre 2001 | 10381 | 249144 | 14948640 | 896918400 |
| samedi 15 décembre 2001 | 10382 | 249168 | 14950080 | 897004800 |
| dimanche 16 décembre 2001 | 10383 | 249192 | 14951520 | 897091200 |
| lundi 17 décembre 2001 | 10384 | 249216 | 14952960 | 897177600 |
| mardi 18 décembre 2001 | 10385 | 249240 | 14954400 | 897264000 |
| mercredi 19 décembre 2001 | 10386 | 249264 | 14955840 | 897350400 |
| jeudi 20 décembre 2001 | 10387 | 249288 | 14957280 | 897436800 |
| vendredi 21 décembre 2001 | 10388 | 249312 | 14958720 | 897523200 |
| samedi 22 décembre 2001 | 10389 | 249336 | 14960160 | 897609600 |
| dimanche 23 décembre 2001 | 10390 | 249360 | 14961600 | 897696000 |
| lundi 24 décembre 2001 | 10391 | 249384 | 14963040 | 897782400 |
| mardi 25 décembre 2001 | 10392 | 249408 | 14964480 | 897868800 |
| mercredi 26 décembre 2001 | 10393 | 249432 | 14965920 | 897955200 |
| jeudi 27 décembre 2001 | 10394 | 249456 | 14967360 | 898041600 |
| vendredi 28 décembre 2001 | 10395 | 249480 | 14968800 | 898128000 |
| samedi 29 décembre 2001 | 10396 | 249504 | 14970240 | 898214400 |
| dimanche 30 décembre 2001 | 10397 | 249528 | 14971680 | 898300800 |
| lundi 31 décembre 2001 | 10398 | 249552 | 14973120 | 898387200 |
| mardi 1 janvier 2002 | 10399 | 249576 | 14974560 | 898473600 |
| mercredi 2 janvier 2002 | 10400 | 249600 | 14976000 | 898560000 |
| jeudi 3 janvier 2002 | 10401 | 249624 | 14977440 | 898646400 |
| vendredi 4 janvier 2002 | 10402 | 249648 | 14978880 | 898732800 |
| samedi 5 janvier 2002 | 10403 | 249672 | 14980320 | 898819200 |
| dimanche 6 janvier 2002 | 10404 | 249696 | 14981760 | 898905600 |
| lundi 7 janvier 2002 | 10405 | 249720 | 14983200 | 898992000 |
| mardi 8 janvier 2002 | 10406 | 249744 | 14984640 | 899078400 |
| mercredi 9 janvier 2002 | 10407 | 249768 | 14986080 | 899164800 |
| jeudi 10 janvier 2002 | 10408 | 249792 | 14987520 | 899251200 |
| vendredi 11 janvier 2002 | 10409 | 249816 | 14988960 | 899337600 |
| samedi 12 janvier 2002 | 10410 | 249840 | 14990400 | 899424000 |

| | | | | |
|---|---|---|---|---|
| dimanche 13 janvier 2002 | 10411 | 249864 | 14991840 | 899510400 |
| lundi 14 janvier 2002 | 10412 | 249888 | 14993280 | 899596800 |
| mardi 15 janvier 2002 | 10413 | 249912 | 14994720 | 899683200 |
| mercredi 16 janvier 2002 | 10414 | 249936 | 14996160 | 899769600 |
| jeudi 17 janvier 2002 | 10415 | 249960 | 14997600 | 899856000 |
| vendredi 18 janvier 2002 | 10416 | 249984 | 14999040 | 899942400 |
| samedi 19 janvier 2002 | 10417 | 250008 | 15000480 | 900028800 |
| dimanche 20 janvier 2002 | 10418 | 250032 | 15001920 | 900115200 |
| lundi 21 janvier 2002 | 10419 | 250056 | 15003360 | 900201600 |
| mardi 22 janvier 2002 | 10420 | 250080 | 15004800 | 900288000 |
| mercredi 23 janvier 2002 | 10421 | 250104 | 15006240 | 900374400 |
| jeudi 24 janvier 2002 | 10422 | 250128 | 15007680 | 900460800 |
| vendredi 25 janvier 2002 | 10423 | 250152 | 15009120 | 900547200 |
| samedi 26 janvier 2002 | 10424 | 250176 | 15010560 | 900633600 |
| dimanche 27 janvier 2002 | 10425 | 250200 | 15012000 | 900720000 |
| lundi 28 janvier 2002 | 10426 | 250224 | 15013440 | 900806400 |
| mardi 29 janvier 2002 | 10427 | 250248 | 15014880 | 900892800 |
| mercredi 30 janvier 2002 | 10428 | 250272 | 15016320 | 900979200 |
| jeudi 31 janvier 2002 | 10429 | 250296 | 15017760 | 901065600 |
| vendredi 1 février 2002 | 10430 | 250320 | 15019200 | 901152000 |
| samedi 2 février 2002 | 10431 | 250344 | 15020640 | 901238400 |
| dimanche 3 février 2002 | 10432 | 250368 | 15022080 | 901324800 |
| lundi 4 février 2002 | 10433 | 250392 | 15023520 | 901411200 |
| mardi 5 février 2002 | 10434 | 250416 | 15024960 | 901497600 |
| mercredi 6 février 2002 | 10435 | 250440 | 15026400 | 901584000 |
| jeudi 7 février 2002 | 10436 | 250464 | 15027840 | 901670400 |
| vendredi 8 février 2002 | 10437 | 250488 | 15029280 | 901756800 |
| samedi 9 février 2002 | 10438 | 250512 | 15030720 | 901843200 |
| dimanche 10 février 2002 | 10439 | 250536 | 15032160 | 901929600 |
| lundi 11 février 2002 | 10440 | 250560 | 15033600 | 902016000 |
| mardi 12 février 2002 | 10441 | 250584 | 15035040 | 902102400 |
| mercredi 13 février 2002 | 10442 | 250608 | 15036480 | 902188800 |
| jeudi 14 février 2002 | 10443 | 250632 | 15037920 | 902275200 |
| vendredi 15 février 2002 | 10444 | 250656 | 15039360 | 902361600 |
| samedi 16 février 2002 | 10445 | 250680 | 15040800 | 902448000 |
| dimanche 17 février 2002 | 10446 | 250704 | 15042240 | 902534400 |
| lundi 18 février 2002 | 10447 | 250728 | 15043680 | 902620800 |
| mardi 19 février 2002 | 10448 | 250752 | 15045120 | 902707200 |

| | | | | |
|---|---|---|---|---|
| mercredi 20 février 2002 | 10449 | 250776 | 15046560 | 902793600 |
| jeudi 21 février 2002 | 10450 | 250800 | 15048000 | 902880000 |
| vendredi 22 février 2002 | 10451 | 250824 | 15049440 | 902966400 |
| samedi 23 février 2002 | 10452 | 250848 | 15050880 | 903052800 |
| dimanche 24 février 2002 | 10453 | 250872 | 15052320 | 903139200 |
| lundi 25 février 2002 | 10454 | 250896 | 15053760 | 903225600 |
| mardi 26 février 2002 | 10455 | 250920 | 15055200 | 903312000 |
| mercredi 27 février 2002 | 10456 | 250944 | 15056640 | 903398400 |
| jeudi 28 février 2002 | 10457 | 250968 | 15058080 | 903484800 |
| vendredi 1 mars 2002 | 10458 | 250992 | 15059520 | 903571200 |
| samedi 2 mars 2002 | 10459 | 251016 | 15060960 | 903657600 |
| dimanche 3 mars 2002 | 10460 | 251040 | 15062400 | 903744000 |
| lundi 4 mars 2002 | 10461 | 251064 | 15063840 | 903830400 |
| mardi 5 mars 2002 | 10462 | 251088 | 15065280 | 903916800 |
| mercredi 6 mars 2002 | 10463 | 251112 | 15066720 | 904003200 |
| jeudi 7 mars 2002 | 10464 | 251136 | 15068160 | 904089600 |
| vendredi 8 mars 2002 | 10465 | 251160 | 15069600 | 904176000 |
| samedi 9 mars 2002 | 10466 | 251184 | 15071040 | 904262400 |
| dimanche 10 mars 2002 | 10467 | 251208 | 15072480 | 904348800 |
| lundi 11 mars 2002 | 10468 | 251232 | 15073920 | 904435200 |
| mardi 12 mars 2002 | 10469 | 251256 | 15075360 | 904521600 |
| mercredi 13 mars 2002 | 10470 | 251280 | 15076800 | 904608000 |
| jeudi 14 mars 2002 | 10471 | 251304 | 15078240 | 904694400 |
| vendredi 15 mars 2002 | 10472 | 251328 | 15079680 | 904780800 |
| samedi 16 mars 2002 | 10473 | 251352 | 15081120 | 904867200 |
| dimanche 17 mars 2002 | 10474 | 251376 | 15082560 | 904953600 |
| lundi 18 mars 2002 | 10475 | 251400 | 15084000 | 905040000 |
| mardi 19 mars 2002 | 10476 | 251424 | 15085440 | 905126400 |
| mercredi 20 mars 2002 | 10477 | 251448 | 15086880 | 905212800 |
| jeudi 21 mars 2002 | 10478 | 251472 | 15088320 | 905299200 |
| vendredi 22 mars 2002 | 10479 | 251496 | 15089760 | 905385600 |
| samedi 23 mars 2002 | 10480 | 251520 | 15091200 | 905472000 |
| dimanche 24 mars 2002 | 10481 | 251544 | 15092640 | 905558400 |
| lundi 25 mars 2002 | 10482 | 251568 | 15094080 | 905644800 |
| mardi 26 mars 2002 | 10483 | 251592 | 15095520 | 905731200 |
| mercredi 27 mars 2002 | 10484 | 251616 | 15096960 | 905817600 |
| jeudi 28 mars 2002 | 10485 | 251640 | 15098400 | 905904000 |
| vendredi 29 mars 2002 | 10486 | 251664 | 15099840 | 905990400 |

| | | | | |
|---|---|---|---|---|
| samedi 30 mars 2002 | 10487 | 251688 | 15101280 | 906076800 |
| dimanche 31 mars 2002 | 10488 | 251712 | 15102720 | 906163200 |
| lundi 1 avril 2002 | 10489 | 251736 | 15104160 | 906249600 |
| mardi 2 avril 2002 | 10490 | 251760 | 15105600 | 906336000 |
| mercredi 3 avril 2002 | 10491 | 251784 | 15107040 | 906422400 |
| jeudi 4 avril 2002 | 10492 | 251808 | 15108480 | 906508800 |
| vendredi 5 avril 2002 | 10493 | 251832 | 15109920 | 906595200 |
| samedi 6 avril 2002 | 10494 | 251856 | 15111360 | 906681600 |
| dimanche 7 avril 2002 | 10495 | 251880 | 15112800 | 906768000 |
| lundi 8 avril 2002 | 10496 | 251904 | 15114240 | 906854400 |
| mardi 9 avril 2002 | 10497 | 251928 | 15115680 | 906940800 |
| mercredi 10 avril 2002 | 10498 | 251952 | 15117120 | 907027200 |
| jeudi 11 avril 2002 | 10499 | 251976 | 15118560 | 907113600 |
| vendredi 12 avril 2002 | 10500 | 252000 | 15120000 | 907200000 |
| samedi 13 avril 2002 | 10501 | 252024 | 15121440 | 907286400 |
| dimanche 14 avril 2002 | 10502 | 252048 | 15122880 | 907372800 |
| lundi 15 avril 2002 | 10503 | 252072 | 15124320 | 907459200 |
| mardi 16 avril 2002 | 10504 | 252096 | 15125760 | 907545600 |
| mercredi 17 avril 2002 | 10505 | 252120 | 15127200 | 907632000 |
| jeudi 18 avril 2002 | 10506 | 252144 | 15128640 | 907718400 |
| vendredi 19 avril 2002 | 10507 | 252168 | 15130080 | 907804800 |
| samedi 20 avril 2002 | 10508 | 252192 | 15131520 | 907891200 |
| dimanche 21 avril 2002 | 10509 | 252216 | 15132960 | 907977600 |
| lundi 22 avril 2002 | 10510 | 252240 | 15134400 | 908064000 |
| mardi 23 avril 2002 | 10511 | 252264 | 15135840 | 908150400 |
| mercredi 24 avril 2002 | 10512 | 252288 | 15137280 | 908236800 |
| jeudi 25 avril 2002 | 10513 | 252312 | 15138720 | 908323200 |
| vendredi 26 avril 2002 | 10514 | 252336 | 15140160 | 908409600 |
| samedi 27 avril 2002 | 10515 | 252360 | 15141600 | 908496000 |
| dimanche 28 avril 2002 | 10516 | 252384 | 15143040 | 908582400 |
| lundi 29 avril 2002 | 10517 | 252408 | 15144480 | 908668800 |
| mardi 30 avril 2002 | 10518 | 252432 | 15145920 | 908755200 |
| mercredi 1 mai 2002 | 10519 | 252456 | 15147360 | 908841600 |
| jeudi 2 mai 2002 | 10520 | 252480 | 15148800 | 908928000 |
| vendredi 3 mai 2002 | 10521 | 252504 | 15150240 | 909014400 |
| samedi 4 mai 2002 | 10522 | 252528 | 15151680 | 909100800 |
| dimanche 5 mai 2002 | 10523 | 252552 | 15153120 | 909187200 |
| lundi 6 mai 2002 | 10524 | 252576 | 15154560 | 909273600 |

| | | | | |
|---|---|---|---|---|
| mardi 7 mai 2002 | 10525 | 252600 | 15156000 | 909360000 |
| mercredi 8 mai 2002 | 10526 | 252624 | 15157440 | 909446400 |
| jeudi 9 mai 2002 | 10527 | 252648 | 15158880 | 909532800 |
| vendredi 10 mai 2002 | 10528 | 252672 | 15160320 | 909619200 |
| samedi 11 mai 2002 | 10529 | 252696 | 15161760 | 909705600 |
| dimanche 12 mai 2002 | 10530 | 252720 | 15163200 | 909792000 |
| lundi 13 mai 2002 | 10531 | 252744 | 15164640 | 909878400 |
| mardi 14 mai 2002 | 10532 | 252768 | 15166080 | 909964800 |
| mercredi 15 mai 2002 | 10533 | 252792 | 15167520 | 910051200 |
| jeudi 16 mai 2002 | 10534 | 252816 | 15168960 | 910137600 |
| vendredi 17 mai 2002 | 10535 | 252840 | 15170400 | 910224000 |
| samedi 18 mai 2002 | 10536 | 252864 | 15171840 | 910310400 |
| dimanche 19 mai 2002 | 10537 | 252888 | 15173280 | 910396800 |
| lundi 20 mai 2002 | 10538 | 252912 | 15174720 | 910483200 |
| mardi 21 mai 2002 | 10539 | 252936 | 15176160 | 910569600 |
| mercredi 22 mai 2002 | 10540 | 252960 | 15177600 | 910656000 |
| jeudi 23 mai 2002 | 10541 | 252984 | 15179040 | 910742400 |
| vendredi 24 mai 2002 | 10542 | 253008 | 15180480 | 910828800 |
| samedi 25 mai 2002 | 10543 | 253032 | 15181920 | 910915200 |
| dimanche 26 mai 2002 | 10544 | 253056 | 15183360 | 911001600 |
| lundi 27 mai 2002 | 10545 | 253080 | 15184800 | 911088000 |
| mardi 28 mai 2002 | 10546 | 253104 | 15186240 | 911174400 |
| mercredi 29 mai 2002 | 10547 | 253128 | 15187680 | 911260800 |
| jeudi 30 mai 2002 | 10548 | 253152 | 15189120 | 911347200 |
| vendredi 31 mai 2002 | 10549 | 253176 | 15190560 | 911433600 |
| samedi 1 juin 2002 | 10550 | 253200 | 15192000 | 911520000 |
| dimanche 2 juin 2002 | 10551 | 253224 | 15193440 | 911606400 |
| lundi 3 juin 2002 | 10552 | 253248 | 15194880 | 911692800 |
| mardi 4 juin 2002 | 10553 | 253272 | 15196320 | 911779200 |
| mercredi 5 juin 2002 | 10554 | 253296 | 15197760 | 911865600 |
| jeudi 6 juin 2002 | 10555 | 253320 | 15199200 | 911952000 |
| vendredi 7 juin 2002 | 10556 | 253344 | 15200640 | 912038400 |
| samedi 8 juin 2002 | 10557 | 253368 | 15202080 | 912124800 |
| dimanche 9 juin 2002 | 10558 | 253392 | 15203520 | 912211200 |
| lundi 10 juin 2002 | 10559 | 253416 | 15204960 | 912297600 |
| mardi 11 juin 2002 | 10560 | 253440 | 15206400 | 912384000 |
| mercredi 12 juin 2002 | 10561 | 253464 | 15207840 | 912470400 |
| jeudi 13 juin 2002 | 10562 | 253488 | 15209280 | 912556800 |

| | | | | |
|---|---|---|---|---|
| vendredi 14 juin 2002 | 10563 | 253512 | 15210720 | 912643200 |
| samedi 15 juin 2002 | 10564 | 253536 | 15212160 | 912729600 |
| dimanche 16 juin 2002 | 10565 | 253560 | 15213600 | 912816000 |
| lundi 17 juin 2002 | 10566 | 253584 | 15215040 | 912902400 |
| mardi 18 juin 2002 | 10567 | 253608 | 15216480 | 912988800 |
| mercredi 19 juin 2002 | 10568 | 253632 | 15217920 | 913075200 |
| jeudi 20 juin 2002 | 10569 | 253656 | 15219360 | 913161600 |
| vendredi 21 juin 2002 | 10570 | 253680 | 15220800 | 913248000 |
| samedi 22 juin 2002 | 10571 | 253704 | 15222240 | 913334400 |
| dimanche 23 juin 2002 | 10572 | 253728 | 15223680 | 913420800 |
| lundi 24 juin 2002 | 10573 | 253752 | 15225120 | 913507200 |
| mardi 25 juin 2002 | 10574 | 253776 | 15226560 | 913593600 |
| mercredi 26 juin 2002 | 10575 | 253800 | 15228000 | 913680000 |
| jeudi 27 juin 2002 | 10576 | 253824 | 15229440 | 913766400 |
| vendredi 28 juin 2002 | 10577 | 253848 | 15230880 | 913852800 |
| samedi 29 juin 2002 | 10578 | 253872 | 15232320 | 913939200 |
| dimanche 30 juin 2002 | 10579 | 253896 | 15233760 | 914025600 |
| lundi 1 juillet 2002 | 10580 | 253920 | 15235200 | 914112000 |
| mardi 2 juillet 2002 | 10581 | 253944 | 15236640 | 914198400 |
| mercredi 3 juillet 2002 | 10582 | 253968 | 15238080 | 914284800 |
| jeudi 4 juillet 2002 | 10583 | 253992 | 15239520 | 914371200 |
| vendredi 5 juillet 2002 | 10584 | 254016 | 15240960 | 914457600 |
| samedi 6 juillet 2002 | 10585 | 254040 | 15242400 | 914544000 |
| dimanche 7 juillet 2002 | 10586 | 254064 | 15243840 | 914630400 |
| lundi 8 juillet 2002 | 10587 | 254088 | 15245280 | 914716800 |
| mardi 9 juillet 2002 | 10588 | 254112 | 15246720 | 914803200 |
| mercredi 10 juillet 2002 | 10589 | 254136 | 15248160 | 914889600 |
| jeudi 11 juillet 2002 | 10590 | 254160 | 15249600 | 914976000 |
| vendredi 12 juillet 2002 | 10591 | 254184 | 15251040 | 915062400 |
| samedi 13 juillet 2002 | 10592 | 254208 | 15252480 | 915148800 |
| dimanche 14 juillet 2002 | 10593 | 254232 | 15253920 | 915235200 |
| lundi 15 juillet 2002 | 10594 | 254256 | 15255360 | 915321600 |
| mardi 16 juillet 2002 | 10595 | 254280 | 15256800 | 915408000 |
| mercredi 17 juillet 2002 | 10596 | 254304 | 15258240 | 915494400 |
| jeudi 18 juillet 2002 | 10597 | 254328 | 15259680 | 915580800 |
| vendredi 19 juillet 2002 | 10598 | 254352 | 15261120 | 915667200 |
| samedi 20 juillet 2002 | 10599 | 254376 | 15262560 | 915753600 |
| dimanche 21 juillet 2002 | 10600 | 254400 | 15264000 | 915840000 |

| | | | | |
|---|---|---|---|---|
| lundi 22 juillet 2002 | 10601 | 254424 | 15265440 | 915926400 |
| mardi 23 juillet 2002 | 10602 | 254448 | 15266880 | 916012800 |
| mercredi 24 juillet 2002 | 10603 | 254472 | 15268320 | 916099200 |
| jeudi 25 juillet 2002 | 10604 | 254496 | 15269760 | 916185600 |
| vendredi 26 juillet 2002 | 10605 | 254520 | 15271200 | 916272000 |
| samedi 27 juillet 2002 | 10606 | 254544 | 15272640 | 916358400 |
| dimanche 28 juillet 2002 | 10607 | 254568 | 15274080 | 916444800 |
| lundi 29 juillet 2002 | 10608 | 254592 | 15275520 | 916531200 |
| mardi 30 juillet 2002 | 10609 | 254616 | 15276960 | 916617600 |
| mercredi 31 juillet 2002 | 10610 | 254640 | 15278400 | 916704000 |
| jeudi 1 août 2002 | 10611 | 254664 | 15279840 | 916790400 |
| vendredi 2 août 2002 | 10612 | 254688 | 15281280 | 916876800 |
| samedi 3 août 2002 | 10613 | 254712 | 15282720 | 916963200 |
| dimanche 4 août 2002 | 10614 | 254736 | 15284160 | 917049600 |
| lundi 5 août 2002 | 10615 | 254760 | 15285600 | 917136000 |
| mardi 6 août 2002 | 10616 | 254784 | 15287040 | 917222400 |
| mercredi 7 août 2002 | 10617 | 254808 | 15288480 | 917308800 |
| jeudi 8 août 2002 | 10618 | 254832 | 15289920 | 917395200 |
| vendredi 9 août 2002 | 10619 | 254856 | 15291360 | 917481600 |
| samedi 10 août 2002 | 10620 | 254880 | 15292800 | 917568000 |
| dimanche 11 août 2002 | 10621 | 254904 | 15294240 | 917654400 |
| lundi 12 août 2002 | 10622 | 254928 | 15295680 | 917740800 |
| mardi 13 août 2002 | 10623 | 254952 | 15297120 | 917827200 |
| mercredi 14 août 2002 | 10624 | 254976 | 15298560 | 917913600 |
| jeudi 15 août 2002 | 10625 | 255000 | 15300000 | 918000000 |
| vendredi 16 août 2002 | 10626 | 255024 | 15301440 | 918086400 |
| samedi 17 août 2002 | 10627 | 255048 | 15302880 | 918172800 |
| dimanche 18 août 2002 | 10628 | 255072 | 15304320 | 918259200 |
| lundi 19 août 2002 | 10629 | 255096 | 15305760 | 918345600 |
| mardi 20 août 2002 | 10630 | 255120 | 15307200 | 918432000 |
| mercredi 21 août 2002 | 10631 | 255144 | 15308640 | 918518400 |
| jeudi 22 août 2002 | 10632 | 255168 | 15310080 | 918604800 |
| vendredi 23 août 2002 | 10633 | 255192 | 15311520 | 918691200 |
| samedi 24 août 2002 | 10634 | 255216 | 15312960 | 918777600 |
| dimanche 25 août 2002 | 10635 | 255240 | 15314400 | 918864000 |
| lundi 26 août 2002 | 10636 | 255264 | 15315840 | 918950400 |
| mardi 27 août 2002 | 10637 | 255288 | 15317280 | 919036800 |
| mercredi 28 août 2002 | 10638 | 255312 | 15318720 | 919123200 |

| | | | | |
|---|---|---|---|---|
| jeudi 29 août 2002 | 10639 | 255336 | 15320160 | 919209600 |
| vendredi 30 août 2002 | 10640 | 255360 | 15321600 | 919296000 |
| samedi 31 août 2002 | 10641 | 255384 | 15323040 | 919382400 |
| dimanche 1 septembre 2002 | 10642 | 255408 | 15324480 | 919468800 |
| lundi 2 septembre 2002 | 10643 | 255432 | 15325920 | 919555200 |
| mardi 3 septembre 2002 | 10644 | 255456 | 15327360 | 919641600 |
| mercredi 4 septembre 2002 | 10645 | 255480 | 15328800 | 919728000 |
| jeudi 5 septembre 2002 | 10646 | 255504 | 15330240 | 919814400 |
| vendredi 6 septembre 2002 | 10647 | 255528 | 15331680 | 919900800 |
| samedi 7 septembre 2002 | 10648 | 255552 | 15333120 | 919987200 |
| dimanche 8 septembre 2002 | 10649 | 255576 | 15334560 | 920073600 |
| lundi 9 septembre 2002 | 10650 | 255600 | 15336000 | 920160000 |
| mardi 10 septembre 2002 | 10651 | 255624 | 15337440 | 920246400 |
| mercredi 11 septembre 2002 | 10652 | 255648 | 15338880 | 920332800 |
| jeudi 12 septembre 2002 | 10653 | 255672 | 15340320 | 920419200 |
| vendredi 13 septembre 2002 | 10654 | 255696 | 15341760 | 920505600 |
| samedi 14 septembre 2002 | 10655 | 255720 | 15343200 | 920592000 |
| dimanche 15 septembre 2002 | 10656 | 255744 | 15344640 | 920678400 |
| lundi 16 septembre 2002 | 10657 | 255768 | 15346080 | 920764800 |
| mardi 17 septembre 2002 | 10658 | 255792 | 15347520 | 920851200 |
| mercredi 18 septembre 2002 | 10659 | 255816 | 15348960 | 920937600 |
| jeudi 19 septembre 2002 | 10660 | 255840 | 15350400 | 921024000 |
| vendredi 20 septembre 2002 | 10661 | 255864 | 15351840 | 921110400 |
| samedi 21 septembre 2002 | 10662 | 255888 | 15353280 | 921196800 |
| dimanche 22 septembre 2002 | 10663 | 255912 | 15354720 | 921283200 |
| lundi 23 septembre 2002 | 10664 | 255936 | 15356160 | 921369600 |
| mardi 24 septembre 2002 | 10665 | 255960 | 15357600 | 921456000 |
| mercredi 25 septembre 2002 | 10666 | 255984 | 15359040 | 921542400 |
| jeudi 26 septembre 2002 | 10667 | 256008 | 15360480 | 921628800 |
| vendredi 27 septembre 2002 | 10668 | 256032 | 15361920 | 921715200 |
| samedi 28 septembre 2002 | 10669 | 256056 | 15363360 | 921801600 |
| dimanche 29 septembre 2002 | 10670 | 256080 | 15364800 | 921888000 |
| lundi 30 septembre 2002 | 10671 | 256104 | 15366240 | 921974400 |
| mardi 1 octobre 2002 | 10672 | 256128 | 15367680 | 922060800 |
| mercredi 2 octobre 2002 | 10673 | 256152 | 15369120 | 922147200 |
| jeudi 3 octobre 2002 | 10674 | 256176 | 15370560 | 922233600 |
| vendredi 4 octobre 2002 | 10675 | 256200 | 15372000 | 922320000 |
| samedi 5 octobre 2002 | 10676 | 256224 | 15373440 | 922406400 |

| | | | | |
|---|---|---|---|---|
| dimanche 6 octobre 2002 | 10677 | 256248 | 15374880 | 922492800 |
| lundi 7 octobre 2002 | 10678 | 256272 | 15376320 | 922579200 |
| mardi 8 octobre 2002 | 10679 | 256296 | 15377760 | 922665600 |
| mercredi 9 octobre 2002 | 10680 | 256320 | 15379200 | 922752000 |
| jeudi 10 octobre 2002 | 10681 | 256344 | 15380640 | 922838400 |
| vendredi 11 octobre 2002 | 10682 | 256368 | 15382080 | 922924800 |
| samedi 12 octobre 2002 | 10683 | 256392 | 15383520 | 923011200 |
| dimanche 13 octobre 2002 | 10684 | 256416 | 15384960 | 923097600 |
| lundi 14 octobre 2002 | 10685 | 256440 | 15386400 | 923184000 |
| mardi 15 octobre 2002 | 10686 | 256464 | 15387840 | 923270400 |
| mercredi 16 octobre 2002 | 10687 | 256488 | 15389280 | 923356800 |
| jeudi 17 octobre 2002 | 10688 | 256512 | 15390720 | 923443200 |
| vendredi 18 octobre 2002 | 10689 | 256536 | 15392160 | 923529600 |
| samedi 19 octobre 2002 | 10690 | 256560 | 15393600 | 923616000 |
| dimanche 20 octobre 2002 | 10691 | 256584 | 15395040 | 923702400 |
| lundi 21 octobre 2002 | 10692 | 256608 | 15396480 | 923788800 |
| mardi 22 octobre 2002 | 10693 | 256632 | 15397920 | 923875200 |
| mercredi 23 octobre 2002 | 10694 | 256656 | 15399360 | 923961600 |
| jeudi 24 octobre 2002 | 10695 | 256680 | 15400800 | 924048000 |
| vendredi 25 octobre 2002 | 10696 | 256704 | 15402240 | 924134400 |
| samedi 26 octobre 2002 | 10697 | 256728 | 15403680 | 924220800 |
| dimanche 27 octobre 2002 | 10698 | 256752 | 15405120 | 924307200 |
| lundi 28 octobre 2002 | 10699 | 256776 | 15406560 | 924393600 |
| mardi 29 octobre 2002 | 10700 | 256800 | 15408000 | 924480000 |
| mercredi 30 octobre 2002 | 10701 | 256824 | 15409440 | 924566400 |
| jeudi 31 octobre 2002 | 10702 | 256848 | 15410880 | 924652800 |
| vendredi 1 novembre 2002 | 10703 | 256872 | 15412320 | 924739200 |
| samedi 2 novembre 2002 | 10704 | 256896 | 15413760 | 924825600 |
| dimanche 3 novembre 2002 | 10705 | 256920 | 15415200 | 924912000 |
| lundi 4 novembre 2002 | 10706 | 256944 | 15416640 | 924998400 |
| mardi 5 novembre 2002 | 10707 | 256968 | 15418080 | 925084800 |
| mercredi 6 novembre 2002 | 10708 | 256992 | 15419520 | 925171200 |
| jeudi 7 novembre 2002 | 10709 | 257016 | 15420960 | 925257600 |
| vendredi 8 novembre 2002 | 10710 | 257040 | 15422400 | 925344000 |
| samedi 9 novembre 2002 | 10711 | 257064 | 15423840 | 925430400 |
| dimanche 10 novembre 2002 | 10712 | 257088 | 15425280 | 925516800 |
| lundi 11 novembre 2002 | 10713 | 257112 | 15426720 | 925603200 |
| mardi 12 novembre 2002 | 10714 | 257136 | 15428160 | 925689600 |

| | | | |
|---|---|---|---|
| mercredi 13 novembre 2002 | 10715 | 257160 | 15429600 | 925776000
| jeudi 14 novembre 2002 | 10716 | 257184 | 15431040 | 925862400
| vendredi 15 novembre 2002 | 10717 | 257208 | 15432480 | 925948800
| samedi 16 novembre 2002 | 10718 | 257232 | 15433920 | 926035200
| dimanche 17 novembre 2002 | 10719 | 257256 | 15435360 | 926121600
| lundi 18 novembre 2002 | 10720 | 257280 | 15436800 | 926208000
| mardi 19 novembre 2002 | 10721 | 257304 | 15438240 | 926294400
| mercredi 20 novembre 2002 | 10722 | 257328 | 15439680 | 926380800
| jeudi 21 novembre 2002 | 10723 | 257352 | 15441120 | 926467200
| vendredi 22 novembre 2002 | 10724 | 257376 | 15442560 | 926553600
| samedi 23 novembre 2002 | 10725 | 257400 | 15444000 | 926640000
| dimanche 24 novembre 2002 | 10726 | 257424 | 15445440 | 926726400
| lundi 25 novembre 2002 | 10727 | 257448 | 15446880 | 926812800
| mardi 26 novembre 2002 | 10728 | 257472 | 15448320 | 926899200
| mercredi 27 novembre 2002 | 10729 | 257496 | 15449760 | 926985600
| jeudi 28 novembre 2002 | 10730 | 257520 | 15451200 | 927072000
| vendredi 29 novembre 2002 | 10731 | 257544 | 15452640 | 927158400
| samedi 30 novembre 2002 | 10732 | 257568 | 15454080 | 927244800
| dimanche 1 décembre 2002 | 10733 | 257592 | 15455520 | 927331200
| lundi 2 décembre 2002 | 10734 | 257616 | 15456960 | 927417600
| mardi 3 décembre 2002 | 10735 | 257640 | 15458400 | 927504000
| mercredi 4 décembre 2002 | 10736 | 257664 | 15459840 | 927590400
| jeudi 5 décembre 2002 | 10737 | 257688 | 15461280 | 927676800
| vendredi 6 décembre 2002 | 10738 | 257712 | 15462720 | 927763200
| samedi 7 décembre 2002 | 10739 | 257736 | 15464160 | 927849600
| dimanche 8 décembre 2002 | 10740 | 257760 | 15465600 | 927936000
| lundi 9 décembre 2002 | 10741 | 257784 | 15467040 | 928022400
| mardi 10 décembre 2002 | 10742 | 257808 | 15468480 | 928108800
| mercredi 11 décembre 2002 | 10743 | 257832 | 15469920 | 928195200
| jeudi 12 décembre 2002 | 10744 | 257856 | 15471360 | 928281600
| vendredi 13 décembre 2002 | 10745 | 257880 | 15472800 | 928368000
| samedi 14 décembre 2002 | 10746 | 257904 | 15474240 | 928454400
| dimanche 15 décembre 2002 | 10747 | 257928 | 15475680 | 928540800
| lundi 16 décembre 2002 | 10748 | 257952 | 15477120 | 928627200
| mardi 17 décembre 2002 | 10749 | 257976 | 15478560 | 928713600
| mercredi 18 décembre 2002 | 10750 | 258000 | 15480000 | 928800000
| jeudi 19 décembre 2002 | 10751 | 258024 | 15481440 | 928886400
| vendredi 20 décembre 2002 | 10752 | 258048 | 15482880 | 928972800

| | | | | |
|---|---|---|---|---|
| samedi 21 décembre 2002 | 10753 | 258072 | 15484320 | 929059200 |
| dimanche 22 décembre 2002 | 10754 | 258096 | 15485760 | 929145600 |
| lundi 23 décembre 2002 | 10755 | 258120 | 15487200 | 929232000 |
| mardi 24 décembre 2002 | 10756 | 258144 | 15488640 | 929318400 |
| mercredi 25 décembre 2002 | 10757 | 258168 | 15490080 | 929404800 |
| jeudi 26 décembre 2002 | 10758 | 258192 | 15491520 | 929491200 |
| vendredi 27 décembre 2002 | 10759 | 258216 | 15492960 | 929577600 |
| samedi 28 décembre 2002 | 10760 | 258240 | 15494400 | 929664000 |
| dimanche 29 décembre 2002 | 10761 | 258264 | 15495840 | 929750400 |
| lundi 30 décembre 2002 | 10762 | 258288 | 15497280 | 929836800 |
| mardi 31 décembre 2002 | 10763 | 258312 | 15498720 | 929923200 |
| mercredi 1 janvier 2003 | 10764 | 258336 | 15500160 | 930009600 |
| jeudi 2 janvier 2003 | 10765 | 258360 | 15501600 | 930096000 |
| vendredi 3 janvier 2003 | 10766 | 258384 | 15503040 | 930182400 |
| samedi 4 janvier 2003 | 10767 | 258408 | 15504480 | 930268800 |
| dimanche 5 janvier 2003 | 10768 | 258432 | 15505920 | 930355200 |
| lundi 6 janvier 2003 | 10769 | 258456 | 15507360 | 930441600 |
| mardi 7 janvier 2003 | 10770 | 258480 | 15508800 | 930528000 |
| mercredi 8 janvier 2003 | 10771 | 258504 | 15510240 | 930614400 |
| jeudi 9 janvier 2003 | 10772 | 258528 | 15511680 | 930700800 |
| vendredi 10 janvier 2003 | 10773 | 258552 | 15513120 | 930787200 |
| samedi 11 janvier 2003 | 10774 | 258576 | 15514560 | 930873600 |
| dimanche 12 janvier 2003 | 10775 | 258600 | 15516000 | 930960000 |
| lundi 13 janvier 2003 | 10776 | 258624 | 15517440 | 931046400 |
| mardi 14 janvier 2003 | 10777 | 258648 | 15518880 | 931132800 |
| mercredi 15 janvier 2003 | 10778 | 258672 | 15520320 | 931219200 |
| jeudi 16 janvier 2003 | 10779 | 258696 | 15521760 | 931305600 |
| vendredi 17 janvier 2003 | 10780 | 258720 | 15523200 | 931392000 |
| samedi 18 janvier 2003 | 10781 | 258744 | 15524640 | 931478400 |
| dimanche 19 janvier 2003 | 10782 | 258768 | 15526080 | 931564800 |
| lundi 20 janvier 2003 | 10783 | 258792 | 15527520 | 931651200 |
| mardi 21 janvier 2003 | 10784 | 258816 | 15528960 | 931737600 |
| mercredi 22 janvier 2003 | 10785 | 258840 | 15530400 | 931824000 |
| jeudi 23 janvier 2003 | 10786 | 258864 | 15531840 | 931910400 |
| vendredi 24 janvier 2003 | 10787 | 258888 | 15533280 | 931996800 |
| samedi 25 janvier 2003 | 10788 | 258912 | 15534720 | 932083200 |
| dimanche 26 janvier 2003 | 10789 | 258936 | 15536160 | 932169600 |
| lundi 27 janvier 2003 | 10790 | 258960 | 15537600 | 932256000 |

| | | | |
|---|---|---|---|
| mardi 28 janvier 2003 | 10791 | 258984 | 15539040 | 932342400 |
| mercredi 29 janvier 2003 | 10792 | 259008 | 15540480 | 932428800 |
| jeudi 30 janvier 2003 | 10793 | 259032 | 15541920 | 932515200 |
| vendredi 31 janvier 2003 | 10794 | 259056 | 15543360 | 932601600 |
| samedi 1 février 2003 | 10795 | 259080 | 15544800 | 932688000 |
| dimanche 2 février 2003 | 10796 | 259104 | 15546240 | 932774400 |
| lundi 3 février 2003 | 10797 | 259128 | 15547680 | 932860800 |
| mardi 4 février 2003 | 10798 | 259152 | 15549120 | 932947200 |
| mercredi 5 février 2003 | 10799 | 259176 | 15550560 | 933033600 |
| jeudi 6 février 2003 | 10800 | 259200 | 15552000 | 933120000 |
| vendredi 7 février 2003 | 10801 | 259224 | 15553440 | 933206400 |
| samedi 8 février 2003 | 10802 | 259248 | 15554880 | 933292800 |
| dimanche 9 février 2003 | 10803 | 259272 | 15556320 | 933379200 |
| lundi 10 février 2003 | 10804 | 259296 | 15557760 | 933465600 |
| mardi 11 février 2003 | 10805 | 259320 | 15559200 | 933552000 |
| mercredi 12 février 2003 | 10806 | 259344 | 15560640 | 933638400 |
| jeudi 13 février 2003 | 10807 | 259368 | 15562080 | 933724800 |
| vendredi 14 février 2003 | 10808 | 259392 | 15563520 | 933811200 |
| samedi 15 février 2003 | 10809 | 259416 | 15564960 | 933897600 |
| dimanche 16 février 2003 | 10810 | 259440 | 15566400 | 933984000 |
| lundi 17 février 2003 | 10811 | 259464 | 15567840 | 934070400 |
| mardi 18 février 2003 | 10812 | 259488 | 15569280 | 934156800 |
| mercredi 19 février 2003 | 10813 | 259512 | 15570720 | 934243200 |
| jeudi 20 février 2003 | 10814 | 259536 | 15572160 | 934329600 |
| vendredi 21 février 2003 | 10815 | 259560 | 15573600 | 934416000 |
| samedi 22 février 2003 | 10816 | 259584 | 15575040 | 934502400 |
| dimanche 23 février 2003 | 10817 | 259608 | 15576480 | 934588800 |
| lundi 24 février 2003 | 10818 | 259632 | 15577920 | 934675200 |
| mardi 25 février 2003 | 10819 | 259656 | 15579360 | 934761600 |
| mercredi 26 février 2003 | 10820 | 259680 | 15580800 | 934848000 |
| jeudi 27 février 2003 | 10821 | 259704 | 15582240 | 934934400 |
| vendredi 28 février 2003 | 10822 | 259728 | 15583680 | 935020800 |
| samedi 1 mars 2003 | 10823 | 259752 | 15585120 | 935107200 |
| dimanche 2 mars 2003 | 10824 | 259776 | 15586560 | 935193600 |
| lundi 3 mars 2003 | 10825 | 259800 | 15588000 | 935280000 |
| mardi 4 mars 2003 | 10826 | 259824 | 15589440 | 935366400 |
| mercredi 5 mars 2003 | 10827 | 259848 | 15590880 | 935452800 |
| jeudi 6 mars 2003 | 10828 | 259872 | 15592320 | 935539200 |

| | | | | |
|---|---|---|---|---|
| vendredi 7 mars 2003 | 10829 | 259896 | 15593760 | 935625600 |
| samedi 8 mars 2003 | 10830 | 259920 | 15595200 | 935712000 |
| dimanche 9 mars 2003 | 10831 | 259944 | 15596640 | 935798400 |
| lundi 10 mars 2003 | 10832 | 259968 | 15598080 | 935884800 |
| mardi 11 mars 2003 | 10833 | 259992 | 15599520 | 935971200 |
| mercredi 12 mars 2003 | 10834 | 260016 | 15600960 | 936057600 |
| jeudi 13 mars 2003 | 10835 | 260040 | 15602400 | 936144000 |
| vendredi 14 mars 2003 | 10836 | 260064 | 15603840 | 936230400 |
| samedi 15 mars 2003 | 10837 | 260088 | 15605280 | 936316800 |
| dimanche 16 mars 2003 | 10838 | 260112 | 15606720 | 936403200 |
| lundi 17 mars 2003 | 10839 | 260136 | 15608160 | 936489600 |
| mardi 18 mars 2003 | 10840 | 260160 | 15609600 | 936576000 |
| mercredi 19 mars 2003 | 10841 | 260184 | 15611040 | 936662400 |
| jeudi 20 mars 2003 | 10842 | 260208 | 15612480 | 936748800 |
| vendredi 21 mars 2003 | 10843 | 260232 | 15613920 | 936835200 |
| samedi 22 mars 2003 | 10844 | 260256 | 15615360 | 936921600 |
| dimanche 23 mars 2003 | 10845 | 260280 | 15616800 | 937008000 |
| lundi 24 mars 2003 | 10846 | 260304 | 15618240 | 937094400 |
| mardi 25 mars 2003 | 10847 | 260328 | 15619680 | 937180800 |
| mercredi 26 mars 2003 | 10848 | 260352 | 15621120 | 937267200 |
| jeudi 27 mars 2003 | 10849 | 260376 | 15622560 | 937353600 |
| vendredi 28 mars 2003 | 10850 | 260400 | 15624000 | 937440000 |
| samedi 29 mars 2003 | 10851 | 260424 | 15625440 | 937526400 |
| dimanche 30 mars 2003 | 10852 | 260448 | 15626880 | 937612800 |
| lundi 31 mars 2003 | 10853 | 260472 | 15628320 | 937699200 |
| mardi 1 avril 2003 | 10854 | 260496 | 15629760 | 937785600 |
| mercredi 2 avril 2003 | 10855 | 260520 | 15631200 | 937872000 |
| jeudi 3 avril 2003 | 10856 | 260544 | 15632640 | 937958400 |
| vendredi 4 avril 2003 | 10857 | 260568 | 15634080 | 938044800 |
| samedi 5 avril 2003 | 10858 | 260592 | 15635520 | 938131200 |
| dimanche 6 avril 2003 | 10859 | 260616 | 15636960 | 938217600 |
| lundi 7 avril 2003 | 10860 | 260640 | 15638400 | 938304000 |
| mardi 8 avril 2003 | 10861 | 260664 | 15639840 | 938390400 |
| mercredi 9 avril 2003 | 10862 | 260688 | 15641280 | 938476800 |
| jeudi 10 avril 2003 | 10863 | 260712 | 15642720 | 938563200 |
| vendredi 11 avril 2003 | 10864 | 260736 | 15644160 | 938649600 |
| samedi 12 avril 2003 | 10865 | 260760 | 15645600 | 938736000 |
| dimanche 13 avril 2003 | 10866 | 260784 | 15647040 | 938822400 |

| | | | | |
|---|---|---|---|---|
| lundi 14 avril 2003 | 10867 | 260808 | 15648480 | 938908800 |
| mardi 15 avril 2003 | 10868 | 260832 | 15649920 | 938995200 |
| mercredi 16 avril 2003 | 10869 | 260856 | 15651360 | 939081600 |
| jeudi 17 avril 2003 | 10870 | 260880 | 15652800 | 939168000 |
| vendredi 18 avril 2003 | 10871 | 260904 | 15654240 | 939254400 |
| samedi 19 avril 2003 | 10872 | 260928 | 15655680 | 939340800 |
| dimanche 20 avril 2003 | 10873 | 260952 | 15657120 | 939427200 |
| lundi 21 avril 2003 | 10874 | 260976 | 15658560 | 939513600 |
| mardi 22 avril 2003 | 10875 | 261000 | 15660000 | 939600000 |
| mercredi 23 avril 2003 | 10876 | 261024 | 15661440 | 939686400 |
| jeudi 24 avril 2003 | 10877 | 261048 | 15662880 | 939772800 |
| vendredi 25 avril 2003 | 10878 | 261072 | 15664320 | 939859200 |
| samedi 26 avril 2003 | 10879 | 261096 | 15665760 | 939945600 |
| dimanche 27 avril 2003 | 10880 | 261120 | 15667200 | 940032000 |
| lundi 28 avril 2003 | 10881 | 261144 | 15668640 | 940118400 |
| mardi 29 avril 2003 | 10882 | 261168 | 15670080 | 940204800 |
| mercredi 30 avril 2003 | 10883 | 261192 | 15671520 | 940291200 |
| jeudi 1 mai 2003 | 10884 | 261216 | 15672960 | 940377600 |
| vendredi 2 mai 2003 | 10885 | 261240 | 15674400 | 940464000 |
| samedi 3 mai 2003 | 10886 | 261264 | 15675840 | 940550400 |
| dimanche 4 mai 2003 | 10887 | 261288 | 15677280 | 940636800 |
| lundi 5 mai 2003 | 10888 | 261312 | 15678720 | 940723200 |
| mardi 6 mai 2003 | 10889 | 261336 | 15680160 | 940809600 |
| mercredi 7 mai 2003 | 10890 | 261360 | 15681600 | 940896000 |
| jeudi 8 mai 2003 | 10891 | 261384 | 15683040 | 940982400 |
| vendredi 9 mai 2003 | 10892 | 261408 | 15684480 | 941068800 |
| samedi 10 mai 2003 | 10893 | 261432 | 15685920 | 941155200 |
| dimanche 11 mai 2003 | 10894 | 261456 | 15687360 | 941241600 |
| lundi 12 mai 2003 | 10895 | 261480 | 15688800 | 941328000 |
| mardi 13 mai 2003 | 10896 | 261504 | 15690240 | 941414400 |
| mercredi 14 mai 2003 | 10897 | 261528 | 15691680 | 941500800 |
| jeudi 15 mai 2003 | 10898 | 261552 | 15693120 | 941587200 |
| vendredi 16 mai 2003 | 10899 | 261576 | 15694560 | 941673600 |
| samedi 17 mai 2003 | 10900 | 261600 | 15696000 | 941760000 |
| dimanche 18 mai 2003 | 10901 | 261624 | 15697440 | 941846400 |
| lundi 19 mai 2003 | 10902 | 261648 | 15698880 | 941932800 |
| mardi 20 mai 2003 | 10903 | 261672 | 15700320 | 942019200 |
| mercredi 21 mai 2003 | 10904 | 261696 | 15701760 | 942105600 |

| | | | | |
|---|---|---|---|---|
| jeudi 22 mai 2003 | 10905 | 261720 | 15703200 | 942192000 |
| vendredi 23 mai 2003 | 10906 | 261744 | 15704640 | 942278400 |
| samedi 24 mai 2003 | 10907 | 261768 | 15706080 | 942364800 |
| dimanche 25 mai 2003 | 10908 | 261792 | 15707520 | 942451200 |
| lundi 26 mai 2003 | 10909 | 261816 | 15708960 | 942537600 |
| mardi 27 mai 2003 | 10910 | 261840 | 15710400 | 942624000 |
| mercredi 28 mai 2003 | 10911 | 261864 | 15711840 | 942710400 |
| jeudi 29 mai 2003 | 10912 | 261888 | 15713280 | 942796800 |
| vendredi 30 mai 2003 | 10913 | 261912 | 15714720 | 942883200 |
| samedi 31 mai 2003 | 10914 | 261936 | 15716160 | 942969600 |
| dimanche 1 juin 2003 | 10915 | 261960 | 15717600 | 943056000 |
| lundi 2 juin 2003 | 10916 | 261984 | 15719040 | 943142400 |
| mardi 3 juin 2003 | 10917 | 262008 | 15720480 | 943228800 |
| mercredi 4 juin 2003 | 10918 | 262032 | 15721920 | 943315200 |
| jeudi 5 juin 2003 | 10919 | 262056 | 15723360 | 943401600 |
| vendredi 6 juin 2003 | 10920 | 262080 | 15724800 | 943488000 |
| samedi 7 juin 2003 | 10921 | 262104 | 15726240 | 943574400 |
| dimanche 8 juin 2003 | 10922 | 262128 | 15727680 | 943660800 |
| lundi 9 juin 2003 | 10923 | 262152 | 15729120 | 943747200 |
| mardi 10 juin 2003 | 10924 | 262176 | 15730560 | 943833600 |
| mercredi 11 juin 2003 | 10925 | 262200 | 15732000 | 943920000 |
| jeudi 12 juin 2003 | 10926 | 262224 | 15733440 | 944006400 |
| vendredi 13 juin 2003 | 10927 | 262248 | 15734880 | 944092800 |
| samedi 14 juin 2003 | 10928 | 262272 | 15736320 | 944179200 |
| dimanche 15 juin 2003 | 10929 | 262296 | 15737760 | 944265600 |
| lundi 16 juin 2003 | 10930 | 262320 | 15739200 | 944352000 |
| mardi 17 juin 2003 | 10931 | 262344 | 15740640 | 944438400 |
| mercredi 18 juin 2003 | 10932 | 262368 | 15742080 | 944524800 |
| jeudi 19 juin 2003 | 10933 | 262392 | 15743520 | 944611200 |
| vendredi 20 juin 2003 | 10934 | 262416 | 15744960 | 944697600 |
| samedi 21 juin 2003 | 10935 | 262440 | 15746400 | 944784000 |
| dimanche 22 juin 2003 | 10936 | 262464 | 15747840 | 944870400 |
| lundi 23 juin 2003 | 10937 | 262488 | 15749280 | 944956800 |
| mardi 24 juin 2003 | 10938 | 262512 | 15750720 | 945043200 |
| mercredi 25 juin 2003 | 10939 | 262536 | 15752160 | 945129600 |
| jeudi 26 juin 2003 | 10940 | 262560 | 15753600 | 945216000 |
| vendredi 27 juin 2003 | 10941 | 262584 | 15755040 | 945302400 |
| samedi 28 juin 2003 | 10942 | 262608 | 15756480 | 945388800 |

| | | | |
|---|---|---|---|
| dimanche 29 juin 2003 | 10943 | 262632 | 15757920 | 945475200 |
| lundi 30 juin 2003 | 10944 | 262656 | 15759360 | 945561600 |
| mardi 1 juillet 2003 | 10945 | 262680 | 15760800 | 945648000 |
| mercredi 2 juillet 2003 | 10946 | 262704 | 15762240 | 945734400 |
| jeudi 3 juillet 2003 | 10947 | 262728 | 15763680 | 945820800 |
| vendredi 4 juillet 2003 | 10948 | 262752 | 15765120 | 945907200 |
| samedi 5 juillet 2003 | 10949 | 262776 | 15766560 | 945993600 |
| dimanche 6 juillet 2003 | 10950 | 262800 | 15768000 | 946080000 |
| lundi 7 juillet 2003 | 10951 | 262824 | 15769440 | 946166400 |
| mardi 8 juillet 2003 | 10952 | 262848 | 15770880 | 946252800 |
| mercredi 9 juillet 2003 | 10953 | 262872 | 15772320 | 946339200 |
| jeudi 10 juillet 2003 | 10954 | 262896 | 15773760 | 946425600 |
| vendredi 11 juillet 2003 | 10955 | 262920 | 15775200 | 946512000 |
| samedi 12 juillet 2003 | 10956 | 262944 | 15776640 | 946598400 |
| dimanche 13 juillet 2003 | 10957 | 262968 | 15778080 | 946684800 |
| lundi 14 juillet 2003 | 10958 | 262992 | 15779520 | 946771200 |
| mardi 15 juillet 2003 | 10959 | 263016 | 15780960 | 946857600 |
| mercredi 16 juillet 2003 | 10960 | 263040 | 15782400 | 946944000 |
| jeudi 17 juillet 2003 | 10961 | 263064 | 15783840 | 947030400 |
| vendredi 18 juillet 2003 | 10962 | 263088 | 15785280 | 947116800 |
| samedi 19 juillet 2003 | 10963 | 263112 | 15786720 | 947203200 |
| dimanche 20 juillet 2003 | 10964 | 263136 | 15788160 | 947289600 |
| lundi 21 juillet 2003 | 10965 | 263160 | 15789600 | 947376000 |
| mardi 22 juillet 2003 | 10966 | 263184 | 15791040 | 947462400 |
| mercredi 23 juillet 2003 | 10967 | 263208 | 15792480 | 947548800 |
| jeudi 24 juillet 2003 | 10968 | 263232 | 15793920 | 947635200 |
| vendredi 25 juillet 2003 | 10969 | 263256 | 15795360 | 947721600 |
| samedi 26 juillet 2003 | 10970 | 263280 | 15796800 | 947808000 |
| dimanche 27 juillet 2003 | 10971 | 263304 | 15798240 | 947894400 |
| lundi 28 juillet 2003 | 10972 | 263328 | 15799680 | 947980800 |
| mardi 29 juillet 2003 | 10973 | 263352 | 15801120 | 948067200 |
| mercredi 30 juillet 2003 | 10974 | 263376 | 15802560 | 948153600 |
| jeudi 31 juillet 2003 | 10975 | 263400 | 15804000 | 948240000 |
| vendredi 1 août 2003 | 10976 | 263424 | 15805440 | 948326400 |
| samedi 2 août 2003 | 10977 | 263448 | 15806880 | 948412800 |
| dimanche 3 août 2003 | 10978 | 263472 | 15808320 | 948499200 |
| lundi 4 août 2003 | 10979 | 263496 | 15809760 | 948585600 |
| mardi 5 août 2003 | 10980 | 263520 | 15811200 | 948672000 |

| | | | | |
|---|---|---|---|---|
| mercredi 6 août 2003 | 10981 | 263544 | 15812640 | 948758400 |
| jeudi 7 août 2003 | 10982 | 263568 | 15814080 | 948844800 |
| vendredi 8 août 2003 | 10983 | 263592 | 15815520 | 948931200 |
| samedi 9 août 2003 | 10984 | 263616 | 15816960 | 949017600 |
| dimanche 10 août 2003 | 10985 | 263640 | 15818400 | 949104000 |
| lundi 11 août 2003 | 10986 | 263664 | 15819840 | 949190400 |
| mardi 12 août 2003 | 10987 | 263688 | 15821280 | 949276800 |
| mercredi 13 août 2003 | 10988 | 263712 | 15822720 | 949363200 |
| jeudi 14 août 2003 | 10989 | 263736 | 15824160 | 949449600 |
| vendredi 15 août 2003 | 10990 | 263760 | 15825600 | 949536000 |
| samedi 16 août 2003 | 10991 | 263784 | 15827040 | 949622400 |
| dimanche 17 août 2003 | 10992 | 263808 | 15828480 | 949708800 |
| lundi 18 août 2003 | 10993 | 263832 | 15829920 | 949795200 |
| mardi 19 août 2003 | 10994 | 263856 | 15831360 | 949881600 |
| mercredi 20 août 2003 | 10995 | 263880 | 15832800 | 949968000 |
| jeudi 21 août 2003 | 10996 | 263904 | 15834240 | 950054400 |
| vendredi 22 août 2003 | 10997 | 263928 | 15835680 | 950140800 |
| samedi 23 août 2003 | 10998 | 263952 | 15837120 | 950227200 |
| dimanche 24 août 2003 | 10999 | 263976 | 15838560 | 950313600 |
| lundi 25 août 2003 | 11000 | 264000 | 15840000 | 950400000 |
| mardi 26 août 2003 | 11001 | 264024 | 15841440 | 950486400 |
| mercredi 27 août 2003 | 11002 | 264048 | 15842880 | 950572800 |
| jeudi 28 août 2003 | 11003 | 264072 | 15844320 | 950659200 |
| vendredi 29 août 2003 | 11004 | 264096 | 15845760 | 950745600 |
| samedi 30 août 2003 | 11005 | 264120 | 15847200 | 950832000 |
| dimanche 31 août 2003 | 11006 | 264144 | 15848640 | 950918400 |
| lundi 1 septembre 2003 | 11007 | 264168 | 15850080 | 951004800 |
| mardi 2 septembre 2003 | 11008 | 264192 | 15851520 | 951091200 |
| mercredi 3 septembre 2003 | 11009 | 264216 | 15852960 | 951177600 |
| jeudi 4 septembre 2003 | 11010 | 264240 | 15854400 | 951264000 |
| vendredi 5 septembre 2003 | 11011 | 264264 | 15855840 | 951350400 |
| samedi 6 septembre 2003 | 11012 | 264288 | 15857280 | 951436800 |
| dimanche 7 septembre 2003 | 11013 | 264312 | 15858720 | 951523200 |
| lundi 8 septembre 2003 | 11014 | 264336 | 15860160 | 951609600 |
| mardi 9 septembre 2003 | 11015 | 264360 | 15861600 | 951696000 |
| mercredi 10 septembre 2003 | 11016 | 264384 | 15863040 | 951782400 |
| jeudi 11 septembre 2003 | 11017 | 264408 | 15864480 | 951868800 |
| vendredi 12 septembre 2003 | 11018 | 264432 | 15865920 | 951955200 |

| | | | | |
|---|---|---|---|---|
| samedi 13 septembre 2003 | 11019 | 264456 | 15867360 | 952041600 |
| dimanche 14 septembre 2003 | 11020 | 264480 | 15868800 | 952128000 |
| lundi 15 septembre 2003 | 11021 | 264504 | 15870240 | 952214400 |
| mardi 16 septembre 2003 | 11022 | 264528 | 15871680 | 952300800 |
| mercredi 17 septembre 2003 | 11023 | 264552 | 15873120 | 952387200 |
| jeudi 18 septembre 2003 | 11024 | 264576 | 15874560 | 952473600 |
| vendredi 19 septembre 2003 | 11025 | 264600 | 15876000 | 952560000 |
| samedi 20 septembre 2003 | 11026 | 264624 | 15877440 | 952646400 |
| dimanche 21 septembre 2003 | 11027 | 264648 | 15878880 | 952732800 |
| lundi 22 septembre 2003 | 11028 | 264672 | 15880320 | 952819200 |
| mardi 23 septembre 2003 | 11029 | 264696 | 15881760 | 952905600 |
| mercredi 24 septembre 2003 | 11030 | 264720 | 15883200 | 952992000 |
| jeudi 25 septembre 2003 | 11031 | 264744 | 15884640 | 953078400 |
| vendredi 26 septembre 2003 | 11032 | 264768 | 15886080 | 953164800 |
| samedi 27 septembre 2003 | 11033 | 264792 | 15887520 | 953251200 |
| dimanche 28 septembre 2003 | 11034 | 264816 | 15888960 | 953337600 |
| lundi 29 septembre 2003 | 11035 | 264840 | 15890400 | 953424000 |
| mardi 30 septembre 2003 | 11036 | 264864 | 15891840 | 953510400 |
| mercredi 1 octobre 2003 | 11037 | 264888 | 15893280 | 953596800 |
| jeudi 2 octobre 2003 | 11038 | 264912 | 15894720 | 953683200 |
| vendredi 3 octobre 2003 | 11039 | 264936 | 15896160 | 953769600 |
| samedi 4 octobre 2003 | 11040 | 264960 | 15897600 | 953856000 |
| dimanche 5 octobre 2003 | 11041 | 264984 | 15899040 | 953942400 |
| lundi 6 octobre 2003 | 11042 | 265008 | 15900480 | 954028800 |
| mardi 7 octobre 2003 | 11043 | 265032 | 15901920 | 954115200 |
| mercredi 8 octobre 2003 | 11044 | 265056 | 15903360 | 954201600 |
| jeudi 9 octobre 2003 | 11045 | 265080 | 15904800 | 954288000 |
| vendredi 10 octobre 2003 | 11046 | 265104 | 15906240 | 954374400 |
| samedi 11 octobre 2003 | 11047 | 265128 | 15907680 | 954460800 |
| dimanche 12 octobre 2003 | 11048 | 265152 | 15909120 | 954547200 |
| lundi 13 octobre 2003 | 11049 | 265176 | 15910560 | 954633600 |
| mardi 14 octobre 2003 | 11050 | 265200 | 15912000 | 954720000 |
| mercredi 15 octobre 2003 | 11051 | 265224 | 15913440 | 954806400 |
| jeudi 16 octobre 2003 | 11052 | 265248 | 15914880 | 954892800 |
| vendredi 17 octobre 2003 | 11053 | 265272 | 15916320 | 954979200 |
| samedi 18 octobre 2003 | 11054 | 265296 | 15917760 | 955065600 |
| dimanche 19 octobre 2003 | 11055 | 265320 | 15919200 | 955152000 |
| lundi 20 octobre 2003 | 11056 | 265344 | 15920640 | 955238400 |

| | | | | |
|---|---|---|---|---|
| mardi 21 octobre 2003 | 11057 | 265368 | 15922080 | 955324800 |
| mercredi 22 octobre 2003 | 11058 | 265392 | 15923520 | 955411200 |
| jeudi 23 octobre 2003 | 11059 | 265416 | 15924960 | 955497600 |
| vendredi 24 octobre 2003 | 11060 | 265440 | 15926400 | 955584000 |
| samedi 25 octobre 2003 | 11061 | 265464 | 15927840 | 955670400 |
| dimanche 26 octobre 2003 | 11062 | 265488 | 15929280 | 955756800 |
| lundi 27 octobre 2003 | 11063 | 265512 | 15930720 | 955843200 |
| mardi 28 octobre 2003 | 11064 | 265536 | 15932160 | 955929600 |
| mercredi 29 octobre 2003 | 11065 | 265560 | 15933600 | 956016000 |
| jeudi 30 octobre 2003 | 11066 | 265584 | 15935040 | 956102400 |
| vendredi 31 octobre 2003 | 11067 | 265608 | 15936480 | 956188800 |
| samedi 1 novembre 2003 | 11068 | 265632 | 15937920 | 956275200 |
| dimanche 2 novembre 2003 | 11069 | 265656 | 15939360 | 956361600 |
| lundi 3 novembre 2003 | 11070 | 265680 | 15940800 | 956448000 |
| mardi 4 novembre 2003 | 11071 | 265704 | 15942240 | 956534400 |
| mercredi 5 novembre 2003 | 11072 | 265728 | 15943680 | 956620800 |
| jeudi 6 novembre 2003 | 11073 | 265752 | 15945120 | 956707200 |
| vendredi 7 novembre 2003 | 11074 | 265776 | 15946560 | 956793600 |
| samedi 8 novembre 2003 | 11075 | 265800 | 15948000 | 956880000 |
| dimanche 9 novembre 2003 | 11076 | 265824 | 15949440 | 956966400 |
| lundi 10 novembre 2003 | 11077 | 265848 | 15950880 | 957052800 |
| mardi 11 novembre 2003 | 11078 | 265872 | 15952320 | 957139200 |
| mercredi 12 novembre 2003 | 11079 | 265896 | 15953760 | 957225600 |
| jeudi 13 novembre 2003 | 11080 | 265920 | 15955200 | 957312000 |
| vendredi 14 novembre 2003 | 11081 | 265944 | 15956640 | 957398400 |
| samedi 15 novembre 2003 | 11082 | 265968 | 15958080 | 957484800 |
| dimanche 16 novembre 2003 | 11083 | 265992 | 15959520 | 957571200 |
| lundi 17 novembre 2003 | 11084 | 266016 | 15960960 | 957657600 |
| mardi 18 novembre 2003 | 11085 | 266040 | 15962400 | 957744000 |
| mercredi 19 novembre 2003 | 11086 | 266064 | 15963840 | 957830400 |
| jeudi 20 novembre 2003 | 11087 | 266088 | 15965280 | 957916800 |
| vendredi 21 novembre 2003 | 11088 | 266112 | 15966720 | 958003200 |
| samedi 22 novembre 2003 | 11089 | 266136 | 15968160 | 958089600 |
| dimanche 23 novembre 2003 | 11090 | 266160 | 15969600 | 958176000 |
| lundi 24 novembre 2003 | 11091 | 266184 | 15971040 | 958262400 |
| mardi 25 novembre 2003 | 11092 | 266208 | 15972480 | 958348800 |
| mercredi 26 novembre 2003 | 11093 | 266232 | 15973920 | 958435200 |
| jeudi 27 novembre 2003 | 11094 | 266256 | 15975360 | 958521600 |

| | | | | |
|---|---|---|---|---|
| vendredi 28 novembre 2003 | 11095 | 266280 | 15976800 | 958608000 |
| samedi 29 novembre 2003 | 11096 | 266304 | 15978240 | 958694400 |
| dimanche 30 novembre 2003 | 11097 | 266328 | 15979680 | 958780800 |
| lundi 1 décembre 2003 | 11098 | 266352 | 15981120 | 958867200 |
| mardi 2 décembre 2003 | 11099 | 266376 | 15982560 | 958953600 |
| mercredi 3 décembre 2003 | 11100 | 266400 | 15984000 | 959040000 |
| jeudi 4 décembre 2003 | 11101 | 266424 | 15985440 | 959126400 |
| vendredi 5 décembre 2003 | 11102 | 266448 | 15986880 | 959212800 |
| samedi 6 décembre 2003 | 11103 | 266472 | 15988320 | 959299200 |
| dimanche 7 décembre 2003 | 11104 | 266496 | 15989760 | 959385600 |
| lundi 8 décembre 2003 | 11105 | 266520 | 15991200 | 959472000 |
| mardi 9 décembre 2003 | 11106 | 266544 | 15992640 | 959558400 |
| mercredi 10 décembre 2003 | 11107 | 266568 | 15994080 | 959644800 |
| jeudi 11 décembre 2003 | 11108 | 266592 | 15995520 | 959731200 |
| vendredi 12 décembre 2003 | 11109 | 266616 | 15996960 | 959817600 |
| samedi 13 décembre 2003 | 11110 | 266640 | 15998400 | 959904000 |
| dimanche 14 décembre 2003 | 11111 | 266664 | 15999840 | 959990400 |
| lundi 15 décembre 2003 | 11112 | 266688 | 16001280 | 960076800 |
| mardi 16 décembre 2003 | 11113 | 266712 | 16002720 | 960163200 |
| mercredi 17 décembre 2003 | 11114 | 266736 | 16004160 | 960249600 |
| jeudi 18 décembre 2003 | 11115 | 266760 | 16005600 | 960336000 |
| vendredi 19 décembre 2003 | 11116 | 266784 | 16007040 | 960422400 |
| samedi 20 décembre 2003 | 11117 | 266808 | 16008480 | 960508800 |
| dimanche 21 décembre 2003 | 11118 | 266832 | 16009920 | 960595200 |
| lundi 22 décembre 2003 | 11119 | 266856 | 16011360 | 960681600 |
| mardi 23 décembre 2003 | 11120 | 266880 | 16012800 | 960768000 |
| mercredi 24 décembre 2003 | 11121 | 266904 | 16014240 | 960854400 |
| jeudi 25 décembre 2003 | 11122 | 266928 | 16015680 | 960940800 |
| vendredi 26 décembre 2003 | 11123 | 266952 | 16017120 | 961027200 |
| samedi 27 décembre 2003 | 11124 | 266976 | 16018560 | 961113600 |
| dimanche 28 décembre 2003 | 11125 | 267000 | 16020000 | 961200000 |
| lundi 29 décembre 2003 | 11126 | 267024 | 16021440 | 961286400 |
| mardi 30 décembre 2003 | 11127 | 267048 | 16022880 | 961372800 |
| mercredi 31 décembre 2003 | 11128 | 267072 | 16024320 | 961459200 |
| jeudi 1 janvier 2004 | 11129 | 267096 | 16025760 | 961545600 |
| vendredi 2 janvier 2004 | 11130 | 267120 | 16027200 | 961632000 |
| samedi 3 janvier 2004 | 11131 | 267144 | 16028640 | 961718400 |
| dimanche 4 janvier 2004 | 11132 | 267168 | 16030080 | 961804800 |

| | | | | |
|---|---|---|---|---|
| lundi 5 janvier 2004 | 11133 | 267192 | 16031520 | 961891200 |
| mardi 6 janvier 2004 | 11134 | 267216 | 16032960 | 961977600 |
| mercredi 7 janvier 2004 | 11135 | 267240 | 16034400 | 962064000 |
| jeudi 8 janvier 2004 | 11136 | 267264 | 16035840 | 962150400 |
| vendredi 9 janvier 2004 | 11137 | 267288 | 16037280 | 962236800 |
| samedi 10 janvier 2004 | 11138 | 267312 | 16038720 | 962323200 |
| dimanche 11 janvier 2004 | 11139 | 267336 | 16040160 | 962409600 |
| lundi 12 janvier 2004 | 11140 | 267360 | 16041600 | 962496000 |
| mardi 13 janvier 2004 | 11141 | 267384 | 16043040 | 962582400 |
| mercredi 14 janvier 2004 | 11142 | 267408 | 16044480 | 962668800 |
| jeudi 15 janvier 2004 | 11143 | 267432 | 16045920 | 962755200 |
| vendredi 16 janvier 2004 | 11144 | 267456 | 16047360 | 962841600 |
| samedi 17 janvier 2004 | 11145 | 267480 | 16048800 | 962928000 |
| dimanche 18 janvier 2004 | 11146 | 267504 | 16050240 | 963014400 |
| lundi 19 janvier 2004 | 11147 | 267528 | 16051680 | 963100800 |
| mardi 20 janvier 2004 | 11148 | 267552 | 16053120 | 963187200 |
| mercredi 21 janvier 2004 | 11149 | 267576 | 16054560 | 963273600 |
| jeudi 22 janvier 2004 | 11150 | 267600 | 16056000 | 963360000 |
| vendredi 23 janvier 2004 | 11151 | 267624 | 16057440 | 963446400 |
| samedi 24 janvier 2004 | 11152 | 267648 | 16058880 | 963532800 |
| dimanche 25 janvier 2004 | 11153 | 267672 | 16060320 | 963619200 |
| lundi 26 janvier 2004 | 11154 | 267696 | 16061760 | 963705600 |
| mardi 27 janvier 2004 | 11155 | 267720 | 16063200 | 963792000 |
| mercredi 28 janvier 2004 | 11156 | 267744 | 16064640 | 963878400 |
| jeudi 29 janvier 2004 | 11157 | 267768 | 16066080 | 963964800 |
| vendredi 30 janvier 2004 | 11158 | 267792 | 16067520 | 964051200 |
| samedi 31 janvier 2004 | 11159 | 267816 | 16068960 | 964137600 |
| dimanche 1 février 2004 | 11160 | 267840 | 16070400 | 964224000 |
| lundi 2 février 2004 | 11161 | 267864 | 16071840 | 964310400 |
| mardi 3 février 2004 | 11162 | 267888 | 16073280 | 964396800 |
| mercredi 4 février 2004 | 11163 | 267912 | 16074720 | 964483200 |
| jeudi 5 février 2004 | 11164 | 267936 | 16076160 | 964569600 |
| vendredi 6 février 2004 | 11165 | 267960 | 16077600 | 964656000 |
| samedi 7 février 2004 | 11166 | 267984 | 16079040 | 964742400 |
| dimanche 8 février 2004 | 11167 | 268008 | 16080480 | 964828800 |
| lundi 9 février 2004 | 11168 | 268032 | 16081920 | 964915200 |
| mardi 10 février 2004 | 11169 | 268056 | 16083360 | 965001600 |
| mercredi 11 février 2004 | 11170 | 268080 | 16084800 | 965088000 |

| | | | | |
|---|---|---|---|---|
| jeudi 12 février 2004 | 11171 | 268104 | 16086240 | 965174400 |
| vendredi 13 février 2004 | 11172 | 268128 | 16087680 | 965260800 |
| samedi 14 février 2004 | 11173 | 268152 | 16089120 | 965347200 |
| dimanche 15 février 2004 | 11174 | 268176 | 16090560 | 965433600 |
| lundi 16 février 2004 | 11175 | 268200 | 16092000 | 965520000 |
| mardi 17 février 2004 | 11176 | 268224 | 16093440 | 965606400 |
| mercredi 18 février 2004 | 11177 | 268248 | 16094880 | 965692800 |
| jeudi 19 février 2004 | 11178 | 268272 | 16096320 | 965779200 |
| vendredi 20 février 2004 | 11179 | 268296 | 16097760 | 965865600 |
| samedi 21 février 2004 | 11180 | 268320 | 16099200 | 965952000 |
| dimanche 22 février 2004 | 11181 | 268344 | 16100640 | 966038400 |
| lundi 23 février 2004 | 11182 | 268368 | 16102080 | 966124800 |
| mardi 24 février 2004 | 11183 | 268392 | 16103520 | 966211200 |
| mercredi 25 février 2004 | 11184 | 268416 | 16104960 | 966297600 |
| jeudi 26 février 2004 | 11185 | 268440 | 16106400 | 966384000 |
| vendredi 27 février 2004 | 11186 | 268464 | 16107840 | 966470400 |
| samedi 28 février 2004 | 11187 | 268488 | 16109280 | 966556800 |
| dimanche 29 février 2004 | 11188 | 268512 | 16110720 | 966643200 |
| lundi 1 mars 2004 | 11189 | 268536 | 16112160 | 966729600 |
| mardi 2 mars 2004 | 11190 | 268560 | 16113600 | 966816000 |
| mercredi 3 mars 2004 | 11191 | 268584 | 16115040 | 966902400 |
| jeudi 4 mars 2004 | 11192 | 268608 | 16116480 | 966988800 |
| vendredi 5 mars 2004 | 11193 | 268632 | 16117920 | 967075200 |
| samedi 6 mars 2004 | 11194 | 268656 | 16119360 | 967161600 |
| dimanche 7 mars 2004 | 11195 | 268680 | 16120800 | 967248000 |
| lundi 8 mars 2004 | 11196 | 268704 | 16122240 | 967334400 |
| mardi 9 mars 2004 | 11197 | 268728 | 16123680 | 967420800 |
| mercredi 10 mars 2004 | 11198 | 268752 | 16125120 | 967507200 |
| jeudi 11 mars 2004 | 11199 | 268776 | 16126560 | 967593600 |
| vendredi 12 mars 2004 | 11200 | 268800 | 16128000 | 967680000 |
| samedi 13 mars 2004 | 11201 | 268824 | 16129440 | 967766400 |
| dimanche 14 mars 2004 | 11202 | 268848 | 16130880 | 967852800 |
| lundi 15 mars 2004 | 11203 | 268872 | 16132320 | 967939200 |
| mardi 16 mars 2004 | 11204 | 268896 | 16133760 | 968025600 |
| mercredi 17 mars 2004 | 11205 | 268920 | 16135200 | 968112000 |
| jeudi 18 mars 2004 | 11206 | 268944 | 16136640 | 968198400 |
| vendredi 19 mars 2004 | 11207 | 268968 | 16138080 | 968284800 |
| samedi 20 mars 2004 | 11208 | 268992 | 16139520 | 968371200 |

| | | | | |
|---|---|---|---|---|
| dimanche 21 mars 2004 | 11209 | 269016 | 16140960 | 968457600 |
| lundi 22 mars 2004 | 11210 | 269040 | 16142400 | 968544000 |
| mardi 23 mars 2004 | 11211 | 269064 | 16143840 | 968630400 |
| mercredi 24 mars 2004 | 11212 | 269088 | 16145280 | 968716800 |
| jeudi 25 mars 2004 | 11213 | 269112 | 16146720 | 968803200 |
| vendredi 26 mars 2004 | 11214 | 269136 | 16148160 | 968889600 |
| samedi 27 mars 2004 | 11215 | 269160 | 16149600 | 968976000 |
| dimanche 28 mars 2004 | 11216 | 269184 | 16151040 | 969062400 |
| lundi 29 mars 2004 | 11217 | 269208 | 16152480 | 969148800 |
| mardi 30 mars 2004 | 11218 | 269232 | 16153920 | 969235200 |
| mercredi 31 mars 2004 | 11219 | 269256 | 16155360 | 969321600 |
| jeudi 1 avril 2004 | 11220 | 269280 | 16156800 | 969408000 |
| vendredi 2 avril 2004 | 11221 | 269304 | 16158240 | 969494400 |
| samedi 3 avril 2004 | 11222 | 269328 | 16159680 | 969580800 |
| dimanche 4 avril 2004 | 11223 | 269352 | 16161120 | 969667200 |
| lundi 5 avril 2004 | 11224 | 269376 | 16162560 | 969753600 |
| mardi 6 avril 2004 | 11225 | 269400 | 16164000 | 969840000 |
| mercredi 7 avril 2004 | 11226 | 269424 | 16165440 | 969926400 |
| jeudi 8 avril 2004 | 11227 | 269448 | 16166880 | 970012800 |
| vendredi 9 avril 2004 | 11228 | 269472 | 16168320 | 970099200 |
| samedi 10 avril 2004 | 11229 | 269496 | 16169760 | 970185600 |
| dimanche 11 avril 2004 | 11230 | 269520 | 16171200 | 970272000 |
| lundi 12 avril 2004 | 11231 | 269544 | 16172640 | 970358400 |
| mardi 13 avril 2004 | 11232 | 269568 | 16174080 | 970444800 |
| mercredi 14 avril 2004 | 11233 | 269592 | 16175520 | 970531200 |
| jeudi 15 avril 2004 | 11234 | 269616 | 16176960 | 970617600 |
| vendredi 16 avril 2004 | 11235 | 269640 | 16178400 | 970704000 |
| samedi 17 avril 2004 | 11236 | 269664 | 16179840 | 970790400 |
| dimanche 18 avril 2004 | 11237 | 269688 | 16181280 | 970876800 |
| lundi 19 avril 2004 | 11238 | 269712 | 16182720 | 970963200 |
| mardi 20 avril 2004 | 11239 | 269736 | 16184160 | 971049600 |
| mercredi 21 avril 2004 | 11240 | 269760 | 16185600 | 971136000 |
| jeudi 22 avril 2004 | 11241 | 269784 | 16187040 | 971222400 |
| vendredi 23 avril 2004 | 11242 | 269808 | 16188480 | 971308800 |
| samedi 24 avril 2004 | 11243 | 269832 | 16189920 | 971395200 |
| dimanche 25 avril 2004 | 11244 | 269856 | 16191360 | 971481600 |
| lundi 26 avril 2004 | 11245 | 269880 | 16192800 | 971568000 |
| mardi 27 avril 2004 | 11246 | 269904 | 16194240 | 971654400 |

| | | | | |
|---|---|---|---|---|
| mercredi 28 avril 2004 | 11247 | 269928 | 16195680 | 971740800 |
| jeudi 29 avril 2004 | 11248 | 269952 | 16197120 | 971827200 |
| vendredi 30 avril 2004 | 11249 | 269976 | 16198560 | 971913600 |
| samedi 1 mai 2004 | 11250 | 270000 | 16200000 | 972000000 |
| dimanche 2 mai 2004 | 11251 | 270024 | 16201440 | 972086400 |
| lundi 3 mai 2004 | 11252 | 270048 | 16202880 | 972172800 |
| mardi 4 mai 2004 | 11253 | 270072 | 16204320 | 972259200 |
| mercredi 5 mai 2004 | 11254 | 270096 | 16205760 | 972345600 |
| jeudi 6 mai 2004 | 11255 | 270120 | 16207200 | 972432000 |
| vendredi 7 mai 2004 | 11256 | 270144 | 16208640 | 972518400 |
| samedi 8 mai 2004 | 11257 | 270168 | 16210080 | 972604800 |
| dimanche 9 mai 2004 | 11258 | 270192 | 16211520 | 972691200 |
| lundi 10 mai 2004 | 11259 | 270216 | 16212960 | 972777600 |
| mardi 11 mai 2004 | 11260 | 270240 | 16214400 | 972864000 |
| mercredi 12 mai 2004 | 11261 | 270264 | 16215840 | 972950400 |
| jeudi 13 mai 2004 | 11262 | 270288 | 16217280 | 973036800 |
| vendredi 14 mai 2004 | 11263 | 270312 | 16218720 | 973123200 |
| samedi 15 mai 2004 | 11264 | 270336 | 16220160 | 973209600 |
| dimanche 16 mai 2004 | 11265 | 270360 | 16221600 | 973296000 |
| lundi 17 mai 2004 | 11266 | 270384 | 16223040 | 973382400 |
| mardi 18 mai 2004 | 11267 | 270408 | 16224480 | 973468800 |
| mercredi 19 mai 2004 | 11268 | 270432 | 16225920 | 973555200 |
| jeudi 20 mai 2004 | 11269 | 270456 | 16227360 | 973641600 |
| vendredi 21 mai 2004 | 11270 | 270480 | 16228800 | 973728000 |
| samedi 22 mai 2004 | 11271 | 270504 | 16230240 | 973814400 |
| dimanche 23 mai 2004 | 11272 | 270528 | 16231680 | 973900800 |
| lundi 24 mai 2004 | 11273 | 270552 | 16233120 | 973987200 |
| mardi 25 mai 2004 | 11274 | 270576 | 16234560 | 974073600 |
| mercredi 26 mai 2004 | 11275 | 270600 | 16236000 | 974160000 |
| jeudi 27 mai 2004 | 11276 | 270624 | 16237440 | 974246400 |
| vendredi 28 mai 2004 | 11277 | 270648 | 16238880 | 974332800 |
| samedi 29 mai 2004 | 11278 | 270672 | 16240320 | 974419200 |
| dimanche 30 mai 2004 | 11279 | 270696 | 16241760 | 974505600 |
| lundi 31 mai 2004 | 11280 | 270720 | 16243200 | 974592000 |
| mardi 1 juin 2004 | 11281 | 270744 | 16244640 | 974678400 |
| mercredi 2 juin 2004 | 11282 | 270768 | 16246080 | 974764800 |
| jeudi 3 juin 2004 | 11283 | 270792 | 16247520 | 974851200 |
| vendredi 4 juin 2004 | 11284 | 270816 | 16248960 | 974937600 |

| | | | | |
|---|---|---|---|---|
| samedi 5 juin 2004 | 11285 | 270840 | 16250400 | 975024000 |
| dimanche 6 juin 2004 | 11286 | 270864 | 16251840 | 975110400 |
| lundi 7 juin 2004 | 11287 | 270888 | 16253280 | 975196800 |
| mardi 8 juin 2004 | 11288 | 270912 | 16254720 | 975283200 |
| mercredi 9 juin 2004 | 11289 | 270936 | 16256160 | 975369600 |
| jeudi 10 juin 2004 | 11290 | 270960 | 16257600 | 975456000 |
| vendredi 11 juin 2004 | 11291 | 270984 | 16259040 | 975542400 |
| samedi 12 juin 2004 | 11292 | 271008 | 16260480 | 975628800 |
| dimanche 13 juin 2004 | 11293 | 271032 | 16261920 | 975715200 |
| lundi 14 juin 2004 | 11294 | 271056 | 16263360 | 975801600 |
| mardi 15 juin 2004 | 11295 | 271080 | 16264800 | 975888000 |
| mercredi 16 juin 2004 | 11296 | 271104 | 16266240 | 975974400 |
| jeudi 17 juin 2004 | 11297 | 271128 | 16267680 | 976060800 |
| vendredi 18 juin 2004 | 11298 | 271152 | 16269120 | 976147200 |
| samedi 19 juin 2004 | 11299 | 271176 | 16270560 | 976233600 |
| dimanche 20 juin 2004 | 11300 | 271200 | 16272000 | 976320000 |
| lundi 21 juin 2004 | 11301 | 271224 | 16273440 | 976406400 |
| mardi 22 juin 2004 | 11302 | 271248 | 16274880 | 976492800 |
| mercredi 23 juin 2004 | 11303 | 271272 | 16276320 | 976579200 |
| jeudi 24 juin 2004 | 11304 | 271296 | 16277760 | 976665600 |
| vendredi 25 juin 2004 | 11305 | 271320 | 16279200 | 976752000 |
| samedi 26 juin 2004 | 11306 | 271344 | 16280640 | 976838400 |
| dimanche 27 juin 2004 | 11307 | 271368 | 16282080 | 976924800 |
| lundi 28 juin 2004 | 11308 | 271392 | 16283520 | 977011200 |
| mardi 29 juin 2004 | 11309 | 271416 | 16284960 | 977097600 |
| mercredi 30 juin 2004 | 11310 | 271440 | 16286400 | 977184000 |
| jeudi 1 juillet 2004 | 11311 | 271464 | 16287840 | 977270400 |
| vendredi 2 juillet 2004 | 11312 | 271488 | 16289280 | 977356800 |
| samedi 3 juillet 2004 | 11313 | 271512 | 16290720 | 977443200 |
| dimanche 4 juillet 2004 | 11314 | 271536 | 16292160 | 977529600 |
| lundi 5 juillet 2004 | 11315 | 271560 | 16293600 | 977616000 |
| mardi 6 juillet 2004 | 11316 | 271584 | 16295040 | 977702400 |
| mercredi 7 juillet 2004 | 11317 | 271608 | 16296480 | 977788800 |
| jeudi 8 juillet 2004 | 11318 | 271632 | 16297920 | 977875200 |
| vendredi 9 juillet 2004 | 11319 | 271656 | 16299360 | 977961600 |
| samedi 10 juillet 2004 | 11320 | 271680 | 16300800 | 978048000 |
| dimanche 11 juillet 2004 | 11321 | 271704 | 16302240 | 978134400 |
| lundi 12 juillet 2004 | 11322 | 271728 | 16303680 | 978220800 |

| | | | | |
|---|---|---|---|---|
| mardi 13 juillet 2004 | 11323 | 271752 | 16305120 | 978307200 |
| mercredi 14 juillet 2004 | 11324 | 271776 | 16306560 | 978393600 |
| jeudi 15 juillet 2004 | 11325 | 271800 | 16308000 | 978480000 |
| vendredi 16 juillet 2004 | 11326 | 271824 | 16309440 | 978566400 |
| samedi 17 juillet 2004 | 11327 | 271848 | 16310880 | 978652800 |
| dimanche 18 juillet 2004 | 11328 | 271872 | 16312320 | 978739200 |
| lundi 19 juillet 2004 | 11329 | 271896 | 16313760 | 978825600 |
| mardi 20 juillet 2004 | 11330 | 271920 | 16315200 | 978912000 |
| mercredi 21 juillet 2004 | 11331 | 271944 | 16316640 | 978998400 |
| jeudi 22 juillet 2004 | 11332 | 271968 | 16318080 | 979084800 |
| vendredi 23 juillet 2004 | 11333 | 271992 | 16319520 | 979171200 |
| samedi 24 juillet 2004 | 11334 | 272016 | 16320960 | 979257600 |
| dimanche 25 juillet 2004 | 11335 | 272040 | 16322400 | 979344000 |
| lundi 26 juillet 2004 | 11336 | 272064 | 16323840 | 979430400 |
| mardi 27 juillet 2004 | 11337 | 272088 | 16325280 | 979516800 |
| mercredi 28 juillet 2004 | 11338 | 272112 | 16326720 | 979603200 |
| jeudi 29 juillet 2004 | 11339 | 272136 | 16328160 | 979689600 |
| vendredi 30 juillet 2004 | 11340 | 272160 | 16329600 | 979776000 |
| samedi 31 juillet 2004 | 11341 | 272184 | 16331040 | 979862400 |
| dimanche 1 août 2004 | 11342 | 272208 | 16332480 | 979948800 |
| lundi 2 août 2004 | 11343 | 272232 | 16333920 | 980035200 |
| mardi 3 août 2004 | 11344 | 272256 | 16335360 | 980121600 |
| mercredi 4 août 2004 | 11345 | 272280 | 16336800 | 980208000 |
| jeudi 5 août 2004 | 11346 | 272304 | 16338240 | 980294400 |
| vendredi 6 août 2004 | 11347 | 272328 | 16339680 | 980380800 |
| samedi 7 août 2004 | 11348 | 272352 | 16341120 | 980467200 |
| dimanche 8 août 2004 | 11349 | 272376 | 16342560 | 980553600 |
| lundi 9 août 2004 | 11350 | 272400 | 16344000 | 980640000 |
| mardi 10 août 2004 | 11351 | 272424 | 16345440 | 980726400 |
| mercredi 11 août 2004 | 11352 | 272448 | 16346880 | 980812800 |
| jeudi 12 août 2004 | 11353 | 272472 | 16348320 | 980899200 |
| vendredi 13 août 2004 | 11354 | 272496 | 16349760 | 980985600 |
| samedi 14 août 2004 | 11355 | 272520 | 16351200 | 981072000 |
| dimanche 15 août 2004 | 11356 | 272544 | 16352640 | 981158400 |
| lundi 16 août 2004 | 11357 | 272568 | 16354080 | 981244800 |
| mardi 17 août 2004 | 11358 | 272592 | 16355520 | 981331200 |
| mercredi 18 août 2004 | 11359 | 272616 | 16356960 | 981417600 |
| jeudi 19 août 2004 | 11360 | 272640 | 16358400 | 981504000 |

| | | | | |
|---|---|---|---|---|
| vendredi 20 août 2004 | 11361 | 272664 | 16359840 | 981590400 |
| samedi 21 août 2004 | 11362 | 272688 | 16361280 | 981676800 |
| dimanche 22 août 2004 | 11363 | 272712 | 16362720 | 981763200 |
| lundi 23 août 2004 | 11364 | 272736 | 16364160 | 981849600 |
| mardi 24 août 2004 | 11365 | 272760 | 16365600 | 981936000 |
| mercredi 25 août 2004 | 11366 | 272784 | 16367040 | 982022400 |
| jeudi 26 août 2004 | 11367 | 272808 | 16368480 | 982108800 |
| vendredi 27 août 2004 | 11368 | 272832 | 16369920 | 982195200 |
| samedi 28 août 2004 | 11369 | 272856 | 16371360 | 982281600 |
| dimanche 29 août 2004 | 11370 | 272880 | 16372800 | 982368000 |
| lundi 30 août 2004 | 11371 | 272904 | 16374240 | 982454400 |
| mardi 31 août 2004 | 11372 | 272928 | 16375680 | 982540800 |
| mercredi 1 septembre 2004 | 11373 | 272952 | 16377120 | 982627200 |
| jeudi 2 septembre 2004 | 11374 | 272976 | 16378560 | 982713600 |
| vendredi 3 septembre 2004 | 11375 | 273000 | 16380000 | 982800000 |
| samedi 4 septembre 2004 | 11376 | 273024 | 16381440 | 982886400 |
| dimanche 5 septembre 2004 | 11377 | 273048 | 16382880 | 982972800 |
| lundi 6 septembre 2004 | 11378 | 273072 | 16384320 | 983059200 |
| mardi 7 septembre 2004 | 11379 | 273096 | 16385760 | 983145600 |
| mercredi 8 septembre 2004 | 11380 | 273120 | 16387200 | 983232000 |
| jeudi 9 septembre 2004 | 11381 | 273144 | 16388640 | 983318400 |
| vendredi 10 septembre 2004 | 11382 | 273168 | 16390080 | 983404800 |
| samedi 11 septembre 2004 | 11383 | 273192 | 16391520 | 983491200 |
| dimanche 12 septembre 2004 | 11384 | 273216 | 16392960 | 983577600 |
| lundi 13 septembre 2004 | 11385 | 273240 | 16394400 | 983664000 |
| mardi 14 septembre 2004 | 11386 | 273264 | 16395840 | 983750400 |
| mercredi 15 septembre 2004 | 11387 | 273288 | 16397280 | 983836800 |
| jeudi 16 septembre 2004 | 11388 | 273312 | 16398720 | 983923200 |
| vendredi 17 septembre 2004 | 11389 | 273336 | 16400160 | 984009600 |
| samedi 18 septembre 2004 | 11390 | 273360 | 16401600 | 984096000 |
| dimanche 19 septembre 2004 | 11391 | 273384 | 16403040 | 984182400 |
| lundi 20 septembre 2004 | 11392 | 273408 | 16404480 | 984268800 |
| mardi 21 septembre 2004 | 11393 | 273432 | 16405920 | 984355200 |
| mercredi 22 septembre 2004 | 11394 | 273456 | 16407360 | 984441600 |
| jeudi 23 septembre 2004 | 11395 | 273480 | 16408800 | 984528000 |
| vendredi 24 septembre 2004 | 11396 | 273504 | 16410240 | 984614400 |
| samedi 25 septembre 2004 | 11397 | 273528 | 16411680 | 984700800 |
| dimanche 26 septembre 2004 | 11398 | 273552 | 16413120 | 984787200 |

| | | | | |
|---|---|---|---|---|
| lundi 27 septembre 2004 | 11399 | 273576 | 16414560 | 984873600 |
| mardi 28 septembre 2004 | 11400 | 273600 | 16416000 | 984960000 |
| mercredi 29 septembre 2004 | 11401 | 273624 | 16417440 | 985046400 |
| jeudi 30 septembre 2004 | 11402 | 273648 | 16418880 | 985132800 |
| vendredi 1 octobre 2004 | 11403 | 273672 | 16420320 | 985219200 |
| samedi 2 octobre 2004 | 11404 | 273696 | 16421760 | 985305600 |
| dimanche 3 octobre 2004 | 11405 | 273720 | 16423200 | 985392000 |
| lundi 4 octobre 2004 | 11406 | 273744 | 16424640 | 985478400 |
| mardi 5 octobre 2004 | 11407 | 273768 | 16426080 | 985564800 |
| mercredi 6 octobre 2004 | 11408 | 273792 | 16427520 | 985651200 |
| jeudi 7 octobre 2004 | 11409 | 273816 | 16428960 | 985737600 |
| vendredi 8 octobre 2004 | 11410 | 273840 | 16430400 | 985824000 |
| samedi 9 octobre 2004 | 11411 | 273864 | 16431840 | 985910400 |
| dimanche 10 octobre 2004 | 11412 | 273888 | 16433280 | 985996800 |
| lundi 11 octobre 2004 | 11413 | 273912 | 16434720 | 986083200 |
| mardi 12 octobre 2004 | 11414 | 273936 | 16436160 | 986169600 |
| mercredi 13 octobre 2004 | 11415 | 273960 | 16437600 | 986256000 |
| jeudi 14 octobre 2004 | 11416 | 273984 | 16439040 | 986342400 |
| vendredi 15 octobre 2004 | 11417 | 274008 | 16440480 | 986428800 |
| samedi 16 octobre 2004 | 11418 | 274032 | 16441920 | 986515200 |
| dimanche 17 octobre 2004 | 11419 | 274056 | 16443360 | 986601600 |
| lundi 18 octobre 2004 | 11420 | 274080 | 16444800 | 986688000 |
| mardi 19 octobre 2004 | 11421 | 274104 | 16446240 | 986774400 |
| mercredi 20 octobre 2004 | 11422 | 274128 | 16447680 | 986860800 |
| jeudi 21 octobre 2004 | 11423 | 274152 | 16449120 | 986947200 |
| vendredi 22 octobre 2004 | 11424 | 274176 | 16450560 | 987033600 |
| samedi 23 octobre 2004 | 11425 | 274200 | 16452000 | 987120000 |
| dimanche 24 octobre 2004 | 11426 | 274224 | 16453440 | 987206400 |
| lundi 25 octobre 2004 | 11427 | 274248 | 16454880 | 987292800 |
| mardi 26 octobre 2004 | 11428 | 274272 | 16456320 | 987379200 |
| mercredi 27 octobre 2004 | 11429 | 274296 | 16457760 | 987465600 |
| jeudi 28 octobre 2004 | 11430 | 274320 | 16459200 | 987552000 |
| vendredi 29 octobre 2004 | 11431 | 274344 | 16460640 | 987638400 |
| samedi 30 octobre 2004 | 11432 | 274368 | 16462080 | 987724800 |
| dimanche 31 octobre 2004 | 11433 | 274392 | 16463520 | 987811200 |
| lundi 1 novembre 2004 | 11434 | 274416 | 16464960 | 987897600 |
| mardi 2 novembre 2004 | 11435 | 274440 | 16466400 | 987984000 |
| mercredi 3 novembre 2004 | 11436 | 274464 | 16467840 | 988070400 |

| | | | | |
|---|---|---|---|---|
| jeudi 4 novembre 2004 | 11437 | 274488 | 16469280 | 988156800 |
| vendredi 5 novembre 2004 | 11438 | 274512 | 16470720 | 988243200 |
| samedi 6 novembre 2004 | 11439 | 274536 | 16472160 | 988329600 |
| dimanche 7 novembre 2004 | 11440 | 274560 | 16473600 | 988416000 |
| lundi 8 novembre 2004 | 11441 | 274584 | 16475040 | 988502400 |
| mardi 9 novembre 2004 | 11442 | 274608 | 16476480 | 988588800 |
| mercredi 10 novembre 2004 | 11443 | 274632 | 16477920 | 988675200 |
| jeudi 11 novembre 2004 | 11444 | 274656 | 16479360 | 988761600 |
| vendredi 12 novembre 2004 | 11445 | 274680 | 16480800 | 988848000 |
| samedi 13 novembre 2004 | 11446 | 274704 | 16482240 | 988934400 |
| dimanche 14 novembre 2004 | 11447 | 274728 | 16483680 | 989020800 |
| lundi 15 novembre 2004 | 11448 | 274752 | 16485120 | 989107200 |
| mardi 16 novembre 2004 | 11449 | 274776 | 16486560 | 989193600 |
| mercredi 17 novembre 2004 | 11450 | 274800 | 16488000 | 989280000 |
| jeudi 18 novembre 2004 | 11451 | 274824 | 16489440 | 989366400 |
| vendredi 19 novembre 2004 | 11452 | 274848 | 16490880 | 989452800 |
| samedi 20 novembre 2004 | 11453 | 274872 | 16492320 | 989539200 |
| dimanche 21 novembre 2004 | 11454 | 274896 | 16493760 | 989625600 |
| lundi 22 novembre 2004 | 11455 | 274920 | 16495200 | 989712000 |
| mardi 23 novembre 2004 | 11456 | 274944 | 16496640 | 989798400 |
| mercredi 24 novembre 2004 | 11457 | 274968 | 16498080 | 989884800 |
| jeudi 25 novembre 2004 | 11458 | 274992 | 16499520 | 989971200 |
| vendredi 26 novembre 2004 | 11459 | 275016 | 16500960 | 990057600 |
| samedi 27 novembre 2004 | 11460 | 275040 | 16502400 | 990144000 |
| dimanche 28 novembre 2004 | 11461 | 275064 | 16503840 | 990230400 |
| lundi 29 novembre 2004 | 11462 | 275088 | 16505280 | 990316800 |
| mardi 30 novembre 2004 | 11463 | 275112 | 16506720 | 990403200 |
| mercredi 1 décembre 2004 | 11464 | 275136 | 16508160 | 990489600 |
| jeudi 2 décembre 2004 | 11465 | 275160 | 16509600 | 990576000 |
| vendredi 3 décembre 2004 | 11466 | 275184 | 16511040 | 990662400 |
| samedi 4 décembre 2004 | 11467 | 275208 | 16512480 | 990748800 |
| dimanche 5 décembre 2004 | 11468 | 275232 | 16513920 | 990835200 |
| lundi 6 décembre 2004 | 11469 | 275256 | 16515360 | 990921600 |
| mardi 7 décembre 2004 | 11470 | 275280 | 16516800 | 991008000 |
| mercredi 8 décembre 2004 | 11471 | 275304 | 16518240 | 991094400 |
| jeudi 9 décembre 2004 | 11472 | 275328 | 16519680 | 991180800 |
| vendredi 10 décembre 2004 | 11473 | 275352 | 16521120 | 991267200 |
| samedi 11 décembre 2004 | 11474 | 275376 | 16522560 | 991353600 |

| | | | | |
|---|---|---|---|---|
| dimanche 12 décembre 2004 | 11475 | 275400 | 16524000 | 991440000 |
| lundi 13 décembre 2004 | 11476 | 275424 | 16525440 | 991526400 |
| mardi 14 décembre 2004 | 11477 | 275448 | 16526880 | 991612800 |
| mercredi 15 décembre 2004 | 11478 | 275472 | 16528320 | 991699200 |
| jeudi 16 décembre 2004 | 11479 | 275496 | 16529760 | 991785600 |
| vendredi 17 décembre 2004 | 11480 | 275520 | 16531200 | 991872000 |
| samedi 18 décembre 2004 | 11481 | 275544 | 16532640 | 991958400 |
| dimanche 19 décembre 2004 | 11482 | 275568 | 16534080 | 992044800 |
| lundi 20 décembre 2004 | 11483 | 275592 | 16535520 | 992131200 |
| mardi 21 décembre 2004 | 11484 | 275616 | 16536960 | 992217600 |
| mercredi 22 décembre 2004 | 11485 | 275640 | 16538400 | 992304000 |
| jeudi 23 décembre 2004 | 11486 | 275664 | 16539840 | 992390400 |
| vendredi 24 décembre 2004 | 11487 | 275688 | 16541280 | 992476800 |
| samedi 25 décembre 2004 | 11488 | 275712 | 16542720 | 992563200 |
| dimanche 26 décembre 2004 | 11489 | 275736 | 16544160 | 992649600 |
| lundi 27 décembre 2004 | 11490 | 275760 | 16545600 | 992736000 |
| mardi 28 décembre 2004 | 11491 | 275784 | 16547040 | 992822400 |
| mercredi 29 décembre 2004 | 11492 | 275808 | 16548480 | 992908800 |
| jeudi 30 décembre 2004 | 11493 | 275832 | 16549920 | 992995200 |
| vendredi 31 décembre 2004 | 11494 | 275856 | 16551360 | 993081600 |
| samedi 1 janvier 2005 | 11495 | 275880 | 16552800 | 993168000 |
| dimanche 2 janvier 2005 | 11496 | 275904 | 16554240 | 993254400 |
| lundi 3 janvier 2005 | 11497 | 275928 | 16555680 | 993340800 |
| mardi 4 janvier 2005 | 11498 | 275952 | 16557120 | 993427200 |
| mercredi 5 janvier 2005 | 11499 | 275976 | 16558560 | 993513600 |
| jeudi 6 janvier 2005 | 11500 | 276000 | 16560000 | 993600000 |
| vendredi 7 janvier 2005 | 11501 | 276024 | 16561440 | 993686400 |
| samedi 8 janvier 2005 | 11502 | 276048 | 16562880 | 993772800 |
| dimanche 9 janvier 2005 | 11503 | 276072 | 16564320 | 993859200 |
| lundi 10 janvier 2005 | 11504 | 276096 | 16565760 | 993945600 |
| mardi 11 janvier 2005 | 11505 | 276120 | 16567200 | 994032000 |
| mercredi 12 janvier 2005 | 11506 | 276144 | 16568640 | 994118400 |
| jeudi 13 janvier 2005 | 11507 | 276168 | 16570080 | 994204800 |
| vendredi 14 janvier 2005 | 11508 | 276192 | 16571520 | 994291200 |
| samedi 15 janvier 2005 | 11509 | 276216 | 16572960 | 994377600 |
| dimanche 16 janvier 2005 | 11510 | 276240 | 16574400 | 994464000 |
| lundi 17 janvier 2005 | 11511 | 276264 | 16575840 | 994550400 |
| mardi 18 janvier 2005 | 11512 | 276288 | 16577280 | 994636800 |

| | | | | |
|---|---|---|---|---|
| mercredi 19 janvier 2005 | 11513 | 276312 | 16578720 | 994723200 |
| jeudi 20 janvier 2005 | 11514 | 276336 | 16580160 | 994809600 |
| vendredi 21 janvier 2005 | 11515 | 276360 | 16581600 | 994896000 |
| samedi 22 janvier 2005 | 11516 | 276384 | 16583040 | 994982400 |
| dimanche 23 janvier 2005 | 11517 | 276408 | 16584480 | 995068800 |
| lundi 24 janvier 2005 | 11518 | 276432 | 16585920 | 995155200 |
| mardi 25 janvier 2005 | 11519 | 276456 | 16587360 | 995241600 |
| mercredi 26 janvier 2005 | 11520 | 276480 | 16588800 | 995328000 |
| jeudi 27 janvier 2005 | 11521 | 276504 | 16590240 | 995414400 |
| vendredi 28 janvier 2005 | 11522 | 276528 | 16591680 | 995500800 |
| samedi 29 janvier 2005 | 11523 | 276552 | 16593120 | 995587200 |
| dimanche 30 janvier 2005 | 11524 | 276576 | 16594560 | 995673600 |
| lundi 31 janvier 2005 | 11525 | 276600 | 16596000 | 995760000 |
| mardi 1 février 2005 | 11526 | 276624 | 16597440 | 995846400 |
| mercredi 2 février 2005 | 11527 | 276648 | 16598880 | 995932800 |
| jeudi 3 février 2005 | 11528 | 276672 | 16600320 | 996019200 |
| vendredi 4 février 2005 | 11529 | 276696 | 16601760 | 996105600 |
| samedi 5 février 2005 | 11530 | 276720 | 16603200 | 996192000 |
| dimanche 6 février 2005 | 11531 | 276744 | 16604640 | 996278400 |
| lundi 7 février 2005 | 11532 | 276768 | 16606080 | 996364800 |
| mardi 8 février 2005 | 11533 | 276792 | 16607520 | 996451200 |
| mercredi 9 février 2005 | 11534 | 276816 | 16608960 | 996537600 |
| jeudi 10 février 2005 | 11535 | 276840 | 16610400 | 996624000 |
| vendredi 11 février 2005 | 11536 | 276864 | 16611840 | 996710400 |
| samedi 12 février 2005 | 11537 | 276888 | 16613280 | 996796800 |
| dimanche 13 février 2005 | 11538 | 276912 | 16614720 | 996883200 |
| lundi 14 février 2005 | 11539 | 276936 | 16616160 | 996969600 |
| mardi 15 février 2005 | 11540 | 276960 | 16617600 | 997056000 |
| mercredi 16 février 2005 | 11541 | 276984 | 16619040 | 997142400 |
| jeudi 17 février 2005 | 11542 | 277008 | 16620480 | 997228800 |
| vendredi 18 février 2005 | 11543 | 277032 | 16621920 | 997315200 |
| samedi 19 février 2005 | 11544 | 277056 | 16623360 | 997401600 |
| dimanche 20 février 2005 | 11545 | 277080 | 16624800 | 997488000 |
| lundi 21 février 2005 | 11546 | 277104 | 16626240 | 997574400 |
| mardi 22 février 2005 | 11547 | 277128 | 16627680 | 997660800 |
| mercredi 23 février 2005 | 11548 | 277152 | 16629120 | 997747200 |
| jeudi 24 février 2005 | 11549 | 277176 | 16630560 | 997833600 |
| vendredi 25 février 2005 | 11550 | 277200 | 16632000 | 997920000 |

| | | | | |
|---|---|---|---|---|
| samedi 26 février 2005 | 11551 | 277224 | 16633440 | 998006400 |
| dimanche 27 février 2005 | 11552 | 277248 | 16634880 | 998092800 |
| lundi 28 février 2005 | 11553 | 277272 | 16636320 | 998179200 |
| mardi 1 mars 2005 | 11554 | 277296 | 16637760 | 998265600 |
| mercredi 2 mars 2005 | 11555 | 277320 | 16639200 | 998352000 |
| jeudi 3 mars 2005 | 11556 | 277344 | 16640640 | 998438400 |
| vendredi 4 mars 2005 | 11557 | 277368 | 16642080 | 998524800 |
| samedi 5 mars 2005 | 11558 | 277392 | 16643520 | 998611200 |
| dimanche 6 mars 2005 | 11559 | 277416 | 16644960 | 998697600 |
| lundi 7 mars 2005 | 11560 | 277440 | 16646400 | 998784000 |
| mardi 8 mars 2005 | 11561 | 277464 | 16647840 | 998870400 |
| mercredi 9 mars 2005 | 11562 | 277488 | 16649280 | 998956800 |
| jeudi 10 mars 2005 | 11563 | 277512 | 16650720 | 999043200 |
| vendredi 11 mars 2005 | 11564 | 277536 | 16652160 | 999129600 |
| samedi 12 mars 2005 | 11565 | 277560 | 16653600 | 999216000 |
| dimanche 13 mars 2005 | 11566 | 277584 | 16655040 | 999302400 |
| lundi 14 mars 2005 | 11567 | 277608 | 16656480 | 999388800 |
| mardi 15 mars 2005 | 11568 | 277632 | 16657920 | 999475200 |
| mercredi 16 mars 2005 | 11569 | 277656 | 16659360 | 999561600 |
| jeudi 17 mars 2005 | 11570 | 277680 | 16660800 | 999648000 |
| vendredi 18 mars 2005 | 11571 | 277704 | 16662240 | 999734400 |
| samedi 19 mars 2005 | 11572 | 277728 | 16663680 | 999820800 |
| dimanche 20 mars 2005 | 11573 | 277752 | 16665120 | 999907200 |
| lundi 21 mars 2005 | 11574 | 277776 | 16666560 | 999993600 |
| mardi 22 mars 2005 | 11575 | 277800 | 16668000 | 1000080000 |
| mercredi 23 mars 2005 | 11576 | 277824 | 16669440 | 1000166400 |
| jeudi 24 mars 2005 | 11577 | 277848 | 16670880 | 1000252800 |
| vendredi 25 mars 2005 | 11578 | 277872 | 16672320 | 1000339200 |
| samedi 26 mars 2005 | 11579 | 277896 | 16673760 | 1000425600 |
| dimanche 27 mars 2005 | 11580 | 277920 | 16675200 | 1000512000 |
| lundi 28 mars 2005 | 11581 | 277944 | 16676640 | 1000598400 |
| mardi 29 mars 2005 | 11582 | 277968 | 16678080 | 1000684800 |
| mercredi 30 mars 2005 | 11583 | 277992 | 16679520 | 1000771200 |
| jeudi 31 mars 2005 | 11584 | 278016 | 16680960 | 1000857600 |
| vendredi 1 avril 2005 | 11585 | 278040 | 16682400 | 1000944000 |
| samedi 2 avril 2005 | 11586 | 278064 | 16683840 | 1001030400 |
| dimanche 3 avril 2005 | 11587 | 278088 | 16685280 | 1001116800 |
| lundi 4 avril 2005 | 11588 | 278112 | 16686720 | 1001203200 |

| | | | | |
|---|---|---|---|---|
| mardi 5 avril 2005 | 11589 | 278136 | 16688160 | 1001289600 |
| mercredi 6 avril 2005 | 11590 | 278160 | 16689600 | 1001376000 |
| jeudi 7 avril 2005 | 11591 | 278184 | 16691040 | 1001462400 |
| vendredi 8 avril 2005 | 11592 | 278208 | 16692480 | 1001548800 |
| samedi 9 avril 2005 | 11593 | 278232 | 16693920 | 1001635200 |
| dimanche 10 avril 2005 | 11594 | 278256 | 16695360 | 1001721600 |
| lundi 11 avril 2005 | 11595 | 278280 | 16696800 | 1001808000 |
| mardi 12 avril 2005 | 11596 | 278304 | 16698240 | 1001894400 |
| mercredi 13 avril 2005 | 11597 | 278328 | 16699680 | 1001980800 |
| jeudi 14 avril 2005 | 11598 | 278352 | 16701120 | 1002067200 |
| vendredi 15 avril 2005 | 11599 | 278376 | 16702560 | 1002153600 |
| samedi 16 avril 2005 | 11600 | 278400 | 16704000 | 1002240000 |
| dimanche 17 avril 2005 | 11601 | 278424 | 16705440 | 1002326400 |
| lundi 18 avril 2005 | 11602 | 278448 | 16706880 | 1002412800 |
| mardi 19 avril 2005 | 11603 | 278472 | 16708320 | 1002499200 |
| mercredi 20 avril 2005 | 11604 | 278496 | 16709760 | 1002585600 |
| jeudi 21 avril 2005 | 11605 | 278520 | 16711200 | 1002672000 |
| vendredi 22 avril 2005 | 11606 | 278544 | 16712640 | 1002758400 |
| samedi 23 avril 2005 | 11607 | 278568 | 16714080 | 1002844800 |
| dimanche 24 avril 2005 | 11608 | 278592 | 16715520 | 1002931200 |
| lundi 25 avril 2005 | 11609 | 278616 | 16716960 | 1003017600 |
| mardi 26 avril 2005 | 11610 | 278640 | 16718400 | 1003104000 |
| mercredi 27 avril 2005 | 11611 | 278664 | 16719840 | 1003190400 |
| jeudi 28 avril 2005 | 11612 | 278688 | 16721280 | 1003276800 |
| vendredi 29 avril 2005 | 11613 | 278712 | 16722720 | 1003363200 |
| samedi 30 avril 2005 | 11614 | 278736 | 16724160 | 1003449600 |
| dimanche 1 mai 2005 | 11615 | 278760 | 16725600 | 1003536000 |
| lundi 2 mai 2005 | 11616 | 278784 | 16727040 | 1003622400 |
| mardi 3 mai 2005 | 11617 | 278808 | 16728480 | 1003708800 |
| mercredi 4 mai 2005 | 11618 | 278832 | 16729920 | 1003795200 |
| jeudi 5 mai 2005 | 11619 | 278856 | 16731360 | 1003881600 |
| vendredi 6 mai 2005 | 11620 | 278880 | 16732800 | 1003968000 |
| samedi 7 mai 2005 | 11621 | 278904 | 16734240 | 1004054400 |
| dimanche 8 mai 2005 | 11622 | 278928 | 16735680 | 1004140800 |
| lundi 9 mai 2005 | 11623 | 278952 | 16737120 | 1004227200 |
| mardi 10 mai 2005 | 11624 | 278976 | 16738560 | 1004313600 |
| mercredi 11 mai 2005 | 11625 | 279000 | 16740000 | 1004400000 |
| jeudi 12 mai 2005 | 11626 | 279024 | 16741440 | 1004486400 |

| | | | | |
|---|---|---|---|---|
| vendredi 13 mai 2005 | 11627 | 279048 | 16742880 | 1004572800 |
| samedi 14 mai 2005 | 11628 | 279072 | 16744320 | 1004659200 |
| dimanche 15 mai 2005 | 11629 | 279096 | 16745760 | 1004745600 |
| lundi 16 mai 2005 | 11630 | 279120 | 16747200 | 1004832000 |
| mardi 17 mai 2005 | 11631 | 279144 | 16748640 | 1004918400 |
| mercredi 18 mai 2005 | 11632 | 279168 | 16750080 | 1005004800 |
| jeudi 19 mai 2005 | 11633 | 279192 | 16751520 | 1005091200 |
| vendredi 20 mai 2005 | 11634 | 279216 | 16752960 | 1005177600 |
| samedi 21 mai 2005 | 11635 | 279240 | 16754400 | 1005264000 |
| dimanche 22 mai 2005 | 11636 | 279264 | 16755840 | 1005350400 |
| lundi 23 mai 2005 | 11637 | 279288 | 16757280 | 1005436800 |
| mardi 24 mai 2005 | 11638 | 279312 | 16758720 | 1005523200 |
| mercredi 25 mai 2005 | 11639 | 279336 | 16760160 | 1005609600 |
| jeudi 26 mai 2005 | 11640 | 279360 | 16761600 | 1005696000 |
| vendredi 27 mai 2005 | 11641 | 279384 | 16763040 | 1005782400 |
| samedi 28 mai 2005 | 11642 | 279408 | 16764480 | 1005868800 |
| dimanche 29 mai 2005 | 11643 | 279432 | 16765920 | 1005955200 |
| lundi 30 mai 2005 | 11644 | 279456 | 16767360 | 1006041600 |
| mardi 31 mai 2005 | 11645 | 279480 | 16768800 | 1006128000 |
| mercredi 1 juin 2005 | 11646 | 279504 | 16770240 | 1006214400 |
| jeudi 2 juin 2005 | 11647 | 279528 | 16771680 | 1006300800 |
| vendredi 3 juin 2005 | 11648 | 279552 | 16773120 | 1006387200 |
| samedi 4 juin 2005 | 11649 | 279576 | 16774560 | 1006473600 |
| dimanche 5 juin 2005 | 11650 | 279600 | 16776000 | 1006560000 |
| lundi 6 juin 2005 | 11651 | 279624 | 16777440 | 1006646400 |
| mardi 7 juin 2005 | 11652 | 279648 | 16778880 | 1006732800 |
| mercredi 8 juin 2005 | 11653 | 279672 | 16780320 | 1006819200 |
| jeudi 9 juin 2005 | 11654 | 279696 | 16781760 | 1006905600 |
| vendredi 10 juin 2005 | 11655 | 279720 | 16783200 | 1006992000 |
| samedi 11 juin 2005 | 11656 | 279744 | 16784640 | 1007078400 |
| dimanche 12 juin 2005 | 11657 | 279768 | 16786080 | 1007164800 |
| lundi 13 juin 2005 | 11658 | 279792 | 16787520 | 1007251200 |
| mardi 14 juin 2005 | 11659 | 279816 | 16788960 | 1007337600 |
| mercredi 15 juin 2005 | 11660 | 279840 | 16790400 | 1007424000 |
| jeudi 16 juin 2005 | 11661 | 279864 | 16791840 | 1007510400 |
| vendredi 17 juin 2005 | 11662 | 279888 | 16793280 | 1007596800 |
| samedi 18 juin 2005 | 11663 | 279912 | 16794720 | 1007683200 |
| dimanche 19 juin 2005 | 11664 | 279936 | 16796160 | 1007769600 |

| | | | | |
|---|---|---|---|---|
| lundi 20 juin 2005 | 11665 | 279960 | 16797600 | 1007856000 |
| mardi 21 juin 2005 | 11666 | 279984 | 16799040 | 1007942400 |
| mercredi 22 juin 2005 | 11667 | 280008 | 16800480 | 1008028800 |
| jeudi 23 juin 2005 | 11668 | 280032 | 16801920 | 1008115200 |
| vendredi 24 juin 2005 | 11669 | 280056 | 16803360 | 1008201600 |
| samedi 25 juin 2005 | 11670 | 280080 | 16804800 | 1008288000 |
| dimanche 26 juin 2005 | 11671 | 280104 | 16806240 | 1008374400 |
| lundi 27 juin 2005 | 11672 | 280128 | 16807680 | 1008460800 |
| mardi 28 juin 2005 | 11673 | 280152 | 16809120 | 1008547200 |
| mercredi 29 juin 2005 | 11674 | 280176 | 16810560 | 1008633600 |
| jeudi 30 juin 2005 | 11675 | 280200 | 16812000 | 1008720000 |
| vendredi 1 juillet 2005 | 11676 | 280224 | 16813440 | 1008806400 |
| samedi 2 juillet 2005 | 11677 | 280248 | 16814880 | 1008892800 |
| dimanche 3 juillet 2005 | 11678 | 280272 | 16816320 | 1008979200 |
| lundi 4 juillet 2005 | 11679 | 280296 | 16817760 | 1009065600 |
| mardi 5 juillet 2005 | 11680 | 280320 | 16819200 | 1009152000 |
| mercredi 6 juillet 2005 | 11681 | 280344 | 16820640 | 1009238400 |
| jeudi 7 juillet 2005 | 11682 | 280368 | 16822080 | 1009324800 |
| vendredi 8 juillet 2005 | 11683 | 280392 | 16823520 | 1009411200 |
| samedi 9 juillet 2005 | 11684 | 280416 | 16824960 | 1009497600 |
| dimanche 10 juillet 2005 | 11685 | 280440 | 16826400 | 1009584000 |
| lundi 11 juillet 2005 | 11686 | 280464 | 16827840 | 1009670400 |
| mardi 12 juillet 2005 | 11687 | 280488 | 16829280 | 1009756800 |
| mercredi 13 juillet 2005 | 11688 | 280512 | 16830720 | 1009843200 |
| jeudi 14 juillet 2005 | 11689 | 280536 | 16832160 | 1009929600 |
| vendredi 15 juillet 2005 | 11690 | 280560 | 16833600 | 1010016000 |
| samedi 16 juillet 2005 | 11691 | 280584 | 16835040 | 1010102400 |
| dimanche 17 juillet 2005 | 11692 | 280608 | 16836480 | 1010188800 |
| lundi 18 juillet 2005 | 11693 | 280632 | 16837920 | 1010275200 |
| mardi 19 juillet 2005 | 11694 | 280656 | 16839360 | 1010361600 |
| mercredi 20 juillet 2005 | 11695 | 280680 | 16840800 | 1010448000 |
| jeudi 21 juillet 2005 | 11696 | 280704 | 16842240 | 1010534400 |
| vendredi 22 juillet 2005 | 11697 | 280728 | 16843680 | 1010620800 |
| samedi 23 juillet 2005 | 11698 | 280752 | 16845120 | 1010707200 |
| dimanche 24 juillet 2005 | 11699 | 280776 | 16846560 | 1010793600 |
| lundi 25 juillet 2005 | 11700 | 280800 | 16848000 | 1010880000 |
| mardi 26 juillet 2005 | 11701 | 280824 | 16849440 | 1010966400 |
| mercredi 27 juillet 2005 | 11702 | 280848 | 16850880 | 1011052800 |

| | | | | |
|---|---|---|---|---|
| jeudi 28 juillet 2005 | 11703 | 280872 | 16852320 | 1011139200 |
| vendredi 29 juillet 2005 | 11704 | 280896 | 16853760 | 1011225600 |
| samedi 30 juillet 2005 | 11705 | 280920 | 16855200 | 1011312000 |
| dimanche 31 juillet 2005 | 11706 | 280944 | 16856640 | 1011398400 |
| lundi 1 août 2005 | 11707 | 280968 | 16858080 | 1011484800 |
| mardi 2 août 2005 | 11708 | 280992 | 16859520 | 1011571200 |
| mercredi 3 août 2005 | 11709 | 281016 | 16860960 | 1011657600 |
| jeudi 4 août 2005 | 11710 | 281040 | 16862400 | 1011744000 |
| vendredi 5 août 2005 | 11711 | 281064 | 16863840 | 1011830400 |
| samedi 6 août 2005 | 11712 | 281088 | 16865280 | 1011916800 |
| dimanche 7 août 2005 | 11713 | 281112 | 16866720 | 1012003200 |
| lundi 8 août 2005 | 11714 | 281136 | 16868160 | 1012089600 |
| mardi 9 août 2005 | 11715 | 281160 | 16869600 | 1012176000 |
| mercredi 10 août 2005 | 11716 | 281184 | 16871040 | 1012262400 |
| jeudi 11 août 2005 | 11717 | 281208 | 16872480 | 1012348800 |
| vendredi 12 août 2005 | 11718 | 281232 | 16873920 | 1012435200 |
| samedi 13 août 2005 | 11719 | 281256 | 16875360 | 1012521600 |
| dimanche 14 août 2005 | 11720 | 281280 | 16876800 | 1012608000 |
| lundi 15 août 2005 | 11721 | 281304 | 16878240 | 1012694400 |
| mardi 16 août 2005 | 11722 | 281328 | 16879680 | 1012780800 |
| mercredi 17 août 2005 | 11723 | 281352 | 16881120 | 1012867200 |
| jeudi 18 août 2005 | 11724 | 281376 | 16882560 | 1012953600 |
| vendredi 19 août 2005 | 11725 | 281400 | 16884000 | 1013040000 |
| samedi 20 août 2005 | 11726 | 281424 | 16885440 | 1013126400 |
| dimanche 21 août 2005 | 11727 | 281448 | 16886880 | 1013212800 |
| lundi 22 août 2005 | 11728 | 281472 | 16888320 | 1013299200 |
| mardi 23 août 2005 | 11729 | 281496 | 16889760 | 1013385600 |
| mercredi 24 août 2005 | 11730 | 281520 | 16891200 | 1013472000 |
| jeudi 25 août 2005 | 11731 | 281544 | 16892640 | 1013558400 |
| vendredi 26 août 2005 | 11732 | 281568 | 16894080 | 1013644800 |
| samedi 27 août 2005 | 11733 | 281592 | 16895520 | 1013731200 |
| dimanche 28 août 2005 | 11734 | 281616 | 16896960 | 1013817600 |
| lundi 29 août 2005 | 11735 | 281640 | 16898400 | 1013904000 |
| mardi 30 août 2005 | 11736 | 281664 | 16899840 | 1013990400 |
| mercredi 31 août 2005 | 11737 | 281688 | 16901280 | 1014076800 |
| jeudi 1 septembre 2005 | 11738 | 281712 | 16902720 | 1014163200 |
| vendredi 2 septembre 2005 | 11739 | 281736 | 16904160 | 1014249600 |
| samedi 3 septembre 2005 | 11740 | 281760 | 16905600 | 1014336000 |

| | | | |
|---|---|---|---|
| dimanche 4 septembre 2005 | 11741 | 281784 | 16907040 | 1014422400 |
| lundi 5 septembre 2005 | 11742 | 281808 | 16908480 | 1014508800 |
| mardi 6 septembre 2005 | 11743 | 281832 | 16909920 | 1014595200 |
| mercredi 7 septembre 2005 | 11744 | 281856 | 16911360 | 1014681600 |
| jeudi 8 septembre 2005 | 11745 | 281880 | 16912800 | 1014768000 |
| vendredi 9 septembre 2005 | 11746 | 281904 | 16914240 | 1014854400 |
| samedi 10 septembre 2005 | 11747 | 281928 | 16915680 | 1014940800 |
| dimanche 11 septembre 2005 | 11748 | 281952 | 16917120 | 1015027200 |
| lundi 12 septembre 2005 | 11749 | 281976 | 16918560 | 1015113600 |
| mardi 13 septembre 2005 | 11750 | 282000 | 16920000 | 1015200000 |
| mercredi 14 septembre 2005 | 11751 | 282024 | 16921440 | 1015286400 |
| jeudi 15 septembre 2005 | 11752 | 282048 | 16922880 | 1015372800 |
| vendredi 16 septembre 2005 | 11753 | 282072 | 16924320 | 1015459200 |
| samedi 17 septembre 2005 | 11754 | 282096 | 16925760 | 1015545600 |
| dimanche 18 septembre 2005 | 11755 | 282120 | 16927200 | 1015632000 |
| lundi 19 septembre 2005 | 11756 | 282144 | 16928640 | 1015718400 |
| mardi 20 septembre 2005 | 11757 | 282168 | 16930080 | 1015804800 |
| mercredi 21 septembre 2005 | 11758 | 282192 | 16931520 | 1015891200 |
| jeudi 22 septembre 2005 | 11759 | 282216 | 16932960 | 1015977600 |
| vendredi 23 septembre 2005 | 11760 | 282240 | 16934400 | 1016064000 |
| samedi 24 septembre 2005 | 11761 | 282264 | 16935840 | 1016150400 |
| dimanche 25 septembre 2005 | 11762 | 282288 | 16937280 | 1016236800 |
| lundi 26 septembre 2005 | 11763 | 282312 | 16938720 | 1016323200 |
| mardi 27 septembre 2005 | 11764 | 282336 | 16940160 | 1016409600 |
| mercredi 28 septembre 2005 | 11765 | 282360 | 16941600 | 1016496000 |
| jeudi 29 septembre 2005 | 11766 | 282384 | 16943040 | 1016582400 |
| vendredi 30 septembre 2005 | 11767 | 282408 | 16944480 | 1016668800 |
| samedi 1 octobre 2005 | 11768 | 282432 | 16945920 | 1016755200 |
| dimanche 2 octobre 2005 | 11769 | 282456 | 16947360 | 1016841600 |
| lundi 3 octobre 2005 | 11770 | 282480 | 16948800 | 1016928000 |
| mardi 4 octobre 2005 | 11771 | 282504 | 16950240 | 1017014400 |
| mercredi 5 octobre 2005 | 11772 | 282528 | 16951680 | 1017100800 |
| jeudi 6 octobre 2005 | 11773 | 282552 | 16953120 | 1017187200 |
| vendredi 7 octobre 2005 | 11774 | 282576 | 16954560 | 1017273600 |
| samedi 8 octobre 2005 | 11775 | 282600 | 16956000 | 1017360000 |
| dimanche 9 octobre 2005 | 11776 | 282624 | 16957440 | 1017446400 |
| lundi 10 octobre 2005 | 11777 | 282648 | 16958880 | 1017532800 |
| mardi 11 octobre 2005 | 11778 | 282672 | 16960320 | 1017619200 |

| | | | | |
|---|---|---|---|---|
| mercredi 12 octobre 2005 | 11779 | 282696 | 16961760 | 1017705600 |
| jeudi 13 octobre 2005 | 11780 | 282720 | 16963200 | 1017792000 |
| vendredi 14 octobre 2005 | 11781 | 282744 | 16964640 | 1017878400 |
| samedi 15 octobre 2005 | 11782 | 282768 | 16966080 | 1017964800 |
| dimanche 16 octobre 2005 | 11783 | 282792 | 16967520 | 1018051200 |
| lundi 17 octobre 2005 | 11784 | 282816 | 16968960 | 1018137600 |
| mardi 18 octobre 2005 | 11785 | 282840 | 16970400 | 1018224000 |
| mercredi 19 octobre 2005 | 11786 | 282864 | 16971840 | 1018310400 |
| jeudi 20 octobre 2005 | 11787 | 282888 | 16973280 | 1018396800 |
| vendredi 21 octobre 2005 | 11788 | 282912 | 16974720 | 1018483200 |
| samedi 22 octobre 2005 | 11789 | 282936 | 16976160 | 1018569600 |
| dimanche 23 octobre 2005 | 11790 | 282960 | 16977600 | 1018656000 |
| lundi 24 octobre 2005 | 11791 | 282984 | 16979040 | 1018742400 |
| mardi 25 octobre 2005 | 11792 | 283008 | 16980480 | 1018828800 |
| mercredi 26 octobre 2005 | 11793 | 283032 | 16981920 | 1018915200 |
| jeudi 27 octobre 2005 | 11794 | 283056 | 16983360 | 1019001600 |
| vendredi 28 octobre 2005 | 11795 | 283080 | 16984800 | 1019088000 |
| samedi 29 octobre 2005 | 11796 | 283104 | 16986240 | 1019174400 |
| dimanche 30 octobre 2005 | 11797 | 283128 | 16987680 | 1019260800 |
| lundi 31 octobre 2005 | 11798 | 283152 | 16989120 | 1019347200 |
| mardi 1 novembre 2005 | 11799 | 283176 | 16990560 | 1019433600 |
| mercredi 2 novembre 2005 | 11800 | 283200 | 16992000 | 1019520000 |
| jeudi 3 novembre 2005 | 11801 | 283224 | 16993440 | 1019606400 |
| vendredi 4 novembre 2005 | 11802 | 283248 | 16994880 | 1019692800 |
| samedi 5 novembre 2005 | 11803 | 283272 | 16996320 | 1019779200 |
| dimanche 6 novembre 2005 | 11804 | 283296 | 16997760 | 1019865600 |
| lundi 7 novembre 2005 | 11805 | 283320 | 16999200 | 1019952000 |
| mardi 8 novembre 2005 | 11806 | 283344 | 17000640 | 1020038400 |
| mercredi 9 novembre 2005 | 11807 | 283368 | 17002080 | 1020124800 |
| jeudi 10 novembre 2005 | 11808 | 283392 | 17003520 | 1020211200 |
| vendredi 11 novembre 2005 | 11809 | 283416 | 17004960 | 1020297600 |
| samedi 12 novembre 2005 | 11810 | 283440 | 17006400 | 1020384000 |
| dimanche 13 novembre 2005 | 11811 | 283464 | 17007840 | 1020470400 |
| lundi 14 novembre 2005 | 11812 | 283488 | 17009280 | 1020556800 |
| mardi 15 novembre 2005 | 11813 | 283512 | 17010720 | 1020643200 |
| mercredi 16 novembre 2005 | 11814 | 283536 | 17012160 | 1020729600 |
| jeudi 17 novembre 2005 | 11815 | 283560 | 17013600 | 1020816000 |
| vendredi 18 novembre 2005 | 11816 | 283584 | 17015040 | 1020902400 |

| | | | | |
|---|---|---|---|---|
| samedi 19 novembre 2005 | 11817 | 283608 | 17016480 | 1020988800 |
| dimanche 20 novembre 2005 | 11818 | 283632 | 17017920 | 1021075200 |
| lundi 21 novembre 2005 | 11819 | 283656 | 17019360 | 1021161600 |
| mardi 22 novembre 2005 | 11820 | 283680 | 17020800 | 1021248000 |
| mercredi 23 novembre 2005 | 11821 | 283704 | 17022240 | 1021334400 |
| jeudi 24 novembre 2005 | 11822 | 283728 | 17023680 | 1021420800 |
| vendredi 25 novembre 2005 | 11823 | 283752 | 17025120 | 1021507200 |
| samedi 26 novembre 2005 | 11824 | 283776 | 17026560 | 1021593600 |
| dimanche 27 novembre 2005 | 11825 | 283800 | 17028000 | 1021680000 |
| lundi 28 novembre 2005 | 11826 | 283824 | 17029440 | 1021766400 |
| mardi 29 novembre 2005 | 11827 | 283848 | 17030880 | 1021852800 |
| mercredi 30 novembre 2005 | 11828 | 283872 | 17032320 | 1021939200 |
| jeudi 1 décembre 2005 | 11829 | 283896 | 17033760 | 1022025600 |
| vendredi 2 décembre 2005 | 11830 | 283920 | 17035200 | 1022112000 |
| samedi 3 décembre 2005 | 11831 | 283944 | 17036640 | 1022198400 |
| dimanche 4 décembre 2005 | 11832 | 283968 | 17038080 | 1022284800 |
| lundi 5 décembre 2005 | 11833 | 283992 | 17039520 | 1022371200 |
| mardi 6 décembre 2005 | 11834 | 284016 | 17040960 | 1022457600 |
| mercredi 7 décembre 2005 | 11835 | 284040 | 17042400 | 1022544000 |
| jeudi 8 décembre 2005 | 11836 | 284064 | 17043840 | 1022630400 |
| vendredi 9 décembre 2005 | 11837 | 284088 | 17045280 | 1022716800 |
| samedi 10 décembre 2005 | 11838 | 284112 | 17046720 | 1022803200 |
| dimanche 11 décembre 2005 | 11839 | 284136 | 17048160 | 1022889600 |
| lundi 12 décembre 2005 | 11840 | 284160 | 17049600 | 1022976000 |
| mardi 13 décembre 2005 | 11841 | 284184 | 17051040 | 1023062400 |
| mercredi 14 décembre 2005 | 11842 | 284208 | 17052480 | 1023148800 |
| jeudi 15 décembre 2005 | 11843 | 284232 | 17053920 | 1023235200 |
| vendredi 16 décembre 2005 | 11844 | 284256 | 17055360 | 1023321600 |
| samedi 17 décembre 2005 | 11845 | 284280 | 17056800 | 1023408000 |
| dimanche 18 décembre 2005 | 11846 | 284304 | 17058240 | 1023494400 |
| lundi 19 décembre 2005 | 11847 | 284328 | 17059680 | 1023580800 |
| mardi 20 décembre 2005 | 11848 | 284352 | 17061120 | 1023667200 |
| mercredi 21 décembre 2005 | 11849 | 284376 | 17062560 | 1023753600 |
| jeudi 22 décembre 2005 | 11850 | 284400 | 17064000 | 1023840000 |
| vendredi 23 décembre 2005 | 11851 | 284424 | 17065440 | 1023926400 |
| samedi 24 décembre 2005 | 11852 | 284448 | 17066880 | 1024012800 |
| dimanche 25 décembre 2005 | 11853 | 284472 | 17068320 | 1024099200 |
| lundi 26 décembre 2005 | 11854 | 284496 | 17069760 | 1024185600 |

| | | | | |
|---|---|---|---|---|
| mardi 27 décembre 2005 | 11855 | 284520 | 17071200 | 1024272000 |
| mercredi 28 décembre 2005 | 11856 | 284544 | 17072640 | 1024358400 |
| jeudi 29 décembre 2005 | 11857 | 284568 | 17074080 | 1024444800 |
| vendredi 30 décembre 2005 | 11858 | 284592 | 17075520 | 1024531200 |
| samedi 31 décembre 2005 | 11859 | 284616 | 17076960 | 1024617600 |
| dimanche 1 janvier 2006 | 11860 | 284640 | 17078400 | 1024704000 |
| lundi 2 janvier 2006 | 11861 | 284664 | 17079840 | 1024790400 |
| mardi 3 janvier 2006 | 11862 | 284688 | 17081280 | 1024876800 |
| mercredi 4 janvier 2006 | 11863 | 284712 | 17082720 | 1024963200 |
| jeudi 5 janvier 2006 | 11864 | 284736 | 17084160 | 1025049600 |
| vendredi 6 janvier 2006 | 11865 | 284760 | 17085600 | 1025136000 |
| samedi 7 janvier 2006 | 11866 | 284784 | 17087040 | 1025222400 |
| dimanche 8 janvier 2006 | 11867 | 284808 | 17088480 | 1025308800 |
| lundi 9 janvier 2006 | 11868 | 284832 | 17089920 | 1025395200 |
| mardi 10 janvier 2006 | 11869 | 284856 | 17091360 | 1025481600 |
| mercredi 11 janvier 2006 | 11870 | 284880 | 17092800 | 1025568000 |
| jeudi 12 janvier 2006 | 11871 | 284904 | 17094240 | 1025654400 |
| vendredi 13 janvier 2006 | 11872 | 284928 | 17095680 | 1025740800 |
| samedi 14 janvier 2006 | 11873 | 284952 | 17097120 | 1025827200 |
| dimanche 15 janvier 2006 | 11874 | 284976 | 17098560 | 1025913600 |
| lundi 16 janvier 2006 | 11875 | 285000 | 17100000 | 1026000000 |
| mardi 17 janvier 2006 | 11876 | 285024 | 17101440 | 1026086400 |
| mercredi 18 janvier 2006 | 11877 | 285048 | 17102880 | 1026172800 |
| jeudi 19 janvier 2006 | 11878 | 285072 | 17104320 | 1026259200 |
| vendredi 20 janvier 2006 | 11879 | 285096 | 17105760 | 1026345600 |
| samedi 21 janvier 2006 | 11880 | 285120 | 17107200 | 1026432000 |
| dimanche 22 janvier 2006 | 11881 | 285144 | 17108640 | 1026518400 |
| lundi 23 janvier 2006 | 11882 | 285168 | 17110080 | 1026604800 |
| mardi 24 janvier 2006 | 11883 | 285192 | 17111520 | 1026691200 |
| mercredi 25 janvier 2006 | 11884 | 285216 | 17112960 | 1026777600 |
| jeudi 26 janvier 2006 | 11885 | 285240 | 17114400 | 1026864000 |
| vendredi 27 janvier 2006 | 11886 | 285264 | 17115840 | 1026950400 |
| samedi 28 janvier 2006 | 11887 | 285288 | 17117280 | 1027036800 |
| dimanche 29 janvier 2006 | 11888 | 285312 | 17118720 | 1027123200 |
| lundi 30 janvier 2006 | 11889 | 285336 | 17120160 | 1027209600 |
| mardi 31 janvier 2006 | 11890 | 285360 | 17121600 | 1027296000 |
| mercredi 1 février 2006 | 11891 | 285384 | 17123040 | 1027382400 |
| jeudi 2 février 2006 | 11892 | 285408 | 17124480 | 1027468800 |

| | | | | |
|---|---|---|---|---|
| vendredi 3 février 2006 | 11893 | 285432 | 17125920 | 1027555200 |
| samedi 4 février 2006 | 11894 | 285456 | 17127360 | 1027641600 |
| dimanche 5 février 2006 | 11895 | 285480 | 17128800 | 1027728000 |
| lundi 6 février 2006 | 11896 | 285504 | 17130240 | 1027814400 |
| mardi 7 février 2006 | 11897 | 285528 | 17131680 | 1027900800 |
| mercredi 8 février 2006 | 11898 | 285552 | 17133120 | 1027987200 |
| jeudi 9 février 2006 | 11899 | 285576 | 17134560 | 1028073600 |
| vendredi 10 février 2006 | 11900 | 285600 | 17136000 | 1028160000 |
| samedi 11 février 2006 | 11901 | 285624 | 17137440 | 1028246400 |
| dimanche 12 février 2006 | 11902 | 285648 | 17138880 | 1028332800 |
| lundi 13 février 2006 | 11903 | 285672 | 17140320 | 1028419200 |
| mardi 14 février 2006 | 11904 | 285696 | 17141760 | 1028505600 |
| mercredi 15 février 2006 | 11905 | 285720 | 17143200 | 1028592000 |
| jeudi 16 février 2006 | 11906 | 285744 | 17144640 | 1028678400 |
| vendredi 17 février 2006 | 11907 | 285768 | 17146080 | 1028764800 |
| samedi 18 février 2006 | 11908 | 285792 | 17147520 | 1028851200 |
| dimanche 19 février 2006 | 11909 | 285816 | 17148960 | 1028937600 |
| lundi 20 février 2006 | 11910 | 285840 | 17150400 | 1029024000 |
| mardi 21 février 2006 | 11911 | 285864 | 17151840 | 1029110400 |
| mercredi 22 février 2006 | 11912 | 285888 | 17153280 | 1029196800 |
| jeudi 23 février 2006 | 11913 | 285912 | 17154720 | 1029283200 |
| vendredi 24 février 2006 | 11914 | 285936 | 17156160 | 1029369600 |
| samedi 25 février 2006 | 11915 | 285960 | 17157600 | 1029456000 |
| dimanche 26 février 2006 | 11916 | 285984 | 17159040 | 1029542400 |
| lundi 27 février 2006 | 11917 | 286008 | 17160480 | 1029628800 |
| mardi 28 février 2006 | 11918 | 286032 | 17161920 | 1029715200 |
| mercredi 1 mars 2006 | 11919 | 286056 | 17163360 | 1029801600 |
| jeudi 2 mars 2006 | 11920 | 286080 | 17164800 | 1029888000 |
| vendredi 3 mars 2006 | 11921 | 286104 | 17166240 | 1029974400 |
| samedi 4 mars 2006 | 11922 | 286128 | 17167680 | 1030060800 |
| dimanche 5 mars 2006 | 11923 | 286152 | 17169120 | 1030147200 |
| lundi 6 mars 2006 | 11924 | 286176 | 17170560 | 1030233600 |
| mardi 7 mars 2006 | 11925 | 286200 | 17172000 | 1030320000 |
| mercredi 8 mars 2006 | 11926 | 286224 | 17173440 | 1030406400 |
| jeudi 9 mars 2006 | 11927 | 286248 | 17174880 | 1030492800 |
| vendredi 10 mars 2006 | 11928 | 286272 | 17176320 | 1030579200 |
| samedi 11 mars 2006 | 11929 | 286296 | 17177760 | 1030665600 |
| dimanche 12 mars 2006 | 11930 | 286320 | 17179200 | 1030752000 |

| | | | | |
|---|---|---|---|---|
| lundi 13 mars 2006 | 11931 | 286344 | 17180640 | 1030838400 |
| mardi 14 mars 2006 | 11932 | 286368 | 17182080 | 1030924800 |
| mercredi 15 mars 2006 | 11933 | 286392 | 17183520 | 1031011200 |
| jeudi 16 mars 2006 | 11934 | 286416 | 17184960 | 1031097600 |
| vendredi 17 mars 2006 | 11935 | 286440 | 17186400 | 1031184000 |
| samedi 18 mars 2006 | 11936 | 286464 | 17187840 | 1031270400 |
| dimanche 19 mars 2006 | 11937 | 286488 | 17189280 | 1031356800 |
| lundi 20 mars 2006 | 11938 | 286512 | 17190720 | 1031443200 |
| mardi 21 mars 2006 | 11939 | 286536 | 17192160 | 1031529600 |
| mercredi 22 mars 2006 | 11940 | 286560 | 17193600 | 1031616000 |
| jeudi 23 mars 2006 | 11941 | 286584 | 17195040 | 1031702400 |
| vendredi 24 mars 2006 | 11942 | 286608 | 17196480 | 1031788800 |
| samedi 25 mars 2006 | 11943 | 286632 | 17197920 | 1031875200 |
| dimanche 26 mars 2006 | 11944 | 286656 | 17199360 | 1031961600 |
| lundi 27 mars 2006 | 11945 | 286680 | 17200800 | 1032048000 |
| mardi 28 mars 2006 | 11946 | 286704 | 17202240 | 1032134400 |
| mercredi 29 mars 2006 | 11947 | 286728 | 17203680 | 1032220800 |
| jeudi 30 mars 2006 | 11948 | 286752 | 17205120 | 1032307200 |
| vendredi 31 mars 2006 | 11949 | 286776 | 17206560 | 1032393600 |
| samedi 1 avril 2006 | 11950 | 286800 | 17208000 | 1032480000 |
| dimanche 2 avril 2006 | 11951 | 286824 | 17209440 | 1032566400 |
| lundi 3 avril 2006 | 11952 | 286848 | 17210880 | 1032652800 |
| mardi 4 avril 2006 | 11953 | 286872 | 17212320 | 1032739200 |
| mercredi 5 avril 2006 | 11954 | 286896 | 17213760 | 1032825600 |
| jeudi 6 avril 2006 | 11955 | 286920 | 17215200 | 1032912000 |
| vendredi 7 avril 2006 | 11956 | 286944 | 17216640 | 1032998400 |
| samedi 8 avril 2006 | 11957 | 286968 | 17218080 | 1033084800 |
| dimanche 9 avril 2006 | 11958 | 286992 | 17219520 | 1033171200 |
| lundi 10 avril 2006 | 11959 | 287016 | 17220960 | 1033257600 |
| mardi 11 avril 2006 | 11960 | 287040 | 17222400 | 1033344000 |
| mercredi 12 avril 2006 | 11961 | 287064 | 17223840 | 1033430400 |
| jeudi 13 avril 2006 | 11962 | 287088 | 17225280 | 1033516800 |
| vendredi 14 avril 2006 | 11963 | 287112 | 17226720 | 1033603200 |
| samedi 15 avril 2006 | 11964 | 287136 | 17228160 | 1033689600 |
| dimanche 16 avril 2006 | 11965 | 287160 | 17229600 | 1033776000 |
| lundi 17 avril 2006 | 11966 | 287184 | 17231040 | 1033862400 |
| mardi 18 avril 2006 | 11967 | 287208 | 17232480 | 1033948800 |
| mercredi 19 avril 2006 | 11968 | 287232 | 17233920 | 1034035200 |

| | | | | |
|---|---|---|---|---|
| jeudi 20 avril 2006 | 11969 | 287256 | 17235360 | 1034121600 |
| vendredi 21 avril 2006 | 11970 | 287280 | 17236800 | 1034208000 |
| samedi 22 avril 2006 | 11971 | 287304 | 17238240 | 1034294400 |
| dimanche 23 avril 2006 | 11972 | 287328 | 17239680 | 1034380800 |
| lundi 24 avril 2006 | 11973 | 287352 | 17241120 | 1034467200 |
| mardi 25 avril 2006 | 11974 | 287376 | 17242560 | 1034553600 |
| mercredi 26 avril 2006 | 11975 | 287400 | 17244000 | 1034640000 |
| jeudi 27 avril 2006 | 11976 | 287424 | 17245440 | 1034726400 |
| vendredi 28 avril 2006 | 11977 | 287448 | 17246880 | 1034812800 |
| samedi 29 avril 2006 | 11978 | 287472 | 17248320 | 1034899200 |
| dimanche 30 avril 2006 | 11979 | 287496 | 17249760 | 1034985600 |
| lundi 1 mai 2006 | 11980 | 287520 | 17251200 | 1035072000 |
| mardi 2 mai 2006 | 11981 | 287544 | 17252640 | 1035158400 |
| mercredi 3 mai 2006 | 11982 | 287568 | 17254080 | 1035244800 |
| jeudi 4 mai 2006 | 11983 | 287592 | 17255520 | 1035331200 |
| vendredi 5 mai 2006 | 11984 | 287616 | 17256960 | 1035417600 |
| samedi 6 mai 2006 | 11985 | 287640 | 17258400 | 1035504000 |
| dimanche 7 mai 2006 | 11986 | 287664 | 17259840 | 1035590400 |
| lundi 8 mai 2006 | 11987 | 287688 | 17261280 | 1035676800 |
| mardi 9 mai 2006 | 11988 | 287712 | 17262720 | 1035763200 |
| mercredi 10 mai 2006 | 11989 | 287736 | 17264160 | 1035849600 |
| jeudi 11 mai 2006 | 11990 | 287760 | 17265600 | 1035936000 |
| vendredi 12 mai 2006 | 11991 | 287784 | 17267040 | 1036022400 |
| samedi 13 mai 2006 | 11992 | 287808 | 17268480 | 1036108800 |
| dimanche 14 mai 2006 | 11993 | 287832 | 17269920 | 1036195200 |
| lundi 15 mai 2006 | 11994 | 287856 | 17271360 | 1036281600 |
| mardi 16 mai 2006 | 11995 | 287880 | 17272800 | 1036368000 |
| mercredi 17 mai 2006 | 11996 | 287904 | 17274240 | 1036454400 |
| jeudi 18 mai 2006 | 11997 | 287928 | 17275680 | 1036540800 |
| vendredi 19 mai 2006 | 11998 | 287952 | 17277120 | 1036627200 |
| samedi 20 mai 2006 | 11999 | 287976 | 17278560 | 1036713600 |
| dimanche 21 mai 2006 | 12000 | 288000 | 17280000 | 1036800000 |
| lundi 22 mai 2006 | 12001 | 288024 | 17281440 | 1036886400 |
| mardi 23 mai 2006 | 12002 | 288048 | 17282880 | 1036972800 |
| mercredi 24 mai 2006 | 12003 | 288072 | 17284320 | 1037059200 |
| jeudi 25 mai 2006 | 12004 | 288096 | 17285760 | 1037145600 |
| vendredi 26 mai 2006 | 12005 | 288120 | 17287200 | 1037232000 |
| samedi 27 mai 2006 | 12006 | 288144 | 17288640 | 1037318400 |

| | | | |
|---|---|---|---|
| dimanche 28 mai 2006 | 12007 | 288168 | 17290080 | 1037404800 |
| lundi 29 mai 2006 | 12008 | 288192 | 17291520 | 1037491200 |
| mardi 30 mai 2006 | 12009 | 288216 | 17292960 | 1037577600 |
| mercredi 31 mai 2006 | 12010 | 288240 | 17294400 | 1037664000 |
| jeudi 1 juin 2006 | 12011 | 288264 | 17295840 | 1037750400 |
| vendredi 2 juin 2006 | 12012 | 288288 | 17297280 | 1037836800 |
| samedi 3 juin 2006 | 12013 | 288312 | 17298720 | 1037923200 |
| dimanche 4 juin 2006 | 12014 | 288336 | 17300160 | 1038009600 |
| lundi 5 juin 2006 | 12015 | 288360 | 17301600 | 1038096000 |
| mardi 6 juin 2006 | 12016 | 288384 | 17303040 | 1038182400 |
| mercredi 7 juin 2006 | 12017 | 288408 | 17304480 | 1038268800 |
| jeudi 8 juin 2006 | 12018 | 288432 | 17305920 | 1038355200 |
| vendredi 9 juin 2006 | 12019 | 288456 | 17307360 | 1038441600 |
| samedi 10 juin 2006 | 12020 | 288480 | 17308800 | 1038528000 |
| dimanche 11 juin 2006 | 12021 | 288504 | 17310240 | 1038614400 |
| lundi 12 juin 2006 | 12022 | 288528 | 17311680 | 1038700800 |
| mardi 13 juin 2006 | 12023 | 288552 | 17313120 | 1038787200 |
| mercredi 14 juin 2006 | 12024 | 288576 | 17314560 | 1038873600 |
| jeudi 15 juin 2006 | 12025 | 288600 | 17316000 | 1038960000 |
| vendredi 16 juin 2006 | 12026 | 288624 | 17317440 | 1039046400 |
| samedi 17 juin 2006 | 12027 | 288648 | 17318880 | 1039132800 |
| dimanche 18 juin 2006 | 12028 | 288672 | 17320320 | 1039219200 |
| lundi 19 juin 2006 | 12029 | 288696 | 17321760 | 1039305600 |
| mardi 20 juin 2006 | 12030 | 288720 | 17323200 | 1039392000 |
| mercredi 21 juin 2006 | 12031 | 288744 | 17324640 | 1039478400 |
| jeudi 22 juin 2006 | 12032 | 288768 | 17326080 | 1039564800 |
| vendredi 23 juin 2006 | 12033 | 288792 | 17327520 | 1039651200 |
| samedi 24 juin 2006 | 12034 | 288816 | 17328960 | 1039737600 |
| dimanche 25 juin 2006 | 12035 | 288840 | 17330400 | 1039824000 |
| lundi 26 juin 2006 | 12036 | 288864 | 17331840 | 1039910400 |
| mardi 27 juin 2006 | 12037 | 288888 | 17333280 | 1039996800 |
| mercredi 28 juin 2006 | 12038 | 288912 | 17334720 | 1040083200 |
| jeudi 29 juin 2006 | 12039 | 288936 | 17336160 | 1040169600 |
| vendredi 30 juin 2006 | 12040 | 288960 | 17337600 | 1040256000 |
| samedi 1 juillet 2006 | 12041 | 288984 | 17339040 | 1040342400 |
| dimanche 2 juillet 2006 | 12042 | 289008 | 17340480 | 1040428800 |
| lundi 3 juillet 2006 | 12043 | 289032 | 17341920 | 1040515200 |
| mardi 4 juillet 2006 | 12044 | 289056 | 17343360 | 1040601600 |

| | | | | |
|---|---|---|---|---|
| mercredi 5 juillet 2006 | 12045 | 289080 | 17344800 | 1040688000 |
| jeudi 6 juillet 2006 | 12046 | 289104 | 17346240 | 1040774400 |
| vendredi 7 juillet 2006 | 12047 | 289128 | 17347680 | 1040860800 |
| samedi 8 juillet 2006 | 12048 | 289152 | 17349120 | 1040947200 |
| dimanche 9 juillet 2006 | 12049 | 289176 | 17350560 | 1041033600 |
| lundi 10 juillet 2006 | 12050 | 289200 | 17352000 | 1041120000 |
| mardi 11 juillet 2006 | 12051 | 289224 | 17353440 | 1041206400 |
| mercredi 12 juillet 2006 | 12052 | 289248 | 17354880 | 1041292800 |
| jeudi 13 juillet 2006 | 12053 | 289272 | 17356320 | 1041379200 |
| vendredi 14 juillet 2006 | 12054 | 289296 | 17357760 | 1041465600 |
| samedi 15 juillet 2006 | 12055 | 289320 | 17359200 | 1041552000 |
| dimanche 16 juillet 2006 | 12056 | 289344 | 17360640 | 1041638400 |
| lundi 17 juillet 2006 | 12057 | 289368 | 17362080 | 1041724800 |
| mardi 18 juillet 2006 | 12058 | 289392 | 17363520 | 1041811200 |
| mercredi 19 juillet 2006 | 12059 | 289416 | 17364960 | 1041897600 |
| jeudi 20 juillet 2006 | 12060 | 289440 | 17366400 | 1041984000 |
| vendredi 21 juillet 2006 | 12061 | 289464 | 17367840 | 1042070400 |
| samedi 22 juillet 2006 | 12062 | 289488 | 17369280 | 1042156800 |
| dimanche 23 juillet 2006 | 12063 | 289512 | 17370720 | 1042243200 |
| lundi 24 juillet 2006 | 12064 | 289536 | 17372160 | 1042329600 |
| mardi 25 juillet 2006 | 12065 | 289560 | 17373600 | 1042416000 |
| mercredi 26 juillet 2006 | 12066 | 289584 | 17375040 | 1042502400 |
| jeudi 27 juillet 2006 | 12067 | 289608 | 17376480 | 1042588800 |
| vendredi 28 juillet 2006 | 12068 | 289632 | 17377920 | 1042675200 |
| samedi 29 juillet 2006 | 12069 | 289656 | 17379360 | 1042761600 |
| dimanche 30 juillet 2006 | 12070 | 289680 | 17380800 | 1042848000 |
| lundi 31 juillet 2006 | 12071 | 289704 | 17382240 | 1042934400 |
| mardi 1 août 2006 | 12072 | 289728 | 17383680 | 1043020800 |
| mercredi 2 août 2006 | 12073 | 289752 | 17385120 | 1043107200 |
| jeudi 3 août 2006 | 12074 | 289776 | 17386560 | 1043193600 |
| vendredi 4 août 2006 | 12075 | 289800 | 17388000 | 1043280000 |
| samedi 5 août 2006 | 12076 | 289824 | 17389440 | 1043366400 |
| dimanche 6 août 2006 | 12077 | 289848 | 17390880 | 1043452800 |
| lundi 7 août 2006 | 12078 | 289872 | 17392320 | 1043539200 |
| mardi 8 août 2006 | 12079 | 289896 | 17393760 | 1043625600 |
| mercredi 9 août 2006 | 12080 | 289920 | 17395200 | 1043712000 |
| jeudi 10 août 2006 | 12081 | 289944 | 17396640 | 1043798400 |
| vendredi 11 août 2006 | 12082 | 289968 | 17398080 | 1043884800 |

| | | | | |
|---|---|---|---|---|
| samedi 12 août 2006 | 12083 | 289992 | 17399520 | 1043971200 |
| dimanche 13 août 2006 | 12084 | 290016 | 17400960 | 1044057600 |
| lundi 14 août 2006 | 12085 | 290040 | 17402400 | 1044144000 |
| mardi 15 août 2006 | 12086 | 290064 | 17403840 | 1044230400 |
| mercredi 16 août 2006 | 12087 | 290088 | 17405280 | 1044316800 |
| jeudi 17 août 2006 | 12088 | 290112 | 17406720 | 1044403200 |
| vendredi 18 août 2006 | 12089 | 290136 | 17408160 | 1044489600 |
| samedi 19 août 2006 | 12090 | 290160 | 17409600 | 1044576000 |
| dimanche 20 août 2006 | 12091 | 290184 | 17411040 | 1044662400 |
| lundi 21 août 2006 | 12092 | 290208 | 17412480 | 1044748800 |
| mardi 22 août 2006 | 12093 | 290232 | 17413920 | 1044835200 |
| mercredi 23 août 2006 | 12094 | 290256 | 17415360 | 1044921600 |
| jeudi 24 août 2006 | 12095 | 290280 | 17416800 | 1045008000 |
| vendredi 25 août 2006 | 12096 | 290304 | 17418240 | 1045094400 |
| samedi 26 août 2006 | 12097 | 290328 | 17419680 | 1045180800 |
| dimanche 27 août 2006 | 12098 | 290352 | 17421120 | 1045267200 |
| lundi 28 août 2006 | 12099 | 290376 | 17422560 | 1045353600 |
| mardi 29 août 2006 | 12100 | 290400 | 17424000 | 1045440000 |
| mercredi 30 août 2006 | 12101 | 290424 | 17425440 | 1045526400 |
| jeudi 31 août 2006 | 12102 | 290448 | 17426880 | 1045612800 |
| vendredi 1 septembre 2006 | 12103 | 290472 | 17428320 | 1045699200 |
| samedi 2 septembre 2006 | 12104 | 290496 | 17429760 | 1045785600 |
| dimanche 3 septembre 2006 | 12105 | 290520 | 17431200 | 1045872000 |
| lundi 4 septembre 2006 | 12106 | 290544 | 17432640 | 1045958400 |
| mardi 5 septembre 2006 | 12107 | 290568 | 17434080 | 1046044800 |
| mercredi 6 septembre 2006 | 12108 | 290592 | 17435520 | 1046131200 |
| jeudi 7 septembre 2006 | 12109 | 290616 | 17436960 | 1046217600 |
| vendredi 8 septembre 2006 | 12110 | 290640 | 17438400 | 1046304000 |
| samedi 9 septembre 2006 | 12111 | 290664 | 17439840 | 1046390400 |
| dimanche 10 septembre 2006 | 12112 | 290688 | 17441280 | 1046476800 |
| lundi 11 septembre 2006 | 12113 | 290712 | 17442720 | 1046563200 |
| mardi 12 septembre 2006 | 12114 | 290736 | 17444160 | 1046649600 |
| mercredi 13 septembre 2006 | 12115 | 290760 | 17445600 | 1046736000 |
| jeudi 14 septembre 2006 | 12116 | 290784 | 17447040 | 1046822400 |
| vendredi 15 septembre 2006 | 12117 | 290808 | 17448480 | 1046908800 |
| samedi 16 septembre 2006 | 12118 | 290832 | 17449920 | 1046995200 |
| dimanche 17 septembre 2006 | 12119 | 290856 | 17451360 | 1047081600 |
| lundi 18 septembre 2006 | 12120 | 290880 | 17452800 | 1047168000 |

| | | | | |
|---|---|---|---|---|
| mardi 19 septembre 2006 | 12121 | 290904 | 17454240 | 1047254400 |
| mercredi 20 septembre 2006 | 12122 | 290928 | 17455680 | 1047340800 |
| jeudi 21 septembre 2006 | 12123 | 290952 | 17457120 | 1047427200 |
| vendredi 22 septembre 2006 | 12124 | 290976 | 17458560 | 1047513600 |
| samedi 23 septembre 2006 | 12125 | 291000 | 17460000 | 1047600000 |
| dimanche 24 septembre 2006 | 12126 | 291024 | 17461440 | 1047686400 |
| lundi 25 septembre 2006 | 12127 | 291048 | 17462880 | 1047772800 |
| mardi 26 septembre 2006 | 12128 | 291072 | 17464320 | 1047859200 |
| mercredi 27 septembre 2006 | 12129 | 291096 | 17465760 | 1047945600 |
| jeudi 28 septembre 2006 | 12130 | 291120 | 17467200 | 1048032000 |
| vendredi 29 septembre 2006 | 12131 | 291144 | 17468640 | 1048118400 |
| samedi 30 septembre 2006 | 12132 | 291168 | 17470080 | 1048204800 |
| dimanche 1 octobre 2006 | 12133 | 291192 | 17471520 | 1048291200 |
| lundi 2 octobre 2006 | 12134 | 291216 | 17472960 | 1048377600 |
| mardi 3 octobre 2006 | 12135 | 291240 | 17474400 | 1048464000 |
| mercredi 4 octobre 2006 | 12136 | 291264 | 17475840 | 1048550400 |
| jeudi 5 octobre 2006 | 12137 | 291288 | 17477280 | 1048636800 |
| vendredi 6 octobre 2006 | 12138 | 291312 | 17478720 | 1048723200 |
| samedi 7 octobre 2006 | 12139 | 291336 | 17480160 | 1048809600 |
| dimanche 8 octobre 2006 | 12140 | 291360 | 17481600 | 1048896000 |
| lundi 9 octobre 2006 | 12141 | 291384 | 17483040 | 1048982400 |
| mardi 10 octobre 2006 | 12142 | 291408 | 17484480 | 1049068800 |
| mercredi 11 octobre 2006 | 12143 | 291432 | 17485920 | 1049155200 |
| jeudi 12 octobre 2006 | 12144 | 291456 | 17487360 | 1049241600 |
| vendredi 13 octobre 2006 | 12145 | 291480 | 17488800 | 1049328000 |
| samedi 14 octobre 2006 | 12146 | 291504 | 17490240 | 1049414400 |
| dimanche 15 octobre 2006 | 12147 | 291528 | 17491680 | 1049500800 |
| lundi 16 octobre 2006 | 12148 | 291552 | 17493120 | 1049587200 |
| mardi 17 octobre 2006 | 12149 | 291576 | 17494560 | 1049673600 |
| mercredi 18 octobre 2006 | 12150 | 291600 | 17496000 | 1049760000 |
| jeudi 19 octobre 2006 | 12151 | 291624 | 17497440 | 1049846400 |
| vendredi 20 octobre 2006 | 12152 | 291648 | 17498880 | 1049932800 |
| samedi 21 octobre 2006 | 12153 | 291672 | 17500320 | 1050019200 |
| dimanche 22 octobre 2006 | 12154 | 291696 | 17501760 | 1050105600 |
| lundi 23 octobre 2006 | 12155 | 291720 | 17503200 | 1050192000 |
| mardi 24 octobre 2006 | 12156 | 291744 | 17504640 | 1050278400 |
| mercredi 25 octobre 2006 | 12157 | 291768 | 17506080 | 1050364800 |
| jeudi 26 octobre 2006 | 12158 | 291792 | 17507520 | 1050451200 |

| Date | | | | |
|---|---|---|---|---|
| vendredi 27 octobre 2006 | 12159 | 291816 | 17508960 | 1050537600 |
| samedi 28 octobre 2006 | 12160 | 291840 | 17510400 | 1050624000 |
| dimanche 29 octobre 2006 | 12161 | 291864 | 17511840 | 1050710400 |
| lundi 30 octobre 2006 | 12162 | 291888 | 17513280 | 1050796800 |
| mardi 31 octobre 2006 | 12163 | 291912 | 17514720 | 1050883200 |
| mercredi 1 novembre 2006 | 12164 | 291936 | 17516160 | 1050969600 |
| jeudi 2 novembre 2006 | 12165 | 291960 | 17517600 | 1051056000 |
| vendredi 3 novembre 2006 | 12166 | 291984 | 17519040 | 1051142400 |
| samedi 4 novembre 2006 | 12167 | 292008 | 17520480 | 1051228800 |
| dimanche 5 novembre 2006 | 12168 | 292032 | 17521920 | 1051315200 |
| lundi 6 novembre 2006 | 12169 | 292056 | 17523360 | 1051401600 |
| mardi 7 novembre 2006 | 12170 | 292080 | 17524800 | 1051488000 |
| mercredi 8 novembre 2006 | 12171 | 292104 | 17526240 | 1051574400 |
| jeudi 9 novembre 2006 | 12172 | 292128 | 17527680 | 1051660800 |
| vendredi 10 novembre 2006 | 12173 | 292152 | 17529120 | 1051747200 |
| samedi 11 novembre 2006 | 12174 | 292176 | 17530560 | 1051833600 |
| dimanche 12 novembre 2006 | 12175 | 292200 | 17532000 | 1051920000 |
| lundi 13 novembre 2006 | 12176 | 292224 | 17533440 | 1052006400 |
| mardi 14 novembre 2006 | 12177 | 292248 | 17534880 | 1052092800 |
| mercredi 15 novembre 2006 | 12178 | 292272 | 17536320 | 1052179200 |
| jeudi 16 novembre 2006 | 12179 | 292296 | 17537760 | 1052265600 |
| vendredi 17 novembre 2006 | 12180 | 292320 | 17539200 | 1052352000 |
| samedi 18 novembre 2006 | 12181 | 292344 | 17540640 | 1052438400 |
| dimanche 19 novembre 2006 | 12182 | 292368 | 17542080 | 1052524800 |
| lundi 20 novembre 2006 | 12183 | 292392 | 17543520 | 1052611200 |
| mardi 21 novembre 2006 | 12184 | 292416 | 17544960 | 1052697600 |
| mercredi 22 novembre 2006 | 12185 | 292440 | 17546400 | 1052784000 |
| jeudi 23 novembre 2006 | 12186 | 292464 | 17547840 | 1052870400 |
| vendredi 24 novembre 2006 | 12187 | 292488 | 17549280 | 1052956800 |
| samedi 25 novembre 2006 | 12188 | 292512 | 17550720 | 1053043200 |
| dimanche 26 novembre 2006 | 12189 | 292536 | 17552160 | 1053129600 |
| lundi 27 novembre 2006 | 12190 | 292560 | 17553600 | 1053216000 |
| mardi 28 novembre 2006 | 12191 | 292584 | 17555040 | 1053302400 |
| mercredi 29 novembre 2006 | 12192 | 292608 | 17556480 | 1053388800 |
| jeudi 30 novembre 2006 | 12193 | 292632 | 17557920 | 1053475200 |
| vendredi 1 décembre 2006 | 12194 | 292656 | 17559360 | 1053561600 |
| samedi 2 décembre 2006 | 12195 | 292680 | 17560800 | 1053648000 |
| dimanche 3 décembre 2006 | 12196 | 292704 | 17562240 | 1053734400 |

| | | | | |
|---|---|---|---|---|
| lundi 4 décembre 2006 | 12197 | 292728 | 17563680 | 1053820800 |
| mardi 5 décembre 2006 | 12198 | 292752 | 17565120 | 1053907200 |
| mercredi 6 décembre 2006 | 12199 | 292776 | 17566560 | 1053993600 |
| jeudi 7 décembre 2006 | 12200 | 292800 | 17568000 | 1054080000 |
| vendredi 8 décembre 2006 | 12201 | 292824 | 17569440 | 1054166400 |
| samedi 9 décembre 2006 | 12202 | 292848 | 17570880 | 1054252800 |
| dimanche 10 décembre 2006 | 12203 | 292872 | 17572320 | 1054339200 |
| lundi 11 décembre 2006 | 12204 | 292896 | 17573760 | 1054425600 |
| mardi 12 décembre 2006 | 12205 | 292920 | 17575200 | 1054512000 |
| mercredi 13 décembre 2006 | 12206 | 292944 | 17576640 | 1054598400 |
| jeudi 14 décembre 2006 | 12207 | 292968 | 17578080 | 1054684800 |
| vendredi 15 décembre 2006 | 12208 | 292992 | 17579520 | 1054771200 |
| samedi 16 décembre 2006 | 12209 | 293016 | 17580960 | 1054857600 |
| dimanche 17 décembre 2006 | 12210 | 293040 | 17582400 | 1054944000 |
| lundi 18 décembre 2006 | 12211 | 293064 | 17583840 | 1055030400 |
| mardi 19 décembre 2006 | 12212 | 293088 | 17585280 | 1055116800 |
| mercredi 20 décembre 2006 | 12213 | 293112 | 17586720 | 1055203200 |
| jeudi 21 décembre 2006 | 12214 | 293136 | 17588160 | 1055289600 |
| vendredi 22 décembre 2006 | 12215 | 293160 | 17589600 | 1055376000 |
| samedi 23 décembre 2006 | 12216 | 293184 | 17591040 | 1055462400 |
| dimanche 24 décembre 2006 | 12217 | 293208 | 17592480 | 1055548800 |
| lundi 25 décembre 2006 | 12218 | 293232 | 17593920 | 1055635200 |
| mardi 26 décembre 2006 | 12219 | 293256 | 17595360 | 1055721600 |
| mercredi 27 décembre 2006 | 12220 | 293280 | 17596800 | 1055808000 |
| jeudi 28 décembre 2006 | 12221 | 293304 | 17598240 | 1055894400 |
| vendredi 29 décembre 2006 | 12222 | 293328 | 17599680 | 1055980800 |
| samedi 30 décembre 2006 | 12223 | 293352 | 17601120 | 1056067200 |
| dimanche 31 décembre 2006 | 12224 | 293376 | 17602560 | 1056153600 |
| lundi 1 janvier 2007 | 12225 | 293400 | 17604000 | 1056240000 |
| mardi 2 janvier 2007 | 12226 | 293424 | 17605440 | 1056326400 |
| mercredi 3 janvier 2007 | 12227 | 293448 | 17606880 | 1056412800 |
| jeudi 4 janvier 2007 | 12228 | 293472 | 17608320 | 1056499200 |
| vendredi 5 janvier 2007 | 12229 | 293496 | 17609760 | 1056585600 |
| samedi 6 janvier 2007 | 12230 | 293520 | 17611200 | 1056672000 |
| dimanche 7 janvier 2007 | 12231 | 293544 | 17612640 | 1056758400 |
| lundi 8 janvier 2007 | 12232 | 293568 | 17614080 | 1056844800 |
| mardi 9 janvier 2007 | 12233 | 293592 | 17615520 | 1056931200 |
| mercredi 10 janvier 2007 | 12234 | 293616 | 17616960 | 1057017600 |

| | | | | |
|---|---|---|---|---|
| jeudi 11 janvier 2007 | 12235 | 293640 | 17618400 | 1057104000 |
| vendredi 12 janvier 2007 | 12236 | 293664 | 17619840 | 1057190400 |
| samedi 13 janvier 2007 | 12237 | 293688 | 17621280 | 1057276800 |
| dimanche 14 janvier 2007 | 12238 | 293712 | 17622720 | 1057363200 |
| lundi 15 janvier 2007 | 12239 | 293736 | 17624160 | 1057449600 |
| mardi 16 janvier 2007 | 12240 | 293760 | 17625600 | 1057536000 |
| mercredi 17 janvier 2007 | 12241 | 293784 | 17627040 | 1057622400 |
| jeudi 18 janvier 2007 | 12242 | 293808 | 17628480 | 1057708800 |
| vendredi 19 janvier 2007 | 12243 | 293832 | 17629920 | 1057795200 |
| samedi 20 janvier 2007 | 12244 | 293856 | 17631360 | 1057881600 |
| dimanche 21 janvier 2007 | 12245 | 293880 | 17632800 | 1057968000 |
| lundi 22 janvier 2007 | 12246 | 293904 | 17634240 | 1058054400 |
| mardi 23 janvier 2007 | 12247 | 293928 | 17635680 | 1058140800 |
| mercredi 24 janvier 2007 | 12248 | 293952 | 17637120 | 1058227200 |
| jeudi 25 janvier 2007 | 12249 | 293976 | 17638560 | 1058313600 |
| vendredi 26 janvier 2007 | 12250 | 294000 | 17640000 | 1058400000 |
| samedi 27 janvier 2007 | 12251 | 294024 | 17641440 | 1058486400 |
| dimanche 28 janvier 2007 | 12252 | 294048 | 17642880 | 1058572800 |
| lundi 29 janvier 2007 | 12253 | 294072 | 17644320 | 1058659200 |
| mardi 30 janvier 2007 | 12254 | 294096 | 17645760 | 1058745600 |
| mercredi 31 janvier 2007 | 12255 | 294120 | 17647200 | 1058832000 |
| jeudi 1 février 2007 | 12256 | 294144 | 17648640 | 1058918400 |
| vendredi 2 février 2007 | 12257 | 294168 | 17650080 | 1059004800 |
| samedi 3 février 2007 | 12258 | 294192 | 17651520 | 1059091200 |
| dimanche 4 février 2007 | 12259 | 294216 | 17652960 | 1059177600 |
| lundi 5 février 2007 | 12260 | 294240 | 17654400 | 1059264000 |
| mardi 6 février 2007 | 12261 | 294264 | 17655840 | 1059350400 |
| mercredi 7 février 2007 | 12262 | 294288 | 17657280 | 1059436800 |
| jeudi 8 février 2007 | 12263 | 294312 | 17658720 | 1059523200 |
| vendredi 9 février 2007 | 12264 | 294336 | 17660160 | 1059609600 |
| samedi 10 février 2007 | 12265 | 294360 | 17661600 | 1059696000 |
| dimanche 11 février 2007 | 12266 | 294384 | 17663040 | 1059782400 |
| lundi 12 février 2007 | 12267 | 294408 | 17664480 | 1059868800 |
| mardi 13 février 2007 | 12268 | 294432 | 17665920 | 1059955200 |
| mercredi 14 février 2007 | 12269 | 294456 | 17667360 | 1060041600 |
| jeudi 15 février 2007 | 12270 | 294480 | 17668800 | 1060128000 |
| vendredi 16 février 2007 | 12271 | 294504 | 17670240 | 1060214400 |
| samedi 17 février 2007 | 12272 | 294528 | 17671680 | 1060300800 |

| | | | | |
|---|---|---|---|---|
| dimanche 18 février 2007 | 12273 | 294552 | 17673120 | 1060387200 |
| lundi 19 février 2007 | 12274 | 294576 | 17674560 | 1060473600 |
| mardi 20 février 2007 | 12275 | 294600 | 17676000 | 1060560000 |
| mercredi 21 février 2007 | 12276 | 294624 | 17677440 | 1060646400 |
| jeudi 22 février 2007 | 12277 | 294648 | 17678880 | 1060732800 |
| vendredi 23 février 2007 | 12278 | 294672 | 17680320 | 1060819200 |
| samedi 24 février 2007 | 12279 | 294696 | 17681760 | 1060905600 |
| dimanche 25 février 2007 | 12280 | 294720 | 17683200 | 1060992000 |
| lundi 26 février 2007 | 12281 | 294744 | 17684640 | 1061078400 |
| mardi 27 février 2007 | 12282 | 294768 | 17686080 | 1061164800 |
| mercredi 28 février 2007 | 12283 | 294792 | 17687520 | 1061251200 |
| jeudi 1 mars 2007 | 12284 | 294816 | 17688960 | 1061337600 |
| vendredi 2 mars 2007 | 12285 | 294840 | 17690400 | 1061424000 |
| samedi 3 mars 2007 | 12286 | 294864 | 17691840 | 1061510400 |
| dimanche 4 mars 2007 | 12287 | 294888 | 17693280 | 1061596800 |
| lundi 5 mars 2007 | 12288 | 294912 | 17694720 | 1061683200 |
| mardi 6 mars 2007 | 12289 | 294936 | 17696160 | 1061769600 |
| mercredi 7 mars 2007 | 12290 | 294960 | 17697600 | 1061856000 |
| jeudi 8 mars 2007 | 12291 | 294984 | 17699040 | 1061942400 |
| vendredi 9 mars 2007 | 12292 | 295008 | 17700480 | 1062028800 |
| samedi 10 mars 2007 | 12293 | 295032 | 17701920 | 1062115200 |
| dimanche 11 mars 2007 | 12294 | 295056 | 17703360 | 1062201600 |
| lundi 12 mars 2007 | 12295 | 295080 | 17704800 | 1062288000 |
| mardi 13 mars 2007 | 12296 | 295104 | 17706240 | 1062374400 |
| mercredi 14 mars 2007 | 12297 | 295128 | 17707680 | 1062460800 |
| jeudi 15 mars 2007 | 12298 | 295152 | 17709120 | 1062547200 |
| vendredi 16 mars 2007 | 12299 | 295176 | 17710560 | 1062633600 |
| samedi 17 mars 2007 | 12300 | 295200 | 17712000 | 1062720000 |
| dimanche 18 mars 2007 | 12301 | 295224 | 17713440 | 1062806400 |
| lundi 19 mars 2007 | 12302 | 295248 | 17714880 | 1062892800 |
| mardi 20 mars 2007 | 12303 | 295272 | 17716320 | 1062979200 |
| mercredi 21 mars 2007 | 12304 | 295296 | 17717760 | 1063065600 |
| jeudi 22 mars 2007 | 12305 | 295320 | 17719200 | 1063152000 |
| vendredi 23 mars 2007 | 12306 | 295344 | 17720640 | 1063238400 |
| samedi 24 mars 2007 | 12307 | 295368 | 17722080 | 1063324800 |
| dimanche 25 mars 2007 | 12308 | 295392 | 17723520 | 1063411200 |
| lundi 26 mars 2007 | 12309 | 295416 | 17724960 | 1063497600 |
| mardi 27 mars 2007 | 12310 | 295440 | 17726400 | 1063584000 |

| | | | | |
|---|---|---|---|---|
| mercredi 28 mars 2007 | 12311 | 295464 | 17727840 | 1063670400 |
| jeudi 29 mars 2007 | 12312 | 295488 | 17729280 | 1063756800 |
| vendredi 30 mars 2007 | 12313 | 295512 | 17730720 | 1063843200 |
| samedi 31 mars 2007 | 12314 | 295536 | 17732160 | 1063929600 |
| dimanche 1 avril 2007 | 12315 | 295560 | 17733600 | 1064016000 |
| lundi 2 avril 2007 | 12316 | 295584 | 17735040 | 1064102400 |
| mardi 3 avril 2007 | 12317 | 295608 | 17736480 | 1064188800 |
| mercredi 4 avril 2007 | 12318 | 295632 | 17737920 | 1064275200 |
| jeudi 5 avril 2007 | 12319 | 295656 | 17739360 | 1064361600 |
| vendredi 6 avril 2007 | 12320 | 295680 | 17740800 | 1064448000 |
| samedi 7 avril 2007 | 12321 | 295704 | 17742240 | 1064534400 |
| dimanche 8 avril 2007 | 12322 | 295728 | 17743680 | 1064620800 |
| lundi 9 avril 2007 | 12323 | 295752 | 17745120 | 1064707200 |
| mardi 10 avril 2007 | 12324 | 295776 | 17746560 | 1064793600 |
| mercredi 11 avril 2007 | 12325 | 295800 | 17748000 | 1064880000 |
| jeudi 12 avril 2007 | 12326 | 295824 | 17749440 | 1064966400 |
| vendredi 13 avril 2007 | 12327 | 295848 | 17750880 | 1065052800 |
| samedi 14 avril 2007 | 12328 | 295872 | 17752320 | 1065139200 |
| dimanche 15 avril 2007 | 12329 | 295896 | 17753760 | 1065225600 |
| lundi 16 avril 2007 | 12330 | 295920 | 17755200 | 1065312000 |
| mardi 17 avril 2007 | 12331 | 295944 | 17756640 | 1065398400 |
| mercredi 18 avril 2007 | 12332 | 295968 | 17758080 | 1065484800 |
| jeudi 19 avril 2007 | 12333 | 295992 | 17759520 | 1065571200 |
| vendredi 20 avril 2007 | 12334 | 296016 | 17760960 | 1065657600 |
| samedi 21 avril 2007 | 12335 | 296040 | 17762400 | 1065744000 |
| dimanche 22 avril 2007 | 12336 | 296064 | 17763840 | 1065830400 |
| lundi 23 avril 2007 | 12337 | 296088 | 17765280 | 1065916800 |
| mardi 24 avril 2007 | 12338 | 296112 | 17766720 | 1066003200 |
| mercredi 25 avril 2007 | 12339 | 296136 | 17768160 | 1066089600 |
| jeudi 26 avril 2007 | 12340 | 296160 | 17769600 | 1066176000 |
| vendredi 27 avril 2007 | 12341 | 296184 | 17771040 | 1066262400 |
| samedi 28 avril 2007 | 12342 | 296208 | 17772480 | 1066348800 |
| dimanche 29 avril 2007 | 12343 | 296232 | 17773920 | 1066435200 |
| lundi 30 avril 2007 | 12344 | 296256 | 17775360 | 1066521600 |
| mardi 1 mai 2007 | 12345 | 296280 | 17776800 | 1066608000 |
| mercredi 2 mai 2007 | 12346 | 296304 | 17778240 | 1066694400 |
| jeudi 3 mai 2007 | 12347 | 296328 | 17779680 | 1066780800 |
| vendredi 4 mai 2007 | 12348 | 296352 | 17781120 | 1066867200 |

| | | | | |
|---|---|---|---|---|
| samedi 5 mai 2007 | 12349 | 296376 | 17782560 | 1066953600 |
| dimanche 6 mai 2007 | 12350 | 296400 | 17784000 | 1067040000 |
| lundi 7 mai 2007 | 12351 | 296424 | 17785440 | 1067126400 |
| mardi 8 mai 2007 | 12352 | 296448 | 17786880 | 1067212800 |
| mercredi 9 mai 2007 | 12353 | 296472 | 17788320 | 1067299200 |
| jeudi 10 mai 2007 | 12354 | 296496 | 17789760 | 1067385600 |
| vendredi 11 mai 2007 | 12355 | 296520 | 17791200 | 1067472000 |
| samedi 12 mai 2007 | 12356 | 296544 | 17792640 | 1067558400 |
| dimanche 13 mai 2007 | 12357 | 296568 | 17794080 | 1067644800 |
| lundi 14 mai 2007 | 12358 | 296592 | 17795520 | 1067731200 |
| mardi 15 mai 2007 | 12359 | 296616 | 17796960 | 1067817600 |
| mercredi 16 mai 2007 | 12360 | 296640 | 17798400 | 1067904000 |
| jeudi 17 mai 2007 | 12361 | 296664 | 17799840 | 1067990400 |
| vendredi 18 mai 2007 | 12362 | 296688 | 17801280 | 1068076800 |
| samedi 19 mai 2007 | 12363 | 296712 | 17802720 | 1068163200 |
| dimanche 20 mai 2007 | 12364 | 296736 | 17804160 | 1068249600 |
| lundi 21 mai 2007 | 12365 | 296760 | 17805600 | 1068336000 |
| mardi 22 mai 2007 | 12366 | 296784 | 17807040 | 1068422400 |
| mercredi 23 mai 2007 | 12367 | 296808 | 17808480 | 1068508800 |
| jeudi 24 mai 2007 | 12368 | 296832 | 17809920 | 1068595200 |
| vendredi 25 mai 2007 | 12369 | 296856 | 17811360 | 1068681600 |
| samedi 26 mai 2007 | 12370 | 296880 | 17812800 | 1068768000 |
| dimanche 27 mai 2007 | 12371 | 296904 | 17814240 | 1068854400 |
| lundi 28 mai 2007 | 12372 | 296928 | 17815680 | 1068940800 |
| mardi 29 mai 2007 | 12373 | 296952 | 17817120 | 1069027200 |
| mercredi 30 mai 2007 | 12374 | 296976 | 17818560 | 1069113600 |
| jeudi 31 mai 2007 | 12375 | 297000 | 17820000 | 1069200000 |
| vendredi 1 juin 2007 | 12376 | 297024 | 17821440 | 1069286400 |
| samedi 2 juin 2007 | 12377 | 297048 | 17822880 | 1069372800 |
| dimanche 3 juin 2007 | 12378 | 297072 | 17824320 | 1069459200 |
| lundi 4 juin 2007 | 12379 | 297096 | 17825760 | 1069545600 |
| mardi 5 juin 2007 | 12380 | 297120 | 17827200 | 1069632000 |
| mercredi 6 juin 2007 | 12381 | 297144 | 17828640 | 1069718400 |
| jeudi 7 juin 2007 | 12382 | 297168 | 17830080 | 1069804800 |
| vendredi 8 juin 2007 | 12383 | 297192 | 17831520 | 1069891200 |
| samedi 9 juin 2007 | 12384 | 297216 | 17832960 | 1069977600 |
| dimanche 10 juin 2007 | 12385 | 297240 | 17834400 | 1070064000 |
| lundi 11 juin 2007 | 12386 | 297264 | 17835840 | 1070150400 |

| | | | | |
|---|---|---|---|---|
| mardi 12 juin 2007 | 12387 | 297288 | 17837280 | 1070236800 |
| mercredi 13 juin 2007 | 12388 | 297312 | 17838720 | 1070323200 |
| jeudi 14 juin 2007 | 12389 | 297336 | 17840160 | 1070409600 |
| vendredi 15 juin 2007 | 12390 | 297360 | 17841600 | 1070496000 |
| samedi 16 juin 2007 | 12391 | 297384 | 17843040 | 1070582400 |
| dimanche 17 juin 2007 | 12392 | 297408 | 17844480 | 1070668800 |
| lundi 18 juin 2007 | 12393 | 297432 | 17845920 | 1070755200 |
| mardi 19 juin 2007 | 12394 | 297456 | 17847360 | 1070841600 |
| mercredi 20 juin 2007 | 12395 | 297480 | 17848800 | 1070928000 |
| jeudi 21 juin 2007 | 12396 | 297504 | 17850240 | 1071014400 |
| vendredi 22 juin 2007 | 12397 | 297528 | 17851680 | 1071100800 |
| samedi 23 juin 2007 | 12398 | 297552 | 17853120 | 1071187200 |
| dimanche 24 juin 2007 | 12399 | 297576 | 17854560 | 1071273600 |
| lundi 25 juin 2007 | 12400 | 297600 | 17856000 | 1071360000 |
| mardi 26 juin 2007 | 12401 | 297624 | 17857440 | 1071446400 |
| mercredi 27 juin 2007 | 12402 | 297648 | 17858880 | 1071532800 |
| jeudi 28 juin 2007 | 12403 | 297672 | 17860320 | 1071619200 |
| vendredi 29 juin 2007 | 12404 | 297696 | 17861760 | 1071705600 |
| samedi 30 juin 2007 | 12405 | 297720 | 17863200 | 1071792000 |
| dimanche 1 juillet 2007 | 12406 | 297744 | 17864640 | 1071878400 |
| lundi 2 juillet 2007 | 12407 | 297768 | 17866080 | 1071964800 |
| mardi 3 juillet 2007 | 12408 | 297792 | 17867520 | 1072051200 |
| mercredi 4 juillet 2007 | 12409 | 297816 | 17868960 | 1072137600 |
| jeudi 5 juillet 2007 | 12410 | 297840 | 17870400 | 1072224000 |
| vendredi 6 juillet 2007 | 12411 | 297864 | 17871840 | 1072310400 |
| samedi 7 juillet 2007 | 12412 | 297888 | 17873280 | 1072396800 |
| dimanche 8 juillet 2007 | 12413 | 297912 | 17874720 | 1072483200 |
| lundi 9 juillet 2007 | 12414 | 297936 | 17876160 | 1072569600 |
| mardi 10 juillet 2007 | 12415 | 297960 | 17877600 | 1072656000 |
| mercredi 11 juillet 2007 | 12416 | 297984 | 17879040 | 1072742400 |
| jeudi 12 juillet 2007 | 12417 | 298008 | 17880480 | 1072828800 |
| vendredi 13 juillet 2007 | 12418 | 298032 | 17881920 | 1072915200 |
| samedi 14 juillet 2007 | 12419 | 298056 | 17883360 | 1073001600 |
| dimanche 15 juillet 2007 | 12420 | 298080 | 17884800 | 1073088000 |
| lundi 16 juillet 2007 | 12421 | 298104 | 17886240 | 1073174400 |
| mardi 17 juillet 2007 | 12422 | 298128 | 17887680 | 1073260800 |
| mercredi 18 juillet 2007 | 12423 | 298152 | 17889120 | 1073347200 |
| jeudi 19 juillet 2007 | 12424 | 298176 | 17890560 | 1073433600 |

| | | | | |
|---|---|---|---|---|
| vendredi 20 juillet 2007 | 12425 | 298200 | 17892000 | 1073520000 |
| samedi 21 juillet 2007 | 12426 | 298224 | 17893440 | 1073606400 |
| dimanche 22 juillet 2007 | 12427 | 298248 | 17894880 | 1073692800 |
| lundi 23 juillet 2007 | 12428 | 298272 | 17896320 | 1073779200 |
| mardi 24 juillet 2007 | 12429 | 298296 | 17897760 | 1073865600 |
| mercredi 25 juillet 2007 | 12430 | 298320 | 17899200 | 1073952000 |
| jeudi 26 juillet 2007 | 12431 | 298344 | 17900640 | 1074038400 |
| vendredi 27 juillet 2007 | 12432 | 298368 | 17902080 | 1074124800 |
| samedi 28 juillet 2007 | 12433 | 298392 | 17903520 | 1074211200 |
| dimanche 29 juillet 2007 | 12434 | 298416 | 17904960 | 1074297600 |
| lundi 30 juillet 2007 | 12435 | 298440 | 17906400 | 1074384000 |
| mardi 31 juillet 2007 | 12436 | 298464 | 17907840 | 1074470400 |
| mercredi 1 août 2007 | 12437 | 298488 | 17909280 | 1074556800 |
| jeudi 2 août 2007 | 12438 | 298512 | 17910720 | 1074643200 |
| vendredi 3 août 2007 | 12439 | 298536 | 17912160 | 1074729600 |
| samedi 4 août 2007 | 12440 | 298560 | 17913600 | 1074816000 |
| dimanche 5 août 2007 | 12441 | 298584 | 17915040 | 1074902400 |
| lundi 6 août 2007 | 12442 | 298608 | 17916480 | 1074988800 |
| mardi 7 août 2007 | 12443 | 298632 | 17917920 | 1075075200 |
| mercredi 8 août 2007 | 12444 | 298656 | 17919360 | 1075161600 |
| jeudi 9 août 2007 | 12445 | 298680 | 17920800 | 1075248000 |
| vendredi 10 août 2007 | 12446 | 298704 | 17922240 | 1075334400 |
| samedi 11 août 2007 | 12447 | 298728 | 17923680 | 1075420800 |
| dimanche 12 août 2007 | 12448 | 298752 | 17925120 | 1075507200 |
| lundi 13 août 2007 | 12449 | 298776 | 17926560 | 1075593600 |
| mardi 14 août 2007 | 12450 | 298800 | 17928000 | 1075680000 |
| mercredi 15 août 2007 | 12451 | 298824 | 17929440 | 1075766400 |
| jeudi 16 août 2007 | 12452 | 298848 | 17930880 | 1075852800 |
| vendredi 17 août 2007 | 12453 | 298872 | 17932320 | 1075939200 |
| samedi 18 août 2007 | 12454 | 298896 | 17933760 | 1076025600 |
| dimanche 19 août 2007 | 12455 | 298920 | 17935200 | 1076112000 |
| lundi 20 août 2007 | 12456 | 298944 | 17936640 | 1076198400 |
| mardi 21 août 2007 | 12457 | 298968 | 17938080 | 1076284800 |
| mercredi 22 août 2007 | 12458 | 298992 | 17939520 | 1076371200 |
| jeudi 23 août 2007 | 12459 | 299016 | 17940960 | 1076457600 |
| vendredi 24 août 2007 | 12460 | 299040 | 17942400 | 1076544000 |
| samedi 25 août 2007 | 12461 | 299064 | 17943840 | 1076630400 |
| dimanche 26 août 2007 | 12462 | 299088 | 17945280 | 1076716800 |

| | | | | |
|---|---|---|---|---|
| lundi 27 août 2007 | 12463 | 299112 | 17946720 | 1076803200 |
| mardi 28 août 2007 | 12464 | 299136 | 17948160 | 1076889600 |
| mercredi 29 août 2007 | 12465 | 299160 | 17949600 | 1076976000 |
| jeudi 30 août 2007 | 12466 | 299184 | 17951040 | 1077062400 |
| vendredi 31 août 2007 | 12467 | 299208 | 17952480 | 1077148800 |
| samedi 1 septembre 2007 | 12468 | 299232 | 17953920 | 1077235200 |
| dimanche 2 septembre 2007 | 12469 | 299256 | 17955360 | 1077321600 |
| lundi 3 septembre 2007 | 12470 | 299280 | 17956800 | 1077408000 |
| mardi 4 septembre 2007 | 12471 | 299304 | 17958240 | 1077494400 |
| mercredi 5 septembre 2007 | 12472 | 299328 | 17959680 | 1077580800 |
| jeudi 6 septembre 2007 | 12473 | 299352 | 17961120 | 1077667200 |
| vendredi 7 septembre 2007 | 12474 | 299376 | 17962560 | 1077753600 |
| samedi 8 septembre 2007 | 12475 | 299400 | 17964000 | 1077840000 |
| dimanche 9 septembre 2007 | 12476 | 299424 | 17965440 | 1077926400 |
| lundi 10 septembre 2007 | 12477 | 299448 | 17966880 | 1078012800 |
| mardi 11 septembre 2007 | 12478 | 299472 | 17968320 | 1078099200 |
| mercredi 12 septembre 2007 | 12479 | 299496 | 17969760 | 1078185600 |
| jeudi 13 septembre 2007 | 12480 | 299520 | 17971200 | 1078272000 |
| vendredi 14 septembre 2007 | 12481 | 299544 | 17972640 | 1078358400 |
| samedi 15 septembre 2007 | 12482 | 299568 | 17974080 | 1078444800 |
| dimanche 16 septembre 2007 | 12483 | 299592 | 17975520 | 1078531200 |
| lundi 17 septembre 2007 | 12484 | 299616 | 17976960 | 1078617600 |
| mardi 18 septembre 2007 | 12485 | 299640 | 17978400 | 1078704000 |
| mercredi 19 septembre 2007 | 12486 | 299664 | 17979840 | 1078790400 |
| jeudi 20 septembre 2007 | 12487 | 299688 | 17981280 | 1078876800 |
| vendredi 21 septembre 2007 | 12488 | 299712 | 17982720 | 1078963200 |
| samedi 22 septembre 2007 | 12489 | 299736 | 17984160 | 1079049600 |
| dimanche 23 septembre 2007 | 12490 | 299760 | 17985600 | 1079136000 |
| lundi 24 septembre 2007 | 12491 | 299784 | 17987040 | 1079222400 |
| mardi 25 septembre 2007 | 12492 | 299808 | 17988480 | 1079308800 |
| mercredi 26 septembre 2007 | 12493 | 299832 | 17989920 | 1079395200 |
| jeudi 27 septembre 2007 | 12494 | 299856 | 17991360 | 1079481600 |
| vendredi 28 septembre 2007 | 12495 | 299880 | 17992800 | 1079568000 |
| samedi 29 septembre 2007 | 12496 | 299904 | 17994240 | 1079654400 |
| dimanche 30 septembre 2007 | 12497 | 299928 | 17995680 | 1079740800 |
| lundi 1 octobre 2007 | 12498 | 299952 | 17997120 | 1079827200 |
| mardi 2 octobre 2007 | 12499 | 299976 | 17998560 | 1079913600 |
| mercredi 3 octobre 2007 | 12500 | 300000 | 18000000 | 1080000000 |

| | | | | |
|---|---|---|---|---|
| jeudi 4 octobre 2007 | 12501 | 300024 | 18001440 | 1080086400 |
| vendredi 5 octobre 2007 | 12502 | 300048 | 18002880 | 1080172800 |
| samedi 6 octobre 2007 | 12503 | 300072 | 18004320 | 1080259200 |
| dimanche 7 octobre 2007 | 12504 | 300096 | 18005760 | 1080345600 |
| lundi 8 octobre 2007 | 12505 | 300120 | 18007200 | 1080432000 |
| mardi 9 octobre 2007 | 12506 | 300144 | 18008640 | 1080518400 |
| mercredi 10 octobre 2007 | 12507 | 300168 | 18010080 | 1080604800 |
| jeudi 11 octobre 2007 | 12508 | 300192 | 18011520 | 1080691200 |
| vendredi 12 octobre 2007 | 12509 | 300216 | 18012960 | 1080777600 |
| samedi 13 octobre 2007 | 12510 | 300240 | 18014400 | 1080864000 |
| dimanche 14 octobre 2007 | 12511 | 300264 | 18015840 | 1080950400 |
| lundi 15 octobre 2007 | 12512 | 300288 | 18017280 | 1081036800 |
| mardi 16 octobre 2007 | 12513 | 300312 | 18018720 | 1081123200 |
| mercredi 17 octobre 2007 | 12514 | 300336 | 18020160 | 1081209600 |
| jeudi 18 octobre 2007 | 12515 | 300360 | 18021600 | 1081296000 |
| vendredi 19 octobre 2007 | 12516 | 300384 | 18023040 | 1081382400 |
| samedi 20 octobre 2007 | 12517 | 300408 | 18024480 | 1081468800 |
| dimanche 21 octobre 2007 | 12518 | 300432 | 18025920 | 1081555200 |
| lundi 22 octobre 2007 | 12519 | 300456 | 18027360 | 1081641600 |
| mardi 23 octobre 2007 | 12520 | 300480 | 18028800 | 1081728000 |
| mercredi 24 octobre 2007 | 12521 | 300504 | 18030240 | 1081814400 |
| jeudi 25 octobre 2007 | 12522 | 300528 | 18031680 | 1081900800 |
| vendredi 26 octobre 2007 | 12523 | 300552 | 18033120 | 1081987200 |
| samedi 27 octobre 2007 | 12524 | 300576 | 18034560 | 1082073600 |
| dimanche 28 octobre 2007 | 12525 | 300600 | 18036000 | 1082160000 |
| lundi 29 octobre 2007 | 12526 | 300624 | 18037440 | 1082246400 |
| mardi 30 octobre 2007 | 12527 | 300648 | 18038880 | 1082332800 |
| mercredi 31 octobre 2007 | 12528 | 300672 | 18040320 | 1082419200 |
| jeudi 1 novembre 2007 | 12529 | 300696 | 18041760 | 1082505600 |
| vendredi 2 novembre 2007 | 12530 | 300720 | 18043200 | 1082592000 |
| samedi 3 novembre 2007 | 12531 | 300744 | 18044640 | 1082678400 |
| dimanche 4 novembre 2007 | 12532 | 300768 | 18046080 | 1082764800 |
| lundi 5 novembre 2007 | 12533 | 300792 | 18047520 | 1082851200 |
| mardi 6 novembre 2007 | 12534 | 300816 | 18048960 | 1082937600 |
| mercredi 7 novembre 2007 | 12535 | 300840 | 18050400 | 1083024000 |
| jeudi 8 novembre 2007 | 12536 | 300864 | 18051840 | 1083110400 |
| vendredi 9 novembre 2007 | 12537 | 300888 | 18053280 | 1083196800 |
| samedi 10 novembre 2007 | 12538 | 300912 | 18054720 | 1083283200 |

| | | | | |
|---|---|---|---|---|
| dimanche 11 novembre 2007 | 12539 | 300936 | 18056160 | 1083369600 |
| lundi 12 novembre 2007 | 12540 | 300960 | 18057600 | 1083456000 |
| mardi 13 novembre 2007 | 12541 | 300984 | 18059040 | 1083542400 |
| mercredi 14 novembre 2007 | 12542 | 301008 | 18060480 | 1083628800 |
| jeudi 15 novembre 2007 | 12543 | 301032 | 18061920 | 1083715200 |
| vendredi 16 novembre 2007 | 12544 | 301056 | 18063360 | 1083801600 |
| samedi 17 novembre 2007 | 12545 | 301080 | 18064800 | 1083888000 |
| dimanche 18 novembre 2007 | 12546 | 301104 | 18066240 | 1083974400 |
| lundi 19 novembre 2007 | 12547 | 301128 | 18067680 | 1084060800 |
| mardi 20 novembre 2007 | 12548 | 301152 | 18069120 | 1084147200 |
| mercredi 21 novembre 2007 | 12549 | 301176 | 18070560 | 1084233600 |
| jeudi 22 novembre 2007 | 12550 | 301200 | 18072000 | 1084320000 |
| vendredi 23 novembre 2007 | 12551 | 301224 | 18073440 | 1084406400 |
| samedi 24 novembre 2007 | 12552 | 301248 | 18074880 | 1084492800 |
| dimanche 25 novembre 2007 | 12553 | 301272 | 18076320 | 1084579200 |
| lundi 26 novembre 2007 | 12554 | 301296 | 18077760 | 1084665600 |
| mardi 27 novembre 2007 | 12555 | 301320 | 18079200 | 1084752000 |
| mercredi 28 novembre 2007 | 12556 | 301344 | 18080640 | 1084838400 |
| jeudi 29 novembre 2007 | 12557 | 301368 | 18082080 | 1084924800 |
| vendredi 30 novembre 2007 | 12558 | 301392 | 18083520 | 1085011200 |
| samedi 1 décembre 2007 | 12559 | 301416 | 18084960 | 1085097600 |
| dimanche 2 décembre 2007 | 12560 | 301440 | 18086400 | 1085184000 |
| lundi 3 décembre 2007 | 12561 | 301464 | 18087840 | 1085270400 |
| mardi 4 décembre 2007 | 12562 | 301488 | 18089280 | 1085356800 |
| mercredi 5 décembre 2007 | 12563 | 301512 | 18090720 | 1085443200 |
| jeudi 6 décembre 2007 | 12564 | 301536 | 18092160 | 1085529600 |
| vendredi 7 décembre 2007 | 12565 | 301560 | 18093600 | 1085616000 |
| samedi 8 décembre 2007 | 12566 | 301584 | 18095040 | 1085702400 |
| dimanche 9 décembre 2007 | 12567 | 301608 | 18096480 | 1085788800 |
| lundi 10 décembre 2007 | 12568 | 301632 | 18097920 | 1085875200 |
| mardi 11 décembre 2007 | 12569 | 301656 | 18099360 | 1085961600 |
| mercredi 12 décembre 2007 | 12570 | 301680 | 18100800 | 1086048000 |
| jeudi 13 décembre 2007 | 12571 | 301704 | 18102240 | 1086134400 |
| vendredi 14 décembre 2007 | 12572 | 301728 | 18103680 | 1086220800 |
| samedi 15 décembre 2007 | 12573 | 301752 | 18105120 | 1086307200 |
| dimanche 16 décembre 2007 | 12574 | 301776 | 18106560 | 1086393600 |
| lundi 17 décembre 2007 | 12575 | 301800 | 18108000 | 1086480000 |
| mardi 18 décembre 2007 | 12576 | 301824 | 18109440 | 1086566400 |

| | | | | |
|---|---|---|---|---|
| mercredi 19 décembre 2007 | 12577 | 301848 | 18110880 | 1086652800 |
| jeudi 20 décembre 2007 | 12578 | 301872 | 18112320 | 1086739200 |
| vendredi 21 décembre 2007 | 12579 | 301896 | 18113760 | 1086825600 |
| samedi 22 décembre 2007 | 12580 | 301920 | 18115200 | 1086912000 |
| dimanche 23 décembre 2007 | 12581 | 301944 | 18116640 | 1086998400 |
| lundi 24 décembre 2007 | 12582 | 301968 | 18118080 | 1087084800 |
| mardi 25 décembre 2007 | 12583 | 301992 | 18119520 | 1087171200 |
| mercredi 26 décembre 2007 | 12584 | 302016 | 18120960 | 1087257600 |
| jeudi 27 décembre 2007 | 12585 | 302040 | 18122400 | 1087344000 |
| vendredi 28 décembre 2007 | 12586 | 302064 | 18123840 | 1087430400 |
| samedi 29 décembre 2007 | 12587 | 302088 | 18125280 | 1087516800 |
| dimanche 30 décembre 2007 | 12588 | 302112 | 18126720 | 1087603200 |
| lundi 31 décembre 2007 | 12589 | 302136 | 18128160 | 1087689600 |
| mardi 1 janvier 2008 | 12590 | 302160 | 18129600 | 1087776000 |
| mercredi 2 janvier 2008 | 12591 | 302184 | 18131040 | 1087862400 |
| jeudi 3 janvier 2008 | 12592 | 302208 | 18132480 | 1087948800 |
| vendredi 4 janvier 2008 | 12593 | 302232 | 18133920 | 1088035200 |
| samedi 5 janvier 2008 | 12594 | 302256 | 18135360 | 1088121600 |
| dimanche 6 janvier 2008 | 12595 | 302280 | 18136800 | 1088208000 |
| lundi 7 janvier 2008 | 12596 | 302304 | 18138240 | 1088294400 |
| mardi 8 janvier 2008 | 12597 | 302328 | 18139680 | 1088380800 |
| mercredi 9 janvier 2008 | 12598 | 302352 | 18141120 | 1088467200 |
| jeudi 10 janvier 2008 | 12599 | 302376 | 18142560 | 1088553600 |
| vendredi 11 janvier 2008 | 12600 | 302400 | 18144000 | 1088640000 |
| samedi 12 janvier 2008 | 12601 | 302424 | 18145440 | 1088726400 |
| dimanche 13 janvier 2008 | 12602 | 302448 | 18146880 | 1088812800 |
| lundi 14 janvier 2008 | 12603 | 302472 | 18148320 | 1088899200 |
| mardi 15 janvier 2008 | 12604 | 302496 | 18149760 | 1088985600 |
| mercredi 16 janvier 2008 | 12605 | 302520 | 18151200 | 1089072000 |
| jeudi 17 janvier 2008 | 12606 | 302544 | 18152640 | 1089158400 |
| vendredi 18 janvier 2008 | 12607 | 302568 | 18154080 | 1089244800 |
| samedi 19 janvier 2008 | 12608 | 302592 | 18155520 | 1089331200 |
| dimanche 20 janvier 2008 | 12609 | 302616 | 18156960 | 1089417600 |
| lundi 21 janvier 2008 | 12610 | 302640 | 18158400 | 1089504000 |
| mardi 22 janvier 2008 | 12611 | 302664 | 18159840 | 1089590400 |
| mercredi 23 janvier 2008 | 12612 | 302688 | 18161280 | 1089676800 |
| jeudi 24 janvier 2008 | 12613 | 302712 | 18162720 | 1089763200 |
| vendredi 25 janvier 2008 | 12614 | 302736 | 18164160 | 1089849600 |

| | | | | |
|---|---|---|---|---|
| samedi 26 janvier 2008 | 12615 | 302760 | 18165600 | 1089936000 |
| dimanche 27 janvier 2008 | 12616 | 302784 | 18167040 | 1090022400 |
| lundi 28 janvier 2008 | 12617 | 302808 | 18168480 | 1090108800 |
| mardi 29 janvier 2008 | 12618 | 302832 | 18169920 | 1090195200 |
| mercredi 30 janvier 2008 | 12619 | 302856 | 18171360 | 1090281600 |
| jeudi 31 janvier 2008 | 12620 | 302880 | 18172800 | 1090368000 |
| vendredi 1 février 2008 | 12621 | 302904 | 18174240 | 1090454400 |
| samedi 2 février 2008 | 12622 | 302928 | 18175680 | 1090540800 |
| dimanche 3 février 2008 | 12623 | 302952 | 18177120 | 1090627200 |
| lundi 4 février 2008 | 12624 | 302976 | 18178560 | 1090713600 |
| mardi 5 février 2008 | 12625 | 303000 | 18180000 | 1090800000 |
| mercredi 6 février 2008 | 12626 | 303024 | 18181440 | 1090886400 |
| jeudi 7 février 2008 | 12627 | 303048 | 18182880 | 1090972800 |
| vendredi 8 février 2008 | 12628 | 303072 | 18184320 | 1091059200 |
| samedi 9 février 2008 | 12629 | 303096 | 18185760 | 1091145600 |
| dimanche 10 février 2008 | 12630 | 303120 | 18187200 | 1091232000 |
| lundi 11 février 2008 | 12631 | 303144 | 18188640 | 1091318400 |
| mardi 12 février 2008 | 12632 | 303168 | 18190080 | 1091404800 |
| mercredi 13 février 2008 | 12633 | 303192 | 18191520 | 1091491200 |
| jeudi 14 février 2008 | 12634 | 303216 | 18192960 | 1091577600 |
| vendredi 15 février 2008 | 12635 | 303240 | 18194400 | 1091664000 |
| samedi 16 février 2008 | 12636 | 303264 | 18195840 | 1091750400 |
| dimanche 17 février 2008 | 12637 | 303288 | 18197280 | 1091836800 |
| lundi 18 février 2008 | 12638 | 303312 | 18198720 | 1091923200 |
| mardi 19 février 2008 | 12639 | 303336 | 18200160 | 1092009600 |
| mercredi 20 février 2008 | 12640 | 303360 | 18201600 | 1092096000 |
| jeudi 21 février 2008 | 12641 | 303384 | 18203040 | 1092182400 |
| vendredi 22 février 2008 | 12642 | 303408 | 18204480 | 1092268800 |
| samedi 23 février 2008 | 12643 | 303432 | 18205920 | 1092355200 |
| dimanche 24 février 2008 | 12644 | 303456 | 18207360 | 1092441600 |
| lundi 25 février 2008 | 12645 | 303480 | 18208800 | 1092528000 |
| mardi 26 février 2008 | 12646 | 303504 | 18210240 | 1092614400 |
| mercredi 27 février 2008 | 12647 | 303528 | 18211680 | 1092700800 |
| jeudi 28 février 2008 | 12648 | 303552 | 18213120 | 1092787200 |
| vendredi 29 février 2008 | 12649 | 303576 | 18214560 | 1092873600 |
| samedi 1 mars 2008 | 12650 | 303600 | 18216000 | 1092960000 |
| dimanche 2 mars 2008 | 12651 | 303624 | 18217440 | 1093046400 |
| lundi 3 mars 2008 | 12652 | 303648 | 18218880 | 1093132800 |

| | | | | |
|---|---|---|---|---|
| mardi 4 mars 2008 | 12653 | 303672 | 18220320 | 1093219200 |
| mercredi 5 mars 2008 | 12654 | 303696 | 18221760 | 1093305600 |
| jeudi 6 mars 2008 | 12655 | 303720 | 18223200 | 1093392000 |
| vendredi 7 mars 2008 | 12656 | 303744 | 18224640 | 1093478400 |
| samedi 8 mars 2008 | 12657 | 303768 | 18226080 | 1093564800 |
| dimanche 9 mars 2008 | 12658 | 303792 | 18227520 | 1093651200 |
| lundi 10 mars 2008 | 12659 | 303816 | 18228960 | 1093737600 |
| mardi 11 mars 2008 | 12660 | 303840 | 18230400 | 1093824000 |
| mercredi 12 mars 2008 | 12661 | 303864 | 18231840 | 1093910400 |
| jeudi 13 mars 2008 | 12662 | 303888 | 18233280 | 1093996800 |
| vendredi 14 mars 2008 | 12663 | 303912 | 18234720 | 1094083200 |
| samedi 15 mars 2008 | 12664 | 303936 | 18236160 | 1094169600 |
| dimanche 16 mars 2008 | 12665 | 303960 | 18237600 | 1094256000 |
| lundi 17 mars 2008 | 12666 | 303984 | 18239040 | 1094342400 |
| mardi 18 mars 2008 | 12667 | 304008 | 18240480 | 1094428800 |
| mercredi 19 mars 2008 | 12668 | 304032 | 18241920 | 1094515200 |
| jeudi 20 mars 2008 | 12669 | 304056 | 18243360 | 1094601600 |
| vendredi 21 mars 2008 | 12670 | 304080 | 18244800 | 1094688000 |
| samedi 22 mars 2008 | 12671 | 304104 | 18246240 | 1094774400 |
| dimanche 23 mars 2008 | 12672 | 304128 | 18247680 | 1094860800 |
| lundi 24 mars 2008 | 12673 | 304152 | 18249120 | 1094947200 |
| mardi 25 mars 2008 | 12674 | 304176 | 18250560 | 1095033600 |
| mercredi 26 mars 2008 | 12675 | 304200 | 18252000 | 1095120000 |
| jeudi 27 mars 2008 | 12676 | 304224 | 18253440 | 1095206400 |
| vendredi 28 mars 2008 | 12677 | 304248 | 18254880 | 1095292800 |
| samedi 29 mars 2008 | 12678 | 304272 | 18256320 | 1095379200 |
| dimanche 30 mars 2008 | 12679 | 304296 | 18257760 | 1095465600 |
| lundi 31 mars 2008 | 12680 | 304320 | 18259200 | 1095552000 |
| mardi 1 avril 2008 | 12681 | 304344 | 18260640 | 1095638400 |
| mercredi 2 avril 2008 | 12682 | 304368 | 18262080 | 1095724800 |
| jeudi 3 avril 2008 | 12683 | 304392 | 18263520 | 1095811200 |
| vendredi 4 avril 2008 | 12684 | 304416 | 18264960 | 1095897600 |
| samedi 5 avril 2008 | 12685 | 304440 | 18266400 | 1095984000 |
| dimanche 6 avril 2008 | 12686 | 304464 | 18267840 | 1096070400 |
| lundi 7 avril 2008 | 12687 | 304488 | 18269280 | 1096156800 |
| mardi 8 avril 2008 | 12688 | 304512 | 18270720 | 1096243200 |
| mercredi 9 avril 2008 | 12689 | 304536 | 18272160 | 1096329600 |
| jeudi 10 avril 2008 | 12690 | 304560 | 18273600 | 1096416000 |

| | | | | |
|---|---|---|---|---|
| vendredi 11 avril 2008 | 12691 | 304584 | 18275040 | 1096502400 |
| samedi 12 avril 2008 | 12692 | 304608 | 18276480 | 1096588800 |
| dimanche 13 avril 2008 | 12693 | 304632 | 18277920 | 1096675200 |
| lundi 14 avril 2008 | 12694 | 304656 | 18279360 | 1096761600 |
| mardi 15 avril 2008 | 12695 | 304680 | 18280800 | 1096848000 |
| mercredi 16 avril 2008 | 12696 | 304704 | 18282240 | 1096934400 |
| jeudi 17 avril 2008 | 12697 | 304728 | 18283680 | 1097020800 |
| vendredi 18 avril 2008 | 12698 | 304752 | 18285120 | 1097107200 |
| samedi 19 avril 2008 | 12699 | 304776 | 18286560 | 1097193600 |
| dimanche 20 avril 2008 | 12700 | 304800 | 18288000 | 1097280000 |
| lundi 21 avril 2008 | 12701 | 304824 | 18289440 | 1097366400 |
| mardi 22 avril 2008 | 12702 | 304848 | 18290880 | 1097452800 |
| mercredi 23 avril 2008 | 12703 | 304872 | 18292320 | 1097539200 |
| jeudi 24 avril 2008 | 12704 | 304896 | 18293760 | 1097625600 |
| vendredi 25 avril 2008 | 12705 | 304920 | 18295200 | 1097712000 |
| samedi 26 avril 2008 | 12706 | 304944 | 18296640 | 1097798400 |
| dimanche 27 avril 2008 | 12707 | 304968 | 18298080 | 1097884800 |
| lundi 28 avril 2008 | 12708 | 304992 | 18299520 | 1097971200 |
| mardi 29 avril 2008 | 12709 | 305016 | 18300960 | 1098057600 |
| mercredi 30 avril 2008 | 12710 | 305040 | 18302400 | 1098144000 |
| jeudi 1 mai 2008 | 12711 | 305064 | 18303840 | 1098230400 |
| vendredi 2 mai 2008 | 12712 | 305088 | 18305280 | 1098316800 |
| samedi 3 mai 2008 | 12713 | 305112 | 18306720 | 1098403200 |
| dimanche 4 mai 2008 | 12714 | 305136 | 18308160 | 1098489600 |
| lundi 5 mai 2008 | 12715 | 305160 | 18309600 | 1098576000 |
| mardi 6 mai 2008 | 12716 | 305184 | 18311040 | 1098662400 |
| mercredi 7 mai 2008 | 12717 | 305208 | 18312480 | 1098748800 |
| jeudi 8 mai 2008 | 12718 | 305232 | 18313920 | 1098835200 |
| vendredi 9 mai 2008 | 12719 | 305256 | 18315360 | 1098921600 |
| samedi 10 mai 2008 | 12720 | 305280 | 18316800 | 1099008000 |
| dimanche 11 mai 2008 | 12721 | 305304 | 18318240 | 1099094400 |
| lundi 12 mai 2008 | 12722 | 305328 | 18319680 | 1099180800 |
| mardi 13 mai 2008 | 12723 | 305352 | 18321120 | 1099267200 |
| mercredi 14 mai 2008 | 12724 | 305376 | 18322560 | 1099353600 |
| jeudi 15 mai 2008 | 12725 | 305400 | 18324000 | 1099440000 |
| vendredi 16 mai 2008 | 12726 | 305424 | 18325440 | 1099526400 |
| samedi 17 mai 2008 | 12727 | 305448 | 18326880 | 1099612800 |
| dimanche 18 mai 2008 | 12728 | 305472 | 18328320 | 1099699200 |

| | | | | |
|---|---|---|---|---|
| lundi 19 mai 2008 | 12729 | 305496 | 18329760 | 1099785600 |
| mardi 20 mai 2008 | 12730 | 305520 | 18331200 | 1099872000 |
| mercredi 21 mai 2008 | 12731 | 305544 | 18332640 | 1099958400 |
| jeudi 22 mai 2008 | 12732 | 305568 | 18334080 | 1100044800 |
| vendredi 23 mai 2008 | 12733 | 305592 | 18335520 | 1100131200 |
| samedi 24 mai 2008 | 12734 | 305616 | 18336960 | 1100217600 |
| dimanche 25 mai 2008 | 12735 | 305640 | 18338400 | 1100304000 |
| lundi 26 mai 2008 | 12736 | 305664 | 18339840 | 1100390400 |
| mardi 27 mai 2008 | 12737 | 305688 | 18341280 | 1100476800 |
| mercredi 28 mai 2008 | 12738 | 305712 | 18342720 | 1100563200 |
| jeudi 29 mai 2008 | 12739 | 305736 | 18344160 | 1100649600 |
| vendredi 30 mai 2008 | 12740 | 305760 | 18345600 | 1100736000 |
| samedi 31 mai 2008 | 12741 | 305784 | 18347040 | 1100822400 |
| dimanche 1 juin 2008 | 12742 | 305808 | 18348480 | 1100908800 |
| lundi 2 juin 2008 | 12743 | 305832 | 18349920 | 1100995200 |
| mardi 3 juin 2008 | 12744 | 305856 | 18351360 | 1101081600 |
| mercredi 4 juin 2008 | 12745 | 305880 | 18352800 | 1101168000 |
| jeudi 5 juin 2008 | 12746 | 305904 | 18354240 | 1101254400 |
| vendredi 6 juin 2008 | 12747 | 305928 | 18355680 | 1101340800 |
| samedi 7 juin 2008 | 12748 | 305952 | 18357120 | 1101427200 |
| dimanche 8 juin 2008 | 12749 | 305976 | 18358560 | 1101513600 |
| lundi 9 juin 2008 | 12750 | 306000 | 18360000 | 1101600000 |
| mardi 10 juin 2008 | 12751 | 306024 | 18361440 | 1101686400 |
| mercredi 11 juin 2008 | 12752 | 306048 | 18362880 | 1101772800 |
| jeudi 12 juin 2008 | 12753 | 306072 | 18364320 | 1101859200 |
| vendredi 13 juin 2008 | 12754 | 306096 | 18365760 | 1101945600 |
| samedi 14 juin 2008 | 12755 | 306120 | 18367200 | 1102032000 |
| dimanche 15 juin 2008 | 12756 | 306144 | 18368640 | 1102118400 |
| lundi 16 juin 2008 | 12757 | 306168 | 18370080 | 1102204800 |
| mardi 17 juin 2008 | 12758 | 306192 | 18371520 | 1102291200 |
| mercredi 18 juin 2008 | 12759 | 306216 | 18372960 | 1102377600 |
| jeudi 19 juin 2008 | 12760 | 306240 | 18374400 | 1102464000 |
| vendredi 20 juin 2008 | 12761 | 306264 | 18375840 | 1102550400 |
| samedi 21 juin 2008 | 12762 | 306288 | 18377280 | 1102636800 |
| dimanche 22 juin 2008 | 12763 | 306312 | 18378720 | 1102723200 |
| lundi 23 juin 2008 | 12764 | 306336 | 18380160 | 1102809600 |
| mardi 24 juin 2008 | 12765 | 306360 | 18381600 | 1102896000 |
| mercredi 25 juin 2008 | 12766 | 306384 | 18383040 | 1102982400 |

| | | | | |
|---|---|---|---|---|
| jeudi 26 juin 2008 | 12767 | 306408 | 18384480 | 1103068800 |
| vendredi 27 juin 2008 | 12768 | 306432 | 18385920 | 1103155200 |
| samedi 28 juin 2008 | 12769 | 306456 | 18387360 | 1103241600 |
| dimanche 29 juin 2008 | 12770 | 306480 | 18388800 | 1103328000 |
| lundi 30 juin 2008 | 12771 | 306504 | 18390240 | 1103414400 |
| mardi 1 juillet 2008 | 12772 | 306528 | 18391680 | 1103500800 |
| mercredi 2 juillet 2008 | 12773 | 306552 | 18393120 | 1103587200 |
| jeudi 3 juillet 2008 | 12774 | 306576 | 18394560 | 1103673600 |
| vendredi 4 juillet 2008 | 12775 | 306600 | 18396000 | 1103760000 |
| samedi 5 juillet 2008 | 12776 | 306624 | 18397440 | 1103846400 |
| dimanche 6 juillet 2008 | 12777 | 306648 | 18398880 | 1103932800 |
| lundi 7 juillet 2008 | 12778 | 306672 | 18400320 | 1104019200 |
| mardi 8 juillet 2008 | 12779 | 306696 | 18401760 | 1104105600 |
| mercredi 9 juillet 2008 | 12780 | 306720 | 18403200 | 1104192000 |
| jeudi 10 juillet 2008 | 12781 | 306744 | 18404640 | 1104278400 |
| vendredi 11 juillet 2008 | 12782 | 306768 | 18406080 | 1104364800 |
| samedi 12 juillet 2008 | 12783 | 306792 | 18407520 | 1104451200 |
| dimanche 13 juillet 2008 | 12784 | 306816 | 18408960 | 1104537600 |
| lundi 14 juillet 2008 | 12785 | 306840 | 18410400 | 1104624000 |
| mardi 15 juillet 2008 | 12786 | 306864 | 18411840 | 1104710400 |
| mercredi 16 juillet 2008 | 12787 | 306888 | 18413280 | 1104796800 |
| jeudi 17 juillet 2008 | 12788 | 306912 | 18414720 | 1104883200 |
| vendredi 18 juillet 2008 | 12789 | 306936 | 18416160 | 1104969600 |
| samedi 19 juillet 2008 | 12790 | 306960 | 18417600 | 1105056000 |
| dimanche 20 juillet 2008 | 12791 | 306984 | 18419040 | 1105142400 |
| lundi 21 juillet 2008 | 12792 | 307008 | 18420480 | 1105228800 |
| mardi 22 juillet 2008 | 12793 | 307032 | 18421920 | 1105315200 |
| mercredi 23 juillet 2008 | 12794 | 307056 | 18423360 | 1105401600 |
| jeudi 24 juillet 2008 | 12795 | 307080 | 18424800 | 1105488000 |
| vendredi 25 juillet 2008 | 12796 | 307104 | 18426240 | 1105574400 |
| samedi 26 juillet 2008 | 12797 | 307128 | 18427680 | 1105660800 |
| dimanche 27 juillet 2008 | 12798 | 307152 | 18429120 | 1105747200 |
| lundi 28 juillet 2008 | 12799 | 307176 | 18430560 | 1105833600 |
| mardi 29 juillet 2008 | 12800 | 307200 | 18432000 | 1105920000 |
| mercredi 30 juillet 2008 | 12801 | 307224 | 18433440 | 1106006400 |
| jeudi 31 juillet 2008 | 12802 | 307248 | 18434880 | 1106092800 |
| vendredi 1 août 2008 | 12803 | 307272 | 18436320 | 1106179200 |
| samedi 2 août 2008 | 12804 | 307296 | 18437760 | 1106265600 |

| | | | | |
|---|---|---|---|---|
| dimanche 3 août 2008 | 12805 | 307320 | 18439200 | 1106352000 |
| lundi 4 août 2008 | 12806 | 307344 | 18440640 | 1106438400 |
| mardi 5 août 2008 | 12807 | 307368 | 18442080 | 1106524800 |
| mercredi 6 août 2008 | 12808 | 307392 | 18443520 | 1106611200 |
| jeudi 7 août 2008 | 12809 | 307416 | 18444960 | 1106697600 |
| vendredi 8 août 2008 | 12810 | 307440 | 18446400 | 1106784000 |
| samedi 9 août 2008 | 12811 | 307464 | 18447840 | 1106870400 |
| dimanche 10 août 2008 | 12812 | 307488 | 18449280 | 1106956800 |
| lundi 11 août 2008 | 12813 | 307512 | 18450720 | 1107043200 |
| mardi 12 août 2008 | 12814 | 307536 | 18452160 | 1107129600 |
| mercredi 13 août 2008 | 12815 | 307560 | 18453600 | 1107216000 |
| jeudi 14 août 2008 | 12816 | 307584 | 18455040 | 1107302400 |
| vendredi 15 août 2008 | 12817 | 307608 | 18456480 | 1107388800 |
| samedi 16 août 2008 | 12818 | 307632 | 18457920 | 1107475200 |
| dimanche 17 août 2008 | 12819 | 307656 | 18459360 | 1107561600 |
| lundi 18 août 2008 | 12820 | 307680 | 18460800 | 1107648000 |
| mardi 19 août 2008 | 12821 | 307704 | 18462240 | 1107734400 |
| mercredi 20 août 2008 | 12822 | 307728 | 18463680 | 1107820800 |
| jeudi 21 août 2008 | 12823 | 307752 | 18465120 | 1107907200 |
| vendredi 22 août 2008 | 12824 | 307776 | 18466560 | 1107993600 |
| samedi 23 août 2008 | 12825 | 307800 | 18468000 | 1108080000 |
| dimanche 24 août 2008 | 12826 | 307824 | 18469440 | 1108166400 |
| lundi 25 août 2008 | 12827 | 307848 | 18470880 | 1108252800 |
| mardi 26 août 2008 | 12828 | 307872 | 18472320 | 1108339200 |
| mercredi 27 août 2008 | 12829 | 307896 | 18473760 | 1108425600 |
| jeudi 28 août 2008 | 12830 | 307920 | 18475200 | 1108512000 |
| vendredi 29 août 2008 | 12831 | 307944 | 18476640 | 1108598400 |
| samedi 30 août 2008 | 12832 | 307968 | 18478080 | 1108684800 |
| dimanche 31 août 2008 | 12833 | 307992 | 18479520 | 1108771200 |
| lundi 1 septembre 2008 | 12834 | 308016 | 18480960 | 1108857600 |
| mardi 2 septembre 2008 | 12835 | 308040 | 18482400 | 1108944000 |
| mercredi 3 septembre 2008 | 12836 | 308064 | 18483840 | 1109030400 |
| jeudi 4 septembre 2008 | 12837 | 308088 | 18485280 | 1109116800 |
| vendredi 5 septembre 2008 | 12838 | 308112 | 18486720 | 1109203200 |
| samedi 6 septembre 2008 | 12839 | 308136 | 18488160 | 1109289600 |
| dimanche 7 septembre 2008 | 12840 | 308160 | 18489600 | 1109376000 |
| lundi 8 septembre 2008 | 12841 | 308184 | 18491040 | 1109462400 |
| mardi 9 septembre 2008 | 12842 | 308208 | 18492480 | 1109548800 |

| | | | | |
|---|---|---|---|---|
| mercredi 10 septembre 2008 | 12843 | 308232 | 18493920 | 1109635200 |
| jeudi 11 septembre 2008 | 12844 | 308256 | 18495360 | 1109721600 |
| vendredi 12 septembre 2008 | 12845 | 308280 | 18496800 | 1109808000 |
| samedi 13 septembre 2008 | 12846 | 308304 | 18498240 | 1109894400 |
| dimanche 14 septembre 2008 | 12847 | 308328 | 18499680 | 1109980800 |
| lundi 15 septembre 2008 | 12848 | 308352 | 18501120 | 1110067200 |
| mardi 16 septembre 2008 | 12849 | 308376 | 18502560 | 1110153600 |
| mercredi 17 septembre 2008 | 12850 | 308400 | 18504000 | 1110240000 |
| jeudi 18 septembre 2008 | 12851 | 308424 | 18505440 | 1110326400 |
| vendredi 19 septembre 2008 | 12852 | 308448 | 18506880 | 1110412800 |
| samedi 20 septembre 2008 | 12853 | 308472 | 18508320 | 1110499200 |
| dimanche 21 septembre 2008 | 12854 | 308496 | 18509760 | 1110585600 |
| lundi 22 septembre 2008 | 12855 | 308520 | 18511200 | 1110672000 |
| mardi 23 septembre 2008 | 12856 | 308544 | 18512640 | 1110758400 |
| mercredi 24 septembre 2008 | 12857 | 308568 | 18514080 | 1110844800 |
| jeudi 25 septembre 2008 | 12858 | 308592 | 18515520 | 1110931200 |
| vendredi 26 septembre 2008 | 12859 | 308616 | 18516960 | 1111017600 |
| samedi 27 septembre 2008 | 12860 | 308640 | 18518400 | 1111104000 |
| dimanche 28 septembre 2008 | 12861 | 308664 | 18519840 | 1111190400 |
| lundi 29 septembre 2008 | 12862 | 308688 | 18521280 | 1111276800 |
| mardi 30 septembre 2008 | 12863 | 308712 | 18522720 | 1111363200 |
| mercredi 1 octobre 2008 | 12864 | 308736 | 18524160 | 1111449600 |
| jeudi 2 octobre 2008 | 12865 | 308760 | 18525600 | 1111536000 |
| vendredi 3 octobre 2008 | 12866 | 308784 | 18527040 | 1111622400 |
| samedi 4 octobre 2008 | 12867 | 308808 | 18528480 | 1111708800 |
| dimanche 5 octobre 2008 | 12868 | 308832 | 18529920 | 1111795200 |
| lundi 6 octobre 2008 | 12869 | 308856 | 18531360 | 1111881600 |
| mardi 7 octobre 2008 | 12870 | 308880 | 18532800 | 1111968000 |
| mercredi 8 octobre 2008 | 12871 | 308904 | 18534240 | 1112054400 |
| jeudi 9 octobre 2008 | 12872 | 308928 | 18535680 | 1112140800 |
| vendredi 10 octobre 2008 | 12873 | 308952 | 18537120 | 1112227200 |
| samedi 11 octobre 2008 | 12874 | 308976 | 18538560 | 1112313600 |
| dimanche 12 octobre 2008 | 12875 | 309000 | 18540000 | 1112400000 |
| lundi 13 octobre 2008 | 12876 | 309024 | 18541440 | 1112486400 |
| mardi 14 octobre 2008 | 12877 | 309048 | 18542880 | 1112572800 |
| mercredi 15 octobre 2008 | 12878 | 309072 | 18544320 | 1112659200 |
| jeudi 16 octobre 2008 | 12879 | 309096 | 18545760 | 1112745600 |
| vendredi 17 octobre 2008 | 12880 | 309120 | 18547200 | 1112832000 |

| | | | | |
|---|---|---|---|---|
| samedi 18 octobre 2008 | 12881 | 309144 | 18548640 | 1112918400 |
| dimanche 19 octobre 2008 | 12882 | 309168 | 18550080 | 1113004800 |
| lundi 20 octobre 2008 | 12883 | 309192 | 18551520 | 1113091200 |
| mardi 21 octobre 2008 | 12884 | 309216 | 18552960 | 1113177600 |
| mercredi 22 octobre 2008 | 12885 | 309240 | 18554400 | 1113264000 |
| jeudi 23 octobre 2008 | 12886 | 309264 | 18555840 | 1113350400 |
| vendredi 24 octobre 2008 | 12887 | 309288 | 18557280 | 1113436800 |
| samedi 25 octobre 2008 | 12888 | 309312 | 18558720 | 1113523200 |
| dimanche 26 octobre 2008 | 12889 | 309336 | 18560160 | 1113609600 |
| lundi 27 octobre 2008 | 12890 | 309360 | 18561600 | 1113696000 |
| mardi 28 octobre 2008 | 12891 | 309384 | 18563040 | 1113782400 |
| mercredi 29 octobre 2008 | 12892 | 309408 | 18564480 | 1113868800 |
| jeudi 30 octobre 2008 | 12893 | 309432 | 18565920 | 1113955200 |
| vendredi 31 octobre 2008 | 12894 | 309456 | 18567360 | 1114041600 |
| samedi 1 novembre 2008 | 12895 | 309480 | 18568800 | 1114128000 |
| dimanche 2 novembre 2008 | 12896 | 309504 | 18570240 | 1114214400 |
| lundi 3 novembre 2008 | 12897 | 309528 | 18571680 | 1114300800 |
| mardi 4 novembre 2008 | 12898 | 309552 | 18573120 | 1114387200 |
| mercredi 5 novembre 2008 | 12899 | 309576 | 18574560 | 1114473600 |
| jeudi 6 novembre 2008 | 12900 | 309600 | 18576000 | 1114560000 |
| vendredi 7 novembre 2008 | 12901 | 309624 | 18577440 | 1114646400 |
| samedi 8 novembre 2008 | 12902 | 309648 | 18578880 | 1114732800 |
| dimanche 9 novembre 2008 | 12903 | 309672 | 18580320 | 1114819200 |
| lundi 10 novembre 2008 | 12904 | 309696 | 18581760 | 1114905600 |
| mardi 11 novembre 2008 | 12905 | 309720 | 18583200 | 1114992000 |
| mercredi 12 novembre 2008 | 12906 | 309744 | 18584640 | 1115078400 |
| jeudi 13 novembre 2008 | 12907 | 309768 | 18586080 | 1115164800 |
| vendredi 14 novembre 2008 | 12908 | 309792 | 18587520 | 1115251200 |
| samedi 15 novembre 2008 | 12909 | 309816 | 18588960 | 1115337600 |
| dimanche 16 novembre 2008 | 12910 | 309840 | 18590400 | 1115424000 |
| lundi 17 novembre 2008 | 12911 | 309864 | 18591840 | 1115510400 |
| mardi 18 novembre 2008 | 12912 | 309888 | 18593280 | 1115596800 |
| mercredi 19 novembre 2008 | 12913 | 309912 | 18594720 | 1115683200 |
| jeudi 20 novembre 2008 | 12914 | 309936 | 18596160 | 1115769600 |
| vendredi 21 novembre 2008 | 12915 | 309960 | 18597600 | 1115856000 |
| samedi 22 novembre 2008 | 12916 | 309984 | 18599040 | 1115942400 |
| dimanche 23 novembre 2008 | 12917 | 310008 | 18600480 | 1116028800 |
| lundi 24 novembre 2008 | 12918 | 310032 | 18601920 | 1116115200 |

| | | | |
|---|---|---|---|
| mardi 25 novembre 2008 | 12919 | 310056 | 18603360 | 1116201600 |
| mercredi 26 novembre 2008 | 12920 | 310080 | 18604800 | 1116288000 |
| jeudi 27 novembre 2008 | 12921 | 310104 | 18606240 | 1116374400 |
| vendredi 28 novembre 2008 | 12922 | 310128 | 18607680 | 1116460800 |
| samedi 29 novembre 2008 | 12923 | 310152 | 18609120 | 1116547200 |
| dimanche 30 novembre 2008 | 12924 | 310176 | 18610560 | 1116633600 |
| lundi 1 décembre 2008 | 12925 | 310200 | 18612000 | 1116720000 |
| mardi 2 décembre 2008 | 12926 | 310224 | 18613440 | 1116806400 |
| mercredi 3 décembre 2008 | 12927 | 310248 | 18614880 | 1116892800 |
| jeudi 4 décembre 2008 | 12928 | 310272 | 18616320 | 1116979200 |
| vendredi 5 décembre 2008 | 12929 | 310296 | 18617760 | 1117065600 |
| samedi 6 décembre 2008 | 12930 | 310320 | 18619200 | 1117152000 |
| dimanche 7 décembre 2008 | 12931 | 310344 | 18620640 | 1117238400 |
| lundi 8 décembre 2008 | 12932 | 310368 | 18622080 | 1117324800 |
| mardi 9 décembre 2008 | 12933 | 310392 | 18623520 | 1117411200 |
| mercredi 10 décembre 2008 | 12934 | 310416 | 18624960 | 1117497600 |
| jeudi 11 décembre 2008 | 12935 | 310440 | 18626400 | 1117584000 |
| vendredi 12 décembre 2008 | 12936 | 310464 | 18627840 | 1117670400 |
| samedi 13 décembre 2008 | 12937 | 310488 | 18629280 | 1117756800 |
| dimanche 14 décembre 2008 | 12938 | 310512 | 18630720 | 1117843200 |
| lundi 15 décembre 2008 | 12939 | 310536 | 18632160 | 1117929600 |
| mardi 16 décembre 2008 | 12940 | 310560 | 18633600 | 1118016000 |
| mercredi 17 décembre 2008 | 12941 | 310584 | 18635040 | 1118102400 |
| jeudi 18 décembre 2008 | 12942 | 310608 | 18636480 | 1118188800 |
| vendredi 19 décembre 2008 | 12943 | 310632 | 18637920 | 1118275200 |
| samedi 20 décembre 2008 | 12944 | 310656 | 18639360 | 1118361600 |
| dimanche 21 décembre 2008 | 12945 | 310680 | 18640800 | 1118448000 |
| lundi 22 décembre 2008 | 12946 | 310704 | 18642240 | 1118534400 |
| mardi 23 décembre 2008 | 12947 | 310728 | 18643680 | 1118620800 |
| mercredi 24 décembre 2008 | 12948 | 310752 | 18645120 | 1118707200 |
| jeudi 25 décembre 2008 | 12949 | 310776 | 18646560 | 1118793600 |
| vendredi 26 décembre 2008 | 12950 | 310800 | 18648000 | 1118880000 |
| samedi 27 décembre 2008 | 12951 | 310824 | 18649440 | 1118966400 |
| dimanche 28 décembre 2008 | 12952 | 310848 | 18650880 | 1119052800 |
| lundi 29 décembre 2008 | 12953 | 310872 | 18652320 | 1119139200 |
| mardi 30 décembre 2008 | 12954 | 310896 | 18653760 | 1119225600 |
| mercredi 31 décembre 2008 | 12955 | 310920 | 18655200 | 1119312000 |
| jeudi 1 janvier 2009 | 12956 | 310944 | 18656640 | 1119398400 |

| | | | | |
|---|---|---|---|---|
| vendredi 2 janvier 2009 | 12957 | 310968 | 18658080 | 1119484800 |
| samedi 3 janvier 2009 | 12958 | 310992 | 18659520 | 1119571200 |
| dimanche 4 janvier 2009 | 12959 | 311016 | 18660960 | 1119657600 |
| lundi 5 janvier 2009 | 12960 | 311040 | 18662400 | 1119744000 |
| mardi 6 janvier 2009 | 12961 | 311064 | 18663840 | 1119830400 |
| mercredi 7 janvier 2009 | 12962 | 311088 | 18665280 | 1119916800 |
| jeudi 8 janvier 2009 | 12963 | 311112 | 18666720 | 1120003200 |
| vendredi 9 janvier 2009 | 12964 | 311136 | 18668160 | 1120089600 |
| samedi 10 janvier 2009 | 12965 | 311160 | 18669600 | 1120176000 |
| dimanche 11 janvier 2009 | 12966 | 311184 | 18671040 | 1120262400 |
| lundi 12 janvier 2009 | 12967 | 311208 | 18672480 | 1120348800 |
| mardi 13 janvier 2009 | 12968 | 311232 | 18673920 | 1120435200 |
| mercredi 14 janvier 2009 | 12969 | 311256 | 18675360 | 1120521600 |
| jeudi 15 janvier 2009 | 12970 | 311280 | 18676800 | 1120608000 |
| vendredi 16 janvier 2009 | 12971 | 311304 | 18678240 | 1120694400 |
| samedi 17 janvier 2009 | 12972 | 311328 | 18679680 | 1120780800 |
| dimanche 18 janvier 2009 | 12973 | 311352 | 18681120 | 1120867200 |
| lundi 19 janvier 2009 | 12974 | 311376 | 18682560 | 1120953600 |
| mardi 20 janvier 2009 | 12975 | 311400 | 18684000 | 1121040000 |
| mercredi 21 janvier 2009 | 12976 | 311424 | 18685440 | 1121126400 |
| jeudi 22 janvier 2009 | 12977 | 311448 | 18686880 | 1121212800 |
| vendredi 23 janvier 2009 | 12978 | 311472 | 18688320 | 1121299200 |
| samedi 24 janvier 2009 | 12979 | 311496 | 18689760 | 1121385600 |
| dimanche 25 janvier 2009 | 12980 | 311520 | 18691200 | 1121472000 |
| lundi 26 janvier 2009 | 12981 | 311544 | 18692640 | 1121558400 |
| mardi 27 janvier 2009 | 12982 | 311568 | 18694080 | 1121644800 |
| mercredi 28 janvier 2009 | 12983 | 311592 | 18695520 | 1121731200 |
| jeudi 29 janvier 2009 | 12984 | 311616 | 18696960 | 1121817600 |
| vendredi 30 janvier 2009 | 12985 | 311640 | 18698400 | 1121904000 |
| samedi 31 janvier 2009 | 12986 | 311664 | 18699840 | 1121990400 |
| dimanche 1 février 2009 | 12987 | 311688 | 18701280 | 1122076800 |
| lundi 2 février 2009 | 12988 | 311712 | 18702720 | 1122163200 |
| mardi 3 février 2009 | 12989 | 311736 | 18704160 | 1122249600 |
| mercredi 4 février 2009 | 12990 | 311760 | 18705600 | 1122336000 |
| jeudi 5 février 2009 | 12991 | 311784 | 18707040 | 1122422400 |
| vendredi 6 février 2009 | 12992 | 311808 | 18708480 | 1122508800 |
| samedi 7 février 2009 | 12993 | 311832 | 18709920 | 1122595200 |
| dimanche 8 février 2009 | 12994 | 311856 | 18711360 | 1122681600 |

| | | | | |
|---|---|---|---|---|
| lundi 9 février 2009 | 12995 | 311880 | 18712800 | 1122768000 |
| mardi 10 février 2009 | 12996 | 311904 | 18714240 | 1122854400 |
| mercredi 11 février 2009 | 12997 | 311928 | 18715680 | 1122940800 |
| jeudi 12 février 2009 | 12998 | 311952 | 18717120 | 1123027200 |
| vendredi 13 février 2009 | 12999 | 311976 | 18718560 | 1123113600 |
| samedi 14 février 2009 | 13000 | 312000 | 18720000 | 1123200000 |
| dimanche 15 février 2009 | 13001 | 312024 | 18721440 | 1123286400 |
| lundi 16 février 2009 | 13002 | 312048 | 18722880 | 1123372800 |
| mardi 17 février 2009 | 13003 | 312072 | 18724320 | 1123459200 |
| mercredi 18 février 2009 | 13004 | 312096 | 18725760 | 1123545600 |
| jeudi 19 février 2009 | 13005 | 312120 | 18727200 | 1123632000 |
| vendredi 20 février 2009 | 13006 | 312144 | 18728640 | 1123718400 |
| samedi 21 février 2009 | 13007 | 312168 | 18730080 | 1123804800 |
| dimanche 22 février 2009 | 13008 | 312192 | 18731520 | 1123891200 |
| lundi 23 février 2009 | 13009 | 312216 | 18732960 | 1123977600 |
| mardi 24 février 2009 | 13010 | 312240 | 18734400 | 1124064000 |
| mercredi 25 février 2009 | 13011 | 312264 | 18735840 | 1124150400 |
| jeudi 26 février 2009 | 13012 | 312288 | 18737280 | 1124236800 |
| vendredi 27 février 2009 | 13013 | 312312 | 18738720 | 1124323200 |
| samedi 28 février 2009 | 13014 | 312336 | 18740160 | 1124409600 |
| dimanche 1 mars 2009 | 13015 | 312360 | 18741600 | 1124496000 |
| lundi 2 mars 2009 | 13016 | 312384 | 18743040 | 1124582400 |
| mardi 3 mars 2009 | 13017 | 312408 | 18744480 | 1124668800 |
| mercredi 4 mars 2009 | 13018 | 312432 | 18745920 | 1124755200 |
| jeudi 5 mars 2009 | 13019 | 312456 | 18747360 | 1124841600 |
| vendredi 6 mars 2009 | 13020 | 312480 | 18748800 | 1124928000 |
| samedi 7 mars 2009 | 13021 | 312504 | 18750240 | 1125014400 |
| dimanche 8 mars 2009 | 13022 | 312528 | 18751680 | 1125100800 |
| lundi 9 mars 2009 | 13023 | 312552 | 18753120 | 1125187200 |
| mardi 10 mars 2009 | 13024 | 312576 | 18754560 | 1125273600 |
| mercredi 11 mars 2009 | 13025 | 312600 | 18756000 | 1125360000 |
| jeudi 12 mars 2009 | 13026 | 312624 | 18757440 | 1125446400 |
| vendredi 13 mars 2009 | 13027 | 312648 | 18758880 | 1125532800 |
| samedi 14 mars 2009 | 13028 | 312672 | 18760320 | 1125619200 |
| dimanche 15 mars 2009 | 13029 | 312696 | 18761760 | 1125705600 |
| lundi 16 mars 2009 | 13030 | 312720 | 18763200 | 1125792000 |
| mardi 17 mars 2009 | 13031 | 312744 | 18764640 | 1125878400 |
| mercredi 18 mars 2009 | 13032 | 312768 | 18766080 | 1125964800 |

| | | | | |
|---|---|---|---|---|
| jeudi 19 mars 2009 | 13033 | 312792 | 18767520 | 1126051200 |
| vendredi 20 mars 2009 | 13034 | 312816 | 18768960 | 1126137600 |
| samedi 21 mars 2009 | 13035 | 312840 | 18770400 | 1126224000 |
| dimanche 22 mars 2009 | 13036 | 312864 | 18771840 | 1126310400 |
| lundi 23 mars 2009 | 13037 | 312888 | 18773280 | 1126396800 |
| mardi 24 mars 2009 | 13038 | 312912 | 18774720 | 1126483200 |
| mercredi 25 mars 2009 | 13039 | 312936 | 18776160 | 1126569600 |
| jeudi 26 mars 2009 | 13040 | 312960 | 18777600 | 1126656000 |
| vendredi 27 mars 2009 | 13041 | 312984 | 18779040 | 1126742400 |
| samedi 28 mars 2009 | 13042 | 313008 | 18780480 | 1126828800 |
| dimanche 29 mars 2009 | 13043 | 313032 | 18781920 | 1126915200 |
| lundi 30 mars 2009 | 13044 | 313056 | 18783360 | 1127001600 |
| mardi 31 mars 2009 | 13045 | 313080 | 18784800 | 1127088000 |
| mercredi 1 avril 2009 | 13046 | 313104 | 18786240 | 1127174400 |
| jeudi 2 avril 2009 | 13047 | 313128 | 18787680 | 1127260800 |
| vendredi 3 avril 2009 | 13048 | 313152 | 18789120 | 1127347200 |
| samedi 4 avril 2009 | 13049 | 313176 | 18790560 | 1127433600 |
| dimanche 5 avril 2009 | 13050 | 313200 | 18792000 | 1127520000 |
| lundi 6 avril 2009 | 13051 | 313224 | 18793440 | 1127606400 |
| mardi 7 avril 2009 | 13052 | 313248 | 18794880 | 1127692800 |
| mercredi 8 avril 2009 | 13053 | 313272 | 18796320 | 1127779200 |
| jeudi 9 avril 2009 | 13054 | 313296 | 18797760 | 1127865600 |
| vendredi 10 avril 2009 | 13055 | 313320 | 18799200 | 1127952000 |
| samedi 11 avril 2009 | 13056 | 313344 | 18800640 | 1128038400 |
| dimanche 12 avril 2009 | 13057 | 313368 | 18802080 | 1128124800 |
| lundi 13 avril 2009 | 13058 | 313392 | 18803520 | 1128211200 |
| mardi 14 avril 2009 | 13059 | 313416 | 18804960 | 1128297600 |
| mercredi 15 avril 2009 | 13060 | 313440 | 18806400 | 1128384000 |
| jeudi 16 avril 2009 | 13061 | 313464 | 18807840 | 1128470400 |
| vendredi 17 avril 2009 | 13062 | 313488 | 18809280 | 1128556800 |
| samedi 18 avril 2009 | 13063 | 313512 | 18810720 | 1128643200 |
| dimanche 19 avril 2009 | 13064 | 313536 | 18812160 | 1128729600 |
| lundi 20 avril 2009 | 13065 | 313560 | 18813600 | 1128816000 |
| mardi 21 avril 2009 | 13066 | 313584 | 18815040 | 1128902400 |
| mercredi 22 avril 2009 | 13067 | 313608 | 18816480 | 1128988800 |
| jeudi 23 avril 2009 | 13068 | 313632 | 18817920 | 1129075200 |
| vendredi 24 avril 2009 | 13069 | 313656 | 18819360 | 1129161600 |
| samedi 25 avril 2009 | 13070 | 313680 | 18820800 | 1129248000 |

| | | | | |
|---|---|---|---|---|
| dimanche 26 avril 2009 | 13071 | 313704 | 18822240 | 1129334400 |
| lundi 27 avril 2009 | 13072 | 313728 | 18823680 | 1129420800 |
| mardi 28 avril 2009 | 13073 | 313752 | 18825120 | 1129507200 |
| mercredi 29 avril 2009 | 13074 | 313776 | 18826560 | 1129593600 |
| jeudi 30 avril 2009 | 13075 | 313800 | 18828000 | 1129680000 |
| vendredi 1 mai 2009 | 13076 | 313824 | 18829440 | 1129766400 |
| samedi 2 mai 2009 | 13077 | 313848 | 18830880 | 1129852800 |
| dimanche 3 mai 2009 | 13078 | 313872 | 18832320 | 1129939200 |
| lundi 4 mai 2009 | 13079 | 313896 | 18833760 | 1130025600 |
| mardi 5 mai 2009 | 13080 | 313920 | 18835200 | 1130112000 |
| mercredi 6 mai 2009 | 13081 | 313944 | 18836640 | 1130198400 |
| jeudi 7 mai 2009 | 13082 | 313968 | 18838080 | 1130284800 |
| vendredi 8 mai 2009 | 13083 | 313992 | 18839520 | 1130371200 |
| samedi 9 mai 2009 | 13084 | 314016 | 18840960 | 1130457600 |
| dimanche 10 mai 2009 | 13085 | 314040 | 18842400 | 1130544000 |
| lundi 11 mai 2009 | 13086 | 314064 | 18843840 | 1130630400 |
| mardi 12 mai 2009 | 13087 | 314088 | 18845280 | 1130716800 |
| mercredi 13 mai 2009 | 13088 | 314112 | 18846720 | 1130803200 |
| jeudi 14 mai 2009 | 13089 | 314136 | 18848160 | 1130889600 |
| vendredi 15 mai 2009 | 13090 | 314160 | 18849600 | 1130976000 |
| samedi 16 mai 2009 | 13091 | 314184 | 18851040 | 1131062400 |
| dimanche 17 mai 2009 | 13092 | 314208 | 18852480 | 1131148800 |
| lundi 18 mai 2009 | 13093 | 314232 | 18853920 | 1131235200 |
| mardi 19 mai 2009 | 13094 | 314256 | 18855360 | 1131321600 |
| mercredi 20 mai 2009 | 13095 | 314280 | 18856800 | 1131408000 |
| jeudi 21 mai 2009 | 13096 | 314304 | 18858240 | 1131494400 |
| vendredi 22 mai 2009 | 13097 | 314328 | 18859680 | 1131580800 |
| samedi 23 mai 2009 | 13098 | 314352 | 18861120 | 1131667200 |
| dimanche 24 mai 2009 | 13099 | 314376 | 18862560 | 1131753600 |
| lundi 25 mai 2009 | 13100 | 314400 | 18864000 | 1131840000 |
| mardi 26 mai 2009 | 13101 | 314424 | 18865440 | 1131926400 |
| mercredi 27 mai 2009 | 13102 | 314448 | 18866880 | 1132012800 |
| jeudi 28 mai 2009 | 13103 | 314472 | 18868320 | 1132099200 |
| vendredi 29 mai 2009 | 13104 | 314496 | 18869760 | 1132185600 |
| samedi 30 mai 2009 | 13105 | 314520 | 18871200 | 1132272000 |
| dimanche 31 mai 2009 | 13106 | 314544 | 18872640 | 1132358400 |
| lundi 1 juin 2009 | 13107 | 314568 | 18874080 | 1132444800 |
| mardi 2 juin 2009 | 13108 | 314592 | 18875520 | 1132531200 |

| | | | | |
|---|---|---|---|---|
| mercredi 3 juin 2009 | 13109 | 314616 | 18876960 | 1132617600 |
| jeudi 4 juin 2009 | 13110 | 314640 | 18878400 | 1132704000 |
| vendredi 5 juin 2009 | 13111 | 314664 | 18879840 | 1132790400 |
| samedi 6 juin 2009 | 13112 | 314688 | 18881280 | 1132876800 |
| dimanche 7 juin 2009 | 13113 | 314712 | 18882720 | 1132963200 |
| lundi 8 juin 2009 | 13114 | 314736 | 18884160 | 1133049600 |
| mardi 9 juin 2009 | 13115 | 314760 | 18885600 | 1133136000 |
| mercredi 10 juin 2009 | 13116 | 314784 | 18887040 | 1133222400 |
| jeudi 11 juin 2009 | 13117 | 314808 | 18888480 | 1133308800 |
| vendredi 12 juin 2009 | 13118 | 314832 | 18889920 | 1133395200 |
| samedi 13 juin 2009 | 13119 | 314856 | 18891360 | 1133481600 |
| dimanche 14 juin 2009 | 13120 | 314880 | 18892800 | 1133568000 |
| lundi 15 juin 2009 | 13121 | 314904 | 18894240 | 1133654400 |
| mardi 16 juin 2009 | 13122 | 314928 | 18895680 | 1133740800 |
| mercredi 17 juin 2009 | 13123 | 314952 | 18897120 | 1133827200 |
| jeudi 18 juin 2009 | 13124 | 314976 | 18898560 | 1133913600 |
| vendredi 19 juin 2009 | 13125 | 315000 | 18900000 | 1134000000 |
| samedi 20 juin 2009 | 13126 | 315024 | 18901440 | 1134086400 |
| dimanche 21 juin 2009 | 13127 | 315048 | 18902880 | 1134172800 |
| lundi 22 juin 2009 | 13128 | 315072 | 18904320 | 1134259200 |
| mardi 23 juin 2009 | 13129 | 315096 | 18905760 | 1134345600 |
| mercredi 24 juin 2009 | 13130 | 315120 | 18907200 | 1134432000 |
| jeudi 25 juin 2009 | 13131 | 315144 | 18908640 | 1134518400 |
| vendredi 26 juin 2009 | 13132 | 315168 | 18910080 | 1134604800 |
| samedi 27 juin 2009 | 13133 | 315192 | 18911520 | 1134691200 |
| dimanche 28 juin 2009 | 13134 | 315216 | 18912960 | 1134777600 |
| lundi 29 juin 2009 | 13135 | 315240 | 18914400 | 1134864000 |
| mardi 30 juin 2009 | 13136 | 315264 | 18915840 | 1134950400 |
| mercredi 1 juillet 2009 | 13137 | 315288 | 18917280 | 1135036800 |
| jeudi 2 juillet 2009 | 13138 | 315312 | 18918720 | 1135123200 |
| vendredi 3 juillet 2009 | 13139 | 315336 | 18920160 | 1135209600 |
| samedi 4 juillet 2009 | 13140 | 315360 | 18921600 | 1135296000 |
| dimanche 5 juillet 2009 | 13141 | 315384 | 18923040 | 1135382400 |
| lundi 6 juillet 2009 | 13142 | 315408 | 18924480 | 1135468800 |
| mardi 7 juillet 2009 | 13143 | 315432 | 18925920 | 1135555200 |
| mercredi 8 juillet 2009 | 13144 | 315456 | 18927360 | 1135641600 |
| jeudi 9 juillet 2009 | 13145 | 315480 | 18928800 | 1135728000 |
| vendredi 10 juillet 2009 | 13146 | 315504 | 18930240 | 1135814400 |

| | | | | |
|---|---|---|---|---|
| samedi 11 juillet 2009 | 13147 | 315528 | 18931680 | 1135900800 |
| dimanche 12 juillet 2009 | 13148 | 315552 | 18933120 | 1135987200 |
| lundi 13 juillet 2009 | 13149 | 315576 | 18934560 | 1136073600 |
| mardi 14 juillet 2009 | 13150 | 315600 | 18936000 | 1136160000 |
| mercredi 15 juillet 2009 | 13151 | 315624 | 18937440 | 1136246400 |
| jeudi 16 juillet 2009 | 13152 | 315648 | 18938880 | 1136332800 |
| vendredi 17 juillet 2009 | 13153 | 315672 | 18940320 | 1136419200 |
| samedi 18 juillet 2009 | 13154 | 315696 | 18941760 | 1136505600 |
| dimanche 19 juillet 2009 | 13155 | 315720 | 18943200 | 1136592000 |
| lundi 20 juillet 2009 | 13156 | 315744 | 18944640 | 1136678400 |
| mardi 21 juillet 2009 | 13157 | 315768 | 18946080 | 1136764800 |
| mercredi 22 juillet 2009 | 13158 | 315792 | 18947520 | 1136851200 |
| jeudi 23 juillet 2009 | 13159 | 315816 | 18948960 | 1136937600 |
| vendredi 24 juillet 2009 | 13160 | 315840 | 18950400 | 1137024000 |
| samedi 25 juillet 2009 | 13161 | 315864 | 18951840 | 1137110400 |
| dimanche 26 juillet 2009 | 13162 | 315888 | 18953280 | 1137196800 |
| lundi 27 juillet 2009 | 13163 | 315912 | 18954720 | 1137283200 |
| mardi 28 juillet 2009 | 13164 | 315936 | 18956160 | 1137369600 |
| mercredi 29 juillet 2009 | 13165 | 315960 | 18957600 | 1137456000 |
| jeudi 30 juillet 2009 | 13166 | 315984 | 18959040 | 1137542400 |
| vendredi 31 juillet 2009 | 13167 | 316008 | 18960480 | 1137628800 |
| samedi 1 août 2009 | 13168 | 316032 | 18961920 | 1137715200 |
| dimanche 2 août 2009 | 13169 | 316056 | 18963360 | 1137801600 |
| lundi 3 août 2009 | 13170 | 316080 | 18964800 | 1137888000 |
| mardi 4 août 2009 | 13171 | 316104 | 18966240 | 1137974400 |
| mercredi 5 août 2009 | 13172 | 316128 | 18967680 | 1138060800 |
| jeudi 6 août 2009 | 13173 | 316152 | 18969120 | 1138147200 |
| vendredi 7 août 2009 | 13174 | 316176 | 18970560 | 1138233600 |
| samedi 8 août 2009 | 13175 | 316200 | 18972000 | 1138320000 |
| dimanche 9 août 2009 | 13176 | 316224 | 18973440 | 1138406400 |
| lundi 10 août 2009 | 13177 | 316248 | 18974880 | 1138492800 |
| mardi 11 août 2009 | 13178 | 316272 | 18976320 | 1138579200 |
| mercredi 12 août 2009 | 13179 | 316296 | 18977760 | 1138665600 |
| jeudi 13 août 2009 | 13180 | 316320 | 18979200 | 1138752000 |
| vendredi 14 août 2009 | 13181 | 316344 | 18980640 | 1138838400 |
| samedi 15 août 2009 | 13182 | 316368 | 18982080 | 1138924800 |
| dimanche 16 août 2009 | 13183 | 316392 | 18983520 | 1139011200 |
| lundi 17 août 2009 | 13184 | 316416 | 18984960 | 1139097600 |

| | | | | |
|---|---|---|---|---|
| mardi 18 août 2009 | 13185 | 316440 | 18986400 | 1139184000 |
| mercredi 19 août 2009 | 13186 | 316464 | 18987840 | 1139270400 |
| jeudi 20 août 2009 | 13187 | 316488 | 18989280 | 1139356800 |
| vendredi 21 août 2009 | 13188 | 316512 | 18990720 | 1139443200 |
| samedi 22 août 2009 | 13189 | 316536 | 18992160 | 1139529600 |
| dimanche 23 août 2009 | 13190 | 316560 | 18993600 | 1139616000 |
| lundi 24 août 2009 | 13191 | 316584 | 18995040 | 1139702400 |
| mardi 25 août 2009 | 13192 | 316608 | 18996480 | 1139788800 |
| mercredi 26 août 2009 | 13193 | 316632 | 18997920 | 1139875200 |
| jeudi 27 août 2009 | 13194 | 316656 | 18999360 | 1139961600 |
| vendredi 28 août 2009 | 13195 | 316680 | 19000800 | 1140048000 |
| samedi 29 août 2009 | 13196 | 316704 | 19002240 | 1140134400 |
| dimanche 30 août 2009 | 13197 | 316728 | 19003680 | 1140220800 |
| lundi 31 août 2009 | 13198 | 316752 | 19005120 | 1140307200 |
| mardi 1 septembre 2009 | 13199 | 316776 | 19006560 | 1140393600 |
| mercredi 2 septembre 2009 | 13200 | 316800 | 19008000 | 1140480000 |
| jeudi 3 septembre 2009 | 13201 | 316824 | 19009440 | 1140566400 |
| vendredi 4 septembre 2009 | 13202 | 316848 | 19010880 | 1140652800 |
| samedi 5 septembre 2009 | 13203 | 316872 | 19012320 | 1140739200 |
| dimanche 6 septembre 2009 | 13204 | 316896 | 19013760 | 1140825600 |
| lundi 7 septembre 2009 | 13205 | 316920 | 19015200 | 1140912000 |
| mardi 8 septembre 2009 | 13206 | 316944 | 19016640 | 1140998400 |
| mercredi 9 septembre 2009 | 13207 | 316968 | 19018080 | 1141084800 |
| jeudi 10 septembre 2009 | 13208 | 316992 | 19019520 | 1141171200 |
| vendredi 11 septembre 2009 | 13209 | 317016 | 19020960 | 1141257600 |
| samedi 12 septembre 2009 | 13210 | 317040 | 19022400 | 1141344000 |
| dimanche 13 septembre 2009 | 13211 | 317064 | 19023840 | 1141430400 |
| lundi 14 septembre 2009 | 13212 | 317088 | 19025280 | 1141516800 |
| mardi 15 septembre 2009 | 13213 | 317112 | 19026720 | 1141603200 |
| mercredi 16 septembre 2009 | 13214 | 317136 | 19028160 | 1141689600 |
| jeudi 17 septembre 2009 | 13215 | 317160 | 19029600 | 1141776000 |
| vendredi 18 septembre 2009 | 13216 | 317184 | 19031040 | 1141862400 |
| samedi 19 septembre 2009 | 13217 | 317208 | 19032480 | 1141948800 |
| dimanche 20 septembre 2009 | 13218 | 317232 | 19033920 | 1142035200 |
| lundi 21 septembre 2009 | 13219 | 317256 | 19035360 | 1142121600 |
| mardi 22 septembre 2009 | 13220 | 317280 | 19036800 | 1142208000 |
| mercredi 23 septembre 2009 | 13221 | 317304 | 19038240 | 1142294400 |
| jeudi 24 septembre 2009 | 13222 | 317328 | 19039680 | 1142380800 |

| | | | | |
|---|---|---|---|---|
| vendredi 25 septembre 2009 | 13223 | 317352 | 19041120 | 1142467200 |
| samedi 26 septembre 2009 | 13224 | 317376 | 19042560 | 1142553600 |
| dimanche 27 septembre 2009 | 13225 | 317400 | 19044000 | 1142640000 |
| lundi 28 septembre 2009 | 13226 | 317424 | 19045440 | 1142726400 |
| mardi 29 septembre 2009 | 13227 | 317448 | 19046880 | 1142812800 |
| mercredi 30 septembre 2009 | 13228 | 317472 | 19048320 | 1142899200 |
| jeudi 1 octobre 2009 | 13229 | 317496 | 19049760 | 1142985600 |
| vendredi 2 octobre 2009 | 13230 | 317520 | 19051200 | 1143072000 |
| samedi 3 octobre 2009 | 13231 | 317544 | 19052640 | 1143158400 |
| dimanche 4 octobre 2009 | 13232 | 317568 | 19054080 | 1143244800 |
| lundi 5 octobre 2009 | 13233 | 317592 | 19055520 | 1143331200 |
| mardi 6 octobre 2009 | 13234 | 317616 | 19056960 | 1143417600 |
| mercredi 7 octobre 2009 | 13235 | 317640 | 19058400 | 1143504000 |
| jeudi 8 octobre 2009 | 13236 | 317664 | 19059840 | 1143590400 |
| vendredi 9 octobre 2009 | 13237 | 317688 | 19061280 | 1143676800 |
| samedi 10 octobre 2009 | 13238 | 317712 | 19062720 | 1143763200 |
| dimanche 11 octobre 2009 | 13239 | 317736 | 19064160 | 1143849600 |
| lundi 12 octobre 2009 | 13240 | 317760 | 19065600 | 1143936000 |
| mardi 13 octobre 2009 | 13241 | 317784 | 19067040 | 1144022400 |
| mercredi 14 octobre 2009 | 13242 | 317808 | 19068480 | 1144108800 |
| jeudi 15 octobre 2009 | 13243 | 317832 | 19069920 | 1144195200 |
| vendredi 16 octobre 2009 | 13244 | 317856 | 19071360 | 1144281600 |
| samedi 17 octobre 2009 | 13245 | 317880 | 19072800 | 1144368000 |
| dimanche 18 octobre 2009 | 13246 | 317904 | 19074240 | 1144454400 |
| lundi 19 octobre 2009 | 13247 | 317928 | 19075680 | 1144540800 |
| mardi 20 octobre 2009 | 13248 | 317952 | 19077120 | 1144627200 |
| mercredi 21 octobre 2009 | 13249 | 317976 | 19078560 | 1144713600 |
| jeudi 22 octobre 2009 | 13250 | 318000 | 19080000 | 1144800000 |
| vendredi 23 octobre 2009 | 13251 | 318024 | 19081440 | 1144886400 |
| samedi 24 octobre 2009 | 13252 | 318048 | 19082880 | 1144972800 |
| dimanche 25 octobre 2009 | 13253 | 318072 | 19084320 | 1145059200 |
| lundi 26 octobre 2009 | 13254 | 318096 | 19085760 | 1145145600 |
| mardi 27 octobre 2009 | 13255 | 318120 | 19087200 | 1145232000 |
| mercredi 28 octobre 2009 | 13256 | 318144 | 19088640 | 1145318400 |
| jeudi 29 octobre 2009 | 13257 | 318168 | 19090080 | 1145404800 |
| vendredi 30 octobre 2009 | 13258 | 318192 | 19091520 | 1145491200 |
| samedi 31 octobre 2009 | 13259 | 318216 | 19092960 | 1145577600 |
| dimanche 1 novembre 2009 | 13260 | 318240 | 19094400 | 1145664000 |

| | | | | |
|---|---|---|---|---|
| lundi 2 novembre 2009 | 13261 | 318264 | 19095840 | 1145750400 |
| mardi 3 novembre 2009 | 13262 | 318288 | 19097280 | 1145836800 |
| mercredi 4 novembre 2009 | 13263 | 318312 | 19098720 | 1145923200 |
| jeudi 5 novembre 2009 | 13264 | 318336 | 19100160 | 1146009600 |
| vendredi 6 novembre 2009 | 13265 | 318360 | 19101600 | 1146096000 |
| samedi 7 novembre 2009 | 13266 | 318384 | 19103040 | 1146182400 |
| dimanche 8 novembre 2009 | 13267 | 318408 | 19104480 | 1146268800 |
| lundi 9 novembre 2009 | 13268 | 318432 | 19105920 | 1146355200 |
| mardi 10 novembre 2009 | 13269 | 318456 | 19107360 | 1146441600 |
| mercredi 11 novembre 2009 | 13270 | 318480 | 19108800 | 1146528000 |
| jeudi 12 novembre 2009 | 13271 | 318504 | 19110240 | 1146614400 |
| vendredi 13 novembre 2009 | 13272 | 318528 | 19111680 | 1146700800 |
| samedi 14 novembre 2009 | 13273 | 318552 | 19113120 | 1146787200 |
| dimanche 15 novembre 2009 | 13274 | 318576 | 19114560 | 1146873600 |
| lundi 16 novembre 2009 | 13275 | 318600 | 19116000 | 1146960000 |
| mardi 17 novembre 2009 | 13276 | 318624 | 19117440 | 1147046400 |
| mercredi 18 novembre 2009 | 13277 | 318648 | 19118880 | 1147132800 |
| jeudi 19 novembre 2009 | 13278 | 318672 | 19120320 | 1147219200 |
| vendredi 20 novembre 2009 | 13279 | 318696 | 19121760 | 1147305600 |
| samedi 21 novembre 2009 | 13280 | 318720 | 19123200 | 1147392000 |
| dimanche 22 novembre 2009 | 13281 | 318744 | 19124640 | 1147478400 |
| lundi 23 novembre 2009 | 13282 | 318768 | 19126080 | 1147564800 |
| mardi 24 novembre 2009 | 13283 | 318792 | 19127520 | 1147651200 |
| mercredi 25 novembre 2009 | 13284 | 318816 | 19128960 | 1147737600 |
| jeudi 26 novembre 2009 | 13285 | 318840 | 19130400 | 1147824000 |
| vendredi 27 novembre 2009 | 13286 | 318864 | 19131840 | 1147910400 |
| samedi 28 novembre 2009 | 13287 | 318888 | 19133280 | 1147996800 |
| dimanche 29 novembre 2009 | 13288 | 318912 | 19134720 | 1148083200 |
| lundi 30 novembre 2009 | 13289 | 318936 | 19136160 | 1148169600 |
| mardi 1 décembre 2009 | 13290 | 318960 | 19137600 | 1148256000 |
| mercredi 2 décembre 2009 | 13291 | 318984 | 19139040 | 1148342400 |
| jeudi 3 décembre 2009 | 13292 | 319008 | 19140480 | 1148428800 |
| vendredi 4 décembre 2009 | 13293 | 319032 | 19141920 | 1148515200 |
| samedi 5 décembre 2009 | 13294 | 319056 | 19143360 | 1148601600 |
| dimanche 6 décembre 2009 | 13295 | 319080 | 19144800 | 1148688000 |
| lundi 7 décembre 2009 | 13296 | 319104 | 19146240 | 1148774400 |
| mardi 8 décembre 2009 | 13297 | 319128 | 19147680 | 1148860800 |
| mercredi 9 décembre 2009 | 13298 | 319152 | 19149120 | 1148947200 |

| | | | | |
|---|---|---|---|---|
| jeudi 10 décembre 2009 | 13299 | 319176 | 19150560 | 1149033600 |
| vendredi 11 décembre 2009 | 13300 | 319200 | 19152000 | 1149120000 |
| samedi 12 décembre 2009 | 13301 | 319224 | 19153440 | 1149206400 |
| dimanche 13 décembre 2009 | 13302 | 319248 | 19154880 | 1149292800 |
| lundi 14 décembre 2009 | 13303 | 319272 | 19156320 | 1149379200 |
| mardi 15 décembre 2009 | 13304 | 319296 | 19157760 | 1149465600 |
| mercredi 16 décembre 2009 | 13305 | 319320 | 19159200 | 1149552000 |
| jeudi 17 décembre 2009 | 13306 | 319344 | 19160640 | 1149638400 |
| vendredi 18 décembre 2009 | 13307 | 319368 | 19162080 | 1149724800 |
| samedi 19 décembre 2009 | 13308 | 319392 | 19163520 | 1149811200 |
| dimanche 20 décembre 2009 | 13309 | 319416 | 19164960 | 1149897600 |
| lundi 21 décembre 2009 | 13310 | 319440 | 19166400 | 1149984000 |
| mardi 22 décembre 2009 | 13311 | 319464 | 19167840 | 1150070400 |
| mercredi 23 décembre 2009 | 13312 | 319488 | 19169280 | 1150156800 |
| jeudi 24 décembre 2009 | 13313 | 319512 | 19170720 | 1150243200 |
| vendredi 25 décembre 2009 | 13314 | 319536 | 19172160 | 1150329600 |
| samedi 26 décembre 2009 | 13315 | 319560 | 19173600 | 1150416000 |
| dimanche 27 décembre 2009 | 13316 | 319584 | 19175040 | 1150502400 |
| lundi 28 décembre 2009 | 13317 | 319608 | 19176480 | 1150588800 |
| mardi 29 décembre 2009 | 13318 | 319632 | 19177920 | 1150675200 |
| mercredi 30 décembre 2009 | 13319 | 319656 | 19179360 | 1150761600 |
| jeudi 31 décembre 2009 | 13320 | 319680 | 19180800 | 1150848000 |
| vendredi 1 janvier 2010 | 13321 | 319704 | 19182240 | 1150934400 |
| samedi 2 janvier 2010 | 13322 | 319728 | 19183680 | 1151020800 |
| dimanche 3 janvier 2010 | 13323 | 319752 | 19185120 | 1151107200 |
| lundi 4 janvier 2010 | 13324 | 319776 | 19186560 | 1151193600 |
| mardi 5 janvier 2010 | 13325 | 319800 | 19188000 | 1151280000 |
| mercredi 6 janvier 2010 | 13326 | 319824 | 19189440 | 1151366400 |
| jeudi 7 janvier 2010 | 13327 | 319848 | 19190880 | 1151452800 |
| vendredi 8 janvier 2010 | 13328 | 319872 | 19192320 | 1151539200 |
| samedi 9 janvier 2010 | 13329 | 319896 | 19193760 | 1151625600 |
| dimanche 10 janvier 2010 | 13330 | 319920 | 19195200 | 1151712000 |
| lundi 11 janvier 2010 | 13331 | 319944 | 19196640 | 1151798400 |
| mardi 12 janvier 2010 | 13332 | 319968 | 19198080 | 1151884800 |
| mercredi 13 janvier 2010 | 13333 | 319992 | 19199520 | 1151971200 |
| jeudi 14 janvier 2010 | 13334 | 320016 | 19200960 | 1152057600 |
| vendredi 15 janvier 2010 | 13335 | 320040 | 19202400 | 1152144000 |
| samedi 16 janvier 2010 | 13336 | 320064 | 19203840 | 1152230400 |

| | | | | |
|---|---|---|---|---|
| dimanche 17 janvier 2010 | 13337 | 320088 | 19205280 | 1152316800 |
| lundi 18 janvier 2010 | 13338 | 320112 | 19206720 | 1152403200 |
| mardi 19 janvier 2010 | 13339 | 320136 | 19208160 | 1152489600 |
| mercredi 20 janvier 2010 | 13340 | 320160 | 19209600 | 1152576000 |
| jeudi 21 janvier 2010 | 13341 | 320184 | 19211040 | 1152662400 |
| vendredi 22 janvier 2010 | 13342 | 320208 | 19212480 | 1152748800 |
| samedi 23 janvier 2010 | 13343 | 320232 | 19213920 | 1152835200 |
| dimanche 24 janvier 2010 | 13344 | 320256 | 19215360 | 1152921600 |
| lundi 25 janvier 2010 | 13345 | 320280 | 19216800 | 1153008000 |
| mardi 26 janvier 2010 | 13346 | 320304 | 19218240 | 1153094400 |
| mercredi 27 janvier 2010 | 13347 | 320328 | 19219680 | 1153180800 |
| jeudi 28 janvier 2010 | 13348 | 320352 | 19221120 | 1153267200 |
| vendredi 29 janvier 2010 | 13349 | 320376 | 19222560 | 1153353600 |
| samedi 30 janvier 2010 | 13350 | 320400 | 19224000 | 1153440000 |
| dimanche 31 janvier 2010 | 13351 | 320424 | 19225440 | 1153526400 |
| lundi 1 février 2010 | 13352 | 320448 | 19226880 | 1153612800 |
| mardi 2 février 2010 | 13353 | 320472 | 19228320 | 1153699200 |
| mercredi 3 février 2010 | 13354 | 320496 | 19229760 | 1153785600 |
| jeudi 4 février 2010 | 13355 | 320520 | 19231200 | 1153872000 |
| vendredi 5 février 2010 | 13356 | 320544 | 19232640 | 1153958400 |
| samedi 6 février 2010 | 13357 | 320568 | 19234080 | 1154044800 |
| dimanche 7 février 2010 | 13358 | 320592 | 19235520 | 1154131200 |
| lundi 8 février 2010 | 13359 | 320616 | 19236960 | 1154217600 |
| mardi 9 février 2010 | 13360 | 320640 | 19238400 | 1154304000 |
| mercredi 10 février 2010 | 13361 | 320664 | 19239840 | 1154390400 |
| jeudi 11 février 2010 | 13362 | 320688 | 19241280 | 1154476800 |
| vendredi 12 février 2010 | 13363 | 320712 | 19242720 | 1154563200 |
| samedi 13 février 2010 | 13364 | 320736 | 19244160 | 1154649600 |
| dimanche 14 février 2010 | 13365 | 320760 | 19245600 | 1154736000 |
| lundi 15 février 2010 | 13366 | 320784 | 19247040 | 1154822400 |
| mardi 16 février 2010 | 13367 | 320808 | 19248480 | 1154908800 |
| mercredi 17 février 2010 | 13368 | 320832 | 19249920 | 1154995200 |
| jeudi 18 février 2010 | 13369 | 320856 | 19251360 | 1155081600 |
| vendredi 19 février 2010 | 13370 | 320880 | 19252800 | 1155168000 |
| samedi 20 février 2010 | 13371 | 320904 | 19254240 | 1155254400 |
| dimanche 21 février 2010 | 13372 | 320928 | 19255680 | 1155340800 |
| lundi 22 février 2010 | 13373 | 320952 | 19257120 | 1155427200 |
| mardi 23 février 2010 | 13374 | 320976 | 19258560 | 1155513600 |

| mercredi 24 février 2010 | 13375 | 321000 | 19260000 | 1155600000 |
| jeudi 25 février 2010 | 13376 | 321024 | 19261440 | 1155686400 |
| vendredi 26 février 2010 | 13377 | 321048 | 19262880 | 1155772800 |
| samedi 27 février 2010 | 13378 | 321072 | 19264320 | 1155859200 |
| dimanche 28 février 2010 | 13379 | 321096 | 19265760 | 1155945600 |
| lundi 1 mars 2010 | 13380 | 321120 | 19267200 | 1156032000 |
| mardi 2 mars 2010 | 13381 | 321144 | 19268640 | 1156118400 |
| mercredi 3 mars 2010 | 13382 | 321168 | 19270080 | 1156204800 |
| jeudi 4 mars 2010 | 13383 | 321192 | 19271520 | 1156291200 |
| vendredi 5 mars 2010 | 13384 | 321216 | 19272960 | 1156377600 |
| samedi 6 mars 2010 | 13385 | 321240 | 19274400 | 1156464000 |
| dimanche 7 mars 2010 | 13386 | 321264 | 19275840 | 1156550400 |
| lundi 8 mars 2010 | 13387 | 321288 | 19277280 | 1156636800 |
| mardi 9 mars 2010 | 13388 | 321312 | 19278720 | 1156723200 |
| mercredi 10 mars 2010 | 13389 | 321336 | 19280160 | 1156809600 |
| jeudi 11 mars 2010 | 13390 | 321360 | 19281600 | 1156896000 |
| vendredi 12 mars 2010 | 13391 | 321384 | 19283040 | 1156982400 |
| samedi 13 mars 2010 | 13392 | 321408 | 19284480 | 1157068800 |
| dimanche 14 mars 2010 | 13393 | 321432 | 19285920 | 1157155200 |
| lundi 15 mars 2010 | 13394 | 321456 | 19287360 | 1157241600 |
| mardi 16 mars 2010 | 13395 | 321480 | 19288800 | 1157328000 |
| mercredi 17 mars 2010 | 13396 | 321504 | 19290240 | 1157414400 |
| jeudi 18 mars 2010 | 13397 | 321528 | 19291680 | 1157500800 |
| vendredi 19 mars 2010 | 13398 | 321552 | 19293120 | 1157587200 |
| samedi 20 mars 2010 | 13399 | 321576 | 19294560 | 1157673600 |
| dimanche 21 mars 2010 | 13400 | 321600 | 19296000 | 1157760000 |
| lundi 22 mars 2010 | 13401 | 321624 | 19297440 | 1157846400 |
| mardi 23 mars 2010 | 13402 | 321648 | 19298880 | 1157932800 |
| mercredi 24 mars 2010 | 13403 | 321672 | 19300320 | 1158019200 |
| jeudi 25 mars 2010 | 13404 | 321696 | 19301760 | 1158105600 |
| vendredi 26 mars 2010 | 13405 | 321720 | 19303200 | 1158192000 |
| samedi 27 mars 2010 | 13406 | 321744 | 19304640 | 1158278400 |
| dimanche 28 mars 2010 | 13407 | 321768 | 19306080 | 1158364800 |
| lundi 29 mars 2010 | 13408 | 321792 | 19307520 | 1158451200 |
| mardi 30 mars 2010 | 13409 | 321816 | 19308960 | 1158537600 |
| mercredi 31 mars 2010 | 13410 | 321840 | 19310400 | 1158624000 |
| jeudi 1 avril 2010 | 13411 | 321864 | 19311840 | 1158710400 |
| vendredi 2 avril 2010 | 13412 | 321888 | 19313280 | 1158796800 |

| | | | | |
|---|---|---|---|---|
| samedi 3 avril 2010 | 13413 | 321912 | 19314720 | 1158883200 |
| dimanche 4 avril 2010 | 13414 | 321936 | 19316160 | 1158969600 |
| lundi 5 avril 2010 | 13415 | 321960 | 19317600 | 1159056000 |
| mardi 6 avril 2010 | 13416 | 321984 | 19319040 | 1159142400 |
| mercredi 7 avril 2010 | 13417 | 322008 | 19320480 | 1159228800 |
| jeudi 8 avril 2010 | 13418 | 322032 | 19321920 | 1159315200 |
| vendredi 9 avril 2010 | 13419 | 322056 | 19323360 | 1159401600 |
| samedi 10 avril 2010 | 13420 | 322080 | 19324800 | 1159488000 |
| dimanche 11 avril 2010 | 13421 | 322104 | 19326240 | 1159574400 |
| lundi 12 avril 2010 | 13422 | 322128 | 19327680 | 1159660800 |
| mardi 13 avril 2010 | 13423 | 322152 | 19329120 | 1159747200 |
| mercredi 14 avril 2010 | 13424 | 322176 | 19330560 | 1159833600 |
| jeudi 15 avril 2010 | 13425 | 322200 | 19332000 | 1159920000 |
| vendredi 16 avril 2010 | 13426 | 322224 | 19333440 | 1160006400 |
| samedi 17 avril 2010 | 13427 | 322248 | 19334880 | 1160092800 |
| dimanche 18 avril 2010 | 13428 | 322272 | 19336320 | 1160179200 |
| lundi 19 avril 2010 | 13429 | 322296 | 19337760 | 1160265600 |
| mardi 20 avril 2010 | 13430 | 322320 | 19339200 | 1160352000 |
| mercredi 21 avril 2010 | 13431 | 322344 | 19340640 | 1160438400 |
| jeudi 22 avril 2010 | 13432 | 322368 | 19342080 | 1160524800 |
| vendredi 23 avril 2010 | 13433 | 322392 | 19343520 | 1160611200 |
| samedi 24 avril 2010 | 13434 | 322416 | 19344960 | 1160697600 |
| dimanche 25 avril 2010 | 13435 | 322440 | 19346400 | 1160784000 |
| lundi 26 avril 2010 | 13436 | 322464 | 19347840 | 1160870400 |
| mardi 27 avril 2010 | 13437 | 322488 | 19349280 | 1160956800 |
| mercredi 28 avril 2010 | 13438 | 322512 | 19350720 | 1161043200 |
| jeudi 29 avril 2010 | 13439 | 322536 | 19352160 | 1161129600 |
| vendredi 30 avril 2010 | 13440 | 322560 | 19353600 | 1161216000 |
| samedi 1 mai 2010 | 13441 | 322584 | 19355040 | 1161302400 |
| dimanche 2 mai 2010 | 13442 | 322608 | 19356480 | 1161388800 |
| lundi 3 mai 2010 | 13443 | 322632 | 19357920 | 1161475200 |
| mardi 4 mai 2010 | 13444 | 322656 | 19359360 | 1161561600 |
| mercredi 5 mai 2010 | 13445 | 322680 | 19360800 | 1161648000 |
| jeudi 6 mai 2010 | 13446 | 322704 | 19362240 | 1161734400 |
| vendredi 7 mai 2010 | 13447 | 322728 | 19363680 | 1161820800 |
| samedi 8 mai 2010 | 13448 | 322752 | 19365120 | 1161907200 |
| dimanche 9 mai 2010 | 13449 | 322776 | 19366560 | 1161993600 |
| lundi 10 mai 2010 | 13450 | 322800 | 19368000 | 1162080000 |

| | | | | |
|---|---|---|---|---|
| mardi 11 mai 2010 | 13451 | 322824 | 19369440 | 1162166400 |
| mercredi 12 mai 2010 | 13452 | 322848 | 19370880 | 1162252800 |
| jeudi 13 mai 2010 | 13453 | 322872 | 19372320 | 1162339200 |
| vendredi 14 mai 2010 | 13454 | 322896 | 19373760 | 1162425600 |
| samedi 15 mai 2010 | 13455 | 322920 | 19375200 | 1162512000 |
| dimanche 16 mai 2010 | 13456 | 322944 | 19376640 | 1162598400 |
| lundi 17 mai 2010 | 13457 | 322968 | 19378080 | 1162684800 |
| mardi 18 mai 2010 | 13458 | 322992 | 19379520 | 1162771200 |
| mercredi 19 mai 2010 | 13459 | 323016 | 19380960 | 1162857600 |
| jeudi 20 mai 2010 | 13460 | 323040 | 19382400 | 1162944000 |
| vendredi 21 mai 2010 | 13461 | 323064 | 19383840 | 1163030400 |
| samedi 22 mai 2010 | 13462 | 323088 | 19385280 | 1163116800 |
| dimanche 23 mai 2010 | 13463 | 323112 | 19386720 | 1163203200 |
| lundi 24 mai 2010 | 13464 | 323136 | 19388160 | 1163289600 |
| mardi 25 mai 2010 | 13465 | 323160 | 19389600 | 1163376000 |
| mercredi 26 mai 2010 | 13466 | 323184 | 19391040 | 1163462400 |
| jeudi 27 mai 2010 | 13467 | 323208 | 19392480 | 1163548800 |
| vendredi 28 mai 2010 | 13468 | 323232 | 19393920 | 1163635200 |
| samedi 29 mai 2010 | 13469 | 323256 | 19395360 | 1163721600 |
| dimanche 30 mai 2010 | 13470 | 323280 | 19396800 | 1163808000 |
| lundi 31 mai 2010 | 13471 | 323304 | 19398240 | 1163894400 |
| mardi 1 juin 2010 | 13472 | 323328 | 19399680 | 1163980800 |
| mercredi 2 juin 2010 | 13473 | 323352 | 19401120 | 1164067200 |
| jeudi 3 juin 2010 | 13474 | 323376 | 19402560 | 1164153600 |
| vendredi 4 juin 2010 | 13475 | 323400 | 19404000 | 1162240000 |
| samedi 5 juin 2010 | 13476 | 323424 | 19405440 | 1164326400 |
| dimanche 6 juin 2010 | 13477 | 323448 | 19406880 | 1164412800 |
| lundi 7 juin 2010 | 13478 | 323472 | 19408320 | 1164499200 |
| mardi 8 juin 2010 | 13479 | 323496 | 19409760 | 1164585600 |
| mercredi 9 juin 2010 | 13480 | 323520 | 19411200 | 1164672000 |
| jeudi 10 juin 2010 | 13481 | 323544 | 19412640 | 1164758400 |
| vendredi 11 juin 2010 | 13482 | 323568 | 19414080 | 1164844800 |
| samedi 12 juin 2010 | 13483 | 323592 | 19415520 | 1164931200 |
| dimanche 13 juin 2010 | 13484 | 323616 | 19416960 | 1165017600 |
| lundi 14 juin 2010 | 13485 | 323640 | 19418400 | 1165104000 |
| mardi 15 juin 2010 | 13486 | 323664 | 19419840 | 1165190400 |
| mercredi 16 juin 2010 | 13487 | 323688 | 19421280 | 1165276800 |
| jeudi 17 juin 2010 | 13488 | 323712 | 19422720 | 1165363200 |

| | | | | |
|---|---|---|---|---|
| vendredi 18 juin 2010 | 13489 | 323736 | 19424160 | 1165449600 |
| samedi 19 juin 2010 | 13490 | 323760 | 19425600 | 1165536000 |
| dimanche 20 juin 2010 | 13491 | 323784 | 19427040 | 1165622400 |
| lundi 21 juin 2010 | 13492 | 323808 | 19428480 | 1165708800 |
| mardi 22 juin 2010 | 13493 | 323832 | 19429920 | 1165795200 |
| mercredi 23 juin 2010 | 13494 | 323856 | 19431360 | 1165881600 |
| jeudi 24 juin 2010 | 13495 | 323880 | 19432800 | 1165968000 |
| vendredi 25 juin 2010 | 13496 | 323904 | 19434240 | 1166054400 |
| samedi 26 juin 2010 | 13497 | 323928 | 19435680 | 1166140800 |
| dimanche 27 juin 2010 | 13498 | 323952 | 19437120 | 1166227200 |
| lundi 28 juin 2010 | 13499 | 323976 | 19438560 | 1166313600 |
| mardi 29 juin 2010 | 13500 | 324000 | 19440000 | 1166400000 |
| mercredi 30 juin 2010 | 13501 | 324024 | 19441440 | 1166486400 |
| jeudi 1 juillet 2010 | 13502 | 324048 | 19442880 | 1166572800 |
| vendredi 2 juillet 2010 | 13503 | 324072 | 19444320 | 1166659200 |
| samedi 3 juillet 2010 | 13504 | 324096 | 19445760 | 1166745600 |
| dimanche 4 juillet 2010 | 13505 | 324120 | 19447200 | 1166832000 |
| lundi 5 juillet 2010 | 13506 | 324144 | 19448640 | 1166918400 |
| mardi 6 juillet 2010 | 13507 | 324168 | 19450080 | 1167004800 |
| mercredi 7 juillet 2010 | 13508 | 324192 | 19451520 | 1167091200 |
| jeudi 8 juillet 2010 | 13509 | 324216 | 19452960 | 116717760 |
| vendredi 9 juillet 2010 | 13510 | 324240 | 19454400 | 1167264000 |
| samedi 10 juillet 2010 | 13511 | 324264 | 19455840 | 1167350400 |
| dimanche 11 juillet 2010 | 13512 | 324288 | 19457280 | 116743680 |
| lundi 12 juillet 2010 | 13513 | 324312 | 19458720 | 1167523200 |
| mardi 13 juillet 2010 | 13514 | 324336 | 19460160 | 1167609600 |
| mercredi 14 juillet 2010 | 13515 | 324360 | 19461600 | 1167696000 |
| jeudi 15 juillet 2010 | 13516 | 324384 | 19463040 | 1167782400 |
| vendredi 16 juillet 2010 | 13517 | 324408 | 19464480 | 1167868800 |
| samedi 17 juillet 2010 | 13518 | 324432 | 19465920 | 1167955200 |
| dimanche 18 juillet 2010 | 13519 | 324456 | 19467360 | 1168041600 |
| lundi 19 juillet 2010 | 13520 | 324480 | 19468800 | 1168128000 |
| mardi 20 juillet 2010 | 13521 | 324504 | 19470240 | 1168214400 |
| mercredi 21 juillet 2010 | 13522 | 324528 | 19471680 | 1168300800 |
| jeudi 22 juillet 2010 | 13523 | 324552 | 19473120 | 1168387200 |
| vendredi 23 juillet 2010 | 13524 | 324576 | 19474560 | 1168473600 |
| samedi 24 juillet 2010 | 13525 | 324600 | 19476000 | 1168560000 |
| dimanche 25 juillet 2010 | 13526 | 324624 | 19477440 | 1168646400 |

| | | | | |
|---|---|---|---|---|
| lundi 26 juillet 2010 | 13527 | 324648 | 19478880 | 1168732800 |
| mardi 27 juillet 2010 | 13528 | 324672 | 19480320 | 1168819200 |
| mercredi 28 juillet 2010 | 13529 | 324696 | 19481760 | 1168905600 |
| jeudi 29 juillet 2010 | 13530 | 324720 | 19483200 | 1168992000 |
| vendredi 30 juillet 2010 | 13531 | 324744 | 19484640 | 1169078400 |
| samedi 31 juillet 2010 | 13532 | 324768 | 19486080 | 1169164800 |
| dimanche 1 août 2010 | 13533 | 324792 | 19487520 | 1169251200 |
| lundi 2 août 2010 | 13534 | 324816 | 19488960 | 1169337600 |
| mardi 3 août 2010 | 13535 | 324840 | 19490400 | 1169424000 |
| mercredi 4 août 2010 | 13536 | 324864 | 19491840 | 1169510400 |
| jeudi 5 août 2010 | 13537 | 324888 | 19493280 | 1169596800 |
| vendredi 6 août 2010 | 13538 | 324912 | 19494720 | 1169683200 |
| samedi 7 août 2010 | 13539 | 324936 | 19496160 | 1169769600 |
| dimanche 8 août 2010 | 13540 | 324960 | 19497600 | 1169856000 |
| lundi 9 août 2010 | 13541 | 324984 | 19499040 | 1169942400 |
| mardi 10 août 2010 | 13542 | 325008 | 19500480 | 1170028800 |
| mercredi 11 août 2010 | 13543 | 325032 | 19501920 | 1170115200 |
| jeudi 12 août 2010 | 13544 | 325056 | 19503360 | 1170201600 |
| vendredi 13 août 2010 | 13545 | 325080 | 19504800 | 1170288000 |
| samedi 14 août 2010 | 13546 | 325104 | 19506240 | 1170374400 |
| dimanche 15 août 2010 | 13547 | 325128 | 19507680 | 1170460800 |
| lundi 16 août 2010 | 13548 | 325152 | 19509120 | 1170547200 |
| mardi 17 août 2010 | 13549 | 325176 | 19510560 | 1170633600 |
| mercredi 18 août 2010 | 13550 | 325200 | 19512000 | 1170720000 |
| jeudi 19 août 2010 | 13551 | 325224 | 19513440 | 1170806400 |
| vendredi 20 août 2010 | 13552 | 325248 | 19514880 | 1170892800 |
| samedi 21 août 2010 | 13553 | 325272 | 19516320 | 1170979200 |
| dimanche 22 août 2010 | 13554 | 325296 | 19517760 | 1171065600 |
| lundi 23 août 2010 | 13555 | 325320 | 19519200 | 1171152000 |
| mardi 24 août 2010 | 13556 | 325344 | 19520640 | 1171238400 |
| mercredi 25 août 2010 | 13557 | 325368 | 19522080 | 1171324800 |
| jeudi 26 août 2010 | 13558 | 325392 | 19523520 | 1171411200 |
| vendredi 27 août 2010 | 13559 | 325416 | 19524960 | 1171497600 |
| samedi 28 août 2010 | 13560 | 325440 | 19526400 | 1171584000 |
| dimanche 29 août 2010 | 13561 | 325464 | 19527840 | 1171670400 |
| lundi 30 août 2010 | 13562 | 325488 | 19529280 | 1171756800 |
| mardi 31 août 2010 | 13563 | 325512 | 19530720 | 1171843200 |
| mercredi 1 septembre 2010 | 13564 | 325536 | 19532160 | 1171929600 |

| | | | | |
|---|---|---|---|---|
| jeudi 2 septembre 2010 | 13565 | 325560 | 19533600 | 1172016000 |
| vendredi 3 septembre 2010 | 13566 | 325584 | 19535040 | 1172102400 |
| samedi 4 septembre 2010 | 13567 | 325608 | 19536480 | 1172188800 |
| dimanche 5 septembre 2010 | 13568 | 325632 | 19537920 | 1172275200 |
| lundi 6 septembre 2010 | 13569 | 325656 | 19539360 | 1172361600 |
| mardi 7 septembre 2010 | 13570 | 325680 | 19540800 | 1172448000 |
| mercredi 8 septembre 2010 | 13571 | 325704 | 19542240 | 1172534400 |
| jeudi 9 septembre 2010 | 13572 | 325728 | 19543680 | 1172620800 |
| vendredi 10 septembre 2010 | 13573 | 325752 | 19545120 | 1172707200 |
| samedi 11 septembre 2010 | 13574 | 325776 | 19546560 | 1172793600 |
| dimanche 12 septembre 2010 | 13575 | 325800 | 19548000 | 1172880000 |
| lundi 13 septembre 2010 | 13576 | 325824 | 19549440 | 1172966400 |
| mardi 14 septembre 2010 | 13577 | 325848 | 19550880 | 1173052800 |
| mercredi 15 septembre 2010 | 13578 | 325872 | 19552320 | 1173139200 |
| jeudi 16 septembre 2010 | 13579 | 325896 | 19553760 | 1173225600 |
| vendredi 17 septembre 2010 | 13580 | 325920 | 19555200 | 1173312000 |
| samedi 18 septembre 2010 | 13581 | 325944 | 19556640 | 1173398400 |
| dimanche 19 septembre 2010 | 13582 | 325968 | 19558080 | 1173484800 |
| lundi 20 septembre 2010 | 13583 | 325992 | 19559520 | 1173571200 |
| mardi 21 septembre 2010 | 13584 | 326016 | 19560960 | 1173657600 |
| mercredi 22 septembre 2010 | 13585 | 326040 | 19562400 | 1173744000 |
| jeudi 23 septembre 2010 | 13586 | 326064 | 19563840 | 1173830400 |
| vendredi 24 septembre 2010 | 13587 | 326088 | 19565280 | 1173916800 |
| samedi 25 septembre 2010 | 13588 | 326112 | 19566720 | 1174003200 |
| dimanche 26 septembre 2010 | 13589 | 326136 | 19568160 | 1174089600 |
| lundi 27 septembre 2010 | 13590 | 326160 | 19569600 | 1174176000 |
| mardi 28 septembre 2010 | 13591 | 326184 | 19571040 | 1174262400 |
| mercredi 29 septembre 2010 | 13592 | 326208 | 19572480 | 1174348800 |
| jeudi 30 septembre 2010 | 13593 | 326232 | 19573920 | 1174435200 |
| vendredi 1 octobre 2010 | 13594 | 326256 | 19575360 | 1174521600 |
| samedi 2 octobre 2010 | 13595 | 326280 | 19576800 | 1174608000 |
| dimanche 3 octobre 2010 | 13596 | 326304 | 19578240 | 1174694400 |
| lundi 4 octobre 2010 | 13597 | 326328 | 19579680 | 1174780800 |
| mardi 5 octobre 2010 | 13598 | 326352 | 19581120 | 1174867200 |
| mercredi 6 octobre 2010 | 13599 | 326376 | 19582560 | 1174953600 |
| jeudi 7 octobre 2010 | 13600 | 326400 | 19584000 | 1175040000 |
| vendredi 8 octobre 2010 | 13601 | 326424 | 19585440 | 1175126400 |
| samedi 9 octobre 2010 | 13602 | 326448 | 19586880 | 1175212800 |

| | | | |
|---|---|---|---|
| dimanche 10 octobre 2010 | 13603 | 326472 | 19588320 | 1175299200 |
| lundi 11 octobre 2010 | 13604 | 326496 | 19589760 | 1175385600 |
| mardi 12 octobre 2010 | 13605 | 326520 | 19591200 | 1175472000 |
| mercredi 13 octobre 2010 | 13606 | 326544 | 19592640 | 1175558400 |
| jeudi 14 octobre 2010 | 13607 | 326568 | 19594080 | 1175644800 |
| vendredi 15 octobre 2010 | 13608 | 326592 | 19595520 | 1175731200 |
| samedi 16 octobre 2010 | 13609 | 326616 | 19596960 | 1175817600 |
| dimanche 17 octobre 2010 | 13610 | 326640 | 19598400 | 1175904000 |
| lundi 18 octobre 2010 | 13611 | 326664 | 19599840 | 1175990400 |
| mardi 19 octobre 2010 | 13612 | 326688 | 19601280 | 1176076800 |
| mercredi 20 octobre 2010 | 13613 | 326712 | 19602720 | 1176163200 |
| jeudi 21 octobre 2010 | 13614 | 326736 | 19604160 | 1176249600 |
| vendredi 22 octobre 2010 | 13615 | 326760 | 19605600 | 1176336000 |
| samedi 23 octobre 2010 | 13616 | 326784 | 19607040 | 1176422400 |
| dimanche 24 octobre 2010 | 13617 | 326808 | 19608480 | 1176508800 |
| lundi 25 octobre 2010 | 13618 | 326832 | 19609920 | 1176595200 |
| mardi 26 octobre 2010 | 13619 | 326856 | 19611360 | 1176681600 |
| mercredi 27 octobre 2010 | 13620 | 326880 | 19612800 | 1176768000 |
| jeudi 28 octobre 2010 | 13621 | 326904 | 19614240 | 1176854400 |
| vendredi 29 octobre 2010 | 13622 | 326928 | 19615680 | 1176940800 |
| samedi 30 octobre 2010 | 13623 | 326952 | 19617120 | 1177027200 |
| dimanche 31 octobre 2010 | 13624 | 326976 | 19618560 | 1177113600 |
| lundi 1 novembre 2010 | 13625 | 327000 | 19620000 | 1177200000 |
| mardi 2 novembre 2010 | 13626 | 327024 | 19621440 | 1177286400 |
| mercredi 3 novembre 2010 | 13627 | 327048 | 19622880 | 1177372800 |
| jeudi 4 novembre 2010 | 13628 | 327072 | 19624320 | 1177459200 |
| vendredi 5 novembre 2010 | 13629 | 327096 | 19625760 | 1177545600 |
| samedi 6 novembre 2010 | 13630 | 327120 | 19627200 | 1177632000 |
| dimanche 7 novembre 2010 | 13631 | 327144 | 19628640 | 1177718400 |
| lundi 8 novembre 2010 | 13632 | 327168 | 19630080 | 1177804800 |
| mardi 9 novembre 2010 | 13633 | 327192 | 19631520 | 1177891200 |
| mercredi 10 novembre 2010 | 13634 | 327216 | 19632960 | 1177977600 |
| jeudi 11 novembre 2010 | 13635 | 327240 | 19634400 | 1178064000 |
| vendredi 12 novembre 2010 | 13636 | 327264 | 19635840 | 1178150400 |
| samedi 13 novembre 2010 | 13637 | 327288 | 19637280 | 1178236800 |
| dimanche 14 novembre 2010 | 13638 | 327312 | 19638720 | 1178323200 |
| lundi 15 novembre 2010 | 13639 | 327336 | 19640160 | 1178409600 |
| mardi 16 novembre 2010 | 13640 | 327360 | 19641600 | 1178496000 |

| | | | | |
|---|---|---|---|---|
| mercredi 17 novembre 2010 | 13641 | 327384 | 19643040 | 1178582400 |
| jeudi 18 novembre 2010 | 13642 | 327408 | 19644480 | 1178668800 |
| vendredi 19 novembre 2010 | 13643 | 327432 | 19645920 | 1178755200 |
| samedi 20 novembre 2010 | 13644 | 327456 | 19647360 | 1178841600 |
| dimanche 21 novembre 2010 | 13645 | 327480 | 19648800 | 1178928000 |
| lundi 22 novembre 2010 | 13646 | 327504 | 19650240 | 1179014400 |
| mardi 23 novembre 2010 | 13647 | 327528 | 19651680 | 1179100800 |
| mercredi 24 novembre 2010 | 13648 | 327552 | 19653120 | 1179187200 |
| jeudi 25 novembre 2010 | 13649 | 327576 | 19654560 | 1179273600 |
| vendredi 26 novembre 2010 | 13650 | 327600 | 19656000 | 1179360000 |
| samedi 27 novembre 2010 | 13651 | 327624 | 19657440 | 1179446400 |
| dimanche 28 novembre 2010 | 13652 | 327648 | 19658880 | 1179532800 |
| lundi 29 novembre 2010 | 13653 | 327672 | 19660320 | 1179619200 |
| mardi 30 novembre 2010 | 13654 | 327696 | 19661760 | 1179705600 |
| mercredi 1 décembre 2010 | 13655 | 327720 | 19663200 | 1179792000 |
| jeudi 2 décembre 2010 | 13656 | 327744 | 19664640 | 1179878400 |
| vendredi 3 décembre 2010 | 13657 | 327768 | 19666080 | 1179964800 |
| samedi 4 décembre 2010 | 13658 | 327792 | 19667520 | 1180051200 |
| dimanche 5 décembre 2010 | 13659 | 327816 | 19668960 | 1180137600 |
| lundi 6 décembre 2010 | 13660 | 327840 | 19670400 | 1180224000 |
| mardi 7 décembre 2010 | 13661 | 327864 | 19671840 | 1180310400 |
| mercredi 8 décembre 2010 | 13662 | 327888 | 19673280 | 1180396800 |
| jeudi 9 décembre 2010 | 13663 | 327912 | 19674720 | 1180483200 |
| vendredi 10 décembre 2010 | 13664 | 327936 | 19676160 | 1180569600 |
| samedi 11 décembre 2010 | 13665 | 327960 | 19677600 | 1180656000 |
| dimanche 12 décembre 2010 | 13666 | 327984 | 19679040 | 1180742400 |
| lundi 13 décembre 2010 | 13667 | 328008 | 19680480 | 1180828800 |
| mardi 14 décembre 2010 | 13668 | 328032 | 19681920 | 1180915200 |
| mercredi 15 décembre 2010 | 13669 | 328056 | 19683360 | 1181001600 |
| jeudi 16 décembre 2010 | 13670 | 328080 | 19684800 | 1181088000 |
| vendredi 17 décembre 2010 | 13671 | 328104 | 19686240 | 1181174400 |
| samedi 18 décembre 2010 | 13672 | 328128 | 19687680 | 1181260800 |
| dimanche 19 décembre 2010 | 13673 | 328152 | 19689120 | 1181347200 |
| lundi 20 décembre 2010 | 13674 | 328176 | 19690560 | 1181433600 |
| mardi 21 décembre 2010 | 13675 | 328200 | 19692000 | 1181520000 |
| mercredi 22 décembre 2010 | 13676 | 328224 | 19693440 | 1181606400 |
| jeudi 23 décembre 2010 | 13677 | 328248 | 19694880 | 1181692800 |
| vendredi 24 décembre 2010 | 13678 | 328272 | 19696320 | 1181779200 |

| | | | | |
|---|---|---|---|---|
| samedi 25 décembre 2010 | 13679 | 328296 | 19697760 | 1181865600 |
| dimanche 26 décembre 2010 | 13680 | 328320 | 19699200 | 1181952000 |
| lundi 27 décembre 2010 | 13681 | 328344 | 19700640 | 1182038400 |
| mardi 28 décembre 2010 | 13682 | 328368 | 19702080 | 1182124800 |
| mercredi 29 décembre 2010 | 13683 | 328392 | 19703520 | 1182211200 |
| jeudi 30 décembre 2010 | 13684 | 328416 | 19704960 | 1182297600 |
| vendredi 31 décembre 2010 | 13685 | 328440 | 19706400 | 1182384000 |
| samedi 1 janvier 2011 | 13686 | 328464 | 19707840 | 1182470400 |
| dimanche 2 janvier 2011 | 13687 | 328488 | 19709280 | 1182556800 |
| lundi 3 janvier 2011 | 13688 | 328512 | 19710720 | 1182643200 |
| mardi 4 janvier 2011 | 13689 | 328536 | 19712160 | 1182729600 |
| mercredi 5 janvier 2011 | 13690 | 328560 | 19713600 | 1182816000 |
| jeudi 6 janvier 2011 | 13691 | 328584 | 19715040 | 1182902400 |
| vendredi 7 janvier 2011 | 13692 | 328608 | 19716480 | 1182988800 |
| samedi 8 janvier 2011 | 13693 | 328632 | 19717920 | 1183075200 |
| dimanche 9 janvier 2011 | 13694 | 328656 | 19719360 | 1183161600 |
| lundi 10 janvier 2011 | 13695 | 328680 | 19720800 | 1183248000 |
| mardi 11 janvier 2011 | 13696 | 328704 | 19722240 | 1183334400 |
| mercredi 12 janvier 2011 | 13697 | 328728 | 19723680 | 1183420800 |
| jeudi 13 janvier 2011 | 13698 | 328752 | 19725120 | 1183507200 |
| vendredi 14 janvier 2011 | 13699 | 328776 | 19726560 | 1183593600 |
| samedi 15 janvier 2011 | 13700 | 328800 | 19728000 | 1183680000 |
| dimanche 16 janvier 2011 | 13701 | 328824 | 19729440 | 1183766400 |
| lundi 17 janvier 2011 | 13702 | 328848 | 19730880 | 1183852800 |
| mardi 18 janvier 2011 | 13703 | 328872 | 19732320 | 1183939200 |
| mercredi 19 janvier 2011 | 13704 | 328896 | 19733760 | 1184025600 |
| jeudi 20 janvier 2011 | 13705 | 328920 | 19735200 | 1184112000 |
| vendredi 21 janvier 2011 | 13706 | 328944 | 19736640 | 1184198400 |
| samedi 22 janvier 2011 | 13707 | 328968 | 19738080 | 1184284800 |
| dimanche 23 janvier 2011 | 13708 | 328992 | 19739520 | 1184371200 |
| lundi 24 janvier 2011 | 13709 | 329016 | 19740960 | 1184457600 |
| mardi 25 janvier 2011 | 13710 | 329040 | 19742400 | 1184544000 |
| mercredi 26 janvier 2011 | 13711 | 329064 | 19743840 | 1184630400 |
| jeudi 27 janvier 2011 | 13712 | 329088 | 19745280 | 1184716800 |
| vendredi 28 janvier 2011 | 13713 | 329112 | 19746720 | 1184803200 |
| samedi 29 janvier 2011 | 13714 | 329136 | 19748160 | 1184889600 |
| dimanche 30 janvier 2011 | 13715 | 329160 | 19749600 | 1184976000 |
| lundi 31 janvier 2011 | 13716 | 329184 | 19751040 | 1185062400 |

| | | | | |
|---|---|---|---|---|
| mardi 1 février 2011 | 13717 | 329208 | 19752480 | 1185148800 |
| mercredi 2 février 2011 | 13718 | 329232 | 19753920 | 1185235200 |
| jeudi 3 février 2011 | 13719 | 329256 | 19755360 | 1185321600 |
| vendredi 4 février 2011 | 13720 | 329280 | 19756800 | 1185408000 |
| samedi 5 février 2011 | 13721 | 329304 | 19758240 | 1185494400 |
| dimanche 6 février 2011 | 13722 | 329328 | 19759680 | 1185580800 |
| lundi 7 février 2011 | 13723 | 329352 | 19761120 | 1185667200 |
| mardi 8 février 2011 | 13724 | 329376 | 19762560 | 1185753600 |
| mercredi 9 février 2011 | 13725 | 329400 | 19764000 | 1185840000 |
| jeudi 10 février 2011 | 13726 | 329424 | 19765440 | 1185926400 |
| vendredi 11 février 2011 | 13727 | 329448 | 19766880 | 1186012800 |
| samedi 12 février 2011 | 13728 | 329472 | 19768320 | 1186099200 |
| dimanche 13 février 2011 | 13729 | 329496 | 19769760 | 1186185600 |
| lundi 14 février 2011 | 13730 | 329520 | 19771200 | 1186272000 |
| mardi 15 février 2011 | 13731 | 329544 | 19772640 | 1186358400 |
| mercredi 16 février 2011 | 13732 | 329568 | 19774080 | 1186444800 |
| jeudi 17 février 2011 | 13733 | 329592 | 19775520 | 1186531200 |
| vendredi 18 février 2011 | 13734 | 329616 | 19776960 | 1186617600 |
| samedi 19 février 2011 | 13735 | 329640 | 19778400 | 1186704000 |
| dimanche 20 février 2011 | 13736 | 329664 | 19779840 | 1186790400 |
| lundi 21 février 2011 | 13737 | 329688 | 19781280 | 1186876800 |
| mardi 22 février 2011 | 13738 | 329712 | 19782720 | 1186963200 |
| mercredi 23 février 2011 | 13739 | 329736 | 19784160 | 1187049600 |
| jeudi 24 février 2011 | 13740 | 329760 | 19785600 | 1187136000 |
| vendredi 25 février 2011 | 13741 | 329784 | 19787040 | 1187222400 |
| samedi 26 février 2011 | 13742 | 329808 | 19788480 | 1187308800 |
| dimanche 27 février 2011 | 13743 | 329832 | 19789920 | 1187395200 |
| lundi 28 février 2011 | 13744 | 329856 | 19791360 | 1187481600 |
| mardi 1 mars 2011 | 13745 | 329880 | 19792800 | 1187568000 |
| mercredi 2 mars 2011 | 13746 | 329904 | 19794240 | 1187654400 |
| jeudi 3 mars 2011 | 13747 | 329928 | 19795680 | 1187740800 |
| vendredi 4 mars 2011 | 13748 | 329952 | 19797120 | 1187827200 |
| samedi 5 mars 2011 | 13749 | 329976 | 19798560 | 1187913600 |
| dimanche 6 mars 2011 | 13750 | 330000 | 19800000 | 1188000000 |
| lundi 7 mars 2011 | 13751 | 330024 | 19801440 | 1188086400 |
| mardi 8 mars 2011 | 13752 | 330048 | 19802880 | 1188172800 |
| mercredi 9 mars 2011 | 13753 | 330072 | 19804320 | 1188259200 |
| jeudi 10 mars 2011 | 13754 | 330096 | 19805760 | 1188345600 |

| | | | | |
|---|---|---|---|---|
| vendredi 11 mars 2011 | 13755 | 330120 | 19807200 | 1188432000 |
| samedi 12 mars 2011 | 13756 | 330144 | 19808640 | 1188518400 |
| dimanche 13 mars 2011 | 13757 | 330168 | 19810080 | 1188604800 |
| lundi 14 mars 2011 | 13758 | 330192 | 19811520 | 1188691200 |
| mardi 15 mars 2011 | 13759 | 330216 | 19812960 | 1188777600 |
| mercredi 16 mars 2011 | 13760 | 330240 | 19814400 | 1188864000 |
| jeudi 17 mars 2011 | 13761 | 330264 | 19815840 | 1188950400 |
| vendredi 18 mars 2011 | 13762 | 330288 | 19817280 | 1189036800 |
| samedi 19 mars 2011 | 13763 | 330312 | 19818720 | 1189123200 |
| dimanche 20 mars 2011 | 13764 | 330336 | 19820160 | 1189209600 |
| lundi 21 mars 2011 | 13765 | 330360 | 19821600 | 1189296000 |
| mardi 22 mars 2011 | 13766 | 330384 | 19823040 | 1189382400 |
| mercredi 23 mars 2011 | 13767 | 330408 | 19824480 | 1189468800 |
| jeudi 24 mars 2011 | 13768 | 330432 | 19825920 | 1189555200 |
| vendredi 25 mars 2011 | 13769 | 330456 | 19827360 | 1189641600 |
| samedi 26 mars 2011 | 13770 | 330480 | 19828800 | 1189728000 |
| dimanche 27 mars 2011 | 13771 | 330504 | 19830240 | 1189814400 |
| lundi 28 mars 2011 | 13772 | 330528 | 19831680 | 1189900800 |
| mardi 29 mars 2011 | 13773 | 330552 | 19833120 | 1189987200 |
| mercredi 30 mars 2011 | 13774 | 330576 | 19834560 | 1190073600 |
| jeudi 31 mars 2011 | 13775 | 330600 | 19836000 | 1190160000 |
| vendredi 1 avril 2011 | 13776 | 330624 | 19837440 | 1190246400 |
| samedi 2 avril 2011 | 13777 | 330648 | 19838880 | 1190332800 |
| dimanche 3 avril 2011 | 13778 | 330672 | 19840320 | 1190419200 |
| lundi 4 avril 2011 | 13779 | 330696 | 19841760 | 1190505600 |
| mardi 5 avril 2011 | 13780 | 330720 | 19843200 | 1190592000 |
| mercredi 6 avril 2011 | 13781 | 330744 | 19844640 | 1190678400 |
| jeudi 7 avril 2011 | 13782 | 330768 | 19846080 | 1190764800 |
| vendredi 8 avril 2011 | 13783 | 330792 | 19847520 | 1190851200 |
| samedi 9 avril 2011 | 13784 | 330816 | 19848960 | 1190937600 |
| dimanche 10 avril 2011 | 13785 | 330840 | 19850400 | 1191024000 |
| lundi 11 avril 2011 | 13786 | 330864 | 19851840 | 1191110400 |
| mardi 12 avril 2011 | 13787 | 330888 | 19853280 | 1191196800 |
| mercredi 13 avril 2011 | 13788 | 330912 | 19854720 | 1191283200 |
| jeudi 14 avril 2011 | 13789 | 330936 | 19856160 | 1191369600 |
| vendredi 15 avril 2011 | 13790 | 330960 | 19857600 | 1191456000 |
| samedi 16 avril 2011 | 13791 | 330984 | 19859040 | 1191542400 |
| dimanche 17 avril 2011 | 13792 | 331008 | 19860480 | 1191628800 |

| | | | | |
|---|---|---|---|---|
| lundi 18 avril 2011 | 13793 | 331032 | 19861920 | 1191715200 |
| mardi 19 avril 2011 | 13794 | 331056 | 19863360 | 1191801600 |
| mercredi 20 avril 2011 | 13795 | 331080 | 19864800 | 1191888000 |
| jeudi 21 avril 2011 | 13796 | 331104 | 19866240 | 1191974400 |
| vendredi 22 avril 2011 | 13797 | 331128 | 19867680 | 1192060800 |
| samedi 23 avril 2011 | 13798 | 331152 | 19869120 | 1192147200 |
| dimanche 24 avril 2011 | 13799 | 331176 | 19870560 | 1192233600 |
| lundi 25 avril 2011 | 13800 | 331200 | 19872000 | 1192320000 |
| mardi 26 avril 2011 | 13801 | 331224 | 19873440 | 1192406400 |
| mercredi 27 avril 2011 | 13802 | 331248 | 19874880 | 1192492800 |
| jeudi 28 avril 2011 | 13803 | 331272 | 19876320 | 1192579200 |
| vendredi 29 avril 2011 | 13804 | 331296 | 19877760 | 1192665600 |
| samedi 30 avril 2011 | 13805 | 331320 | 19879200 | 1192752000 |
| dimanche 1 mai 2011 | 13806 | 331344 | 19880640 | 1192838400 |
| lundi 2 mai 2011 | 13807 | 331368 | 19882080 | 1192924800 |
| mardi 3 mai 2011 | 13808 | 331392 | 19883520 | 1193011200 |
| mercredi 4 mai 2011 | 13809 | 331416 | 19884960 | 1193097600 |
| jeudi 5 mai 2011 | 13810 | 331440 | 19886400 | 1193184000 |
| vendredi 6 mai 2011 | 13811 | 331464 | 19887840 | 1193270400 |
| samedi 7 mai 2011 | 13812 | 331488 | 19889280 | 1193356800 |
| dimanche 8 mai 2011 | 13813 | 331512 | 19890720 | 1193443200 |
| lundi 9 mai 2011 | 13814 | 331536 | 19892160 | 1193529600 |
| mardi 10 mai 2011 | 13815 | 331560 | 19893600 | 1193616000 |
| mercredi 11 mai 2011 | 13816 | 331584 | 19895040 | 1193702400 |
| jeudi 12 mai 2011 | 13817 | 331608 | 19896480 | 1193788800 |
| vendredi 13 mai 2011 | 13818 | 331632 | 19897920 | 1193875200 |
| samedi 14 mai 2011 | 13819 | 331656 | 19899360 | 1193961600 |
| dimanche 15 mai 2011 | 13820 | 331680 | 19900800 | 1194048000 |
| lundi 16 mai 2011 | 13821 | 331704 | 19902240 | 1194134400 |
| mardi 17 mai 2011 | 13822 | 331728 | 19903680 | 1194220800 |
| mercredi 18 mai 2011 | 13823 | 331752 | 19905120 | 1194307200 |
| jeudi 19 mai 2011 | 13824 | 331776 | 19906560 | 1194393600 |
| vendredi 20 mai 2011 | 13825 | 331800 | 19908000 | 1194480000 |
| samedi 21 mai 2011 | 13826 | 331824 | 19909440 | 1194566400 |
| dimanche 22 mai 2011 | 13827 | 331848 | 19910880 | 1194652800 |
| lundi 23 mai 2011 | 13828 | 331872 | 19912320 | 1194739200 |
| mardi 24 mai 2011 | 13829 | 331896 | 19913760 | 1194825600 |
| mercredi 25 mai 2011 | 13830 | 331920 | 19915200 | 1194912000 |

| | | | | |
|---|---|---|---|---|
| jeudi 26 mai 2011 | 13831 | 331944 | 19916640 | 1194998400 |
| vendredi 27 mai 2011 | 13832 | 331968 | 19918080 | 1195084800 |
| samedi 28 mai 2011 | 13833 | 331992 | 19919520 | 1195171200 |
| dimanche 29 mai 2011 | 13834 | 332016 | 19920960 | 1195257600 |
| lundi 30 mai 2011 | 13835 | 332040 | 19922400 | 1195344000 |
| mardi 31 mai 2011 | 13836 | 332064 | 19923840 | 1195430400 |
| mercredi 1 juin 2011 | 13837 | 332088 | 19925280 | 1195516800 |
| jeudi 2 juin 2011 | 13838 | 332112 | 19926720 | 1195603200 |
| vendredi 3 juin 2011 | 13839 | 332136 | 19928160 | 1195689600 |
| samedi 4 juin 2011 | 13840 | 332160 | 19929600 | 1195776000 |
| dimanche 5 juin 2011 | 13841 | 332184 | 19931040 | 1195862400 |
| lundi 6 juin 2011 | 13842 | 332208 | 19932480 | 1195948800 |
| mardi 7 juin 2011 | 13843 | 332232 | 19933920 | 1196035200 |
| mercredi 8 juin 2011 | 13844 | 332256 | 19935360 | 1196121600 |
| jeudi 9 juin 2011 | 13845 | 332280 | 19936800 | 1196208000 |
| vendredi 10 juin 2011 | 13846 | 332304 | 19938240 | 1196294400 |
| samedi 11 juin 2011 | 13847 | 332328 | 19939680 | 1196380800 |
| dimanche 12 juin 2011 | 13848 | 332352 | 19941120 | 1196467200 |
| lundi 13 juin 2011 | 13849 | 332376 | 19942560 | 1196553600 |
| mardi 14 juin 2011 | 13850 | 332400 | 19944000 | 1196640000 |
| mercredi 15 juin 2011 | 13851 | 332424 | 19945440 | 1196726400 |
| jeudi 16 juin 2011 | 13852 | 332448 | 19946880 | 1196812800 |
| vendredi 17 juin 2011 | 13853 | 332472 | 19948320 | 1196899200 |
| samedi 18 juin 2011 | 13854 | 332496 | 19949760 | 1196985600 |
| dimanche 19 juin 2011 | 13855 | 332520 | 19951200 | 1197072000 |
| lundi 20 juin 2011 | 13856 | 332544 | 19952640 | 1197158400 |
| mardi 21 juin 2011 | 13857 | 332568 | 19954080 | 1197244800 |
| mercredi 22 juin 2011 | 13858 | 332592 | 19955520 | 1197331200 |
| jeudi 23 juin 2011 | 13859 | 332616 | 19956960 | 1197417600 |
| vendredi 24 juin 2011 | 13860 | 332640 | 19958400 | 1197504000 |
| samedi 25 juin 2011 | 13861 | 332664 | 19959840 | 1197590400 |
| dimanche 26 juin 2011 | 13862 | 332688 | 19961280 | 1197676800 |
| lundi 27 juin 2011 | 13863 | 332712 | 19962720 | 1197763200 |
| mardi 28 juin 2011 | 13864 | 332736 | 19964160 | 1197849600 |
| mercredi 29 juin 2011 | 13865 | 332760 | 19965600 | 1197936000 |
| jeudi 30 juin 2011 | 13866 | 332784 | 19967040 | 1198022400 |
| vendredi 1 juillet 2011 | 13867 | 332808 | 19968480 | 1198108800 |
| samedi 2 juillet 2011 | 13868 | 332832 | 19969920 | 1198195200 |

| Date | | | | |
|---|---|---|---|---|
| dimanche 3 juillet 2011 | 13869 | 332856 | 19971360 | 1198281600 |
| lundi 4 juillet 2011 | 13870 | 332880 | 19972800 | 1198368000 |
| mardi 5 juillet 2011 | 13871 | 332904 | 19974240 | 1198454400 |
| mercredi 6 juillet 2011 | 13872 | 332928 | 19975680 | 1198540800 |
| jeudi 7 juillet 2011 | 13873 | 332952 | 19977120 | 1198627200 |
| vendredi 8 juillet 2011 | 13874 | 332976 | 19978560 | 1198713600 |
| samedi 9 juillet 2011 | 13875 | 333000 | 19980000 | 1198800000 |
| dimanche 10 juillet 2011 | 13876 | 333024 | 19981440 | 1198886400 |
| lundi 11 juillet 2011 | 13877 | 333048 | 19982880 | 1198972800 |
| mardi 12 juillet 2011 | 13878 | 333072 | 19984320 | 1199059200 |
| mercredi 13 juillet 2011 | 13879 | 333096 | 19985760 | 1199145600 |
| jeudi 14 juillet 2011 | 13880 | 333120 | 19987200 | 1199232000 |
| vendredi 15 juillet 2011 | 13881 | 333144 | 19988640 | 1199318400 |
| samedi 16 juillet 2011 | 13882 | 333168 | 19990080 | 1199404800 |
| dimanche 17 juillet 2011 | 13883 | 333192 | 19991520 | 1199491200 |
| lundi 18 juillet 2011 | 13884 | 333216 | 19992960 | 1199577600 |
| mardi 19 juillet 2011 | 13885 | 333240 | 19994400 | 1199664000 |
| mercredi 20 juillet 2011 | 13886 | 333264 | 19995840 | 1199750400 |
| jeudi 21 juillet 2011 | 13887 | 333288 | 19997280 | 1199836800 |
| vendredi 22 juillet 2011 | 13888 | 333312 | 19998720 | 1199923200 |
| samedi 23 juillet 2011 | 13889 | 333336 | 20000160 | 1200009600 |
| dimanche 24 juillet 2011 | 13890 | 333360 | 20001600 | 1200096000 |
| lundi 25 juillet 2011 | 13891 | 333384 | 20003040 | 1200182400 |
| mardi 26 juillet 2011 | 13892 | 333408 | 20004480 | 1200268800 |
| mercredi 27 juillet 2011 | 13893 | 333432 | 20005920 | 1200355200 |
| jeudi 28 juillet 2011 | 13894 | 333456 | 20007360 | 1200441600 |
| vendredi 29 juillet 2011 | 13895 | 333480 | 20008800 | 1200528000 |
| samedi 30 juillet 2011 | 13896 | 333504 | 20010240 | 1200614400 |
| dimanche 31 juillet 2011 | 13897 | 333528 | 20011680 | 1200700800 |
| lundi 1 août 2011 | 13898 | 333552 | 20013120 | 1200787200 |
| mardi 2 août 2011 | 13899 | 333576 | 20014560 | 1200873600 |
| mercredi 3 août 2011 | 13900 | 333600 | 20016000 | 1200960000 |
| jeudi 4 août 2011 | 13901 | 333624 | 20017440 | 1201046400 |
| vendredi 5 août 2011 | 13902 | 333648 | 20018880 | 1201132800 |
| samedi 6 août 2011 | 13903 | 333672 | 20020320 | 1201219200 |
| dimanche 7 août 2011 | 13904 | 333696 | 20021760 | 1201305600 |
| lundi 8 août 2011 | 13905 | 333720 | 20023200 | 1201392000 |
| mardi 9 août 2011 | 13906 | 333744 | 20024640 | 1201478400 |

| | | | | |
|---|---|---|---|---|
| mercredi 10 août 2011 | 13907 | 333768 | 20026080 | 1201564800 |
| jeudi 11 août 2011 | 13908 | 333792 | 20027520 | 1201651200 |
| vendredi 12 août 2011 | 13909 | 333816 | 20028960 | 1201737600 |
| samedi 13 août 2011 | 13910 | 333840 | 20030400 | 1201824000 |
| dimanche 14 août 2011 | 13911 | 333864 | 20031840 | 1201910400 |
| lundi 15 août 2011 | 13912 | 333888 | 20033280 | 1201996800 |
| mardi 16 août 2011 | 13913 | 333912 | 20034720 | 1202083200 |
| mercredi 17 août 2011 | 13914 | 333936 | 20036160 | 1202169600 |
| jeudi 18 août 2011 | 13915 | 333960 | 20037600 | 1202256000 |
| vendredi 19 août 2011 | 13916 | 333984 | 20039040 | 1202342400 |
| samedi 20 août 2011 | 13917 | 334008 | 20040480 | 1202428800 |
| dimanche 21 août 2011 | 13918 | 334032 | 20041920 | 1202515200 |
| lundi 22 août 2011 | 13919 | 334056 | 20043360 | 1202601600 |
| mardi 23 août 2011 | 13920 | 334080 | 20044800 | 1202688000 |
| mercredi 24 août 2011 | 13921 | 334104 | 20046240 | 1202774400 |
| jeudi 25 août 2011 | 13922 | 334128 | 20047680 | 1202860800 |
| vendredi 26 août 2011 | 13923 | 334152 | 20049120 | 1202947200 |
| samedi 27 août 2011 | 13924 | 334176 | 20050560 | 1203033600 |
| dimanche 28 août 2011 | 13925 | 334200 | 20052000 | 1203120000 |
| lundi 29 août 2011 | 13926 | 334224 | 20053440 | 1203206400 |
| mardi 30 août 2011 | 13927 | 334248 | 20054880 | 1203292800 |
| mercredi 31 août 2011 | 13928 | 334272 | 20056320 | 1203379200 |
| jeudi 1 septembre 2011 | 13929 | 334296 | 20057760 | 1203465600 |
| vendredi 2 septembre 2011 | 13930 | 334320 | 20059200 | 1203552000 |
| samedi 3 septembre 2011 | 13931 | 334344 | 20060640 | 1203638400 |
| dimanche 4 septembre 2011 | 13932 | 334368 | 20062080 | 1203724800 |
| lundi 5 septembre 2011 | 13933 | 334392 | 20063520 | 1203811200 |
| mardi 6 septembre 2011 | 13934 | 334416 | 20064960 | 1203897600 |
| mercredi 7 septembre 2011 | 13935 | 334440 | 20066400 | 1203984000 |
| jeudi 8 septembre 2011 | 13936 | 334464 | 20067840 | 1204070400 |
| vendredi 9 septembre 2011 | 13937 | 334488 | 20069280 | 1204156800 |
| samedi 10 septembre 2011 | 13938 | 334512 | 20070720 | 1204243200 |
| dimanche 11 septembre 2011 | 13939 | 334536 | 20072160 | 1204329600 |
| lundi 12 septembre 2011 | 13940 | 334560 | 20073600 | 1204416000 |
| mardi 13 septembre 2011 | 13941 | 334584 | 20075040 | 1204502400 |
| mercredi 14 septembre 2011 | 13942 | 334608 | 20076480 | 1204588800 |
| jeudi 15 septembre 2011 | 13943 | 334632 | 20077920 | 1204675200 |
| vendredi 16 septembre 2011 | 13944 | 334656 | 20079360 | 1204761600 |

| | | | | |
|---|---|---|---|---|
| samedi 17 septembre 2011 | 13945 | 334680 | 20080800 | 1204848000 |
| dimanche 18 septembre 2011 | 13946 | 334704 | 20082240 | 1204934400 |
| lundi 19 septembre 2011 | 13947 | 334728 | 20083680 | 1205020800 |
| mardi 20 septembre 2011 | 13948 | 334752 | 20085120 | 1205107200 |
| mercredi 21 septembre 2011 | 13949 | 334776 | 20086560 | 1205193600 |
| jeudi 22 septembre 2011 | 13950 | 334800 | 20088000 | 1205280000 |
| vendredi 23 septembre 2011 | 13951 | 334824 | 20089440 | 1205366400 |
| samedi 24 septembre 2011 | 13952 | 334848 | 20090880 | 1205452800 |
| dimanche 25 septembre 2011 | 13953 | 334872 | 20092320 | 1205539200 |
| lundi 26 septembre 2011 | 13954 | 334896 | 20093760 | 1205625600 |
| mardi 27 septembre 2011 | 13955 | 334920 | 20095200 | 1205712000 |
| mercredi 28 septembre 2011 | 13956 | 334944 | 20096640 | 1205798400 |
| jeudi 29 septembre 2011 | 13957 | 334968 | 20098080 | 1205884800 |
| vendredi 30 septembre 2011 | 13958 | 334992 | 20099520 | 1205971200 |
| samedi 1 octobre 2011 | 13959 | 335016 | 20100960 | 1206057600 |
| dimanche 2 octobre 2011 | 13960 | 335040 | 20102400 | 1206144000 |
| lundi 3 octobre 2011 | 13961 | 335064 | 20103840 | 1206230400 |
| mardi 4 octobre 2011 | 13962 | 335088 | 20105280 | 1206316800 |
| mercredi 5 octobre 2011 | 13963 | 335112 | 20106720 | 1206403200 |
| jeudi 6 octobre 2011 | 13964 | 335136 | 20108160 | 1206489600 |
| vendredi 7 octobre 2011 | 13965 | 335160 | 20109600 | 1206576000 |
| samedi 8 octobre 2011 | 13966 | 335184 | 20111040 | 1206662400 |
| dimanche 9 octobre 2011 | 13967 | 335208 | 20112480 | 1206748800 |
| lundi 10 octobre 2011 | 13968 | 335232 | 20113920 | 1206835200 |
| mardi 11 octobre 2011 | 13969 | 335256 | 20115360 | 1206921600 |
| mercredi 12 octobre 2011 | 13970 | 335280 | 20116800 | 1207008000 |
| jeudi 13 octobre 2011 | 13971 | 335304 | 20118240 | 1207094400 |
| vendredi 14 octobre 2011 | 13972 | 335328 | 20119680 | 1207180800 |
| samedi 15 octobre 2011 | 13973 | 335352 | 20121120 | 1207267200 |
| dimanche 16 octobre 2011 | 13974 | 335376 | 20122560 | 1207353600 |
| lundi 17 octobre 2011 | 13975 | 335400 | 20124000 | 1207440000 |
| mardi 18 octobre 2011 | 13976 | 335424 | 20125440 | 1207526400 |
| mercredi 19 octobre 2011 | 13977 | 335448 | 20126880 | 1207612800 |
| jeudi 20 octobre 2011 | 13978 | 335472 | 20128320 | 1207699200 |
| vendredi 21 octobre 2011 | 13979 | 335496 | 20129760 | 1207785600 |
| samedi 22 octobre 2011 | 13980 | 335520 | 20131200 | 1207872000 |
| dimanche 23 octobre 2011 | 13981 | 335544 | 20132640 | 1207958400 |
| lundi 24 octobre 2011 | 13982 | 335568 | 20134080 | 1208044800 |

| | | | | |
|---|---|---|---|---|
| mardi 25 octobre 2011 | 13983 | 335592 | 20135520 | 1208131200 |
| mercredi 26 octobre 2011 | 13984 | 335616 | 20136960 | 1208217600 |
| jeudi 27 octobre 2011 | 13985 | 335640 | 20138400 | 1208304000 |
| vendredi 28 octobre 2011 | 13986 | 335664 | 20139840 | 1208390400 |
| samedi 29 octobre 2011 | 13987 | 335688 | 20141280 | 1208476800 |
| dimanche 30 octobre 2011 | 13988 | 335712 | 20142720 | 1208563200 |
| lundi 31 octobre 2011 | 13989 | 335736 | 20144160 | 1208649600 |
| mardi 1 novembre 2011 | 13990 | 335760 | 20145600 | 1208736000 |
| mercredi 2 novembre 2011 | 13991 | 335784 | 20147040 | 1208822400 |
| jeudi 3 novembre 2011 | 13992 | 335808 | 20148480 | 1208908800 |
| vendredi 4 novembre 2011 | 13993 | 335832 | 20149920 | 1208995200 |
| samedi 5 novembre 2011 | 13994 | 335856 | 20151360 | 1209081600 |
| dimanche 6 novembre 2011 | 13995 | 335880 | 20152800 | 1209168000 |
| lundi 7 novembre 2011 | 13996 | 335904 | 20154240 | 1209254400 |
| mardi 8 novembre 2011 | 13997 | 335928 | 20155680 | 1209340800 |
| mercredi 9 novembre 2011 | 13998 | 335952 | 20157120 | 1209427200 |
| jeudi 10 novembre 2011 | 13999 | 335976 | 20158560 | 1209513600 |
| vendredi 11 novembre 2011 | 14000 | 336000 | 20160000 | 1209600000 |
| samedi 12 novembre 2011 | 14001 | 336024 | 20161440 | 1209686400 |
| dimanche 13 novembre 2011 | 14002 | 336048 | 20162880 | 1209772800 |
| lundi 14 novembre 2011 | 14003 | 336072 | 20164320 | 1209859200 |
| mardi 15 novembre 2011 | 14004 | 336096 | 20165760 | 1209945600 |
| mercredi 16 novembre 2011 | 14005 | 336120 | 20167200 | 1210032000 |
| jeudi 17 novembre 2011 | 14006 | 336144 | 20168640 | 1210118400 |
| vendredi 18 novembre 2011 | 14007 | 336168 | 20170080 | 1210204800 |
| samedi 19 novembre 2011 | 14008 | 336192 | 20171520 | 1210291200 |
| dimanche 20 novembre 2011 | 14009 | 336216 | 20172960 | 1210377600 |
| lundi 21 novembre 2011 | 14010 | 336240 | 20174400 | 1210464000 |
| mardi 22 novembre 2011 | 14011 | 336264 | 20175840 | 1210550400 |
| mercredi 23 novembre 2011 | 14012 | 336288 | 20177280 | 1210636800 |
| jeudi 24 novembre 2011 | 14013 | 336312 | 20178720 | 1210723200 |
| vendredi 25 novembre 2011 | 14014 | 336336 | 20180160 | 1210809600 |
| samedi 26 novembre 2011 | 14015 | 336360 | 20181600 | 1210896000 |
| dimanche 27 novembre 2011 | 14016 | 336384 | 20183040 | 1210982400 |
| lundi 28 novembre 2011 | 14017 | 336408 | 20184480 | 1211068800 |
| mardi 29 novembre 2011 | 14018 | 336432 | 20185920 | 1211155200 |
| mercredi 30 novembre 2011 | 14019 | 336456 | 20187360 | 1211241600 |
| jeudi 1 décembre 2011 | 14020 | 336480 | 20188800 | 1211328000 |

| | | | | |
|---|---|---|---|---|
| vendredi 2 décembre 2011 | 14021 | 336504 | 20190240 | 1211414400 |
| samedi 3 décembre 2011 | 14022 | 336528 | 20191680 | 1211500800 |
| dimanche 4 décembre 2011 | 14023 | 336552 | 20193120 | 1211587200 |
| lundi 5 décembre 2011 | 14024 | 336576 | 20194560 | 1211673600 |
| mardi 6 décembre 2011 | 14025 | 336600 | 20196000 | 1211760000 |
| mercredi 7 décembre 2011 | 14026 | 336624 | 20197440 | 1211846400 |
| jeudi 8 décembre 2011 | 14027 | 336648 | 20198880 | 1211932800 |
| vendredi 9 décembre 2011 | 14028 | 336672 | 20200320 | 1212019200 |
| samedi 10 décembre 2011 | 14029 | 336696 | 20201760 | 1212105600 |
| dimanche 11 décembre 2011 | 14030 | 336720 | 20203200 | 1212192000 |
| lundi 12 décembre 2011 | 14031 | 336744 | 20204640 | 1212278400 |
| mardi 13 décembre 2011 | 14032 | 336768 | 20206080 | 1212364800 |
| mercredi 14 décembre 2011 | 14033 | 336792 | 20207520 | 1212451200 |
| jeudi 15 décembre 2011 | 14034 | 336816 | 20208960 | 1212537600 |
| vendredi 16 décembre 2011 | 14035 | 336840 | 20210400 | 1212624000 |
| samedi 17 décembre 2011 | 14036 | 336864 | 20211840 | 1212710400 |
| dimanche 18 décembre 2011 | 14037 | 336888 | 20213280 | 1212796800 |
| lundi 19 décembre 2011 | 14038 | 336912 | 20214720 | 1212883200 |
| mardi 20 décembre 2011 | 14039 | 336936 | 20216160 | 1212969600 |
| mercredi 21 décembre 2011 | 14040 | 336960 | 20217600 | 1213056000 |
| jeudi 22 décembre 2011 | 14041 | 336984 | 20219040 | 1213142400 |
| vendredi 23 décembre 2011 | 14042 | 337008 | 20220480 | 1213228800 |
| samedi 24 décembre 2011 | 14043 | 337032 | 20221920 | 1213315200 |
| dimanche 25 décembre 2011 | 14044 | 337056 | 20223360 | 1213401600 |
| lundi 26 décembre 2011 | 14045 | 337080 | 20224800 | 1213488000 |
| mardi 27 décembre 2011 | 14046 | 337104 | 20226240 | 1213574400 |
| mercredi 28 décembre 2011 | 14047 | 337128 | 20227680 | 1213660800 |
| jeudi 29 décembre 2011 | 14048 | 337152 | 20229120 | 1213747200 |
| vendredi 30 décembre 2011 | 14049 | 337176 | 20230560 | 1213833600 |
| samedi 31 décembre 2011 | 14050 | 337200 | 20232000 | 1213920000 |
| dimanche 1 janvier 2012 | 14051 | 337224 | 20233440 | 1214006400 |
| lundi 2 janvier 2012 | 14052 | 337248 | 20234880 | 1214092800 |
| mardi 3 janvier 2012 | 14053 | 337272 | 20236320 | 1214179200 |
| mercredi 4 janvier 2012 | 14054 | 337296 | 20237760 | 1214265600 |
| jeudi 5 janvier 2012 | 14055 | 337320 | 20239200 | 1214352000 |
| vendredi 6 janvier 2012 | 14056 | 337344 | 20240640 | 1214438400 |
| samedi 7 janvier 2012 | 14057 | 337368 | 20242080 | 1214524800 |
| dimanche 8 janvier 2012 | 14058 | 337392 | 20243520 | 1214611200 |

| | | | | |
|---|---|---|---|---|
| lundi 9 janvier 2012 | 14059 | 337416 | 20244960 | 1214697600 |
| mardi 10 janvier 2012 | 14060 | 337440 | 20246400 | 1214784000 |
| mercredi 11 janvier 2012 | 14061 | 337464 | 20247840 | 1214870400 |
| jeudi 12 janvier 2012 | 14062 | 337488 | 20249280 | 1214956800 |
| vendredi 13 janvier 2012 | 14063 | 337512 | 20250720 | 1215043200 |
| samedi 14 janvier 2012 | 14064 | 337536 | 20252160 | 1215129600 |
| dimanche 15 janvier 2012 | 14065 | 337560 | 20253600 | 1215216000 |
| lundi 16 janvier 2012 | 14066 | 337584 | 20255040 | 1215302400 |
| mardi 17 janvier 2012 | 14067 | 337608 | 20256480 | 1215388800 |
| mercredi 18 janvier 2012 | 14068 | 337632 | 20257920 | 1215475200 |
| jeudi 19 janvier 2012 | 14069 | 337656 | 20259360 | 1215561600 |
| vendredi 20 janvier 2012 | 14070 | 337680 | 20260800 | 1215648000 |
| samedi 21 janvier 2012 | 14071 | 337704 | 20262240 | 1215734400 |
| dimanche 22 janvier 2012 | 14072 | 337728 | 20263680 | 1215820800 |
| lundi 23 janvier 2012 | 14073 | 337752 | 20265120 | 1215907200 |
| mardi 24 janvier 2012 | 14074 | 337776 | 20266560 | 1215993600 |
| mercredi 25 janvier 2012 | 14075 | 337800 | 20268000 | 1216080000 |
| jeudi 26 janvier 2012 | 14076 | 337824 | 20269440 | 1216166400 |
| vendredi 27 janvier 2012 | 14077 | 337848 | 20270880 | 1216252800 |
| samedi 28 janvier 2012 | 14078 | 337872 | 20272320 | 1216339200 |
| dimanche 29 janvier 2012 | 14079 | 337896 | 20273760 | 1216425600 |
| lundi 30 janvier 2012 | 14080 | 337920 | 20275200 | 1216512000 |
| mardi 31 janvier 2012 | 14081 | 337944 | 20276640 | 1216598400 |
| mercredi 1 février 2012 | 14082 | 337968 | 20278080 | 1216684800 |
| jeudi 2 février 2012 | 14083 | 337992 | 20279520 | 1216771200 |
| vendredi 3 février 2012 | 14084 | 338016 | 20280960 | 1216857600 |
| samedi 4 février 2012 | 14085 | 338040 | 20282400 | 1216944000 |
| dimanche 5 février 2012 | 14086 | 338064 | 20283840 | 1217030400 |
| lundi 6 février 2012 | 14087 | 338088 | 20285280 | 1217116800 |
| mardi 7 février 2012 | 14088 | 338112 | 20286720 | 1217203200 |
| mercredi 8 février 2012 | 14089 | 338136 | 20288160 | 1217289600 |
| jeudi 9 février 2012 | 14090 | 338160 | 20289600 | 1217376000 |
| vendredi 10 février 2012 | 14091 | 338184 | 20291040 | 1217462400 |
| samedi 11 février 2012 | 14092 | 338208 | 20292480 | 1217548800 |
| dimanche 12 février 2012 | 14093 | 338232 | 20293920 | 1217635200 |
| lundi 13 février 2012 | 14094 | 338256 | 20295360 | 1217721600 |
| mardi 14 février 2012 | 14095 | 338280 | 20296800 | 1217808000 |
| mercredi 15 février 2012 | 14096 | 338304 | 20298240 | 1217894400 |

| | | | | |
|---|---|---|---|---|
| jeudi 16 février 2012 | 14097 | 338328 | 20299680 | 1217980800 |
| vendredi 17 février 2012 | 14098 | 338352 | 20301120 | 1218067200 |
| samedi 18 février 2012 | 14099 | 338376 | 20302560 | 1218153600 |
| dimanche 19 février 2012 | 14100 | 338400 | 20304000 | 1218240000 |
| lundi 20 février 2012 | 14101 | 338424 | 20305440 | 1218326400 |
| mardi 21 février 2012 | 14102 | 338448 | 20306880 | 1218412800 |
| mercredi 22 février 2012 | 14103 | 338472 | 20308320 | 1218499200 |
| jeudi 23 février 2012 | 14104 | 338496 | 20309760 | 1218585600 |
| vendredi 24 février 2012 | 14105 | 338520 | 20311200 | 1218672000 |
| samedi 25 février 2012 | 14106 | 338544 | 20312640 | 1218758400 |
| dimanche 26 février 2012 | 14107 | 338568 | 20314080 | 1218844800 |
| lundi 27 février 2012 | 14108 | 338592 | 20315520 | 1218931200 |
| mardi 28 février 2012 | 14109 | 338616 | 20316960 | 1219017600 |
| mercredi 29 février 2012 | 14110 | 338640 | 20318400 | 1219104000 |
| jeudi 1 mars 2012 | 14111 | 338664 | 20319840 | 1219190400 |
| vendredi 2 mars 2012 | 14112 | 338688 | 20321280 | 1219276800 |
| samedi 3 mars 2012 | 14113 | 338712 | 20322720 | 1219363200 |
| dimanche 4 mars 2012 | 14114 | 338736 | 20324160 | 1219449600 |
| lundi 5 mars 2012 | 14115 | 338760 | 20325600 | 1219536000 |
| mardi 6 mars 2012 | 14116 | 338784 | 20327040 | 1219622400 |
| mercredi 7 mars 2012 | 14117 | 338808 | 20328480 | 1219708800 |
| jeudi 8 mars 2012 | 14118 | 338832 | 20329920 | 1219795200 |
| vendredi 9 mars 2012 | 14119 | 338856 | 20331360 | 1219881600 |
| samedi 10 mars 2012 | 14120 | 338880 | 20332800 | 1219968000 |
| dimanche 11 mars 2012 | 14121 | 338904 | 20334240 | 1220054400 |
| lundi 12 mars 2012 | 14122 | 338928 | 20335680 | 1220140800 |
| mardi 13 mars 2012 | 14123 | 338952 | 20337120 | 1220227200 |
| mercredi 14 mars 2012 | 14124 | 338976 | 20338560 | 1220313600 |
| jeudi 15 mars 2012 | 14125 | 339000 | 20340000 | 1220400000 |
| vendredi 16 mars 2012 | 14126 | 339024 | 20341440 | 1220486400 |
| samedi 17 mars 2012 | 14127 | 339048 | 20342880 | 1220572800 |
| dimanche 18 mars 2012 | 14128 | 339072 | 20344320 | 1220659200 |
| lundi 19 mars 2012 | 14129 | 339096 | 20345760 | 1220745600 |
| mardi 20 mars 2012 | 14130 | 339120 | 20347200 | 1220832000 |
| mercredi 21 mars 2012 | 14131 | 339144 | 20348640 | 1220918400 |
| jeudi 22 mars 2012 | 14132 | 339168 | 20350080 | 1221004800 |
| vendredi 23 mars 2012 | 14133 | 339192 | 20351520 | 1221091200 |
| samedi 24 mars 2012 | 14134 | 339216 | 20352960 | 1221177600 |

| | | | | |
|---|---|---|---|---|
| dimanche 25 mars 2012 | 14135 | 339240 | 20354400 | 1221264000 |
| lundi 26 mars 2012 | 14136 | 339264 | 20355840 | 1221350400 |
| mardi 27 mars 2012 | 14137 | 339288 | 20357280 | 1221436800 |
| mercredi 28 mars 2012 | 14138 | 339312 | 20358720 | 1221523200 |
| jeudi 29 mars 2012 | 14139 | 339336 | 20360160 | 1221609600 |
| vendredi 30 mars 2012 | 14140 | 339360 | 20361600 | 1221696000 |
| samedi 31 mars 2012 | 14141 | 339384 | 20363040 | 1221782400 |
| dimanche 1 avril 2012 | 14142 | 339408 | 20364480 | 1221868800 |
| lundi 2 avril 2012 | 14143 | 339432 | 20365920 | 1221955200 |
| mardi 3 avril 2012 | 14144 | 339456 | 20367360 | 1222041600 |
| mercredi 4 avril 2012 | 14145 | 339480 | 20368800 | 1222128000 |
| jeudi 5 avril 2012 | 14146 | 339504 | 20370240 | 1222214400 |
| vendredi 6 avril 2012 | 14147 | 339528 | 20371680 | 1222300800 |
| samedi 7 avril 2012 | 14148 | 339552 | 20373120 | 1222387200 |
| dimanche 8 avril 2012 | 14149 | 339576 | 20374560 | 1222473600 |
| lundi 9 avril 2012 | 14150 | 339600 | 20376000 | 1222560000 |
| mardi 10 avril 2012 | 14151 | 339624 | 20377440 | 1222646400 |
| mercredi 11 avril 2012 | 14152 | 339648 | 20378880 | 1222732800 |
| jeudi 12 avril 2012 | 14153 | 339672 | 20380320 | 1222819200 |
| vendredi 13 avril 2012 | 14154 | 339696 | 20381760 | 1222905600 |
| samedi 14 avril 2012 | 14155 | 339720 | 20383200 | 1222992000 |
| dimanche 15 avril 2012 | 14156 | 339744 | 20384640 | 1223078400 |
| lundi 16 avril 2012 | 14157 | 339768 | 20386080 | 1223164800 |
| mardi 17 avril 2012 | 14158 | 339792 | 20387520 | 1223251200 |
| mercredi 18 avril 2012 | 14159 | 339816 | 20388960 | 1223337600 |
| jeudi 19 avril 2012 | 14160 | 339840 | 20390400 | 1223424000 |
| vendredi 20 avril 2012 | 14161 | 339864 | 20391840 | 1223510400 |
| samedi 21 avril 2012 | 14162 | 339888 | 20393280 | 1223596800 |
| dimanche 22 avril 2012 | 14163 | 339912 | 20394720 | 1223683200 |
| lundi 23 avril 2012 | 14164 | 339936 | 20396160 | 1223769600 |
| mardi 24 avril 2012 | 14165 | 339960 | 20397600 | 1223856000 |
| mercredi 25 avril 2012 | 14166 | 339984 | 20399040 | 1223942400 |
| jeudi 26 avril 2012 | 14167 | 340008 | 20400480 | 1224028800 |
| vendredi 27 avril 2012 | 14168 | 340032 | 20401920 | 1224115200 |
| samedi 28 avril 2012 | 14169 | 340056 | 20403360 | 1224201600 |
| dimanche 29 avril 2012 | 14170 | 340080 | 20404800 | 1224288000 |
| lundi 30 avril 2012 | 14171 | 340104 | 20406240 | 1224374400 |
| mardi 1 mai 2012 | 14172 | 340128 | 20407680 | 1224460800 |

| | | | | |
|---|---|---|---|---|
| mercredi 2 mai 2012 | 14173 | 340152 | 20409120 | 1224547200 |
| jeudi 3 mai 2012 | 14174 | 340176 | 20410560 | 1224633600 |
| vendredi 4 mai 2012 | 14175 | 340200 | 20412000 | 1224720000 |
| samedi 5 mai 2012 | 14176 | 340224 | 20413440 | 1224806400 |
| dimanche 6 mai 2012 | 14177 | 340248 | 20414880 | 1224892800 |
| lundi 7 mai 2012 | 14178 | 340272 | 20416320 | 1224979200 |
| mardi 8 mai 2012 | 14179 | 340296 | 20417760 | 1225065600 |
| mercredi 9 mai 2012 | 14180 | 340320 | 20419200 | 1225152000 |
| jeudi 10 mai 2012 | 14181 | 340344 | 20420640 | 1225238400 |
| vendredi 11 mai 2012 | 14182 | 340368 | 20422080 | 1225324800 |
| samedi 12 mai 2012 | 14183 | 340392 | 20423520 | 1225411200 |
| dimanche 13 mai 2012 | 14184 | 340416 | 20424960 | 1225497600 |
| lundi 14 mai 2012 | 14185 | 340440 | 20426400 | 1225584000 |
| mardi 15 mai 2012 | 14186 | 340464 | 20427840 | 1225670400 |
| mercredi 16 mai 2012 | 14187 | 340488 | 20429280 | 1225756800 |
| jeudi 17 mai 2012 | 14188 | 340512 | 20430720 | 1225843200 |
| vendredi 18 mai 2012 | 14189 | 340536 | 20432160 | 1225929600 |
| samedi 19 mai 2012 | 14190 | 340560 | 20433600 | 1226016000 |
| dimanche 20 mai 2012 | 14191 | 340584 | 20435040 | 1226102400 |
| lundi 21 mai 2012 | 14192 | 340608 | 20436480 | 1226188800 |
| mardi 22 mai 2012 | 14193 | 340632 | 20437920 | 1226275200 |
| mercredi 23 mai 2012 | 14194 | 340656 | 20439360 | 1226361600 |
| jeudi 24 mai 2012 | 14195 | 340680 | 20440800 | 1226448000 |
| vendredi 25 mai 2012 | 14196 | 340704 | 20442240 | 1226534400 |
| samedi 26 mai 2012 | 14197 | 340728 | 20443680 | 1226620800 |
| dimanche 27 mai 2012 | 14198 | 340752 | 20445120 | 1226707200 |
| lundi 28 mai 2012 | 14199 | 340776 | 20446560 | 1226793600 |
| mardi 29 mai 2012 | 14200 | 340800 | 20448000 | 1226880000 |
| mercredi 30 mai 2012 | 14201 | 340824 | 20449440 | 1226966400 |
| jeudi 31 mai 2012 | 14202 | 340848 | 20450880 | 1227052800 |
| vendredi 1 juin 2012 | 14203 | 340872 | 20452320 | 1227139200 |
| samedi 2 juin 2012 | 14204 | 340896 | 20453760 | 1227225600 |
| dimanche 3 juin 2012 | 14205 | 340920 | 20455200 | 1227312000 |
| lundi 4 juin 2012 | 14206 | 340944 | 20456640 | 1227398400 |
| mardi 5 juin 2012 | 14207 | 340968 | 20458080 | 1227484800 |
| mercredi 6 juin 2012 | 14208 | 340992 | 20459520 | 1227571200 |
| jeudi 7 juin 2012 | 14209 | 341016 | 20460960 | 1227657600 |
| vendredi 8 juin 2012 | 14210 | 341040 | 20462400 | 1227744000 |

| | | | | |
|---|---|---|---|---|
| samedi 9 juin 2012 | 14211 | 341064 | 20463840 | 1227830400 |
| dimanche 10 juin 2012 | 14212 | 341088 | 20465280 | 1227916800 |
| lundi 11 juin 2012 | 14213 | 341112 | 20466720 | 1228003200 |
| mardi 12 juin 2012 | 14214 | 341136 | 20468160 | 1228089600 |
| mercredi 13 juin 2012 | 14215 | 341160 | 20469600 | 1228176000 |
| jeudi 14 juin 2012 | 14216 | 341184 | 20471040 | 1228262400 |
| vendredi 15 juin 2012 | 14217 | 341208 | 20472480 | 1228348800 |
| samedi 16 juin 2012 | 14218 | 341232 | 20473920 | 1228435200 |
| dimanche 17 juin 2012 | 14219 | 341256 | 20475360 | 1228521600 |
| lundi 18 juin 2012 | 14220 | 341280 | 20476800 | 1228608000 |
| mardi 19 juin 2012 | 14221 | 341304 | 20478240 | 1228694400 |
| mercredi 20 juin 2012 | 14222 | 341328 | 20479680 | 1228780800 |
| jeudi 21 juin 2012 | 14223 | 341352 | 20481120 | 1228867200 |
| vendredi 22 juin 2012 | 14224 | 341376 | 20482560 | 1228953600 |
| samedi 23 juin 2012 | 14225 | 341400 | 20484000 | 1229040000 |
| dimanche 24 juin 2012 | 14226 | 341424 | 20485440 | 1229126400 |
| lundi 25 juin 2012 | 14227 | 341448 | 20486880 | 1229212800 |
| mardi 26 juin 2012 | 14228 | 341472 | 20488320 | 1229299200 |
| mercredi 27 juin 2012 | 14229 | 341496 | 20489760 | 1229385600 |
| jeudi 28 juin 2012 | 14230 | 341520 | 20491200 | 1229472000 |
| vendredi 29 juin 2012 | 14231 | 341544 | 20492640 | 1229558400 |
| samedi 30 juin 2012 | 14232 | 341568 | 20494080 | 1229644800 |
| dimanche 1 juillet 2012 | 14233 | 341592 | 20495520 | 1229731200 |
| lundi 2 juillet 2012 | 14234 | 341616 | 20496960 | 1229817600 |
| mardi 3 juillet 2012 | 14235 | 341640 | 20498400 | 1229904000 |
| mercredi 4 juillet 2012 | 14236 | 341664 | 20499840 | 1229990400 |
| jeudi 5 juillet 2012 | 14237 | 341688 | 20501280 | 1230076800 |
| vendredi 6 juillet 2012 | 14238 | 341712 | 20502720 | 1230163200 |
| samedi 7 juillet 2012 | 14239 | 341736 | 20504160 | 1230249600 |
| dimanche 8 juillet 2012 | 14240 | 341760 | 20505600 | 1230336000 |
| lundi 9 juillet 2012 | 14241 | 341784 | 20507040 | 1230422400 |
| mardi 10 juillet 2012 | 14242 | 341808 | 20508480 | 1230508800 |
| mercredi 11 juillet 2012 | 14243 | 341832 | 20509920 | 1230595200 |
| jeudi 12 juillet 2012 | 14244 | 341856 | 20511360 | 1230681600 |
| vendredi 13 juillet 2012 | 14245 | 341880 | 20512800 | 1230768000 |
| samedi 14 juillet 2012 | 14246 | 341904 | 20514240 | 1230854400 |
| dimanche 15 juillet 2012 | 14247 | 341928 | 20515680 | 1230940800 |
| lundi 16 juillet 2012 | 14248 | 341952 | 20517120 | 1231027200 |

| | | | | |
|---|---|---|---|---|
| mardi 17 juillet 2012 | 14249 | 341976 | 20518560 | 1231113600 |
| mercredi 18 juillet 2012 | 14250 | 342000 | 20520000 | 1231200000 |
| jeudi 19 juillet 2012 | 14251 | 342024 | 20521440 | 1231286400 |
| vendredi 20 juillet 2012 | 14252 | 342048 | 20522880 | 1231372800 |
| samedi 21 juillet 2012 | 14253 | 342072 | 20524320 | 1231459200 |
| dimanche 22 juillet 2012 | 14254 | 342096 | 20525760 | 1231545600 |
| lundi 23 juillet 2012 | 14255 | 342120 | 20527200 | 1231632000 |
| mardi 24 juillet 2012 | 14256 | 342144 | 20528640 | 1231718400 |
| mercredi 25 juillet 2012 | 14257 | 342168 | 20530080 | 1231804800 |
| jeudi 26 juillet 2012 | 14258 | 342192 | 20531520 | 1231891200 |
| vendredi 27 juillet 2012 | 14259 | 342216 | 20532960 | 1231977600 |
| samedi 28 juillet 2012 | 14260 | 342240 | 20534400 | 1232064000 |
| dimanche 29 juillet 2012 | 14261 | 342264 | 20535840 | 1232150400 |
| lundi 30 juillet 2012 | 14262 | 342288 | 20537280 | 1232236800 |
| mardi 31 juillet 2012 | 14263 | 342312 | 20538720 | 1232323200 |
| mercredi 1 août 2012 | 14264 | 342336 | 20540160 | 1232409600 |
| jeudi 2 août 2012 | 14265 | 342360 | 20541600 | 1232496000 |
| vendredi 3 août 2012 | 14266 | 342384 | 20543040 | 1232582400 |
| samedi 4 août 2012 | 14267 | 342408 | 20544480 | 1232668800 |
| dimanche 5 août 2012 | 14268 | 342432 | 20545920 | 1232755200 |
| lundi 6 août 2012 | 14269 | 342456 | 20547360 | 1232841600 |
| mardi 7 août 2012 | 14270 | 342480 | 20548800 | 1232928000 |
| mercredi 8 août 2012 | 14271 | 342504 | 20550240 | 1233014400 |
| jeudi 9 août 2012 | 14272 | 342528 | 20551680 | 1233100800 |
| vendredi 10 août 2012 | 14273 | 342552 | 20553120 | 1233187200 |
| samedi 11 août 2012 | 14274 | 342576 | 20554560 | 1233273600 |
| dimanche 12 août 2012 | 14275 | 342600 | 20556000 | 1233360000 |
| lundi 13 août 2012 | 14276 | 342624 | 20557440 | 1233446400 |
| mardi 14 août 2012 | 14277 | 342648 | 20558880 | 1233532800 |
| mercredi 15 août 2012 | 14278 | 342672 | 20560320 | 1233619200 |
| jeudi 16 août 2012 | 14279 | 342696 | 20561760 | 1233705600 |
| vendredi 17 août 2012 | 14280 | 342720 | 20563200 | 1233792000 |
| samedi 18 août 2012 | 14281 | 342744 | 20564640 | 1233878400 |
| dimanche 19 août 2012 | 14282 | 342768 | 20566080 | 1233964800 |
| lundi 20 août 2012 | 14283 | 342792 | 20567520 | 1234051200 |
| mardi 21 août 2012 | 14284 | 342816 | 20568960 | 1234137600 |
| mercredi 22 août 2012 | 14285 | 342840 | 20570400 | 1234224000 |
| jeudi 23 août 2012 | 14286 | 342864 | 20571840 | 1234310400 |

| | | | | |
|---|---|---|---|---|
| vendredi 24 août 2012 | 14287 | 342888 | 20573280 | 1234396800 |
| samedi 25 août 2012 | 14288 | 342912 | 20574720 | 1234483200 |
| dimanche 26 août 2012 | 14289 | 342936 | 20576160 | 1234569600 |
| lundi 27 août 2012 | 14290 | 342960 | 20577600 | 1234656000 |
| mardi 28 août 2012 | 14291 | 342984 | 20579040 | 1234742400 |
| mercredi 29 août 2012 | 14292 | 343008 | 20580480 | 1234828800 |
| jeudi 30 août 2012 | 14293 | 343032 | 20581920 | 1234915200 |
| vendredi 31 août 2012 | 14294 | 343056 | 20583360 | 1235001600 |
| samedi 1 septembre 2012 | 14295 | 343080 | 20584800 | 1235088000 |
| dimanche 2 septembre 2012 | 14296 | 343104 | 20586240 | 1235174400 |
| lundi 3 septembre 2012 | 14297 | 343128 | 20587680 | 1235260800 |
| mardi 4 septembre 2012 | 14298 | 343152 | 20589120 | 1235347200 |
| mercredi 5 septembre 2012 | 14299 | 343176 | 20590560 | 1235433600 |
| jeudi 6 septembre 2012 | 14300 | 343200 | 20592000 | 1235520000 |
| vendredi 7 septembre 2012 | 14301 | 343224 | 20593440 | 1235606400 |
| samedi 8 septembre 2012 | 14302 | 343248 | 20594880 | 1235692800 |
| dimanche 9 septembre 2012 | 14303 | 343272 | 20596320 | 1235779200 |
| lundi 10 septembre 2012 | 14304 | 343296 | 20597760 | 1235865600 |
| mardi 11 septembre 2012 | 14305 | 343320 | 20599200 | 1235952000 |
| mercredi 12 septembre 2012 | 14306 | 343344 | 20600640 | 1236038400 |
| jeudi 13 septembre 2012 | 14307 | 343368 | 20602080 | 1236124800 |
| vendredi 14 septembre 2012 | 14308 | 343392 | 20603520 | 1236211200 |
| samedi 15 septembre 2012 | 14309 | 343416 | 20604960 | 1236297600 |
| dimanche 16 septembre 2012 | 14310 | 343440 | 20606400 | 1236384000 |
| lundi 17 septembre 2012 | 14311 | 343464 | 20607840 | 1236470400 |
| mardi 18 septembre 2012 | 14312 | 343488 | 20609280 | 1236556800 |
| mercredi 19 septembre 2012 | 14313 | 343512 | 20610720 | 1236643200 |
| jeudi 20 septembre 2012 | 14314 | 343536 | 20612160 | 1236729600 |
| vendredi 21 septembre 2012 | 14315 | 343560 | 20613600 | 1236816000 |
| samedi 22 septembre 2012 | 14316 | 343584 | 20615040 | 1236902400 |
| dimanche 23 septembre 2012 | 14317 | 343608 | 20616480 | 1236988800 |
| lundi 24 septembre 2012 | 14318 | 343632 | 20617920 | 1237075200 |
| mardi 25 septembre 2012 | 14319 | 343656 | 20619360 | 1237161600 |
| mercredi 26 septembre 2012 | 14320 | 343680 | 20620800 | 1237248000 |
| jeudi 27 septembre 2012 | 14321 | 343704 | 20622240 | 1237334400 |
| vendredi 28 septembre 2012 | 14322 | 343728 | 20623680 | 1237420800 |
| samedi 29 septembre 2012 | 14323 | 343752 | 20625120 | 1237507200 |
| dimanche 30 septembre 2012 | 14324 | 343776 | 20626560 | 1237593600 |

| | | | | |
|---|---|---|---|---|
| lundi 1 octobre 2012 | 14325 | 343800 | 20628000 | 1237680000 |
| mardi 2 octobre 2012 | 14326 | 343824 | 20629440 | 1237766400 |
| mercredi 3 octobre 2012 | 14327 | 343848 | 20630880 | 1237852800 |
| jeudi 4 octobre 2012 | 14328 | 343872 | 20632320 | 1237939200 |
| vendredi 5 octobre 2012 | 14329 | 343896 | 20633760 | 1238025600 |
| samedi 6 octobre 2012 | 14330 | 343920 | 20635200 | 1238112000 |
| dimanche 7 octobre 2012 | 14331 | 343944 | 20636640 | 1238198400 |
| lundi 8 octobre 2012 | 14332 | 343968 | 20638080 | 1238284800 |
| mardi 9 octobre 2012 | 14333 | 343992 | 20639520 | 1238371200 |
| mercredi 10 octobre 2012 | 14334 | 344016 | 20640960 | 1238457600 |
| jeudi 11 octobre 2012 | 14335 | 344040 | 20642400 | 1238544000 |
| vendredi 12 octobre 2012 | 14336 | 344064 | 20643840 | 1238630400 |
| samedi 13 octobre 2012 | 14337 | 344088 | 20645280 | 1238716800 |
| dimanche 14 octobre 2012 | 14338 | 344112 | 20646720 | 1238803200 |
| lundi 15 octobre 2012 | 14339 | 344136 | 20648160 | 1238889600 |
| mardi 16 octobre 2012 | 14340 | 344160 | 20649600 | 1238976000 |
| mercredi 17 octobre 2012 | 14341 | 344184 | 20651040 | 1239062400 |
| jeudi 18 octobre 2012 | 14342 | 344208 | 20652480 | 1239148800 |
| vendredi 19 octobre 2012 | 14343 | 344232 | 20653920 | 1239235200 |
| samedi 20 octobre 2012 | 14344 | 344256 | 20655360 | 1239321600 |
| dimanche 21 octobre 2012 | 14345 | 344280 | 20656800 | 1239408000 |
| lundi 22 octobre 2012 | 14346 | 344304 | 20658240 | 1239494400 |
| mardi 23 octobre 2012 | 14347 | 344328 | 20659680 | 1239580800 |
| mercredi 24 octobre 2012 | 14348 | 344352 | 20661120 | 1239667200 |
| jeudi 25 octobre 2012 | 14349 | 344376 | 20662560 | 1239753600 |
| vendredi 26 octobre 2012 | 14350 | 344400 | 20664000 | 1239840000 |
| samedi 27 octobre 2012 | 14351 | 344424 | 20665440 | 1239926400 |
| dimanche 28 octobre 2012 | 14352 | 344448 | 20666880 | 1240012800 |
| lundi 29 octobre 2012 | 14353 | 344472 | 20668320 | 1240099200 |
| mardi 30 octobre 2012 | 14354 | 344496 | 20669760 | 1240185600 |
| mercredi 31 octobre 2012 | 14355 | 344520 | 20671200 | 1240272000 |
| jeudi 1 novembre 2012 | 14356 | 344544 | 20672640 | 1240358400 |
| vendredi 2 novembre 2012 | 14357 | 344568 | 20674080 | 1240444800 |
| samedi 3 novembre 2012 | 14358 | 344592 | 20675520 | 1240531200 |
| dimanche 4 novembre 2012 | 14359 | 344616 | 20676960 | 1240617600 |
| lundi 5 novembre 2012 | 14360 | 344640 | 20678400 | 1240704000 |
| mardi 6 novembre 2012 | 14361 | 344664 | 20679840 | 1240790400 |
| mercredi 7 novembre 2012 | 14362 | 344688 | 20681280 | 1240876800 |

| | | | | |
|---|---|---|---|---|
| jeudi 8 novembre 2012 | 14363 | 344712 | 20682720 | 1240963200 |
| vendredi 9 novembre 2012 | 14364 | 344736 | 20684160 | 1241049600 |
| samedi 10 novembre 2012 | 14365 | 344760 | 20685600 | 1241136000 |
| dimanche 11 novembre 2012 | 14366 | 344784 | 20687040 | 1241222400 |
| lundi 12 novembre 2012 | 14367 | 344808 | 20688480 | 1241308800 |
| mardi 13 novembre 2012 | 14368 | 344832 | 20689920 | 1241395200 |
| mercredi 14 novembre 2012 | 14369 | 344856 | 20691360 | 1241481600 |
| jeudi 15 novembre 2012 | 14370 | 344880 | 20692800 | 1241568000 |
| vendredi 16 novembre 2012 | 14371 | 344904 | 20694240 | 1241654400 |
| samedi 17 novembre 2012 | 14372 | 344928 | 20695680 | 1241740800 |
| dimanche 18 novembre 2012 | 14373 | 344952 | 20697120 | 1241827200 |
| lundi 19 novembre 2012 | 14374 | 344976 | 20698560 | 1241913600 |
| mardi 20 novembre 2012 | 14375 | 345000 | 20700000 | 1242000000 |
| mercredi 21 novembre 2012 | 14376 | 345024 | 20701440 | 1242086400 |
| jeudi 22 novembre 2012 | 14377 | 345048 | 20702880 | 1242172800 |
| vendredi 23 novembre 2012 | 14378 | 345072 | 20704320 | 1242259200 |
| samedi 24 novembre 2012 | 14379 | 345096 | 20705760 | 1242345600 |
| dimanche 25 novembre 2012 | 14380 | 345120 | 20707200 | 1242432000 |
| lundi 26 novembre 2012 | 14381 | 345144 | 20708640 | 1242518400 |
| mardi 27 novembre 2012 | 14382 | 345168 | 20710080 | 1242604800 |
| mercredi 28 novembre 2012 | 14383 | 345192 | 20711520 | 1242691200 |
| jeudi 29 novembre 2012 | 14384 | 345216 | 20712960 | 1242777600 |
| vendredi 30 novembre 2012 | 14385 | 345240 | 20714400 | 1242864000 |
| samedi 1 décembre 2012 | 14386 | 345264 | 20715840 | 1242950400 |
| dimanche 2 décembre 2012 | 14387 | 345288 | 20717280 | 1243036800 |
| lundi 3 décembre 2012 | 14388 | 345312 | 20718720 | 1243123200 |
| mardi 4 décembre 2012 | 14389 | 345336 | 20720160 | 1243209600 |
| mercredi 5 décembre 2012 | 14390 | 345360 | 20721600 | 1243296000 |
| jeudi 6 décembre 2012 | 14391 | 345384 | 20723040 | 1243382400 |
| vendredi 7 décembre 2012 | 14392 | 345408 | 20724480 | 1243468800 |
| samedi 8 décembre 2012 | 14393 | 345432 | 20725920 | 1243555200 |
| dimanche 9 décembre 2012 | 14394 | 345456 | 20727360 | 1243641600 |
| lundi 10 décembre 2012 | 14395 | 345480 | 20728800 | 1243728000 |
| mardi 11 décembre 2012 | 14396 | 345504 | 20730240 | 1243814400 |
| mercredi 12 décembre 2012 | 14397 | 345528 | 20731680 | 1243900800 |
| jeudi 13 décembre 2012 | 14398 | 345552 | 20733120 | 1243987200 |
| vendredi 14 décembre 2012 | 14399 | 345576 | 20734560 | 1244073600 |
| samedi 15 décembre 2012 | 14400 | 345600 | 20736000 | 1244160000 |

| | | | | |
|---|---|---|---|---|
| dimanche 16 décembre 2012 | 14401 | 345624 | 20737440 | 1244246400 |
| lundi 17 décembre 2012 | 14402 | 345648 | 20738880 | 1244332800 |
| mardi 18 décembre 2012 | 14403 | 345672 | 20740320 | 1244419200 |
| mercredi 19 décembre 2012 | 14404 | 345696 | 20741760 | 1244505600 |
| jeudi 20 décembre 2012 | 14405 | 345720 | 20743200 | 1244592000 |
| vendredi 21 décembre 2012 | 14406 | 345744 | 20744640 | 1244678400 |
| samedi 22 décembre 2012 | 14407 | 345768 | 20746080 | 1244764800 |
| dimanche 23 décembre 2012 | 14408 | 345792 | 20747520 | 1244851200 |
| lundi 24 décembre 2012 | 14409 | 345816 | 20748960 | 1244937600 |
| mardi 25 décembre 2012 | 14410 | 345840 | 20750400 | 1245024000 |
| mercredi 26 décembre 2012 | 14411 | 345864 | 20751840 | 1245110400 |
| jeudi 27 décembre 2012 | 14412 | 345888 | 20753280 | 1245196800 |
| vendredi 28 décembre 2012 | 14413 | 345912 | 20754720 | 1245283200 |
| samedi 29 décembre 2012 | 14414 | 345936 | 20756160 | 1245369600 |
| dimanche 30 décembre 2012 | 14415 | 345960 | 20757600 | 1245456000 |
| lundi 31 décembre 2012 | 14416 | 345984 | 20759040 | 1245542400 |
| mardi 1 janvier 2013 | 14417 | 346008 | 20760480 | 1245628800 |
| mercredi 2 janvier 2013 | 14418 | 346032 | 20761920 | 1245715200 |
| jeudi 3 janvier 2013 | 14419 | 346056 | 20763360 | 1245801600 |
| vendredi 4 janvier 2013 | 14420 | 346080 | 20764800 | 1245888000 |
| samedi 5 janvier 2013 | 14421 | 346104 | 20766240 | 1245974400 |
| dimanche 6 janvier 2013 | 14422 | 346128 | 20767680 | 1246060800 |
| lundi 7 janvier 2013 | 14423 | 346152 | 20769120 | 1246147200 |
| mardi 8 janvier 2013 | 14424 | 346176 | 20770560 | 1246233600 |
| mercredi 9 janvier 2013 | 14425 | 346200 | 20772000 | 1246320000 |
| jeudi 10 janvier 2013 | 14426 | 346224 | 20773440 | 1246406400 |
| vendredi 11 janvier 2013 | 14427 | 346248 | 20774880 | 1246492800 |
| samedi 12 janvier 2013 | 14428 | 346272 | 20776320 | 1246579200 |
| dimanche 13 janvier 2013 | 14429 | 346296 | 20777760 | 1246665600 |
| lundi 14 janvier 2013 | 14430 | 346320 | 20779200 | 1246752000 |
| mardi 15 janvier 2013 | 14431 | 346344 | 20780640 | 1246838400 |
| mercredi 16 janvier 2013 | 14432 | 346368 | 20782080 | 1246924800 |
| jeudi 17 janvier 2013 | 14433 | 346392 | 20783520 | 1247011200 |
| vendredi 18 janvier 2013 | 14434 | 346416 | 20784960 | 1247097600 |
| samedi 19 janvier 2013 | 14435 | 346440 | 20786400 | 1247184000 |
| dimanche 20 janvier 2013 | 14436 | 346464 | 20787840 | 1247270400 |
| lundi 21 janvier 2013 | 14437 | 346488 | 20789280 | 1247356800 |
| mardi 22 janvier 2013 | 14438 | 346512 | 20790720 | 1247443200 |

| | | | | |
|---|---|---|---|---|
| mercredi 23 janvier 2013 | 14439 | 346536 | 20792160 | 1247529600 |
| jeudi 24 janvier 2013 | 14440 | 346560 | 20793600 | 1247616000 |
| vendredi 25 janvier 2013 | 14441 | 346584 | 20795040 | 1247702400 |
| samedi 26 janvier 2013 | 14442 | 346608 | 20796480 | 1247788800 |
| dimanche 27 janvier 2013 | 14443 | 346632 | 20797920 | 1247875200 |
| lundi 28 janvier 2013 | 14444 | 346656 | 20799360 | 1247961600 |
| mardi 29 janvier 2013 | 14445 | 346680 | 20800800 | 1248048000 |
| mercredi 30 janvier 2013 | 14446 | 346704 | 20802240 | 1248134400 |
| jeudi 31 janvier 2013 | 14447 | 346728 | 20803680 | 1248220800 |
| vendredi 1 février 2013 | 14448 | 346752 | 20805120 | 1248307200 |
| samedi 2 février 2013 | 14449 | 346776 | 20806560 | 1248393600 |
| dimanche 3 février 2013 | 14450 | 346800 | 20808000 | 1248480000 |
| lundi 4 février 2013 | 14451 | 346824 | 20809440 | 1248566400 |
| mardi 5 février 2013 | 14452 | 346848 | 20810880 | 1248652800 |
| mercredi 6 février 2013 | 14453 | 346872 | 20812320 | 1248739200 |
| jeudi 7 février 2013 | 14454 | 346896 | 20813760 | 1248825600 |
| vendredi 8 février 2013 | 14455 | 346920 | 20815200 | 1248912000 |
| samedi 9 février 2013 | 14456 | 346944 | 20816640 | 1248998400 |
| dimanche 10 février 2013 | 14457 | 346968 | 20818080 | 1249084800 |
| lundi 11 février 2013 | 14458 | 346992 | 20819520 | 1249171200 |
| mardi 12 février 2013 | 14459 | 347016 | 20820960 | 1249257600 |
| mercredi 13 février 2013 | 14460 | 347040 | 20822400 | 1249344000 |
| jeudi 14 février 2013 | 14461 | 347064 | 20823840 | 1249430400 |
| vendredi 15 février 2013 | 14462 | 347088 | 20825280 | 1249516800 |
| samedi 16 février 2013 | 14463 | 347112 | 20826720 | 1249603200 |
| dimanche 17 février 2013 | 14464 | 347136 | 20828160 | 1249689600 |
| lundi 18 février 2013 | 14465 | 347160 | 20829600 | 1249776000 |
| mardi 19 février 2013 | 14466 | 347184 | 20831040 | 1249862400 |
| mercredi 20 février 2013 | 14467 | 347208 | 20832480 | 1249948800 |
| jeudi 21 février 2013 | 14468 | 347232 | 20833920 | 1250035200 |
| vendredi 22 février 2013 | 14469 | 347256 | 20835360 | 1250121600 |
| samedi 23 février 2013 | 14470 | 347280 | 20836800 | 1250208000 |
| dimanche 24 février 2013 | 14471 | 347304 | 20838240 | 1250294400 |
| lundi 25 février 2013 | 14472 | 347328 | 20839680 | 1250380800 |
| mardi 26 février 2013 | 14473 | 347352 | 20841120 | 1250467200 |
| mercredi 27 février 2013 | 14474 | 347376 | 20842560 | 1250553600 |
| jeudi 28 février 2013 | 14475 | 347400 | 20844000 | 1250640000 |
| vendredi 1 mars 2013 | 14476 | 347424 | 20845440 | 1250726400 |

| | | | | |
|---|---|---|---|---|
| samedi 2 mars 2013 | 14477 | 347448 | 20846880 | 1250812800 |
| dimanche 3 mars 2013 | 14478 | 347472 | 20848320 | 1250899200 |
| lundi 4 mars 2013 | 14479 | 347496 | 20849760 | 1250985600 |
| mardi 5 mars 2013 | 14480 | 347520 | 20851200 | 1251072000 |
| mercredi 6 mars 2013 | 14481 | 347544 | 20852640 | 1251158400 |
| jeudi 7 mars 2013 | 14482 | 347568 | 20854080 | 1251244800 |
| vendredi 8 mars 2013 | 14483 | 347592 | 20855520 | 1251331200 |
| samedi 9 mars 2013 | 14484 | 347616 | 20856960 | 1251417600 |
| dimanche 10 mars 2013 | 14485 | 347640 | 20858400 | 1251504000 |
| lundi 11 mars 2013 | 14486 | 347664 | 20859840 | 1251590400 |
| mardi 12 mars 2013 | 14487 | 347688 | 20861280 | 1251676800 |
| mercredi 13 mars 2013 | 14488 | 347712 | 20862720 | 1251763200 |
| jeudi 14 mars 2013 | 14489 | 347736 | 20864160 | 1251849600 |
| vendredi 15 mars 2013 | 14490 | 347760 | 20865600 | 1251936000 |
| samedi 16 mars 2013 | 14491 | 347784 | 20867040 | 1252022400 |
| dimanche 17 mars 2013 | 14492 | 347808 | 20868480 | 1252108800 |
| lundi 18 mars 2013 | 14493 | 347832 | 20869920 | 1252195200 |
| mardi 19 mars 2013 | 14494 | 347856 | 20871360 | 1252281600 |
| mercredi 20 mars 2013 | 14495 | 347880 | 20872800 | 1252368000 |
| jeudi 21 mars 2013 | 14496 | 347904 | 20874240 | 1252454400 |
| vendredi 22 mars 2013 | 14497 | 347928 | 20875680 | 1252540800 |
| samedi 23 mars 2013 | 14498 | 347952 | 20877120 | 1252627200 |
| dimanche 24 mars 2013 | 14499 | 347976 | 20878560 | 1252713600 |
| lundi 25 mars 2013 | 14500 | 348000 | 20880000 | 1252800000 |
| mardi 26 mars 2013 | 14501 | 348024 | 20881440 | 1252886400 |
| mercredi 27 mars 2013 | 14502 | 348048 | 20882880 | 1252972800 |
| jeudi 28 mars 2013 | 14503 | 348072 | 20884320 | 1253059200 |
| vendredi 29 mars 2013 | 14504 | 348096 | 20885760 | 1253145600 |
| samedi 30 mars 2013 | 14505 | 348120 | 20887200 | 1253232000 |
| dimanche 31 mars 2013 | 14506 | 348144 | 20888640 | 1253318400 |
| lundi 1 avril 2013 | 14507 | 348168 | 20890080 | 1253404800 |
| mardi 2 avril 2013 | 14508 | 348192 | 20891520 | 1253491200 |
| mercredi 3 avril 2013 | 14509 | 348216 | 20892960 | 1253577600 |
| jeudi 4 avril 2013 | 14510 | 348240 | 20894400 | 1253664000 |
| vendredi 5 avril 2013 | 14511 | 348264 | 20895840 | 1253750400 |
| samedi 6 avril 2013 | 14512 | 348288 | 20897280 | 1253836800 |
| dimanche 7 avril 2013 | 14513 | 348312 | 20898720 | 1253923200 |
| lundi 8 avril 2013 | 14514 | 348336 | 20900160 | 1254009600 |

| | | | | |
|---|---|---|---|---|
| mardi 9 avril 2013 | 14515 | 348360 | 20901600 | 1254096000 |
| mercredi 10 avril 2013 | 14516 | 348384 | 20903040 | 1254182400 |
| jeudi 11 avril 2013 | 14517 | 348408 | 20904480 | 1254268800 |
| vendredi 12 avril 2013 | 14518 | 348432 | 20905920 | 1254355200 |
| samedi 13 avril 2013 | 14519 | 348456 | 20907360 | 1254441600 |
| dimanche 14 avril 2013 | 14520 | 348480 | 20908800 | 1254528000 |
| lundi 15 avril 2013 | 14521 | 348504 | 20910240 | 1254614400 |
| mardi 16 avril 2013 | 14522 | 348528 | 20911680 | 1254700800 |
| mercredi 17 avril 2013 | 14523 | 348552 | 20913120 | 1254787200 |
| jeudi 18 avril 2013 | 14524 | 348576 | 20914560 | 1254873600 |
| vendredi 19 avril 2013 | 14525 | 348600 | 20916000 | 1254960000 |
| samedi 20 avril 2013 | 14526 | 348624 | 20917440 | 1255046400 |
| dimanche 21 avril 2013 | 14527 | 348648 | 20918880 | 1255132800 |
| lundi 22 avril 2013 | 14528 | 348672 | 20920320 | 1255219200 |
| mardi 23 avril 2013 | 14529 | 348696 | 20921760 | 1255305600 |
| mercredi 24 avril 2013 | 14530 | 348720 | 20923200 | 1255392000 |
| jeudi 25 avril 2013 | 14531 | 348744 | 20924640 | 1255478400 |
| vendredi 26 avril 2013 | 14532 | 348768 | 20926080 | 1255564800 |
| samedi 27 avril 2013 | 14533 | 348792 | 20927520 | 1255651200 |
| dimanche 28 avril 2013 | 14534 | 348816 | 20928960 | 1255737600 |
| lundi 29 avril 2013 | 14535 | 348840 | 20930400 | 1255824000 |
| mardi 30 avril 2013 | 14536 | 348864 | 20931840 | 1255910400 |
| mercredi 1 mai 2013 | 14537 | 348888 | 20933280 | 1255996800 |
| jeudi 2 mai 2013 | 14538 | 348912 | 20934720 | 1256083200 |
| vendredi 3 mai 2013 | 14539 | 348936 | 20936160 | 1256169600 |
| samedi 4 mai 2013 | 14540 | 348960 | 20937600 | 1256256000 |
| dimanche 5 mai 2013 | 14541 | 348984 | 20939040 | 1256342400 |
| lundi 6 mai 2013 | 14542 | 349008 | 20940480 | 1256428800 |
| mardi 7 mai 2013 | 14543 | 349032 | 20941920 | 1256515200 |
| mercredi 8 mai 2013 | 14544 | 349056 | 20943360 | 1256601600 |
| jeudi 9 mai 2013 | 14545 | 349080 | 20944800 | 1256688000 |
| vendredi 10 mai 2013 | 14546 | 349104 | 20946240 | 1256774400 |
| samedi 11 mai 2013 | 14547 | 349128 | 20947680 | 1256860800 |
| dimanche 12 mai 2013 | 14548 | 349152 | 20949120 | 1256947200 |
| lundi 13 mai 2013 | 14549 | 349176 | 20950560 | 1257033600 |
| mardi 14 mai 2013 | 14550 | 349200 | 20952000 | 1257120000 |
| mercredi 15 mai 2013 | 14551 | 349224 | 20953440 | 1257206400 |
| jeudi 16 mai 2013 | 14552 | 349248 | 20954880 | 1257292800 |

| | | | | |
|---|---|---|---|---|
| vendredi 17 mai 2013 | 14553 | 349272 | 20956320 | 1257379200 |
| samedi 18 mai 2013 | 14554 | 349296 | 20957760 | 1257465600 |
| dimanche 19 mai 2013 | 14555 | 349320 | 20959200 | 1257552000 |
| lundi 20 mai 2013 | 14556 | 349344 | 20960640 | 1257638400 |
| mardi 21 mai 2013 | 14557 | 349368 | 20962080 | 1257724800 |
| mercredi 22 mai 2013 | 14558 | 349392 | 20963520 | 1257811200 |
| jeudi 23 mai 2013 | 14559 | 349416 | 20964960 | 1257897600 |
| vendredi 24 mai 2013 | 14560 | 349440 | 20966400 | 1257984000 |
| samedi 25 mai 2013 | 14561 | 349464 | 20967840 | 1258070400 |
| dimanche 26 mai 2013 | 14562 | 349488 | 20969280 | 1258156800 |
| lundi 27 mai 2013 | 14563 | 349512 | 20970720 | 1258243200 |
| mardi 28 mai 2013 | 14564 | 349536 | 20972160 | 1258329600 |
| mercredi 29 mai 2013 | 14565 | 349560 | 20973600 | 1258416000 |
| jeudi 30 mai 2013 | 14566 | 349584 | 20975040 | 1258502400 |
| vendredi 31 mai 2013 | 14567 | 349608 | 20976480 | 1258588800 |
| samedi 1 juin 2013 | 14568 | 349632 | 20977920 | 1258675200 |
| dimanche 2 juin 2013 | 14569 | 349656 | 20979360 | 1258761600 |
| lundi 3 juin 2013 | 14570 | 349680 | 20980800 | 1258848000 |
| mardi 4 juin 2013 | 14571 | 349704 | 20982240 | 1258934400 |
| mercredi 5 juin 2013 | 14572 | 349728 | 20983680 | 1259020800 |
| jeudi 6 juin 2013 | 14573 | 349752 | 20985120 | 1259107200 |
| vendredi 7 juin 2013 | 14574 | 349776 | 20986560 | 1259193600 |
| samedi 8 juin 2013 | 14575 | 349800 | 20988000 | 1259280000 |
| dimanche 9 juin 2013 | 14576 | 349824 | 20989440 | 1259366400 |
| lundi 10 juin 2013 | 14577 | 349848 | 20990880 | 1259452800 |
| mardi 11 juin 2013 | 14578 | 349872 | 20992320 | 1259539200 |
| mercredi 12 juin 2013 | 14579 | 349896 | 20993760 | 1259625600 |
| jeudi 13 juin 2013 | 14580 | 349920 | 20995200 | 1259712000 |
| vendredi 14 juin 2013 | 14581 | 349944 | 20996640 | 1259798400 |
| samedi 15 juin 2013 | 14582 | 349968 | 20998080 | 1259884800 |
| dimanche 16 juin 2013 | 14583 | 349992 | 20999520 | 1259971200 |
| lundi 17 juin 2013 | 14584 | 350016 | 21000960 | 1260057600 |
| mardi 18 juin 2013 | 14585 | 350040 | 21002400 | 1260144000 |
| mercredi 19 juin 2013 | 14586 | 350064 | 21003840 | 1260230400 |
| jeudi 20 juin 2013 | 14587 | 350088 | 21005280 | 1260316800 |
| vendredi 21 juin 2013 | 14588 | 350112 | 21006720 | 1260403200 |
| samedi 22 juin 2013 | 14589 | 350136 | 21008160 | 1260489600 |
| dimanche 23 juin 2013 | 14590 | 350160 | 21009600 | 1260576000 |

| | | | | |
|---|---|---|---|---|
| lundi 24 juin 2013 | 14591 | 350184 | 21011040 | 1260662400 |
| mardi 25 juin 2013 | 14592 | 350208 | 21012480 | 1260748800 |
| mercredi 26 juin 2013 | 14593 | 350232 | 21013920 | 1260835200 |
| jeudi 27 juin 2013 | 14594 | 350256 | 21015360 | 1260921600 |
| vendredi 28 juin 2013 | 14595 | 350280 | 21016800 | 1261008000 |
| samedi 29 juin 2013 | 14596 | 350304 | 21018240 | 1261094400 |
| dimanche 30 juin 2013 | 14597 | 350328 | 21019680 | 1261180800 |
| lundi 1 juillet 2013 | 14598 | 350352 | 21021120 | 1261267200 |
| mardi 2 juillet 2013 | 14599 | 350376 | 21022560 | 1261353600 |
| mercredi 3 juillet 2013 | 14600 | 350400 | 21024000 | 1261440000 |
| jeudi 4 juillet 2013 | 14601 | 350424 | 21025440 | 1261526400 |
| vendredi 5 juillet 2013 | 14602 | 350448 | 21026880 | 1261612800 |
| samedi 6 juillet 2013 | 14603 | 350472 | 21028320 | 1261699200 |
| dimanche 7 juillet 2013 | 14604 | 350496 | 21029760 | 1261785600 |
| lundi 8 juillet 2013 | 14605 | 350520 | 21031200 | 1261872000 |
| mardi 9 juillet 2013 | 14606 | 350544 | 21032640 | 1261958400 |
| mercredi 10 juillet 2013 | 14607 | 350568 | 21034080 | 1262044800 |
| jeudi 11 juillet 2013 | 14608 | 350592 | 21035520 | 1262131200 |
| vendredi 12 juillet 2013 | 14609 | 350616 | 21036960 | 1262217600 |
| samedi 13 juillet 2013 | 14610 | 350640 | 21038400 | 1262304000 |

Philippe Monfouga - 2013
www.monfouga.net

www.ingramcontent.com/pod-product-compliance
Lightning Source LLC
Chambersburg PA
CBHW051759170526
45167CB00005B/1800